Arthur Grimm

Vollständiges Koch, Back und KonfitürenLexikon

Arthur Grimm

Vollständiges Koch, Back und KonfitürenLexikon

ISBN/EAN: 9783741104435

Hergestellt in Europa, USA, Kanada, Australien, Japan

Cover: Foto ©Gila Hanssen / pixelio.de

Manufactured and distributed by brebook publishing software (www.brebook.com)

Arthur Grimm

Vollständiges Koch, Back und KonfitürenLexikon

Vollständiges
Koch-Back-
und
Konfiturenlexikon,
oder

alphabetischer Auszug

aus den

besten inn- und ausländischen Koch-Back-
und Konfiturenbüchern,

in welchem

ein Koch und Köchinn, Pasteten- und
Zuckerbäcker ꝛc. auch andere Personen, das
Beste und Nützlichste in dieser Wissenschaft
nach alphabetischer Ordnung finden können.

Ulm,
in Kommission der Stettinischen Buchhandlung.
1786.

Vorrede.

Ohne alle Vorrede! Die Leser und Leserinnen mögen aus dem Werke urtheilen, ob man das, was versprochen worden ist, auch redlich erfüllet hat; die Verfassere glauben, wenigstens Wort gehalten zu haben, und fügen nur noch ein Verzeichniß aller Arten von Fleisch, Fischen, Obst, und Pflanzen bey, in welchen Monaten sie zu haben, und am besten und geschmackvollsten zu genießen sind, nämlich

Im Jenner. In diesem Monate kann man an Fleischarten nebst dem Rindfleisch folgendes haben: Kalbfleisch, Schöpsenfleisch, Schweinfleisch, Roth = und Schwarzwildpret, Hasen, Fasanen, Indianen, Rebhühner, Kapaunen, Hühner, Tauben und allerhand Arten von Vögeln; an Fischen erhält man Karpfen, Hechten, Bärschlinge, Schleyen, Aalen, Aalrupen, Plateise, Lachsen, obwohl ein wenig kostbar und selten, Stockfisch, Laperdan, Fischottern, Häringe, Bricken, Pücklinge, Austern, Muscheln, Schnecken. An Kohlgewächsen liefert uns eine sorgfältige Aufbewahrung für den Winter, noch Köhlrüben, gelbe Rüben, Braunköhl, Weißköhl, rothe Rüben, Blumenköhl, oder Karfiol, Zellery, Petersill, Endivien, Rettige, Erdäpfeln, Brunnenkräße, Winterrapunzeln; getrocknete Hülsenfrüchte sind zu jeder Zeit zu haben; eben das aufbewahrte Obst, nebst gebratenen Kastanien.

Vorrede.

Im Februar. In diesem Monate erhält man noch alle die Arten vom Fleische, und Färkchen in Menge, Hasen sind gegen das Ende dieses Monats nicht mehr gut. An Fischen, besonders Lachse, Welse, gute Karpfen, Forellen einmargenirte, dann alle übrigen Fische, wie im Jenner, eben so noch alle Gattungen von Köhl und Wurzelgewächsen; in der Hälfte des Monats ist schon zu haben, Garten = und Brunnenkräße, junge Petersill und Zeller, Rettige, Löffelkraut, Endivien, Gartenlauch, Kärbelkraut, Rapunzen, Spinnat, Scharlotten, Zwiebel und Knoblauch, dann junger Hopfen.

Im März. Nebst den bekannten Fleischarten giebt es schon gegen das Ende des Monats junge Hasen, oder sogenannte Märzhäschen und junge Hühner, wilde Gänse und Anten. An Fischen nebst den Lachsen, Karpfen, Hechten, Schleyen und Aalen noch Grundeln, Haberfische, Frösche und Krebse. Aus den Gärten erhält man schon alle Arten von Sallat, dann Sauerampfer, Spinnat; Krautpflanzen, Spargel, Schlüsselblumen, Reddisen, Salbey, Raute, Majoran und Schnittpetersillen; dann Erdschwämme und verschiedene Kräuter. Auch junge Brenneßeln sind nun vorzüglich gut und gesund.

Im April. Lammfleisch, junges Schweinfleisch, junge Hasen, Hühnchen und Tauben, gegen das Ende des Monats aber sind schon zu haben junge Gänse und Anten; ferners giebt es itzt Auerhähne und Hühner, Hasel und Birkhühner. An Fischen sind besonders gut die Aalen, Weißfische, und Gründlinge, dann der Stör, der itzt gefangen wird, die übrigen Fische sind nicht so gut, denn sie haben itzt Laichzeit.

Wild-

Vorrede.

Wildpret ist itzt selten mehr zu haben, weil es bereits verboten ist, das hohe Wild von itzt bis an Johannistag zu schießen. An Gartengewächsen, gute Rettige, Rüben, Pastinack, Zeller, Petersill, junge Artischocken, Häupelsallat, junge Gurken, oder Kukumern, dann kleine Kohlrüben, Kohlkraut, und Champignions, nebst Anniswurzeln.

Im May. Da giebt es gutes Schöpsen- und Kalbfleisch, Haken, Gänse, Anten, Hühner, junge Kapaunen, und Indiane, oder Truthühner, Tauben, und Wachteln; von Fischen sind vorzüglich gut, Lachsen, Forellen, Weißfische, Verschlinge, Aalen, Aalrupen, Hechte, Karpfen, Karauschen und Haberfische, dann Frösche und Krebse, auch findet man itzt die Wasserhühner besonders gut, dann auch die Neunaugen. Von Küchen- oder Kohlgewächsen erhält man rothe, weiße und gelbe Rüben, Köhl, Prokolle, Kraut, frischen Kreen, Zeller und Petersilienwurzeln, dann Steckrüben, Häupelsallat, Meer- und gute Monatrettige, Sauerampfer, Gurken und Spinnat in Menge; dann bedient man sich auch in diesem Monate der Holderblüh zum Backen, und macht auch Fanzeln davon, eben so der Erdbeere. Man muß auch in diesem die Butter wegen ihrer besondern Güte empfehlen.

Im Junio. In diesem hat man Kalbfleisch, Hammel- und Schweinfleisch, Gänse, Anten, Hühner, Kapaunen, Indianen, Tauben und Wachteln im besten Fleische, auch ißt man um diese Zeit Stahre, Drosseln und Amseln. Fische erhält man itzt von allerley Art; die Krebse sind nun am besten, so auch die Frösche. Auf den Teichen werden schon junge wilde Gänse und Anten geschossen. Die Gärten lie=

Vorrede.

liefern uns Kraut, Kohlrüben, rothe, weiße und gelbe Rüben, Braunköhl, Kapuſt, Zeller, Peterſill, Sauerampfer, Spinnat, Gurken, Häupelſallat, Faſollen. Vom Obſte ſind ſchon zu haben: Johannisbeere, Stachelbeere, Erdbeere, Kirſchen, Amarellen, Muskatellerbirnen, Aepfeln; auch grüne Erbſen in Schotten giebt es ſchon.

Im Julio. Alle im vorigen Monate angezeigte Fleiſch- und Fiſcharten ſind auch in dieſem Monate zu haben; nur iſt zu merken, daß es mehr Fiſche giebt, weil die Laichzeit vorüber iſt, und man itzt viel thätiger die Fiſcherey anfängt. Aus Küchengärten erhält man in Menge allerhand Köhl, Rüben, Sallat, beſonders den ſchwarzen Rettig; die Obſtgärten geben uns die mannigfältigſten Früchte, als Birnen, Aepfel, Pflaumen, Aprikoſen, Pelzkirſchen, Weixeln ꝛc.

Im Auguſt. Nebſt dem Kalbfleiſch, Hammel- und Schweinfleiſch giebt es eine Menge Spanfärkchen, die itzt am beſten ſind, ſo wie jedes Flügelvieh am fleiſchigſten und ſehr geſchmackvoll iſt; und da man um dieſe Zeit ſchon anfängt das Wild zu jagen, ſo giebt es ſchon friſches Schwarz- und Rothwildpret; der Hirſch iſt um dieſe Zeit am beſten; Haſen ſucht man um dieſe Zeit nicht ſonderlich auf. Rebhühner und Wachteln giebt es ſchon in Menge, und ſie ſind ſehr gut zu genießen, und ſo auch die häufigen Lerchen. An Köhl- und Wurzelgewächſen hat man keinen Mangel, beſonders giebt es eine Menge Weißkraut, Kohlrüben, und gelbe Rüben, auch Melonen; das Obſt findet ſich itzt im Ueberfluſſe ein, beſonders ſind Aepfel und Birnen im beſten Safte. Holderbeere ſind itzt am ſicherſten und nützlichſten abzutrauben; auch Schwämme ſollen itzt zum Trocknen geſammelt werden.

Im

Vorrede.

Im September. Man hat in diesem feistes Rind⸗
fleisch, Kalbfleisch, Hammel⸗ und Schöpsenfleisch, das itzt
besonders fett ist, dann Schweinfleisch. Spannfärkchen sind
nun schon selten. Wildpret giebt es genug, so wie am Fe⸗
dervieh kein Mangel ist; man erhält schon allerley Vögel,
als Schnepfen, Drosseln, Krammetsvögel, Lerchen, Finken,
auch die besten Haselhühner. Da itzt die Fischerey anfängt,
so erhält man gute und wohlgeschmacke Teichkarpfen, Hech⸗
ten, Parmen, Pürschlinge, Weißfische, dann Forellen; Krebse
hingegen sind nicht mehr gut, weil sie sehr haarigtes Fleisch
haben; Gärten liefern noch immer, und eben in der Güte
ihre Früchte an Kohl und Rüben, so wie auch das Obst
noch fortdauert, außer daß die Pflaumen und Weixeln schon
selten sind. Hingegen hat man schon Weintrauben und Ad⸗
lersbeere.

Im Oktober. Auch in diesem hat man am Fleische
keinen Mangel; Schwarz⸗ und Rothwildpret ist in Menge
vorhanden. Das Vögelfangen ist itzt im stärksten Betriebe,
daher es ihrer auch bis zum Ueberflusse giebt, besonders sind
Schnepfen, Lerchen, und Zimer um diese Zeit in Aufnahme.
Fische giebt es so viel, und so verschiedene, wie im August.
Auch an Kuchelgewächsen, oder Gartenfrüchten leidet man
noch keine Noth, es giebt besonders guten Braunkohl, Blu⸗
menkohl, oder Karfiol, dann Dorschen, Rüben, und das
große Weißkraut. Auch hat man noch frisches Obst, als
die Herren⸗und Pergamutbirnen, Pfund⸗ und Winterapfel,
Vogelapfel, Quitten und Mispeln.

Im November. Wir haben darinn Rindfleisch,
und Schöpsenfleisch; Kalbfleisch wird schon selten, und
das

das Schweinfleisch ist nicht mehr dienlich; hingegen hat man um so mehr geräucherte Fleische, als Schinken, Zungen, Schweinfleisch, Würste; Wildpret mangelt keines, Hasen giebt es genug, eben so fette Gänse, Anten, Indianen, Kapaunen, Hühner, und eine Menge Vögel, als Finken, Kölchen, Meysen, Ammerlinge ꝛc. ꝛc. An Kohlgewächsen hat man guten Braunkohl und Weißkraut, dann Kohlrüben, Durschen und gelbe Rüben, und alles, was man vom Sommer her aufbewahret hat.

  Im December. In diesem Monate hat man gleichfalls noch alle Gattungen vom Fleische, als Schöpsen- Lamm- und Schweinfleisch, Spannfärkeln; das Flügelvieh ist um diese Zeit kernigt, weil es mit Sorgfalt, und blos zum Verkaufe gefüttert wird. Es giebt itzt gute Schnecken, Austern, Muscheln; aus den Teichen erhält man die besten Fische von aller Art, besonders gute Karpfen, Aalen, und Neunaugen; so hat man auch frische Häringe, Bricken, Pücklinge; Lachsen werden itzt mit Vortheil einmarginirt, so wie die Forellen. An Kohl- und Wurzelgewächsen hat man aus dem Vorrath, den man in Kellern im Sande aufbewahret, immer noch nach Nothdurft zu nehmen. Auch Obst mangelt keines, besonders giebt es viele gedürrte Aepfel, Birnen, Pflaumen, Weixeln.

  Auf diese Art hat man alles, was in jedem Monate zu haben ist, genau ausgezeichnet, und damit den Beyfall zu verdienen gesuchet

die Verfassere.

Erklärung

einiger in diesem Buche vorkommenden, vielleicht einigen Lesern und Leserinnen nicht ganz verständlichen Worte.

Blanchiren ist soviel als: Verwellen, Schüpfen.

Coulis, ist eine durchgeseihete Kraftbrühe von Kalbfleisch, Hünern, Krebsen, Gartenfrüchten.

Gar, Gahr heißt, wenn eine Speise genug gekocht, gebacken ꝛc. ist.

Jus, Brühe überhaupt, oder insonderheit die Quintessenz, die aus verdämpftem Kalbfleisch, Rindfleisch, Hünern, und dergleichen bereitet wird.

Kanne, ist ein Maaß, welches zwey Pfund Wasser, oder andere flüßige Sachen, oder ein Pfund Mehl enthält.

Klöschen, Knöpflein, Knöblein.

Krumen, Brosamen.

Mannelade ist ein von allerley Baumfrüchten mit Zucker und Gewürz zu einer starken Gallerte gekochter Saft, oder halb feucht angemachter Teig.

Mitonuiren, heißt die Suppe einkochen lassen.

Nößel, Seidlein, halbes Maaß, oder Kanne.

Profiterolen, sind kleine Knöpflein von Kalbfleisch und Eyern, mit etwas Mehl und Butter.

Quirlen, heißt, mit Rüthchen schlagen. Quirl ist eigentlich ein lang, schlank, von Holz geschnitztes, mit langen Zaken versehenes Instrument, womit man die Gemüßer und Suppen in den Töpfen untereinander mischt.

Reibasch, ist ein runder und tiefer, hart gebrannter irdener Topf, worinn man etwas mit einem hölzernen oder steinernen Stösel reibt.

Semmel, Wecken, von Weizenmehl gebacken.

Tiegel, Dreyfuß, Stollhafen, Stollkachel.

Namen der Pränumeranten und Subscribenten
nach alphabetischer Ordnung.

3. Akademische und Hofbuchhandlung in Mannheim.
1. Ihro Gnaden, Freyfrau von Ahr in Koblenz.
1. Frau Maria Apollonia Josepha von Allweyer, geb. v. Germersheim, in Schwarzenberg.
1. Frau Elisabetha Ros. v. Ammann, geb. v. Münnich, in Augsburg.
4. Amann, Briefträger in Ulm.
6. Herr Anich und Kompag. in Solothurn.
2. Herr Attenkhoffer, in Ingolstadt.
1. Herr Graf Reichard von Auersperg, in Laybach.
1. Frau von Baldinger, geb. v. Unold, in Ulm.
1. Frau Professor. Batzin, in Stuttgardt.
3. Jungf. Batzin, in Stuttgard.
1. Herr Bayha, Kammerrevisor in Bruchsal.
1. Frau Assessor. Bergmanin, in Rudolstadt.
1. Jungf. Maria Magdal. Biklerin, in Ersingen.
1. Herr Pfarrer Bleßinger, in Dischingen.
1. Herr Eberhard W. Bletzinger, in Westernach.
1. Fräulein Clara Karolina von Boi, in Freyburg.
1. Jungf. Brändlin, Herrenköchinn im Stift Rebdorf.
1. Herr Brager, Baumeister in Laybach.
1. Frau Maria Theresia v. Braunmühl, in Weysenhorn.
1. Ihro Excell. Frau Oberstkämmerinn Freyfrau v. Breitenbach Büresheim, in Koblenz.
1. Frau A. Elis. Eman. Breithauptin, Rath und Oberamtmännin in Probstzella.
1. Herr Casparini, Postamtserpeditor in Mettlung.
1. Frau Dorothea Conradin, in Ulm.

10. Herr

10. Herr Buchhändler Deberich, in Bamberg.
1. Frau Mar. Barb. Deinslin, Hochgräfl. Fuggerische Räthinn in Weysenhorn.
1. Fräulein von Dietrich, in Botzen.
1. Jungf. Joh. Ros. Dietrichin, in Ulm.
1. Jungf. Henriette Diezin, in Ulm.
1. Jungf. Ros. Frib. Doblin, in Stuttgardt.
1. Jungf. Charlotte Kath. Ros. Ebnerin, in Stuttgardt.
1. Jungf. Friderika Christ. Ebnerin, in Stuttgardt.
4. Die Eckebrechtische Buchhandlung in Heilbronn.
1. Herr Regierungsrath Vincent v. Egloff, in Innsbruck.
1. Herr Bar. Louis v. Ensberg, in Mühlheim.
1. Frau Endres, in Schleiden.
1. Frau Amtm. Escherin, in Zürich.
1. Madem. J. A. F. Th. Faulerin, in Laubheim.
10. Herren Fellecker, in Nürnberg.
1. Pfarrhaus Feuerbach.
1. Herr Freyburgh, Gastgeb auf der Mehlgrube in Wien.
1. Ihro Excell. die Reg. Frau Gräfinn Fugger von Dietenheim.
1. Herr Expedit. Rath Gaab, in Göppingen.
1. Jungf. Sophia Juliana Gauminn, in Tübingen.
1. Jungf. Christiana Dorothea Gauminn, in Tübingen.
1. Frau Oberamtm. Georgi, in Blaubeuren.
1. Frau Mar. Franz. Jos. v. Germersheim, geb. v. Müller, in Külsheim.
6. Herr Buchhändler Göbhard, in Bamberg.
1. Frau von Göritz, geb. von Münich, in Augsburg.
22. Herr Aug. Gräffer, Buchhändler in Wien.
1. Herr Gräffner, Küchenverwalter im Kloster Münster Schwarzach.
12. Herr Grözinger, Buchdrucker in Reutlingen.
7. Großische Zeitungsexpedition in Erlang.
12. Herr Buchhändler Haas, in Köln.
1. Herr Haas, bey des Rußischen Ministers Excell. in Regensburg.
25. Herr Buchhändler Haller und Kompag. in Bern.

1. Ma-

1. Madem. Mar. Philip. Fried. Haueisin, in Anspach.
1. Herr Commercien=Commissair Haueisen, in Anspach.
1. Herr Can. Helling, in Münster Mayfeld.
1. Herr Rosetier Hirz, in Laybach.
1. Madame Sib. Jakob. Hollin, geb. v. Köpf, in Ulm.
15. Herr Buchhändler Huber, in Koblenz.
1. Mad. Hutten, in Speyr.
50. Die Jägernsche Buchhandlung in Frankfurt.
1. Herr Hofapotheker Kendler, in Pruntrutt.
1. Frau Oberrichter. Kindervatterin, in Ulm.
2. Herr Hofbuchbinder Klamm, in Würzburg.
1. Madem. Mar. Fried. Koch, in Halle.
1. Frau Hofkammerräthinn von Köhlerin, in Sulzbach.
1. Ihro Gnaden Frau von Kohausin=Buschendorf, geb. v. Guaita, in Koblenz.
20. Herr Buchhändler Korn, in Laybach.
1. Die k. k. Landvogtey in Günzburg.
1. Herr Bar. v. Lassollaye, in Radolphzell.
1. Herr Lenhardt, in Laybach.
1. Herr Legationsrath Loder, in Regensburg.
1. Madem. J. B. G. Löwin, in Untertürkheim.
1. Herr Buchbinder Martin, in Bibrach.
12. Herr Buchhändler Mayr, in Memmingen.
11. Herr Kanzleybuchbinder Mayr, in Ulm.
6. Herrn Mayers Erbinn in Salzburg.
2. Herr Buchbinder Mayr, in Bibrach.
1. Frau Johanna von Meirl, in Botzen.
1. Fräulein Theresia von Meirl, in Botzen.
1. Fräulein Reg. von Meirl, in Botzen.
10. Herr Dr. von Menz, in Botzen.
1. Frau Consul. Millerin, die Jüngere, in Ulm.
1. Herr Milz, Kaufmann in Koblenz.
12. Die Montagische Buchhandlung in Regensburg.
3. Herr J. M. Morell, zu Plauen im Voigtland.
1. Die gnädige Frau von Münch=Bellinghausen, in Koblenz.
1. Frau Obersteureinnehmerinn Naglin, in Eßlingen.
1. Jungf. Eberhardina Naglin.
12. Herr Buchbinder Nikhel, in Maynz.
2. Herr Buchhändler Nothwinkler, in Paßau.

1. Frau Prof. Pfleidererin, in Tübingen.
1. Frau Kammerherrin v. Ponickau, in Ulm.
1. Ihro Gnaden, Freyherr von Racknitz, zu Haunsheim.
1. Herr Kanzellist Reger, in Regensburg.
1. Herr Dr. Repischiz, in Laybach.
1. Herr Rieger, Hochgräfl. Fuggerischer Koch in Weyßenhorn.
1. Herr Georg Kaspar Röhm, in Augsburg.
1. Herr Merk. Roßelin, in Laybach.
1. Frau Prof. Rößlerin, in Tübingen.
1. Herr Stadtschreiber Ruoff, in Heidenheim.
1. Madem. Justina Rupfin, in Waldsee.
1. Frau Senator. Sautterin, in Ulm.
1. Herr Jos. Ulr. Schaer, in Arbon.
3. Herr Buchbinder Scheck, in Sulgau.
1. Frau Stadthalterinn Scheuchzerin, in Zürich.
1. Ihro Gnaden, Frau Kammerherrinn und Oberforstmeisterinn Soph. Karol. Ernest. v. Schilling, in Schnaitheim.
2. Herr Buchhändler Schmieder, in Karlsruhe.
1. Herr Amtm. Schmid, in Molsberg.
1. Frau Pflegerinn Schneiderin, in Zürich.
3. Herr Superint. Schnitzer, in Neustadt an der Aisch.
1. Frau Rechnungsverwalterinn Schölkopffin, in Ulm.
1. Herr Pfarrer Schopfer, in Burgweiller.
1. Frau Hofräthinn v. Schützin, in Sigmaringen.
2. Die Schwannische Hofbuchhandlung in Mannheim.
1. Herr Chirurg. Seeger, in Laybach.
2. Herr Serini, Buchhändler in Basel.
12. Herr Stage, Buchhändler in Augsburg.
1. Herr Steinlein, Traiteur in Stuttgardt.
300. Die Stettinische Buchhandlung in Ulm.
1. Herr Graf v. Strasoldo, in Laybach.
1. Madem. Eleon. Straußin, in Ludwigsburg.
50. Herr Buchhändler Suara, in Linz.
1. Frau Süß, in Speyr.
1. Herr Baron Szötgeny, in Laybach.
3. Herr Buchhändler Tiefbrunner, in Schwabach.
1. Herr Graf von Trapp, in Trient.
6. Herren Warrentrapp, Sohn, und Wenner, in Frankfurt.
1. Frau Maria Voglin, in Laybach.

1. Madem. Marg. Just. Voltin, Köchinn in Neuburg.
2. Ungenannte in Regensburg.
12. Ungenannte in Stuttgardt.
1. Herr Urbancluz, in Eck.
1. Herr Chr. Fr. Wagenseil, in Kaufbeyrn.
1. Frau Ministre und geheimde Räthinn, Freyfrau von Wechmar Excell. in Anspach.
1. Madem. Susanna Wegelin, in Lindau.
1. Madem. Rosina Weickersreuterin, in Stuttgardt.
1. Madem. Dorothea Weickersreuterin, in Stuttgardt.
1. Madem. Louisa Weickersreuterin, in Stuttgardt.
1. Herren Weiß und Brede, in Offenbach.
1. Herr Graf v. Welserdherinb, in Laybach.
1. Herr P. Bened. Wenz, in Schußenried.
2. Kloster Weßobronn.
1. Herr Hofrath Wirsch, in Wittlich.
1. Frau Senior. Wittmännin, in Ulm.
1. Herr Pfr. und Kastner Wuchter, in Beuron.
12. Herr Buchbinder Wuest, in Zürich.
1. Jungf. Juliana Zenkerin, in Schwaningen.
1. Fräulein von Zeno, in Boßen.
1. Joseph Ziegler, Koch bey des k. k. Herrn Gesandten Excell. in Koblenz.
1. Herr Baron Xavier v. Zois, in Laybach.
70. Verschiedene Freunde, die ihren Namen nicht beygedruckt haben wollten.

Aal

A.

Aal abzuziehen und auszunehmen. Man schlägt ihm einen starken eisernen Nagel durch den Kopf, und heftet ihn also fest an, thut rings um den Hals einen Schnitt durch die Haut, nimmt Salz in die Hände, und streift solche ab: schneidet ihm den Bauch auf, nimmt das Eingeweide heraus, stößt mit einem Drat das weiße Rükmark durch, und wirft Kopf und Schwanz weg.

Aal am Spieß zu braten. Man steft die wohl zubereiteten Stüke, welche mit Pfeffer und Salz wohl zu würzen, und eine Stunde lang in Eßig zu beizen, an einen Spieß; umwindet solche mit Lorbeer- oder Salbeyblättern, oder spikt sie mit Citronenschaalen, welchen man durch Kochen die Bitterkeit genommen hat; wendet solche bey nicht gar zu schnellen Feuer fleißig herum, und begießet sie unter dem Drehen mit heißer Butter, oder mit Wein, Salz, etwas Pfeffer, Eßig und Muscatenblüth, darunter etwas klein gehakter Salbey gemengt wird. Daraus kann auch die Brühe bestehen. Will man Sardellenbrühe haben, so rührt man in diese Brühe etliche wohl gewässerte, klein geschnittene Sardellen, und läßt solche gemach daran kochen.

Aal gefüllt und gebaken. Wann der Aal abgezogen und ausgenommen ist, so reibt man ihn mit Salz und Pfeffer wohl durch, daß er rein wird; nimmt Kalbfleisch und hakt es klein: alsdann gesottene Morcheln oder Kapern, klein geschnittene Citronen, geriebene Muscatnüße, Semmelkrummen oder Mehl eine Handvoll, Eyer, Ingber und Pfeffer, rührt alles untereinander, macht davon einen weißen Teig mit Butter gemengt, und füllt den Aal damit. Hierauf macht man einen guten Butterteig, recht fest geknetet, ganz dünn gerollt; davon schneidet man Fingers breite Riemen, und diese wickelt man um den Aal herum, doch so, daß allezeit Fingers breit um den Aal herum Plaz bleibt; und endlich lege man ihn krumm gebogen in eine Pfanne, läßt ihn braten, und begießt ihn mit brauner Butter, Citronensaft, bestreut ihn mit etwas Mehl oder Semmelkrummen, und läße ihn baken.

Aal mit einer weißen Brühe. Wann man den Aal abgezogen hat, so schneidet man ihn in Stüke und planchirt sie in siedendem Wasser, läßt sie darnach auf einer Serviette verlaufen, paßirt sie in weisser Butter, und kocht sie mit Salz, Pfeffer, Gewürznegelein und einem Stük von einer Citrone. Einige gießen auch weissen Wein dazu. Nachmals paßire man auch Boden von Artischoken, Champignons und Spargelspizen mit guter Butter, und feinen Kräutern, und mache eine weise Sose mit dem gelben von Eyern und unreifen Traubensaft daran, und richte darauf an.

Aal, mit einer braunen Brühe. Wann der Aal in Stücke zerschnitten worden, so paßire man selbige in der Caßerole braun mit Butter, ein wenig Mehl, ein wenig Fischbrühe, oder heller durchgeschlagener Erbsenbrühe, Champignons, kleinen Zwiebeln, gehackter Peterstlie, und einem Bündgen feiner Kräuter; thue Salz, Pfeffer, Negelein und Capern dazu, und lasse es zusammenkochen. Wann nun das Ragout fast gahr ist, so thue man ein wenig unreifen Traubensaft und weißen Wein dazu, und lasse es noch ein wenig kochen. Man macht darauf eine kleine dicklichte Brühe mit einem Ey daran, damit die Brühe nicht zu fett sey.

Aal, zu backen. Man zieht dem Aal die Haut ab, schneidet ihn in Stücke, nimmt die Gräten heraus, rizet die Fleischstücke zierlich auf; marinirt sie zwey Stunden in Weinessig, Salz, Pfeffer, Lorbeerblättern, kleinen Zwiebeln und Citronensaft, bestreut sie mit Mehl, bakt sie in ausgewaschener Butter, und richtet sie trocken mit gehackter Petersilie an.

Aal, auf englische Manier. Man zieht ihn ab, wascht ihn wohl, und schneidet ihn in drey bis vier Stücke, legt ihn in eine Schüssel, gießt weissen Wein darauf, und läßt ihn einige Zeit darinn liegen, zieht ihn demnach wieder heraus, und schneidet ihn auf den Rücken und an den Seiten einigemal ein, und füllt die eingeschnittene Rize mit folgender Fülle: Mann nimmt Semmelkrummen, wovon die Rinde fein abgeschnitten, allerley feine Kräuter, Petersilien, und kleine Zwiebeln, hakt solches wohl, würzt es mit Salz, Pfeffer, Negelein und Muscatennuß; thut das Gelbe von einigen hartgesottenen Eyern, eine gestoffene Sardelle, und so viel frische Butter dazu, als nöthig ist, mengt es durch einander, und füllt mit solcher Fülle die Gegenden, wo der Aal eingeschnitten ist, wikelt ihn darauf wieder in seine Haut, bindet die beyden Enden zu, und durchsticht die Haut mit einer Gabel hie und da, bratet ihn auf dem Rost, oder am Spies, und

und wenn er fertig ist, so nimmt man die Haut wieder davon, richtet ihn trocken mit Citronensaft an; oder macht eine weisse Soſe dazu, von Butter, Weineßig, Salz, weißen Pfeffer, Sardellen und Capern. Man muß aber hiezu große Aale nehmen.

Aal, gedämpft. Man hakt das Fleiſch vom Aal und von Schleyen, würzt es mit Salz, Pfeffer, Negelein und Muſcatennuß; ſchneidet darauf das Fleiſch von einem andern Aal in länglichte Schnitte, legt von ſelbigen eine Schicht auf die Haut vom Aal, auf dieſe aber eine Schicht von dem gehakten Fleiſch, und fährt auf ſolche Art fort, bis es wie ein länglicht Brod ausſieht. Man wikelt es nun in ein leinen Tuch, und läſſet es eben ſo, wie die Schinken von Fiſchen, kochen, nemlich in Waſſer und rothen Wein, von jedem gleich viel, welches auch mit Negelein, Lorbeerblättern und Pfeffer zu würzen. Wenn es darnach in ſeiner Brühe erkaltet iſt, ſo richtet man es in Scheiben geſchnitten zu einem Beigericht an.

Aal, geſpikt mit Citronen. Man zieht dem Aal die Haut ab, ſchneidet ihn in Stüke, und ſalzt ſie. Wann ſie eine Zeit in Salz gelegen, ſtreift man ſie ab, damit das Naſſe davon kommt. Darauf ſpikt man ſolche, wie Haſen, Rebhüner und dergl. Nemlich man bringt die Citronenſchaalen in ſolche Form, wie man den Spek zum ſpiken ſchneidet, und läßt ſolche im Waſſer, damit das Bittere herauskomme, wohl abſieden. Man ſtekt hierauf die geſpikten Stüke an ein hölzernes Spießlein, bindet es mit einem Bindfaden an einen eiſernen Spieß, und bratet ſie.

Aal, weiß in einer Paſtete. Man ſchneidet den Aal in Stücken, legt ihn in einen Keſſel, und gießt ſiedend Waſſer darauf, wie man die Neunaugen und Schleyen brühet. Darnach thut man den Aal heraus, legt ihn auf eine Schüſſel, ſchneidet Citronenſcheibchen klein, welche nebſt Muſcatenblüthe, Ingber, etwas weiſſen Pfeffer, und ein paar gebakten Sardellen ordentlich auf einen Teller gethan werden. Hierauf macht man einen mürben Paſtetenteig: davon treibt man ein Blatt aus, ingleichen zur Formirung der Paſtete einen Rand auf das Blatt, denn dies iſt der Grund der Paſtete. Wird ſolcher ordentlich gelegt und befeſtiget, ſo hält ſie, daß ſie nicht auslaufen kann. Nun legt man wohl ausgewaſchene Butter unten auf das Blatt, etliche Lorbeerblätter, wie auch etwas von obgedachten Gewürz, endlich den Aal ſelbſt, und das übrige

übrige Gewürz. Oben darauf wird wieder Butter gethan, und, wann der Dekel zur Pastete auch ausgetrieben worden, der Aal damit bedekt. Mit dem Teig verfährt man behutsam, so, daß er nicht zu sehr ausgedehnt wird. Nun wird die Pastete in den Bakofen gethan. Sobald sie anfängt, braun zu werden, nimmt man ein spiziges Holz, oder einen kleinen Bratspies, sticht oben ein Loch hinein, und macht die Brühe zurecht. Dann wird ein Stükgen Aal in Butter geröstet; hernach im Mörsel mit ein wenig Semmel, frischer Butter und etwas gelindem Gewürz gestoßen. Diß alles thut man in ein Töpflein, gießt Wein und Brühe dazu, drükt Citronensaft darein, und läßt es ein wenig kochen. Ferner nimmt man Eyerdotter, schlägt sie mit etlichen Tropfen Eßig in einem andern Töpfchen, legt noch ein Stükchen Butter darzu, und gießt die Brühe, die im andern Töpfchen ist und siedet, in die Eyer, schlägt sie ganz klar, damit es ein wenig diker werde. Lezlich wird die Pastete aus dem Ofen genommen, ausgeschnitten, die Brühe hineingeschüttet, fein umgerührt, auch Saft von einer Citrone darein gedrükt.

Aal, braun in einer Pastete.
Er wird gerissen, die Haut abgezogen, und ein wenig mit Salz eingesprengt. Darnach legt man ihn auf den Rost, und läßt ihn über Kohlen etwas anlaufen. Man macht einen mürben Teig, nimmt eine Tortenpfanne, schmieret sie mit Butter, und treibt die Hälfte von dem Teig auf; mit solchem überzieht man die Pfanne, und gibt Achtung, daß es auf dem Boden keine Blasen gibt. Dann bestreicht man das eingelegte Pastetenblatt mit Eyern über und über, legt ausgewaschene Butter darauf, und streut ein wenig braungeröstete Semmel hin; hält auch Citronenscheibchen, Muscatenblüthe, Ingber, ein wenig Negelein, Lorbeerblätter und etwas dürren Rosmarin parat: streut davon ein wenig auf den Boden, legt den Aal darauf, und thut wieder von dem Gewürz, wie auch etwas Butter hinzu, macht den Deckel fein formlich darüber, und zieht das Blatt oben über die Tortenpfanne ganz aus. Die Pastete muß hohl werden, wann sie gleich nicht aufgeblasen wird. Wann das Blatt überzogen worden, drükt man auf der Seite etwa zwei Querfinger tief hinein, und so geht es in der Mitte in die Höhe, als wenn es aufgeblasen wäre. Lezlich sorgt man für einen feinen Dekel, sezt die Pastete in den Ofen, und bäkt sie goldgelb. Wann sie ausgebaken ist, nimmt man einen

einen Tiegel, setzt darinnen Butter aufs Feuer, läßt sie braun werden, thut auch etwas Mehl hinein, und bräumt es. Alsdenn gießt man Wein, Eßig und Brühe darein, auch Citronenscheiben und Capern, und läßt alles miteinander kochen. Diese Brühe thut man in die Pastete, und rührt sie herum.

Aal mit einer Sardellensose, braun.

Der Aal wird gebraten, und wie sonst zubereitet. Hierauf wird Butter in einer Caßerole oder Tiegel über dem Feuer braun gemacht. In diese braune Butter schüttet man ein wenig Mehl, das auch braun wird, und gießt Wein und Fleischbrühe daran. (An den Fasttagen der Katholischen Petersilienwasser, Citronenschalen, Muscatenblüthen, ein wenig Ingber, etliche ganze Zwiebeln mit Negelein besteckt, die aber beym Anrichten wieder herausgenommen werden). Etliche Stunden vorher muß man drey bis vier Stück Sardellen ins Wasser gelegt haben: diese zieht man nun ab, daß die Gräten davon kommen, hakt sie ganz klein, rührt sie unter die Brühe, und läßt sie gemächlich kochen. Man kann auch, um es süß zu haben, aber nur gar wenig, Zuker hineinthun. Beym Anrichten wird die Brühe in die Schüssel gegossen, und der Aal herumgelegt.

Aal, geräuchert, mit durchgetriebenen Erbsen.

Der geräucherte Aal muß über Nacht eingewässert werden. Die Erbsen werden mit Fleischbrühe oder Wasser zugesetzt, die so lang kochen müssen, bis sie ganz weich werden. Hierauf streicht man solche durch einen Durchschlag in eine Caßerole oder Tiegel, läßt sie auf dem Feuer sachte kochen, legt darauf ein Stük Butter, ein wenig Pfeffer und Ingber, thut den Aal zugleich mit hinein, und läßt ihn aufkochen. Wenn er fertig ist, legt man ihn in die Schüssel, schüttet die Erbsen drüber her; alsdann wird Butter braun gemacht, würflicht geschnittene Semmeln darinnen geröstet, und unter die Erbsen gestreut.

Aal, geräuchert, mit Braunkohl.

Der Aal wird über Nacht wohl gewässert. Dann nimmt man den Braunkohl, streift ihn, damit die Strünke wegkommen. Man wäscht ihn sauber aus, schneidet ihn fast wie einen Krautsalat, nur nicht so klein: wirft ihn in ein Wasser, darinnen etwas Salz, und das bereits siedet. Ist er nun ziemlich weich gesotten, so wird er abgeseiget, und ein gut Stük Butter in einen Tiegel gethan. Wenn dieß bald braun, thut man Mehl dazu, und macht es auch braun. Hierauf schüttet man den Kohl hinein, gießt Brühe darauf (ists Fastenzeit, so nimmt man statt der Brühe Petersilienwasser) und legt gebratene Castanien dazu. Den Aal muß man nicht kochen, sondern auf dem Kohl herumlegen, die Casserole aber mit einem Dekel fleißig zuhalten. Man muß lauter harte Gewürze dazu nehmen.

Aal, marinirt. Er wird gehörig vorbereitet, aber nicht in Stüke zerschnitten, sondern man schneidet einige Kerben darein. Hierauf wird er auf dem Rost mit Baumöl abgebraten; und wenn er wieder kalt ist, in ein reines, wohl verwahrtes Fäslein gelegt, auf dessen Boden eine Lage Lorbeerblätter, etwas Rosmarin, Citronenschalen und ganzes Gewürz kommt. Darauf eine Lage Aal; hierauf wieder eine Lage von dem Gewürz; dann wieder Aal, und das wechselsweis so lang, bis das Fäslein voll wird. Doch müssen oben wieder die Gewürze gelegt werden. Alsdenn gießt man guten Weinessig und Baumöl auf die Lagen. Der obere Boden wird alsbald fest eingesezt, und wohl verpicht, auch täglich umgestürzt, damit nichts davon verdirbt. Nimmt aber etwas heraus, so muß der übrige Aal bald nacheinander verbraucht werden.

Aal en Ramulade. Man schneidet einem großen Aal die Haut dicht rings um den Kopf ein, macht sie mit dem Finger etwas loß, damit man sie desto besser abziehen kann: dann schneidet man das Fleisch und Gräten vom Kopf loß, und ziehet mit demselben das Eingeweide mit heraus, daß man den Bauch nicht aufschneiden darf: Hierauf schneidet man ihn in drey Finger breite Stüke, und beizt sie in Salz und Weinessig ein, kocht sie mit Salbey in Salzwasser ab, legt sie auf ein Haarsieb, daß sie kalt werden, kehrt sie in geschmolzener Butter um, bestreuet sie mit Semmelkrummen und Pfeffer, und bratet sie auf dem Rost bey gelinden Kohlen.

Aal, gemein zu kochen. Man kocht sie in Stüke zerschnitten mit etwas Eßig, ein paar Händevoll Habergrüze, einige Petersilienwurzeln, und isset es, wie eine Suppe.

Aal, zu sieden. Wenn er mit der Haut in Stüken zerschnitten worden, so wird er gesalzen, in Traubenlaub eingebunden, in Weinessig, etwas Wasser und Wein, ganz Gewürz und Salz, Zwiebeln und Lorbeeren, Rosmarin und Petersilien, auch Citronen, gesotten, in der Serviette auf den Tisch gegeben, mit dem Traubenlaub und ein wenig Soße. Nur der Faden wird weggethan. Die Soße läßt man vorher sieden,

ben, ehe man den Fisch darein thut.

Aalraupen mit durchstrichenen Erbsen. Man reißt die Aalraupen auf, die Leber aber bleibt unten am Hals hangen, nur daß man ja die Galle wegnehme. Dann wäscht man die Fische fleißig aus, gießt Eßig darüber, und läßt sie, wie andere Fische, sieden. Auch wirft man in den Sud ein wenig Butter, um der Härte der Fische willen. Nun setzt man schöne ausgelesene Erbsen ans Feuer, läßt sie weich kochen, und treibt sie durch. Darnach gießt man eine halbe Nössel guten Rahm daran, legt ein ziemliches Stück Butter darzu, wie auch etwas Muscatenblühe und ein wenig weissen Ingber. Nur keinen Pfeffer. Diese Brühe wird über die gesottene Aalraupe gegossen, und alles mit einander auf Kohlfeuer erwärmt.

Aalraupen mit Kirschenbrühe. Man brennt die Fische mit heissem Wasser, reißt sie auf, thut das Eingeweide heraus, und kerbt sie. Darnach bratet man sie schön braun. Sie müssen aber vorher eine Stunde im Salz gelegen seyn, auch auf dem Rost stets mit Butter bestrichen werden. Dann setzt man gedörrte saure Kirschen zum Feuer, streicht solche, wenn sie weich gekocht, durch einen Durchschlag in eine Casserole, thut Wein, Zuker, Negelein, auch Citronen dazu, und läßt es sachte kochen. Man legt nun die Aalraupen darein, die auch gemach kochen. Zuletzt macht man etwas Butter braun, und läßt ihn mit hineinlaufen. Sodann legt man die Fische in eine Schüssel, gießt die Brühe darüber, reibt Zucker darauf, und streut kleingeschnittene Citronenschaalen darüber.

Aalraupen in sauer Kraut. Man kocht dieses nicht gar zu weich, seiget die Brühe ab, und schneidet es mit einem Schneidmesser klein. Dann legt man ein gutes Stük Butter in eine Casserole, läßt es heis werden, thut ein wenig Mehl darein, welches etwas gebrannt wird. Schüttet hierauf das Sauerkraut in die Butter, und gießt etwas Brühe darzu. Alsdann reißt man die Aalraupen auf vorbeschriebene Art, salzt sie ein wenig ein, und läßt sie etwa eine Stunde im Salz liegen. Darnach werden sie, wenn der Schleier gar rein abgestrichen worden, im Schmalz gebaken. Ferner nimmt man eine Schüssel, machet einen kleinen Rand von Teig darum, bestreicht sie wohl mit Butter, thut etwas Sauerkraut hinein, dann eine Lage von Aalraupen, womit wechselsweise so fortgefahren wird. Endlich begießt man es oben mit Butter, streut Semmeln

meln darüber, und läßt es in einem Ofen baken.

Aalraupen auf polnisch. Man siedet sie, wie schon gesagt, in Wasser, Salz und etwas Wein, schält Zwiebel und Aepfel, zerschneidet beyde, und thut sie in einen Topf. Legt ferner geschnittene Semmelkrummen (Brosamen) Ingber und Pfeffer darzu, gießt auch Brühe oder Petersilienwasser, Wein und Eßig hinein, läßt es kochen, bis es alles zusammen weich worden ist. Hierauf schlägt man es klar, streichts durch ein Haartuch in einem Tiegel, legt ein Stük Butter dazu, und wenn etwa die Brühe zu wenig, gießt man noch Petersilienwasser, Wein und etwas Eßig daran. Zucker, Safran, Zibeben, geschnittene Mandelkern, welche vorher abgezogen worden, Citronenscheiben und Schalen werden gleichfalls hineingethan, und zusammen gekocht. Endlich legt man die Aalraupen darein, und läßt alles durcheinander gemach kochen. Zulezt legt man die Aalraupen zierlich auf die Schüssel, gießt die Brühe darüber her, belegt sie mit den darinnen befindlichen Citronen, und bestreut sie mit Semmeln.

Aalraupen mit einer Weinbrühe. Man bratet die Aalraupen, nimmt frischen Butter, läßt solchen zergehen, thut ein wenig gebranntes Mehl hinein, gießt guten Wein daran, wie auch Zucker, Zimmet und Carbamomen, läßt alles zusammen sieden, und richtet es über den Fisch an.

Aalraupen mit Oel marinirt. Reiße, salze und kerbe die Aalraupen, brate sie auf dem Rost, und schmiere sie stets mit Baumöl. Wenn sie ganz gebraten sind, lege sie aus, daß sie kalt werden. Nimm ein dazu gemachtes Fäßchen, thue unten auf den Boden Lorbeerblätter, Rosmarin, ganz Gewürz, Citronenschelfe, und schmiere zugleich das Fäßchen mit Baumöl wohl aus, und zwar mit einem Pinsel. Hierauf lege die Aalraupen ein; auf diese eine Lage von benannten Kräutern und Gewürz, dann wieder Aalraupen, und so fort, bis das Fäßchen voll ist. Zulezt müssen die Spezien oben kommen, auf welche der Deckel gelegt und zugeschlagen wird. Dieser muß in der Mitte ein Loch haben, durch welches, sobald er zugeschlagen ist, Eßig und Baumöl hineingegossen wird. Dieses wird wieder vermacht, das Fäßgen täglich umgestürzt, und wohl untereinander gerüttelt. Will man etwas herausnehmen, so muß man das Fäßchen wieder fleißig vermachen.

Ale-

Alleschengs. Ein Essen aus wilden Enten und Gänsen, auch aus zahmen, ferner aus welschen Hahnen, welche gebraten vom Bratenwender abgenommen, in der Brust eingekerbt, mit gefüllten Spizmorcheln, wie auch wohlgereinigten und ausgefüllten Zwiebeln, in den eingekerbten Brustschnitten ausgestopft, darauf mit allerhand gutem Gewürz und kleingeschnittenen Schinken in ein Cassérol gethan; mit ein wenig gebranntem Mehl überstreuet, und in einer Citronenbrühe wohl ausgekocht werden.

Anisbrod. Man verklopft vier Eyer wohl, rührt ein Pfund Zuker, und Anis nach Belieben, darein, thut schönes weisses Mehl darzu, bis man es mit einem runden Holz breit treiben kann. Diesen Teig druckt man hernach in Formen, und läßt es in einem nicht gar zu warmen Ofen baken.

Anissuppe, S. Suppe.

Aniszuker. Man klopft vier Eyer eine völlige halbe Stunde wohl, rührt ein Pfund zart gestossenen und gesiebten Zuker darein, und klopft es wieder eine gute Viertelstunde. Rührt hernach ein Pfund schönes weisses Mehl darein, treibt es ein wenig auf der Kuchenschüssel auf und würft es einen guten Messerruken dik aus. Alsdenn bringt man es in Formen, und bakt es in der Tortenpfanne oder im Bakofen. Das Blech muß ein wenig mit frischer Butter beschmiert, und Fenchel und Anis darauf gestreut werden.

Aepfel, gebakene. Man schält grosse saure Aepfel fein sauber, schneidet sie in vier Stücke, und jedes alsdann noch ein oder zweymal von einander legt sie auf eine Schüssel oder anderes Geschirr, damit sie fein troken bleiben. Darnach nimmt man eine halbe Nössel Wein, oder nach Proportion der Aepfel, mehr oder weniger, schlägt Mehl darein, und macht eine ziemlich dike Klare, fast wie einen dünnen Milchbrey. Nun stekt man an ein spiziges Hölzlein ein Stük nach dem andern, thut jedes, wann es vorher in der Klare herumgezogen worden, in heisses Schmalz, und läßt es baken. Alsdenn reibt man, weil sie noch warm sind, Zucker darüber.

Aepfel, gedämpfte. Man sticht die Kriebse aus den Aepfeln heraus: hernach läßt man ein wenig Butter in einem Tiegel oder Tortenpfanne nicht gar zu braun werden, sezt die Aepfel darauf, macht oben und unten ein Feuer, und läßt sie so lang dämpfen, bis es genug ist. Man thut sie hierauf in eine Schüssel, gießt Wein darauf, und streut Zuker und Zimmet darüber.

A 5 **Aepfel-**

Aepfel, gefüllte. Man schneidet von sauber geschälten Aepfeln oben die Deckel weg, macht sie hohl, füllt sie mit einer Fülle, die aus andern, ganz klein gehackten, mit Zuker und Zimmet und einem Ey vermischten Aepfeln zubereitet werden, und dekt sie mit dem Deckel wieder zu. Hierauf macht man eine Klare von lauter Wein, läßt Schmalz in einer Pfanne heiß werden, wirft die Aepfel, wenn sie geschwind durch die Klare gezogen worden, ins heiße Schmalz, darinn sie ein wenig anlaufen müssen. Wenn sie nun genug haben, so legt man sie mit einem Schaumlöffel in eine Schüssel, gießt Wein daran, streut Zuker, Zimmet und kleine geschnittene Citronenscheller darüber, und sezt sie auf ein Kohlfeuer, woselbst sie bey ein wenig kochen, weich werden. Beym anrichten wird wieder Zuker und Zimmet darüber gestreut.

Aepfel, gesulzte. Die Borsdorfer sind die besten. Sie werden geschält, und die Kerne, (Kriebse) herausgestochen. Man sezt rothe Weinbeere mit rothen Wein zum Feuer, läßt sie kochen, und streicht sie durch ein Haartuch in einen Tiegel. Füllt hierauf die Aepfel statt des Kriebses mit eingemachten Citronat, sezt sie in die Brühe, läßt sie kochen, und thut viel Zucker darein.

Wein, sie gekocht sind, nimmt man sie mit einer Schaumkelle heraus, legt sie auf eine Schüssel, gießt die Brühe darüber, streut klein geschnittene Citronen darüber, und läßt sie erkalten.

Aepfeltorte, S. Torte.

Apricosen, eingemachte. Man nimmt von den schönsten Apricosen, die nicht gar zu reif sind, schält und halbirt solche, nimmt so viel gestoßenen Zuker, als die Apricosen wiegen, läßt den halben Theil Zuker mit ein klein wenig Wasser auf einem kleinen Feuer zerschmelzen, sezt die Aprikosen darein, streut den übrigen Zuker darauf, läßt sie ganz langsam kochen, und schäumt sie ab; kehrt die Apricosen um, läßt sie noch ein wenig sieden, thut sie heraus, und läßt sie den andern Tag wieder sieden, bis sie durchsichtig sind, und der Saft hell und dik ist, und verwahrt sie in einem Zukerglas.

Apricosensalat. Man schält sie, und thut den Stein heraus. Hernach thut man in eine jede eine Mandel oder Pistacienuus, legt sie in die Schüssel, daß der Salat hoch werde, schüttet süßen Wein daran, streut Zuker, klein und würflicht geschnittenen Citronat, und ein wenig Trisanet oben darauf herum.

Apricosentorte. S. Torte.

Arti-

Artischokenbakwerk. Man nimmt ein paar Hände voll Mehl, ein Ey, ein Stük Butter, so groß als ein Ey, ein wenig Salz, macht es mit lauer Milch untereinander, wellt es aus, überschlägt es ein paarmal, wie einen Butterteig, wellt es alsdann wieder aus, sticht mit einem Glas runde Plätzlein aus, tupft mit einem Ey in die Mitte, oder nur mit dem Finger, legt fünf bis sechs aufeinander, macht ringsherum Schnitte hinein, nicht gar zu tief, bakt es im Schmalz, und thut oben Himbeere, oder anderes eingemachtes darauf.

Artischoken mit grünen Erbsen. Den Artischoken werden die Blätter etwas kürzer, als sonst abgeschnitten, damit man sie wie Pasteten bereiten kan. Wann die Artischoken recht abgesotten sind, so sezt man sie in eine Caßerole, thut zu gleicher Zeit ein Stük Butter in einen Tiegel, läßt grüne Erbsen eine Weile in Butter paßiren, gießt Brühe darauf, und läßt alles zusammen kochen. Nun stößt man etwas von den Erbsen mit einem Stükgen ausgewaschener Butter und Muscatenblüthe im Mörsel, gießt die Brühe von den andern Erbsen auf die gestoffenen, rührts durch einander, streichts durch ein Haartuch, und schüttet es über die grünen Erbsen, mit denen man die Artischoken füllen und überziehen will. Man sezt darauf die Artischoken hinein, und läßt es durch einander kochen, dann thut man sie in die Schüssel, und füllt die Erbsen darein.

Artischoken mit einer weissen Brühe. Man kocht kleine Artischoken mit Wasser und ein wenig Salz. Wenn sie gar sind, so paßirt man die Boden derselben in einer Caßerole mit Butter und Petersilien, würzt sie mit Salz und weissen Pfeffer, und macht eine Brühe von dem gelben von Eyern, einem Löffel voll Weinessig und ein wenig Fischbrühe daran.

Artischoken mit Butter. Wenn die Artischoken, wie schon gezeigt, gekocht sind, so nimmt man das Harte davon, und macht eine Sose von frischer Butter, Weinessig, Salz, Muscatennuß und ein wenig Mehl daran.

Artischoken mit Rahm. Man kocht sie im Wasser, paßirt sie in einer Caßerole mit Butter, thut Rahm, nebst einem Bündgen kleiner Zwiebeln und Petersilien, und das Gelbe von einem Ey dazu, damit die Brühe dicklicht werde. Würzt sie auch mit Salz und ein wenig Muscatennuß.

Artischoken in Oel zu braten. Man siedet sie weich, läßt sie auf einem Bret etwas abtroknen, thut die Blätter von einander,

ber, streut Pfeffer darein, gießt ein gutes Theil frisches Baumöl dazu, sezt sie auf einen Rost, oder thut sie in ein Bratpfännlein, und läßt sie auf Kohlen ein wenig prasseln.

Artischokentorte. S. Torte.

Asche, oder Aesche, werden zugerichtet wie die Forellen.

Auerhahn, zu braten. Man nimmt ihn sauber aus, und klopft ihn, daß er mürb werde. Nach dem Klopfen wäscht man ihn aus, sezt eine Caßerole mit Wasser ans Feuer, und wenn es siedet, hält man den Hahn hinein, läßt ihn ein wenig anlaufen, und legt ihn wieder in kaltes Wasser. Hernach wird er gespikt, gesalzen, angespießt, aber ja nicht schnell gebraten. So bald er anfängt, zu braten, begießt man ihn mit zerlassener Butter, macht ein Papier über den Auerhahn, begießt dieses auch mit Butter, und wenn es braun wird, thut man noch einen Bogen darüber. Er muß in die drey Stunden braten, und wird bey Kohlen am mürbesten. Dann legt man ihn auf eine Schüssel, gießt die abgetroffene Brühe unter den Hahn, und oben darauf ein wenig braune Butter, streut etwas zart geriebene Semmel darüber, und belegt ihn mit ausgerissenen Citronen.

Auerhahnpastete. S. Pastete.

Austern, roh zu essen. Man würzt sie mit Citronen- oder Tamarindensaft, Ingber und Pfeffer.

Austern, gedämpft. Man öfnet und würzet sie mit feinen zartgehakten Kräutern, Petersilien, kleinen Zwiebeln und Basilik, und thut davon in jede ein wenig, wie auch etwas Pfeffer und weissen Wein, bedekt sie darauf wieder mit ihrer obersten Schale, legt sie auf einen Rost, und fährt einigemal mit einer glühenden Schaufel darüber her: dann werden sie in die Schüssel gelegt, und geöfnet.

Austern, gebakene. Man öfnet die Austern, läßt sie auf einem Sieb verlaufen, legt sie in eine Schüssel oder Caßerole, mit Pfeffer, zwey kleinen ganzen Zwiebeln, einem Lorbeerblatt, ein wenig Basilik, einem großen in Scheiben geschnittenen Zwiebel, einem halben Duzend Gewürznägelein, dem Saft von zwey Citronen, und rührt es oft um. Darnach macht man einen Teig aus Mehl, Wasser, und ein wenig Salz, und dem weissen und gelben von einem Ey, klopft solches wohl durcheinander, und siehet zu, daß der Teig weder zu flüßig, noch zu dik sey, schmelzt darauf ein Stük Butter, einer Nuß groß, und vermengt die

Butter

Butter mit dem Teig. Wenn man nun die Austern baken will, so nimmt man eine nach der andern aus ihrer Marinade, troknet sie mit einem leinenen Tuch ab, sezt eine Pfanne mit gereinigter Butter aufs Feuer, tunkt eine Auster nach der andern in den Teig, und legts darauf in die Butter, welche gehörig heis seyn muß, und läßt selbige sich darinn fein färben, richtet sie darnach auf eine zusammengeschlagene Serviette mit gehakter Petersilie an.

Austern in der Caßerole, oder mit Parmesankäs. Man öfnet die Austern, reibt den Boden einer silbernen Schüssel mit Butter, legt die Austern ordentlich hinein, würzt sie oben mit Pfeffer und gehakter Petersilie, thut ein halb Glas Champagnerwein dazu, bedekt sie mit dünner frischer Butter, bestreut sie mit feinen Semmelkrummen, und läßt sie unter einem Tortendekel mit oben und unten gegebenem Feuer gahr werden, fettet sie wohl ab, und wischt den Rand der Schüssel rein aus. Die Austern mit Parmesankäs werden eben so bereitet. Anstatt der Semmelkrummen nimmt man geriebenen Parmesankäs.

Austern mit Sauerkraut. Sie werden ein wenig gewässert, in einem Tiegel oder Caßerole mit frischer ungesalzener Butter über dem Feuer abgeschweist. Hierauf nimmt man halb ausgekochtes Sauerkraut, schneidet es mit einem Messer, doch nicht gar zu klein, läst es in Butter ein wenig schweißen, gießt diken sauren Rahm daran, und läßt es zusammen durcheinander dämpfen. Dann macht man um die Schüssel, worinnen angerichtet werden soll, einen Kranz, schmiert sie mit Butter, überzieht die ganze Schüssel mit Kraut, legt eine ganze Lage Austern, und etwas in Scheiben geschnittenes Rindsmark, wieder eine Lage Kraut, und fährt abwechselnd so lang fort, bis die Schüssel voll und das Kraut oben ist. Endlich gießt man ein wenig zerlassene Butter darüber, streut geriebene Semmeln darauf, und bakt es im Ofen.

Austernragout an Fasttagen. Man öfnet die Austern, wellt sie in ihrem Wasser auf, doch, daß sie nicht kochen, legt sie auf einen Teller, thut etliche Champignons in eine Caßerole, mit einem Stük frischer Butter, und gießt alsdenn gute Fischbrühe daran. Wann sie gahr sind, macht man sie mit einem Coulis diklicht, thut die Austern dazu, und läßt sie darinnen nur heis werden.

Austernragout an Fleischtägen. Man öfnet die Austern, thut sie mit

mit ihrem Wasser in eine Casserole, schwenkt sie einigemal um, nimmt eine nach der andern heraus, puzt sie sauber ab, legt sie auf einen Teller, paßirt in einer Casserole einige Champignons mit ein wenig ausgeschmolznem Spek, gießt Brühe daran, macht es mit dem Kalbfleisch- und Schinken-Coulis diklicht. Dann schüttet man die Austern dazu hinein, und richtet es warm an. Man braucht diese Ragout zu allen Essen an Fleischtagen, die mit Austern angerichtet werden. Man muß aber die Austern ja nicht aufkochen lassen.

Austernsuppe. S. Suppe.
Austerntorte. S. Torte.

B.

Barbe, blau abzusieden. Man nimmt eine Barbe aus, schuppert sie aber nicht ab, sondern legt sie in eine Schüssel, gießt siedend heissen Weinessig mit Salz darauf; kocht in einem Fischkessel weissen Wein mit unreifen Traubensaft, Salz, Pfeffer, Negelein, Muscatnuß, Lorbeerblättern, großer Zwiebel, grünen Citronen- oder trokenen Pomeranzenschaalen. Wann nun solches bey starkem Feuer kocht, so legt man die Barbe hinein, und wann sie gahr ist, nimmt man sie heraus, und richtet sie auf einer weissen Serviette troken mit grüner Petersilie oder Kreße an.

Barben in einer Butterbrühe. Sie werden im Wasser und gehörigen Salz abgekocht; nachgehends das Wasser wieder abgegossen, die Haut abgezogen, die Fische in eine Schüssel gelegt. Hierauf nimmt man Fleischbrühe, Butter, Petersilie, Pfeffer und Muscatenblüth, läst alles wohl zusammenkochen, und gießt es über die Fische.

Barben, gedämpft. Man macht sie gehörig zurecht, siedet sie in einer Casserole mit Wein, frischer Butter, Salz, Pfeffer, und einem Bündchen feiner Kräuter. Wenn sie gahr ist, nimmt man ein Stück Butter, wendets im Mehl um, thuts zur Sose, damit sie diklicht werde. Darauf wird sie, mit Citronenschetben am Rande der Schüssel angerichtet. Man kann auch statt der Butter Ragout von Champignons, Morcheln, Artischokenboden, Salz und Pfeffer dazu thun.

Barben, auf dem Rost gebraten. Man schüppt und nimmt sie aus, schneidet sie hie und da an den Seiten ein, reibt sie mit geschmolzener Butter, bestreut sie mit Salz, und bratet sie auf dem Rost. Dann macht man eine weisse Sose mit frischer Butter,

ter, Salz, Pfeffer, Muscatennuß, zwey Sardellen, einer kleinen ganzen Zwiebel, und ein wenig Mehl, daß sie dikslicht werde: gießt ein paar Tropfen Wasser und einen Löffel voll Weinessig dazu, rührt sie immer um, und schüttet sie über den Fisch.

Barbotten an Fleisch- und Fasttagen. Wenn man den Schleim mit heissem Wasser weggebracht hat, so nimmt man sie aus, behält die Lebern besonders, legt sie in eine Casserole mit halb diklichter Brühe von Kalbfleisch, gießt zwey Gläser Champagnerwein darauf, würzt sie mit Salz, Pfeffer, Negelein, großen Zwiebeln, grüner Citrone, Petersilien und feinen Kräutern. Passirt darauf Champignons mit ein wenig ausgeschmolzenem Spek, gießt Brühe daran, fettet es wohl ab, macht es mit dem Kalbfleisch- und Schinkencoulis diklicht, und thut die Lebern von den Fischen dazu, zieht alsdenn die Fische aus ihrer Brühe, wann sie gahr sind, legt sie in eine Schüssel, und schüttet den Ragout darüber. So werden sie auch an Fasttagen zugerichtet. Man macht nur eine Brühe von brauner Butter, gießt statt der Brühe von Kalbfleisch, Fischbrühe daran. Zu dem Ragout gießt man auch Fischbrühe, und macht es mit einem Coulis an Fasttagen, wie mit den Krebsencoulis diklicht.

Bayrisch Kraut. Man nimmt blau oder weiß Kraut, schneidet es wie zu einem sauren Kraut. Alsdann macht man in einem Stollhafen Schmalz siedend, schneidet eine kleine Zwiebel darein, thut das Kraut, Salz, und ein klein wenig Kümmel dazu, läßt es gemach dünsten, und nicht anbrennen, schüttet ein Glas Wein daran, wenn es wohl abgedämpft, und ein wenig Eßig. Wann es wieder wohl abgedämpft, staubt man ein wenig Mehl daran: läßt es wohl einkochen, bis es saftig ist, aber keine Brühe hat.

Bayrische oder märkische Rüben. Sie werden geschabt, und ins Wasser gelegt, damit sie weiß bleiben. Dann macht man Schmalz heis, läßt die Rüben darinn schweißen, schüttet sie in einen Hafen, gießt siedend Wasser oder Fleischbrühe daran, thut geriebnes Roggenbrod dazu, pfeffert es wohl, und läßt es mit einander sieden, daß die Brühe diklicht wird.

Bayrische Rüben, braun. Die sauber geputzten, und wohl gewaschenen Rüben werden auf einem Durchschlag abgetroknet: in einer Casserole Mehl braun gemacht die Rüben hinein gelegt, eine gute Zeit darinn gebraten,

ten, auch zuweilen umgerührt, zulezt ein wenig braune Brühe daran gethan, und vollends gekocht.

Beatillentorte. S. Torte.

Bierbrey. Man thut geriebenes hartes Brod in einem Topf, gießt Bier darauf, wirft ein wenig zerdrükten Kümmel, oder statt dessen etwas Zuker hinein, läßt es durcheinander kochen: dann klopft man es, bis es klar wird, und rührt ein Stük Butter nebst ein paar Eyern hinein.

Biermus. S. Bierbrey.

Biersuppe. S. Suppe.

Bilder und Blumen aus Teig zu machen. Zu jedem Pfund Zuker läßt man eine Unze Tragant in laulichtem Wasser sich auflösen, ohne es aufs Feuer zu sezen. Das Tragantwasser drükt man durch ein zart Tuch, damit nichts vom Tragant zurükbleibe, und das Wasser etwas dik werde. Dann thut man genug gesiebten feinen Zuker, worunter der vierte Theil Stärkmehl ist, dazu, stößt alles zusammen in einem Mörsel, bis ein Teig daraus wird. Man ziehe diesen mit der Hand auseinander; so lang er noch einen Faden zieht, thut man immer noch mit einem vierten Theil Stärkmehl vermischten Zuker darunter, bis er, wann man ihn mit beyden Händen zieht, völlig von einander reisse. Alsdann drükt man ihn in Formen, die nur ganz leicht mit gutem Oel bestrichen sind, und bindet sie, wann man ihn wohl eingedrükt, fest zu. Zwey Stunden hernach öfnet man die Formen, sieht nach, ob die Bilder hart worden sind, nimmt sie behutsam heraus, und hebt sie an einem trokenen Ort auf. Bey Verfertigung der Blumen macht mans eben so: die Formen machen den Unterschied. Wann sie heraus sind, so mahlt man sie mit einem Pinsel mit den gewöhnlichen Saftfarben der Natur gemäß.

Bilder, Gefäße, Blumen aus braunem Zuker zu machen. Je nachdem man Bilder ꝛc. machen will, nimmt man viel oder wenig Zucker. Z. Ex. man nimmt drey Pfund Zuker. Dieser wird geläutert, durch ein Sieb gegossen, und nach Art des Gebrochenen gesotten. Dieß muß man aber aufs genaueste treffen. Hierzu macht man die Formen im Vorrath fertig, welche recht sauber seyn, mit Oel bestrichen werden, und genau zusammenpassen müssen, und ausser der Mündung, in welche der Zuker gegossen wird, nicht die geringste Oefnung haben. Die Form hält man mit einem Zeuch umwikelt in der linken Hand; und mit der rechten gießt man den Zuker hinein, wobey

wobey man mit der Form allerley Bewegungen machen muß, damit der Zuker überall hinlaufen, und man die Bilder ganz formiren könne. Sie müssen inwendig hohl und ganz durchsichtig seyn, daher man die Form immer langsam umdreht, bis der Zuker geronnen, und nicht eher öfnet, als bis er ganz kalt ist. Von braunem Zuker macht man sie eben so, nur muß der Zuker erst braun gesotten werden.

Birkhuhn zu braten. Wenn es gerupft, sauber und ausgenommen ist, läßt mans noch ein paar Tage in der Luft hangen und steif frieren: alsdann wird es gespikt, einige Tage in guten Weineßig mit Wachholderbeeren gelegt, darinnen wohl gebeizt, und am Spies gebraten. Zur Brüh. röstet man einen Löffel voll Mehl in Butter, gießt Wein daran, legt Citronenscheiben darein, und würzt es mit Ingber, Zimmet und Zuker. Diß wird mit einander gekocht, und über das Huhn gegossen.

Birnen, gefüllt und gebaken. Man schält feine grosse Birnen sauber, schneidet oben ein Stüklein weg, als einen Dekel, höhlt sie behutsam aus, daß sie nicht zerspringen; nimmt das ausgehöhlte zusammen, und hakt es klein; hakt auch grosse Rosinen, Citronenschelfen und Zimmet darunter, thut noch in Butter geröstete Semmel dazu, schlägt ein paar Eyerdotter daran, zukert und rührts wohl durcheinander, wirft die Birnen ein wenig in siedenden Wein; wenn sie eine Weile darinnen gelegen, nimmt man sie heraus, füllt sie mit benannter Fülle, und dekt sie mit den vorher abgeschnittenen Dekeln zu, macht eine Klare von Milch, Eyern und Mehl, nicht gar zu dik, doch so, daß sie an den Birnen kleben bleibt, thut einen Löffel voll heisses Schmalz in die Klare, damit sie härter wird. Man sezt nun eine Pfanne mit Schmalz aufs Feuer, läßt es heiß werden, tunkt die Birnen erst in die Klare, nimmt sie denn beym Stiel, und thut sie ins Schmalz, worinn sie goldgelb baken müssen, richtet sie auf eine Schüssel an, und bestreut sie mit Zuker. Oder man nimmt auch den Wein, darinnen die Birnen gelegen, sezt ihn in einem Tiegel aufs Feuer, schüttet in Butter geröstete Semmel, Zuker, kleine Rosinen, Zimmet und Citronenschelfen darein, und läßt es durcheinander dik kochen. Hernach gießt man die Brühe über die Birnen in eine Schüssel, stellt sie auf ein Kohlfeuer, und läßt es zugedekt mit einander kochen.

Birnen als gelbe Rüben zuzurichten. Man schält die Birnen, schneidet

schneidet sie länglicht, wie Nudeln, läßt Butter in einer Casserole heis werden, wirft die geschnittenen Birnen hinein, und rührt sie eine gute Weile, bis sie ein wenig weich werden. Hernach seihet man die Butter rein davon ab, mischt gewaschene, kleine und große Rosinen, abgezogene, und etlichemal entzwey geschnittene Mandeln, in einer Schüssel, unter die Birnen, gießt guten Wein darauf, und läßt es über dem Kohlfeuer durcheinander dämpfen. Ferner röstet man ein wenig geriebene Semmel in Butter, reibt viel Zuker und Zimmet, schüttet alles zusammen in die Casserole, und dekt sie wieder zu, damit die Birnen noch mehr dämpfen. Endlich streut man Zuker und Zimmet darauf.

Birnenmus. Die Birnen werden geschält, zu vier Theilen geschnitten, die Kernhäuser heraus gethan, und im Schmalz braun geröstet. Dann wird Wein daran geschüttet, und man läßt sie auf Kohlen dämpfen oder sieden. Wenn sie weich sind, werden sie durchgetrieben, mit Zimmet gewürzt, und noch mehr gesotten. Zulezt richtet man das Mus an, und streut Zuker darauf.

Birntorte. S. Torte.

Biscuittorte. S. Torte.

Biscuit, geschnitten. Man rührt drey Eyer mit ein viertel Pfund Zuker, reibt Citronen auf dem Zuker ab, oder schneidet sie klein darein, macht einen Wässerteig von schlechtem Mehl, schmiert ein Blech mit Butter, macht einen Wargel Fingersdik von dem Wasserteig, und von diesem einen Rand auf dem Blech. In das Gerührte rührt man sieben Loth fein Mehl, und gießt es auf das Blech. Dieses muß von der Größe seyn, daß, wenn man den Teig ausbreitet, er zwey Messerrüken dik liegt. Wann es recht gleich gemacht ist, wird es mit feinem Zuker überstreut, im Bakofen gebaken, und, wann es aus dem Ofen kommt, einen halben Finger lang, und ein und einen halben Finger breit geschnitten.

Biscuit, Butterbisquit. Man rührt ein halb Pfund Butter recht leicht, wiegt ein halb Pfund Mehl, und eben so viel Zuker, diß rührt man Löffel voll weis nebst sechs Eyern nach und nach darein. Wann es recht gerührt, so wird ein achtels Pfund Rosinen sauber gewaschen und ausgedrukt, darunter gerührt, alsbald in blecherne Kapseln gefüllt, oder man macht solche Kapseln von Papier, und bakt solche gelb im Bakofen.

Biscuit, spanischer. Man schlägt ein Pfund fein durchsiebten Zuker,

ker, fünf ganze Eyer, und zwölf Dottern in einem neuen Topf eine Stunde lang, thut ein halb Pfund nürnberger Mehl, etwas abgeriebene Orangeschaale und ein achtels Quart lacrima Christi Wein dazu, und bakts in einer Form ein und eine halbe Stunde lang.

Blumen, ausgestochene, mit Eisspiegeln. Man weüt einen Mandelteig aus, sticht mit einem blechernen Model oder ausgeschnittenem Pappendekel eine Blume oder Laub aus, macht einen schmalen Rand herum, und bakt es. Ist es gebaken und kalt so macht man ein weisses Zukereis oder Wasserspiegel darauf, bestreut es mit Zimmet, und kann es auch vergolden.

Blumen, überzukerte. Man nimmt ein wenig Tragant, weicht ihn ein bischen in Rosenwasser ein, klopft zwey Eyerklar wohl mit einem Löffel, thut von dem eingeweichten Tragant einer Erbse groß, nebst ein wenig gestossenem Zuker, dazu, klopft es zu einem lautern Schaum; tunkt ein Federlein hinein, bestreicht die Blumen, bestreut sie mit gestossenem Zuker über und über; legt ein jedes Blättlein auf ein Brett, thut es zum warmen Ofen, damit sie trokenen, und läßt sie denn auch in der Wärme stehen.

Blumenkohl (Carviol) zu puzen. Man nehme ihn, wann er große Blumen hat, spalte ihn in etliche Stüke, schäle mit einem Messer alle harte Rinden herunter, schneide in der Länge ein Stüklein wie das andere, werfe solche in kaltes Wasser, und dann richte man ihn weiter zu.

Blumenkohl mit Rahm und Krebsbutter. Wann er recht gekocht ist, thut man ihn mit Krebsbutter in eine Caßerole, und läßt ihn auf dem Feuer passiren. Man wirft alsdenn Muscatenblüthen hinein, gießet vorher abgesottenen Rahm darauf, und läßt alles durch einander kochen. Will er nun bald weich werden, schlägt man drey Eyerdottern in ein Töpfchen, klopft sie klar, gießt den Rahm vom Blumenkohl hinein, quirlt es fleißig, schüttet es wieder in die Caßerole, wo der Blumenkohl ist, rüttelt es, daß es sich fein darein ziehet, richtet es an, und sprengt Krebsbutter darauf.

Blumenkohl mit Spargelbrühe. Man kocht ihn im Salzwasser gahr, thut Eyerdotter in eine Caßerole, schüttet etwa eine Messerspize Mehl dazu, legt ein ziemlich Stük gewaschene Butter hinein, rührts durcheinander. Nun gießt man ein wenig Wein, Eßig und übergebliebene Fleischbrühe darein, auch kommt Muscathenblüthe und Citronenschelfen dazu, auch eine ganze Zwiebel, die man aber beym Anrichten wieder heraus nimmt. Diß alles sezt man aufs Kohlfeuer, rührt es fleißig um, daß es nicht zusammenrinne. Wann es anfängt dik zu werden, auch sieden will, gießt man etliche Tropfen kalt Waffer hinein, richtet den Blumenkohl an, gießt die Brühe darüber, sprengt abgeklärte Butter darauf, und sezt es auf heiße Asche, damit sich die Brühe ein wenig hineinziehe.

Blumenkohl mit Muscatenblüthen. Er muß in Salzwasser bald weich gesotten, hernach in eine Caßerole oder Tiegel gethan, geriebene Semmel und Muscathenblüthen darauf gestreut, gewaschene Butter dazu gelegt, gute Bouillon darein gegoffen, und auf ein Kohlfeuer gesezt werden. Dann läßt man alles durcheinander kochen, bis es eine dike Brühe wird.

Blumenkohlsalat. Man kocht ihn im Waffer gahr, legt ihn aus dem heißen ins kalte Waffer, richtet ihn an, streut ein wenig Salz, nicht aber Pfeffer darüber; hernach gießt man Baumöhl und Eßig darauf.

Bökelfleisch. Will man es warm haben, nimmt man vom Brustkern: Kalt aber, vom Schwanzstük, thut es in einen Hafen oder Ständlein, reibt es mit zwey bis vier Loth Salpetersalz, thut Thymian, Basilik, Dragun, Lorbeerblätter, Rosmarin, etwas Knoblauch, Schalotten, etliche Körner weiffen Pfeffer gröblicht gestoffen, auch etliche Negelein und etwas Muscatenblüthe dazu, läßt es im Keller ein bis zwey Tage stehen, nimmt ein Pfund Salz, siedet es in einer Maas Waffer, läßt es wieder erkalten, und gießt es an das Fleisch. Zu dieser Maße mag es ohngefehr achtzehn Pfund Fleisch seyn: dekt es mit einem Dekel zu, und beschwert es mit einem Stein. Hat man aber ein Ständlein mit einer Schraube, so ist es beffer. Man läßt es vierzehn Tage bis drey Wochen stehen. Wann es bald gesotten wird, nimmt man keinen groffen Hafen dazu, und wäscht es nicht. Ist es aber lang gebökelt, so nimmt man einen groffen Hafen zum Sieden.

Bökelfleisch zu räuchern. Man nimmt die Brust und die Rukstüke, salzt sie ein, legt sie in ein Ständlein, und beschwert es mit Steinen. Die Brühe muß je und je abgeseigt, und das Fleisch wieder damit begossen werden. Ist es drey bis vier Wochen gelegen, so wird es troken abgewaschen, und in die Rauchkammer

mer gehängt, wo es etliche Tage bleibt. Soll es gekocht werden, so wässert man es vorher über Nacht ein.

Boeuf a la mode. Man nimmt ein Stük Rindfleisch, ohne Knochen, klopft es mürbe, bestreut es mit Negelein, Muscatenblüthe, Pfeffer und Salz, und spikt es. Dann schneidet man breite Spekscheiben, legt sie unten in einen Hafen, und das Fleisch darauf, thut Pfeffer, Muscatenblüthe, Lorbeerblätter und ganze Zwiebeln dazu, verklebt den Hafen wohl mit grobem Teig, und läßt es auf einem gelinden Kohlfeuer sieben bis acht Stunden dämpfen. Man gießt auch Brühe oder ein wenig Eßig daran, und vermacht den Hafen wohl mit einem Dekel.

Böhmisch Brod. Man nimmt vierzehn Eyer, rührt sie wohl, thut 35 Loth Zuker daran, und rührt alles eine Stunde. Dann mengt man ein wenig Anis, und ein Pfund nürnberger Mehl hinein, und rührt wieder. Endlich belegt man einen kupfernen, vierekigten, gleich aufgemachten Model im Boden mit Oblaten, bestreicht ihn auf den Seiten, ohne ihn zu bestreuen, füllt das angerührte hinein, und bakt es gemach.

Bohnen mit Rahm. Man zieht den grünen, noch nicht recht reifen Bohnen die Fasern weg, schneidet sie klein, und wäscht sie sauber. Legt ein Stük Butter in eine Caßerole, thut die Bohnen auch hinein, bis sie ein wenig schwitzen; gießt abgesottenen Rahm dazu, und läßt sie weich kochen. Dann nimmt man ein paar Eyerdotter, und zieht den Rahm von den Bohnen ab, gießt ihn aber wieder an dieselbe, nur daß sie aber nicht mehr kochen. Dann sprengt man ein wenig zerlaßene Butter darüber.

Bohnen säuerlich zu fricaßiren. Nehmet solche Bohnen, macht sie wie die vorigen zurecht, wäscht sie aus, kochet sie in Fleischbrühe ab, thut sie in eine Caßerole, gießt von der Fleischbrühe etwas darauf, legt ein wenig gewaschene Butter, Muscatenblüthe, und ein wenig Ingber daran, und lässet solches etwas kochen. Hernach schlägt man drey Eyerdottern in ein Töpfchen, thut etwas Eßig daran, quirlt es durcheinander, wirft noch ein wenig Butter an die gequirlte Eyer, gießt die Brühe von den Bohnen unter die Eyer, und quirlt es ohne Unterlaß, daß es nicht zusammenlauft. Man schüttet nun die Brühe alle an die Bohnen, damit sie sich an dieselbige ziehe.

Bohnen, kleine, in Eßig einzumachen. Man zieht ihnen die Fasern auf beyden Seiten ab, wirft sie in siedend Wasser, und läßt sie eine kleine Weile darinnen liegen. Dann legt man sie in ein Fäßchen, thut Fenchel, etwas ganzen Pfeffer und ein wenig Salz dazu. Wenn es voll ist, wird es mit einem Boden oben zugemacht, worein ein klein Loth gebohret worden; man thut einen Trichter in das Loch, füllet das Fäßchen mit gutem Essig, schlägt einen Zapfen vor, und rüttelt es alle Tage um.

Bohnen, grosse, einzumachen. Sie werden, wie die grossen Erbsen ausgehülset. Will man sie grün haben, müssen sie im Wasser einen Sud thun. Denn legt man sie nach voriger Art ein.

Bohnensalat. Die Bohnen werden in Salzwasser verwellt, in die Länge klein geschnitten, und mit Zwiebeln, Pfeffer, Oel und Essig angemacht.

Bolonesische Würste. Man nimmt drey Pfund frischen Speck, zerschneidet ihn in grosse Würfel einer Haselnuß groß. Stoßt vier ein halb Loth wohl gedörrtes und zu Pulver gestoßenes Salz, eine kleine Muscatennuß, ein und ein halb Quintlein Zimmet, ein halb Quintlein Negelein, zwey Gran Ambra und ein wenig Zucker, macht dieses mit Malvesier oder sonst einen guten Wein an, mischt alles untereinander, und sezt es an einen frischen Ort im Keller. Nach diesem nimmt man acht Pfund mager Schweinfleisch von Schinken oder Stüken ohne Fett, schneidet die Häutlein oder Nerven sauber ab, hakt das Fleisch klein, benezt es mit Malvasier, streut neun Loth wohlgedörrtes Salz und vier ein halb Loth geriebenen Parmesankäß darauf, untermengts mit drey Loth ganzem Pfeffer, und hakt es mit einander. Hierauf legt man den würflicht geschnittenen Spek auf das Magere, hakt es ein wenig, knetet es wie einen Teig untereinander in einen grossen Darm so fest, als möglich, sticht mit einer grossen Nadel hinein, daß die Luft herausgehe, hängt sie zwey bis drey Tage in eine Stube, daß sie troken werden. Wenn sie wohl getroknet, hängt man sie an einen kühlen und lüftigen Ort; nur daß sie nicht anlaufen und gefrieren, wischt sie je und je mit einem saubern Tuch ab, und läßt sie hangen, daß sie einander nicht berühren.

Bouillon an Fasttagen. Man thut allerhand gute Kräuter in einen Topf mit Wasser, nebst zwey bis drey Semmelrinden, wirft es mit Salz, Butter und einem Bündchen feiner Kräuter. Wenn es ein und eine halbe Stunde gekocht hat, seihet man die Brühe durch ein Leinentuch.

Bouil-

Bouillon an Fleischtagen. Man nimmt ein gutes Stück Rindfleisch, und ein paar Marktknochen, alte Hühner, Kalbfleisch u. s. w. wäscht alles rein, thut es in einen Topf, gießt rein Wasser darein, salzet es wohl, wirft Muscatenblüthe, Ingber, Citronenschelfen dazu, und läßt es zusammen kochen. Wenn sie zu kochen anfängt, muß sie abgeschaumt werden.

Bouillon von Fischen. Man thut den Schleim von den Schleyen, zieht die Aale ab, nimmt die Hechte und Karpfen aus, nimmt die Ohren heraus, und schneidet sie in Stücken, thut sie in einen grossen Topf mit Wasser, Butter, Salz, einem Bündchen feiner Kräuter, und einer mit Gewürznegelein gespikten Zwiebel. Wenn es ein und eine halbe Stunde gekocht hat, seigt man die Brühe durch ein leinen Tuch, und thut davon gleichviel in drey verschiedene Töpfe. In dem einen thut man gereinigte und klein geschnittene Champignons, schlägt selbige mit einem Coulis gebakenem Mehl und einem Stük grüner Citrone durch ein Haartuch. Zu der Brühe in den andern Topf thut man gestoffene Mandeln, und das Gelbe von hartgesottenen Eyern, und schlägt es durch.

Bouillon von Wurzeln. Man kocht zwey bis drey Maaß oder Mezen grüne trokene Erbsen: zermalmt sie, und thut sie in einen grossen Topf, in welchen ein kleiner Wassereymer geht; läßt ihn ein und eine halbe Stunde auf dem Feuer stehen, nimmt ihn weg, läßt ihn still stehen. Alsdenn nimmt man einen mittelmäßigen Topf, seihet in selbigen durch ein Haarsieb die helle Erbsenbrühe, thut einen Bund gelbe Rüben, ein Bund Pastinaken, eines von Petersilienwurzeln, ein Duzend grosse Zwiebeln, salzet es, würzet es mit einem Bündchen feiner Kräuter, und einer grossen mit Gewürznegelein gespikten Zwiebel, läßt solches zusammensieden und thut einen Bund Sauerampfer, ein Bund Körbel und zwey bis drey Kochlöffel voll Zwiebelbrühe hinein.

Bouillon, trokene. Man nimmt zwey alte Capaunen oder Hähnen, zerknikt sie, wenn sie wohl gepuzt sind, roh, daß alles an ihnen ganz weich wird. Dann nimmt man einen Truthahn und verfährt eben so. Sodann schneidet man von einer rohen Kalbskeule das Derbe in Schnitten, thut Muscatenblüthe, Ingber, vier Negelein, zwölf weisse Pfefferkerner, denn Petersilien, Pastinak, Löffelkraut, jedes eine Hand voll, Basilik, etwas abgeriebene Citrone dazu. Man schüttet alles zusammen in einen neuen

neuen Tiegel, auf dessen Boden dünn geschnittener Spek gelegt worden, verkleibt diesen Tiegel um und um wohl, sezt ihn auf glühende Asche, und läßt ihn Tag und Nacht so stehen und langsam kochen. Doch muß ja nichts nasses dazu kommen: so bekommt man den andern Tag hievon ein rechtes Oel. Dieß gießt man in ein ander Gefäß durch einen klaren Durchschlag, seiget es durch ein Haartuch, thut Saft von zwey Citronen und einem Gläschen Franzwein dazu, läßt es etliche Stunden im Keller stehen, daß es sich sezt. Denn gießt man es in Formen und läßt solche in den Keller sezen, daß sie troken werden.

Bouillon zu allen Sosen. Man verdämpft dünn geschnittenes Rindfleisch oder Kalbfleisch mit Zwiebeln, allerhand Wurzeln, schön gelb. Und wenn man die Sose ganz klar haben will, kann man es kaum ein paarmal umschütteln, und es recht dik gelb dämpfen, eine gute Fleischbrühe daran schütten und aufkochen lassen. Man kann auch ein paar Stüklein Schinken und Spek zum verdämpfen darein thun.

Bratwürste. Man nimmt einen hintern und vordern Schinken. Die Schwarte wird so abgezogen, daß der Spek am Fleisch bleibt. Denn wird das Fleisch von den Beinen abgelößt und gröblich gehakt. Hierauf wird unter acht bis neun Pfund Fleisch Salz, zwey Hände voll, eine Hand voll halbgestoffenen Pfeffer, auch etwas Coriander gemischt; dieses alles recht klein gehakt. Ferner, ein Loth Negelein und eine Hand voll würflicht geschnittene Citronenschaalen darein gestreut, alles nochmal untereinander gemengt und in gesäuberte Schweinsdärme gefüllt.

Bratwürste von Mandelzeug. Man wirft in ein halb Pfund Mandelzeug allerley fein Gewürz. Hernach wird eine Farbe von einem Löffel voll Wasser, eben so viel Gummi, drey Tropfen schwarze Farbe, ein Quintlein Zimmet und ein wenig armenischen Bolus angemacht, und die aus obigem Zeug formirte Bratwürste damit gemalt.

Bratwürste, augsburger. Man nimmt fünf Pfund Schwednen und eben so viel Rindfleisch, thut die Knochen davon, hakt es, und salzt es unter dem Haken. Hierauf stellt man es an einen Ort, daß es nicht gefriere; so wird das Fleisch roth werden. Den andern Tag thut man auf das Fleisch ein Pfund würflicht geschnittenen Spek, ein Quintlein Muscatenblüthe, ein Quintlein Negelein, ein halb Loth

Loth Pfeffer, und dieß wird drey Viertelstunden geknetet. Hierauf wird der Teig versucht, und wenn er nicht roth ist, mehr gesalzen und gewürzt: Alsdenn füllt man den Teig durch einen blechernen Trichter in Rindsdärme, worein man sonst Leberwürste füllt, drukt ihn so fest zusammen, als man kann, und die hohlen Stücke mit der Gabel, daß keine Luft in der Wurst bleibe. Und wenn es so fest zusammengedrukt ist, so läßt man allemal ein anders binden, damit die Wurst recht fest werde. Man hängt sie hernach fünf Tage in Rauch, und etliche Wochen in die Luft. Aber zu dem Teig nehme man kein Wasser.

Bratwürste ohne Darm. Man hakt ein halb oder ein ganz Pfund gut Schweinenfleisch recht klein, und schneidet ein Stücklein Spek klein gewürfelt darein. Dieß rührt man wohl mit dem Rührlöffel, rührt in die Masse nach und nach einen halben Schoppen frisch Wasser, thut etwas geschnittene Zwiebeln, Negelein, Pfeffer, Ingber und Salz daran. Wenn es wohl gerührt ist, streut man Mehl auf ein Bret, nimmt einen Löffel voll von dem Teig heraus, macht ein Bratwürstlein, ohngefähr zwey Finger dick und einen Finger lang, davon, macht die Butter in einer Pfanne heiß, und bakt die Würstlein darinn gelb.

Bratwürste in Citronensose. Man bratet sie halb gahr, legt sie in eine Casserole, gießt Wein und Fleischbrühe darauf, schneidet Citronenschelfen und Scheiben hinein, thut ein Bündlein Kräuter und Zwiebeln dazu, und läßt es mit einander kochen. Wenn sie bald gahr sind, setzt man Butter auf, daß sie heiß werde, schüttet ein wenig Mehl hinein, läßt es braun werden, bräunet es an die Würste, thut auch Ingber, Pfeffer und ein wenig Zuker daran.

Bratwürste in Senfsose. Die Würste werden nicht zu sehr, sondern fein saftig gebraten. Alsdann läßt man Butter in eine Casserole braun werden, gießt Senf und Wein dazu, thut auch Citronenschelfen, Ingber, Pfeffer, Bouillon und Zucker hinein, und läßt es ein wenig durcheinander kochen. Endlich gießt man die Brühe in eine Schüssel, und die Würste legt man auf den Rand.

Bratwürste mit saurem Rahm und Capern. Die Würste bratet man halb gahr: dann wird Butter in einer Casserole braun gemacht, ein wenig Mehl darein gethan, und umgerührt, bis es braun wird; Fleischbrühe und ein wenig Essig hineingegossen.

fen, Lorbeerblätter, Rosmarin, Pfeffer und Ingber dazu geworfen, und alles zusammengekocht. Endlich legt man die Würste in die Brühe, thut geschnittene Citronenschelfen und eine Hand voll Capern hinein, und läßt es durcheinander kochen; gießt einen Nößel guten und diken Wein dazu, und läßt es durcheinander dämpfen.

Braune Suppe. S. Suppe.

Braunkohl zu kochen. Wenn er recht ausgefroren, muß er sauber gestreift, gekocht, das Wasser abgeseigt, und er sehr klein gehakt werden. Darauf macht man Butter in einer Casserole braun, schüttet ein wenig Mehl darein, thut den Kohl nebst Fleischbrühe, Ingber, Pfeffer und Salz, in die Casserole, und läßt es durcheinander kochen, bis der Kohl weich, und keine lange Brühe mehr daran ist.

Braunschweiger Würste. Man nimmt das mürbeste Fleisch aus den Seiten oder Lenden und Schinken von jungen Schweinen. Das Fleisch wird von den Adern wohl gesäubert, sehr klein gehakt, und die am Messer hangende Fäserchen weggeworfen; das nöthige Salz mit Salpeter vermischt, ferner ganzer und gestoßener Pfeffer darzu gethan. Nun werden Rindsdärmer in laulichtes Wasser eingeweicht, der Teig recht derb darein gefüllt, und dann die Würste vier und zwanzig Stunden aufgehängt. Im Rauch läßt man sie nur so lang hangen, bis sie eßbar sind.

Braune Potage von Semmelrinden zur Fastenzeit. Man macht ein Coulis von einem Stük Aal und Lachs, läßt es in einer Casserole mit einem Stük Butter braun braten, zerstoßt sie in derselben mit einem Stük Butter, sezt es auf das Casserolloch. Wenn es braun worden, gießt man Grübel und Fischbrühe, von jedem gleichviel daran, thut Champignons, eine kleine ganze Zwiebel, Petersilie, zwey bis drey Negelein und einige Semmelrinden dazu, und läßt es zusammen gelind kochen. Wenn das Fleisch vom Aal und Lachs gestoßen wird, so wird es mit ein wenig Krebscoulis befeuchtet, auch, so es wohl gestoßen, mit dem Coulis in der Casserole vermengt, durch ein Haartuch geschlagen, das Durchgeschlagene in eine Casserole gethan, und auf heisser Asche warm gehalten. Dann werden Semmelrinden in Fischbrühe aufgeschwollen und angebaken, ein klein gefülltes Weißbrod in die Mitte gelegt, und das Coulis darüber geschüttet.

Braun-

Braungebakenes Zukerwerk

Braungebakenes hohles Zukerwerk. Man nimmt Marzipanzeug, dies mit Stärkmehl untereinander gewirkt, eines halben Fingers dik ausgewellt; der Model mit einem in ein Tüchlein gebundenen Mehl bestäubt, und der Teig allenthalben in den Model gedrukt. Dann thut man ihn aus dem Model heraus, legt ihn auf ein mit Eyerweiß bestrichenes Oblatenblatt, sezt dies auf den Ofen, und bakt es ein wenig. Nach diesem werden die Oblaten ringsherum davon geschnitten und vergoldet.

Braungebakene Mandeln. Acht Pfund Mandeln, die abgezogen sind, werden mit Rosenwasser in einem Mörsel zart gestoßen; denn werden sechs ganze Eyer und sechszehn Dotter wohl geklopft, und nebst einem Pfund gestoßenem Zuker und Mandeln, in eine Schüssel gethan, wohl untereinander gerührt, mit Mehl ausgewirkt, in die blecherne Model gedrukt, und in heissem Schmalz gebaken.

Brey von Bier. Man reibt ein paar Hände voll Hausbrod, röstet solches gelb in Butter, schüttet so viel Bier, als nöthig ist, dazu, würzt es mit Zuker und Ingber, und läßt es kochen. Noch wird Zuker und Zimmet darüber gestreut.

Brey von Eyern. Man nimmt vier Löffel voll Mehl, röstet es

Brezeln

gelb im Schmalz, zerklopft sechs Eyer, gießt Rahm darein, mengt das geröstete Mehl mit an, und läßt es zu einem Brey kochen.

Brey, aufgezogener. Man brühet vier Löffel voll Mehl mit siedender Milch an, schlägt Eyer darein, machts mit Milch dünn, wie einen Fläbleinsteig, thut Zuker oder Salz darein, siedend Schmalz in ein Geschirr, und unten und oben Kohlen.

Brey von Fleisch. Verdämpft Kalbfleisch wird klein gehakt, in einem Stüklein Butter ein wenig Semmelmehl oder gerieben Brod kaum gelb geröstet, etwas klein geschnittene Citronenschaalen, Muscatenblüthe und Salz dazu gethan, auch Fleischbrühe daran geschüttet, bis es wie ein Brey ist. Wann es gekocht, wird noch ein Löffel voll saurer Rahm daran gethan. Denn kann man Eyer darauf baken, oder gebakene Semmeln darein thun.

Brey, gerösteter. Schön Mehl wird in einem Stük Butter gelb geröstet, mit Milch angerührt, etwas Zuker darein gethan und gekocht. Man kann auch Zimmet darein thun.

Brezeln von Eyern. Fein Mehl, Eyer, Rahm, etwas gestoßene Mandeln, etwas zerlassene Butter mit Zuker, Zimmet und Rosenwasser zu einem Teig gerührt, dieser

dieser zu kleinen Stüken gewirkt, Brezeln daraus gemacht, mit Dottern bestrichen, und in einem Ofen gebaken.

Brezeln, gefüllte. Ein Teig aus feinem Mehl, mit ein wenig warmer Milch nebst Zuker angemacht; diesen zu zwey Finger breiten Stüken ausgewellt, von einer Mandelmasse etwas darauf gelegt, übergeschlagen, doch nicht allzufest zugemacht, auf ein mit Mehl bestreutes Blech gethan, und im heissen Ofen gebaken.

Brezeln von Mandeln. Man nimmt ein halb Pfund abgezogene Mandeln, acht Loth Eyerklar, und vier Loth weiß Rosenwasser, zerklopft es, stoßt die Mandeln zart, träufelt das vorher mit dem Eyerweiß wohl zerklopfte Rosenwasser gemach in die Mandeln. Dies währt eine Stunde. Wenn sie recht klein sind, thut man ein Viertelpfund fein gestossenen Zuker darunter, knetet den Teig wohl, formirt Brezeln daraus, legt sie auf ein mit Mehl bestreutes Blech, sezt sie auf ein kleines Kohlfeuer, und thut, wenn sie sich heben, auch auf den Dekel glühende Kohlen.

Brezeln von Marzipanzeug. Sie werden von abgetroknetem Marzipanzeug formirt, gelblicht gebaken, beeiset, mit gröblicht gestossenen Zuker bestreut, im Ofen abgetroknet und gebaken.

Brezeln von Zuker. Man klopft das Gelbe von 6 Eyern ganz klein, thut ein halb Pfund schön Mehl, reib gewaschene Butter eines Eyes groß, und zwölf Loth fein gestebten Zuker dazu, knetet alles wohl zu einem Teig, formirt Brezeln, bestreicht sie mit Eyerklar, streut Zuker darauf, und bakt sie, doch nicht gar zu braun.

Briesenküchlein. Wenn die Briesslein gesotten, die Drossel herausgeschnitten, und das Uebrige klein gehakt ist, wird etwas geriebenes Eyerbrod daran gemischt, ein wenig Muscatenblüthe, Salz und Pfeffer darein gestreut, ein Ey daran geschlagen, alles wohl untereinander gerührt, auf Semmelschnitten gestrichen, und im Schmalz gebaken.

Briesensuppe. S. Suppe.

Briesengemüß. Man nimmt Milchbrod oder Semmeln, schneidet die äusserste Rinde davon, und weicht sie in gute Milch. Zu zwey Semmeln nimmt man ein Viertelpfund Butter, rührt ihn mit fünf bis sechs Eyerdottern wohl ab, drükt das eingeweichte Brod fest aus, und rührt es auch darein. Denn siedet man eine Kalbsbriese weich, schneidet es in kleine Stüke, und rührt es mit Salz und Muscatentenblüthe darunter. Das weisse von den Eyern schlägt man zu Schaum, und rührt es auch darein. Dann schmiert man Rahmtortenmödel mit Butter, thut den Teig darein, und bakt es im Bakofen nicht gar zu braun, macht eine Butterbrühe mit Morcheln, und kocht die Küchlein ein wenig darinn auf.

Briesenpastete. S. Pastete.

Briken zu kochen. Man schleimt sie, das ist, wenn man sie aus dem Wasser genommen und mit einem reinen Tuch abgetroknet hat, wird die Haut abgeschaben. Man läßt sie noch ein wenig in reinem Wasser liegen, alsdann siedet man sie frisch im Wasser, Wein und Eßig, mit Salz, Zwiebeln und Citronenschaalen, auch einem Stük Butter, oder macht eine schwarze Brühe.

Briken einzumachen und zu mariniren. Man bratet sie langsam auf dem Rost, beträuft sie immer mit gutem Baumöl, bestreut den Boden eines reinen Fäßleins mit Pfeffer, legt die Briken hinein, schlichtweise nach einander, bestreut sie weiter mit untereinander gemischtem Pfeffer, Negelein und Zimmetrinden, und dies so fort, bis das Fäßlein voll ist. Endlich gießt man Weinessig darauf, daß er darüber gehet, und beschweret sie.

Briken zu braten, in Papier. Man schneidet sie in Stüke, und schabt sie rein ab. Macht kleine Fächlein von Papier, legt die Briken darein, gießt Baumöl dazu, schneidet kleine Citronenschelfen daran, sezt die Papierchen mit den Briken auf einen Rost, unter welchem aber nicht viel Feuer seyn darf, und drükt Citronensaft darein.

Brikensalat. Von den Briken wird die äusserste schwarze Haut abgeschaben, quer geschnitten, und mit geschnittenen Zwiebeln, Pfeffer, Eßig und Oel angemacht.

Brokelkohl oder Blattkohl. Er wird gebrüht, bis er weich ist, alsdann gewässert und wohl ausgedrükt, mit dem Messer nur einigemal durchschnitten, ein Buttermehl in einem Stollhafen gemacht, wie zu Spargeln. Der Kohl wird darein gethan, mit etwas Muscatenblüthe und Pfeffer, und wohl gekocht.

Brokelerbsen zu kochen. Man läßt sie einige Stunden im kalten Wasser stehen, wäscht sie etlichemal aus kaltem, eben so oft aus warmen Wasser, läßt sie in einem Durchschlag ablaufen, thut ein Stük Butter in eine Kachel, läßt darinn ein klein geschnittenes Zwiebelein nebst klein geschnittenen Petersilie ein wenig dämpfen, streut etwas Zuker

Zuker an die Erbsen, und thut sie in die Butter. Wenn sie ein wenig darinn gedämpft, streut man etwas Mehl darauf; wenn es ein wenig angezogen, schüttet man Fleischbrühe daran, daß es eine kurze Sose hat, und läßt sie noch ein wenig kochen.

Brodtorte. S. Torte.

Brühe zu den Potagen an Fleischtagen. Man nimmt ein Stük vom Schulterblatt und Schenkel des Rinds, thut es in einen Topf mit kaltem Wasser, legt noch einige Kalbskeulen dazu, säumt es fleißig ab, und schüttet öfters wieder frisch Wasser daran, wirft auch Salz, gelbe Rüben, Pastinaken, ein Bündchen feiner Kräuter und grosse Zwiebeln dazu hinein, läßt solches zusammen so lang gelind kochen, bis die Brühe die verlangte Kraft hat. Endlich wird sie durch ein seidenes Sieb geseiget, daß das Fett davon komme, und darinn kocht man die Potage gelind auf.

Brühe zu Potagen an Fasttagen. Man thut allerley gute Kräuter, nebst zwey bis drey Semmelrinden in einen Topf mit Wasser, würzt es mit Salz, Butter und einem Bündchen feiner Kräuter. Wenn es ein und eine halbe Stunde gekocht hat, wird die Brühe durch ein leinen Tuch geseiget.

Brühe, braune. Man nimmt einige Pfund gutes Rindfleisch aus der Keule, schneidets in Scheiben, einen halben Finger dik, schlägt sie ein wenig platt, legt sie, Stük vor Stük, eines neben das andere in eine weite Caßerole; schneidet ein paar gelbe und auch weisse Wurzeln, wie auch weisse Zwiebeln in Scheiben, nebst andern Kräutern, auch Lorbeerblättern und Petersilie; legt dies alles auf das Fleisch, dekt es zu, sezt es auf einen niedrigen Dreyfuß, macht ein Kohlfeuer darunter, so breit die Pfanne ist, und läßt es so zugedekt immerfort schwizen und braten, bis der Saft, so im Anfang herausgegangen, wieder eingebraten, das Fleisch recht braun worden, und sich etwas an die Pfanne angesezt hat. Das Feuer muß immer gelind seyn. Das Fleisch darf auch nicht umgekehrt werden. Alsdann macht man eine helle und kräftige Fleischbrühe darüber, läßt es eine kleine halbe Stunde langsam kochen, und schüttet es durch ein kleines Sieb.

Brühe über Forellen und Hechte. Man nimmt eine Rinde schwarz Brod, reibt und siedet sie mit Wein und Fleischbrühe, preßt sie durch ein Tuch, thut ein wenig Oel und Citronenmark daran, würzt, zukert, und siedets nochmal, und streut würflicht

licht geschnittene Citronenschaalen auf die Fische. Zu den Forellen macht man die Brühe ein wenig dünner.

Brühe von Petersilien, Sardellen, Morcheln ꝛc. Man läßt ein gut Stük Butter zergehen, macht klein geschnittene Schalottenzwiebeln und einen Löffel voll Mehl schön gelb darinnen; thut klein geschnittene Petersilie, ganze würflicht geschnittene Citronenscheiben, ein paar Sardellen, etwas gesottene und geschnittene Morcheln hinein, und läßt dies alles zusammen mit Fleischbrühe kochen. Dies taugt zum Rindfleisch und zu gesottenen Zungen.

Brühe über Lammfleisch. Man verdämpft das Fleisch mit Zwiebeln, Butter und Wurzelwerk, dann thut man ein Stükchen Butter, Zwiebeln, Citronen, ein Stükchen Schinken, in eine Kachel, einen Löffel voll Mehl, etliche Eyerdotter und einen Löffel voll Eßig. Dies wird auf Kohlen untereinander gerührt, bis es anfängt zu sieden, durch das Haarsieb getrieben und über das Fleisch angerichtet.

Brühe über Wildpret. Man streut auf eine obere Brodrinde Negelein, Pfeffer, Salz, klein geschnittene Schalottenzwiebeln, überstreicht die Rinde mit Butter, legts in die Bratpfanne, thut etwas Fleischbrühe daran, und läßt das Fleisch darunter braten. Wird aber das Fleisch verdämpft, so thut man es in einen Dreyfuß. Ist das Fleisch fertig, so thut man das Brod heraus, hakt es nebst ein wenig Spek klein, thut es mit klein geschnittenen Citronen und Citronensaft in die Bratenbrühe, läßt es noch ein wenig aufkochen, treibt es durch ein Haarsieb und richtets über das Fleisch an.

Brühe zu einem Schweinskopf. Man reibt etwas Brod, schneidet etwas Petersilien und Schalottenzwiebeln, zerstoßt ein paar Wachholderbeere, thut ein paar Löffel voll Senf, etwas Eßig und gut Oel, auch Citronen dazu, und macht es untereinander.

Brühe von Selleri über eingebeizt Wildpret. Man thut Selleri und etwas gelbe Rüben in Butter, läßt es ein wenig dämpfen, thut Mehl darein, rührt es um, schüttet ein Glas Wein daran und Fleischbrühe, wie auch von der Sose, worinn das Wildpret gesotten. Man läßt es kochen, brennt einen Zuker daran, bis es gelblicht ist, und thut Salz, Muscatenblüthe, auch etwa Negelein daran. Das Wildpret aber muß vorher gesotten werden, ehe man es zum Sulzen siedet.

Brühe von Senf zu schwarz Wildpret. Man nimmt etliche

che Löffel voll Senf, drey Löffel Wein, ein wenig klein geschnittene Citronenschelfen, einen Löffel voll Provenceröl, den Saft von einer halben Citrone, klopft es wohl untereinander, und gibt es zum kalten Wildpret.

Brühe von Rahm über Wildpret. Das Wildpret von allen Arten, wird mit Butter und Eßig, welches an einander gesotten, begossen. Ist es aber lang gebeizt, mit siedend Schmalz übergossen, eine Fleischbrühe in die Bratpfanne gethan, und der Braten damit geträufelt. Wenn er bald gahr ist, werden etliche Löffel voll sauren Rahm in ein Schüsselchen gethan, ein Löffelein voll Mehl darein gerührt, und der Braten damit überstrichen. Und so thut man ein paarmal den übrigen Rahm in die Bratpfanne, läßt ihn noch ein wenig damit kochen, thut etwas gebrannten Zuker daran, daß die Brühe gelb wird. Auch thut man etliche Citronenrädlein in die Brühe. Ist sie zu dünn, so macht man ein wenig Buttermehl daran, läßts aber nicht mehr lang mit dem Rahm kochen, daß sie nicht fett wird. Man kann auch etwas Negelein oder Wachholderbeere in die Bratpfanne thun.

Brühe, französische, über Capaunen und Hühner. Man schneidet Citronen und Limonien zu Schnitten, schüttet Wein und einen Löffel voll Aepfelsaft daran, läßts zusammenkochen, preßts durch ein Tuch, gießt Malvasier dazu, würzt es mit Muscatenblüthe, Zuker, Zimmet, und ein wenig Safran, und läßts noch einmal aufsieden. Indessen wird der Braten angerichtet, die Brühe darüber gegossen, und geschnittene Datteln und Mandeln darauf gestreut.

Brühe, spanische. Man hakt fünf bis sechs Sardellen mit einem Stükchen Butter klein, thut sie nebst klein gehakten Schaletten ein wenig klein geschnittenen Schinken, und etwas weissem Baumöl in eine kleine Caßerole, läßt es zusammen etwas braun schwizen, schüttet eine säurige Kraftbrühe oder etwas Coulis doran, streut anstatt dessen aber auch ein wenig Mehl darauf, läßt es damit dämpfen und gießt es darauf. Darnach läßt man es wohl durchkochen, streicht es durch ein Haartuch, thut ein wenig Champagnerwein, Champignons und Citronensaft daran, und läßt es noch einmal durchkochen.

Brühe, englische. Man nimmt einen kleinen Löffel voll Mehl und ein gut Stük Butter, knetet es untereinander, hakt Schalotten, aufgekochte Petersilie, Lor-

Lorbeerblätter, Citronenschaalen, einige Capern und Sardellen recht klein, knetet dieß alles zu dem Mehl und Butter hinein, und rührt es mit einer guten Brühe an. Dann werden einige hartgesottene Eyerdotter zu kleinen Stükchen gemacht, in die Brühe gethan, oder beym Anrichten darüber gestreuet. Streut auch ein paar ein wenig gebratene und in Würfeln geschnittene Schinkenscheiben, auch würflicht geschnittenes und gebratenes Brod darüber.

Brühe von Aepfeln über Wildpret. Man zieht ein Viertelpfund Mandeln ab, schneidet sie länglicht und klein, röstet Borsdorfer Aepfel ein wenig im Schmalz, seigt es wieder ab, thut beydes in einen Stollhafen, und mischt ein wenig Weinbeere darunter, schüttet Wein daran, würzt es mit Muscatenblüthe, Zimmet und Muscatennuß, reibt etwas Brod daran, richtet das Gebratene an, und schüttet diese Brühe darüber.

Brühe von Schnepfen. Wenn die Schnepfen gahr gebraten sind, zieht man sie vom Spieß ab, nimmt das Eingeweide und die Leber weg, legt es in eine Casserole, würzts mit Pfeffer und Salz, gießt ein wenig rothen Wein daran, schneidet die Schnepfen in die Brühe, und wenn sie noch nicht diklicht genug ist, thut man zwey bis drey Löffel voll Coulis von Kalbfleisch und Schinken daran, macht es zusammen heiß, drükt den Saft von zwey Pomeranzen daran, und richtets warm an.

Brühe von Erbsen an Fasttagen. Man nimmt vier kleine Maaß grüne trokene Erbsen, liest und wäscht sie in lauligtem Wasser, kocht sie nebst einigen gelben Rüben, Pastinaken und grossen Zwiebeln in einem grossen Hafen mit siebendem Wasser. Wenn sie gahr sind, seigt man die Brühe durch ein Haarsieb in eine Terrine, ohne die Erbsen zu zermalmen.

Brühe von Sardellen über allerhand Braten. Man nimmt ein Stük frische Butter, zerreibt sie mit Citronenmark, thut ein paar gehakte Sardellen dazu, rührt alles untereinander, setzt es auf Kohlen, und schüttet den Saft vom Braten, und wenn es zu sieden anfängt, den Saft von einer Citrone oder Pomeranze dazu.

Brühe von Capern über Schlegel. Man röstet Mehl ohne Schmalz, ganz troken, gießt Wein und ein wenig Fleischbrühe daran, würzts mit Muscatenblüth, siedet alles zusammen, wirft ziemlich Capern und etwas Zuker darein, läßts noch

E einen

einen Sud thun, auch kann man Eßig dazu schütten.

Brühe von Zibeben über Hühner. Man läßt ein paar Schnitten wohlgebakenes Weißbrod in halb Malvasier und halb anderm Wein sieden, zwingt es durch, würzts mit Pfeffer, Muscatenblüth und ein wenig Safran, läßt alles wohl miteinander sieden, thut ziemlich ausgekörnte Zibeben, und geschälte länglicht geschnittene Mandeln, auch klein gestoßenen Zimmet darein, schüttet Eßig dazu, zukerts nach Belieben; legt das Huhn in eine Schüssel, löst die Viertel ein wenig auf, und richtet die Brühe darüber an.

Brühe von Chocolade. Statt des Mehls nimmt man ein Viertelpfund fein gestoßene und durchgesiebte Chocolade, alsdann ein Stük reine Butter, und drey bis vier Eyerdotter, knetet es zusammen in einer Pfanne wohl, und rührts mit Wein und ein wenig Wasser an. Sollte es von der Chocolade nicht süß genug werden, thut man noch ein wenig Zuker dazu.

Brühe von Zwiebeln über das Gebratene. So bald das Gebratene zu braten und zu tropfen anfängt, muß die Bratpfanne weggenommen, und eine andere untergesetzt werden. Denn legt man frische Lorbeerblätter und Citronenschaalen darein, schüttet ein paar Löffel voll Brühe aus der ersten Bratpfanne nebst zwey bis drey geschälten kleinen Zwiebeln dazu. Soll die Brühe säuerlich seyn, nimmt man ein wenig Citronenessig, oder drükt den Saft von frischen Citronen darein, legt den Braten in die Schüssel, und gießt die Brühe darüber.

Brühe über einen Hammelschlegel. Man nimmt klein gehakte Zwiebeln, röstet sie, und zugleich ein Stäublein Mehl in Schmalz; denn wird das Schmalz davon geseigt, Fleischbrühe und Eßig daran gegossen, und gut Gewürz darein gestreut. Dann wird etwas von dem Trüben aus der Bratpfanne dazu geschüttet, und diese Brühe über den Braten angerichtet.

Brühe von Citronen über Wildpret u. s. w. Man bähet eine Schnitte Roggenbrod lichtbraun und siedets im Wein, darnach seiget man es durch einen Seiher, daß es klar werde, thut Wein und Trisanet daran, auch Zuker, Muscatenblüthe, Pfeffer und ein wenig Negelein, und siedet es so. Hierauf wird Citronenmark in einem Mörsel mit etwas Zuker abgerieben, daß es klar und dünne wird, endlich unter die Brühe gemischt und angerichtet.

Brühe von Citronen über Rebhühner. Man siedet eine gebähete Schnitte Roggenbrod in Wein und Fleischbrühe, treibt ihn durch, gießt noch mehr Wein zu, würzt mit Pfeffer, Zuker, Muscatenblüthe und Negelein, schneidet Citronen zu Plätzlein, legt sie einen Tag zuvor in Zuker, schält die gelben Schelfen von einer andern Citrone ab, schneidet sie klein und würflicht, legt sie, wie erstbesagte Scheiblein in Zuker, läßt einige davon in dieser Brühe mit aufsieden, und thut Zimmet darein. Wenn nun das Rebhuhn gebraten ist, werden ihm Flügel und Brust abgelößt, alles in eine Schüssel gelegt, die Brühe darüber geschüttet, zugedekt, auf Kohlen nur ein wenig gedämpft, aber ja nicht stark gesotten. Zulezt streut man Trisanet darauf, und ziert's mit den übrigen Citronenscheiben.

Brühe, braune, von Citronen über Wildpret, Kalbs- und Hammelsschlegel. Man läßt ein Achtelpfund Butter zergehen, schüttet ein halb Achtel Weinessig und ein Achtel Wasser daran, läßt es sieden, und thut unter dem Sieden Zuker und Zimmet, Muscatenblüthe und Negelein, auch ziemlich abgeriebenes Citronenmark und klein geschnittene Citronenschaalen darein, und läßt's noch einen Sud thun.

Brühe von Pomeranzen. Man macht Schmalz einer Nuß groß, heiß, röstet einen Löffel voll weiß Mehl darein, schüttet ein Glas Wein, ein wenig Eßig, und den Saft von einer Pomeranze dazu, würzt es mit Negelein, Zuker und Zimmet, schneidet eine zeitige Pomeranze nebst der Schaale in dünne Schnitten, legt sie, wenn die Brühe aufgesotten ist, darein, und läßt diese Schnitten nur ein wenig mit aufsieden.

Brühe von Limonien. Diese hakt und schneidet man wenn die Kerne herausgenommen worden, thut sie in ein Töpfchen, schüttet Wein, ein wenig Fleischbrühe, auch Rosenessig daran, würzt es mit Pfeffer, Muscatennuß, sehr wenig Negelein und etwas Zuker, läßt's zusammen aufsieden, und richtet's über den Braten an.

Brühe von Trauben über Auerhahnen, Rebhühner, u. s. w. Man siedet zeitige Muscatellerbeere in spanischem Wein, wirft, wenn sie ein wenig erkaltet sind, zwey bis drey Muscatenblumen, ein halb Loth des besten Zimmets, einen Stengel langen Pfeffer und eine Ingberzehe darein, bindet gröblicht gestossene Cardemomen in ein weisses Tüchlein, und legts dazu. Hernach läßt's man zusammen einen Wall thun, und wenn es siedet, schüt-

schüttet man drey bis vier Löffel voll des schönsten Zukers darein, rührts untereinander, dekts mit einem weissen Tüchlein zu, und sezt es, so bald es kalt ist, in den Keller. Denn kann man es kalt aufsezen oder aufsieden lassen, und über den Braten anrichten, auch jedesmal ein bis zwey Löffel voll Weinbeere herausnehmen.

Brühe von Weichseln. Man reibt Lebkuchen, gießt Wein daran, und läßt ihn sieden, nimmt Weichselsulzen, rührt sie mit Wein an, würzt es mit ein wenig Muscatennuß und Pfeffer, oder mit Zuker und Zimmet, und läßt es noch ein wenig miteinander aufsieden.

Brühe von Meerrettig über eingebeizt Rindfleisch. Man nimmt das Dike aus der Bratpfanne, reibt Meerrettig daran, pfeffert es, und drükt Citronensaft darein.

Brühe von Rosmarin über Gebratenes. Man läßt frische Butter oder Schmalz in einer Pfanne zergehen, schneidet ein wenig Zwiebel klein, wirft sie mit einem halben Löffel voll Mehl in die Butter oder in das Schmalz, und läßt es miteinander rösten. Denn gießt man Fleischbrühe und ein wenig Eßig daran, siedet es, würzt es mit Negelein, Muscatenblüthe, Zuker und Zimmet; hernach schneidet man Citronenschelfen länglicht, wie Kraut, läßt sie mit einigen kleinen Roßmarinzweiglein nur einen Sud thun, schüttet es über den Braten, und belegt die Schüssel mit runden ausgestochenen Citronenscheiben.

Brühe von Johannisbeeren. Man nimmt Johannisbeere, schüttet ein Glas guten Wein daran, und reibt sie in einer Schüssel, seiget sie durch ein Tuch, und würzt sie mit ein wenig Ingber, Zuker und Zimmet; sezt es in einem Töpfchen zum Feuer, und läßts ein wenig dik werden. Unter dem Kochen wird es fleißig umgerührt.

Brühe von Mandeln über Hühner &c. Man hakt die Mandeln oder reibt sie in einem Mörsel ab, schüttet etwas weniges Hühnerbrühe, die aber nicht fett seyn darf, und siedheissen Malvasier darüber, mischt geriebenes Brod, Muscatenblüthe, Zuker und Trisanet darunter, gießt etwas Rosenessig dazu, läßt die Brühe sieden, und richtet sie über die Hühner an.

Brühe, süße. Weineßig, ganzen Zimmet und Zuker und ein Lorbeerblatt thut man in eine Casserole und kochts. Eingekocht seiget mans durch ein Sieb in ein Töpfchen, und richtets warm an. Man nimmt auch Wein statt des Eßigs.

Brü

Brühe über Aale und andere Fische. Man zerläßt Butter mit etwas Selleri und gelben Rüben, welche klein geschnitten werden, ein wenig Roßmarin und einem Löffel voll Mehl, rührt es um, und gießt Wein und Fleischbrühe daran; schält kleine ganze Zwiebelein, thut sie in die Brühe, läßt sie mit dem Fisch, der zerschnitten seyn muß, kochen. Wenn der Fisch weich ist, thut man ihn heraus, läßt die Brühe einkochen, brennt einen Zuker daran, bis sie gelb ist, thut Muscatenblüth und etwas Negelein dazu, auch Citronen, den Fisch wieder darein, und richtet es an.

Brühe von Sardellen. Man schneidet ein Schalottenstöpbelein ganz klein, macht ein Stükchen Butter mit einem Löffelchen Mehl gelb, verdämpft darinn die Zwiebel, löscht sie mit einer guten Fleischbrühe ab, mit etlich Löffel voll Wein, geschnittenen Citronen sammt dem Saft; hakt die Sardellen klein, und thut ein wenig Muscatenblüthe darein, und läßts beyeinander sieden. Die Brühe macht man mit etwas gebranntem Zuker gelb. Man nimmt auch statt der Sardellen Häringe oder Capern.

Brühe von Oliven über einen Reh- oder Gemsenschlegel. Man schneidet die Oliven von den Kernen, hakt sie klein, bähet ein Stük Roggenbrod, brokt es in ein Töpfchen, schüttet Wein daran, thut die gehakten Oliven dazu, und läßts zusammensieden. Denn seihet mans durch, würzt es mit Zuker, Zimmet und Muscatenblüthe, hakt noch mehr frische Oliven und wirft sie darein; gießt Citronenoder Pomeranzenessig dazu, oder mischt Citronenmark und ein wenig trübes aus der Bratpfanne darunter, und läßt alles mit einander aufsieden. Nach diesem legt man den Schlegel in eine Schüssel, schüttet die Brühe nebenzu hinein, und schneidet frische Oliven halb voneinander, nimmt die Kerne heraus, belegt sowohl den Schlegel als auch den Rand der Schüssel damit, und stekt in die Mitte der Oliven kleine Roßmarinsträuslein.

Brühe von Schalotten über einen Schlegel. Man schneidet die Schalotten klein, setzt sie mit ein wenig klein geschnittenen Roßmarin und einem Stükchen gebäheten Brod zum Feuer, siedet sie weich, seihet sie durch, und zwar mit ein wenig trüber Brühe aus der Bratpfanne. Zuletzt thut man Citronensaft, Pfeffer und Muscatenblüthe, ein wenig klein geschnittenen Roßmarin und Citronenschelfen darein, und richtets über den Braten an.

Büchsenkuchen. In einem Quart Milch rührt man Mehl, bis es wie ein dünner Brey wird; schlägt sechs Eyer hinein, thut Muscatenblüthe dazu, salzt es ein wenig, und rührt es glatt ab. Bestreicht dann eine blecherne oder zinnerne Büchse mit Butter, füllt sie mit diesem Teig, thut den Dekel fest darauf, sezt die Büchse in einen Topf mit siedendem Wasser, läßts kochen, bis der Teig in der Büchse hart wird; nimmt sie heraus, wie auch den Teig, macht den andern Teig vollends fertig, wie den ersten; schneidet den ersten Teig scheibenweis eines kleinen Fingers dik, bakt sie langsam im Schmalz, und bestreut sie mit Zuker und Zimmet.

Butterkuchen. Man macht von schönem Mehl, Butter, vier Eyern, Milch, Hefen, Rosenwasser und Muscatenblüthe einen Teig. Dieser wird geknetet aber ja nicht gestopft, daß er wohl aufgeht. Hernach rollt man einen Kuchen daumensdik, wikelt ihn rund herum auf, belegt ihn dik mit Butter, denn klopft man sechs bis acht Eyer mit Milch, schüttet es auf den Kuchen und läßt ihn wohl baken.

Butterschnitten. Man nimmt ein halb Pfund schön Mehl, ein halb Pfund Butter, etwas Salz, zwey kleine Gläser guten Wein, knetet es zusammen, rollt es auseinander, schlägts wieder zusammen, wiederholt es drey bis viermal, und zwar alles an einem kühlen Ort. Rollt alsdann den Teig einen starken Messerrüken dik, schneidet ihn mit einem warmen Messer in vierekichte Stükchen, bestreicht sie mit geklopftem Eyerweis, streut ein wenig Zuker darüber, und bakt sie in einem nicht gar zu heißen Ofen.

Butterteig. Man nimmt ein halb Pfund Butter, sodenn so viel Mehl, als man mit einem halben Köffel Rahm nezen kann, thut drey Eyerdotter dazu, macht einen Teig davon, treibt solchen, wie die Butter, auf, legt die Butter in den Teig, und schlägt diesen etlichemal übereinander.

C.

Caffeemus. Man thut drey bis vier Loth gemahlenen Caffee, fast eben so viel Zuker, auch etwas Zimmet in einen Topf, macht ein Quart Milch siedend, gießt sie über den Caffee und Zuker, und läßt sie daran kalt werden. Dann treibt man die an dem Caffee gestandene Milch durch ein Tuch, und rührt eine Messerspize feines Mehl hinein. Nun verklopft man vier Eyer, auch noch von zwey andern das Gelbe, be, eins nach dem andern, und gießt allemal wieder etwas von der durchgetriebenen Milch daran, schüttet es in ein zinnernes Gefäß, thut oben und unten Glut dazu, und läßts gelb werden. Zulezt streut man klein geschnittene Citronen und Zuker darauf.

Caffeesemmel. Werden aus Weizenmehl, Eyern und Butter, wekenförmig oder länglichtrund, und auf beyden Seiten zugespizt verfertigt.

Caffeewaffeln. Man mischt ein Viertelpfund zartgestoßenen Zuker, ein Viertelpfund Mehl, zwey Eyer und einen Löffel voll fein gesiebten Caffee wohl untereinander, und gießt nach und nach ein wenig guten Rahm dazu, bis ein ordentlicher Teig daraus wird, der so dik ist, daß er sich in die Länge zieht, wenn man ihn aus dem Löffel gießt. Das Waffeleisen dazu wird warm gemacht, und beyde innere Seiten mit Butter bestrichen. Dann gießt man einen Löffel voll von dem Teig darauf, drükt das Eisen zu, und legt es aufs Feuer. Wann es auf einer Seite genug gebaken ist, so wird es auf die andere Seite gewendet. Sind sie gebaken, so erhält man sie auf dem Ofen in einem Sieb troken.

Candiren. Man läßt fein geläuterten Zuker in einem Keßel zergehen und so heiß werden, daß man einen Finger darinn leiden kann; hernach tunkt man die Blumen, Früchte, Wurzeln, Gewürz u. s. w. hinein, und wiederholts einmal, legt sie in ein Sieb, und läßt es bey der Wärme troken werden.

Candirte Johannisbeere. Man zieht die noch an dem Sträußlein hangende Johannisbeere durch ein frisches Wasser, und troknet sie auf einem Tuch wohl ab. Nimmt Zuker, läutert ihn etwas diklicht, siebt einen guten Theil feinen Zuker durch ein Sieb auf feines Papier, ziebt die Sträuslein durch den geläuterten Zuker, kehrt sie in dem andern durchgesiebten Zuker recht herum, daß er daran kleben bleibt, legt sie auf ein Papier und läßt sie troknen.

Candirte Mandeln. Abgeschälte Mandeln weicht man in Rosenwasser ein, läßt sie eine Weile darinn liegen, seiht sie ab, schwingt sie in gröblicht gestoßenem Zuker, bakt sie in recht heißem Schmalz in einer Pfanne, legt sie auf Papier und kühlt sie ab.

Capaun zu puzen und zuzubereiten. Man schneidet ihm die Kehle ab, thut ihn in ein recht heißes Wasser, und rührt ihn so lang herum, bis die Federn weggehen; denn legt man ihn, wenn

wenn er ganz rein ist, in kaltes Wasser.

Capaun mit Austern. Man vermischt, wenn man ein bis zwey Capaunen wohl gepuzt hat, Austern, reine Butter, Muscatenblüthe, Citronenschelfen und etwas klein geriebene Semmel durcheinander, füllet die Capaunen unter die Haut auf im Leibe, vernäht sie fest mit Zwirn, bindet sie an einen Spieß, bratet sie gemach, und behält die Brühe, die unter dem Braten herauskommt. Sind sie bald gahr, so nimmt man sie herunter, legt sie in eine Caßerole und Austern dazu; auch thut man etwas geriebene Semmel, Muscatenblüthe, Citronenschelfen und ein wenig süßen Wein dazu, macht etwas Brühe und läßt es gar gemach kochen. Zum Anrichten klopft man zwey bis drey Eyerdotter mit etlichen Tropfen Weinessig in einem Töpfchen klar ab, zieht die Brühe vom Capaunen daran, richtet diese an, gießt die Brühe darüber, und legt die Austern herum.

Capaunen am Bratspieß mit feinen Kräutern. Man macht, wenn er gesäubert ist, mit den Fingern die Haut von dem Brustfleisch los, nimmt so viel geraspelten Spek, als zwey Eyer groß sind, thut einen gehakten Champignon, ein wenig Petersilie, grüne Zwiebeln und Basilik, klein gehakt, dazu, würzt solches mit Pfeffer, Salz und kleinen Gewürzen, vermischt alles wohl miteinander, und thut diese Fülle zwischen Haut und Fleisch, nähet die Enden zusammen und macht den Capaunen ein wenig steif, stekt ihn an den Spieß, belegt ihn mit Scheiben von Kalbfleisch, Schinken und Spek, und thut zwischen selbigen ein wenig feine Kräuter, Pfeffer und Salz, bewikelt den Capaun mit Papier, und läßt ihn braten. Wenn er gahr ist, legt man ihn in die Schüssel und richtet ihn mit einer Schinkenessenz an.

Capaunen am Bratspieß mit Krebsen. Wenn der Capaun ausgenommen, und das Brustfleisch so abgelößt ist, daß die Haut sitzen geblieben, so füllt man die Haut über der Brust mit einer kleinen leichten Fülle, nämlich man legt den Capaun mit der Brust auf einen Tisch, thut die Fülle innwendig auf die Haut, thut auch ein Ragout von Krebsen hinein, und verstopft die beyden Enden des Capauns mit der Fülle, und näht solche zu. Man stekt darauf ein spitziges, etwas starkes Holz queer durch die Keulen, befestiget den Capaun am Bratspies, belegt ihn mit Scheiben von Kalbfleisch und Schinken, gewürzt mit feinen

nen Kräutern, Pfeffer und Salz, wie auch mit Speckstreifen, wickelt ihn in einen Bogen Papier, und läßt ihn bey gelindem Feuer gahr braten. Alsdann nimmt man die Bekleidung weg, legt ihn in eine Schüssel, und thut den Krebsragout darüber.

Capaunen mit Capern. Man legt die gebratenen Capaunen in einen Tiegel, thut allerhand Gewürz, als Muscatenblüthe, Cardomomen, auch eine Hand voll ganze Capern hinein. Ferner stoßt man Capern mit etwas eingeweichter Semmel, in einem Mörsel klein, schüttet diese in ein Töpfchen, gießt gute Bouillon auf, und läßts kochen, bis sie dik werden, streicht es durch ein Haartuch, gießt diese Brühe und etwas guten Wein über die Capaunen, wirft in den Tiegel Citronenschelfen, auch eine ganze Zwiebel, und läßt es durcheinander kochen. Endlich richtet man die Capaunen an, die Brühe oben drüber, und bestreut sie mit Semmel und Muscatenblüthe.

Capaunen mit Carviol. Einen zurechtgemachten und gezähmten Capaunen blanchiret man, setzt ihn mit ein wenig Salz und Wasser zum Feuer, und läßt ihn weich kochen. Vom Carviol schält man das Grüne herunter, ist er groß, so schnei-

det man ihn entzwey, wirft ihn in kaltes Wasser, und setzt ihn zum Feuer, daß er halb gahr koche. Man thut nun den Carviol nebst reiner Butter, Ingber, geriebener Semmel, in eine Casserole, legt den Capaun auch dazu, gießt gute Fleischbrühe daran, setzet es zusammen auf ein Kohlfeuer, läßt es so lang durcheinander kochen, bis es dicklicht wird. Wann es nicht fett genug ist, läßt man etwas Butter hineinlaufen, richtet den Capaun an, legt den Carviol herum, streut Muscatenblüthe darüber, und garnirt den Rand mit Semmelschnitten.

Capaunen mit Castanien. Sie werden in siedendem Wasser blanchirt; in eine Serviette geschlagen, und mit Wasser, darein etwas Salz gethan worden, zum Feuer gesetzt. Dann siedet man ein Pfund Castanien in Wasser, schält sie, legt sie mit den Capaunen in eine Casserole und Muscatenblüthe dazu. Man stoßt eine Brust vom Capaun mit ein wenig reiner Butter und eingeweichter Semmel im Mörsel, thut dies in ein Töpfchen, gießt etwas Bouillon darauf, und läßt es aufkochen. Endlich treibt mans durch ein Haartuch, gießt diese Coulis über die Capaunen, und läßts durcheinander aufkochen. Beym Anrichten
kommt

kommt der Capaun in die Mitte, und die Castanien umher.

Capaunen mit Citronen. Man thut die weißgesottene Capaunen in einen mit Butter bestrichenen Tiegel, mit Muscatenblüthe, Ingber, Citronenschelfen und klein geriebener Semmel. Man gießt von der Brühe, worinn die Capaunen gekocht, auch etwas Wein dazu. Man schneidet eine Citrone in Scheiben, wirft sie in Wein, damit das Bittere herauskomme, schüttet diese Scheiben auch zu den Capaunen, und läßt es auf Kohlen gemach kochen.

Capaunen mit Eyersoße. Den weißgekochten Capaun thut man in eine Caßerole, gießt von der Brühe darauf, worinn der Capaun gelegen, thut Gewürz, nur keinen Pfeffer, auch ein wenig Wein, dazu, legt eine ganze Zwiebel und etliche Lorbeerblätter darein, und läßt es kochen. Denn schlägt man fünf Eyerdotter in ein Töpfchen, thut eine Messerspitze Mehl hinein, gießt ein paar Tropfen Eßig dazu, und quirlt es klar ab; gießt hierauf die Brühe in das Töpfchen, und quirlt es wiederum fein klar, daß es nicht zusammenlauft. Wirft nun ein gut Stük Butter zum Capaun, gießt die Brühe in der Caßerole auf den Capaun, daß es sich mit einander vereinige; richtet den Capaun an, schüttet die Brühe über ihn, und bestreut sie mit Muscatenblüthe.

Capaunen mit Muscatenblüthe und Semmelschnitten. Man läßt den blanchirten Capaunen weich kochen, wäscht ihn wieder sauber aus, und legt ihn in einen Tiegel, dazu man Muscatenblüthe und geriebene Semmeln schütten, auch von der Brühe, darinn die Capaunen gekocht, in den Tiegel gießen, und zum Feuer setzen muß. Ehe er angerichtet wird, legt man ziemlich reine Butter dazu, schneidet Semmeln stikweis, und röstet sie. Denn wird der Capaun in die Mitte, die Semmeln herumgelegt, und mit Muscatenblüthe und geriebenen Semmeln bestreut.

Capaunen mit Muscheln, weiß. Man blanchirt so viel Capaunen in der Serviette, als man braucht, puzt ein bis zwey hundert Stük Muscheln rein, thut ein Stük Butter, klein gehakte Petersilie, Muscatenblüthe, Citronenschelfen, geriebene Semmeln und die Muscheln zusammen in eine Caßerole, gießt genug Bouillon darauf, wäscht die Capaunen sauber aus, legt sie zu den Muscheln, und läßts allgemach kochen. Dann thut man drey Eyerdotter in ein Töpf-

Töpfchen, gießt eine Messerspitze rohes Mehl und etliche Tropfen Eßig darein, gießt von der Brühe, so auf den Muscheln ist, etwas dazu, und quirlt es klar, schüttet die abgezogene Brühe wieder unter die Muscheln, und läßts durcheinander anlaufen.

Capaunen mit Reiß im Bakofen. Man kocht die Capaunen schön weiß, auf oben angezeigte Art, sezt Reiß zum Feuer, und läßt es halb gahr kochen, gießt gute Fleischbrühe darauf, und läßts miteinander gemach kochen. Dann würzt man sie mit Muscatenblüthe, rührt sie mit etwa acht Eyern ab, rührt auch ein Stük Butter darein, thut noch mehr ein Stük Butter in eine Casserole, legt die Capaunen darauf, schüttet Citronenschelfen und Gewürz daran, und paßirt sie ein wenig, macht einen Kranz um eine Schüssel, bestreicht ihn mit Butter, gießt die Hälfte von dem Reiß daran, legt die Capaunen darauf, ziehet den andern Reiß über die Capaunen, und streicht es fein sauber zu.

Capaunen, gepreßt mit Sardellen. Aus einer oder mehr angezeigten Art rein gemachter Capaunen, nimmt man das Eingeweide und den Kropf heraus, stekt ihn an den Spieß, läßt ihn halb gahr braten, sezt ein besonderes Pfännchen die Brühe aufzufangen, darunter, bestreicht den Capaun mit Butter und läßt ihn fort braten. Denn legt man ihn in eine Schüssel, sezt oben wieder eine Schüssel drauf, und beschweret ihn, daß aller Saft herausgehet; beschmiert nun die Schüssel mit Butter, wässert Sardellen ein, wäscht sie rein aus, ziehet ihnen das Fleisch ab, hakt es ganz klein, thut es auch auf die Schüssel, und legt den Capaun darauf. Ingleichen schneidet man Citronenschelfen darüber, gießt nebst Muscatenblüthe ein wenig Brühe und Wein dazu, und läßt dies alles ganz gemach am Kohlfeuer durcheinander kochen, thut die im Pfännchen aufgefangene Brühe auch an den Capaun, legt eine ganze Zwiebel dazu, und läßt es so, wohl zugedekt, dämpfen. Beym Anrichten drükt man von zwey Citronen den Saft darein.

Capaun mit Sauerkraut im Bakofen. Man bratet Capaunen halb gahr, kocht auch Sauerkraut halb gahr, und hakt es, wenns vom Feuer ist, klein, sezt eine Casserole mit Butter aufs Feuer, wenn diese heiß ist, wirft man ein wenig Mehl darein, so, daß es auch etwas braun wird, thut nun das Kraut auch darein, gießt recht viel guten sauren Rahm darüber, und läßt es durch-

durcheinander dämpfen. Hernach macht man einen Rand von Teig um die Schüssel, worein der Capaun kommen soll, bestreicht diese mit Butter, schüttet vom Kraut hinein, legt den Capaun darauf, ziehet vollends das Kraut über den Capaun, und macht es als eine Pastete. Wenn nun alles darüber gestrichen, so macht man es ganz schlecht. Hierauf bestreicht man es mit einem Pinsel mit Eyern, darnach mit Butter, schüttet klein geriebene Semmeln darüber und bakt es im Ofen.

Capaunen mit Krebsen und Spargel. Man kocht den Capaun weiß, siedet Krebse halb gahr und bricht sie aus, schneidet dann den Spargel, bindet ihn zusammen und kochet ihn halb gahr. Nun nimmt man rohe Krebse, schneidet ihnen die Köpfe ab, stoßt jene, nebst etwas gebäheter Semmel, etwas Spargel und ein wenig Butter in einem Mörsel ganz klein, thut es in einen Topf, gießt von der Brühe, worinn der Capaun gekocht, darauf, läßt es kochen, streicht es durch ein Haartuch, thut den Capaun in eine Casserole, würzt es mit Muscatenblüthe, gießt die Brühe darüber, legt die ausgebrochene Krebse und den Spargel dazu, wirft ein Stük Butter darein und läßt es durcheinander kochen. Denn richtet man den Capaun an, legt den Spargel mit den Krebsen herum, gießt die Brühe darauf, und sprengt Krebsbutter darüber her.

Capernsose. Man nimmt Schinkenessenz, thut sie mit Capern in eine Casserole, die Capern aber müssen vorher mit einem Messer drey bis viermal durchschnitten seyn, würzt die Sose mit Pfeffer und Salz, und richtet sie warm an.

Carbonade mit Eyern. Man klopft Kalbs- oder Hammelsripplein recht wohl, bestreicht Papier mit Butter in einer Schüssel, legt die Ripplein darein und läßt sie auf dem Rost halb braten. Nimmt nun ein wenig Mehl, Salz, Pfeffer, Ingber und klein geschnittene Petersilie, macht alles untereinander, bestreicht die Ripplein damit, verklopft, wenn sie ein wenig angezogen haben, ein paar Eyer, tunkt die Ripplein darein, und läßt sie noch ein wenig braten.

Carviol. S. Blumenkohl.

Castanienbrey. Man schält ein Pfund frische Castanien sauber, reibt sie auf dem Reibeisen, macht eine Maas Milch siedend, thut ein Stük Butter darein, rührt die geriebene Castanien nach und nach darunter, und läßt den Brey aufkochen. Nimmt zwey bis drey Eyerdotter, rührt sie

sie auch in den Brey und läßt ihn kochen, bis er sich auf dem Boden etwas gelblicht anhängt. Man kann ihn salzen oder Zuker darein thun.

Castaniensuppe. S. Suppe.

Champignons in der Soße. Man thut den innern Stiel und das Schwarze weg, legt sie mit etwas Citronensaft in ein Wasser, daß sie weiß bleibe, thut die Champignons in ein Wasser, so bald es siedet, läßt sie einen Sud thun, gießt das Wasser ab, thut sie in eine Casserole mit frischer Butter und ein wenig Rocamboln, dämpft sie ein wenig auf dem Feuer, stäubt etwas Mehl daran, füllt sie mit guter Fleischbrühe auf, und läßt sie kochen. Ist es bald Zeit zum Anrichten, so thut man etwas Petersilie und Citronensaft dazu, zieht die Soße mit ein paar Eyerdottern ab, man kann auch süßen Rahm dazu nehmen und den Citronensaft weglassen, und garnirt sie mit ausgebakenen Semmeln.

Champignonstorte. S. Torte.

Chocoladebrod. Man reibt ein Viertelpfund Zuker und ein Viertelpfund Chocolade, rührts mit sechs Eyerdottern, thut etwas Zimmet und Negelein darzu, rührt sechs Loth Mehl troken gelb. Wenn es erkaltet und der Teig wohl gerührt ist, wird das Mehl nebst vier Eyerweiß hin-eingethan, welche zu Schnee geschlagen werden. Hierauf schmiert man Kapseln von Papier oder Blech mit Butter, bestreut sie mit geriebenen Semmeln, füllt sie ein, bakt sie, und schneidet, wenn sie kalt, Schnitten daraus.

Chocoladesuppe. S. Suppe.

Chocoladetorte. S. Torte.

Chocoladenbiscuit. Man reibt die halbe obere Schaale einer Citrone, thut das Geriebene nebst vier Eyerdottern und ein halb Pfund gestoßenen Zuker in eine Schüssel, rührt es wohl untereinander, schlägt das Weiße von acht Eyern zu einem steifen Schaum, thut solches nebst einem Viertelpfund Mehl, welches gesiebt worden, auch dazu, und vermischt alles wohl. Endlich wirds in einer gehörigen Form im Ofen gelind gebaken.

Chocolademus. Man reibt zwey Loth Chocolade zart, siedet sie ein wenig mit zwey Loth Zuker, etwas Zimmet und ein Quart süßer Milch, läßt alles wieder kalt werden und seiht es durch ein Tuch. Denn verklopft man vier ganze Eyer, von zwey andern das Gelbe, mit einem Löffel voll Rosenwasser, gießt die Milch nach und nach daran, und rührt es immerfort. Endlich schmiert man eine zinnerne Schüssel gar dünn mit Butter, schüttet

tet das Angerührte darein, stellt es auf eine Kohlpfanne oder auf einen Topf mit siedendem Wasser, welches doch immer fortsieden muß, thut auch oben etwas Glut dazu, und läßt es gemach stehen. Wenn es anfängt dik zu seyn, so streut man Zuker, Zimmet und klein geschnittene Citronen darauf, oder besäet es oben mit Zuker und geriebener Chocolade.

Chocoladensose. Man nimmt ein Stük reine Butter, drey bis vier Eyerdotter, und ein Vierdtelspfund feine und durchgesiebte Chocolade; knetet es zusammen in einer Pfanne wohl durch, und rührts mit Wein und sehr wenig Wasser ab. Man kann auch noch mehr Zuker darzu thun.

Citronenbrod. Man nimmt ein Pfund vom besten Canarienzuker, stoßt ihn zart und siebt ihn, schneidet das Gelbe von einer Citrone ganz klein, klopft das Weisse von zwey Eyern zu einem Schaum, und thut ihn in einen Mörsel. Wenn man meynt den halben Eyerklar damit vermischt zu haben, so thut man die kleinen Citronenschnizlein dazu, aber nicht alle. Auch nezt man nicht allen Zuker. Alles wird wohl untereinander zerstoßen, und ein Löffel voll Zuker nach dem andern darein gethan, damit es so dik wird, daß man es mit dem Zuker wirken kann. Nur darf der Teig nicht zu dik seyn. Zulezt macht man auf einem Bogen Papier kleine Bröklein, wie eine welsche Nuß, sezt zwey an einander, bakt sie in einer Tortenpfanne, bis sie oben anfangen gelb zu werden.

Citronen einzumachen. Man schält die Citronen, macht unten am Stiel einer jeden eine runde Oeffnung, und legt sie in frisch Wasser, läßt sie hernach in einem Topf mit genug Wasser kochen, und probirt von Zeit zu Zeit mit einer grossen Steknadel, ob sie genug gekocht sind. Legt sie darauf in frisch Wasser, und leert sie mit Hülfe eines Löffelchens aus. In Ansehung des Zukers rechnet man nach der Grösse der Citronen auf jede ein halb Pfund, auch mehr. Wenn der Zuker geläutert ist, so läßt man die Citronen fünf bis sechs Sud darinnen thun, fährt damit fünfmal, alle vier und zwanzig Stunden einmal, hintereinander fort, und thut allemal neuen Zuker hinzu, damit die Citronen recht im Syrup schwimmen. Er muß bey dem lezten Kochen nach grosser Perlen Art gesotten seyn, da er drey bis vier Sude thun muß. Endlich thut man die eingemachten Citronen in einen kleinen Topf, so, daß die Oeffnungen davon oben zu stehen kommen. Die Citro-

Citronenschaalen werden eben so eingemacht.

Citronenbutter oder Gebakenes. Man stößt vier Loth Mandeln so fein als Mehl, arbeitets mit dem Weissen von sechs Eyern recht untereinander, sehr lang, rührts mit einem Pfund geriebenen Zuker und einer geriebenen Citronenschaale auf dem Feuer steif ab, stichts in Möbel aus, und bakts in abgeklärter Butter.

Citronenkuchen. Man reibt das Gelbe von acht Citronen auf einem Reibeisen, schält das Weisse herunter, blättert das Mark von fünf bis sechs Citronen nach seinen Schichten fein aus, daß nichts Weisses daran bleibt, und zukert es. Thut acht Eyer, ziemlich gerieben Eyerbrod, Cardamomem, ein Viertelpfund Mandeln in einer Schüssel, rührt alles eine halbe Stunde lang miteinander ab, bestreicht einen Model mit Butter, bestreut ihn mit geriebenem Brod, schüttet es hinein, bakts zu einem Kuchen und bestreuts mit Zuker.

Citronenmus. Man reibt die äussere gelbe Schaale von einer Citrone auf einem Reibeisen in ein Töpfchen, thut das Mark, wann Haut und Kern weg sind, besonders in ein Schüsselein, und rührt es wohl mit Zuker ab. Hernach röstet man eine Hand voll geriebenes Roggenbrod ein wenig in Butter, thuts in ein Töpfchen, gießt Wein daran, und siedets auf. Zulezt rührt man das Citronenmark darunter, zukert es noch ein wenig, und wenn es zu dik, thut man etwas Wein dazu, und läßt es noch einen Sud thun. Endlich rührt man die geriebenen Schaalen nebst ein wenig Zimmet oder Trisanet darunter, nimmt das Mus vom Feuer, und richt es an.

Citronen- und Pomeranzensalat. Man nimmt Citronen und Pomeranzen gleich viel, schneidet die Schaalen die Länge herab, das innere Mark aber in Spalten und Schnitten, legt von diesen eine um die andere in eine Schüssel. Die abgeschnittene Schaalen von den Citronen und Pomeranzen hingegen schneidet man in Bögen, legt sie in Zuker, schneidet auch eingemachten Citronat in Bögen, ziert den Salat damit aus, schneidet einen Theil Citronat würflicht, streut ihn auf den Salat, nimmt feine Hagenbutten, thut die Kerne heraus, richtet ein Gebäke von Mandeln, Zuker, Zimmet und Citronat zu, füllets in die Hagenbutten, siedets auf Kohlen weich, läßts kalt werden, und legt es dazu.

Citronensose, gelbe. Man nimmt vier Eyerdotter, sehr wenig Mehl

Mehl, ein Stük Butter, reibt von zwey bis drey Citronen die braunen Schaalen ab, drükt auch den Saft hinein, die Kerne aber müssen weg. Dies alles knetet man in einen Topf oder Pfanne wohl durch, rührts mit halb Wasser und Wein zu einer säurigen Sose ab, brichts mit Zuker, nimmt auch wohl etwas Weineßig dazu.

Citronensose mit Mandeln. Wird wie vorige bereitet, nur daß geschälte Mandeln in feine länglichte Riemlein geschnitten, zulezt in die Tunke gethan, oder beym Anrichten darauf gestreut werden.

Citronensyrup. Man nimmt acht Loth Citronensaft, thuts in ein Pfund a souffle gekochten Zuker, schüttet alles untereinander, und bewahrts in einer gläsernen Flasche.

Citronensuppe. S. Suppe.

Citronentorte. S. Torte.

Collatschen. Man nimmt ein halb Pfund frische Butter, läßt sie etwas warm werden, rührt sie bey einer Stunde immer nach einer Seite, nimmt vier Eyerdotter, rührt bey jedem auch eine Viertelstunde, hierauf thut man ein wenig frischen Jest (Hefen) dazu, und rührt so lang, bis kein Jest mehr zu sehen; rührt sieben bis acht Löffel voll guten und diken süßen Rahm; etwas Muscatenblumen, ein wenig Salz und drey Viertelpfund feingesiebtes Reißmehl dazu, daß es ein fester Teig wird. Diesen bedekt man mit einem Bogen Papier und Serviette, sezt ihn an einen warmen Ort, daß er ein wenig aufgeht, macht runde Törtchen daraus, die in der Mitte ein Loch und rund herum einen hohen Rand haben; diese füllet man mit eingemachtem, bestreicht sie mit Eyern, und bakt sie auf Papier im Ofen oder einer Tortenpfanne.

Coulis von Fleisch. Man thut Hühner- oder Kalbfleisch in einen Topf, gießt rein Wasser darauf, sezt es zum Feuer, salzet es ein wenig, schneidet die Rinde von Semmeln darunter, und wirft welche, nebst Citronenschelfen, Muscatenblüthen und dergleichen hinein, und läßt alles weich kochen. Wenn es weich ist, rührt man es stark untereinander, und treibt es durch ein Haartuch oder Sieb.

Coulis, weisses, zu Fastenspeisen. Man thut gestossene Mandeln, in Rahm eingeweichte Semmelrinden, und recht weiß gesottene kleine Striemchen von Fischen in gute klare Fleischbrühe, und läßts nebst weissen Champignons, Trüffeln, Basilik und etwas kleinen Zwiebeln eine Viertelstunde kochen, dann streicht man

man es durch das Haarsieb oder ein feines Leinentuch.

Coulis von Krebsen. Diese siedet man, stößt Scheeren und Schwänze in einem Mörser, thut ein wenig Fischbrühe oder sonst eine Fastenbrühe oder dünne Erbsenbrühe mit einer Semmelrinde daran, weicht alles ein und treibts durch ein Sieb.

Coulis von Rebhühnern. S. Brühe über Rebhühner.

Cucumern einzumachen, auf die beste oder Nürnberger Art. Man bricht sie, wenn sie noch ganz klein, ungefehr eines Gliedes am Finger lang sind, (man kans aber auch noch kleinere und grössere nehmen) ab, schneidet die Stiele davon, legt sie vier bis sechs Stunden in frisches Wasser, troknet sie dann auf einem Tuch, legt sie in eine Mulde mit viel Salz und Pfeffer, schwingt sie so lang, bis das Salz zu schmelzen anfängt, legt sie in ein Tönnchen, Töpfchen oder Zukerglas, macht allemal eine Lage jungen Fenchel, Coriander und ganz klein würflicht geschnittenen Meerrettig, denn wieder eine Lage Cucumern, und gießt, wenn das Geschirr voll ist, kalten, aber reinen und durch ein zart Tuch geseigten scharfen Weinessig darüber.

Cucumern zu fricaßiren. Man schält und schneidet sie scheibenweise, paßirt sie in der Casserole mit frischer Butter, thut eine scheibenweis geschnittene Zwiebel, Salz und Pfeffer daran, läßt alles wohl miteinander kochen, und richtet sie mit Rahm oder mit einem in unzeitigem Traubensaft abgerührten Eyerdotter an.

Cucumern gefüllt. Wann man sie geschält und die Körner samt dem Puz herausgeschnitten hat, so füllt man sie mit einer Fülle von Karpfen- und Aalfleisch, Champignons, Salz, Pfeffer, und feinen Kräutern, alles wohl gehakt. Dann thut man sie in eine Casserole mit Fischbrühe oder durchgeschlagener grünen Erbsenbrühe und gutem Gewürz. Dies alles läßt man zusammen langsam kochen, und richtet sie in eine Schüssel an, schneidet sie nach der Länge, und trägt sie mit einer Coulis von Champignons darunter zu Tische.

Cucumern auf Sicilianisch. Man schält sechs bis acht nicht allzu große, einander in der Größe gleiche Cucumern, nimmt sie aus, wellt sie in siebendem Wasser, doch daß sie nicht kochen, füllt sie mit einer Fülle von Rebhühnern oder dergleichen, und kocht sie in einer Brühe. Wenn sie gahr sind, nimmt man sie heraus, läßt sie erkalten, tunkt sie in ein geklopftes Ey, bestreut sie

sie mit Semmelkrumen und bakt sie im Schmalz, wie Tauben, und richtet sie mit gebakenen Petersilie oder mit Rostscheiben, Sardellen oder Bauchspek an.

Creme, Milchrahm, Sahne. Heißt auch ein aus gutem Milchrahm, Eyerdottern, Wein, Zuker, Zimmet, Mandeln u. s. w. bereitetes Mus.

Creme von Chocolade. Man sezt einen Rössel Milch ans Feuer, schlägt inzwischen, ehe sie kocht, acht bis neun Eyerdotter in ein Töpfchen, thut einen Löffel voll geriebene Chocolade darein, quirlt alles wohl untereinander, schüttet ein Viertelpfund Zuker darein, gießt abermal einen Rössel gesottene Milch daran, und quirlt es wieder sehr wohl durcheinander, sezt sodann die Creme aufs Kohlfeuer, hält mit dem Rühren an, bis sie anfängt dik zu werden, und läßt sie durch einen Durchschlag in die Schüssel laufen, worinn sie angerichtet wird.

Creme von Citronen. Man sezt einen Rössel Wein zum Feuer, läßt ihn kochen, schneidet indeß von vier bis fünf Citronen die Schaalen ab, wirft sie in den Wein, darinn sie auch weich kochen müssen. Sind sie weich, so treibt man alles durch ein Haartuch, sezt das Durchgetriebene wieder zum Feuer, und läßt

heiß werden. Inzwischen schlägt man zwölf Eyerdotter in ein Töpfchen, drükt von drey bis vier Citronen den Saft darein, quirlt es ganz klar, thut ein halb Pfund Zuker dazu, gießt den heißen Wein, der mit den Citronenschaalen durchgestrichen worden, an die Eyerdotter; es muß aber stets gerührt werden, bis diese Creme dik ist, dann richtet man ihn durch einen Durchschlag in eine Schüssel an.

Creme von Eyerdottern, wie die Creme von Pistacien, nur daß diese wegbleiben.

Creme von Eyerweiß, wie die von Mandeln, nur daß die Mandeln wegbleiben.

Creme von Mandeln. Man nimmt ein Viertelpfund Mandeln, läßt sie im Wasser einen Sub thun, schält sie, stößt sie in einem Mörsel ganz klein, träufelt während dem Stoßen Milch daran, sezt auch in einem Topf ein Rössel Milch zum Feuer, und quirlt, wenn sie siedet, die Mandeln darein. Nimmt denn von zehn Eyern das Weiße, quirlt es in einem Topf ganz klar, schüttet ein Viertelpfund Zuker und ein wenig Rosenwasser dazu, zieht das Eyweiß mit der gesottenen Milch ab, und rührts am Kohlfeuer so lang, bis es dik werden will. Endlich streicht mans durch ein Haartuch.

Creme

Creme von Piſtacien. Man ſchüttet an Piſtacien in eine Caſſerole Waſſer, und läßt ſie einen Sud thun, ziebt ihnen die Haut ab, legt ſie in kalt Waſſer, thut ſie aus dieſem und ſtößt ſie im Mörſel ganz klein zu Brey, ſezt einen Nöſſel Milch ans Feuer, daß ſie koche, ſchlägt in ein anderes Töpfchen zehn bis zwölf Eyerdotter, quirlt ſie mit ein Viertelpfund Zuker klar ab, und thut die Piſtacien dazu hinein, gießt die geſottene Milch daran, rührt alles immer und thuts zum Kohlfeuer. Wann es dik werden will, nimmt man es vom Feuer weg, thut einen Löffel voll kalte Milch hinein, ſtreicht es durch ein Haartuch, ſezt es in einen kalten Ort, damit es gerinne, und garnirts mit Citronen- und Roſenblättern.

Creme von Wein. Man ſezt einen Nöſſel guten Wein zum Feuer, und läßt ihn ſieden, ſchlägt inzwiſchen in ein anderes Töpfchen funfzehn Eyerdotter, wovon aber das Weiſſe rein weg gethan werden muß, gießt einen Löffel voll Wein daran, drukt von einer Citrone den Saft hinein, quirlt es wohl durcheinander, ſchüttet ein Achtelpfund Zuker dazu, gießt den ſiedenden Wein an die Eyerdotter, und quirlt es beſtändig, ſezts zum Kohlfeuer und rührts immer. Wann es dik werden will, nimmt man es vom Feuer, und läßt etliche Tropfen kalten Wein darein fallen. Endlich läßt mans durch einen Durchſchlag in die Schüſſel laufen, worinn ſie aufgetragen wird. Beym Anrichten garnirt man ſie mit Citronen und geſchnittenen Lorbeerblättern.

Creme von Wein mit Zimmet. Den Wein ſezt man zum Feuer, ſchlägt Eyerdotter auf, welche man mit ein wenig kalten Wein klar abquirlen, ein halb Loth Zimmet und ein Viertelpfund Zuker darein ſchütten, und die Dotter mit dem Wein, gleich den vorigen abziehen muß. Man drükt ſie durch einen Durchſchlag auf die Schüſſel, wo ſie angerichtet wird.

D.

Dampfnudeln mit Krebſen. Man macht Dampfnudeln, wie bekannt iſt, zuvor aber Krebsbutter, doch mehr, als man zu den Dampfnudeln braucht. Wenn dieſer ausgepreßt worden, wird die Schaale mit Milch abgeſotten, alsdann nimmt man vor dem Anrichten Krebsbutter in ein Dreyfüßchen; wenn er zergangen, thut man ein wenig Mehl darein, rührt es nach und nach mit der Krebsmilch an, läßt es ſieden, rührt aber öfter um, daß ſich die Fette nicht oben hinfeßt. Die Dampfnudeln werden ausgestochen, die Krebsschwänze darauf gelegt, und die Milch dazu auf den Tisch gegeben.

Datteln zu dämpfen. Man schneidet die Datteln auf, thut den Kern nebst dem innwendigen weissen Häutlein heraus, setzt Butter zum Feuer, legt die Datteln darauf und läßt sie dämpfen. Hernach gießt man Wein darauf, wirft Citronenschelfen, Zuker und etwas Zimmet darein, und bestreut sie vor dem Aufsetzen noch mit Zuker und Zimmet.

Dotterbrod. Man nimmt ein halb Pfund Mehl, eben so viel Zuker, ein halb Loth gestossenen Zimmet, ein Viertelpfund mit Rosenwasser abgestossene Mandeln, und rührt dieses nebst zwey wohl zerklopften ganzen Eyern und vier Eyerdottern fein untereinander, füllts in Mödelein und bakts.

Dürrlizen einzumachen. Man setzt sie mit Wein zu und kocht sie darinn, bis sie weich sind, treibt sie durch ein Haarsieb, läutert zu einem Pfund Dürrlizen Mark drey Viertelpfund Zuker, kocht das Mark dik, und thut etwas klein geschnittene Citronenschelfen darunter.

E.

Eingemachte Aepfel. Man nimmt Borsdorfer, rothe Calwillen oder Reinetten, schält sie, schneidet sie in der Mitte durch und die Kernhäuser heraus, legt sie gleich in kalt Wasser, thut, wenn es zu sieden anfängt, die Aepfel hinein, und läßt sie langsam kochen, bis sie, aber ja nicht allzuweich, werden. Nun nimmt man sie mit einem Schaumlöffel heraus, thut sie in kalt Wasser, um sie abzukühlen, legt sie darnach auf Tücher, daß sie abtrofnen, nimmt so viel Zuker als man nach Proportion Aepfel hat, daß sie darinn schwimmen können, und weil der Zuker sehr verkocht, nimmt man auf jedes Pfund Aepfel mehr als ein Pfund Zuker, und läutert diesen dik und stark.

Eingemachte Apricosen. Man schält schöne grosse, noch härtlichte Apricosen, schneidet sie mitten entzwey, nimmt die Steine heraus, und legt sie in kalt Wasser. Dann nimmt man so viel Zuker als Apricosen, dem Gewicht nach, kocht und läutert ihn dik, läßt ihn ein wenig kalt werden, schwenkt die Aprikosen indessen aus dem Wasser ganz trofen aus, legt sie in den halb warmen Zuker, läßt es stehen, bis der Zuker kalt wird, kocht alles zusammen, daß der Zuker zu seiner vorigen Probe kommt, thut alles in eine steinerne Schüssel, stellts über Nacht in eine warme Stube, nimmts mit Löffeln Stük vor Stük heraus, drükt

drükt den überflüssigen Zuker behende aus, legts auf Schiefersteine, troknets in einer warmen Stube, schlägt indessen die Steine auf, nimmt den Kernen die braune Haut ab, und stekt sie in die Apricosen.

Eingemachte Birnen. Diese behandelt man wie die Aepfel, nur dürfen sie nicht zu mürbe und wässericht seyn. Die harten und nicht steinichten Birnen taugen am besten.

Eingemachte große Castanien. Man bratet sie in der Glut, inzwischen das Zuker geläutert und a perle gesotten wird, schält sie, legt eine nach der andern in den Zuker, nimmt sie mit einem Löffel gleich wieder heraus, und thut sie in frisches Wasser. Der Zuker um die Castanien herum gefriert augenbliklich.

Eingemachte Citronen. Man schneidet sie entweder zu langen Schnitten oder runden Scheiben, das Saure, Weisse und Häutige schneidet man heraus, legt sie in frisch Wasser, gießt dies in einen glasurten Topf, salzt es so lang, bis ein frischgelegtes Ey oben schwimmt, läßt die Citronen langsam darinn sieden, nur daß sie nicht zu weich werden, sondern härtlicht bleiben. Sind sie durchsichtig, so wäscht man sie aus etlichen frischen Wassern, läßt sie darinn liegen, schüttet einige Tage nacheinander öfters frisches Wasser daran, bis sie nimmer gesalzen sind, troknet sie auf einem Tuch wohl ab, wiegt sie, und thut zu einem Pfund Citronen, ein Viertelpfund Zuker, läutert ihn mit dem letzten Wasser, worinn sie gelegen sind, schüttet an das Pfund Zuker eine halbe Maas von jenem Wasser, und läßt ihn sieden, bis er honigdik wird. Denn legt man sie in ein weites Geschirr, gießt den Julep ziemlich warm darüber, legt, damit sie nicht schwimmen, ein dikes Brettlein darauf, doch, daß sie nicht zu sehr beschwehrt werden. Wann der Zuker wässerig wird, wird er abgeseigt, ein frischer dazu gethan, und wieder zu voriger Dike eingesetzten. Man muß aber immer etwas von dem Zuker zurükbehalten und es kühl darüber schütten, so oft der Zuker wässericht werden will, bis er in seiner rechten Dike daran bleibt.

Eingemachte Himbeeren. Nicht ganz zeitigen und doch ganzen Himbeeren nimmt man die Stiele weg, und thut sie in eine Terrine, die einen platten Boden hat. Dann siedet man Zuker a la souffle, gießt ihn auf die Himbeeren, läßt ihn kalt werden, schüttet ihn gemach in eine Pfanne, läßt sie sieden, schäumt sie, bis der Syrup a perle gesotten ist,

ist, legt sie in die Töpfe und bedekt sie.

Eingemachte Johannisbeere.
Man streift zeitige Johannisbeere von den Stielen, nimmt ein halb Pfund fein gestossenen Zuker zu jedem Pfund Johannisbeere, thut es, eine Schicht um die andere, in ein Geschirr, läßt ein wenig kochen, nimmt sie mit einer Schaumkelle heraus, läßt das Nasse ab, und wieder zu dem andern laufen, kochts wieder zu einem diken Syrup, kühlts ab, legt die Johannisbeere wieder darein, und bringt sie in Zukergläser.

Eingemachte Kirschen.
Man schneidet ihnen die Stiele halb ab, nimmt zwey Pfund Kirschen und zwey Pfund Zuker, läutert und siedet ihn, bis er Faden zieht, thut die Kirschen darein, läßt sie kochen bis sie kraus werden, hebt sie mit einem Schaumlöffel heraus, läßt die Brühe sieden, bis sie gesteht, thut die Kirschen in ein Zukerglas oder steinernes Geschirr, gießt die Brühe darüber, und verwahrt sie an einem nicht allzuwarmen Ort.

Eingemachte Maulbeere.
Man nimmt noch etwas grüne, thut die Stiele weg, und macht sie wie die Kirschen ein. Zu vier Pfund Maulbeeren nimmt man vier Pfund Zuker.

Eingemachte Melonen.
Man schneidet zeitige in länglichte Stüke, schält sie, schneidet das Weiche heraus, schüttet guten Weinessig darauf, und läßts einige Tage stehen. Dann gießt man manchmal frischen Eßig darauf, läßts wieder ein paar Tage ruhen, legt sie auf ein Tuch damit sie troknen, kocht sie in geläutertem Zuker, doch nicht zu weich, nimmt sie heraus, läßt den Zuker oder das Nasse sauber ab, und wieder zu dem andern laufen, kocht den Zuker bis er gesteht, läßt ihn kalt werden, und machts in ein Zukerglas ein.

Eingemachte Muscatennüsse.
Man legt Muscatennüsse acht Tage in Wein, sticht sie mit Nadeln durch, schüttet wieder frischen Wein darauf, läßt sie wieder acht Tage darinn liegen, legt sie drey Tage ins Wasser, gießt alle Tage frisches daran, und schüttet endlich geläuterten Zuker darüber.

Eingemachte welsche Nüsse.
Man nimmt sie ungefähr um Johannis, wenn sie noch kein hart Holz haben, sticht einige Löcher mit einem hölzernen Pfriemen kreuzweis durch, legt sie in frisch Brunnenwasser, giebt alle Tage dreymal frisch Wasser, neun Tage lang; kocht sie dann in einem Kessel mit Wasser so mürbe, daß

Eingemachte Pferſiche

daß man mit einem ſteifen Stroh‑halm hineinſtechen kann, legt ſie ſodenn auf, daß ſie abtriefen können, beſtell ſie mit Zimmet und Negelein, und thut ſie in ein weites Zukerglas. Dann kocht man einen Syrup von Hutzuker, läßt ihn ein wenig verſchlagen, ſchüttet ihn über die Nüſſe, daß ſie bedekt ſind, läßt ſie einige Tage ſo ſtehen, bis der Syrup dünn wird, gießt ihn ab, kocht ihn wieder zur gehörigen Dike, übergießt ihn laulicht, und wiederholt es, bis der Syrup nicht mehr gährt. So oft der Syrup umgekocht wird, wird ein Stük friſcher Zuker dazu gethan.

Eingemachte grüne Pferſiche.

Man kocht unzeitige im Waſſer ein wenig weich, thut die Kerne heraus, und legt jene in eine ſteinerne Schüſſel. Man ſchüt‑tet dünnen geläuterten Zuker lau‑licht darüber, und macht es dreymal ſo. Das leztemal kocht man die Pferſiche mit, daß der Zuker etwas dik wird, läßts zu‑ſammen kalt werden, nimmt die Pferſiche heraus und troknet ſie.

Eingemachte unzeitige Pflau‑men.

Wann ſie eben anfangen ſich zu färben, aber noch hart ſind, legt man ſie einige Tage hin, damit ſie ein wenig welk werden, und ſchält ſie. Dann nimmt man zu jedem Pfund Zu‑ker ein Pfund Pflaumen, kocht jenen mit etwas Roſenwaſſer wohl, läutert ihn, bis er einen dünnen Faden zieht, thut die Pflaumen hinein, kocht ſie ein wenig darinn, nimmt ſie heraus, läßt das Naſſe heraus und zu dem andern laufen, kochts noch ein wenig, läßt beydes abkühlen, machts zuſammen ein, und wenns dünn wird kocht mans wieder, bis es geſteht.

Eingemachte zeitige Pflaumen.

Man thut, ehe die zeitige Pflau‑men weich werden, ſie in einen glaſirten Topf, läutert halb Waſ‑ſer und halb weiſſen Jungfern‑honig mit ein paar Eyerklar wohl, ſchäumt und kocht es, bis es etwas dik werden will. Läßt es hernach abkühlen, ſchüt‑tets über die Pflaumen, legt einen hölzernen Dekel, der in den Hafen hineingeht, darauf, und beſchwerts mit einem Stein.

Eingemachte Pomeranzen.

Man nimmt Pomeranzenäpfel die kei‑ne Fleken auch dünne Schaalen haben und ſaftig ſind, ſchraubt und ſchneidet ſie ſternweiſe, löſt die Schaalen ſubtil ab, damit der innere Apfel mit ſeiner Haut ganz bleibe, die äuſſere Schaale löſt man ſo dünn und zart ab, daß der Apfel nur gleichſam in der Schaale zu ſtehen ſcheint; die weiſſe harte Haut auſſenher muß aber ganz bleiben. Dann thut

thut man sie in ein glasurtes Geschirr, wo sie Platz genug haben, begleßt sie mit frischem Waſſer und bedekt es. So bleiben ſie zwey Tage und eine Nacht ſtehen; das Auf- und Zugleßen des Waſſers wiederholet man täglich zweymal, legt ein ſubtil Brettchen darauf, damit ſie nicht über ſich ſchwimmen, und legt ſie, wann ſie einige Tage gewäſſert ſind, in einen glaſurten Topf, gießt wieder Waſſer darauf, daß es über ſie geht, und dekt ihn wohl zu. Nun ſetzt man ſie auf eine Glut von ferne zum Feuer, ſiedet ſie gemach; bis die Schaalen linde ſind, legt ſie auf ein weiß Tuch, und bedekt ſie ſogleich mit einem andern. Zu drey Pomeranzen nimmt man ein Pfund Zuker, kocht dieſen wie einen Syrup, doch daß er nicht zu dik wird und erkühlt. Die Pomeranzen legt man inzwiſchen in ein weit Geſchirr, ſchüttet den geſottenen Zuker darüber, läßt ſie zwey bis drey Tage wohl zugedekt ſtehen, nachdem ſie nämlich den Zuker bald oder langſam annehmen, ſeigt ihn, wenn er wäſſerig werden will, davon ab, ſiedet die Pomeranzen wie zuvor, damit ab, und wiederholt es zum drittenmal, bis ſie durchſichtig ſind. Die Schelfen dürfen ſich aber im Sieden ja nicht abſtoßen, noch ſich die Schaale gar zu weit von dem innern ab-

ziehen. Denn ſetzt man ſie bey einem Geſchirr auf- oder neben einander, ſtehet die Zukerbrühe noch ferner etwas diflicht, bis ſie Fäden ſpinnt, läßt ſie, wie zuvor, erkalten, und gießt ſie wieder über die Pomeranzen.

Eingemachte Pomeranzenblüthe.

Wann ſie noch zugethan iſt, nimmt man ſie friſch von dem Baum, wirft ſie in ſiedend Waſſer, läßt ſie darinn liegen, bis es abgekühlt. Hierauf ſeigt man das Waſſer ab, legt die Blüthe auf ein Tuch, damit ſie wohl abtropft, drukt den Saft von einer Limonie darauf, miſcht es untereinander, daß der Saft auf alle Blüthe kommt, thut ſie in ein Glas und gießt ſtark geläuterten Zuker darüber.

Eingemachte Quitten, troken.

Man nimmt feine glatte Quitten, wiſcht ſie genau ab, ſetzt Waſſer zum Feuer, wirft, wenn es ſieden will, die Quitten hinein, läßt ſie durchaus weich kochen, legt ſie auf ein Sieb, daß ſie kühlen und troken werden, ſchneidet ſie in zwey Theile, macht die Kernhäuſer und das Harte ſauber heraus, ſchält ſie ab, kocht Zuker oder läutert ihn, bis er einen Faden zieht, legt die Quitten in eine ſteinerne Schüſſel, ſchüttet den Zuker lauwarm darüber, läßt ihn eine Nacht ſo ſtehen, dann ihn rein ablaufen, macht

Eingemachte Quitten

macht es mit frischem Zuker wieder so, thut es viermal, aufzulegen und zu troknen. Der allemal abgegoffene Zuker wird zu andern Sachen, nicht zu den Quitten, gebraucht, weil sie davon roth werden.

Eingemachte Quitten, feucht.

Man schält wohlzeitige Quitten, schneidet sie in zwey oder vier Stüke, thut die Herze weg, wirft jene indeß in frisches Wasser, läßt sie darinn liegen, bis sie weich werden wollen, nimmt sie heraus, und thut sie wieder in frisch Wasser. Man läßt nun Zuker a liße sieden, legt die Quitten darein, läßt sie bey kleinem Feuer sieden, und dekt sie, wenn sie roth werden sollen, zu; thut sie je und je vom Feuer, sezt sie wieder zu, nachdem sie von einer Zeit zur andern ein wenig gestanden sind, bis der Syrup fast zu einer Gallerte gekocht ist, thut sie endlich in einen Topf und dekt sie zu.

Eingemachte rothe Stachelbeere.

Man thut die Stiele herunter, siedet Zuker a souffle, legt die Stachelbeere darein, läßt sie wohl sieden, schäumt sie fleissig ab, nimmt sie vom Feuer, läßt sie kalt werden, thut sie wieder zum Feuer, und schäumt sie so lang ab, bis der Syrup fast zur Gallerte gekocht ist, welches daran erkannt wird, wann

Eingemachte Weinbeere

der Löffel, den man darein tunkt, roth ist. Denn nimmt man sie vom Feuer, schäumt sie wieder ab, thut sie in Töpfe und dekt solche zu.

Eingemachte unzeitige Weinbeere, troken.

Man nimmt sie ehe sie zeitig sind, schneidet sie an einer Seite nur ein wenig auf, und macht die kleinen Steinchen mit einem Steknadelknopf geschwind heraus, nur daß die Beere nicht verdrukt werden; sezt einen kupfernen Kessel mit Wasser zum Feuer, nimmt ihn, wenn es siedet, vom Feuer weg, thut die Weinbeere darein, dekt sie zu, läßt sie eine Nacht darinnen stehen, damit sie grün werden; legt sie dann heraus, daß sie abtroknen, läutert Zuker, kocht ihn ziemlich dik, nimmt ihn ab und läßt ihn abkühlen, thut die Beere in eine steinerne Schüssel, schüttet den gekochten Zuker lauwarm darüber, läßts vier und zwanzig Stunden also stehen, gießt den Zuker fein ab, thut ein Stük frischen Zuker dazu, läßts wieder zur vorigen Dike kochen, continuirt dies drey bis viermal, kocht aber das leztemal den Zuker ziemlich dik, thut, wenn man ihn vom Feuer nimmt, die Beere ganz darein, läßt sie in dem Zuker erkühlen, bis der Zuker recht dik darauf wird, nimmt sie endlich heraus und troknet sie.

Eingemachte Weinbeere, feucht. Man thut die Haut und Körner ab wenn jene noch unzeitig sind, macht Wasser fast siedheiß, wirft die Trauben hinein, und läßt sie darinn bey gelindem Feuer, bis sie anfangen grün zu werden, läßt sie dann in ihrem Wasser kalt werden, thut sie heraus, wirft sie in den bereits ein wenig gesottenen Zuker, läßt sie sieden bis acht Wall thun und stark kochen, dann nimmt man sie weg.

Eingemachte Zwetschgen, troken. Man schält die Haut ehe sie zu zeitig und mürb werden, ganz dünn ab, wirft sie in siedend Wasser, läßt sie ein wenig kochen, damit sie mürb werden, legt sie auf ein Sieb, daß sie abtroknen; läutert so viel Zuker als nöthig ist, ziemlich hart, läßt ihn ein wenig abkühlen, thut die Zwetschgen darein, sezts zusammen zum Feuer, und läßts etwas langsam kochen. Nun nimmt man sie mit einem Schaumlöffel heraus, thut sie auf eine zinnerne Schüssel, schüttet den Zuker wieder darüber, läßts einige Stunden stehen, nimmt sie heraus, legt sie irgendwo auf, und läßt sie in einer warmen Stube troknen. Man kann einige auf einer Seite aufschneiden, den Stein herausnehmen und an eine andere, wo noch der Stein ist, ankleben.

Eingemacht Kalbfleisch. Man schneidet von einer Kalbskeule ein bis zwey Stüke herab, klopft und spikt sie, verdämpft sie in Butter, gießt die Butter wieder davon, und ein Glas Wein und einige Löffel voll Fleischbrühe daran, reibt ein Stüklein Brod von der obern Rinde, von einer Citrone das Mark, thut ein bis zwey Sardellen, drey Schalottenzwiebeln auch etwas Citronenschaalen und Spek dazu, hakt dies alles klein untereinander, röstet in einem Stüklein Butter ein wenig Mehl gelb, thut das Gehakte darein, siedet etwas Trüffel im Wein ab, auch eine Hand voll Morcheln im Wasser, röstet dies alles im Mehl, thut es zu dem gekochten Kalbfleisch, läßts aneinander kochen; wenn es zu dik ist, thut man etwas Brühe dazu, thut auch Salz, Negelein, Muscatenblüthe daran.

Endivien einzumachen. Man nimmt die längsten und diksten Stiele, schält das Harte davon, legt sie zehn Tage in Salz, wässert sie wieder heraus, und läßt sie, bis sie weich sind, in klar geläutertem Zuker sieden, und behält sie in diesem Zuker auf.

Endiviensalat. Er wird ausgeklaubt, zierlich zerrissen, eine Weile ins Wasser gelegt, und denn mit Eßig, Oel, ein wenig Salz oder Zuker angemacht. Den Schüs-

Schüsselrand belegt man mit fein ausgestochenen Citronenpläzen, und den Salat bestreut man mit Granatäpfelkörnern.

Englisch Essen, Pudding. Man weicht Semmel in Milch, drükt sie wieder rein aus, schneidet etwas Nierenstollen, schlägt sechs Eyer und noch sechs Dotter daran, auch Muscatenblüthe, grüne Petersilie; ein wenig Salz und etwas Rahm, rührt dies alles untereinander, gießt es in eine Serviette, bindet diese oben mit einem Bindfaden zu, legt sie in einen Topf siedenden Wassers, und läßt alles so eine gute Weile kochen. Endlich bindet man es auf, schneidet es in Stüke, wie man ein Kuhelter zerschneidet. Die Stüke tunkt man in Butter, bestreut sie mit Semmel, bratet sie auf dem Rost (wie ein Kuhelter) und richtet sie an.

Englisch Essen, von Hechten, Stok- und andern Fischen. Diese weicht man ein in Wasser, schneidet sie in Stüke, kocht sie ohne Salz ein wenig ab und grätet sie aus. Hierauf thut man ein gutes Stük abgeriebene Butter, daß sie recht wie ein diker Rahm wird, hiernächst in Milch geweichte Semmeln, nach Gutdünken einige klein geschlagene Eyer, Salz, geriebene Muscaten u. s. w. dies rührt man durcheinander, thut den abgemachten Fisch dazu, und bereitet ihn mit ein wenig süßen Rahm. Auch nimmt man Rosinen, geschnittene Mandeln, eingemachte Pistacien dazu. Nun bestreicht man die blechernen Puddingform wohl mit Butter, bestreut sie auch mit fein geriebener Semmel und thut das Eingerührte hinein, sezt es in eine Tortenpfanne und halt es unten und oben mit Feuer gahr. Man macht auch den Dekel fest zu, sezt sie in einen Kessel mit kochendem Wasser und kochts gahr. Beym Anrichten löset man den Pudding an dem Rand herum mit einem Messer behend von der Form ab. Zu dem Pudding macht man eine Rahm- oder aufgezogene Buttersose.

Enten, zahme und wilde, zu puzen. Den zahmen schneidet man die Kehle ab oder haut ihnen die Köpfe weg, rupft sie, brüht sie mit heissem Wasser und reinigt sie, legt sie in kalt Wasser, schneidet sie unten auf, thut das Eingeweide heraus, schneidet auch oben am Hals ein, zieht die Gurgeln und Kröpfe heraus, und wäscht sie sauber aus. Die wilden tupft man, brennt ihnen die übrigen kleinen Federn über einem Kohlfeuer ab, und nimmt sie aus wie die zahmen.

Enten, mit Austern. Wenn man die Ente in einer Bröse gekocht hat, so thut man zwey bis drey Trüffeln mit ein wenig geschmolzenen Spek daran, gießt auch ein wenig Jus dazu. Wenn sie gahr worden, so macht man sie mit einem Kälber- und Schinkencoulis diklicht. Kurz vorher, ehe man anrichtet, nimmt man Austern, öfnet und legt sie in eine Schüssel, läßt sie in ihrem Wasser, sezt sie aufs Casserolloch, wendet sie einigemal um, nimmt sie sofort heraus, puzt eine nach der andern ab und wirft sie in das über dem Feuer stehende Ragout, legt die Ente in eine Schüssel und schüttet das Ragout darüber. Die Austern dörfen aber nicht aufkochen, daß sie nicht zähe und hart werden.

Enten mit Braunkohl. Man zähmt und speilert die Enten und bratet sie, liest und wäscht den Braunkohl, läßt ihn halb gahr kochen, drükt ihn aus, schneidet ihn etlichemal entzwey, legt Butter und Spek in eine Casserole, läßt es braun werden, thut ein wenig Mehl hinein, daß es mit bräunt, schüttet den Kohl darauf, rührt ihn um, gießt eine fette Rindfleischbrühe daran, auch Pfeffer, Ingber, dann läßt man die Ente darinn gemach kochen. Vor dem Anrichten gießt man die Brühe, welche man beym Braten aufgefangen, darzu.

Enten, gedämpft. Man schlägt den gepuzten Enten Flügel und Beine entzwey, salzt sie ein wenig, spikt sie mit dikem Spek. Legt in eine Casserole ein Stük Butter mit etwas Spek, läßts braun werden, bestreut die Enten mit Mehl, thut sie in die heiße Butter, und läßt diese auch braun werden, gießt etwas Fleischbrühe mit Eßig vermischt darauf, legt eine ganze Zwiebel mit etwas Lorbeerblättern hinein, würzt es mit Ingber und Pfeffer, und läßt es so durcheinander kochen. Man habe etwas gute Brühe fertig, gieße sie nebst ein wenig Wein auch hinein, und läßt es noch ferner ganz gemach kochen. Will man die Enten anrichten, so nimmt man die ganze Zwiebel heraus, alsdann die Enten und gießt die Brühe darüber.

Enten, gefüllt, mit einem Mandelmeerrettig. Man nimmt Enten, wenn sie gepuzt und nicht zerrissen sind, löst ihnen die Haut los, und schneidet das Fleisch, so viel möglich unten heraus. Hernach schneidet man es klein nebst etwas Nierenstollen, thut Gewürz, eingeweichte und wieder ausgedrukte Semmel darunter, schlägt zwey ganze Eyer und zwey Dotter darein, und rührt es also miteinander ab. Schneidet eine breite Schnitte Spek, stekt solchen in die Ente, doch so, daß sie oben an der Ente Haut zu liegen kömmt. Nach diesem

diesem fülle man die zubereitete Fülle unter den Speck hinein, bindet mit einem Zwirnfaden oben bey dem Hals, wo die Fülle hineingethan worden, die Ente fest zusammen, speilert und stekt sie an den Spieß und bratet sie langsam, besprengt sie auch mit etwas Salz. Dann reibt man Meerrettig, stoßt ein Viertelpfund Mandeln klein, thut sie unter den Meerrettig, gießt einen Rössel Rahm darauf, und quirlt es ganz klar, läßt nun alles einen Sud thun, und rührt es, daß es nicht anbrennt. Endlich thut man ein Stük Butter nebst etwas Zuker darein, schüttet es in eine Schüssel und legt die gebratene Enten oben darauf.

Enten mit Sauerkraut. Die gepuzte Enten speilert und salzt man ein wenig ein, stekt sie an den Spieß, bratet sie halb gahr, bestreicht sie etlichemal mit Butter, sezt ein Pfännchen darunter, um den Saft aufzufangen. Sezt sauer Kraut zum Feuer, kocht es halb gahr, seiget das Wasser daran ab, thut es auf ein Brett, schneidet es klein, sezt in einer Casserole Butter aufs Feuer, bis sie braun wird, thut ein wenig Mehl hinein und rühret es so lang, bis das Mehl auch braun ist, schüttet das Kraut hinein, wenns zu troken ist, gießt man Fleischbrühe darauf, legt die Enten dazu und läßts

mitteinander dämpfen; schüttet bald vor dem Anrichten das Aufgefangene aus der Bratpfanne dazu, und thut das Kraut darüber.

Enten mit braunen Rüben. Man puzt, speilert, zähmt und bratet die Enten, nimmt weisse Rüben, schält und schneidet sie länglicht oder vierekicht, thut sie an einen Ort wo sie troken liegen, läßt Schmalz heiß werden, streut dann Zuker darein, welcher braun wird, nur daß er nicht verbrennt; wirft die weissen Rüben darein und rührt sie um, ehe eine halbe Stunde vergeht sind sie braun. Darnach gießt man Brühe darauf oder macht etwas Butter braun, rührt Mehl daran, daß es mit bräune, legt die Enten dazu, mischt das gebräunte Mehl zwischen die Rüben, läßt es kochen, und thut Pfeffer und Ingber dazu.

Enten, gedämpft mit Schwämmen. Die Enten müssen beschriebenermaßen gedämpft werden. Hernach nimmt man dürre Stokschwämme, (man darf aber auf die Enten weder Essig noch Wein gießen) weicht sie ein, läßt sie ein paar Stunden in warmen Wasser stehen, bis sie weich worden, legt sie zu den Enten und gießt Brühe daran, oder machts wie bey den braunen Rüben gesagt worden.

Enten, zahme, wie wilde zu braten. Man nimmt Eßig, Wein, Ingber, Pfeffer und gestoßene Negelein in ein Töpfchen, mischt alles durcheinander, gießt es den lebenden Enten in die Hälse, bindet ihnen dann die Hälse zu, doch, daß sie nicht gleich sterben. Dann läßt man sie rupfen und puzen, versengt sie über dem Feuer, wäscht sie sauber aus, nimmt ihnen das Eingeweide und den Kropf heraus; wenn sie gewaschen sind, speilert man sie zum Braten, läßt sie denn auf einem Kohlfeuer, wenn man sie mit Spek bestrichen hat, anlaufen, spikt sie und salzt sie ein wenig; stekt sie hierauf an den Spieß, läßt sie gelinde braten, träuft auch Butter darauf.

Erbsen auf böhmisch. Man kocht sie in Wasser bis sie anfangen weich zu werden, seiget das Wasser davon ab, salzt sie ein wenig, läßt sie ganz oder ungequirlt, und richtet sie mit braungemachter Butter an.

Erbsen, auf österreichische Art aus den Hülsen zu ziehen. Man nimmt schöne Erbsen, sezt reine durchgelaufene Lauge zum Feuer, wirft die Erbsen darein und läßt sie einen Sud thun; nimmt sie vom Feuer weg und schüttet sie heraus, so gehen die Hülsen weg. Die Erbsen nun werden sich unten entzwey spalten, und man kann sie nun troknen und zu verschiedenen Essen gebrauchen.

Erbsen, durchgetriebene. Man liest die Erbsen sauber, und läßt sie denn so lang am Feuer kochen, bis sie weich werden. Nun gießt man einen halben Nößel guten Rahm daran, streicht sie durch einen Durchschlag in einen Tiegel, legt ein Stük Butter hinein, und läßt sie gelinde auf dem Kohlfeuer kochen, bis sie diklicht werden, auch rührt man ein wenig weissen Pfeffer nebst etwas Salz darein. Nach diesem schneidet man Spek ganz würflicht, röstet ihn, und wenn er ganz heiß ist, wirft man auch würflicht geschnittene Semmeln dazu, und läßt solche darinn braun werden. Denn richtet man die Erbsen auf eine Schüssel an, und streut die geröstete Semmel nebst dem Spek darüber. Zu Fastenspeisen bleibt der Spek weg, und die Semmel wird nur in Butter geröstet.

Erbsen mit gebräuntem Zuker. Man kocht reine und schöne weisse Erbsen ganz weich, gießt einen halben Nößel guten Rahm darunter, quirlt solche ganz klar, rührt auch ein Stük Butter daran, und läßt sie in einem Tiegel etwas dik werden. Hernach thut man ein Stük Zuker in ein messingnes Pfännchen, sprüzet etliche Tropfen Wasser daran, und
läßt

läßt es auf einem Kohlfeuer so lang stehen, bis der Zuker braun wird und sich ziehen läßt. Vor dem Anrichten zieht man den gebräunten Zuker darüber, und bestreut auch die Erbsen mit Zuker.

Erbsuppe. S. Suppe.

Erdbeer kalte Schaale. Man liest und wäscht sie sauber, thut sie in eine Schüssel, gießt nach Proportion Wein oder halb Wein und halb Wasser darauf, und streut geriebene Citronenschelfen darüber. Der Zimmet nimmt den Erdbeeren den Geschmak.

Erdbeermus, kaltes. Man thut die gelesenen und gewaschenen Erdbeere in einen Topf, weicht zwey bis drey Semmelschnitten in ein beliebiges süßes Getränk, bis sie recht weich sind, thut sie samt dem Wein zu den Erdbeeren, reibt alles ein wenig untereinander, treibt es durch und würzt es mit Ingber, Zimmet und Zuker.

Erdbeertorte. S. Torte.

Eyer, verlohrne. Man läßt Wasser in der Caserole recht rasch kochen, thut etwas Salz und Weinessig dazu, schlägt, wenn das Wasser wieder recht kocht, frische Eyer ganz hinein, setzt die Caserole vom Feuer ab, und neben das Feuer, daß das Wasser nur so von einer Seite einigemal aufkocht; denn gießt man schnell kalt Wasser dazu, aber behutsam, daß die Eyer nicht entzwey gehen. Sodann nimmt man sie mit der Hand heraus, legt sie in ganz kalt Wasser, so sehen sie aus als ob sie die Schaale noch hätten. Der Dotter muß weich seyn. Man giebt sie zu Suppen, garnirt auch damit.

Eyerbrey. Man röstet zwey Löffel voll Mehl in Schmalz, rührt sie mit Milch glatt an, rührt auch zwey zerklopfte Eyer darein, salzt es, und läßt es ein wenig kochen. Zuletzt läßt man es in einem Tiegel mit einem Sturzdekel bey gehöriger Glut von unten und oben vollends auskochen.

Eyerbrezeln. Man nimmt fein Mehl, Eyer, Rahm, etwas gestossene Mandeln, etwas zerlassene Butter, nebst Zuker, Zimmet und Rosenwasser, rührts zu einem Teig an, würkt diesen zu kleinen Stükleln, aus denen man Brezeln macht, bestreicht sie mit Eyerdottern und bakt sie im Ofen.

Eyergebakenes. Man nimmt drey Eyerdotter, einen Löffel voll Milch, einer halben Nuß groß Butter, zwey Löffel voll Zuker, nebst etwas zart geriebenem Semmelmehl, macht einen Teig davon, walgert ihn zu runden Plätzen und bakt ihn in Schmalz.

Eyer-

Eyerkäſe mit Mandeln. Man nimmt ein und eine halbe Kanne guten Rahm und 20 Eyer, miſcht beydes wohl durcheinander, rührt geriebenen Zuker darein, ſchüttet es in eine verzinnte Caſſerole, ſetzt ſie auf ein gelind Kohlfeuer und rührt es wohl und ohne Unterlaß um, daß es ſich nicht bald anlegt. Dann nimmt man ein halb Pfund Mandeln, ziehet ſie ab, ſtößt ſie, mit Zuker und Roſenwaſſer vermiſcht, ganz klein, wirft ſie zu dem in der Caſſerole gerührten Rahm und Eyern, und vermiſcht ſie mit ſelbigen. Wenn nun alles bald anfängt zu ſieden, ſo wird es auch zuſammen gehen. Wann nun das Gerührte wäſſericht wird, ſo nimmt mans vom Feuer, hält die dazu gehörigen Eyerkäßformen bereit, ſetzt ſie auf ein Geſchirr, daß der Molken ablaufen kann, gießt das Abgerührte und Zuſammengeronnene hinein, und läßt es erkalten. Wollen ſie beym Anrichten nicht gern aus der Form, ſo legt man ein in heißes Waſſer getunktes Tuch darauf. Endlich ſtreut man Zuker und Zimmet darüber.

Eyerkäßkrapfen. Man nimmt zwey Löffel voll geriebenes Semmelmehl, thut kleine Roſinen und Zimmet darunter, ſchlägt zwey Eyer daran, rührt alles wohl untereinander, und macht alſo einen Eyerkäß. Indeſſen macht man einen Teig von Eyern und Mehl, walgert ihn dünn aus, füllt das Untereinandergerührte hinein, doch nicht zu voll, damit es nicht ausläuft; denn läßt man die Krapfen gelinde baken.

Eyerkuchen mit Aepfeln. Man ſchneidet geſchälte Aepfel in kleine Stüke, dämpft ſie in Butter und hakt ſie klein, ſchlägt zwölf Eyer in eine Schüſſel, thut die Aepfel, geriebene Citronenſchaalen, Zuker und Citronenſaft daran, rührt alles miteinander an, doch, daß es nicht zu feſt iſt; macht Butter oder Schmalz in einer tiefen Pfanne heiß, gießt das Angerührte darein, daß es fein rund und hoch wird, und bakt ihn oben gemächlich braun.

Eyerkuchen mit Auſtern. Man macht die Auſtern aus den Schaalen, wellt ſie in ihrem Waſſer auf, putzt eine nach der andern, legt ſie auf einen Teller, thut drey Viertel von den Auſtern mit ein wenig Butter in eine Caſſerole, benetzt ſolche mit etwas von ihrem Waſſer, wie auch mit ein wenig Coulis, würzt ſie mit ein wenig Pfeffer, läßt die Auſtern nicht zu ſtark kochen, damit das Ragout einen guten Geſchmak bekommt. Dann ſchlägt man acht Eyer ein, würzt ſie mit etwas Salz und gehakter Peterſilie, nimmt kleine Stükchen

Semmelrinden und hakt das noch übrige Drittel der Austern drey bis viermal durch, thuts mit ein wenig Rahm zu den Eyern, klopft es wohl durcheinander, schmelzt Butter in einer Pfanne, thut den Eyerkuchen hinein, setzt ihn zum Feuer und rührt ihn beständig um. Ist er gahr, so schlägt man ihn um, und macht ihn eben so groß als der Boden der Schüssel ist, in der er angerichtet wird, schwengt ihn auf einen Teller, und thut ihn in die Schüssel. Wann das Ragout auch heiß ist, so macht man von den Austern einen Kreis um den Eyerkuchen, und schüttet die Brühe darüber.

Eyerkuchen von Kalbsnieren. Man hakt eine gahr gekochte Kalbsniere nebst ihrem Fett mit Petersilie klein, schlägt acht bis zehn Eyer in eine Caßerole, salzts ein wenig, thut die gehakte Kalbsnieren und drey bis vier Löffel voll Rahm und ein wenig Zuker daran, bereitet hieraus den Eyerkuchen mit guter Butter, thut ihn in eine Schüssel, bestreut ihn mit Zuker und glacirt ihn mit einer glühenden Schaufel.

Eyerkuchen mit Rindsmark. Man nimmt ein Viertelpfund süße Mandeln und sechs bittere, schält und stoßt sie, feuchtet sie aber unter dem Stoßen mit ein wenig Milch und Pomeranzen-

Koch- u. Confit. Lexic.

blüthwasser an, damit sie nicht gerinnen. Denn thut man grüne gehakte Citronenschelfen und einige trokene Confituren, z. E. Apricosen, Aepfel, auch eine Hand voll Rindsmark, stoßt es wohl, vermengt es wieder mit einen halben Schoppen Rahm, um es flüßig zu machen. Nimmt achtzehn frische Eyer, thut das Weisse davon, und das Gelbe nebst dem Mandelteig und gestossenen Mark dazu, mischt alles untereinander, würzt es ein wenig mit Salz, reibt eine Caßerole mit Butter aus, legt den Eyerkuchen hinein und schiebt ihn in den Ofen. Wenn er gahr ist, stürzt man ihn umgekehrt in eine Schüssel und glacirt ihn mit gestossenem Zuker und einer glühenden Schaufel.

Eyerkuchen von Schinken. Man hakt nur das Magere von gahr gekochtem Schinken, schlägt acht Eyer ein, würzt sie mit Salz, Pfeffer und gehakter Petersilie, thut die Hälfte von dem gehakten Schinken dazu, auch einen Löffel voll Rahm, klopft alles durcheinander, macht den Eyerkuchen und legt ihn in eine Schüssel; er darf aber nur den Boden bedeken. Hierauf macht man einen Kranz um ihn herum, und wann man ein Ragout von Schinken fertig hat, schüttet man das Jus davon über den Eyerkuchen.

E Eyer-

Eyerkuchen mit Zuker. Man klopft das Weisse von zwölf Eyern und thut das Gelbe dazu, hakt Citronenschaalen zart, schüttet etwas Milchrahm und Salz dazu, läßt's durcheinander kochen, und macht den Eyerkuchen. Ehe man ihn aber in die Schüssel, in der man ihn anrichten will, umstürzt, wird er in eben der Pfanne mit Zuker bestreut, umgewendet und zwar von der Seite, auf welcher er sich gefärbt, welches geschieht, so man die Schüssel umgekehrt darauf dekt und in selbige hineinschwengt. Hernach bestreut man ihn wieder mit Zuker und gehakter Citronenschaale und Citronat, und glacirt ihn mit einer glühenden Schaufel.

Eyersuppe. S. Suppe.

Eyertorte. S. Torte.

Eyerwürstlein. Man macht von den Nieren und dem Fett eines Nierenbraten, geröstetem Semmelnmehl und Gewürz, eine Fülle, schlägt auch ein paar Eyer daran, salzt und rührt alles wohl untereinander, gießt etwas Fleischbrühe oder gute Milch daran; dann nimmt man Fläblein und bestreicht sie auf einer Seite ganz mit Fülle und wikelt sie zusammen zu einem Würstchen; dann macht man Butter in einer Bratpfanne warm, legt die Würstchen darein und bratet sie hellgelb über den Kohlen, macht auch eine Butterbrühe darüber. Anstatt der Nieren nimmt man auch Briesen oder Hühnerlebern.

F.

Farse oder Fülle.

Farse mit Fischen. Diese, Hechte, Aale, Karpfen, Bersiche oder andere, schuppt man, nimmt sie aus und wäscht sie, nimmt das Fleisch bey dem Rüken, wo keine Gräten sind, behend ab, schneidet es von der Haut und in Stüke, zerlegt das andere Gerippe in ein paar Stüke, wascht es ab und blanchirts, thut aber kein Salz dazu; alsdann nimmt mans heraus, sucht das Fleisch von den Gräten ab, legts zu den rohen Fischen, halts untereinander, macht so viel fein geriebenes Brod als Fische sind, wie auch etwas in Milch eingeweichtes weisses Brod, ferner so viel abgeriebene Butter, als zu den Fischen genug ist, doch so, daß es fett wird, thut auch einige rohe aber nicht abgerührte Eyer, ebenfalls nach Proportion der Fische; dazu, wie auch Salz, recht zart gehakte Petersilie, geriebene Muscatennyß und geriebene Citronenschaalen, und hakt es zu einem Teig.

Farse zu kalten Pasteten. Man nimmt ein Stük Kalbsbraten aus der Keul oder gebratene Hühnerbrüverbrüht, auch von Capaunen oder welschen Hahnen, auch gar rohes Kalbfleisch aus der Keule, schneidet es würflicht, thut ein Stükchen Butter, ein paar Zwiebel und feine Kräuter dazu, setzt alles fein gehakt in eine Caßerole, läßts auf starkem Feuer durchbraten, dekts aber nicht zu, rührt immer um, bis es durchgehends steif und das Blut nur darinn erstarrt ist, thuts auf ein Hakbrett, hakt es erst etwas klein, nimmt nach Proportion des Fleisches halb so viel abgeriebene Butter, etwas geweichtes weisses Brod, ein gerührtes und ein paar rohe Eyer, Salz, ein wenig fein geriebene Brod, geriebene Muscatennuß, ganz fein gehakte Citronenschaalen dazu, und machts zu einem feinen Teig.

Farse von Schinken. Man nimmt ein Stük geräucherten Schinken mit etwas Spek daran, schneidet es würflicht, und läßts eine Stunde lang auswässern, setzts mit frischem Wasser und ein paar ganzen Zwiebeln zum Feuer, und kochts einmal auf. Hernach hakt man es mit den Zwiebeln, wie auch Citronenschaalen, zwey Eyern, Petersilien, Thymian, geriebenem und geweichtem Weißbrod, auch ein wenig abgeriebener Butter und noch mit wenigem Salz, und machts zu einem Teig.

Farse von Spek und Leber zu allen Pasteten von Geflügel. Man reinigt Leber und Magen vom Geflügel, schneidet das Harte vom Magen ab und wäscht es rein, hakt es roh, thuts in ein Geschirr mit ein wenig Wasser, ein paar ganzen Zwiebeln und etwas würflicht geschnittenen Spek, kochts einmal auf, schüttets in einen Durchschlag, damit es abträufe, und hakt es mit den Zwiebeln, ein paar Eyern, zwey Löffel voll Milch oder süssen Rahm, ein oder ein und eine halbe geriebene Semmel, wie auch Salz und geschnittenen Citronenschaalen, zusammen ganz fein.

Farse zu Kalbs- Hammels- und Lammsbrüsten. Man nimmt das Vordertheil, haut den Rücken mit dem Hals in die Länge ab, daß die Brust etwas breit bleibt, macht auch den Beinknochen oben über das Gelenke kurz vor das Blatt ab, und einen Schnitt in die Länge über das Blatt, löst den Knochen behend heraus, heftet das Fleisch wieder zusammen, und löst dann am Ende, wo das Viertheil abgeschnitten ist, mit einem langen spitzigen Messer zwischen dem Fleisch und den Rippen wohl; doch muß man sehen, daß nirgends kein Loch ins Fleisch komme. Dann wässert man die Brust und troknet sie wieder aus.

Farſe zu welſchen Hahnen, Capaunen, Hühnern, Tauben, roh. Man macht alles ſauber aber nicht ſteif, nimmt es aus, ſchneidet einen graden Schnitt längſt dem Rüken, löſt die Haut mit allem Fleiſch, ſo daran ſizen bleiben kann, rund herum ab, doch daß die Keulen und Flügel nebſt allem Bruſtfleiſch an der Haut bleiben, löſt die Keulen und Flügel an den Gelenken behende aus, daß man auch das bloße Gerippe herausbekommt, macht eine feine Farſe hinein, ſchlägt es hinten wieder zuſammen, näht die Haut zu, kehrt es üm, drükt die Keulen, Flügel und Bruſt fein zurecht, machts hierauf in einer kleinen Brüſe gahr; ſo kann es zu allem Flügelwerk gebraucht werden.

Farſe zu Karpfen und andern Fiſchen. Man nimmt ein oder mehrere Karpfen, ſchuppt und wäſcht ſie ſauber, löſt die Haut längſt dem Rüken von dem Kopf bis an den Schwanz, macht die Haut, doch daß ſie ganz bleibt, rund herum ab, ſchneidet das Mittelſtük heraus, daß der Kopf und Schwanz an der Haut ſizen bleibt; dann ſchneidet man das Fleiſch von den Gräten, nimmt noch etwas von anderm Fiſchwerk dazu, macht eine gute Farſe davon, füllt die Karpfen damit, läßt ein Stükchen Butter in einer Tortenpfanne heiß und gelbbraun werden, legt die Karpfen hinein, bakt ſie unten und oben mit Feuer, und beſtreicht ſie öfters mit Butter.

Faſanen zu braten. S. Auerhahn.

Faſanhühner zu braten. Man rupft und nimmt ſie aus, ſalzt und würzt ſie mit Pfeffer, Ingber, Muſcatenblüthen und ein wenig Negelein, träuft ſie am Spieß mit Fett oder Schmalz und bratet ſie. Wann ſie fertig ſind, ſpikt man ſie an der Bruſt mit halb entzwey geſchnittenen Negelein und länglicht geſchnittenen Zimmet. Man macht folgende Brühe darüber: Man ſtoßt ein abgebratenes Faſanhuhn oder Rebhuhn im Mörſel, mit einem Theil Fleiſchbrühe und zwey Theilen Wein und brükts durch einen Seiher, würzt dieſe Brühe mit Zuker und obigem Gewürz, womit die Faſanhühner eingebeizt worden, läßt ſie ein wenig aufwallen, richtet ſie in die Schüſſel an, und legt die Hühner darein.

Faſanenpaſtete. S. Paſtete.

Faſtengerichte.

Faſtengericht von Barben oder Potage. Wann die Barben in heiſſem Waſſer ſauber gewaſchen und in eine Caßerole gelegt worden ſind, gießt man einen halben Schoppen Wein daran, macht

macht ein wenig braune Brühe von etwas Mehl und einem Stük Butter zurecht, schüttet, wenn sie braun ist, einen Löffel voll Fischbrühe daran, thut solche Brühe zu den Barben in der Casserole, würzt sie mit Salz, Pfeffer, Petersilien, kleinen Zwiebeln, einer grünen Citronenscheibe, guten Gewürze und feinen Kräutern, und läßt sie bey gelindem Feuer gahr kochen. Ehe man aber die Fische kocht, legt man die besten ganz hinein, die andern schneidet man in Stüke und kocht sie auf solche Art. Denn macht man ein Ragout von den Barbenlebern. Schneidet kleine Champignons und einige Trüffeln in Scheiben, thuts mit etwas Butter in eine Caßerole, gießt ein wenig Fischbrühe daran, legt ein Bündchen feine Kräuter dazu, läßts gelinde kochen, fettet es wohl ab, schwellt Semmelrinden in der Potageschüssel gelinde auf, legt die zwey ganze Fische darauf, belegt die Potage mit Fischstüken, thut die Barbenleber in das Ragout von Champignons, kocht sie darinn einmal auf, macht den Ragout mit einem halbbraunen Coulis diklicht, und schüttet es darüber.

Champignonspotage. Man nimmt das, was von den Champignons abgeputzt worden, wäscht es wohl, kocht es in einer klaren Erbsen- oder Fischbrühe, schlägt es durch ein Haarsieb, schneidet die andern Champignons gewürfelt, macht ein Ragout mit frischer Butter, Salz, Pfeffer und feinen Kräutern daraus, würzt die durchgetriebenen Erbsen mit Salz und Pfeffer, wirft ein Stük Butter und eine gespikte Zwiebel darein, und läßt, wenn sie genug gekocht, Semmelrinden über den Ragout aufschwellen, und belegt zuletzt den Rand der Potageschüssel mit dergleichen Champignons.

Potage von kleinen Erbsen an Fasttagen. Man macht kleine Erbsen aus den Schotten, sucht die grösten heraus, richtet eine Puree sammt den Schotten und Petersilien zu, läßt sie ein wenig kochen, stößt hierauf alles zusammen, thut in der Brühe eingeweichte Semmelkrumen darunter, schlägt alles durch ein Haarsieb, schüttet es mit den kleinen Erbsen, woraus zuvor in einer Caßerole ein Ragout mit frischer Butter, Petersilie und dem gewöhnlichen Gewürz gemacht worden, in einen Topf und läßt es zusammen kochen. Ist nun die Brühe recht, so schwellt man Semmelrinden auf, richtet die Erbsen darüber an, und garnirt den Rand der Schüssel mit gebakenen Artischokenböden oder Champignons.

Kräftige Fischpotage. Man nimmt einen Milchlingkarpfen, richtet ihn gehörig zu, löst alles Fleisch ab und thut die Gräten heraus, macht aus dem Fleisch ein Gehaktes mit blanchirten Champignons, kochts in einer Casserole mit Butter, Salz, Pfeffer, guten Kräutern und ein wenig Fischbrühe, bereitet einen Ragout von der Karpfenmilch, Hechtlebern, Krebsschwänzen und Scheeren, mit welchem Ragout die Potage zu belegen ist; dann läßt man ausgetroknete Rinden in der Potageschüssel in Fischbrühe aufschwellen, und wann die Potage aufgekocht ist, thut man das Gehakte wie auch das bereitete Ragout hinein, und richtet die Potage warm an. Das Gerippe des Karpfen, wovon das Fleisch ist, kann man zur Fischbrühe brauchen. Man macht solche aus einigen Stüken von Karpfen, Aal, Schleyen und Hecht, thut aber in einen grossen Topf mit Wasser, Butter, Salz und Pfeffer, einem Bündlein guter Kräuter, und einer grossen mit Negelein gespikten Zwiebel, läßts zusammen eine Stunde kochen, und schlägt es durch ein leinen Tuch.

Potage von gefüllten Hechten. Man nimmt das Fleisch von Hechten, Trüffeln, Champignons, gute Kräuter und fein Gewürz, läßts zusammen mit Butter und ein wenig klarer Puree in einer Casserole kochen. Hernach läßt man Semmelschnitten oder Rinden in einer Fisch- oder durchgetriebenen Erbsenbrühe aufschwellen, besezt sie mit dem Gehake, und den Rand der Schüssel mit gebakenen Artischokenböden oder Champignons, auch nur mit gebakenen Semmelrinden.

Potage von Krebsen an Fasttagen. Die Krebse siedet man in Wasser, wäscht und puzt sie, nimmt von den besten die Scheeren und Schwänze ab, läßt die Schaalen daran, puzt die übrigen Krebse auch, und thut die Schaalen nebst dem Schwanz davon, um ein Coulis davon zurecht zu machen; legt die Krebsschwänze mit einigen Scheiben von Trüffeln, einigen kleinen Champignons und einem Stük Butter zusammen in eine Casserole, gießt ein wenig Fischbrühe dazu, wirft ein Bündchen feine Kräuter hinein, und kochts bey gelindem Feuer. Ist es gahr, so thut man, wann es die Jahreszeit mit sich bringt, einige Spargelspizen und sechs kleine Artischokenböden dazu, machts mit dem Krebscoulis diklicht, schwellt Semmelrinden in Fischbrühe auf, läßts auf den Boden der Potageschüssel anbaken, belegt die Potage auf dem Rand mit zuvor abgepuzten Krebsen,

ken, legt ein gefülltes Brod in die Mitte, die Artischokenböden aber nebst der Karpfenmilch herum, und schüttet das Ragout und Coulis von Krebsen darüber.

Potage von Lachsen. Den gesäuberten Lachs legt man in eine Caßerole, kocht ihn mit einer Maaß Wein und Fischbrühe, würzt ihn mit Pfeffer, Salz und allerley guten Kräutern, thut auch frische Butter daran, und macht folgende Fülle: Man nimmt ein Stük Lachs, lößt es von den Gräten, zieht die Haut davon, legts auf einen Tisch, thut gehakte Zwiebeln, einige Champignons und etwas Petersilie hinzu, würzt es mit Salz, Pfeffer, guten Gewürzen und feinen Kräutern, legt, nachdem man viel Lachs hat, frische Butter, nebst dem Gelben von drey bis vier rohen Eyern, und eines Eyes groß in Rahm eingeweichte Semmelkrumen mit bey, bakt alles zusammen, stößts im Mörsel und macht Kugeln, wie kleine Zwiebeln; bestreicht hernach eine Tortenpfanne mit frischer Butter, thut die aus der Fülle bereiteten hinein, wendet sie in geklopftem Ey und geschmolzener Butter um, bestreut sie mit zarten Semmelkrumen und läßt sie in einem Ofen oder unter einem Dekel braten, daß sie sich färben; den Kopf und Schwanz des Lachses aber kocht man auch in einer Tortenpfanne oder Schüssel mit Salz, Pfeffer, allerhand feinen Gewürzen; gießt darüber und darunter geschmolzene Butter, bestreuts mit zarten Semmelkrumen, läßts im Ofen oder unter einem Dekel kochen, kocht hingegen in der Potage Semmelrinden in Fischbrübe auf, legt den Kopf oder Schwanz des Lachses in die Mitte, garnirt den Rand der Potage mit den von der Lachsfülle verfertigten und im Ofen gahr gemachten Kugeln, und schüttet zuletzt ein Krebscoulis daran.

Potage von Melonen. Man schneidet die Melonen klein und würflicht, rührt sie in einer Caßerole mit Butter, würzt mit Salz, Pfeffer, Petersilie, Körbel und feinen Kräutern, thuts mit siedheißer Milch in einen irrdenen Topf, schüttets über aufgeschwollene oder aufgekochte Semmelrinden, und belegts mit gebakenem Brod. Man thut auch Zuker daran, macht einen Rand von Macronen, gebrannten Mandeln und Biscot von bittern Mandeln herum, und richtet sie an ohne sie zu kochen.

Potage, braune, von Zwiebeln. Man schält drey bis vier Duzend Zwiebeln, wendet sie im Mehl um, bakt sie im Schmalz, daß sie braun werden, nimmt sie heraus, daß sie wohl abtropfen, und schüttet in einem kleinen Topf gute Fleischbrühe daran, läßt in eben der Brühe Rinden aufschwellen, legt ein klein Brödchen in die Mitte, belegt den Rand der Schüssel mit einer Reihe gebakener Zwiebeln, und schüttet die Zwiebelbrühe über die Potage.

Potage, weisse, von Zwiebeln. Man schält zwey bis drey Duzend Zwiebeln von mittlerer Grösse, blanchirt sie, und wann sie wohl ausgetropft sind, kocht man sie in einem kleinen Topf in einer guten Brühe. Hierauf macht man folgendes Coulis: Man stößt vier Loth geschälte süße Mandeln in einem Mörsel, nezt sie bisweilen mit Milch, thut das Gelbe von drey bis vier hartgesottenen Eyern nebst etwas in Brühe eingeweichten Semmelkrumen dazu, schlägt solches mit drey Kochlöffeln voll guter Brühe durch ein Haarsieb auf eine Schüssel durch, hälts in einem kleinen Topf warm, läßt Semmelrinden in der Zwiebelbrühe aufschwellen, belegt den Rand in der Schüssel mit einer Reihe Zwiebeln, legt ein Brödchen in die Mitte und richtet das weisse Coulis warm darüber an.

Fastenspeise von Bükling. Man röstet Messerrükens dike Semmelscheiben auf beyden Seiten gelb auf dem Rost, bestreichts hierauf mit Krebs- oder anderm Butter, bestreicht auch eine Schüssel mit Butter, legt die Scheiben darauf, und bestreuts mit geriebenem Parmesankäß. Man macht gute Büklinge von den Gräten, legt auf jede Scheibe etwas von dem Fleisch, bestreuts wieder mit Käß, dekt eine Scheibe Semmel darauf, gießt dike Buttersahne fingershoch darüber, und bestreuts noch einmal mit Käß. Man bakts in einem nicht gar zu heißen Ofen.

Fastenspeise a la Petrowiz. Man stößt eine Meze saure Kirschen recht klein, läßt sie mit einem halben Quart weissen Wein, ein Viertelpfund Zuker, mit der gelben Schaale von einer Citrone abgerieben und ein Stük Zimmet, in einem zugeklebten Topf zwey Stunden lang langsam kochen, denn streicht man sie durch ein Haarsieb. Hierauf schneidet man aus rundem Zwiebak mit einem scharfen Messer den Boden, höhlet die Krumen aus, dekt den Boden wieder darauf, und nezt den ganzen Zwiebak mit Milch. Indessen quirlt man ungefehr sechs Eyer in einem Topf, schlägt das Weisse davon zu Schaum, giebts unter die Dotter, bestreicht die angefeuchtete Zwiebak damit, bestreuts mit geriebenem Zwiebak, bakts in Butter aus, legts in die Kirschsose und giebts kalt hin.

Fet-

Feigen, gebratene. Man nimmt ganze Feigen, drukt sie untereinander, schneidet Rinden von einer Semmel, auch Aepfel, die man, wie die Feigen, breit und rund schneidet, stekt sie zwischen die Feigen an ein hölzernes Spießchen, tunkt sie in einen von Wein und Mehl angemachten Teig, thut sie in heiß Schmalz, bakt sie langsam heraus, schneidet sie vom Spießchen herunter, und bestreut sie mit Zuker.

Feigen, gefüllte. Man siedet sie, daß sie auflaufen und dik werden, drukt sie aus und läßt sie erkalten. Inzwischen hakt man grünen Majeran und Petersille, oder andere zu habende feine Kräuter nebst einer Hand voll grosser Rosinen klein, thut ein Stük geriebenen Pfeffer- (Leb-) kuchen dazu, röstet alles zusammen in Butter, würzt es mit Zuker, Zimmet, Ingber und Safran, fülltś in die Feigen, macht ein dünnes Teiglein von Mehl, zwey Eyern, ein wenig Wein und Zuker, begießt die Feigen wohl damit und bakt sie im Schmalz.

Feigentorte. S. Torte.

Fische, blaugesottene, von Zukerzeug. Man bereitet sie aus einem halben Pfund Mandelzeug, läßt sie troken werden, macht eine Farbe von einem Löffel voll Wasser, eben so viel Gummi, ein Quintlein blaue Schmalte, und drey Tropfen schwarzer Farbe, rührt es wohl untereinander, malt die Fische damit und läßt sie troknen. Die Kräblein an diesen Fischen macht man von Mandelzeug, malt sie mit einer von ein wenig Wasser, armenischem Bolus und Gummi angemachten Farbe und überstreicht sie, wenn sie gefärbt sind, mit Gummi.

Fische von Mandeln, gefüllte. Man macht einen Teig von feinem Mehl, Eyerdottern, etwas süßen Wein und ein wenig Zuker, würkts zu einem Teiglein, walgerts aus, bestreut einen Mobel, drukt den Teig darein, füllt ihn mit einer Mandelfülle, legt den andern Mobel darauf und drükt ihn fest darüber zusammen; wiewohl derselbe auch nur auf einer Seite ganz flach mit dem Teig kann zugemacht, bekwift und zuvor mit einem Ey kann bestrichen werden, damit der Teig beysammen bleibe. Nun kann man diese also formirte, gefüllte und zusammengemachte Fische aus dem Model nehmen, mit einem Ey überstreichen, auf einem Blech im Ofen hellgelb baken, und mit gröblichtem Zuker bestreuen.

Fischpastete. S. Pastete.

Forellen mit einer Sardellensose oder mit Austern und Mu-

Muscheln. Man nimmt von vier bis fünf Sardellen, nachdem sie gewässert worden, das Fleisch, schlägt sechs Eyerdotter in eine Caßerole, rührt die Sardellen nebst Citronenschaalen, Muscatenblüth, einem guten Stük Butter, einer ganzen Zwiebel, die man aber beym Anrichten allemal herausnehmen muß, und eine Messerspitze Mehl darunter, gießt halb Wasser und Wein oder Brühe dazu, läßt es auf Kohlfeuer bey stetem Umrühren etwas dik einkochen, und richtet es über die abgesottene und noch warme Forellen an. Mit den Austern und Muscheln verfährt man eben so, nur daß leztere erst in die Brühe, wann sie bald fertig ist, geschüttet werden.

Forellen in einer Buttersose. Man kann hiezu übriggebliebene nehmen, oder auch Fische, und sie blau absieden, legt sie dann in eine Caßerole, streut klein geriebene Semmel und etwas Muscatenblüthe darauf, thut auch ein Stük reine Butter daran, gießt Petersilienwasser dazu, und zwar so viel als zur Brühe nöthig ist, kocht es zusammen auf einem Kohlfeuer gemach, daß sie ein wenig dik werde, und richtet sie an.

Forellen blau zu sieben. Man reißt sie auf, nimmt das Eingeweide heraus, schneidet ihnen den Gaumen unter dem Maule auf, wäscht sie sauber aus, gießt Eßig darüber, sezt einen Fischkessel zum Feuer, thut nach Proportion der Forellen Salz darein, und legt die Forellen, so bald das Wasser siedet, hinein. Wann sie ziemlich eingesotten sind, nimmt man sie herunter, sprengt kalt Wasser darauf und dekt ein paar Bogen Papier darüber, daß der Dampf nicht davon geht. Beym Anrichten giebt man nur Eßig und Wein dazu, sezt auch Citronen auf.

Forellen, gebraten mit Capern. Man reißt und kerbt sie, salzt sie ein, streicht sie wieder ab, bestreicht sie mit Butter und bratet sie auf dem Rost. Sezt Butter in einem Tiegel aufs Feuer, daß sie braun wird, rührt ein wenig Mehl darein, daß es auch mit bräune; gießt Brühe oder Petersilienwasser daran, auch ein gut Theil Wein, ferner Ingber, Pfeffer, Citronenschelfen, Lorbeerblätter und eine Hand voll Capern, und läßt es so kochen; legt die Forellen darein, daß sie auch ein wenig auf dem Kohlfeuer kochen. Sind sie nicht fett genug, so macht man in einer Caßerole braune Butter und läßt sie hinein laufen; sie müssen aber noch einen Sud thun, daß sich die Butter verkoche.

Forel-

Forellen, marinirt. Man reißt und kerbt sie auf beyden Seiten, salzt sie in einem Geschirr ein, und läßt sie eine Weile im Salz, troknet sie darnach ordentlich ab und bestreicht sie mit Butter, legt sie auf den Rost der auf einem gelinden Kohlfeuer steht, und läßt sie schön braten. Sind sie gebraten, nimmt man sie weg und läßt sie kalt werden. Nimmt denn ein Fäßchen das so breit, als eine Forelle lang ist, nezt es ein, reibt es durchaus mit Pfeffer, legt unten auf den Boden Lorbeerblätter, Roßmarin, Citronenschelfen, ganze Negelein und ganzen Pfeffer. Auf dieses Gewürz und Kräuter kommt wieder eine Lage Forellen; auf diese abermal Gewürz und Kräuter. So fährt man fort bis das Fäßchen voll und die lezte Lage des Gewürz ist. Hierauf macht man solches oben mit einem Boden zu, bohrt durch diesen ein Loch hinein, daß man einen Zapfen hineinsteken kann, gießt, bis das Fäßchen voll ist, guten Essig daran, sezt es an einen kühlen Ort und kehrt es alle Tage um.

Forellen, gebakene. Die ausgenommene und gewaschene legt man auf ein Tuch, daß sie ablaufen. Will man sie ganz lassen, wenn sie nicht groß sind, so macht man sie krumm und hin und wieder einen kleinen Schnitt in die Haut; läßt es die Zeit zu, so salzt man sie auch etwas ein. Dann mischt man Haber-Grieß- oder Semmelmehl, auch etwas recht Mehl untereinander, kehrt den Fisch darinn um, und bakt ihn in einem Wall heissen Schmalzes.

Forellen oder Hechte im Sauerkraut. Das Kraut kocht man bis es lind ist, und sezt es mit einem Stüklein Gänseschmalz oder Butter zu, wie sonst. Eine Stunde vor dem Anrichten verwellt man die Fische ein wenig im Salzwasser und grätet sie aus. Die Haut kommt davon, alsdann zu kleinen Stüklein verzopft. Ferner rührt man einen guten halben Schoppen süßen Rahm nebst einem Viertelpfund Butter untereinander, rührts samt den Fischen unter das Kraut und machts wohl untereinander; das Kraut muß eingekocht seyn, daß es keine Brühe hat. Hierauf wird ein Rand von einem Wasserteig, worein auch ein wenig Butter kommt, gemacht, und auf der Schüssel herumgesezt; das Zinn wird mit einem Ey bestrichen, daß er hält; dann kann er wie ein Kuchenrand geräuftelt werden, auch kann man die Breite, welche stark zwey Finger seyn muß, mit dem Küchleinsrädlein abschneiden. Wann der Rand im Bakofen oder Tortenpfanne abgetroknet, füllt man das Kraut darein, und bestreuts streut's mit geriebenen Semmeln und bakt's vollends gahr.

Forellenpastete. S. Pastete.

Forellentorte. S. Torte.

Fricaßee von Aal. Man zieht ihm die Haut ab, nimmt ihn aus und schneidet ihn in halben Fingers lange Stüke, kocht ihn in gehörig gesalzenem Wasser ab, macht inzwischen Butter in einem Tiegel heiß, bellt sie aber wieder ab, damit das Salz davon kommt; röstet ein paar klein geschnittene Zwiebeln, legt den Aal darein und läßt ihn braten, gießt ein Wasser dazu, und würzt es mit Muscatenblüth und klein gehaktem oder geriebenen Thymian. Denn macht man von drey bis vier Eyerdottern eine Brühe, die man zerklopft und mit ein wenig Eßig umrührt, dazu thut man klein geschnittene Petersilie, und läßt dies zusammen recht heiß werden aber nicht kochen. Diese Brühe richtet man über den Aal an.

Fricaßee von Cucumern. Man schält und schneidet sie in Scheiben, paßirt sie in der Caßerole mit frischer Butter weiß, thut eine scheibenweis geschnittene Zwiebel, Salz und Pfeffer daran, läßt alles wohl miteinander kochen, und richtet sie mit Rahm oder mit einem in unzeitigen Traubensaft abgerührten Eyerdotter an.

Fricaßee von Haberwurzeln oder Scorzoneren. Die abgezogene Wurzeln schneidet man in Scheiben und bratet sie in Butter mit klein geschnittenen Chalotten. Wann sie braun gebraten sind, thut man ein wenig Pfeffer und Eßig dazu und läßt sie kochen.

Fricaßee von Hühnern. Man säubert sie und nimmt sie aus und zerlegt sie in Stüke, diese klopft man mit einem Mörselstempel, thut ein Stük Butter in einen Tiegel, legt die Stüke von den Hühnern dazu, dekt sie zu und läßt sie gelb braten. Dann wird die Butter halb abgegossen, Wein und Fleischbrühe daran geschüttet, die Schaale von einer Citrone ganz zusammengewikelt hineingelegt, klein gehakte Petersilie dazu gethan, mit Ingber, Muscatennuß und Zuker gewürzt, das Gelbe von drey bis vier Eyern mit ein wenig Mehl klein geklopft, ein wenig Hühnerbrühe dazu gegossen, in einem besondern Töpfchen zum Feuer gesezt, und unter beständigem Quirlen ein Stükchen Butter dazu gethan. Endlich legt man die Hühner in eine Schüßel, gießt die Brühe darüber und streut gestoßenen Zimmet darauf.

Fricaßee von Kalbfleisch. Man nimmt ein Stük vom Schlegel, schlägt, schlägts, wenn es in dünne Scheiben geschnitten ist, mit einem Holz mürbe, spikts mit Spek, bratets in einer Pfanne, würzts mit Pfeffer und Muscatenblüthe, thut ganze Zwiebeln dazu, giest Fleischbrühe darauf, und wenn es kurz eingekocht ist, thut man klein geschnittenen Knoblauch daran, und paßirts durcheinander.

Fricaßee von Lammfleisch. Man schneidet das Lammfleisch in kleine Stükchen, wässert und wäscht es rein aus, thut Butter in einen Tiegel, sezt ihn auf ein Kohlfeuer, legt das Fleisch darein, dekt es zu und läßts darinn dämpfen, bis es gelb wird; macht indeß die Brühe zurecht, nehmlich, man nimmt Fleischbrühe, thut Wein dazu, würzts mit Pfeffer, Ingber, Negelein, kochts zusammen in einem besondern Topf; dann thut man die Brühe über das Fleisch und kochts, bis es weich ist. Endlich brennt man ein wenig Mehl darein, richtets an, und belegts mit Citronenschaalen.

Fricaßee von einem Spanferkel. Es wird in Stüken geschnitten, in einen Keßel mit siedendem Waßer gelegt und darinnen aufgekocht. Hierauf legt mans in kalt Waßer, zieht die Haut ab, macht Butter in einer Pfanne braun, bestreut das

Fleisch mit Mehl und läßt es braun werden; gießt Fleischbrühe oder Waßer dazu, würzt es mit Muscatenblüth, Pfeffer und Negelein, und wirft Zwiebel und Salz daran. Ist es gahr, so schlägt man das Gelbe von drey Eyerdottern aus, und rührts mit Eßig ab, gießt, wenn man es anrichten will, Eyer daran, und läßt sie säurig werden.

Frischlinge, junge, zu räuchern und einzusalzen. Man ziebt ihnen die Haut nicht ab, sondern sengt sie, zerschneidet sie in vier Theile, den Rükgrad aber läßt man herunter, wie es bey den zahmen Schweinen geschieht; haut auch die großen Beine so weit davon, salzt und räuchert es wie zahmes Schweinenfleisch, läßt auch die Rippen darinn.

Fruchttorte. S. Torte.

G.

Galanteriekůchlein. Man nimmt ein Pfund schön Mehl, eben so viel ungesalzene Butter, reibt es untereinander, bis sich die Butter verloren; thut ein halb Pfund durchgeschlagenen Zuker darzu, macht einen Teig, schlägt ein bis zwey Eyer daran, knetet es wohl, formirt kleine Küchlein daraus, oder macht ihn mit einem Wellholz fingersdik, sticht ihn aus wie einen Butterteig, bestreicht solchen mit dem

Gel-

Gelben von einem Ey, bestreut ihn mit Zuker und Eyerklar, wie den Marcipan, und bakt es gahr.

Gallerte von Aepfeln, rothe. Man schneidet Reinetten in kleine dünne Schnittchen, thut sie mit etwas Wasser in ein Geschirr, und mit einem Löffel voll aufgelöster Cochenille. Darinn kochen die Aepfel zugedekt, bis sie Marmelade werden; hernach drukt man durch ein Sieb allen Saft heraus. Auf eine halbe Maas läßt man ein Pfund Zuker sieden, und den Aepfelsaft so lang kochen, bis die Gallerte mit dem Schaumlöffel breit abfällt. Dann nimmt man sie vom Feuer und faßt sie in Töpfchen.

Gallerte von Aepfeln, weisse. Man schält und schneidet sie klein, und sezt sie in etwas Wasser, nebst der Hälfte einer Citrone in Scheibchen, ans Feuer, läßt sie, ohne zuzudeken, bey gelindem Feuer kochen, bis Marmelade daraus worden ist, worauf man so viel Saft, als möglich, durch ein Sieb preßt, und wie bey der vorigen verfährt.

Gallerte von Birnen. Man schält und schneidet sie in Stüke und kocht sie in ein wenig Wasser, bis sie zu Marmelade worden sind. Drukt durch ein Sieb so viel Saft heraus, als möglich, und läßt zu einem Quart von diesem Saft ein Pfund Zuker sieden, und den Saft in dem Zuker etliche Sude thun. Man verfährt nun wie bey den vorigen, und dekt sie nur zu wenn sie kalt ist.

Gallerte von Eyern. Man nimmt zehn bis zwölf Eyer, thut das Wasser besonders, klopft es wohl untereinander, mengt feinen Zuker darein, sezt diken Rahm zum Feuer, und hebt ihn, wenn er zu sieden anfängt, vom Feuer, daß er erkaltet. Zuvor aber nimmt man das Gelbe von den Eyern, mischt auch Zuker darunter, macht Milch heiß, schüttet die Dotter darein, gießt bald hernach etwas Wasser dazu, damit sie zusammenlaufen, faßt sie in ein Tüchlein, bindet sie zusammen und beschwehrts, daß das Wasser ablauft und jenes härtlicht wird; schneidet hierauf länglichte oder breite Stüklein davon, und richtets in eine Schüssel an. Man kann auch kleine Rosinen darüber streuen und das Eyerklar darauf schütten. Man kann auch harte Eyer nehmen, halb voneinander schneiden, neben das Gelbe von Eyern anrichten und in den Keller sezen.

Gallerte von Hirschhorn. Man nimmt ein Pfund geraspelt Hirschhorn, läßt es so lang, bis das Wasser zwischen den Fingern glatt und klebrig wird, kochen; schlägt

schlägt diese Gallerte durch ein feines Haartuch in eine Casserole, thut ein wenig ganzen Zimmet, so viel Zuker als nöthig ist, grüne Citronenschaalen, zwey bis drey Negelein, auch etwas Salz dazu, sezt die Gelee ein wenig auf ein Caßerolloch, nimmt sie, wenn sie heiß ist, wieder herab, zerläßt gestoßene Mandeln darinnen, schlägt die Gallerte durch ein Haartuch oder Serviette, wiederholt es zwey bis dreymal, drükt die Mandeln fein aus, fährt mit einem Blatt Papier oben durch die Gallerte, damit der Schaum davon kommt, thut einen Tropfen Pomeranzenblüthwasser darzu, schüttet es in eine Schüssel, sezt es an einen kalten Ort, damit es, wie geronnene Milch, gestehe, und richtet die Gelee kalt an.

Gallerte von Kälberfüßen, Ohren und Köpfen. Man puzt diese Stüke, legt sie ins heiße Wasser und läßt sie einen Wall thun. Nimmt sie heraus, sezt sie mit Wasser zum Feuer, salzt sie ein wenig, siedet sie auch so lang, bis sie zimlich eingesotten und weich sind. Nun seiget man die Brühe herunter, läßt die gekochten Füße und übrigen Stüke erkalten, daß sie hart werden. Sind sie hart, so schneidet man sie als Nudeln, bakt grüne Schnittlinge, Citronenschelfen und Muscatenblüthen, und wäscht

solche nebst etwas Ingber darunter. Nun gießt man an die abgeseigte Brühe etwas Wein, thut das Geschnittene in einem zinnernen Napf, gießt die Brühe darüber, und schüttelt alles so lang durcheinander, bis es sich fein gleicht und also recht vermengt ist, sezt es an einen kühlen Ort, daß es gestehe.

Gallerte von Karpfen. Man siedet sie, aber nicht ein, seigt die Brühe herunter und gießt in einem Topf Eßig dazu, wirft auch ein wenig Hausenblätter und Gewürz daran. Indeß siedet man einen grossen Karpfen blau, legt ihn dann in eine Schüssel und noch etliche Stüke von obigem dazu, gießt die Brühe darüber und läßt sie kalt und zur Gallerte werden.

Gallerte von Meerrettig. Man schabt und reibt ihn zart, thut ihn in ein Nössel Milch, wirft Zuker und gestoßene Mandeln darein, läßt ihn kochen, seigt ihn durch ein Haartuch auf einen Teller, daß er kalt wird.

Gallerte, Portugiesische. Diese ist gelb und wird mit Pommes de Line, die in Schnittlein zertheilt sind, gemacht, desgleichen mit Citronen, darinn statt des herausgenommenen sauren Fleisches Gallerte ist, welche mit der zart ausgeböhlten auch noch die Schaale habenden Citrone ganz gegessen wird.

Gal-

Gallerte von Schweinsfüßen und Ohren Man nimmt vom Schwein Füße, Ohren und Maul, schneidet die Füße in der Mitte entzwey, brennt die Haare davon ab, und läßt sie in einem Wasser anlaufen, puzt sie sauber, sezt sie mit Wasser und Salz zum Feuer, und kocht sie eine Weile; nimmt sie heraus und kühlt sie in kaltem Wasser aus; thut sie wieder in einen Topf, gießt die Brühe mit Eßig darauf, legt eine ganze Zwiebel und ganze Würze dazu, und kocht alles vollends gahr. Nun richtet man die Gallerte auf die Schüssel, die schon vorher dazu in Bereitschaft gesezt gewesen seyn muß, an, und formirt, wenn sie flach ist, ein Kränzchen von Teig auf dem Rand herum. Die Brühe, die Gallerte werden soll, seiget man durch einen Durchschlag in ein anderes Geschirr, fängt das Fett ein wenig herunter, und legt Löschpapier oben darauf, so wird sich alles Fett vollends hineinziehen. Hierauf streut man geschnittene und abgezogene Mandeln, nebst etwas grossen Rosinen darüber her, macht die Brühe mit Safran gelb, gießt sie auch darüber, und läßt alles kalt und stehend werden. Endlich thut man den Teigrand von der Schüssel und reibt Zuker auf die Gallerte. Die Gallerte von Spanferkeln wird aus einem zerstükten und wohl ausgewaschenen Spanferkel eben so gemacht.

Gangfische zu sieden und zu kochen. Man legt sie in frisch Wasser, wässert sie eine Stunde und länger, nehmlich je nachdem sie gesalzen sind, wäscht sie hernach von aussen und innen ein oder zweymal aus einem frischen Wasser, macht ein anders frisches Wasser in einer Pfanne siedend, und läßt die Fische ein wenig länger, als weiche Eyer, darinn sieden. Ist die Brühe nicht genug gesalzen, so salzt man sie noch mehr, sind sie aber zu stark gesalzen, so seiget man das erste Wasser herab, und gießt ein anderes heisses Wasser darüber, läßt sie noch einen Sud thun, seiget das Wasser wieder ganz herab, gießt ein wenig Fleischbrühe daran, thut Ingber, Muscatenblüth und ein Stük Butter oder auch Rahm daran, läßt es miteinander einen Sud thun, gießt, wenn es angerichtet ist, die Brühe darüber und streut Muscatenblüth darauf.

Gangfische mit Oel und Eßig. Wässert und säubert sie, siedet sie, aber nicht lang, in Wasser, seiget es wieder davon ab, läßt sie ein wenig troknen, legt sie auf den Rost, den man vorher wohl mit Butter bestreicht, sezt ihn über eine gute Glut, hebt die Fische samt dem Rost oft über

über eine breite Schüssel, begießt sie mit Eßig und Butter und troknet sie wieder ab, jedoch nicht gar stark, gießt in eine Schüssel Eßig und Baumöl darüber, und bestreut sie mit klein geschnittenen Citronenschaalen.

Gangfischſalat. Wann ſie gewässert und gewaschen sind, läßt man sie ein wenig abtroknen, schneidet auffen überzwerg kleine Schnittlein hinein, mischt Pfeffer und Muscatenblüth untereinander, und würzt die Fische damit innen und auffen wohl ein, läßt Baumöl in einer Bratpfanne heiß werden, legt Roßmarin und Lorbeerblätter darein, bratet die Gangfische darinn und drükt zulezt Citronensaft daran.

Gans, zu braten, mit Meerrettig. Wann die Gans gepuzt worden so salzt man sie inn- und auswendig, und läßt sie saftig braten, nimmt Meerrettig, schabt und reibt ihn, sezet ein Nöſſel Rahm zum Feuer, zieht eine Hand voll Mandeln ab, stößt sie klein, und rührt sie auch unter den Meerrettig, legt ein Stük Zuker darein, und läßt ihn also ein wenig sieden. Endlich richtet man ihn auf eine Schüſſel, worein die Gans kommt, an, sezt ſie auf ein Kohlfeuer, zieht die Gans vom Spieß, legt ſie auf den Meerrettig, besprengt sie mit etwas Fett, das aus der

Gans gebraten, und streut etwas Semmeln darüber.

Gans mit Aepfeln, Birnen oder Castanien. Man bereitet sie wie die vorige, nimmt Aepfel, Birnen oder Castanien, stekt ſie in die Gans und bratet ſie. Die Aepfel können auch ungeschält bleiben, nur müssen die Stiele und Kerne ausgeschnitten werden.

Gans, zu räuchern. Die gepuzte Gans schneidet man am Rüken hinunter auf, vermischt Salz mit Salpeter, und zwar unter eine Kanne Salz ein Loth Salpeter, salzet die Gänse in einem Geschirr damit ein und reibt das Salz ziemlich hinein. Das Geschirr muß aber unten ein klein Loch haben, um die Brühe, welche sich da sezen wird, abzapfen zu können. Hierauf schält man eine rothe Rübe, schneidet Plätzchen daraus, legt ſie auf die Gänse, beschwehrt ſie mit einem Gewicht, und gießt alle Tage die Brühe, die man abzapft, wieder darüber. Dadurch zieht sich die Röthe aus den Rüben in die Gänse. Wann sie nun wenigstens drey Tage gelegen sind, so bindet man sie an Spieſe und hängt ſie hin, ſezt ihnen ein paar Sprießel in den innwendigen Leib, daß sie im Räuchern nicht zusammengeben. Dann thut man ſie in eine Rauchkammer

mer, wo keine starke Hize dazu kommt. Sind sie nun etwas angelaufen, so verbindet man sie über und über mit Papier und läßt sie vollends gahr werden. Man nimmt auch blos die Brüste von Gänsen. Fette Enten räuchert man eben so.

Gänse zu räuchern auf Pommerisch. Die Gänse die man räuchern will rupft und brennt man, bindet zwey und zwey an die Köpfe zusammen, und hängts an einem kühlen Ort die Nacht durch auf. Des Morgens darauf nimmt man sie aus, schneidet die Brüste aus, reibt sie mit Salz ein, legt sie aufeinander in ein Faß, und so bleiben sie vier und zwanzig Stunden. Den andern Morgen nimmt man sie heraus, reibt sie mit Kleyen, und hängt sie dergestalt in den Rauch, daß sie von der Flamme entfernt sind. Unten macht man ein gelindes Rauchfeuer von Wachholderreißig oder grünen Spänen, unterhälts auch vom frühen Morgen an bis in die Nacht. Der Rauch darf aber ja nicht zu stark seyn, und sechs Wochen müssen die Gänse darinn bleiben. Dann hängt man sie in einem lüftigen Gewölbe auf. Man muß sie aber aufzehren ehe es warm wird. Rüken und Schlegel salzt man eben so ein, und räuchert sie. Diese kann man nach vierzehn Tagen gebrauchen.

Gans, geräuchert, mit Braunkohl, auf Westphälisch. Die geräucherten Gänse wischt man in warmem Wasser mit einem Wischchen von Stroh rein ab, legt sie über Nacht ins kalte Wasser, daß sie ein wenig auflaufen, schneidet sie in Stüke, sezt sie in einem Topf mit Wasser zum Feuer, salzt sie aber nicht, sondern läßt sie nur gahr kochen. Nimmt dann Braunkohl, streift ihn ab, wäscht ihn in frischem Wasser sauber, thut ihn in einen Topf, schält auch die Stründe oder Stiele, wie Kohlrabi, schneidet sie ebenfalls zum Kohl, gießt etwas Wasser darauf, sezt ihn, wenn er vorher ein wenig gesalzen worden, zum Feuer, sezt einen Dekel darauf und läßt ihn eine Weile kochen. Sezt ferner in einer Casserole ein Pfund Butter aufs Feuer, daß sie weich werde, thut einen Löffel voll Mehl darein und rührt es so lang, bis es braun wird. Endlich schüttet man den Kohl nebst dem Wasser in die heisse Butter, legt noch ein Stük Butter nebst weissem Pfeffer, Ingber, und ganz gebrokten Muscatenblüthen, auch zwey Loth Zuker dazu, und läßt es zusammenkochen. Endlich legt man die geräucherten Gänse zum Kohl hinein, fängt oben das Fett ein wenig herunter,

ter, gießts auf den Kohl und läßt es ein wenig miteinander kochen. Man thut auch gebratene Castanien in den Kohl.

Gans, geräuchert, mit braunen Rüben. Man nimmt weisse oder Stekrüben, schält und schneidet sie fein stükweis, länglicht oder breit. Hernach sezt man in einer Casserole geschmelzte Butter zum Feuer, daß sie heiß werde. Reibt ein oder ein halb Loth Zuker darein und läßt es zusammen sehr heiß werden, so daß der Zuker einen braunen Schaum gleich siehet. Wann nun solcher sich auszubreiten anfängt, so schüttet man die geschnittene Rüben, wenn sie vorher recht troken sind, hinein, sezt sie zum Feuer und rührt sie oft um. Sind sie braun genug, so thut man sie in ein Geschirr, darinn sie sollen gekocht werden, gießt Fleischbrühe dazu, brennt ein wenig braun Mehl und schüttet es darein, würzt sie auch mit Pfeffer und Ingber. Hierauf legt man die schon beschriebenermaßen zubereitete Gans zu den Rüben, und läßt sie ferner kochen. Man darf aber nie kein starkes Feuer dazu haben, sondern es muß langsam kochen, auch immer zugedekt seyn.

Gans, wilde, zu braten. Ist sie jung, so wird sie wie eine wilde Ente behandelt, ist sie aber alt, so muß sie etliche Wochen im Eßig liegen, dann schlägt man sie in eine Pastete, daß sie etliche Stunden bakt.

Gans, wilde, in Eßig zu beizen. Sie muß gereinigt und dann geklopft werden, daß ihr die Beine entzwey gehen. Dann besprengt man sie mit Salz, legt sie auf einen Rost und läßt sie ein wenig anlaufen, thut sie mit Lorbeerblättern, Thymian, Roßmarin und etlichen ganzen Zwiebeln in ein Geschirr, gießt so viel Eßig darauf, daß er über die Gans geht, und giebt ihr alle drey Wochen frischen Eßig. Man kann sie ein halb Jahr darinn liegen lassen. Dann wird sie recht mürbe, und tüchtig, in die Pastete geschlagen zu werden.

Gänslebern zu baken. Man schneidet die Lebern scheibenweis, salzt sie ein wenig ein, bestreut sie mit etwas Ingber und Pfeffer, und läßt sie so eine Weile liegen. Hernach macht man Schmalz in einer Pfanne heiß, die Lebern bestreut man mit Mehl, legt sie ins heisse Schmalz, und bakt sie gelb.

Gänslebern mit Austern in einer Pastete. Man macht sie zurecht und troknet sie mit einer Serviette ab. Legt in eine Casserole ein Stük Butter, Citronenschelfen, Muscatenblüthe und ein wenig weissen Pfeffer, sezt

ihn

ihn aufs Kohlfeuer, thut die Lebern auch dazu, und paßirt solche eine gute Weile, so wird viel Brühe daran werden. Dann nimmt man sie wieder vom Feuer, seigt die Brühe herab in ein ander Geschirr, und thut sie beyseite, macht einen mürben Teig, formirt die Pastete in eine Tortenpfanne oder auf eine Schüssel, legt auf den Boden Butter, Muscatenblüthe, Citronenschelfen, ein Stük Spek und eine ganze Zwiebel, auch Fische oder Fäschenaustern, die aber über Nacht erst wässern müssen; gießt ein wenig Wein in die Pastete, macht sie zu, und bakt sie in einem Bakofen. Ist sie fertig, so nimmt man sie heraus; zuvor aber sezt man die aufgehobene Brühe in einen Tiegel aufs Feuer, wann sie kocht, schlägt man ein paar Eyerdotter daran und quirlt es ganz klar, daß es nicht zusammenrinnt; macht ein Loch in die Pastete, gießt die Klare durch einen Trichter hinein, rüttelt es fein durcheinander, und giebt es so zugemacht hin.

Gänslebern mit Citronen. Man wäscht die Gänslebern aus, sezt eine Casserole, die aber wohl verzinnt seyn muß, mit einem ziemlichen Stük Butter aufs Kohlfeuer, thut eine ganze mit Negelein bestekte Zwiebel, nebst Muscatenblüthe und Citronenschelfen hinein, und legt die Lebern oben drauf, welches zusammen ganz gemach dämpfen muß, daß es viel Brühe giebt. In diese streut man noch eine geriebene Semmel, gießt ein wenig guten Wein dazu, und läßt es mehr, doch nicht zu lang, dämpfen, daß die Lebern nicht zu hart werden. Beym Anrichten kann man Citronensaft darauf drüken.

Gänslebern mit Sardellen oder Muscheln. Man setzt eine Casserole mit Butter zum Feuer, wirft Citronenschelfen und Muscatenblüthen darein, thut die Gänslebern, wenn sie gehörig bereitet sind, auch dazu, und läßt sie eine Weile paßiren. Hernach nimmt man vier gewässerte Sardellen, thut die Gräten heraus, hakt sie klein und schüttet sie zu den Gänslebern, streut klein geriebene Semmeln daran, gießt ein wenig Wein dazu, und läßt alles eine kurze Zeit kochen. Ist zu wenig Brühe darauf, so gießt man gute Bouillon dazu. Vor dem Anrichten drükt man viel Citronensaft hinein. Die Muscheln dürfen nicht so lang dämpfen, als die Sardellen, weil sie zu weich würden.

Gebakener Aal. S. Aal, gebakener.

Gebakene Englische Schnitte. Es wird eine Klare, wie bey den Büchsenkuchen abgerührt, her-

hernach schmiert man eine Tortenpfanne mit Butter, gießt die Klare darein, setzt sie in einen nicht zu heißen Bakofen und troknet dieses ab. Ist es nun aus- und innwendig troken, so schneidet man beliebige Stükchen daraus, bekerbt sie um und um, setzet Schmalz zum Feuer, thut, wenn es heiß ist, etliche Stükchen darein und bakt sie heraus, und begießt sie mit einer Kelle ohne Unterlaß.

Gebakene Finger. Man nimmt süßen Rahm, zwey bis drey Löffel voll Rosenwasser, zwey Löffel mit Wein, vier bis fünf Eyerdotter, zwey Hände voll Zuker und ein wenig zerlassene Butter. Dies alles verrührt man ineinander, und thut vom feinsten Mehl darein, bis der Teig sich auswirken läßt, doch auch nicht zu fest ist. Endlich macht man Finger daraus und bakt sie gelb.

Gebakene Kirschen, die frisch sind. Man macht hiezu eine Klare, wie bey den gebakenen Aepfeln, nimmt schöne schwarzsaure Kirschen, an welchen die Stiele noch seyn müssen. Indessen setzt man Schmalz zum Feuer und läßts heiß werden, faßt jedesmal zwey bis drey Kirschen bey den Stielen zusammen, tunkt sie in die Klare, setzet sie in das Schmalz und bakt sie rösch heraus.

Gebakene Mandeln. Man thut Mehl auf ein Bakbrett, schlägt zwey Eyer und noch von zweyen das Weisse dazu, schüttet vier Loth Zuker und ein Loth gestossenen Zimmet hinein, würkt daraus einen nicht gar zu festen und auch nicht gar zu welchen Teig, treibt ihn hernach auf, daß er etwa einen halben Finger dik bleibt. Nun muß man eine blecherne Forme, die als eine Mandel gemacht worden, in Bereitschaft haben; mit dieser sticht man den Teig, als ob es Mandeln wären; darnach setzt man in einer Pfanne Schmalz aufs Feuer, und thut, wenn es bald heiß ist, dergleichen Mandeln hinein, und bakt sie nicht gar zu heiß heraus.

Gebakene Mandelstrauben. Man setzt Mehl an einen warmen Ort, thut einen Löffel voll gewässerte Weißbierhefen darein, salzt es ein wenig, gießt warme Milch daran und rührt einen Teig ab, der ziemlich zäh ist; hernach schlägt man zwölf Eyer in einen Topf, aber nur von sechsen das Weisse mit; diese quirlt man ab, schüttet sie zu dem angemachten Teig, und arbeitet solchen ganz klar ab. Nun setzt man Schmalz zum Feuer und läßt es nicht gar zu heiß werden; nimmt alsdann einen nicht gar zu weiten Trichter, schüttet von dem Teig darein, dadurch solcher in das Schmalz

Schmalz laufen muß. Man dreht aber den Trichter öfters herum, damit es wie ein Zug werde oder eine gedrehte Form bekomme, und begießt sie immer mit Schmalz, nur daß es nicht gar zu heiß wird.

Gebakene Milch oder Schüsselkoch. In ein und einen halben Rößel gute Milch quirlt man einen Eßlöffel voll Mehl, schlägt zehn Eyer darein und quirlt es zusammen klar ab, schüttet auch noch sechs Loth Zuker und einen Eßlöffel voll Rosenwasser darein. Denn macht man einen Kranz von Teig ein paar Queerfinger hoch um die Schüssel, darauf sie kommen soll, gießt die abgerührte Milch hinein, setzt sie in einen dazu geheizten, aber nicht zu heißen Bakofen, bakt sie und bestreut sie bey dem Anrichten mit Zuker.

Gebakene Rosinen. Man nimmt ein halb Pfund Rosinen oder Zibeben, queult sie in heißem Wasser ab, damit sie ein wenig auflaufen und weich werden; macht eine Klare, spießt die Rosinen an eine Spiknadel, tunkt sie in die Klare und thut sie in heißes Schmalz, daß sie gelb baken.

Gebakene Schneeballen. Man sezet in einer Casserole drey Viertel Rößel schlechte Milch aufs Kohlfeuer, und thut ein Stükchen Butter eines Hühnereyes

groß dazu. Wann die Milch siedet, rührt man so viel Mehl darein, als man hineinbringen kann, und rührts auf dem Feuer ab, damit der Teig troken werde. Hernach schüttet man ihn in eine irdene Schüssel, salzt ihn ein wenig, thut Muscatenblüthe und Safran hinzu, schlägt ein paar Eyer daran, und merkt dabey, daß man die hineinzubringende Eyer in ein laulicht Wasser legen muß. Hierauf durchknetet man den Teig, schlägt wieder fünf bis sechs Eyer daran, und knetet ihn klar ab, schlägt hernach so viel Dotter dazu, als man meynet, daß der Teig dünn genug sey. Wann er nun glatt abgearbeitet ist, so streicht man ihn glatt zu, sezt Schmalz zum Feuer, das aber nicht zu heiß werden darf; nimmt einen silbernen Löffel und tunkt ihn erst ins Schmalz ein, dann macht man ein rundes Stükchen vom Teig; bey jedem Stükchen aber tunkt man den Löffel ein, thut ihrer so viel, als man gedenkt in das Geschirr zu bringen, ins Schmalz, damit begießt man sie auch ohne Unterlaß, daß sie nicht gar zu heiß baken.

Gebakene Sprizkuchen. Man macht den Teig wie bey den Schneeballen, und bringt ihn in die dazu verfertigte Sprize, die vornen einen Stern haben muß. Hernach sezt man Schmalz zum Feuer,

Feuer, nimmt den Stempel der zur Sprize gehört, und stekt ihn in dieselbe, und wenn das Schmalz heiß ist, stößt man etwas von dem Teig heraus ins Schmalz, zieht es immer hin und wieder, als ob man einen Schneken machen wollte; schneidet alsdann den Teig ab und macht es wieder so, begießt sie auch im währenden Baken mit Schmalz, daß sie auflaufen.

Gebakenes Wespennest. Man thut Mehl in eine Schüssel und sezt es warm, gießt ein paar Löffel voll gewässerte Hefen darein, schlägt drey bis vier Eyer dazu, salzt solches, läßt ein halb Pfund Schmalz zergehen und darunter laufen. Nun macht man das Mehl mit laulichter Milch an, (der Teig aber darf nicht zu dik werden) schlägt ihn ganz glatt ab, und wiegt ein halb Pfund kleine Rosinen darunter, thut den Teig auf ein mit Mehl bestreutes Bakbrett, wirkt ihn klar ab und treibt ihn auf, daß er eines halben Fingers dik bleibt, schneidet mit einem Bakrädchen lange Striemchen, ein paar Queerfinger breit, bestreicht den Teig über und über mit zerlassener Butter, läßt Schmalz in einer Tortenpfanne zergehen, rollt die zwey Striemen Teig, jeden besonders zusammen, und thut sie in die Tortenpfanne, wo das zerlassene Schmalz ist, doch nicht gar zu eng beyeinander. Wann nun dies alles darinn ist, sezt man die Tortenpfanne auf einen warmen Ort, und läßt die Wespennester gehen, sind sie genug gegangen, so sezt man sie in einen Bakofen, darinn sie aber nicht zu heiß baken dürfen.

Gebakene Zukerstrauben. Man thut Mehl in einen Topf, schlägt von zwölf Eyern das Weisse darein, rührt es ganz glatt ab, daß es wie ein dünner Brey wird, reibt hernach ein Viertelpfund Zuker darein, und rührt wieder glatt ab. Hierauf sezt man Schmalz in einem Pfännchen zum Feuer, denn man darf auf einmal nur ein Stük baken; man macht auch das Schmalz nur über Kohlen heiß. Nun sezt man einen Straubentrichter auf ein Kartenblatt und gießt von dem abgerührten Teig hinein. Darnach läßt man etwas davon ins heiße Schmalz laufen, und zieht in währendem Guß den Trichter immer hin und wieder; es darf aber nur so viel hineinlaufen, daß es überall zusammenhängt. Endlich kehrt man die Straube um und bakt sie gelb, thut sie heraus, und legt sie über ein rundes Holz.

Gebrannte oder geröstete Mandeln. Man röstet in einer messingenen Pfanne ein Pfund Mandeln, bis sie ganz dürr und hart wer-

werden, wendet sie aber oft um, daß sie nicht verbrennen, schüttet sie heraus und läßt sie kalt werden. Dann schüttet man eine halbe Maas Wasser an ein halb Loth Zimmet und drey Viertelpfund Zuker, läßt ihn, bis er sich gleisam spinnet, sieden, thut die geröstete Mandeln hinein, läßt sie mit dem Zuker abermal rösten, bis dieser sich an die Mandeln hängt, so scheinen sie kandirt zu seyn. Doch muß man die Mandeln in der Pfanne beständig, bis sie hart sind, herumrühren, auf einen zinnernen Teller schütten, kalt werden lassen, und wenn sie zusammengebaken sind, voneinander brechen.

Gewürznegelein zu kandiren. Man nimmt einige Pfund vom besten Canarienzuker, läutert und siedet ihn bey langsamen Feuer, bis er stark spinnt, läßt ihn sodann so viel abkühlen, bis man einen Finger darinn leiden kann. Indessen legt man die Negelein in ein etwas flaches Geschirr nebeneinander, daß keines das andere berührt, gießt den laulichten Zuker darüber, damit alles wohl bedekt ist; läßt es vier und zwanzig Stunden lang bey einem warmen Ofen stehen, dekt ein anders so flaches Geschirr darüber, läßt den Zuker, welcher sich nicht angesetzt, herauslaufen, stellt das Geschirr samt dem Candirten auf ein gelindes Feuer, damit es etwas warm werde und sich löse, stößt es umgekehrt etwas stark auf ein Brett, daß alles herausfällt, löst es ferner mit einem Messer voneinander, und troknets in einem Sieb beym Ofen vollends. Soll es stärker kandirt seyn, so siedet man den abgelaufenen Zuker noch einmal auf, oder nimmt frischen und wiederholt diese Arbeit.

Gezottelt Gebakenes. Man rührt einen Teig von Mehl, Eyern und ein wenig Salz an, würkt und rollt ihn ganz dünn aus, legt ihn dann sechs bis achtfach zusammen, schneidet ihn sehr klein, macht Schmalz in einem Pfännchen heiß, thut von dem Geschnittenen darein, und drükt es mit einem Löffel zu.

Glaciren der Castanien. Man bratet grosse in einer Glut, indeß daß man Zuker läutert und a la Perle siedet, schält die Castanien, legt eine nach der andern in den Zuker, nimmt sie mit einem Löffel wieder heraus und thut sie in frisches Wasser, so gefriert der Zuker augenblicklich.

Glaciren der Früchte. Man läutert feinen Zuker mit geneinem oder mit Rosenwasser, läßt ihn aber stark sieden, nimmt ihn vom Feuer und läßt ihn ein wenig erkalten, tunkt die zu glacirende

rende Früchte in den Zuker, nimmt sie alsbald wieder heraus, legt sie, bis sie troken sind, auf rein Stroh, thut sie in ein Glas oder steinern Geschirr, bindet es fest zu, damit keine Luft dazu kann, sezt es in einen tiefen Keller, und, wenn dieser noch nicht kalt genug wäre, gräbt man es in die Erde. Man kann nachher den Zuker auch mit dem Finger völlig abklopfen.

Glaciren des Zukerbrods. Man nimmt Eyerklar und gestossenen Zuker, klopft beydes wohl untereinander, bis es ungefehr so dik wie ein Mehlbrey wird, streicht es mit einem Messer auf das Zukerbrod und läßt diese Glace bey gelindem Feuer hart werden. Man kann es auch mit zusammengerührtem Zuker und wohlriechenden Wassern glaciren.

Glacirte herzförmige Kuchen. Man nimmt dies mit Wasser bereitete Gebäke, schneidet es in der Mitte, wie eine Pomeranze, voneinander, so, daß die Rinde unten und oben daran bleibt, weichts hernach in Milch, in welche man Zuker gethan hat, dekts zu, sezt es vier bis fünf Stunden lang auf heisse Asche, doch daß es nicht kocht. Endlich nimmt mans heraus, läßt es austropfen, und bakt es in frischem Schmalz. Wann es sich nun fein gefärbt hat, nimmt mans heraus, bestreuts mit feinem Zuker, glacirts, wendets um, und glacirts auf der andern Seite auch.

Glacirter Marzipan. Man macht einen Teig von Marzipan, spinnt ihn auf einem Tisch, giebt ihm eine beliebige Form, troknet ihn ein wenig im Bakofen, thut ihn mit ein wenig Pomeranzenblüth- oder anderm wohlriechenden Wasser in eine Schüssel, mischt nach und nach Zuker, Saft und Marmelade von einer beliebigen Baumfrucht darunter, rühret alles mit einem Löffel untereinander, bis der Glace ungefehr so dik als ein Brey wird. Man kann auch Eyerklar in einer Schüssel mit einem Löffel wohl untereinander rühren, und diese Glace, wie bey dem Zukerbrod fertig machen. Wenn sie dik werden will, thut man ein wenig Citronensaft darein. Denn streicht man die Glace auf die Marzipanstüke, sezt sie auf Papier, und bakt eine Seite nach der andern unter einem Bakofendekel.

Glasscheiben zu baken. Man nimmt so viel Mehl als zu zwölf Eyern genug ist, feuchtets mit kaltem Wasser ein wenig an, rührts mit den Händen untereinander, daß es ein glatter Teig wird, läßts ein wenig liegen, rollts auf einem Brett fingersdik aufeinander, wiegt den Teig, nimmt so viel Butter als der Teig gewogen hat, würkt sie mit den Händen, daß sie weich werden, und breitet sie über den Teig. Dann wird dieser in drey Lagen zusammengelegt, an den Enden aber, damit die Butter nicht heraus lauft, in die Höhe geschlagen, mit dem Wellholz auseinander gerollt, wie vorher übereinandergeschlagen, wieder auseinander gerollt, und dies fünf bis sechsmal wiederholt. Dann wird das Gebakene geschnitten und gebaken.

Glukhenne von Zukerzeug. Man klopft zwölf ganze Eyer und acht Eyerdotter mit drey Löffel voll Zimmet- oder Rosenwasser wohl, rührt ein Pfund gesiebten feinen Zuker unter die Eyer, thut ein halb Pfund zart gehakte Mandeln, drey Viertelpfund von dem feinsten Mehl löffelweis darein, zulezt ein halb Loth Zimmet, Muscatennuß und Cardomomen, dies alles rührt man recht untereinander, bestreicht den Model mit Butter, streut ihn mit zartem Semmelmehl ein, bindet ihn fest zu, verstreicht ihn mit Mehl und Wasser, und läßt ihn bey gelinder Hize drey Stunden baken und nimmt ihn dann behutsam heraus.

Gogelhopf. Man nimmt zwey Maas Mehl, ein halb Pfund Schmalz, sechs Löffel voll Hefen, eben so viel Rahm und Milch, sechs bis acht ganze Eyer und vier Dotter, macht die Milch warm, mischt die Hefen unter die warme Milch, rührt erst das Mehl, dann das zergangene Schmalz, und endlich die Eyer damit an, salzt es, schlägt den Teig bis er Blasen bekommt, wohl ab, läßt hierauf ein gut Theil Schmalz in einem Model zerfließen, schüttet den Teig darein, läßt ihn an einem warmen Ort gehen, und bakt ihn in einem Bakofen ein und eine halbe Stunde. Man kann auch klein gehakte Rosinen, zerschnittene Mandeln und Zuker unter den Teig mischen, und Rosenwasser daran gießen.

Gogelhopfen, gerührter. Man rührt ein halb Pfund frische Butter wohl ab, quirlt acht Eyer, rührt sie nach und nach in die Butter, thut auch ein halb Pfund schön Mehl, vier Löffel voll Rahm und drey Löffel voll Hefen dazu, rührts zusammen noch eine halbe Stunde untereinander, beschmiert den Model mit Butter, thut es darein, läßt den Teig gehen, und bakt ihn in einer jähen Hize.

Gogelhopfen, süßer. Man nimmt drey Viertelpfund Butter, acht Eyer, ein halb Pfund Mehl, drey Löffel voll Bierhefe, drey Löffel

Löffel voll Zuker und fünf Löffel voll süßen Rahm. Die Butter rührt man bis sie ganz weiß wird, schlägt ein Ey nach dem andern darein und rührt es stark, den süßen Rahm gießt man laulicht daran, hernach die Bierhefen, den Zuker und etwas Rosenwasser. Endlich rührt man das Mehl darein, aber nicht länger, als bis man von dem Mehl nichts mehr sieht, und läßt es in der Wärme gehen. Mittlerweile schmiert man den Model mit Butter, besäet ihn mit grob gestoßenen Mandeln und Muschelmehl, schüttet den Teig darein, und läßt es gelb baken. Man kann auch Rosinen und Zibeben darein thun.

Granatengefrornes. Man nimmt Granatäpfel die recht rothe Körner haben, diese stößt man in einem Mörsel, thut sie in ein Gefäß, schüttet eine Kanne Wasser nebst drey Viertelpfund Zuker dazu, läßt es eine gute Viertelstunde beysammen stehen, gießt es drey bis viermal aus einem Gefäß ins andere, läßt es durch ein enges Sieb laufen, und setzt dies Wasser in einem Eistopf aufs Eis, daß es gefriert.

Granatensyrup. Die Körner aus einer hinlänglichen Anzahl saurer Granatäpfel zerquetscht man, und läßt sie über dem Feuer etlichemal aufwallen. Nach diesem gießt man sie durch eine weiße Leinwand, und windet sie stark aus, damit aller Saft herauskomme, den man hernach bis auf die Hälfte einkochen läßt. Auf eine halbe Kanne solchen Saft gießt man ein Pfund Zuker, schüttet den Saft darein und läßt ihn noch ungefehr viermal aufsieden. Wann er halb ausgekühlt ist, so verwahrt man ihn in Flaschen.

Griesbrey in der Fleischbrühe. Man röstet den Gries im Schmalz in einer Pfanne, damit er weiß bleibt, schüttet Fleischbrühe oder auch ein wenig Wasser mit der Brühe daran, und läßt ihn aufsieden, gießt es in einen Topf, thut Salz und ein wenig Bakschmalz oder auch nur Butter darein, und läßt es ferner sieden.

Griesbrey in der Milch. Zu drey Maas Milch nimmt man eine wohlgemessene halb Maas Gries, macht in einer Pfanne Schmalz heiß, röstet den Gries darinn, aber daß er nicht bräunlicht wird, sondern weiß bleibt, schüttet die Milch in den gerösteten Gries, und rührt sie langsam über dem Feuer darunter. Man muß sie aber nur nach und nach hineingießen und dann kochen lassen. Wann er bald fertig ist, thut man das Feuer unter der Pfanne weg, und läßts nur rings herum von weitem brennen, bis der

Griesgehäke

der Brey seine rechte Dike hat. Wenn er fertig ist, wird er oben mit einem Stükchen Butter angedupft.

Griesgehäke zu machen. Man füllt einen Durchschlag über die Hälfte mit Gries an, sezt ihn auf einen Topf mit siedendem Wasser, der auch nur halb voll ist. Doch muß der Durchschlag recht auf den Topf passen. Den Rand verklebt man umher mit groben Teig und dekt den Durchschlag mit einem Sturz zu, damit kein Dunst davon gehe. Hernach sezt man den Topf auf einen Dreyfuß, macht aber kein gar zu starkes Feuer darunter, damit er nicht zerspringe oder das Wasser an den Gries sprize und das Gehäke verderbe. Wenn der Gries wohl gedämpft und übereinander fest geworden ist, muß er noch eine Stunde fortdämpfen. Hierauf thut man ihn in eine Schüssel, mischt frisches Schmalz darunter und reibt ihn gelinde. Sezt ferner die Schüssel auf eine Glut, gießt zu verschiedenenmalen Fleischbrühe daran, die der Gries bald in sich schlukt. Wann er nun weich ist und die Brühe an sich zu ziehen aufhört, so dekt man eine Schüssel darüber, wirft wieder ein Stük Butter hinein, und kocht das Ganze noch ein wenig auf.

Griesknöpflein. Man nimmt ein Viertelpfund gesottene But-

Grünes Gehäke

ter, rührt es eine Viertelstunde bis es ganz weiß wird. Dann rührt man drey Hände voll Griesmehl und drey Eyer darein, macht mit einem Löffel Knöpflein daraus, legt sie in ein enges hohes Töpfchen in siedend Wasser und läßt sie zwey Stunden sieden.

Großeyer zu baken. Man stößt eine Hand voll geschälte Mandeln klein, nimmt Semmelmehl und siedende Milch, auch Eyer und ein wenig Zuker dazu, und macht einen nicht gar zu dünnen Teig daraus. Dann siedet man ein Ey hart und schälts, kehrt es im Teig um und bakt es im Schmalz. Wann es kalt wird thut mans wieder in den Teig und bakt es. Auf diese Weise fährt man fort und bakt es nach Belieben. Das leztemal kann man es auch in lautern Eyern umkehren und darinn baken. Man muß aber ganz warm Zuker und Zimmet darauf streuen, wann keine süße Brühe daran kommen soll. Will man aber eine Brühe, so siedet man grosse und kleine Rosinen in gutem Wein, thut länglicht geschnittene geschälte Mandeln, Zuker und Zimmet daran, schneidet die Eyer in vier Stüke, schüttet die Brühe darüber und läßt sie aufkochen.

Grünes Gehäke zu machen, wäscht man Petersilie und süße Bertram, schüttet Milch daran, stößt stößts noch ein wenig mit ab und drükt es durch, damit es schön grün werde. Hernach zerklopft man drey bis vier Eyer darein, schüttet alles zusammen in einen Tiegel, worinn zuvor ein wenig Schmalz zergangen ist; giebt oben und unten Glut und nimmt es ganz heraus. Man kann es zukern oder nicht.

Grünes Mus. Man bäht ein weisses Brod, weichts in Wein, treibts durch ein enges Sieb in ein Töpfchen, und siedets eine gute Weile. Indessen stößt man Petersilienkraut, preßt den Saft heraus und thut ihn in das Mus, läßts aber mit dem grünen Saft nicht mehr sieden, damit es schön grün bleibe. Endlich streut man Zuker darauf.

Grüne Sose. Man stößt grüne Saat vom Winterkorn mit Semmelrinde im Mörsel, nimmts heraus, thuts in ein Haartuch, würzts mit Pfeffer und Salz, schüttet ein wenig Kalbfleischbrühe und Weinessig daran, machts hinlänglich flüßig und schlägts durch.

Grundeln blau zu sieden. Man wäscht sie sauber, thut sie in ein Geschirr, sprengt Essig darauf, sezt einen Fischkessel mit Wasser, dessen aber nicht zu viel seyn muß, aufs Feuer, und wirft eine Hand voll Salz darein. Wann das Wasser bald sieden will thut man die Fische hinein, und läßt sie einen starken Sud thun, damit sie immer übersieden. Sind sie eingesotten, nimmt man sie vom Feuer, sprengt kalt Wasser darauf und legt einen Bogen Papier darüber, daß sie blau bleiben. Will man sie anrichten, streut man grüne Petersilie darauf und giebt Essig dazu.

Grundeln zu sieden. Man klopft Eyerdotter in eine Schüssel, wäscht die Fische, läßt das Wasser durch einen Seiher ablaufen, thut die Eyerdotter in eine Schüssel und die Grundeln dazu, so trinken sie die Eyer aus, und füllen sich selber. Alsdann siedet man sie in halb Wein und halb Essig, salzt sie aber nicht zu stark.

Grundeln mit einer Butterbrühe. Wann sie abgesotten sind sezt man in einem Geschirr ein Stük Butter aufs Feuer, wirft geriebene Semmeln, Muscatenblüthe, kleingehakte Petersilie und Wasser, so viel man meynt zur Brühe nöthig zu haben, daran, und läßt es durcheinander kochen, bis es dik wird. Man muß aber viel Butter nehmen. Hernach richtet man die Fische an, gießt die Brühe darüber und sezt es auf eine Glutpfanne, daß sich die Brühe in die Fische ziehe.

Grundeln zu baken. Man salzt sie ein und läßt sie eine Weile im Salz liegen, troknet sie hernach mit einem Tuch sauber ab, daß der Schleim weggeht, bestreut sie dik mit Gries, oder Weizenmehl, und mischt sie wohl durcheinander; sezt in einer Pfanne Schmalz zum Feuer, läßt es recht heiß werden, thut die Fische hinein und bakt sie gelb.

Grundeln, gefüllt. Man wäscht sie, thut sie in einen Durchschlag und läßt das Wasser daran wieder verseigen. Klopft Eyerdotter in eine tiefe Schüssel, salzt es ein wenig und wirft die Fische auch hinein, daß sie sich selbst damit füllen. Dann siedet man sie blau oder in einer Butterbrühe, oder bakt sie im Schmalz.

Grün Kraut zuzurichten. Man ließt das Kraut rein, wäscht es, und sezts in einem Topf mit Wasser zum Feuer. Wenn es genug gekocht hat, hebt mans weg, stürzt es, hakt es ganz klar, sezt indessen Butter oder Fett in einer Caßerole zum Feuer, schüttet das Kraut hinein und läßt es eine Weile darinn prägeln. Darnach gießt man Rahm oder Milch mit Eyern, geriebene Semmel und Pfeffer auch kleinen Rosinen angemacht, darüber, läßt es untereinander wieder aufkochen und bestreut es bey dem Anrichten mit kleinen Rosinen.

Gurken. S. Cucumern.

Guß auf Pasteten. Man schneidet die Rinden von Semmeln, weicht sie in Milch, rührt ein Stük Butter mit etlichen Eyerdottern, drükt die Semmel aus, rührt es darein, schlägt das Weisse zum Schnee und thut es mit etwas Salz und Muscatenblüthe darein.

Guß auf Fischpasteten. Man kocht eine Hand voll Reis in der Milch, ein wenig diker als zu einem Reisbrey, läßt ihn erkalten, rührt ein Stük Butter wie ein Ey, mit ein paar Eyern und mit ein bis zwey Dottern, thut den Reis darein, rührt es wohl, und thut etwas Salz und Muscatenblüthe daran. Oder man feuchtet eine geriebene Semmel mit süßem Rahm an, rührt ein Stüklein Butter mit der geriebenen Semmel, auch ein paar Eyer und ein paar Dotter recht wohl, auch Salz und Muscatenblüthe darein, thut auf ein jedes Pastetchen einen guten Löffel voll, und läßt es gelb baken. Auf den Guß thut man etwas geriebene Semmeln.

Gußtorte. S. Torte.

H.

Haasen zu braten. Man streift den Balg ab, schneidet das vordere Theil bis an den Bug weg, nimmt mit einem scharfen Messer die anklebende Haut ab, schneidet ihm das Schloß hinten entzwey,

zwey, damit das Weideloch rein gemacht werden kann, spreist solchen hinten durch die zwey Viertel und vornen durch den hohlen Leib, und spikt ihn mit feingeschnittenem Spek. Dann wäscht man ihn ein wenig aus, salzt ihn ein wenig ein und läßt ihn etwas verschwizen, bratet ihn bey gelindem Feuer am Spieß, träufelt ihn öfters mit Butter, und so bald er Farbe bekommt, umwindet man ihn mit Papier und begießt ihn mit Butter. Dann zieht man ihn, wenn er gahr ist, vom Spieß, legt ihn in die Schüssel, gießt etwas von der Brühe aus der Bratpfanne darunter, und macht braune Butter. Oben bestreut man den Braten mit geriebener Semmel und belegt ihn mit Citronen.

Haasen gefüllt zu braten. Man zieht einem jungen Haasen den Balg ab, wie einem grossen, schneidet aber den Bauch nicht gar zu weit auf, nimmt das Eingeweide heraus, wäscht ihn zuerst mit Wasser und hernach auch mit Essig, und bereibt ihn mit seiner eigenen Leber. Dann nimmt man ausgekörnte Rosinen, Weinbeere, abgezogene und geschnittene Mandeln, eines so viel als das andere, geriebenes Brod, worunter man gehakte Gänslebern thun kann, und röstet dieses zugleich mit in Butter oder Schmalz. Dies vermischt man denn mit Rosinen, Weinbeeren und Mandeln, und würzt es mit Pfeffer, Muscatennuß, Cardomomen und ein wenig Zimmet. Dann schlägt man Eyer daran, füllts in den Haasen, näht den Bauch wieder zu, häutelt, spikt und salzt ihn ein, würzt ihn mit Pfeffer, Negelein, und anderm guten Gewürz, stekt ihn an den Spieß, beträuft ihn mit warmen Eßig und Butter, und belegt ihn mit Citronen.

Haasen, gehakt zu braten. Man nimmt einen frischen ungebeizten Haasen, löst das Fleisch ganz davon, daß die Beine aneinander bleiben, dann hakt man das Fleisch und den vierten Theil Spek klein, schlägt drey Eyer daran, würzts mit Pfeffer, Negelein, Muscatenblüthe und Cardomomien, rührt alles untereinander, schlägts an die Beine, und formirts so, daß es einem Haasen gleicht, und windet einen Faden darum. Hierauf thut man Butter in eine Bratpfanne, legt zwey dünne Schleifsen darein und den gehakten Haasen darauf, läßt ihn also in einem Baköfchen braten, begießt ihn fleißig mit Butter und bestreut ihn, wann er fertig ist mit Pinien.

Haasen gespikt zu braten. Man spikt die Schultern und Keulen der jungen Haasen, das übrige aber

aber nicht. Man läßt sie braten und richtet sie mit einer süssen Soße oder Pfefferbrühe an.
Haasen in einer Pastete. Wann der Haase gestreift und abgeschnitten ist, so häutet man ihn und zwar so, daß alle blaue Haut, wie auch die Sehnen ganz dünn und subtil abgezogen oder abgeschnitten werden, läßt ihm die Läufe ab, salzt ihn ein wenig ein, legt ihn auf einen Rost und setzt ihn aufs Feuer, wo er ein wenig anlaufen muß. Hierauf thut man ihn in ein Geschirr, gießt Eßig darüber, und läßt ihn, wenn es Zeit hat, ein paar Tage darinn liegen. Darnach nimmt man ihn heraus, schneidet Spek, und zwar dike Stüken, würzt und salzt ihn ein, und stekt ihn in den Haasen hin und her. Nach diesem nimmt man groben Teig, dergleichen zu groben Pasteten gemacht wird, walzt ihn auf, legt das aufgewälzte Blatt auf Papier, bestreicht es mit Eyern, nimmt auch kleine Schnittchen Teig und macht einen Rost, so weit man gedenkt den Haasen zu legen; auf den Boden thut man Lorbeerblätter und Roßmarin, auf diese Stüke legt man hernach Spek und Butter, streut auch Ingber, Pfeffer, Negelein und Citronenschaalen darüber, legt den Haasen darauf, und macht von einem langen Stükchen Teig einen Rand um den Haasen, wie derselbe liegt, macht es fest an, damit die Brühe im Ofen nicht durchdringen kann, macht auch einen Blattteig und dekt den Haasen zu, geht mit den Fingern an dem gesetzten Rand, womit der Haase eingefaßt ist, herum, und drükt das Blatt fein sauber an. Dann schneidet man den Teig unten herum fein ab, daß nur zwey Queerfinger breit bleibt, und bläßt das obere Blatt ein wenig auf, damit es eine Form bekomme. Endlich sind auch gewisse Pastetenbänder gestochen, darein drükt man eine Streife Teig, daß damit die halbe Pastete umzogen werden kann, bestreicht die Pastete mit Eyern und zieht das Band herum. Dann wikelt man den Teig, der unten um die Pastete gelassen worden, aufwärts an die Pastete, und zwikt es, so gut man kann; macht oben einen ausgeschnittenen Dekel darauf, bestreicht sie mit Eyern und setzt sie in den Ofen. Wenn sie bräunlicht werden will, so sticht man mit einem spitzigen Holz oder Bratspieß oben am Dekel ein Loch hinein, daß die Luft heraus kann; hernach nimmt man ein wenig braun Mehl, thuts in eine Caßerole, gießt Brühe, Wein und Eßig dazu, und läßt es durcheinander kochen; dann nimmt man einen kleinen Trichter, macht ein Loch oben

oben in die Pastete, und füllt genug Brühe hinein, setzt die Pastete wieder in den Ofen, läßt sie vollends gahr baken, und rüttelt sie vor dem Anrichten wohl durcheinander.

Haasen mit Sauerkraut im Bakofen. Man schneidet ihn, wenn er abgezogen ist, vornen ab, löst die hintern Läufe ab, häutelt und spikt ihn wie zum Braten, bratet ihn aber nur halb, daß er saftig bleibt, kocht Sauerkraut, aber nicht zu weich, sebet die Brühe ab und schneidet es mit einem Schneidmesser klein, setzt in einer Casserole ein ziemlich Stük Butter aufs Feuer, wenn sie heiß ist, wirft man einen Löffel voll Mehl darein, rührts so lang, bis es sich ein wenig färbt, thut das Sauerkraut hinein, gießt auch eine Kanne sauren Rahm daran, rührts durcheinander und läßt es eine gute Weile dämpfen. Ferner macht man von Teig einen Rand auf eine Schüssel, worauf das Essen angerichtet werden soll, zween Queerfinger hoch, streicht die Schüssel mit Butter an, schüttet von dem Kraut die Helfte darein, legt den Haasen darauf, die andere Helfte Kraut darüber, daß der ganze Haase damit überzogen wird, streicht es mit einem breiten Messer fein zu, läßt auch Butter zergehen, schlägt ein Ey daran, vermischt es durcheinander und überstreicht oben damit das ganze Kraut, streicht auch klar geriebene Semmeln darüber, und setzt es in den Bakofen. Wann man anrichten soll nimmt mans wieder aus den Bakofen und gar nict es. Man kann es auch ohne Rahm machen, nur muß man alsdann mehr Fett dazu nehmen.

Haasen mit Sauerkraut, Austern und Morcheln. Der Haase wird beschriebenermassen gespikt und gebraten, alsdann macht man Sauerkraut, thut Austern, Morcheln und etwas süßen Rahm daran, und kochts damit noch ein wenig durch. Man kann den Haasen auf das Sauerkraut legen, oder ihn auch ein wenig mitkochen lassen.

Haase, übriggebliebener, mit Capern. Man setzt in einer Casserole Butter zum Kohlfeuer, läßt sie braun werden, rührt einen Eßlöffel voll Mehl darein, welches auch bräunen muß, gießt hernach Fleischbrühe, Wein und Eßig dazu, und läßts zusammen kochen. Hernach schneidet man den Haasen in Stüke, legt ihn in die kochende Brühe, wirft eine Hand voll Capern daran, würzt alles mit Ingber und Pfeffer, legt ein paar ganze Zwiebeln dazu, die man aber beym Anrichten wieder herausnimmt, und läßt es ferner kochen. Wenn es noch nicht fett genug ist, so gießt

Koch- u. Consit. Lexic.

gießt man aus der Bratpfanne einen Löffel voll Brühe daran, oder läßt eben so viel braune Butter darein laufen. Man kann auch anstatt des braunen Mehls eine Hand voll geriebem Roggenbrod dazu werfen.

Haase, übriggebliebener, mit gerösteten Zwiebeln. Den zerstükten Haasen legt man in eine Casserole, streut eine Hand voll gerieben Roggenbrod daran, thut in Butter geröstete Zwiebeln dazu, würzt es mit Ingber, Pfeffer und gestossenen Negelein, gießt Fleischbrühe und ein paar Eßlöffel voll Essig daran, sezt es auf ein Kohlfeuer und läßt es durcheinander kochen, bis es ein wenig dik wird.

Haase, übriggebliebener, mit Citronen. Man thut den in Stüke geschnittenen Haasen in einen Tiegel, streut geriebene Semmeln darauf, schneidet Citronenschaalen auch Scheiben von der Citrone, thut sie nebst Ingber und Muscatenblüthe auch dazu; ferner ein Stük reine Butter; man gießt auch Fleischbrühe und ein wenig Wein darein, und läßt es auf einem Kohlfeuer so lang gemach kochen, bis es dik zu werden anfängt. Darnach salzt man es ein wenig.

Haasen, gedämpft. Man zieht ihm den Balg ab, nimmt das Eingeweide heraus, und schneidet die zwey vordere Viertel samt dem Hals und Kopf bis an die Rippen herab, hernach häutelt man ihn, beizt ihn einige Tage in Wein und Weinessig ein, spikt, salzt und würzt ihn mit Negelein und Pfeffer, zertheilt ihn in Stüke, und siedet die zwey vordern Viertel in halb Wasser und halb Weinessig; sodann löst man das Fleisch von den Beinen ab, hakt es klein, und thut geriebenes Roggenbrod, Pfeffer und Negelein dazu. Alles zusammen thut man in einen Tiegel, worunter man eine Glut schütten kann, gießt den mehresten Theil Wein, ein wenig Essig und Wasser daran, drükt auch Citronensaft darein; hierauf dekt man den Haasen zu und läßt ihn dämpfen, bis er weich ist. Vor dem Anrichten wirft man ein Stük Butter darein und zukert es, streut auch kleingeschnittene Citronenschaalen daran.

Haasen in einer Böhmischen Sose. Man salzt, würzt, spikt und bratet ihn bis auf die Helfte, zieht ihn vom Spieß, zerschneidet ihn in Stüke, gießt Weinessig und ein wenig Wasser in einen Topf, schüttet auch den Haasenschweiß daran, thut geriebene Lebkuchen dazu, rührts glatt an, damit es nicht zusammenlaufe, würzt es mit Pfeffer, Ingber und Negelein, hakt geschälte Zwiebeln klein, thut dies alles

alles samt etwas klein und würflicht geschnittenen Spek in eine Pfanne, röstet es braun miteinander ab, gießt das Schmalz herab, und brennt das übrige an den Haasen im Topf. Endlich läßt man ihn dämpfen.

Haasen, junge, auf Schweizerisch. Man zerlegt sie in Viertel und spikt sie mit Spek, läßt sie in einer Brühe kochen, würzt sie mit Salz, Pfeffer und Negelein, und gießt ein wenig Wein daran. Sind sie gahr, so thut man die Leber und das Blut mit ein wenig Mehl in eine Caßerole, vermischt alles miteinander mit ein wenig Weineßig, Capern und Oliven, (aus denen man aber vorher den Kern nimmt) und richtet es an.

Haasenkuchen. Das Fleisch und die Haut schneidet man sauber von dem Haasen ab, und hakt es mit etwas geräucherten Schinken klein; hakt alsdann geriebenes Brod, vier Eyer, Salz, gestoßene Negelein und Muscatenblüthe, klein geschnittene Citronenschaalen und ein Stük Butter zu einer Fülle ganz klein, schneidet frisch geräucherten Spek klein würflicht, und menge es unter die Fülle; macht kleine runde platte Ballen einer Hand groß daraus, sezt sie mit einer kleinen Braise in eine Tortenpfanne und macht sie gahr.

Haasen von Zukerzeug. Man formirt aus einem Pfund abgetrokneten Mandelzeug und ein Quentchen allerley feinem Gewürz einen Haasen, trofnet ihn vier und zwanzig Stunden lang, macht eine Farbe von einem halben Quentchen Negelein und Zimmet, einem Löffel voll Gummi, eben so viel armenischen Bolus und drey Tropfen schwarzer Farbe an, malt den Haasen, bestreicht ihn mit Gummi und spikt ihn mit lang geschnittenen Mandeln.

Haasenöhrlein zu baken. Man siedet Schmalz, Milch oder Wasser in einer Pfanne, schüttets in feines Mehl und schlägt drey Eyerdotter daran, macht einen Teig davon, wellt ihn dünn aus, bereitet Haasenöhrlein daraus und bakt sie im Schmalz.

Haasenpfeffer. Man löst die Lenden und Schulterblätter von einem Haasen ganz ab, schneidet das übrige in Stüke, spikts mit gröblichem Spek, und thuts mit geschmolzenem Spek in eine Caßerole, kochts mit Brühe und Wein, thut ein Bündchen gute Kräuter, Salz, Pfeffer, Muscatennuß, Lorbeerblätter und grüne Citronen daran, fricaßirt die Leber, stößt sie, schlägt sie mit einem Coulis und ein wenig von der Brühe durch ein Haartuch, und richtet sie warm an. Man kann auch zur Verhülfung eine

eine braune Mehlbrühe brauchen.

Haasenpastete. S. Pastete.

Haasentorte. S. Torte.

Habergrütze in Milch gekocht. Man liest sie sauber, sezt Milch zum Feuer und läßt sie kochen. Währendem Kochen brühet man die Habergrütze mit heißem Wasser, schüttet sie in die Milch, daß sie mitkocht; doch muß man sie oft umrühren. Kurz vor dem Anrichten salzt man sie und schüttet sie auf eine Schüssel, macht auch in einer Pfanne braune Butter warm, und gießt sie darüber.

Habergrütze in Wasser gekocht. Man liest sie rein, wäscht und sezt sie mit Wasser zum Feuer, daß sie koche. Man muß sie oft umrühren, dann salzen und ein Stük Butter darein thun.

Habermehlbrey. Man röstet Habermehl im Butter braun, schüttet Fleischbrühe wie auch etwas Eßig daran, würzt es mit Pfeffer, Ingber und Muscatennuß, und siedet es bis es diklicht wird.

Haberwurzeln oder Scorzoneren zuzurichten. Man legt sie in Brunnenwasser, siedet sie hernach im Wasser etwas weich, daß die äußere Haut abgeht, schneidet sie in fingerslange Stükchen, legt sie ins Wasser, siedet sie in der Fleischbrühe gut ge-

würzt ab, und thut nach ein Stük Butter darein.

Haberwurzeln fricaßirt. Man ziehet sie ab, schneidet sie in Scheiben und bratet sie in Butter mit klein geschnittenen Schalotten. Wenn sie braun gebraten, thut man etwas Pfeffer und Eßig dazu und läßt sie kochen.

Hagebuttenbrüh über Wildprett und Geflügel. Man nimmt ziemlich frische oder gedörrte Hagebutten, rührt sie mit Wein ab, zukert sie und läßt sie nur einen Wall thun.

Hagebutten zu dörren. Man kann sie ehe sie teig sind, von dem Gesträuch abnehmen, halbiren, die Kerne und Striechen heraus thun, auf Bretter oder Papier in Siebe schütten, und bey gelinder Wärme dörren.

Hagebutten gedämpft. Man körnt sie aus, gießt Wein und etwas Wasser daran, zukert sie, sezt sie auf Kohlen und läßt sie dämpfen. Man kann die dürren auch so behandeln.

Hagebutten einzumachen. Man nimmt die schönsten die zu haben sind, schneidet die Buzen und Stiele weg, schneidet sie der Länge nach behutsam auf, nimmt die Steine nebst dem Rauhen heraus, wäscht sie mit frischem Wasser, troknet sie mit einem saubern Tuch gleich ab, drükt den Schnitt wieder zu, und thut die

Hagebutten in ein Glas. Schüttet sodann gelind geläutertenZuker darüber, gießt nach einigen Tagen die Brühe davon ab, siedet sie nochmal und wiederholt es einigemal. Man kann sie auch gleich im geläuterten Zuker oder auch im Wasser ein wenig absieden, bis sie weich werden.

Hagebutten zu kochen. Man gießt halb Wasser und Wein an sie, und läßt sie mit Citronen, Zuker und Zimmet wohl kochen. Man kann auch Mehl daran brennen, dann bleibt aber der Zuker weg.

Hagebuttenmus. Man nimmt die Kerne und das Rauhe heraus, siedet die Hagebutten in Wein, treibt sie durch ein Siebchen in eine Schüssel, sezt sie auf die Glut, zukert und siedet sie auf, und bestreut sie zulezt mit Zimmet.

Hagebuttensuppe. S. Suppe.

Hagebuttentorte. S. Torte.

Halbfische, Platteisen, Schollen oder Butten zu wässern. Man schneidet diesen Fischen das Fasigte bis an das Fleisch weg, macht aus Asche, die man mit Wasser angleßen muß, eine Lauge, und wenn sich diese abgeklärt hat, so gieße man sie über die Fische und lasse sie vier und zwanzig Stunden darinn liegen. Hierauf seige man die Lauge wieder rein ab, gieße frisches Brunnenwasser darauf, welches man des Tags drey bis viermal wiederholt, so werden sie in drey bis vier Tagen auflaufen und schön weiß werden.

Halbfische mit Butter und Petersilie. Wann sie gewässert sind, so legt man sie auf der Seite, wo sie die Haut haben, auf einen Rost und sezt sie auf Kohlfeuer. Wenn sie warm sind so geht die Haut ab. Darnach wäscht man sie sauber aus, sezt sie mit kaltem Wasser zum Feuer, nur läßt man sie nicht geschwind kochen. Stehen sie nun beym Feuer und es zeigt sich ein Schaum auf dem Wasser, so nimmt man sie weg. Darauf thut man ein Stük Butter, geriebene Semmeln, weissen Ingber, Muscatenblüthe und Fleischbrühe in eine Casserole, (soll es Fastenspeise seyn, so nimmt man statt der Fleischbrühe Petersilienwasser) sezts auf ein Kohlfeuer, läßt es kochen bis es dik wird, streut auch gehakte Petersilie dazu, und salzt es genug. Endlich legt man die Fische hinein, läßt es noch einen Sud thun, daß sich die Brühe besser hineinziehen kann, und richtet sie an.

Halbfische mit einer Rahmsose. Wann sie zubereitet und abgesotten sind, nehme man, nach Proportion der Fische, mehr oder

oder weniger Rahm, siebe ihn, schlage fünf bis sechs Eyerdotter in ein Töpfchen, thue eine Messerspitze rohes Mehl dazu, quirle solches mit einem Löffel voll Rahm klar ab, werfe Muscatenblüthe und ein wenig Safran hinein, gieße den gesottenen Rahm in die Eyerdotter und quirle es ohne Aufhören, daß es nicht zusammenlaufe, lege auch ein Stük Butter einer Hand groß hinein. Wenn es nun dik worden, sezt man es bey Seite, daß es nicht koche. Endlich richtet man die Halbfische auf eine Schüssel an, gieße die Brühe darüber, seze sie auf ein gelind Kohlfeuer, doch wieder, daß sie nicht kochen, und dann sprengt man zerlassene Butter darüber.

Halbfische mit einer kurzen Brühe.

Man nimmt eine Stunde vorher, ehe man die Fische kochen will, so viel Salz, als zu der Größe der Fische nöthig ist, löset es im Wasser auf, läßt es stille stehen und gießt es sachte durch ein leinen Tuch, damit das Grobe zurük bleibe. Dann legt man den Fisch in eine Casserole, gießt das Salz und so viel ander Wasser dazu, daß s über den Fisch geht, thut Negelein, Lorbeerblätter, grosse Zwiebeln und weissen Pfeffer dazu, kocht den Fisch gahr, sezt ihn alsdann auf heisse Asche, gießt eine Maas Milch darauf, und richtet ihn auf einer weissen Serviette in einer Schüssel troken an, und belegt ihn mit grüner Petersilie. Man darf ihn nicht lang kochen.

Halbfische mit grünen Erbsen.

Man siedet sie ab, hülset Schoten aus, sezet in einer Casserole Butter aufs Feuer, thut die grünen Erbsen hinein und schweißt sie ein wenig. Dann thut man geriebene Semmeln, Muscatenblüthe und ein ziemlich Stük Butter dazu, gießt Brühe (oder Petersilienwasser zur Fastenzeit) daran, und läßt es zusammen kochen. Darauf legt man die Fische auch darein und läßt sie ein wenig anlaufen. Man nimmt auch statt der geriebenen Semmel weiß eingebranntes Mehl. Endlich richtet man sie auf eine Schüssel an, schüttet die grünen Erbsen darüber, und streut ein wenig Muscatenblüthe und geriebene Semmeln darauf.

Halbfische, gefüllt.

Wann sie abgesotten sind, thut man alle Gräten davon, daß sie stükweise wie gepflükte Hechte werden. Darnach nimmt man nicht gar die Helfte davon, schneidet es mit einem Schneidemesser ganz klein, thut es in eine irrdene Schüssel, weichet Semmel in Milch, drükt solche wieder aus und legt sie in die Schüssel. Ferner schlägt man acht Eyerdotter darein,

Halbfiſche

darein, ſchüttet Muſcatenblüthe, etwas Safran, Salz und ſüßen Rahm dazu, rührt es wohl durcheinander, miſcht auch gehakte Peterſilie darunter. Nun macht man einen Kranz von Teig auf die Schüſſel, wenn die Fiſche ſollen angerichtet werden, und beſchmiert ſie mit Butter, ſezt eine Caßerole mit Butter zum Feuer, thut die ausgepflükten Halbfiſche darein, läßt ſie ein wenig paßiren; man legt auch eine ganze Zwiebel nebſt ein wenig Muſcatenblüthe hinein. Hierauf ſezt man es beyſeite und läßt ein Stük Butter zergehen, welches man auch in das Abgerührte laufen laſſen, und alles wohl durcheinander rühren ſoll. Sodann gießt man die Helfte in die Schüſſel, worauf der Rand gemacht worden, thut die abpaſſirten Halbfiſche hinein, ſtreut klein geſchnittene Citronenſchaalen darauf, ziehet die andere Helfte vollends darüber, legt oben Butter darauf, beſchmiert es mit geriebener Semmel, ſezt es in den Bakofen und giebt es warm hin.

Halbfiſche zu baken.

Man nimmt ſie oben an der Seite des Kopfes aus, ſchuppt ſie ab, wäſcht und troknet ſie wieder, wendet ſie im Mehl um, ſpaltet den Rüken auf und bakt ſie in der Butter. Wenn ſie ſich gefärbt haben nimmt man ſie heraus, läßt ſie austropfen, legt eine Serviette über die Schüſſel, worein ſie angerichtet werden, zuſammen, legt die Fiſche darauf und richtet ſie mit gehakter Peterſilie an. Man ißt ſie gewöhnlich mit geſtoſſenem Pfeffer, Salz und Citronenſaft.

Halbfiſche mit Krebscoulis.

Wann man ſie ausgenommen, gewaſchen und wieder getroknet hat, ſo legt man ſie in eine Caſſerole, würzt ſie mit Salz, Pfeffer, groſſen Zwiebeln, grünen Citronenſcheiben, Lorbeerblättern, kleinen Zwiebeln und Peterſilie, und gießt Weineßig darauf. Kocht ſie auf dem Caßerolloch, und nimmt ſie, wenn ſie gahr ſind, weg, und läßt ſie in einer kurzen Brühe ſtehen. Hernach thut man ein Stük Butter nebſt ein paar Sardellen und zwey kleine ganze Zwiebeln in eine Caßerole, würzt ſie mit Salz, Pfeffer und Muſcatennuß, thut ſo viel Mehl als man zwiſchen zwey bis drey Fingern faſſen kann, nebſt etwas Weineßig und Waſſer dazu, rührt die Soſe auf dem Feuer um, und wenn ſie diklicht worden iſt, thut man ſo viel Krebscoulis daran, bis die Soſe eben die Farbe erhält. Hernach nimmt man die Halbfiſche aus ihrer kurzen Brühe, läßt ſie ablaufen, legt ſie in eine Schüſſel, gießt die Brühe darüber und richtet ſie warm an.

Halbfische mit einer Sardellensoſe und Capern. Wann ſie in der kurzen Brühe gekocht worden, ſo thut man friſche Butter, ein paar Sardellen, Capern und zwey kleine ganze Zwiebeln in eine Caßrole, würzt ſie mit Salz, Pfeffer, Muſcatennuß, thut ein wenig Mehl, Weineßig und Waſſer dazu, rührt die Soſe um, nimmt die Halbfiſche aus der kurzen Brühe, läßt ſie wohl austropfen, legt ſie in eine Schüſſel, ſchüttet die Soſe darüber und richtet ſie warm an.

Halbfiſche zu mariniren. Man macht ſie gehörig zurecht, nimmt ſie aus, ſchneidet ihren Rüken hie und da ein, damit die Marinade eindringt, marinirt ſie einige Stunden in unreifem Traubenſaft, Salz und Pfeffer, mit kleinen Zwiebeln, Lorbeerblättern und Citronenſcheiben, tunkt ſie in geſchmolzene Butter, beſtreut ſie mit Salz und feinen geriebenen Semmelkrumen, ſezt ſie in einer Tortenpfanne in den Ofen, und wenn ſie gahr ſind und ſich gefärbt haben, richtet man ſie an und belegt ſie mit kleinen Paſtetchen oder geröſteten Semmelrinden und Peterſilie.

Halbfiſchſalat. Man kocht ſie in einer kurzen Brühe, wenn ſie kalt ſind, ſchneidet man ſie in kleine Stüke, belegt damit einen Teller, wie mit einem kleinen Salat, würzt ſie mit Salz, Pfeffer und Weineßig, und thut auch Baumöl dazu.

Halbfiſchpaſtete. S. Paſtete.

Hammels- Kalbs- Lammsbruſt zu füllen. Man nimmt das Vordertheil, haut den Rüken mit dem Hals in die Länge ab, daß die Bruſt etwas breit bleibt; auch wird der Beinknochen eben über das Gelenke kurz vor das Blatt abgemacht, ein Schnitt in die Länge über das Blatt gethan, der Knochen fein herausgelößt, das Fleiſch wieder zuſammengeheftet, und am Ende, wo das Viertel abgeſchnitten iſt, mit einem langen ſpizigen Meſſer zwiſchen dem Fleiſch und den Rippen wohl gelößt, doch ſehe man zu, daß weder oben durch das Fleiſch noch an der Seite, noch unten durch die Rippen ein Loch geſtochen werde. Dann wäſſert man die Bruſt aus und trofnet ſie wieder, macht die Farſe (S. Farſe zu Kalbsbrüſten) füllt die Bruſt damit und heftet das Loch wieder zu.

Hammelfleiſch mit einer Brühe. Man kocht es mit Waſſer das gehörig geſalzen iſt, ab, röſtet Brodkrumen und einen Löffel voll Mehl in Butter braun, und verdünnet es mit Fleiſchbrühe, thut Capern, Citronenſchelfen, Negelein, Lorbeerblätter, Pfeffer und Eßig dazu, legt das

das Fleisch auch dazu, und läßt es noch ein wenig damit kochen.

Hammelscarbonnade. Man schneidet aus einem Hammelschlegel breite und dünne Schnittchen, schlägt sie mit einem Holz mürb, würzt sie auf beyden Seiten mit Salz, Pfeffer und Ingber, legt sie auf den Rost, wo sie gelind braten, und begießt sie oft mit brauner Butter.

Hammelsfüße, gefüllt. Man rührt sie in heißem Wasser wohl ab, und kocht sie in einer Brühe mit etwas Petersilie und kleinen Zwiebeln nicht völlig gahr, nimmt sie heraus, schneidet den Fuß ab, und thut den Knochen aus dem Schenkel, spannt die Haut auf einem Tisch voneinander, thut eine gute Fülle hinein und walzt einen nach dem andern zusammen. Dann legt man sie in die Schüssel, befeuchtet sie ein wenig mit Fett, bestreut sie mit Semmelkrumen und läßt sie im Ofen färben. Hierauf läßt man das Fett ablaufen und trofnet den Rand der Schüssel ab, thut auch ein wenig von einem Ragout oder von dem Coulis von Champignons darunter, und richtet es warm an. Man tunft sie auch, wenn sie gefüllt sind, in ein geflopftes Ey, bestreut sie mit Semmelkrumen, bakt sie im Schmalz und richtet sie mit gebafener Petersilie an.

Hammelshals, französisch zugerichtet. Man nimmt einen grossen Hammelshals, schäumt ihn etwas ab, ließt zwey Hände voll Petersilie rein, wäscht sie, füllt sie in ein Kalbsnez und stekt sie zum Fleisch. Hernach siedet man Austern in einer eigenen Brühe mit ein wenig Eßig und Muscatenblüthe, nimmt die Petersilie aus dem Nez, hakt sie nebst einer zuvor halb abgesottenen Citrone klein, sezt ein halb Pfund Butter über Kohlen, rührt sie stets, bis sie steigt, schüttet das Gehakte mit ein wenig Eßig, wie auch die Austern hinein, rührt alles durcheinander, legt Brodschnitten in eine Schüssel, richtet den Hammelshals darauf an, gießt die Brühe darüber, und ziert die Schüssel mit Oliven, Capern und Citronen.

Hammelsbrust mit Citronenschaalen en Grillade. Man kocht sie in Wasser und Salz gahr, troknet sie ab, kehrt sie in geschmolzener Butter um, bestreut sie mit zusammengemengtem Brod, gehakter Petersilie, Pfeffer und Salz, und bratet sie auf dem Rost, macht eine beliebige Sose dazu, schneidet Citronenschaalen ganz klein, wässert und kocht sie, daß sie die Bitterkeit verlieren und streut sie darüber.

Hammelskeule, gefüllt. Die Keule bratet man am Spieß,

schneidet, wenn sie gahr ist, alles Fleisch davon, daß nichts, als die zusammenhangende Knochen übrig bleibt, macht das Fett vom Fleisch herunter, haft dieses wohl mit blanchirtem Spek, Fett oder Rindsmark, wie auch mit feinen Kräutern, kleiner Zwiebel, Petersilie, ein wenig von Kalbseuter, in Rahm eingeweichten Semmelkrumen, und dem Gelben von drey bis vier Eyern. Ist alles wohl gehakt, gewürzt und im Mörsel gestossen, so legt man die Knochen in die Schüssel, in welcher man anrichten will, und läßt das kleine Ende von der Keule nur ein wenig hervorstehen, um das übrige der Knochen aber macht man die Helfte der Fülle herum. Alsdann macht man eine Höhle in die Fülle, doch so, daß die Keule die Gestalt einer andern Keule bekommen kann, und das thut man mit den Händen, welche in geklopftes Ey getunkt worden, damit sich nichts anhänge. Hierauf füllt man die Höhle mit einem Ragout von allerley, welches vorher wohl passirt, gahr gekocht und gewürzt worden; hernach wird die Höhle mit eben der Fülle bedekt und so gemacht, daß die Keule wie eine natürliche aussieht; alsdann überstreut man alles mit Semmelkrumen und sezt es in den Ofen, damit es sich gut färbe. Dann wird es aus dem Ofen genommen, das Fett, das sich in der Schüssel gesammelt, abgegossen, und durch eine oben gemachte kleine Oefnung ein wenig von einem wohl bereiteten Coulis hineingethan, alsdann die Oefnung wieder zugemacht und warm angerichtet.

Hammelschlegel mit grünen Schweizerbohnen. Man läßt ihn eine gute Stunde vorher in Wasser, Salz und Wurzeln kochen, zieht von den Bohnen die Fäden ab, bricht sie in zollange Stüke und wäscht sie reinlich. Hierauf gießt man die Brühe, worinn die Keule gekocht, in eine Caßerole auf die Bohnen durch ein Sieb, legt die Keule und etwas kleingehakte Petersilie und Pfefferkraut auch hinein, kochts zusammen weich, nimmt dann das Fett ab, thut statt dessen Butter und Mehl dazu, daß es eine säurige Sose wird, auch etwas Muscatennuß, und kochts so einigemal durch.

Hammelsbratenragout. Man schneidet ihn in dünne Scheiben, thut solche in eine Caßerole, dazu bittere Pomeranzenschaalen, Muscatenblüth, Pfeffer, Salz, kleingeschnittenen Knoblauch, einen halben Schoppen Wein, ein Glas Weinesig, einen halben Schoppen Brühe und ein Stük Butter, und läßt es zusammen durchkochen.

Ham-

Hammelswanſt, gefüllt. Man nimmt ein wenig Fleiſch, Spek, Majoran und Zwiebeln, hakt alles klein, röſtets im Schmalz, thuts in eine Schüſſel, ſchlägt Eyer daran, würzt es mit Ingber, Pfeffer und Salz, rührt alles wohl untereinander, und miſcht nach Belieben ein wenig Semmelmehl darein; wann dann die Wänſtlein abgeſotten, ſo werden ſie mit dieſem Gehakten gefüllt und mit einem Hölzlein zugeſtekt, alsdann in einen Stoßhafen gethan, Fleiſchbrühe daran gegoſſen, und ferner geſotten, bis ſie gar weich werden. Hernach gießt man die Brühe herab, und wenn ſie wohl verkühet, ſtreut man Salz und Ingber darauf und röſtet ſie im Schmalz, daß ſie gelb werden.

Hammelszungenragout. Wenn ſie einigemal in Waſſer gewaſchen worden, ſo blanchirt man ſie in Waſſer in einem Keſſel über dem Feuer, zieht ſie wieder heraus und thut ſie in kalt Waſſer. Alsdann nimmt man ein paar Pfund Rindfleiſchſcheiben, belegt damit, wie auch mit Spekſtreifen, den Boden einer Caſſerole, dekt ſie zu und läßt ſie darinn ſchwitzen. Wann die Scheiben an dem Boden der Caſſerole angebaken ſind, ſo wird ſo viel Mehl als man zwiſchen zwey bis drey Fingern faſſen kann, in die Caſſerole geſtreut, alles eine zeitlang auf dem Feuer umgerührt, Brühe und Waſſer, von jedem gleichviel als nöthig iſt, die Zungen zu benetzen, dazu gegoſſen; hernach legt man die Zungen in einen Hafen, thut die benetzte Bräſenbrühe dazu, würzt ſie mit Pfeffer, Salz, feinen Kräutern und Gewürzen, groſſen Zwiebeln, Peterſilie, kleinen Zwiebeln, gelben Rüben, Paſtinaken und grünen Citronen, und läßts zuſammen gahr kochen. Hierauf zieht man die Zungen heraus, macht die Haut ab, ſäubert ſie wohl, ſpaltet ſie voneinander und tunkt ſie ein wenig in das Fett, worinn ſie gekocht haben, beſtreut ſie mit zarten Semmelkrumen, röſtet ſie auf dem Roſt, und richtet ſie mit einer gehakter Soſe an. Man kann ſie auch mit unreifem Traubenſaft, Salz und Pfeffer anrichten.

Haſelhuhnpaſtete. S. Paſtete.

Hecht, blau zu ſieden. Man öfnet den Bauch in die Länge, nimmt alles Eingeweide heraus, wäſcht alles Blut wohl ab und troknet ſolche; legt ſie alsdann in die Schüſſel und ſtreut viel Salz darüber, und begießt ſie überall mit ſcharfen Weineßig. Nach dieſem ſezt man die kurze Brühe, ſo von Wein, Weineßig, etwas Waſſer, Salz, Gewürz, Citronenſchnittlein, Zwiebeln,

beln, etlichen feinen Kräutern und Lorbeerblättern gemacht wird, zum Feuer, und läßt sie etwas sieden. Wann nun der Wein sich erhizt, legt man den Hecht mit einem guten Stük Butter ein und siedet ihn geschwind ab, läßt ihn auch nicht lang in solcher kurzen Brühe liegen, daß er nicht weich werde. Ist er groß, wikelt man ihn in eine Serviette, bringt ihn so, troken, auf den Tisch in einer Schüssel, und ziert ihn mit Blumen und Citronenschaalen, und giebt Weinessig oder eine Tunke von Muscaten, Butter und der Brühe, worinn er gesotten hat, dazu. Die Hechtleber stekt man in das Eingeweide oder in den Magen, wenn man ihn zuvor umgekehrt oder wohl gewaschen hat. Der lebendige Fisch wird immer eher blau, als der todte. Wenn er gesotten ist und mit der Brühe zugleich aufgesezt werden soll, so muß man ihm die Haut zuvor abnehmen. Besser aber ists, ihn vorher zu schuppen, ehe man ihn siedet. Die Haut legt man auf den Rost, so daß die Schuppen unterwärts kommen, und thut etwas Butter und Pfeffer darüber. Ist sie genug gebraten, nimmt man sie weg und drukt Pomeranzensaft daran.

Hecht mit einer Citronenbrühe. Man schuppt, wäscht ihn aus, und schneidet ihn in Stüken, siedet ihn in Essig und Salz. Ist er gahr, so hakt man etliche Citronen klein, läßt sie in einem Töpfchen ein wenig sieden, drükt sie mit Rosenessig durch ein Tuch, thut Zuker, Zimmet, etwas Pfeffer und Citronenscheiben darunter, läßt den Fisch in dieser Brühe einmal mit aufwallen und richtet ihn an.

Hecht mit einer Rahmsose. Man siedet einen Schoppen Rahm, quirlt vier bis fünf Eyerdotter nebst einer Messerspize rohes Mehl klar, gießt dies daran, nur daß es nicht zusammenrinnt; es kommt auch noch ein Stük Butter und etwas Muscatenblühe dazu. Diese Brühe gießt man über die ordentlich angerichtete blaugesottene Fische, läßt es auf dem Kohlfeuer wieder zusammen erwärmen, aber nicht kochen, und sprengt ein wenig zerlassene Butter darüber; man kann auch geröstete Zwiebeln darauf streuen.

Hecht mit einer Sardellensose. Man schuppt den Hecht, reißt ihn am Bauch auf, und macht vier bis sechs Stüke, seiner Größe nach, daraus; gießt Weinessig in eine Pfanne und salzt den Essig wohl. Zu einem Pfund Fisch rechnet man eine Hand voll Salz, legt den Hecht darein und läßt ihn sieden, bis sich die Gräten ablösen. Hierauf seiget man den Essig ab, und macht diese Brü-

Brühe: Man nimmt auf ein Pfund Hecht sechs Sardellen, wässert sie, klaubt die Gräten ab, wäscht sie ein oder zweymal sauber aus einem Wasser heraus, legt sie nochmal ein paar Stunden in Wein, hakt sie klein, thut sie in ein Stollhäfelein, schürt ein klein wenig Kohlen darunter, daß sie verschmelzen, gießt nach Gutdünken Wein daran. Man kann auch vorher eine Schnitte gebähte Semmel im Wein sieden, durchtreiben, und in die zerschmelzte Sardellen gießen. Ferner würzt man es mit Pfeffer und Muscatenblüth, drükt Citronensaft darein, zukert es ein klein wenig, und thut ein gut Stük Butter oder Baumöl auch ein wenig klein geschnittene Citronenschaalen dazu, und läßt alles einen Sud thun. Hierauf legt man den in Eßig gesottenen Fisch in eine Schüssel, richtet die Brühe darüber an, sezt die Schüssel samt dem Fisch auf eine Kohlpfanne, und läßt ihn in der Brühe noch ein wenig sieden, begießt den Fisch zum öftern mit der Brühe, und streut klein geschnittene Citronenschaalen darauf.

Hecht mit einer Meerrettigbrühe. Man kocht den Hecht mit Wasser und Salz ab, reibt indessen Meerrettig klein und läßt ihn in Milch aufkochen, thut ein Stük Butter und Salz daran und würzt es mit Muscatenblüthe. Ist der Hecht gahr, so gießt man die Brühe darüber.

Hecht mit Rahm und Kümmel. Man reißt den Hecht, wie gewöhnlich, und siedet ihn ab, hernach nimmt man einen Mössel Rahm, sezt ihn zum Feuer und zieht ihn mit Eyerdottern ab, wie bey der Rahmsose gemeldet. Nimmt nicht gar einen Löffel voll Kümmel, schneidet ihn mit einem Schneidmesser klein, wirft ihn in die abgequirlte Brühe, und läßt diese ein wenig stehen. Endlich richtet man den Hecht an, gießt die Brühe darüber und sprengt zerlassene Butter darauf.

Hechte mit Sardellen, weiß. Man siedet sie blau, wässert fünf bis sechs Sardellen ein, wäscht sie aus, zieht das Fleisch von den Gräten, hakt sie klein und befeuchtet sie mit etlichen Tropfen Brühe oder Wein. Hierauf schüttet man dieses in eine verzinnte Casserole, schlägt sechs bis sieben Eyerdotter dazu, thut auch ein halb Pfund frische Butter nebst einer Messerspitze Mehl hinein, und rührt es mit etlichen Löffeln Wein ab. Schüttet ferner Citronenschaalen und Muscatenblüthe, auch etwas Wein und Fleischbrühe oder Petersilienwasser daran, und sezet es auf Kohlen. Man muß es aber mit ein...

einem blechernen Schöpflöffel stets begießen, bis es diflicht wird. Wenn es nun anfängt, eine Dike zu bekommen, so will es kochen. Dann gießt man gleich einen Löffel voll kalt Wasser hinein, daß es nicht zusammen lauft. Man thut alsdann die Hechte in eine Schüssel, gießt die Brühe darüber und besprengt sie mit zerlassener Butter.

Hechte mit Sardellen, braun. Man macht diese Brühe wie die vorige. Nur röstet man das Mehl in der Butter castanienbraun, thut das Gewürz nebst den Sardellen darein, und die Butter, die man bey den vorigen roh hinein legte, macht man hier braun, und läßt sie hinein laufen. Dann legt man die abgesottene und abgeschuppte Hechte dazu, und läßt alles gemach kochen.

Hechte, gebaken. Man schuppt, zerreißt und schneidet sie in mittelmäßige Stüke, kerbt sie und sprengt sie mit Salz ein, troknet sie ab, kehrt sie im Mehl um, und bakt sie in heißer, gelbbrauner Butter, richtet sie an, und thut die heiße Butter mit Citronensaft darüber.

Hechte, gebaken, auf französisch, mit Sardellen. Wann der Hecht gerissen, ausgenommen und rein gewaschen ist, so thut man etliche Schnitte in sein Fleisch, und macht ihn mit Salz, Pfeffer, Weineßig, Lorbeerblättern und kleinen Zwiebeln an. Alsdann troknet man ihn ab, bestreut ihn mit Mehl und läßt ihn baken, bis er eine schöne Farbe bekommt. Man läßt Sardellen in brauner Butter schweißen, passirt ihn in einem Haarsieb, wann man eine Brühe von Pomeranzensaft, Capern und weissem Pfeffer dazu gethan hat. Nun schüttet man die Soße auf den Hecht, und garnirt sie mit in Butter gebakener Petersilie.

Hechte, gebaken in einer Sardellenbrühe. Man schuppt den Hecht, nimmt ihn aus, kehrt ihn in Muschelmehl um, thut aber nicht viel Salz dazu, und bakt ihn in heißem Schmalz gelb. Dann nimmt man gewässerte und sauber gepuzte Sardellen, thut Butter in einen irrdenen Tiegel, und wirft, wenn sie anfängt zu sieden, die Sardellen darein, rührt sie um, schüttet ein klein wenig Fleischbrühe dazu, und legt, wenn die Sardellen in der Brühe ein wenig verschmolzen sind, die gebakene Fische in ein Zinn, schüttet die Brühe durch einen Schaumlöffel darüber, sezt sie auf eine Kohlpfanne, thut Butter, Ingber, Muscatenblüthe und Citronensaft daran, läßt sie eine kleine Weile aufkochen, kehrt die Fische auch in der Brühe um, dekt sie zu, daß der Dampf dabey bleibt, und läßt es miteinander doch nicht zu viel kochen.

Hechte, gebaken, mit einem Mandelmeerrettig. Man schuppt und reißt den Hecht, schneidet ihm kleine Kerben auf den ganzen Leib, und macht aus selbigen hernach Stüke ein paar Finger breit, salzt sie ein, und läßt sie eine Weile im Salz liegen. Hierauf nimmt man zerlassene Butter oder Schmalz, welches heiß gemacht werden muß, troknet die Hechtstükchen ab, bestreut sie mit Gries oder Mehl und bakt sie im heissen Schmalz. Darnach reibt man Meerrettig, sezt einen Nössel Rahm zum Feuer, stößt ein Viertelpfund Mandeln und ein Viertelpfund Zuker, rührt dieses nebst dem Meerrettig und einem Stükchen Butter auch hinein. Wenn man anrichten will, schüttet man den Meerrettig in eine Schüssel, legt den Hecht herum und sprengt ein wenig zerlassene Butter darüber.

Hecht, gebaken mit einer Baumölsose. Wie man es mit dem gebakenen Hecht mit Meerrettig gemacht hat, so macht mans auch mit diesem. Darnach sezt man eine Caßerole mit Butter aufs Feuer, läßt diese heiß werden, rührt ein paar Messerspizen Mehl darein und macht es auch braun; gießt Brühe oder Petersilienwasser, Wein und Eßig darauf, legt ein paar ganze Zwiebeln, Lorbeerblätter nebst Roßmarin daran, würzt es mit Ingber, grob gestoßenen Pfeffer, Negelein und Citronenschaalen, und läßt es durcheinander kochen. Während diesem legt man den Hecht auch darein, gießt ein gut Theil Baumöl dazu, welches miteinander ferner kochen muß, daß sich das Oel in den Hecht ziehe. Bey dem Anrichten thut man die ganze Zwiebel heraus.

Hechte, gebaken mit einer Capernsose. Man macht ihn beschriebenermaßen zurecht. Sezt in einer Caßerole ein Stük Butter aufs Kohlfeuer, läßt sie braun werden, thut einen Löffel voll Mehl darein, rührts bis es castanienbraun ist, gießt Brühe oder Petersilienwasser und ein Glas Wein darauf, wirft Muscatenblüthe, Ingber, Citronenschaalen, auch eine Hand voll Capern hinein, und läßt es zusammen kochen, damit es eine diklichte Brühe bekommt. Hierauf legt man den gebakenen Hecht darein und läßts noch eine Weile sachte kochen. Ist er nicht genug gesalzen, so wirft man noch ein wenig Salz dazu.

Hecht, gebaken mit grüner Brühe. Man bakt die wohl gesäu-

gesäuberten Hechte in guter Butter, nimmt viel grüne Petersilie und Brunnenkresse, wäscht es sauber und stößt es, drükt den Saft mit den Händen aus, nimmt das Gelbe von etlichen Eyern und etwas Eßig dazu, treibt es durch ein hären Tuch, würzt es mit Pfeffer, ein wenig Safran und Zuker, läßt es miteinander sieden, und rührt es mit einem blechernen Löffel um, bis es aufsiedet und einen Schaum giebt. Endlich gießt man diese Brühe über die gebakene Fische.

Hechte, gelb gesotten auf Polnisch. Man reißt, zerstükt und siedet den Hecht, wie bey dem Blauabsieden gesagt worden. Hernach nimmt man ein gut Theil Zwiebeln und Borsdorfer Aepfel, schält und schneidet beedes ganz klein, thut sie in einen Topf, gießt Petersilienwasser darauf, schüttet geriebene Semmeln dazu und läßt es kochen. Hat es genug gekocht, so streicht man es durch ein Haartuch oder nimmt nur einen Durchschlag, thut das Durchgestrichene in einen Tiegel, gießt Wein und Eßig darein, wirft auch Zuker, eine Hand voll kleine und eine Hand voll grosse Rosinen, länglicht geschnittene Mandeln, Citronenschaalen und Scheiben, Safran, Ingber und ein Stük Butter darauf, sezt es auf ein Kohlfeuer und läßt es durcheinander kochen. Hernach legt man den abgesottenen Hecht in die zubereitete Brühe, daß er sich fein durchziehe. Bey dem Anrichten legt man die Stükchen Hecht in die Schüssel, den Kopf mit der Lebr im Maul, in die Mitte, und richtet die Brühe also darüber her, daß das Gewürz mit der Citrone zu sehen ist, und bereibt es mit Zuker.

Hecht gelb Ungarisch zu kochen. Man nimmt Zwiebeln und geschälte Aepfel, eingeweichtes weisses Brod und grünes Bertramkraut, hakt alles wohl untereinander und läßts im Wasser sieden, bis die Zwiebeln weich werden. Nach diesem läßt man es in gutem Wein und ein wenig Eßig aufsieden. Dem Hecht zieht man die Haut ab, wäscht, salzt und schneidet ihn in Stüke, legt ihn in die Brühe und sezt ihn in einer Pfanne oder Fischkessel aufs Feuer, läßt ihn schnell sieden, würzt ihn mit Pfeffer und Safran, zukert ihn und schneidet gesalzene Limonienscheiben darein.

Hechte in einer Capernbrühe. Man schuppet den Hecht, macht ihn am Rüken auf, schneidet Stüke daraus, und siedet ihn in Weineßig und Salz. Dann nimmt man eine gebähte Semmelschnitte und gehakte Eßigcumern, thut beedes zusammen in ein Töpfchen, gießt Wein und
etwas

etwas Fleischbrühe daran, läßt es kochen, und treibt es hernach durch. Ist es noch zu dik, so hilft man ihm mit ein wenig Wein, würzt es mit Muscatenblüthe und Carbamomen, thut ein Stük Butter wie auch ganze Capern dazu, und gießt die Brühe über den Fisch, wenn der Eßig vorher abgeseigt worden, in die Pfanne, läßt es miteinander aufsieden, richtets an und streut würflichtgeschnittene Citronenschaalen darauf.

Hechte mit weisser Capernsose und mit Eyern abgezogen.

Man macht es wie bey der weissen Sardellensose; nur nimmt man statt der Sardellen Capern.

Hecht mit Meerrettig und zerlassener Butter.

Ist der Hecht gehörig abgesotten, so zerläßt man ein halb Pfund Butter, richtet den Fisch auf die Schüssel worinn er auf den Tisch kommen soll, an, gießt die Butter darüber, streut Muscatenblüthe und klein gehakte Petersilien darauf, sezt den Hecht auf eine Kohlpfanne, damit er warm bleibt. Dann reibt man Meerrettig auf einen Teller und giebt ihn roh auf den Tisch. Wann der Hecht gespeißt wird, legt man Meerrettig mit vor, und gießt von der zerlassenen Butter etliche Löffel darauf, daß er die Schärfe verliert und mild wird.

Hechte mit Meerrettig zu baken.

Man schuppt den Hecht, reibt ihn mit Salz, kehrt ihn im Mehl wohl um, bakt ihn in heisser Butter, legt ihn in eine Caßerole und eine gute Hand voll geriebenen Meerrettig dazu, gießt eine Kanne Wasser und eben so viel Wein daran, thut Butter und ein wenig Muscatenblüthe dazu, versüßt ihn mit Zuker und läßt ihn kochen.

Hechte mit Stekrüben braun.

Der Hecht wird geschuppt und abgesotten. Dann schabt man Stekrüben sauber, schneidet sie wie man will, sezt eine Caßerole zum Feuer mit Schmalz, und streut, wenn dieses heiß ist, Zuker darein, sezt es aber darnach wieder aufs Feuer. So bald nun der Zuker braun werden will, schüttet man die Rüben hinein und rührt sie wohl durcheinander, daß sie desto bälder braun werden. Nach diesem brennt man etwas braun Mehl darein, gießt Petersilienwasser darauf und läßt es kochen, würzt es auch mit Ingber und Muscatenblüthe, salzt es, legt den Hecht darein, und sezt es wieder zum Feuer, wo es ganz gelinde kochen muß.

Hechte mit Sauerkraut.

Man siedet sie blau, pflükt sie stükweis, und thut alle Gräten heraus, die blaue Haut aber legt man beyseite. Hierauf sezt man

Sauerkraut mit Waſſer zum Feuer wo es halb gahr kocht, ſeiget die Brühe davon, ſchneidet es mit einem Schneidemeſſer nicht gar zu klein, ſetzt eine Caßerole mit etwas Butter zum Feuer, wenn ſie heiß iſt, thut man das Kraut darein, ſchüttet eine gute Kanne ſauren Rahm dazu und läßt es durcheinander bämpfen; macht einen Kranz von Teig um die Schüſſel, worauf angerichtet wird, beſtreicht ſie mit Butter, nimmt eine Kelle und überzieht den ganzen Schüſſelboden mit Kraut. Darauf thut man eine Lage Hecht und fährt wechſelsweiſe ſo fort. Iſt die Schüſſel voll, ſo ſtreut man oben Semmeln darauf, begießts über und über mit Butter, und läßts als eine Paſtete im Ofen baken.

Hecht mit Auſtern. Den zurechtgemachten Hecht ſchneidet man in Stüke, legt ihn in eine Caßerole, gießt Wein darauf, thut Peterſilie, kleine Zwiebeln, Champignons, Salz, Pfeffer und Butter dazu, wellt Auſtern im Waſſer mit einigen Löffeln voll unreifen Traubenſaft auf, und ſchüttet ſie nebſt ihrem Waſſer zu den übrigen. Dann legt man den Hecht in die Schüſſel.

Hecht, gedämpft, auf einer Schüſſel mit Citronen. Man macht ihn zurecht, brennt ihn mit ſiedenden Waſſer, ſchmiert eine Schüſſel dik mit Butter, beſprengt den Hecht mit etwas Salz und legt ihn in eine Schüſſel, ſchneidet Citronenſchaalen und Muſcatenblüthe daran, ſetzt ihn aufs Kohlfeuer, dekt die Schüſſel zu, daß er dämpft; wirft eine ganze Zwiebel daran, ſtreut ein wenig klar geriebene Semmeln darein, gießt ein paar Löffel voll Wein dazu, und läßt es noch eine Weile dämpfen. Bey dem Anrichten ſtreut man Muſcatenblüthe darauf und drükt viel Citronenſaft darüber.

Hecht, gedämpft, auf franzöſiſch. Man ſchneidet den Hecht in Stüke, läßt ihn mit drey Löffeln voll magern Coulis, mit Peterſilien, kleinen Zwiebeln, Thymian, Lorbeerblättern, Baſilik, Negelein, Lauch, Salz, ganzen Pfeffer, kleinen weiſſen halbgekochten Zwiebeln, Champignons, guter Butter, einer halben Flaſche Champagnerwein und guter Brühe bey ſtarken Feuer kochen. Iſt er gekocht, ſo thut man gehakte Sardellen und feine Capern daran, und richtet es mit Croutons in Butter paßirt, an.

Hecht, mit Wein und kleinen Roſinen. Man ſiedet den Hecht wie den blauen, ſetzt in einem Tiegel Wein und Peterſilienwaſſer oder Brühe aufs Feuer, thut geriebene Semmeln, Muſcat

Muscatenblühte, viel kleine Rosinen, Citronenschaalen, Safran, Zuker und ein Stük Butter daran, welches zusammen kochen muß, bis es ein wenig dik wird. Darnach legt man den Hecht darein, läßt ihn eine Weile darinn liegen und kochen, daß er die Brühe an sich ziehe. Ehe man anrichtet drükt man Citronensaft darauf.

Hecht mit Senfbrühe. Man schuppt die Hechte, schneidet sie in Stüke und siedet sie, sezt in einer Casserole Butter aufs Feuer, läßt sie heiß werden, thut ein paar Messerspizen Mehl darein, welches castanienbraun werden muß, gießt einen halben Nössel Senf darein, auch Fleischbrühe und Wein, würzt es mit Zuker, Citronenschaalen und Scheiben, und läßt es kochen; legt den gesottenen Hecht hinein und läßt es noch ein wenig dämpfen. Beym Anrichten gießt man die Brühe darüber. Ist die Brühe zu mager, so kann man noch ein wenig braun gemachte Butter daran gießen. Man kann auch die Hechte zu dieser Brühe baken oder braten. Soll sie weiß seyn, so darf man nur das Mehl nicht zu braun machen.

Hecht, gefüllt. Man nimmt einen Hecht von vier bis fünf Pfund, schuppt ihn, reißt ihn auf dem Rüken auf, schneidet ihm alles Fleisch samt den Gräten heraus, doch so, daß der Kopf und Schwanz ganz bleibt. Ferner löst man das Fleisch von den Gräten herunter, und schneidet es mit einem Schneidmesser ganz klein. Hierauf weicht man Semmeln ohne die obern und untern Rinden in Milch ein, und wenn sie genug geweicht ist, drükt man sie wieder aus und schüttet sie zum Hechtfleisch. Ferner rührt man sechs bis sieben Eyer, thut sie auch dazu, schüttet alles in einen Mörsel und stößt es ganz klar, würzt es mit Muscatenblühte, Cardomomen und Ingber. Hernach thut man es aus dem Mörsel in einen Reibasch, salzt es zur Genüge, weicht Zibeben ein, wirft sie nebst Citronenschaalen auch darein und rührts eine Weile. Hernach läßt man noch etwas Butter zergehen und sie darunter laufen, rührt es wieder wohl durcheinander und füllt den Hecht damit. Ist er nun ganz gefüllt, so näht man den Rüken mit einem Zwirnfaden wieder zu, salzt den Hecht ein wenig, bestreicht ihn dicht mit Butter und legt ihn in ein länglichtes Geschirr, wo er ausgestrekt liegen kann. Man bestreicht aber das Geschirr vorher mit Butter, sezt es mit dem Hecht in einen Bakofen und läßt ihn fein sachte braten. Ist er gebraten, so giebt man beym Anrichrichten gelb gemachte Butter dazu, oder macht eine beliebige schon beschriebene Brühe.

Hecht, marinirt. Man schuppt und reißt ihn, wie bey den Gebakenen gezeigt worden, hernach salzt man ihn ein und bakt ihn aus Schmalz ohne Mehl. Er muß aber, wenn er aus dem Schmalz kommt, wieder abkühlen. Hernach legt man ihn in ein Fäßchen, wie bey den Forellen beschrieben worden, u. s. w.

Hecht, marinirt zuzurichten. Man bakt den marinirten Hecht in der Butter oder läßt ihn im Ofen baken. Hernach richtet man ihn mit einer Soße von Sardellen und durchgeschlagener brauner Butter an, thut sodann noch den Saft von einer Pomeranze, Capern und weissen Pfeffer daran. Alsdann schüttet man die Soße in die Schüssel, und richtet den Hecht mit gebakener Karpfenmilch oder Hechtleber, oder Petersille darauf, an.

Hechte mit Krebsen. Man siedet den geschuppten Hecht im Salzwasser und verblättert ihn, nimmt lebendige Krebsscheeren und Schwänze, und läßt sie samt dem verblätterten Hecht in einer mit Fleischbrühe durchgetriebenen Erbsbrühe kochen. Man würzt sie zuletzt noch mit Muscatenblüthe und läßt noch ein Stük Butter damit aufsieden.

Hecht mit Karviol, Krebsen und Klöschen. Wann der Hecht schon oft beschriebenermassen bereitet ist, so nimmt man ihn das Eingeweide aus, schneidet ihn in etwa zwey Queerfinger breite Stüke, salzt sie ein wenig ein und streicht sie hernach durch die Hand fein treuge ab. Hierauf setzt man in einer Caßerole Butter mit Muscatenblüthe und Citronenschaalen vermischt aufs Feuer, legt den Hecht auch darein, läßt ihn eine Weile paßiren, daß sich die Butter in den Hecht ziehe. Darnach nimmt man ausgebrochene Krebse, legt sie auch dazu, macht Klöse von Hecht, läßt sie im Wasser oder Fleischbrühe anlaufen, und thut sie auch zum Hecht, gießt eine gute Gelee darauf, und läßt auf dem Feuer kochen. Hat man keine Gelee, streut man geriebene Semmeln darein, wirft Muscatenblüthe nebst einer ganzen Zwiebel daran, und läßt so lang kochen, bis es eine dikflichte Brühe bekommt.

Hechte mit Morcheln und gebakenen Klöschen. Der Hecht wird geschuppt, gerissen, zerstükt und eingesalzen, auch wieder abgetroknet, und mit Muscatenblüthe, Citronenschaalen und einer ganzen Zwiebel in Butter paßirt. Hernach nimmt man Morcheln, welcht sie in Fleischbrühe oder Petersilienwasser, läßt

läßt sie einen Sud thun, drükt sie hernach aus und läßt etwas davon an den Hecht laufen. Die Morcheln aber müssen etlichemal ausgewässert werden, daß der Sand davon kommt. Dann schneidet man sie nicht gar zu klein, thut sie zum Hecht und macht Klößchen davon, Strizchen eines Fingers lang und rund. Alsdann bestreut man sie ein wenig mit Mehl, bakt sie aus dem Schmalz gelb, thut sie an den Hecht und gießt Brühe darauf. In Ermangelung dieser nimmt man braun Mehl, quirlt es in Brühe und läßts durch einen Durchschlag an den Hecht laufen, und läßt ihn kochen bis er angerichtet werden soll.

Hecht mit Knoblauch. Wann der Hecht geschuppt ist, so nimmt man ihm das Eingeweide heraus, schneidet ihn in Stüke, salzt ihn ein wenig ein und läßt ihn eine Weile im Salz liegen. Darnach sezt man in einer Caßerole Butter aufs Feuer, läßt sie heiß werden, troknet den Hecht recht ab, legt ihn in die heisse Butter, worinn er auf einer Seite gelb braten muß; läßt wieder in einer Pfanne Butter heiß werden, thut klein geschnittenen Knoblauch daran, und bräunt ihn über den Hecht. Kehrt diesen um, daß er auf der andern Seite auch braun werde, würzt ihn mit Ingber und Pfeffer, nimmt etwas braun Mehl dazu, quirlt es ganz klar, und läßt es durch einen Durchschlag an den Hecht laufen, worinn er kochen muß.

Hecht in einer warmen Pastete. Den geschuppten und gerissenen Hecht schneidet man in kleine Stüke, salzt diese ein wenig ein, und streicht sie wieder ganz troken ab. Nun sezt man Butter, Citronenschaalen und Muscatenblühte vermischt, aufs Kohlfeuer, paßirt den Hecht, als ob man eine Fricaßee machen wollte. Nimmt gedörrte Artischokenböden, wässert sie über Nacht in Fleischbrühe oder Petersilienwasser, daß sie weich werden, schneidet sie hernach zu feinen Stükchen und legt sie nebst Morcheln, wenn sie vorher abgequellt und sauber ausgewaschen sind, wie auch ausgebrochene Krebsschwänze zu dem Hecht, und läßts ein wenig mit schweißen; streut auch etwas geriebene Semmeln darein, gießt ein paar Löffel voll Brühe daran, welches alles ein wenig kochen muß. Hierauf bestreicht man die Schüssel, worauf man anrichten will, mit Butter, legt den Hecht, die Morcheln, Krebse, Artischokenböden fein hinein, gießt ein wenig Brühe darüber, thut noch etwas Muscatenblühte und klein geschnittene Citronenschaalen daran, macht ein Blatt nur von einem gebrannten harten Teig, überzieht die Schüssel damit so weit als der Hecht liegt, bläßt dieses ein wenig auf, daß es rund wird; hernach zieht man oben über dem schwarzen und harten Teig, wenn er erst mit Eyern überstrichen ist, einen guten Butterteig, formirt die Pastete fein, und läßt sie in dem Bakofen baken. Wann sie halb gebaken ist, muß man ein Löchlein hinein stechen, daß sie nicht aufspringt. Wenn sie fertig ist, schlägt man drey bis vier Eyer in eine Casserole, gießt etliche Tropfen Weinessig daran, auch ein klein wenig roh Mehl, rührt es ab, legt ein Stük Butter nebst einer ganzen Zwiebel daran, schüttet Brühe oder Petersilienwasser dazu, und rührts auf dem Kohlfeuer stets mit einer Kelle, bis es dik werden will. Ist die Brühe fertig, so schneidet man die Pastete auf, zieht den schwarzen und harten Teig unter dem guten hervor, gießt die Brühe in die Pastete, thut die ganze Zwiebel wieder heraus, rüttelt es um, dekt sie mit dem ausgeschnittenen wieder zu, und bereitet sie mit Zuker.

Hechtpastete. S. Pastete.

Hechte, gepflükte. Man nimmt übriggebliebenen Hecht, oder siedet einen frischen blau, zieht die Haut ab, thut die Gräten her-

aus und legt ihn in die Schüssel, worinn er angerichtet wird, wirft reine Butter daran, auch Muscatenblüthe, Citronenschaalen und geriebene Semmel, gießt Wein und Brühe darauf, und läßt es auf Kohlfeuer kochen. Endlich wirft man eine Hand voll Capern hinein, und läßts zugedekt dämpfen.

Hechte, gepflükte, mit Sardellen. Man bereitet ihn wie den vorigen. Nur nimmt man statt der Capern drey bis vier Sardellen, die man einwässern, hernach wieder auswaschen, das Fleisch von den Gräten abziehen, sie ganz klein schneiden, und alsdann mit ein wenig Brühe an den Hecht reiben muß.

Hechte, gespikt. Man nimmt mittelmäßige Hechte, schuppt sie, nimmt sie aus, schneidet Spek ganz fein, Citronenschaalen länglicht, spikt die Fische mit einer kleinen Spiknadel, eine Reihe Spek und eine Reihe Citronenschaalen. Dann sprengt man sie ein wenig mit Salz ein, bratet sie an einem Spieß, begießt sie öfter mit Butter, sezt eine Pfanne unter, daß die Butter mit dem Saft darein laufe. Dann sezt man eine Casserole mit Butter aufs Feuer, thut Citronenschaalen, Muscatenblüthe, etwas gehakte Sardellen und ein wenig geriebene Semmel hin-

hinein, gießt Wein und Brühe dazu und läßt es kochen, bis es diklicht wird. Endlich gießt man das Aufgefangene aus der Bratpfanne darunter, richtet die Brühe in eine Schüssel an und legt die Hechte darein.

Hechte mit Erbsenbrühe. Man schuppt, reißt und siedet die Hechte, setzt weisse Erbsen zum Feuer, daß sie kochen, streicht sie in eine Casserole, läßt ein paar Löffel voll diken Rahm darunter laufen, thut ein Stük Butter, Ingber und Muscatenblüthe daran, legt die Hechte auch darein und läßts so kochen. Vor dem Anrichten schneidet man Semmeln würflicht, röstet sie gelb in Butter und streut sie über die Hechte.

Hechte, eingesalzene, mit Milchrahm. Man schuppt den Hecht und siedet ihn in lauterm Salzwasser, legt ihn in eine Schüssel, gießt eine Kanne süßen Rahm und ein wenig Fleischbrühe daran, legt ein Stük Butter dazu, würzt es mit Muscatenblüthe und Ingber, stellt die Schüssel auf Kohlen, und richtet, wenn es recht anfängt zu sieden, an.

Hechte mit Pomeranzen. Man schuppt und siedet Hechte in Salzwasser nur ein wenig ab, beschmiert eine Schüssel mit Butter, streut geriebene Semmel, Pomeranzenschaalen und Muscatenblüthen darauf, legt den Hecht auf die Schüssel und wirft eine ganze Zwiebel daran. Ferner schneidet man eine süße Pomeranze zu Scheiben, und legt sie auch auf den Hecht, gießt Wein und Brühe darauf und läßt es auf Kohlen kochen. Ist dies nicht dik genug, so rührt man ein paar Eyerdotter mit einem Löffel voll Wein und etwas Zuker ab, gießt von der Brühe die auf dem Hecht ist, dazu, und rührts, daß es nicht zusammenlaufe. Die abgezogene Brühe gießt man wieder an den Hecht, und streut geschnittene Pomeranzenschaalen darüber.

Hechte, gebraten in Oel. Man nimmt Hechte zu einem halben oder drey Viertelpfund, schuppt und schneidet sie am Bauch auf, nimmt sie aus, wäscht sie sauber, salzt und pfeffert sie und läßt sie eine Weile stehen. Hernach bratet man sie auf dem Rost, wendet sie oft um und begießt sie mit Baumöl. Sind sie genug gebraten, so legt man sie in eine Schüssel, gießt etwas Oel unten dazu hinein, setzt die Schüssel auf Kohlen, trägt es auf, legt Citronen darauf, oder drükt Saft hinein.

Hechte mit einer Citronenbrühe. Man schuppt und wäscht den Fisch aus, schneidet ihn in Stüke und siedet ihn in Eßig und Salz

schen Wein hinzu. Zu jedem Pfund Hecht rechnet man eine halbe Kanne Wein, eine Kanne feine lautere Erbsenbrühe und eben so viel Eßig. Sodann wirft man zwey geschälte Aepfelschnitten darein, nimmt sie aber bey Zeiten wieder heraus, daß sie nicht zerfallen. Man kann auch das Saure von einigen frischen Citronen darein drüken und alles in einem glasurten Topf sieden. Ferner kann man Pfeffer, Ingber, etwas Negelein, Muscatenblüthe, viel zerbrochenen Zimmet, und etwas ganze Safranblumen in einem Säckchen hineinthun, und so lang sieden lassen, bis es vom Gewürz den Geschmak und vom Safran die Farbe an sich gezogen hat; auch muß mans so zukern, daß es recht süß wird. Nach diesem nimmt man das Säckchen heraus, thut hingegen den Fisch, wann die Sulze diklicht werden will, hinein, und siedets vollends aus; dann legt mans auf ein Brett, daß es erkalte, und siedet die Sulze bis sie gesteht. Soll sie nun lang aufbehalten werden, so thut man getroknete Mandeln und Lorbeerblätter in ein irdenes Geschirr, und legt den bereits kaltgewordenen Fisch darein, seigt die Sulze durch ein wollenes Säckchen, gießt alsbald heiß ein wenig über den Fisch, legt, wenn sie eine Weile gestan-

ben ist, wieder Mandeln und Lorbeerblätter dazwischen, schüttet die Sulz vollends darüber, und läßts an einem kühlen Ort stehen. Soll davon gebraucht werden, so nimmt man ein Stük von dem Hecht mit der Sulz und den Lorbeerblättern heraus und legt sie zusammen. Soll sie aber bald verspeißt werden, so ists besser, man thue die Fische in eine Schüssel und schütte die Sulze darüber.

Hechtsuppe. S. Suppe.
Hechttorte. S. Torte.
Hechtlebertorte. S. Torte.
Hefencollatschen. Man thut ein paar Becher fein Mehl in eine Schüssel, alsdann eine Kanne Rahm, wovon man die Helfte warm werden läßt, läßt ein Viertelpfund Butter darihn zergehen, nimmt zwey gute Löffel voll Hefen, gießt etwas Rahm daran, zerquirlt es, gießt es in den Rahm worinn die Butter zergangen ist, schüttet es in das Mehl, schlägt zwey ganze Eyer und zwey Dotter darein, machts zu einen Teig, reibt Eyerbrod, röstet solches in klein gehaktem Spek, nimmt auch wohl klein gestoßene Mandeln dazu; thut ferner ziemlich viel Zimmet daran, röstet es braun und zukert es, hakt hierauf Citronen und Pomeranzenschaalen, zusammen ein Viertelpfund; und zwar die

Hefenküchlein.

die Helfte klein darunter, die andere Helfte schneidet man würflicht darunter, thut den Saft von den Citronen nebst zwey Eyern dazu, wälgert den oben beschriebenen Teig aus, legt die Helfte auf ein Blech, streicht die Fülle darauf, formirt aber von der andern Helfte einen Deckel, streichts mit Eyern an, macht einen Reif herum, bestreuts oben mit Mandeln, läßts ein wenig gehen, und bakt es. Reif und Blech müssen vorher mit Butter angestrichen werden.

Hefenküchlein. Zu zwey Maas Mehl nimmt man sechs bis neun Eyer, zerklopft sie wohl, läßt das Mehl und die zerklopften Eyer mit einer Kanne Rahm oder Milch warm werden, rührt die Eyer zuerst, hernach eine Kanne Hefen nebst der Milch oder dem Rahm, zuletzt auch eine Kanne warmes Schmalz wie auch zwey Loth Salz darunter, und klopft es wohl untereinander. Wann der Teig vom Löffel sich ablebigt, legt man ihn auf ein mit Mehl bestreutes Bakbrett, arbeitet ihn noch ein wenig untereinander, daß er sich wellen läßt, wellt ihn hierauf, aber nicht zu dünn aus, schneidet oder rädelt die Küchlein, legt sie auf etwas warm gemachte Brettlein, läßt sie, bis sie gegangen sind, noch ein klein wenig in der Wärme stehen, macht

Hefenkuchen

indessen in einer Pfanne Schmalz heiß, legt die Küchlein, aber nicht gar zu heiß, hinein, so daß der obere harte Theil unter sich im Schmalz zu liegen kommt; hierauf wenn das Küchlein zu schwimmen beginnt, muß man anfangen aufzugießen und sie endlich fein langsam in einer rechten und gleichen Hitze baken lassen.

Hefenküchlein mit Pflaumen- oder Kirschmus. Man macht diesen Teig wie den vorigen. Dann macht man Pflaumen- oder Kirschmus, weil es dik ist, in einer Schüssel mit Wein und Rosenwasser etwas dünn, rührt Zuker und Zimmet darunter und wellt diesen Teig etwas dünner und breiter, als zu den andern Hefenküchlein. Nach diesem legt man kleine Häufchen von diesem Mus auf den ausgerollten Teig, überschlägt solche mit demselben, rädelt sie vierekicht oder rautenweis, legt sie an einen warmen Ofen, daß sie etwas gehen, und bakt sie.

Hefenkuchen, eingeschlagener, oder Hochzeitkuchen. Man nimmt vier Eyer und ein halb Pfund Butter, rührt es miteinander bis die Butter recht weiß ist, verrührt drey Löffel voll Bierhefe mit ein wenig Milch, thut dies und eine Kanne laulichte Milch unter die gerührte Butter, und nimmt so viel Mehl, bis

bis es zu einen Teig wird. Ist dieser genug gerühret, so wellt man einen runden Kuchen daraus, überschlägt ihn rings umher drey Finger breit, legt ein Stükchen Butter, auch etwa dünn geschnittene Aepfel, etliche Zibeben und kleine Rosinen unter den Ueberschlag, bestreicht den ganzen Kuchen mit verklopften Eyern, stupft ihn in der Mitte und bakt ihn.

Hefenkrapfen. Man rührt zwey Pfund Mehl mit acht Loth zerlassener Butter, einer Kanne laulichter Milch, drey Löffeln voll gewässerter Hefe und zehn Eyerdottern wohl untereinander, macht damit einen Teig, schlägt ihn wohl ab, salzt ihn, würkt ihn auf einem Nudelbrett aus, treibt ihn fingersdik aus, drükt die Krapfen in einen Model, legt sie auf ein Tuch, läßt sie aufgehen, macht inzwischen Schmalz in einer breiten Pfanne heiß, thut die Krapfen darein und bakt sie langsam.

Hefenstrauben. Man macht eine halbe Maas Rahm warm, rührt ihn wohl ab, thut sechs Eyerdotter, vier ganze Eyer und zwey Löffel voll gute Hefe darein, rührts wohl untereinander ab, rührt darnach feines Mehl und vier Loth gute Butter darein, salzt es, macht den Teig in der Dike an, daß er durch den gewöhnlichen Straubenlöffel laufen könne, bakt die Strauben langsam, zukert sie und giebt sie warm hin.

Hefenpastete. S. Pastete.

Hefentorte. S. Torte.

Heidelbeermus. Man thut sauber gelesene Heidelbeere in einen Topf, gießt etwas Wasser daran, und läßt sie beym Feuer dämpfen. Rührt dann diese Beere zu einem Mus, legt geschnitten Brod in eine Schüssel, schüttet die Beere darüber und läßt sie kalt werden.

Heidelbeermus mit Milch. Man thut sauber gelesene Heidelbeere in einen Topf, gießt eine Kanne Milch daran, nachdem der Beere viel sind, läßt sie beym Feuer dämpfen, quirlt sie darnach klar, thut Negelein und Zuker darein, und richtet sie in einer Schüssel auf gebähete Semmelschnitten an.

Heidelbeer, kalte Schaale mit Milch. Auf die gelesene Beere gießt man Rahm oder Milch und trägts zu Tische.

Herbstmus. Man nimmt eine Hand voll Mandeln und Rosinen, jedes gleichviel, ziehet die Mandeln ab und thut von den Rosinen die Kerne heraus, hakt es alsdenn untereinander, doch nicht zu klein. Hierauf röstet man Semmelmehl in Schmalz, schüttet Wein und Zuker daran, siedets,

siedets, rührt das Gehakte darein, würzt es mit Zimmet und Cardomomen, und läßts noch einmal aufsieden.

Hering mit Zwiebeln und Baumöl. Man tunkt sie ins Wasser, zieht ihnen die Haut ab und legt sie in eine Schüssel, nimmt sie aus, schneidet ihnen den Kopf ab nebst dem Schwanz, streut klein geschnittene Zwiebeln auf die in Stüken geschnittene Heringe, gießt auch Eßig und Baumöl darauf, und streut Pfeffer darüber.

Hering mit Aepfeln. Man richtet sie wie die vorige zu, schneidet Aepfel würflicht, puzt kleine Rosinen und streut sie nebst den Aepfeln darauf, gießt Eßig und Baumöl darüber, und bestreut sie dik mit Zuker. Man kann auch statt Zukers Pfeffer nehmen.

Hering in einer Zwiebelsose. Man schneidet gewässerte Heringe mitten entzwey, thut sie in eine Caßerole, gießt Wasser darauf, sezt sie zum Feuer. Schäumt das Wasser, so nimmt man sie vom Feuer; währender Zeit schneidet man geschälte Zwiebeln klein, thut sie in eine Caßerole, streut Ingber, Pfeffer, Safran und eine Hand voll geriebene Semmeln darein, gießt Brühe oder Petersilienwasser darauf, und sezt es so auf Kohlen; thut ferner ein Stük Butter daran, etwa einer Faust groß, und läßts so eine Weile kochen, bis die Zwiebeln anfangen weich und die Brühe dik zu werden; legt alsdann die Heringe hinein, läßt sie gemächlich ein wenig kochen und richtet sie an.

Heringe mit einer Buttersose. Man zerschneidet gewässerte Heringe und siedet sie ab, wäscht ein halb Pfund Butter ab, legt sie auf eine zum Anrichten gehörige Schüssel, streut etwas geriebene Semmel und Muscatenblüthen darauf, gießt ein wenig Wasser daran, sezt es auf ein Kohlfeuer, legt die Heringe darein und läßt sie mit einer Schüssel wohl zugedekt dämpfen. Vor dem Anrichten streut man Muscatenblüthe darüber.

Hering mit Majoran. Man bereitet sie im Absieden wie die vorigen, thut sie dann in einen Tiegel mit einem Stük Butter, geriebener Semmel, Muscatenblüthen, Ingber und Majoran, gießt Brühe daran, und läßts kochen bis es dik werden will. Dann legt man die Heringe hinein, welche noch ein wenig in der Brühe kochen müssen, und richtet sie an.

Hering mit Erbsenbrühe. Man richtet sie gehörig zu, sezt Erbsen mit Wasser zum Feuer, kocht sie weich, quirlt und streicht sie durch und thut sie in einen Tiegel. Hernach kocht man einen Nößel guten diken Rahm, gießt diesen auch unter die durchgestrichene Erbsen, rührt es wohl durcheinander, legt ein Stük Butter darein, wirft Muscatenblüthe und Ingber daran, und läßt im Tiegel auf Kohlen kochen. Dann legt man die abgesottene Heringe dazu, und läßt sie noch ein wenig kochen. Nach diesem schneidet man Semmeln würflicht, und röstet sie mit Butter gelb. Beym Anrichten der Heringe streut man die geröstete Semmeln darüber; man kann auch würflicht geschnittenen Spek unter die Semmel rösten.

Hering mit Rahm und Kümmel. Man siedet sie wie die vorige, läßt in einem Töpfchen einen Nößel Rahm sieden, quirlt vier Eyerdotter, eine Messerspitze rohes Mehl und ein Stük Butter durcheinander, gießt den gesottenen Rahm hinein, rührts aber, daß es nicht zusammenlaufe, wirft etwas Kümmel dazu, und rührts beym Feuer so lang, bis es etwas dik wird; richtet die Heringe an, gießt die Brühe darüber, setzt die Schüssel auf Kohlen, daß sich die Brühe ein wenig in die Heringe ziehe, läßt es aber ja nicht zusammenkochen, und dann sprengt man Butter darüber.

Hering, gebraten. Man bestreicht abgetroknete Heringe mit Butter, bestreut sie ein wenig mit Mehl, und bratet sie auf dem Rost mit einem gelinden Feuer, träufelt sie öfters mit Butter, und sorgt, daß sie fein ganz bleiben. Beym Anrichten giebt man braune Butter darzu.

Heringe, gebraten, in Papier. Man haft ihnen ein Spizchen vom Schwanz und ein Stükchen vom Kopf weg, nimmt zu jedem Hering einen halben Bogen Papier, schmiert solchen recht dik mit Butter, legt den Hering darauf, und schlägt das obere und untere Theil vom Papier über ihn, und wikelt ihn recht ein. Auch außen bestreicht man das Papier mit Butter und bratet sie auf dem Rost bey gelindem Feuer, daß das Papier nicht verbrennt. Beym Anrichten schlichtet man die Heringe ordentlich auf eine Schüssel und legt sie in Sauerkraut oder in Erbsen.

Heringe, marinirt. Sie müssen von den Abgetrokneten seyn, werden gebraten aber nicht mit Mehl bestreut. Wenn sie gebraten sind, verfährt man wie mit den Forellen und Hechten.

Heringe, gebaken. Man kehrt die gewässerte Heringe in Mehl um, und bakt sie in heißer Butter geschwind, bestreut sie mit Ing-

Ingber und giebt sie troken, oder gießt Senf mit Butter darüber.

Heringe mit Meerrettig. Man häutelt und zerstükt sie und legt sie in eine Schüssel, schabt und reibt Meerrettig zart, schneidet Borsdorfer Aepfel klein, mengt es durcheinander und streuts auf die Heringe, gießt Eßig darauf und reibt Zuker darüber.

Heringe, gespikt. Man spikt sie, wenn sie gewässert sind, mit Spek, und bratet sie, träufelt sie auch stark mit Butter.

Heringe, frische, mit brauner Soße. Man nimmt sie aus, schmiert sie mit Butter und legt sie auf den Rost. Wann sie gebraten sind, thut man eine braune Soße von klein gehakten feinen Kräutern, Salz, Pfeffer und Capern und einen Löffel voll Eßig dazu, und richtet sie mit Citronenscheiben warm an.

Heringe, gefüllt. Wann sie drey bis vier Tage gewässert sind, so hakt man die Milch, thut zwey Eyerdotter, etwas Petersilie, Ingber, Pfeffer, Muscatenblüthe und ein wenig geriebene Semmeln darein, macht eine Fülle daraus und thut sie in die Heringe, und legt sie in heiße Butter in eine Bratpfanne, daß sie braun werden.

Heringsalat. Man legt sie etliche Stunden ins Wasser, daß sie etwas Salz verlieren, wäscht sie aus etlichen Wassern, schneidet den Kopf ab, klopft sie mit dem flachen Messer über und über, dann ziehet man die Haut ab, schneidet vom Bauch ein schmales Stükchen weg, reißt sie vom Schwanz an in der Mitte entzwey, nimmt die Gräten heraus, schneidet den halben Hering wieder nach der Länge voneinander und das übrige in Stükchen, legt dies alles in die Schüssel, gießt Baumöl und Eßig daran, streut kleine Zwiebeln, würflicht geschnittene Borsdorfer Aepfel, Pfeffer und würflicht geschnittene Citronenschaalen darauf, so sind sie fertig.

Heringsbrühe über andere Fische. Man wässert und schneidet sie in Stüke, und legt sie in Wein oder Eßig. Sind sie eine Weile darinn gelegen, hakt man sie klein, läßt Butter zergehen und thut die gehakte Heeringe hinein, röstet sie unter stetigem Rühren, schüttet Wein daran, und läßt es noch eine Weile sieden, preßt es hernach durch, thut Zuker, Muscatenblüthe und Citronenmark daran, und läßt es aufsieden. Im Anrichten kann man Zuker oder Baumöl nebst gehakten oder ganzen Capern dazu thun.

Heringe von Zukerzeug. Man formirt aus einem halben Pfund gerö-

gerösteten Mandelzeug Heringe, und troknet sie; dann bestreicht man sie über und über mit Gummi und belegt sie mit Silberblättchen.

Herrenmarcipan. Man stößt ein Pfund geschälte feine Mandeln zart, thut zwey Eyerweiß darein, reibt alles recht untereinander, vermischt es mit gestosenem Zuker, macht einen Teig daraus, treibt ihn mit einem Stämpfel durch eine Sprize, formirt Ringe, und bakt sie im Ofen bey gelindem Feuer.

Herzoglich Marcipan. Man richtet Mandeln auf gewöhnliche Art zu, und feuchtet sie während dem Stossen mit Eyerklar und Pomeranzenwasser stark an, nimmt so viel Zuker als dieser Teig wiegt, läßt ihn a la Plume sieden, und mischt die Mandeln wohl darunter. Hernach sezt man die Masse wieder zum Feuer, um sie zu troknen, indem man sie stark herumrühret, bis der Teig zu brauchen ist und sich nicht mehr an die Pfanne anhängt. Endlich legt man den Teig auf einen mit Zuker bestreuten Tisch, rollt ihn groß zusammen, sezt ihn ein wenig beyseite, formirt darnach den Marcipan und giebt ihm eine beliebige Gestalt.

Heydelbrey oder Buchweizenmus. Man brüht den Buchweizen mit siedendem Wasser wohl fünfmal an, seigt das Wasser durch einen Seiher ab, thut ihn in einen Topf, schüttet Fleischbrühe daran, und wirft Pfeffer und Baksfchmalz hinein, läßt ihn wohl sieden, daß er nicht zu dik oder zu dünn werde, salzt ihn auch nach Belieben.

Himbeerencompote oder gestopfte Himbeeren. Man läßt zu einer Schüssel voll Beere ein halb Pfund Zuker a la plume sieden, thut die Himbeere darein, nimmt sie vom Feuer und bewegt sie ganz gelind, indem man das Gefäß an beeden Handhaben hält. Eine Viertelstunde hernach sezt man sie wieder zum Feuer; daß sie einmal aufsieden. Sie dürfen aber nicht lang stehen bleiben, daß sie nicht zerfahren. Dann richtet man sie an.

Himbeere naß eingemacht. Etwa zwey Pfund Himbeeren pflükt man sauber und siedet zwey und ein halb Pfund Zuker a la plume. In diesen wirft man die Himbeere ganz langsam und läßt sie bey vollem Feuer einen Sud thun. Hernach schüttet man eine halbe Kanne durchgeseigten Kirschensaft dazu, sezt sie wieder zum Feuer und läßt sie noch dreyzehn bis vierzehnmal aufwallen, bis sich der Zuker in einen Syrup verwandelt. Unter der Zeit da da sie kochen, hebt man sie zwey bis dreymal ab, daß man sie abschäumen kann, dann läßt man sie auf die Helfte kühl werden, ehe man sie in die Geschirre bringt.

Himbeeren, troken eingemacht. Man siedet zwey Pfund Zuker a la plume. Zu diesem thut man zwey Pfund fast reife Himbeeren, und läßt sie zugedekt einen Sud thun, nimmt sie dann vom Feuer, schäumt sie ab, gießt sie langsam in einen Napf, und läßt sie im Zuker auf dem warmen Ofen bis auf den andern Tag stehen. Hernach nimmt man sie aus dem Syrup, läßt sie abtropfen, bestreut sie überall mit zartem Zuker und läßt sie auf dem warmen Ofen troken werden.

Himbeerenpasteten. Ungefähr ein Pfund Himbeeren zerdrükt man in einem irrdenen Napf und treibt sie durch ein Haarsieb. Man siedet gleich ein Pfund Zuker, thut die Himbeere hinein, und mengt sie mit einem Rührlöffel wohl durcheinander, ohne sie wieder aufs Feuer zu setzen. Diesen Teig thut man in Formen und troknet ihn auf dem warmen Ofen.

Himbeerenmarcipan. Man brühet ein Pfund süße Mandeln mit heißem Wasser, schält sie, läßt sie abtropfen, und stößt sie im Mörsel zart, thut zwey Hände voll Himbeeren hinein, stößt sie nochmal mit den Mandeln bis sich beedes wohl vermischt hat. Darnach siedet man ein Pfund Zuker a la plume, den man unter die Himbeere und Mandeln mengt. Den Teig läßt man auf gelindem Feuer einkochen, bis er nicht mehr am Gefäß anhängt. Dann nimmt man ihn weg und stößt ihn, wenn er kalt ist, mit dem Weissen von zwey frischen Eyern und etwas feinem Zuker nochmal. Wann das Eyweiß mit dem Teig wohl vermengt ist, so macht man die Marcipanstüke so groß, als man sie haben will, und bakt sie in einem nicht gar zu heißen Ofen. Sind sie gebaken, so gießt man einen aus zart gestossenen mit etwas Eyerweiß und etlichen Tropfen Citronensaft durchgearbeiteten Zuker verfertigten weissen Zukerguß darüber, bedekt damit die Marcipanstüke oben und sezt sie noch einige Minuten in den Ofen, damit der Zukerguß recht troken werde.

Himbeerengallerte. Man siedet zwey Pfund Zuker nach Art des gebrochenen, dann thut man zwey Pfund Himbeere und ein Pfund Johannisbeere darein, läßt sie darinn kochen und schäumt sie von Zeit zu Zeit ab, bis ein Syrup daraus wird, der einen nicht leicht zu zerreissenden Faden zieht. Man probiert ihn auch mit dem Schaumlöffel ob er breit von demselben abfalle. Hierauf läßt man die Gallerte durch ein Sieb in eine Terrine fallen. Die Früchte dürfen nicht ausgedrükt werden. Wenn sie ganz hell seyn soll, so sezt man sie wieder aufs Feuer, läßt sie noch einen Sud thun, dann schäumt man sie ab und hebt sie auf.

Himbeerenconserve. Zu einem Pfund Himbeeren nimmt man ein Achtelpfund rothe Johannisbeere, welche man zusammen in einen Topf thut, zerquetscht, und dann durch ein Sieb treibt. Was durchgegangen ist, sezt man auf ein mittelmäßiges Feuer und läßts bis auf ein Drittel einkochen. Hernach siedet man ein Pfund Zuker a la plume, und wenn er ein wenig erkaltet ist, thut man die Himbeere hinein, rührt sie mit dem Zuker untereinander, und schüttet sie in papierne Formen. Wann die Conserve geronnen ist, schneidet man sie in Täfelchen.

Himbeerenrahm. Man siedet eine Kanne Milchrahm mit einem Viertelpfund Zuker, bis er halb eingekocht ist. Er muß nun erkalten, und dann thut man ein Viertelpfund gestoßene Himbeeren dazu, und mengt sie unter den Rahm; zerklopft in einem andern Gefäß drey Eyerdotter, die man nach und nach in den Rahm mischt, und läßt dies alles durch ein Sieb laufen; dann sezt mans zum Feuer, damit nur die Eyer kochen; man rührt sie aber beständig, ohne daß sie zum Sieden kommen. Wenn der Rahm anfängt dik zu werden, so nimmt man ihn gleich weg, rührt einer Erbse groß saure Knollen darunter, thut ihn in eine Schaale und läßt ihn auf dem Ofen fest werden; alsdann läßt man ihn erkalten.

Himbeersaft. Man thut die saubergelesene Beere in einen Topf, zerdrükt sie, sezt sie vier bis fünf Tage in Keller und preßt sie aus. Dann sezt man den Saft wieder eine Nacht in den Keller, klärt ihn ab, siedet ihn, wirft den Zuker nach und nach stükweis hinein, siedet ihn dik, doch daß er nicht pechicht wird. Zu einer Maas Saft nimmt man ein Pfund Zuker.

Himbeertorte. S. Torte.

Himbeerkuchen. Man legt ein Blech mit Butterteig aus, und thut Himbeere, eine an die andere, darauf; streut Zuker hin, rührt sechs Loth Butter mit vier Eyern, einem Löffelein voll Mehl, und ein paar Löffel süßen oder sauren Rahm, und eine Hand voll Zuker, gießts auf den Himbeeren herum, streut Zuker und Zimmet darauf und bakts im Ofen.

Him-

Himbeerküchlein im Schmalz gebaken.

Man macht vier Löffel voll Mehl mit süßer Milch an, wie zu einem Klöschenteig; dann wird ein Stükchen Schmalz wie eine grosse welsche Nuß stebend darein gemacht, zwey ganze Eyer und zwey Dotter darein gerührt; der Teig muß so dik seyn als ein Aepfelschnitzteig. In diese Masse rührt man ungefehr einen Teller voll sauber gelesene Himbeere. Das Schmalz macht man in einer Pfanne stebend heiß, taucht einen Schaumlöffel darein, den man wieder ablaufen läßt. Jene werden halb voll in das siedende Schmalz gelegt, doch so, daß es nicht zu dik aufeinander kommt. Ist es auf beeden Seiten rösch gebaken, so legt mans auf Brodschnitten und bestreuts mit Zuker und Zimmet. Das Schmalz schaumt man mit einem andern Schaumlöffel wieder wohl ab; alle andermal nimmt man ein Stükchen frisches dazu, und immer recht heiß, sonst giebts lauter Schaum und sie werden zu schmalzig. Man nimmt eine Pfanne, worinn zwey bis drey Küchlein zumal gebaken werden.

Himbeermark.

Die Beere drukt man durch ein Haarsieb, wiegt sie und kocht sie auf einem gelinden Feuer, bis alles dik wird. Zu einem Pfund Mark rührt man ein halb Pfund zarten gesiebten Zuker hinein, und füllts, wenn es etwas gekocht hat, in das Geschirr.

Hippen.

Man wiegt Eyerweiß, nimmt eben so viel Rosenwasser, und zusammen, eben so viel Zuker, und dann so viel Mehl als Zuker, rührt alles wohl untereinander, macht Schmalz heiß, läßt den Teig durch ein Trichterchen laufen und bakt es. So lang es noch warm ist, drükt mans über das Wellholz.

Hippen mit lauem Wasser.

Man nimmt ein halb Pfund Zuker, eben so viel Mehl, fünf Eyer, von einer Citrone die Schaale, eine Hand voll klein gestossene Mandeln, etwas Zimmet, Negelein und Muscatennuß, rührt dies alles mit lauem Wasser ganz dünn un, und bakts.

Hippen mit Anis.

Man nimmt ein Viertelpfund zart gesiebten Zuker und vier Eyerdotter, und rührt es eine gute halbe Stunde, thut ein Viertelpfund schön Mehl, einen Löffel voll Rosen- oder Zimmetwasser, und zwey Loth zerstossenen Anis dazu, streicht es auf Oblaten, bakt es in der Tortenpfanne oder Ofen gelb, aber ja nicht braun.

Hippen mit Mandeln.

Man weicht ein Viertelpfund Zuker in einer halben Kanne Rosenwasser, nimmt eben so viel klein gestossene Mandeln, ein gut Theil Zimmet,

met, etwas Negelein und klein geschnittene Citronenschaalen; rührt, wenn der Zuker zergangen, die Mandeln, und nach diesen ein Viertelpfund Mehl recht wohl darein, schüttet ein zerstossenes Stükchen Butter, so groß als eine Baumnuß, und drey verklopfte Eyer, aber eines nach dem andern darein, rührt es mit Wasser vollends um, und bakt die Hippen.

Hippen mit Pomeranzenblüthe. Zwey Weken und gute Butter läßt man in einer halben Kanne Wasser einen Augenblik kochen. Hernach nimmt man das Wasser vom Feuer und schüttet einen Löffel voll Pomeranzenblüthe hinein, nimmt ein halb Pfund Mehl, ein Viertelpfund Zuker, ein Ey, und vermengt damit nach und nach das Wasser, worinn die Butter zerschmolzen ist, bis sich der Teig, wenn man ihn aus dem Löffel schüttet, lang herabzieht. Alsdann bakt man die Hippen.

Hippen von Quitten. Man macht sie wie die vorigen, nur daß man Quittenteig verfertigt, ihn in den Model drükt, und sie so krümmt und troknet.

Hippen, gehakte Mandel. Man bakt Hippen beschriebenermassen, läßt sie aber ungewikelt und glatt, hakt ein halb Pfund Mandeln ganz klein, schneidet von einer Citrone die Schaalen, nimmt ein halb Loth gestossenen Zimmet, ein Viertelpfund gestossenen Zuker, und zwey Löffel voll Rosenwasser, macht es wohl untereinander, streichts auf den Hippen herum, und bakt es in der Tortenpfanne gelb. Hat man nicht Zeit Hippen zu baken, so nimmt man Oblaten.

Hirn in einer säuerlichen Brühe. Man zieht von dem Hirn das Häutchen ab, sezt es in einen Tiegel, nimmt ein wenig Eßig und Fleischbrühe und röstet etwas Mehl daran, thut Kümmel, Pfeffer und Ingber dazu, und läßt es so aufkochen.

Hirnknöpflein in einer Krebsbrühe. Man siedet ein gewaschenes und wohlgesäubertes Ochsenhirn in der Fleischbrühe, in einem besondern Geschirr aber kleine Krebse, und schält diese gehörig. Nach dem Sieden hakt man Hirn und Krebsschwänze untereinander, thut es in eine Schüssel, salzt und würzt es mit Ingber und Muscatenblüthe, thut etwas feines Mehl und Eyer nach Belieben dazu, rührt es um, macht Knöpflein daraus und bakt es im Schmalz. Aus den übrigen Krebsen macht man eine Krebsbrühe, gießt sie daran und läßt es miteinander aufkochen.

Hirnküchlein. Man nimmt das Hirn von einem gesottenen Kalbskopf,

kopf, hakt, salzt und würzt es, thut kleine Rosinen darunter, schlägt Eyer daran, streicht es auf Semmelschnitten, macht Schmalz heiß, und bakt sie heraus. Man kann auch Safran, Muscatenblüthe und Ingber dazu thun.

Hirnmus. Man nimmt Rinds- Kalbs- oder Schaafhirn, legts eine kleine Weile in warm Wasser, daß die Haut abgeht; wäscht es in andern warmen Wasser wohl, ädert es, siedet es in Fleischbrühe, zerrührt es in einer Schüssel wohl, schlägt vier bis fünf Eyer daran, gießt Fleischbrühe dazu, würzt es mit Pfeffer, Ingber, Muscatennuß und ein wenig Safran, und mischt alles untereinander; macht Schmalz in einer Pfanne heiß, thut das zusammengemachte Hirn hinein und rührt es immer um, als ob man eingemachte Eyer im Schmalz machen wollte.

Hirnschnitten, gebaken. Man hakt gesottenes Hirn, thut Ingber, Zimmet, Safran und etwas Weinbeere darein, schlägt auch ein paar Eyer daran, streicht es auf Semmelschnitten und bakt sie im Schmalz.

Hirnschnitten mit Rindsmark. Man hakt Hirn und Mark von einem Rind untereinander, thut etwas feines Mehl, Salz, Pfeffer, Majoran und Petersilie dazu, und macht es mit Eyern an, streicht es auf Semmelschnitten und bakt sie im Schmalz.

Hirschwildpret, gedämpft. Man spaltet eine Hirschkeule, häutelt die Helfte sauber, und wenn es schweißig ist, brennt mans mit siedendem Wasser und wäscht es rein aus. Schneidet Spek, einen kleinen Finger dik, bestreut ihn mit Ingber, Pfeffer und Salz, und durchzieht damit das Wildpret. Hierauf sezt man in einer Caßerole Butter und Spek zum Kohlfeuer, und läßts zusammen braun werden. Hernach bestreut man das Wildpret mit Mehl, legts in die heiße Butter, läßts auf beyden Seiten braun werden, gießt gute Fleischbrühe daran, worinn es eine gute Weile dämpfen muß. Dann thut man Lorbeerblätter, eine ganze Zwiebel mit Negelein bestekt, hinein, gießt einen halben Nößel Wein darauf, und würzt es mit Ingber, Pfeffer, Negelein und Citronenschaalen ab. Ist dies alles daran, so sezt man es auf ein gelind Kohlfeuer, läßt es dämpfen, nur daß es sich nicht anlegt. Ist die Brühe nicht dik genug, so brennt man noch ein wenig braun Mehl daran. Ist das Wildpret weich, so richtet man es auf eine Schüssel an, und bestreuts mit klein geschnittenen Citronenschaalen.

Hirschwildpret, gedämpft, mit Sardellen. Man schneidet Wildpret von einer Keule stükweis, und spikt es mit grobem Spek. Hierauf sezt man Butter aufs Feuer, läßt sie braun werden, bestreut inzwischen das gespikte Wildpret mit Mehl, legt es in die heiße Butter und läßts auf beyden Seiten braun werden; gießt hernach Brühe daran, legt Lorbeerblätter und ein paar ganze Zwiebeln darein, und läßts eine gute Weile dämpfen; gießt ein Glas voll Wein hinein, würzt das Fleisch mit Ingber, Pfeffer, Citronenschaalen und etlichen ganzen Negelein. Hernach wässert man sechs Sardellen, wäscht sie sauber aus, zieht das Fleisch von den Gräten und hakt es mit etwas Wein angefeuchtet, ganz klein, rührt dies an das Fleisch und läßt alles noch eine Weile dämpfen, aber sehr langsam. Beym Anrichten nimmt man die ganzen Zwiebeln heraus, bestreut das Fleisch mit Citronen und belegt es mit Citronenscheiben.

Hirschwildpret, gedämpft, mit Citronen. Man bereitet es wie das vorige. Nur legt man viel Citronenschaalen daran. Man kann übriggebliebenen Braten oder frisches Wildpret dazu nehmen.

Hirschwildpret, gedämpft, mit Capern. Auch wie das vorige. Nur wirft man eine gute Hand voll Capern darein, und läßts eine Weile damit dämpfen.

Hirschwildpret mit Wachholderbeeren und Zwiebeln. Man hakt Kochwildpret in feine Kochstüken, wäscht sie sauber aus, sezt sie mit Wasser und ein wenig Salz zum Feuer, und läßt sie ziemlich weich kochen. Darnach thut man sie in kalt Wasser, puzt sie in eine Casserole, gießt etwas von der Brühe, worinn sie gekocht sind, darauf, würzt sie mit Ingber und Pfeffer und sezt sie aufs Kohlfeuer; brennt Mehl zimlich braun in Butter, thut es darein, schüttet ein wenig gestoßene Wachholderbeere nebst ganz klein geschnittenen Zwiebeln auch dazu, und läßt es so durcheinander kochen. Ists nicht fett genug, so brennt man noch ein wenig braun gemachte Butter hinein, oder thut die in der Bratpfanne aufgefangene Brühe hinein.

Hirschwildpret mit Mandeln und Zibeben. Man hakt Kochstüke von Wildpret, wäscht sie sauber, und sezt sie mit Wasser, etwas gesalzen, zum Feuer, daß sie gahr kochen. Hernach kühlt man es aus, richtet es in eine Casserole, zieht Mandeln ab, zerschneidet sie etlichemal nach der Länge, ließt und wäscht Zibeben sauber aus, und thut beydes an das

das Wildpret, gießt Brühe und Wein daran, würzt es mit Ingber und Pfeffer, thut braun Mehl darein, wirft noch ein Stük Zuker, Citronenschaalen auch Scheiben hinein, setzt aufs Feuer und läßt es so kochen. Man gießt auch etwas scharfen Eßig daran. Ist es noch zu mager, so brennt man ein wenig Butter daran. Beym Würzen kann man auch geriebenen Pfeffer- (Leb-) kuchen nehmen.

Hirschwildpret mit Wachholderbeeren.
Wie die oben beschriebene Zubereitung. Nur bleiben die Zwiebeln weg.

Hirschwildpret mit Zwiebeln.
Eben so, nur daß man die Wachholderbeere wegläßt.

Hirschwildpret mit Sauerkraut im Bakofen.
Man spikt Lendenbraten und bratet sie halb gahr. Kocht Sauerkraut ab, schneidet es mit einem Schneid- oder Hakmesser ganz klein, bräunt Butter in einer Casserole, thut ein wenig Mehl darein, schüttet das Kraut hinein, gießt einen halben Nössel sauren Rahm daran, und läßt es durcheinander dämpfen, macht ein Kränzchen von Teig um die Schüssel, auf der angerichtet werden soll, bestreicht sie mit Butter, thut etwas von dem Kraut hinein, legt die abgebratenen Lendenbraten darauf, schüttet das übrige Kraut vollends darüber, streicht es oben fein glatt zu, bestreuts mit geriebener Semmel, setzt es in einen dazu geheitzten Bakofen, und läßt es baken.

Hirschwildpret mit Morcheln und Petersilienwurzeln.
Man hakt ein wenig derbes Wildpret klein, setzt in einen Tiegel Butter zum Feuer, thut das Gehakte hinein, schlägt drey Eyer daran, schüttet etwas geweichte Semmel, Muscatenblüthe, Ingber, kleine Rosinen und Nierenstollen darunter, welches man, wie wenn man gerührte Eyer machen wollte, rühren muß. Wann es gahr ist, macht man die Hirschbrust unter der Haut hohl, füllt die Fülle darein, stekt vorne das Loch mit einem Spreil zu, blanchirt sie im heißen Wasser, puzt sie rein aus, richtet sie in eine Casserole ein, gießt gute Brühe darauf, und läßt sie am Feuer wohl kochen. Dann schabt und schneidet man Petersilienwurzeln und thut sie zur gefüllten Brust, weicht Morcheln ein, wäscht sie sauber, schüttet sie auch dazu, streut ein paar Hände voll geriebene Semmeln darein, thut Ingber, Muscatenblüthe und ein Stük Butter daran, und läßts so miteinander gemach kochen. Man thut auch etliche ganze Regelein darein.

Hirschwildpret mit Brodpfeffer. Man hakt das Wildpret in kleine Kochstüke, sezt es im Wasser mit etwas Salz zum Feuer und läßt es welch kochen. Hernach nimmt man ein Brod und schneidet etliche Schnitte über das ganze Brod querdurch, legts dann auf einen Rost und bräunet es, zerbrökelt es hernach und thut es in einen Topf, gießt Fleischbrühe daran, oder die Brühe worinn das Wildpret gekocht hat, und läßt es kochen. Wann es genug ist, so quirlt man es und streicht es durch einen Durchschlag in eine Caßerole, legt das Wildpret darein, gießt etwas Wein und ein wenig scharfen Eßig dazu, würzt es mit Ingber, Pfeffer, Negelein, Citronenschaalen und Zuker, sezt es aufs Feuer und läßt alles durcheinander kochen. Darnach bräunt man Butter oder nimmt ein paar grosse Löffel voll Abgetropftes vom Braten, und gießt es daran. Beym Anrichten wird es mit Zuker berieben und geschnittene Citronenschaalen darüber gestreut.

Hirschwildpret mit Kirschen- oder Pflaumenmus. Man kocht es auf schon beschriebene Art ab. Dann thut man Pflaumen- oder Kirschenmus in einen Topf, gießt etwas von der Brühe, worinn das Wildpret gekocht hat, nebst etwas Wein darauf, und läßts zusammen einen Sud thun. Hernach wäscht man das Wildpret reinlich aus, thuts in eine Caßerole; das Kirsch- oder Pflaumenmus aber streicht man durch einen Durchschlag auf das Wildpret, würzts mit viel gestossenen Negelein, Citronenschaalen und viel Zuker, besonders wenn es Kirschenmus ist. Endlich sezt man die Caßerole mit dem Wildpret aufs Feuer und läßts kochen. Inzwischen macht man ein wenig braune Butter, diese brennt man darein, und sieht zu, daß das Mus fein dik über dem Wildpret liege. Beym Anrichten streut man Zuker und Citronenschaalen darauf, und belegt es mit Citronenscheiben.

Hirschwildpret zu braten. Man nimmt vom Hirsch Keule, Ziemer, Rüken oder Bug, und häutelt es fein ab, reinigt es vom Blut und wäscht es genau, salzt es ein wenig ein, läßt es im Anfang am Spieß gemach braten, begießts, aber nicht mit heißer Butter. Hat es Farbe genug, so bestekt man es mit Papier. Kurz vor dem Anrichten nimmt man das Papier weg, begießt es nochmal mit Butter und läßts noch eine Weile gehen. Beym Anrichten gießt man die aufgefangene Brühe über oder unter den Braten, und belegt diesen mit Citronenscheiben.

Hirsch-

Hirschbrust mit Zwiebeln. Man kocht sie in etwas gesalzenem Wasser sauber ab. Schält ungefehr etwas über ein Pfund kleine Zwiebeln, bräunt Butter in einer Caßerole und röstet die geschälte Zwiebeln darinn auch braun. Dann gießt man von der Wildpretbrühe darauf, thut einen Löffel gebrannt Mehl, Ingber und Pfeffer dazu, und läßts kochen, auch die Brust jezt mit. Endlich richtet man sie auf eine Schüssel an und die Zwiebeln darüber.

Hirschziemer, angeschlagen. Man nimmt einen feisten Ziemer, wäscht ihn sauber aus, spikt ihn grob, stekt etliche hölzerne Spießchen durch, sezt ihn in einen grossen Topf zum Feuer, gießt Wasser, Eßig und Wein darauf, salzt ihn, wirft Roßmarin, Lorbeerblätter, Thymian, Salbey, Ysop und eine Zwiebel dazu, und läßt ihn kochen, daß er bald weich wird. Hernach legt man ihn auf eine Bratpfanne, reibt Hausbrod, vermischt dies mit Zuker, Zimmet, Ingber, klein geschnittenen Citronenschaalen, ein paar Eyern, zerlassener Butter, Wein, und etwas von der Fette, worinn der Ziemer gekocht worden, wie auch etwas Brühe. Dies alles macht man wie einen Teig, bestreicht den Hirschziemer mit Eyern, und überzieht ihn von obenher ganz und gar eines Fingers dik mit diesem Teig, streicht ihn mit einem warmen Messer fein glatt zu, begießt ihn mit zerlassener Butter und streut geriebene Semmeln darüber; endlich bakt man ihn in einem heissen Ofen. Beym Anrichten streut man Zuker und Zimmet darüber. Will man eine Brühe haben, so sezt man in einer Caßerole Butter zum Feuer, läßt sie heiß werden, rührt ein paar Hände voll geriebene Semmeln darein, läßt sie castanienbraun rösten, gießt ferner Brühe und Wein darauf, würzts mit Zuker, Citronenschaalen und Scheiben, und läßts kochen, bis es ein wenig dik wird. Man gießt sie nicht über sondern unter den Ziemer.

Hirschohren zuzurichten. Man schneidet sie samt dem Maul vom Kopf, läßt sie im Wasser kochen, bis sie weich werden, ziehtt die Haut samt den Haaren ab, puzt sie sauber und legt sie in kalt Wasser.

Hirschohren fricaßirt. Man schneidet sie klein wie Nudeln, nimmt ein Stük ausgewaschene Butter, legt sie nebst den Ohren in einen Tiegel, wirft eine ganze Zwiebel darein, und paßirt alles ein wenig, bis die Butter zerschmolzen ist. Dann gießt man gute Brühe und ein wenig Wein an die Ohren, würzt sie mit

mit Muscatenblüthe, Ingber und Citronenschaalen, und läßt es so durcheinander kochen, schlägt vier bis fünf Eyerdotter in ein Töpfchen, gießt ein paar Tropfen Weinessig daran, und quirlt es klar. Bald vor dem Anrichten gießt man die Brühe, wenn sie im Kochen ist, an die Eyerdotter, die man fleißig quirlen muß, daß sie nicht zusammen laufen, und gießt alsdann die abgequirlte Brühe wieder an die Hirschohren. Nach dem Anrichten sprengt man zerlassene Butter darüber her.

Hirschohren mit Citronen und Pinien. Die gepuzte und wie Nudeln klein geschnittene Ohren thut man in einen Tiegel, streut eine Hand voll geriebene Semmeln daran, schneidet Citronenschaalen und Scheiben hinein, würzt es mit Muscatenblüthe und Ingber, legt ein Stük Butter dazu, gießt Brühe darauf und läßt es zusammen kochen. Ist es nicht dik genug, streut man mehr Semmel daran.

Hirschohren mit grüner Petersilie. Man thut sie klein geschnitten in einen Tiegel, legt Butter, Muscatenblüthe, Ingber und geriebene Semmeln daran, gießt gute Fleischbrühe darauf, und läßt es diklicht kochen, thut auch zimlich gehakte Petersilie darein. Statt der Semmel nimmt man auch weiß gebranntes Mehl.

Hirschläufte zubereiten. Man haut sie ab, schneidet sie mitten entzwey, läßt sie gahr kochen, dann puzt man sie wie die Ohren, und legt sie in kalt Wasser.

Hirschläufte, eingelegt. Wenn sie gepuzt sind, nimmt man ein Fäßchen, thut auf den Boden Lorbeerblätter, ein wenig Roßmarin, Citronenschaalen, allerhand ganz Gewürz, dann eine Lage Hirschläufte und wieder die Species, bis das Fäßchen voll ist. Man machts nun zu, bohrt ein Loch oben in den Dekel, läßt durch den Trichter Weinessig hineinlaufen, sezts an einen kühlen Ort, macht einen Stöpsel vor das Loch, und wendet es alle Tage oder auch in etlichen Tagen einmal um. Hernach speißt man sie kalt.

Hirschläufte mit Butter und Citronen. Man legt sie gepuzt in einen Tiegel, thut ein Stük Butter daran, paßirt sie auf dem Feuer, streut geriebene Semmeln und Muscatenblüthe, auch klein geschnittene Citronenschaalen daran, gießt Fleischbrühe darauf, schneidet eine Citrone, von der man die Schaale weg und das Bittere herausschneidet, scheibenweis, thut die Kerne heraus, legt Citronen an die Hirschläufte, und läßts kochen bis die Brühe dik wird.

Hirsch-

Hirschhörner zu baken. Man nimmt ein halb Pfund Kraftmehl, ein Viertelpfund geriebenen Zuker, ein Quintchen zartgestoßenen Zimmet, quirlt fünf Eyer in ein Töpfchen, und gießt sie in das Mehl und den Zuker; thut ein Achtelpfund Schmalzbutter in den Teig, aber nicht zu warm, rührt es so lang wohl untereinander, bis sich der Teig wellen läßt; dann formirt man ein Hirschhorn und bakt es im Schmalz.

Hirsch von Mandeln. Man bakt und reibt die Mandeln zart, weicht weissen Tragant in Rosenwasser ein, thut den Tragant mit drey Löffeln voll Gummiwasser dazu, reibt die Mandeln auch noch damit ab, schüttet ein gut Theil Zuker daran, drükt die Mandeln in die Hirschform, und bindet sie, wenn sie mit ein wenig Mehl an beeden Seiten bestreut worden, zu, läßt sie eine Weile darinn, zieht die Form ab und bestreut den Hirsch mit zart gesiebten Zimmet.

Hirsenmus in der Milch. Zu einer Kanne Hirse nimmt man drey Maas mit Rahm vermischte Milch, brüht den Hirsen mit siedendem Wasser, und wäscht ihn noch etlichemal aus dem Wasser heraus, thut ihn in einen Topf und läßt die Milch siedend werden, schüttet sie an den Hir- sen, daß sie siede. Ist er genug gekocht, so bedupft man ihn nach dem Anrichten mit Butter.

Hobelspäne. Man nimmt drey frische Eyer, rührt acht Loth gestoßene Mandeln, und zehn Loth geläuterten Zuker, rührts eine gute halbe Stunde, schneidet Oblaten nach der Länge, streicht den Teig, wenn er abgerührt ist, darein, und bakt sie in einer Tortenpfanne, nimmt sie heraus und biegt sie krumm, weil sie noch warm sind.

Holippen. Man rührt in ein halb Mössel Milch ein paar Löffel voll Mehl, schlägt vier Eyer daran, und quirlt es ganz klar, schüttet sechs Loth gestoßenen Zimmet und drey Loth Zuker darunter, und rührts zusammen klar ab; macht auf einem Forciriloch mit hartem Holz Feuer an, legt das Holippeneisen darüber und macht es recht heiß, thut es voneinander und bestreicht es mit Spek; gießt einen Löffel voll von der eingemachten Klare auf das Eisen, drükt es zusammen und legts wieder aufs Feuer, kehrt es aber um, damit es auf beyden Seiten bräunlich werde. Hernach macht man das Eisen auf, und rollt das gebakene Blättlein auf ein rundes Holz, zieht es wieder heraus, und legt das Gebakene auf eine Schüssel.

Holip-

Holippen ohne Zimmet. Man braucht die eben beschriebene Klare, nur bleibt der Zimmet weg, und bakt sie wie die vorige.

Holippen ohne Zuker. Vorige Klare braucht man und läßt Zuker und Zimmet weg.

Holippen, anders. Man mengt ein Pfund schön Mehl, ein halb Pfund fein gestoßenen Zuker untereinander, rührt sechs klein geschlagene Eyer und etwas abgeklärte Butter wohl untereinander, und rührt sie mit süßem Rahm zu einem fließenden Teig, thut auch geriebene Citronenschaalen, Anis, und andere frische Gewürze dazu, und bakt sie dann auf bemeldte Art im Holippeneisen.

Hollunder- (Holder-) Blüthen zuzurichten. Wann er blüht, bricht man ganze Sträußchen mit den Blüthen ab, läßt aber einen Stiel, eine Queerhand breit, daran.

Hollunderblüthen zu baken. Man quirlt in einen Nößel Milch so viel Mehl, daß es fast so dik wird, als ein Brey; schlägt vier bis fünf Eyer daran, und rührt sie auch darunter, salzt es, und wirft nur wenig Muscatenblüthe darein; läßt Schmalz heiß werden, gießt aber vorher einen Löffel voll Schmalz in die Klare, und rührt es darunter. Dann tunkt man die gesäuberte Hollunderblüthe in die Klare, und setzt sie ins heiße Schmalz, worinn man sie gelb und rösch bakt.

Hollunderblüthsalat. Wenn der Hollunder noch nicht aufgegangen, sondern noch auf zarten Stengeln ist, muß er gesammelt, abgekocht, gesalzen, und wie Spargel bereitet werden.

Hollunderesig. Man zupft feine Hollundersträußchen, die nicht völlig offen sind, ab, und thut sie in ein Glas, gießt starken Eßig daran, und bestillirt ihn zwey bis drey Wochen lang in der Sonne.

Hohles, braungebakenes Zukerwerk. Man nimmt Marzipanzeug, wirkts mit Kraftmehl untereinander, wellts einen halben Fingers dik aus, bestäubt den Model mit einem in ein Tüchlein gebundener Mehl, und drukt den Teig allenthalben in den Model. Wann er wohl ausgedrukt ist, thut man ihn aus dem Mehl heraus, legt ihn auf ein mit Eyerweis bestrichenes Oblatenblatt, setzt ihn auf den Ofen, troknet ihn wohl, und bakt ihn ein wenig. Dann schneidet man die Oblatten rings herum davon, und vergulbet sie.

Honig, auf böhmisch zu läutern. Der Honig wird in einen meßingen Keßel, oder überhaupt in eine ne solche Pfanne gethan, die man zum Einmachen braucht, über ein Kohlfeuer gesezt und abgeschäumt; darnach thut man ein ganzes Ey hinein; so bald es zu Boden sinkt, so ist er genug gekocht und geläutert. Man muß aber immer rühren, daß er nicht anbrennt.

Honigbrod. Man rührt ein halb Pfund gesiebten Zuker, Zimmet, Negelein, Pfeffer, Ingber, Coriander, jedes nach Gefallen, zwey Muscatennüsse, von zwey Citronen die Schaalen, alles gröblicht geschnitten und gestossen, in ein halb Pfund geläutertes Honig gethan, macht mit Mehl einen festen Teig an, arbeitet ihn wohl, förmirt ein Laibchen, bakt es drey Stunden lang im Ofen, nimmts heraus, und schneidet es in Stücke.

Hopfenkeimchen, fricaßirt. Man schneidet sie im Frühjahr, wann sie noch klein sind, puzt sie sauber, wäscht sie in kaltem Wasser, sezt in einer Casserole Wasser zum Feuer; wenn es kocht, wirft man ein wenig Salz und die Hopfen hinein, läßt sie so lang sieden, bis sie weich werden wollen. Inzwischen schlägt man vier bis fünf Eyerdotter in ein Töpfchen, gießt einen halben Löffel voll Weinessig daran, und quirlt es wohl durch einander. Man muß in einem Töpfchen Fleischbrühe mit ein paar Löffel voll Weinessig und Wein beym Feuer stehen haben: wenn es nun kocht, so zieht man es an die Eyerdotter, und quirlt es, daß es nicht zusammenlauft. Fängts an dick zu werden, so legt man ein Stük Butter und etwas Muscatenblüthen darein, nimmt die Hopfen aus dem Wasser heraus, legt sie auf die Schüssel, gießt die Brühe darüber, und besprengt sie mit zerlaßener Butter.

Hopfen, mit einer Buttersose. Man kocht sie, wie die vorige, ab, nimmt Fleischbrühe, (an Fasttagen Petersilienwasser) schlägt drey Eyerdotter darein, und quirlt es, daß es nicht zusammen laufe: legt ein Stük Butter und Muscatenblüthen daran, läßts bey einem Kohlfeuer dik werden, und fährt mit dem Rühren beständig fort. Endlich richtet man den Hopfen auf die Schüssel an, gießt diese Brühe darauf, und besprenget sie mit zerlassener Butter.

Hühner bald mürb zu machen. Sobald das Huhn gewürgt ist, sticht man ihm die Augen aus, zieht den Hals lang, wirft es in kaltes Wasser, dann brüht man es. Sind die Hühner alt, so zündet man Brandewein dreymal an, und gießt es allemal über die Henne, und verdeckt sie. Hernach gießt man heiße Butter in selbige, daß der Brandeweingeschmak vergeht. Man kan sie auch

auch, wann sie gesäubert sind, mit Gewürz reiben, und ein bis zwey Nächte in Eßig legen.

Hühner mit Reiß. Man schneidet ihnen, wenn sie gepuzt sind, die Füße unten am Gelenk ein, und spannt sie: sezt sie in Fleischbrühe oder bloßem Wasser zu, salzt sie ein wenig, läßt sie gar kochen und kühlt sie aus. Dann wäscht man drey Vierling gelesenen Reis, brüht und sezt ihn in der Hühnerbrühe zu, thut ihn in eine Caßerole, legt die Hühner dazu, und würzt sie mit Muscatenblüthen und Ingber. Man kann auch noch ein Stük Butter dazu thun.

Hühner mit Reiß im Backofen. Wann sie nach obiger Art gekocht sind, so kühlt und wäscht man sie sauber aus, sezt gelesenen und gewaschenen Reis in Fleischbrühe zum Feuer, und kocht ihn, daß er weich wird, thut ihn in einen Reibasch, legt ein Stük Butter, Muscatenblüthen, und ein wenig geriebenen Safran daran, und schlägt sieben bis acht Eyer darunter: macht einen Kranz um die Schlüssel, in die er kommt, von Teig, beschmiert die Schüssel mit Butter, schüttet von dem Reis etwas darein, legt die Hühner darauf, und überzieht sie mit dem andern Reis vollends, streicht diesen mit einem Messer glatt zu, bestreicht alles mit Butter, und streut geriebene Semmel darüber, und bakts in einem heißen Ofen.

Hühner mit Semmelschnitten. Man kocht sie beschriebenermaßen, kühlt sie, wann sie weich sind, aus, richtet sie in eine Caßerole, thut geriebene Semmel, Muscatenblüthen und Ingber dazu, legt ein Stück Butter daran, gießt von der Hühnerbrühe darauf, und läßt sie auf dem Kohlfeuer etwas dik kochen. Hernach röstet man Semmelschnitten auf dem Roste, richtet die Hühner an, legt die Semmelschnitten darunter, und streut Muscatenblüthen darauf.

Hühner mit Morcheln und Petersilienwurzeln. Man kocht sie gahr, weicht Morcheln ein, wäscht sie sehr sauber aus, thut sie in einen Tiegel, legt ein Stük Butter dazu, paßirt sie ein wenig, schneidet geschabte Petersilienwurzeln, wirft sie ein wenig in siedend Wasser, und schüttet sie zu den Morcheln, legt die Hühner ganz oder zerstükt hinein, würzt sie mit Muscatenblüthen und Ingber, streut geriebene Semmeln darein, und gießt gute Bouillon daran, und läßts durcheinander kochen. Man thut auch noch etwas Butter dazu, und zieht die Brühe mit einem Ey ab.

Hühner mit Carbiol (Blumenkohl). Man kocht sie und wäsche sie

sie in kaltem Wasser, zerlegt sie stükweis, thut sie in eine Casserole, wirft ein Stük Butter dazu, paßirt es, bis die Butter zergeht, und würzt es mit Muscatenblüthe und Ingber, schneidet und schält Carviol, der Länge nach, quellt ihn in siedendem Wasser, sezt ihn zum Feuer, thut eine Handvoll geriebene Semmel daran, gießt gute Brühe darauf, und läßt sie dik kochen. Man kan auch Krebsbrühe oder Krebsbutter daran thun. Dann legt man die Hühner in die Schüssel, den Carviol aber auf den Rand, und bestreut es mit Semmel und Muscatenblüthen.

Hühner mit Krebsen und Klösen. Wann sie gepuzt und gespannt sind, so stekt man einen Spreil durch, wie zum Braten, sezt eine Casserole mit Wasser zum Feuer, blanchirt die Hühner darin, wann es siedet, darnach sezet man sie erst mit Wasser und Salz zum Feuer. Man kann auch die Hühner in eine Serviette einwikeln, und sie so kochen lassen. Sind sie weich, so thut man sie in kalt Wasser, siedet indessen ein Schok Krebse mit etwas Salz halb gahr, und bricht sie aus. Die Schaalen puzt man rein, und macht Krebsbutter daraus. Dann macht man Klöse von Kalbfleisch, zerstükt die Hühner, paßirt sie in Butter in einer Casserole, mit etwas Krebsbutter vermischt, legt die Krebse und Klöse, wann man sie ein wenig in Fleischbrühe abgequellt hat, zu den Hühnern, gießt Coulis darauf, und quirlt es in Brühe, mischt einen Eßlöffel voll diken sauren Rahm darunter, gießt es hierauf an die Hühner, und läßts auf Kohlen gemächlich kochen. Endlich besprengt man die Hühner beym Anrichten mit Krebsbutter.

Hühner mit Rosinen und Mandeln. Wann sie gekocht sind, so zerstükt man sie, thut sie in eine Casserole, ließt große Rosinen sauber, und legt sie zu den Hühnern; zieht vier Loth Mandeln ab, schneidet sie länglicht, und thut sie auch dazu; gießt Wein und Brühe darauf, wirft Citronenschaalen, Muscatenblüthen und Ingber hinein, streut geriebene Semmeln daran, legt Butter dazu, und macht es mit Safran gelb, läßts dikilcht kochen, und wirft etwas Zuker daran.

Hühner mit Sauerkraut und sauren Rahm im Bakofen. S. Capaun mit Sauerkraut. Nur kocht man die alten Hühner, und bratet sie nicht.

Hühner mit Sauerkraut schlechtweg. Wenn sie gahr gekocht sind, so sezt man Sauerkraut zu, und läßts kochen, seigt es ab, und hakt es klein. Hierauf sezt man Butter in einer Casse-

Caßerole aufs Feuer, daß sie heis werde, rührt einen Löffel voll Mehl darein, das ein wenig bräunen muß, schüttet das Kraut hinein, und rührt es untereinander. Hernach gießt man von der Hühnerbrühe darein, legt die Hühner ganz oder zerschnitten auch hinein, und läßt alles durch einander kochen.

Hühner mit einer Capernsose. Sind sie weich gekocht, so wäscht und kühlt man sie sauber aus, und schneidet sie in feine Stüke, nimmt ein Stuk reine Butter, thut sie in eine Caßerole, und legt die zerschnittene Hühner dazu, würzt sie mit Muscatenblüthen, Ingber, Cardemomen und Citronenschaalen, und paßirt sie auf Kohlen, bis die Butter alle zerschmolzen ist, wirft eine ganze Zwiebel daran, und thut eine Weile darnach eine Handvoll Capern dazu, streut geriebene Semmel darauf, oder macht sie mit gebranntem Mehl ab, gießt gute Brühe, Wein, und etliche Tropfen Eßig darüber, wirft Zuker, einer welschen Nuß groß, hinein, und läßts durcheinander sachte kochen.

Hühner mit Hering gespikt. Man kocht sie über die Hälfte, und wäscht sie dann aus: nimmt ein paar Heringe, wäscht diese auch sauber, schneidet ihnen das Fleisch weg, in feine breite Stük-chen, daß man sie darnach, wie Spek, schneiden kann, spikt die Hühner damit, wie man kan; die Heringsmilch aber schneidet man würflicht, und thut sie in die Caßerole, wohin die Hühner kommen sollen. Dann zerlegt man die Hühner, und thut sie auch in die Caßerole, gießt nicht sehr gesalzene Brühe darauf, würzt es mit Ingber, Pfeffer, Muscatenblüthen, streut eine Handvoll geriebene Semmel daran, und legt ein halb Pfund Butter hinein. Schneidet noch einen Hering würflicht, thut ihn dazu, und läßt es so miteinander kochen, bis die Brühe etwas dik ist. Endlich richtet man die Hühner an, und die geschnittene Heringe oben darüber.

Hühner, alte, gut zu kochen. Man kocht sie, wann sie rein gepuzt sind, im Wasser, mit Muscatenblüthe, Butter und Salz; rührt sieben Eyerdotter, ganze Citronenschaalen, Zuker, Butter und Wein mit einander zu einer Brühe an, läßts ein wenig aufsieden, und richtets über die gesottene Hühner an.

Hühner, junge, fricaßirt. Man zerschneidet, sie wohl gepuzt, in kleine Stüke, schlägt ihnen mit einem Messerrüken die Beine entzwey, thut sie in eine Caßerole, gießt siedend Wasser darauf, und wäscht sie aus: legt ein Stük
reine

Hühner

reine Butter in eine Casserole, legt die zerschnittene Hühner darauf, paßirt sie auf Kohlfeuer mit einer ganzen Zwiebel und etlichen Lorbeerblättern, damit sich die Butter ins Fleisch ziehe, würzt sie mit Muscatenblüthe und Citronenschaalen, gießt etwas Fleischbrühe und Wein daran, und läßts so kochen. Bald vor dem Anrichten quirlt man vier bis fünf Eyerdotter mit etwas Wein, Eßig und gehakter grüner Petersilie klar ab, läßt die Brühe von den Hühnern in die Eyerdotter laufen, (man muß aber immer rühren) gießt es über die Hühner und rührts durcheinander; richtet sie an, die Brühe oben drüber, drükt von ein paar Citronen den Saft darauf, und besprengt es mit zerlassener Butter.

Hühner, junge, mit Austern. Ganz im Anfang wie die eben beschriebene, nur daß man statt der Citronenschaalen weissen Pfeffer um der Austern willen nimmt. Man gießt dann gute Bouillon darauf, und läßt es gemach kochen. Wann nun bald angerichtet werden soll, so thut man die Austern erst daran. Wenn diese frisch sind, kann man die in der Austerschaale befindliche Brühe an die junge Hühner laufen lassen. Wenn man sie anrichten soll, so drükt

Koch-u. Confit. Lexic.

Hühner 145

man von etlichen Citronen den Saft hinein.

Hühner, junge, mit Austern, am Spieß. Wenn die Hühner geputzt und ausgenommen sind, löst man die Haut von dem Brustfleisch ab, nimmt es nebst den Knochen heraus, legt das Brustfleisch auf einen Tisch, thut ein wenig Spek, Schinken, blanchirten Kalbseuter, ein wenig Petersilie, gehakte Zwiebeln und Champignons dazu, würzt es mit Pfeffer, Salz, guten Gewürzen und feinen Kräutern, thut noch drey Eyerdotter und in Rahm eingeweichte Semmelkrumen dazu, hakt alles zusammen und stößt es in einem Mörsel. Damit fülle man hernach die Hühner; man läßt aber eine kleine Oefnung in denselben, in welche das Ragout von Austern zu thun ist; sodann schließt man es mit eben der Fülle, und heftet die beyden Enden zusammen, sticht ein spitziges Holz durch die beyde Keulen und befestigt es am Bratspieß, wikelt die Hühner in Schinken, Kalbfleisch und Spekscheiben, wikelt ein Papier herum, und bratet sie. Sind sie fertig, so zieht man sie ab, thut die Scheiben weg, legt jene in eine Schüssel und schüttet das Ragout von Austern darüber.

Hühner, junge, mit Austernragout. Sie werden wie die

K mit

mit Krebsen gefüllt, man thut ein Austernragout in die Hühner, schließt sie, und bratet sie auf obige Weise am Spieß. Das Ragout macht man so: Man thut die Austern aus ihren Schaalen in eine Caßerole, schwenkt sie ein paarmal um, nimmt sie vom Feuer, zieht eine nach der andern aus der Caßerole, säubert sie und legt sie auf einen Teller, dann thut man kleine Champignons oder Trüffeln mit etwas geschmolzenem Spek in eine Caßerole, benezt sie mit Brühe von Kalbfleisch, würzt sie mit Salz und Pfeffer und kocht sie bey gelindem Feuer. Sind sie gahr, so fettet man sie wohl ab, macht sie mit Kalbfleisch- und Schinkencoulis diklicht, und thut die Austern dazu. Alles aber muß man auf glühender Asche warm halten, doch wegen der Austern nicht aufkochen. Wann die Hühner gahr sind, so zieht man sie vom Spieß, thut die Scheiben davon und legt sie in die Schüssel. Das Ragout gießt man warm darüber.

Hühner, junge, mit Stachelbeeren. Gepuzte junge Hühner blanchirt man in warmen Wasser, wäscht sie dann wieder sauber in kalten und kocht sie in Wasser und Salz. Hernach kühlt man sie aus und zerschneidet sie, thut gesäuberte Stachelbeere in eine Caßerole, worinn Butter ist, zum Feuer, und röstet sie darinn ein wenig. Hernach röstet man auch etwas geriebene Semmeln in Butter, streut sie daran, gießt Wein und etwas Brühe darauf, legt die Hühner dazu, reibt sehr viel Zuker hinein, besonders wenn sie noch unreif und säuerlich sind, und läßt es miteinander, doch nicht zu einem Brey, gemach kochen. Endlich richtet man die Hühner an und die Beere oben drüber, und bereitet sie mit Zuker.

Hühner, junge, mit Spargel. Man bereitet sie, wie schon oft gesagt. Dann schneidet man die Spargeln unten gehörig ab, sezt Wasser zum Feuer, und so bald es siedet, wirft man ein wenig Salz darein und thut den Spargel auch hinein, und läßt ihn einen Sud thun. Wann er bald weich ist, schüttet man ihn in kaltes Wasser, legt ihn zu den Hühnern, und läßt ihn vollends gahr werden.

Hühner, junge, mit Spargeln, Morcheln, Krebsen und Klösen. Die junge Hühner kocht macht wie die vorhergehende ab; darnach kühlt man sie aus und zerschneidet sie; thut Butter in eine Caßerole, vermischt diese mit Krebsbutter und sezt es auf Kohlen, legt die Hühner darein und paßirt sie, daß sie ganz durchröthen. Hernach würzt

würzt man sie mit Muscatenblüthen und Citronenschaalen, brennt weiß Mehl gelb, quirlt es mit ziemlich Fleischbrühe ab, auch einen Löffel voll sauern Rahm daran, und läßts durch ein Haartuch an die Hühner laufen. Hierauf macht man den Spargel wie den vorigen, zurecht, und legt ihn auch hinein, hat Kalbfleischklöse in Bereitschaft, die man auch nur roh, wenn die Hühner im Tiegel kochen, hineinthut. Ferner macht man Morcheln in Fleischbrühe oder Wasser weich, wäscht sie rein, paßirt sie in ein wenig Butter, und wirft sie auch an die Hühner. Wann sie nun gemach gekocht haben, so richtet man sie an.

Hühner, junge, mit grünen Erbsen. Man kocht sie und kühlt sie bemeldtermaffen aus, nimmt ausgehülsete noch grüne Erbsen, thut sie in eine Casserole, legt ein Stük Butter darunter und paßirt sie ein wenig; legt die Hühner dazu, streut geriebene Semmeln darein, würzt sie mit Muscatenblüthe, gießt Fleischbrühe darauf, und läßt sie gemach kochen. Sind sie nicht fett genug, so thut man noch ein wenig Butter daran.

Hühner, junge, in einer schwarzen Brühe. Man sticht ihnen die Kehle ab, sammelt das Blut in einem Töpfchen auf, worein zuvor Wein und etwas Eßig gethan wird. Dann theilet man ein Huhn in vier Theile, läßt sie ungesotten in heißem Schmalz braun werden, legt sie in einen Topf, thut ein geriebenes und auch im Schmalz gelblicht geröstetes Roggenbrod dazu, gießt das gesammelte Blut nebst dem Wein und Eßig daran, würzt es mit Pfeffer und Negelein, streut etwas Zuker darein, und läßts zusammen aufsieden.

Hühner, junge, mit grüner Petersilie. Man kocht die Hühner weiß, aber nur halb gahr, wäscht und kühlt sie aus, liest und wäscht viel grüne Petersilie, thut sie mit geriebener Semmel und Muscatenblüthe in eine Casserole, gießt gute Fleischbrühe darauf, legt ein Stük reine Butter daran, sezt sie aufs Kohlfeuer, thut die abgekochten Hühner auch hinein, und läßt sie mit grüner Petersilie einkochen, daß sie eine dike Brühe bekommen.

Hühner in Markpasteten für Kranke. Man siedet ein jung Huhn in Fleischbrühe, drükt es hernach zwischen zwey Tellern aus, daß es breit wird, nimmt Mark und eine Citrone, schält diese, thut das Weisse völlig davon, nimmt das Saftige nebst zwey Kalbspriesen und einer in Hühnerbrühe eingeweichter Semmel, hakt es mit dem Mark durch-

durcheinander, formirt eine Pastete, streicht das Gehäk darein, legt das Hühnchen darauf, würzt es, macht die Pastete zu, und schüttet, wenn sie gebaken ist, Fleischbrühe daran.

Hühner, junge, ausgebrochen, mit einer Citronensoſe. Man nimmt gepuzte junge Hühner, die nicht zerrissen sind, macht ihnen die Haut los, als wollte man sie füllen, schneidet ihnen die Brüste unter der Haut heraus, schneidet das Fleisch ganz klein, thut etwas Nierentalg darunter, schüttet etwas eingeweichte Semmeln daran, schneidet noch ein Stükchen Kalbfleisch, und mengt es unter das vorige, würzt es mit Muscatenblüthe und Citronenschaalen, schlägt ein ganz Ey darein, salzt es ein wenig und mischt alles untereinander, man reibt auch ein Viertelpfund klein würflicht geschnittenen frischen Spek darein. Hierauf nimmt man andern Spek, schneidet dünne Stüke einer Hand groß, stekt in jedes Huhn ein Stük und hebt die Haut auf, daß sie auf den Spek zu liegen kommt; alsbann füllt man diese Farse wieder unter den Spek, damit das Huhn rund wird; bindet es am Hals mit einem Faden zu, stekt die Hühner an den Spieß, bratet sie sachte und beträuft sie oft mit Butter, fängt aber die ablaufende Butter und Brühe fleißig auf. Endlich sezt man in einem Tiegel ein wenig Butter aufs Feuer, läßt sie heiß werden, rührt ein wenig Mehl darein, und gießt, wenn es gelb ist, Fleischbrühe und ein paar Löffel voll Wein daran, legt eine ganze Zwiebel darein, gießt die aufgefangene Brühe aus der Bratpfanne auch dazu, würzt es mit Muscatenblüthe, Ingber, Citronenschaalen und Scheiben, und läßt die Brühe kochen. Zulezt richtet man sie in die Schüssel an, worinn die Hühner aufgetragen werden sollen, legt sie darauf, und belegt sie auch mit Citronen.

Hühner, junge, mit Krebsen. Man nimmt gepuzte junge Hühner die nicht zerrissen sind, macht ihnen die Haut über die ganze Brust, auch unten an den diken Beinen los. Hernach füllet man eine Krebsfülle zwischen Haut und Fleisch, aber nicht gar zu voll, und bindet sie oben am Hals mit einem Faden zu; stekt dann selbige einen Augenblik in siedend Wasser, zieht sie gleich wieder heraus, speilert und bratet sie am Spieß sachte. Statt der Butter bestreicht man sie mit Krebsbutter, besprengt sie auch etwas mit Salz. Sind sie gahr, so beträufelt man sie mit Krebsbutter, streut geriebene Semmeln darüber, und garnirt sie mit Citronen und Blättern.

Hühner, junge, mit Mandeln gefüllt und gebraten. Man verfährt zuerst wie mit den vorigen, zieht dann ein halb Pfund Mandeln ab, stößt sie im Mörsel klein, thut sie in einen Tiegel und wirft ein wenig in Milch eingeweichte Semmeln darein, schlägt zwey bis vier Eyer hinein, rührt es durcheinander, würzt es mit Muscatenblüthe, Zuker und ein wenig Safran, läßt ein Stük Butter zergehen, und diese auch darunter laufen. Hierauf füllt man die Hühner zwischen Haut und Fleisch, bindet sie am Hals mit einem Faden zu, blanchirt sie ein wenig in siedendem Wasser, wie die, welche mit Krebsen gefüllt werden. Nach diesem bratet man sie am Spieß ganz gemach, und begießt sie öfters mit Butter. Sollten sie zu braun werden, so bindet man Papier mit Butter bestrichen darüber.

Hühner, junge, gespikt und gebraten. Wann sie gepuzt und ausgenommen sind, so bricht man ihnen die Brust aus, blanchirt und kühlt sie aus, spikt sie mit zart geschnittenen Spek, bratet sie am Spieß, begießt sie oft, aber nicht mit heißer Butter, und sprengt etwas Salz darüber.

Hühner, junge, gebraten, auf französisch. Man schlägt ihnen die Brust ein, wenn sie gehörig gereinigt sind, legt die Flügel kreuzweis über die Brust, thut sie auf einen Tisch, daß sie mit dem Bauch unten liegen, und läßt sie so erstarren, stekt sie an einen Spieß, hält sie über ein Kohlfeuer, bestreicht sie mit Spek, daß sie recht steif werden. Hierauf legt man sie zum Feuer, begießt sie aber sogleich mit Butter, und bratet sie ganz weiß, und besprengt sie mit Salz.

Hüner, junge, gebaken. Man zerschneidet sie in vier Theile, oder, wenn sie groß sind, in acht. Salzt sie in einer Schüssel ein, thut oben Zwiebelscheiben darauf, und besprengt sie ein wenig mit Eßig und Gewürz; macht Schmalz auf dem Feuer heiß, troknet die Hühner ab, bestreut sie dik mit Mehl und legt sie ins heiße Schmalz, und bakt sie rösch heraus.

Hühner, junge, in Papier. Man fängt an, wie bey den ausgebrochenen jungen Hühnern gelehret ist. Hernach sezt man in einem Geschirr ein Papier auf, so groß man es haben will, legt aber einen Bogen Papier in das Geschirr, und drükt es nach der Form des Geschirrs hinein, bestreicht es mit Eyern, legt darauf wieder einen Bogen Papier, daß es kreuzweis kommt. Oben bestreicht man alle Falten mit Eyern

Eyern und klebt sie zusammen; Ferner schneidet man den Bogen so groß, als das Geschirr ist, bestreicht das Papier mit Eyern, und klebt es zusammen, schneidet auch einen Streifen Papier so breit, als man es hoch haben will, und klebt es inwendig an den Seiten um und um an. Nach diesem schlägt man zwey Eyer in den papiernen Hut, Müze oder Pfanne, oder was es für eine Form hat, streut Mehl darein und rührt es mit einem Pinsel an, sezt es auf einen warmen Ort, damit die angestrichene Eyer hart werden, beschneidet solches sauber, und zwar so hoch und tief als mans haben will. Nun nimmt man einen Nössel guten Rahm, ein halb Pfund Nierentalg, ein halb Pfund klar gehakten Kalbsbraten und eingeweichte Semmeln, würzt es mit Muscatenblüthe und Cardomomen, salzt es ein wenig, schlägt vier ganze Eyer und acht Dotter daran, und rührt alles durcheinander. Endlich gießt man die Helfte in das aufgesezte Papier, legt die Hühner darauf und gießt die andere Helfte auch noch darüber. Und wenn gleich die Hühner mit den Bäuchen ein wenig herausgehen sollten, so schadet es doch nichts, man thut nur auf jedes Huhn ein Stük Spek, und legt ein Stükchen Papier darauf, so

groß als das Huhn zu sehen ist, bestreut dieses mit geriebener Semmel und bakts im Ofen. Zulezt giebt man es mit dem Papier auf den Tisch.

Hühner, junge, mit Aal. Man richtet zwey junge fette Hühner gehörig zu, spaltet ihnen den Rüken, breitet sie auf einen Tisch voneinander und nimmt die Knochen heraus. Hierauf zieht man einen Aal ab, nimmt ihn aus, löst die Gräten heraus, und schneidet ihn nach der Grösse der Hühner in lange Stüke, thut sie in eine Caßerole mit ausgeschmolzenem Spek, allerley feinen Kräutern, Petersilie, Zwiebeln, Salz und Pfeffer, und läßt sie aufwellen; dann legt man die Aalstüke über die ausgebreiteten Hühner, walzt sie zusammen, bindet sie mit Bindfaden, und wikelt sie mit dünnen Spekscheiben in ein Haartuch, läßt sie über und unter einem Kohlfeuer kochen, und gießt etwa zwey Gläser Champagnerwein dazu. Sind sie gahr, so nimmt man sie heraus und läßt sie recht ablaufen, legt sie in die Schüssel, und thut, je nachdem die Jahrszeit es mit sich bringt, ein Ragout von Fischmilch und grünen Trüffeln und ein Glas mit Champagnerwein darunter.

Hühner, geschnittene, mit Aal. Diese werden eben so, wie die eben beschriebene, zugerichtet.

Hüh-

Hühner, junge, mit einer Hechtsose. Man bereitet sie, wie schon gesagt, macht eine Fülle aus Kalbsmilch, einem blanchirten Kalbseuter, etwas Schinken, gehakter Petersilie und Zwiebeln, einigen Champignons und feinen Kräutern, würzt alles mit Salz, Pfeffer und andern feinen Gewürzen, thut drey Eyerdotter und eben so viel in Rahm eingeweichte Semmelkrumen, so groß als ein Ey, dazu, knakt alles zusammen, füllt die Hühner damit, schließt die Haut mit den beyden Enden der Flügel, und stekt ein spizig Holz in der Quere durch die Keule, dann befestiget man die Hühner am Spies, bekleidet sie mit Spekstreifen, umwikelt sie mit Papier, und bratet sie bey gelindem Feuer. Hierauf nimmt man ein und ein halbes Pfund Kalbfleisch von der Keule, schneidet es nebst einem Stük Schinken in Scheiben, belegt damit, nebst einigen Stüken von Pastinaken und gelben Rüben, den Boden einer Casserole, thut noch eine in Scheiben geschnittene große Zwiebel dazu, und läßt alles bey gelindem Feuer schwizen. Wann es dann wie eine Kälberbrühe angebaken ist, so wird ein wenig geschmolzener Spek, und so viel Mehl, als man zwischen zwey Fingern fassen kan, dazu gethan, alles etwa sieben bis achtmal aus dem Casserolloch umgeschwenkt, alsdann einen Hecht ausgenommen, abgeschuppt, in Stüke geschnitten, zu den Coulis in die Casserole gelegt, drey bis viermal auf dem Casserolloch umgeschwenkt, ein wenig Brühe daran geschüttet, mit Salz, Pfeffer, Negelein, ein wenig Petersilie, einigen Lorbeerblättern, drey ganzen kleinen Zwiebeln, und klein geschnittenen Champignons und Trüffeln gewürzt, zwey Gläser sühheiß gemachten Wein, wie auch die Oberrinde von einem Brödchen dazu gethan, und alles zusammen gelinde gekocht. Ist es gahr, so läßt man es durch ein Haartuch laufen, und drükt es mit durch, doch nicht wie eine Coulis. Ist sie nicht dik genug, so thut man noch Schinken- und Kalbfleischcoulis hinzu, und sezt alles auf heiße Asche. Sind die Hühner gahr, so zieht man sie vom Spies, thut den Spek davon, legt sie in die Schüssel, und gießt die Sose vom Hecht darüber.

Hühner, junge, mit Karpfensose. Man richtet und füllt sie, wie die vorige, bratet sie auch ganz so, und gibt die Karpfensose darüber.

Hühnergehäke. Man nimmt das weißgebratene von einem Huhn, hakt es klein, treibts mit Fleischbrühe durch, die aber nicht viel gesalzen seyn darf, rührt fünf Eyerdottern darein, brennts mit Schmalz ein wenig ein, zukert es, und macht ein Gebäk daraus.

Hühnerleberngebäk. Man wäscht die Lebern aus, thut die grösten Adern davon, hakt jene klein, thut zwey oder mehr Eyer daran, schüttet süsse Milch dazu, thut ein Stük Butter, ein wenig Salz und Muscatenblüthen dazu, und siedets in einer Schüssel, bis es zusammengeht, auf.

Hühnermus. Man nimmt das Fleisch von der Brust des Huhns, hakt es, thut ein wenig Petersilie darunter, giesst siedende Hühnerbrühe daran, lässts ein wenig sieden, würzt es mit Muscatenblüthen, Safran und Zimmet, und wirft ein Stük Butter hinein.

Hühnersulze. Man nimmt eine alte, nicht gar zu fette Henne, sticht und kröpft sie, legt sie aber in kein Wasser, sondern rupft sie, wie eine Gans, thut das Eingeweide heraus, wischt sie mit einem saubern Tuch aus, hakt sie mit einem Stükchen Kalbfleisch, nebst der Leber, dem Magen und Herz, ganz klein, thut alles zusammen mit ein wenig Muscatenblüthe in eine und ein und eine halbe Maas grosse zinnerne Flasche, die man fest zuschraubt, macht Wasser in einem Topf siedend, und sezt sie darein. Hernach läßt mans so ungefähr zwey Stunden sieden, drükt das Gehakte mit einem Löffel in der Flasche, so geht eine Sulze heraus, dann schraubt man die Flasche wieder zu, und läßt es noch zwey bis drey Stunden lang sieden. Nach diesem thut man es mit einem Löffel heraus in ein Tüchlein, drükt es zwischen zwey Tellern streng aus, schüttets in einem saubern Tiegel, und dekts wohl zu. Man kan auch nur ein halbes Huhn und einen Kalbsfus nehmen, und so damit verfahren. Man kann sie im Sommer im Keller aufbehalten.

Hühnersuppe. S. Suppe.

Hühnertorte. S. Torte.

Hühner von Mandelzeug, wie gebratene. Man drukt ein halbes Pfund Mandelzeug in Model, nimmts wieder heraus, troknets, und mahlts. Man nimmt zwey Loth Gummi, ein halb Loth armenischen Bolus, einen Laßkopf voll Safran, sechs Tropfen schwarze Farbe, und einen Laßkopf Wasser, rührt alles wohl untereinander, mahlt das Huhn, wann es noch naß ist, damit, und bestreut es, wann es troken ist, mit geriebenem Zuker, bebinselt es nochmal mit einer solchen Farbe und Gummi, und läßt es wieder troken werden.

Hüh-

Hühner, gefüllte von Mandelzeug. Man walgert den Mandelzeug aus, drukt ihn in einen Model, macht eine bey den gefüllten Fischen angegebene Fülle, ..., füllt es in einen andern Model, drukt die zwey Model auf einander, nimmt die eine Hälfte von dem Model ab, thut das Huhn heraus, stellt es auf ein Blech, bakt es gelb, und bestreut es mit Zuker.

Hühnerwürstlein. Man hakt die Brust vom Huhn klein, schneidet ein viertel Pfund Schweinfett gewürfelt, und siedets in einem Quart Milch fast bis auf die Hälfte ein, schneidet von einer Semmel die Rinde ab, und würflicht, siedets auch eine Weile in der Milch, thut klein geschnittene Schalotten, Petersilie und Schnittlauch, Muscatenblüthe und Salz daran, dann das Fleisch auch darein, klopft, wann es vom Feuer weg und etwas erkaltet ist, fünf Eyer und einen Dotter, rührt alles daran, und füllts in Därme, und macht die Würste etwa Fingers lang.

Hustensulze. Man nimmt acht Krebse, zwölf Schneken, einen Capaun oder altes Huhn, eine halbe Kalbslunge, ein paar Muscatenblumen, Scorzonere und ein wenig Kartoffelwurzeln, nebst einer kleinen Hand voll kleiner Gerste: hakt alles klein, thuts in eine zinnerne Flasche, die man wohl zuschraubt, setzt in einem Topf mit siedendem Wasser, siedets fünf Stunden lang wohl, preßts durch ein Tuch stark aus, und setzts hin, daß es gesteht.

Hutzelbrod. Man nimmt ein halb Simri Birnenschnitz, ein viertels Pfund Zwetschen, süsse Aepfelschnitz, wäscht sie sauber, und setzt sie mit Wasser zu. Man siedet sie aber nicht gar zu weich, gießt die Brühe ab, steint die Zwetschgen aus, und thut alles wieder zusammen in einen grossen Hafen: gießt auf die Schnitze eine Quart Wein, eben so viel Brandewein oder Kirschengeist, ein Loth gestoßenen Zimmet, ein Loth Negelein, eine Muscatennuß, Modegewürz und Pfeffer nach Belieben, für zwey Kreuzer Anis, für einen Kreuzer Fenchel, auch geschälte Citronen, dekt es wohl zu, und läßts über Nacht stehen. Hierauf macht man ein viertel Simri Mehl und etwas Semmelsatz, auch Bierhefen, mit der abgegossenen Schnitzbrühe an, wie einen Brodanlaß, wann es gegangen, thut man völlig noch eben so viel Mehl, nebst den Schnitzen und Zwetschgen, dazu, macht es wohl untereinander, mit noch etlichen Löffeln voll Bierhefen, und so der Teig zu fest wäre, mit noch etwas Schnitzbrühe, Rüssen oder Mandeln.

deln. Den Teig läßt man abermal gehen, dann thut man ihn eingenezt in den Bakofen.

J.

Jägerschnitten, krause. Man schlägt vier Eyerweis zu Schaum, rührt ein halb Pfund Zuker und ein halb Pfund gestoffene Mandeln darein, macht geschnittene Citronen, Citronat, Zimmet, Negelein nach Gutdünken, wohl untereinander, streichts einen Messerrüken dik auf Oblaten, schneidet fingerslange und zwey Finger breite Stüklein daraus, und bakts in einem nicht heißen Ofen.

Jasminconserve. Ein Viertelpfund rein gelesene Jasminblüthen feuchtet man in einem Mörsel mit zwey bis drey Tropfen Citronensaft an, und stößt sie sehr zart. Man siedet sofort zwey Pfund Zuker a la plume, nimmt ihn vom Feuer, und wenn er halb kalt geworden, thut man die gestoffene Jasminblüthe dazu, mengt sie mit einem Löffel so gut als möglich unter den Zuker, und thut die Conserve in die Formen. So bald sie kalt worden ist, schneidet man sie in Tafeln.

Jasminblüthe eingemacht. Man schneidet ihnen die Stiele bis auf den vierten Theil ab, und läßt die Blüthen ganz; siedet hernach Zuker a la plume, nimmt ihn vom Feuer, thut die Jasminblüthe hinein, ohne sie zu waschen, und läßt sie bis zum folgenden Tag im Zuker liegen. Alsdann müssen sie etwa zwölf Sud thun, bis der Zuker nach kleiner Federart gesotten ist. Hierauf läßt man sie kalt werden und hebt sie in Töpfchen auf. Wer blos die Blätter von den Blüthen einmachen will, der nimmt ihnen die Stiele, pflükt die Blätter ab, und behandelt sie nach der beschriebenen Art.

Jasminzukerwerk, kleines. Man nimmt ein Viertelpfund Jasmin, läßt ihn im siedenden Wasser die Kraft ausziehen, und sezt es zu dem Ende bis zum folgenden Tag auf den warmen Ofen. Hierauf schüttet man das Jasminwasser in ein Tuch und drükt es stark, daß alles herauskommt. In dieses ausgedrükte Wasser weicht man zwey Quentchen Gummi Tragant ein. Wann dies zergangen ist, so drükt man es durch ein Tuch, daß nichts zurükbleibt. Hernach thut mans nebst gestoffenem Zuker in einen Mörsel, und stößts noch einmal miteinander; während diesem schüttet man so lang gesiebten Zuker dazu, bis ein ordentlicher Teig daraus wird. Alsdann nimmt man den Teig heraus, und

Jasminkuchen

und bildet ihn in selbstbeliebige Formen.

Jasminkuchen. Man macht eine Form von Papier, so groß als der Kuchen werden soll, nimmt ein halb Pfund wohlgelesene Jasminblüthen, wirft sie in ein Pfund Zuker, der a la plume gesotten ist, und durchrührt beydes sogleich über dem Feuer mit einem Rührlöffel. Wenn der Zuker zu steigen anfängt, und so weit ist, daß er bald in die Form gegossen werden soll, so thut man schnell ein wenig Eyerweiß hinein, das mit gestossenem Zuker geklopft und nicht gar zu dünn ist, wodurch der Kuchen desto eher zum Steigen gebracht wird. In dieser Verfassung thut man es sogleich in die Form, und hält ein Beken mit Kohlen in einer gewissen Entfernung darüber, welches den Kuchen noch besser in die Höhe zieht.

Jasminzukerbrod. Man thut einen Löffel voll Jasminmarmelade nebst vier frischen Eyerdottern in eine irdene Schüssel, und ein halb Pfund gestossenen Zuker dazu, dies alles menget man mit einen oder zwey Rührlöffeln recht untereinander, bis der Zuker sich mit dem übrigen wohl vereiniget hat. Hernach nimmt man das Weisse von sechs Eyern, schlägt es so lang, bis

Immennest

Schaum daraus wird, und rührt es unter die Eyerdotter und unter den Zuker. Gleich darauf läßt man vier Unzen Mehl durch ein Sieb sachte hinein fallen, und treibt es mit einer weissen Ruthe immer mit den übrigen Dingen herum. Wann dies alles wohl untereinander ist, so thut man das Zukerbrod in papierne oder blecherne Formen, die zuvor mit Butter bestrichen worden. Auf das Zukerbrod thut man etwas feinen Zuker, daß es einen Zukerguß bekommt, und so bakt man es in einem gelind geheizten Ofen.

Jesuitenbrod. Man zerklopft sieben frische Eyer wohl, rührt drey Viertelpfund feinen gesiebten Zuker, einen Löffel voll nach dem andern hinein, und dies währet drey Viertelstunden. Hierauf rührt man auch drey Viertelpfund fein Mehl, auch einen Löffel voll nach dem andern hinein, und macht das Zukerbrod.

Immennest. Man macht ein halb Pfund Mehl mit sauer Milch an und einen Löffel voll Bierhefen, wenn er gegangen, rührt man ein halb Pfund vorher in der Stube gestandene Butter darein, wie auch sechs Eyer, ein Pfund Mehl, Milch und noch einen Löffel voll Bierhefen, dann wellt man ihn aus, Messerrüken dik,

dik, streut Zibeben, Rosinen, geschnittene Mandeln und Citronen auch Zuker und Zimmet darauf, schneidet drey Finger breite und eine halbe Ellen lange Riemen, schmiert einen Schnekenmodel wohl mit Butter, bestreut ihn mit Zuker, rängelt aber vorher die Riemen mit geschnittenen Mandeln auf, und sezt sie im Model aneinander, und bakt sie, wenn sie wieder wohl gegangen sind, im Bakofen.

Ingber einzumachen. Man schabt weissen Ingber allenthalben ab, legt ihn in eine scharfe Lauge acht Tage lang, sticht ihn mit Pfriemen durch, gießt wieder frische Lauge daran, läßt ihn vierzehn Tage darinn liegen, bis er weich wird; hierauf wäscht man ihn wohl aus, thut ihn in frisches Wasser, schüttet auch alle Morgen frisch Wasser daran, bis die Lauge herauskommt, troknet ihn über Nacht in Tüchern ab, und gießt geläuterten Zuker darüber. Man muß aber den Ingber mit dem Zuker einen Sud thun lassen, und dies einigemal wiederholen.

Johannisbeere, weiß überzukert. S. Candirte Johannisbeere.

Johannisbeere, eingemachte. S. Eingemachte Johannisbeere.

Johannisbeerkuchen. Man schlägt zwölf Eyerklar zu Schaum, rührt ein halb Pfund gestoffene Mandeln und ein halb Pfund Zuker darein, bis der Teig recht dik ist. Einen Butterteig thut man in ein Blech, streicht von dem Mandelteig ein wenig auf dem Boden herum, legt frische Johannisbeere darauf, gießt den übrigen Mandelteig auf die Beere, und bakts. Sind sie noch sauer, so kann man etliche Stunden vorher an die abgepflükte Träubchen eine Hand voll Zuker streuen, und es so einfüllen. Man nimmt auch nur den halben Theil und gießt es oben an.

Johannisbeerenconserve. Man sezt zwey Pfund rothe Johannisbeere aufs Feuer, damit man ihren Saft bekomme. Was klar ist, gießt man durch ein Sieb in einen Napf, und sezts auf die Seite, weil es sich zu Gallerten oder zu Gefrornen brauchen läßt. Das übrige drükt man mit einem Rührlöffel durch ein Sieb, damit nichts anders, als was sich nicht durchtreiben läßt, zurükbleibe; läßts auf dem Feuer bis auf ein Drittel einkochen, thuts in den Zuker, der nach Art des Gebrochenen gesotten ist. Beedes rührt man recht untereinander, und arbeitet immer in dem Zuker, bis sich eine kleine Haut darüber zieht. Hernach thut man die Conserve in papierne Formen, nimmt sie zwey

Stunden darauf wieder heraus, und schneidet sie tafelweise.

Johannisbeerengallerte.
Man nimmt, aber nicht allzureife, Johannisbeere, z. E. dreyßig Pfund, thut sie, ohne sie abzupflüken, in ein groß Gefäß mit einer halben Kanne Wasser, läßt sie ein paarmal aufsieden, bis sie ihren Saft von sich gegeben haben; schüttet sie in ein Sieb, und drükt sie mit einem Schaumlöffel wohl aus, wiegt die Hülsen, um zu sehen wie viel man Saft bekommen habe. Diesen thut man in ein Gefäß, wirft nach und nach, indem man mit einem Rührlöffel beständig umrühret, funfzehn bis zwanzig Pfund Zuker dazu, und läßt es zusammen kochen. So bald es grossen Schaum wirft, nimmt mans vom Feuer, schäumt es ab, sezts wieder zum Feuer, und läßts zugedekt noch drey bis viermal aufkochen.

Johannisbeerengallerte mit Himbeeren.
Man nimmt zu drey Viertelpfund Johannisbeeren ein Achtelpfund Himbeeren, und dann überhaupt zu jedem Pfund Beere ein Pfund Zuker. Will man die Gallerte mit den Hülsen machen, so läßt man den Zuker nach Art des Gebrochenen sieden; hernach läßt man die Beere mit dem Zuker sieden, den man von Zeit zu Zeit abschäumt,

bis die Gallerte zwischen dem Faben- und Perlenzuker gesotten ist. Sodann thut man sie in ein zartes Haarsieb, daß sie abtropfen, drükt die Hülsen ein wenig aus, läßt sie noch eine kurze Zeit sieden, daß man sie abschäumen kann, und verwahrt sie dann.

Johannisbeerpastete oder Teig.
Man sezt vier Pfund abgepflükte Beere mit zwey Quart Wasser zum Feuer, daß sie aufspringen, und läßt sie zugedekt zwey bis drey Sud thun. Hernach läßt man sie in einem Haarsieb abtropfen, und drükt sie stark mit einem Rührlöffel, damit alles aus den Beeren herauskomme. Was aus den Beeren gegangen sezt man zum Feuer, läßt es zu einem Teig kochen, und rührts immer. Den Teig wiegt man, und nimmt zu fünf Viertelpfund allemal ein und ein halb Pfund Zuker, den man a la plume siedet. Dann nimmt man ihn vom Feuer, und mengt sogleich den Johannisbeerenteig darunter. Wenn beydes wohl untereinander ist, thut mans in die Teigformen, und läßt es auf einem warmen Ofen troken werden.

Johannisbeerkrapfen.
Man macht einen Teig von Mehl, Eyern und etwas Butter, würkt ihn recht dünn aus und walgert ihn aus; alsdann thut man einen kleinen Löffel voll eingemachte

te Johannisbeere vierekigt, oder etwa einen Groschen groß auf ein Häufchen, schlägt den Teig drüber, rädelt ihn ab, und bakts im Schmalz.

✗ **Johannisbeersoſe.** Man wäscht die Beere rein, gießt ein Glas guten Wein darauf, und reibt sie in einer Schüſſel. Wenn sie klein gerieben sind, seigt man sie durch ein Tuch und würzt sie mit etwas Ingber, Zuker und Zimmet. Dann wird es in einem Töpfchen etwas dik gekocht, aber fleißig umgerührt. Dieſe Brühe kann man kalt oder warm genießen.

Johannisbeerſulze. Man legt ſie auf ein ſauber Tuch, daß ſie troknen, pflükt ſie ab, rührt ſie im Tiegel zu einem Saft, preßt ihn durch ein rein Tuch, läßt ſo viel feinen Zuker als es Saft iſt, ſo lang bis es auf einem Teller geſteht, miteinander ſieden, und füllts in kleine Gläſer.

Johannisbeertorte. S. Torte.

Italieniſches Blumenwerk zu baken. Man nimmt ein und ein halb Pfund Mehl, drey Viertelpfund friſche Butter, drey bis vier Eyerdotter, Salz, eine geriebene Citrone, ein Viertelpfund geriebenen Zuker, nebſt einer Taſſe voll Pomeranzenblüthwaſſer; knetet dies alles untereinander, wirkt es wohl aus, formirt einen Teig, und läßt ihn eine zeitlang liegen. Hierauf ſchneidet man die Blumen in der Gröſſe einer welſchen Nuß, rollt ſie wohl aus, beſtreicht ſie mit einem verklopften Ey, und thut ſie auf einer Kupferplatte in den Ofen, glacirt ſie, wenn ſie gebaken ſind, mit feinem Zuker, ſchiebt ſie wieder in den Ofen, daß ſie ſich färben, und legt ſie dann in die Schüſſel, wo man ein ander Eſſen mit belegt.

Italieniſcher Salat. Man ſchneidet Servelatwürſte in recht dünne Scheiben, ſchneidet Auſtern, Muſcheln und Citronenſcheiben daran, thut auch Sardellen, Briken, Capern, Oliven und Granatäpfelkerne dazu, und ſchüttet Baumöl und Weineßig darüber.

Italieniſche Würſte. Man nimmt drey Pfund Ochſen- und fünf Pfund Schweinenfleiſch, zwey Pfund Spek, funfzehn Loth Salz und zwey Loth gröblicht geſtoſſenen Pfeffer, hakt dies alles recht klein, ſchneidet den Spek würflicht darunter, füllt es in die Därme, troknet aber die Würſte vor dem Ofen und hängt ſie nicht in Rauch.

Italieniſcher Zwiebak. Man ſtößt feinen durchgeſiebten Zuker mit in Roſenwaſſer eingeweichten Gummi in einem Mörſel mit ein wenig Eyerweiß wohl, knetets

tets mit ein wenig Anis durch, formirt Ballen, wie Aepfel, daraus, beschneidet sie wie eine Semmel, und bakt sie auf Pastetenschüsseln. Wann sie nun beginnen in die Höhe zu steigen, nimmt man sie heraus, und rührt sie nicht an bis sie kalt sind.

K.

Kachelmus. Man läßt einen Löffel voll Butter in einem Tiegel zergehen, verklopft indessen zwey Eyer, wirft einen Löffel voll weisses Mehl darein, und schüttet eine halb Maas Rahm dazu, klopft und rührt alles nochmal wohl untereinander, gießts in einen Tiegel, sezt es in ein Bratöfchen und läßt den Tiegel offen, damit es oben auch braun werde. Dann legt man es auf eine Schüssel.

Käsegebakenes auf Oblaten. Man nimmt frisch geriebenen Parmesankäß, schlägt Eyer darein, mengt etwas geriebenes Semmelmehl darunter, zukert es, macht eine starke Fülle so an, streicht sie auf Oblaten, bedekt sie mit einer andern Oblate, schneidet grosse und kleine Stüke daraus, tunkt sie an den Seiten in ein zerklopftes Ey, legt sie in Schmalz, kehrt sie bald um, bakt sie und giebt sie warm.

Käse, gefrorner, mit Rahm. Man nimmt eine Kanne mit Rahm, läßt ihn einen bis zwey Sud thun, hebt ihn wieder weg, und quirlt vier Eyerdotter hinein; reibt auf ein halb Pfund Zuker die gelbe Schaale von einer Citrone ab, und thut ihn in den Rahm, sezt ihn zum Feuer, und läßt ihn unter beständigem Umrühren fünf bis sechs Sud thun. Dann wirft man einen Löffel voll Pomeranzenblüthwasser, sechs gestossene süße Mandeln, und etwas Pomeranzenblüthconserve hinein, und läßts zusammen durch ein Haarsieb geben. Diesen Rahm läßt man denn auf Eis gefrieren. Nach diesem wird er, wie anderes Eis, durchgearbeitet, aus dem Eistopf in eine Käßform gethan und wieder aufs Eis gesezt, daß er sich hält, bis er genossen werden soll. Dann nimmt man einen Topf mit warmen Wasser, taucht die Form so weit der Käß reicht, hinein, daß er sich aus der Form ablößt, dekt den Teller, auf welchen er kommen soll, darauf, und stürzt ihn auf denselben um.

Käß, gefrorner, von Caffee. Man macht den Caffee wie gewöhnlich, und nimmt auf eine halbe Kanne Wasser zwölf Loth. Wenn er sich gesezt hat und das Klare abgegossen ist, so nimmt man eine Kanne Rahm, der auf

auf dem Feuer nicht zusammenlauft, läßt ihn einen Sud thun, und thut ungefehr ein Pfund Zuker nebst dem abgegossenen Caffee hinein. Unter beständigen Umrühren muß er fünf bis sechs Sud thun. Dann läßt man ihn in einem Eistopf auf dem Eis gefrieren, und macht es wie vorhin gesagt.

Käß, gefrorner, von Chocolade. Man sezt ein halb Pfund Chocolade mit ungefehr einer halben Kanne Wasser zum Feuer, daß sie zergeht, und rührt beständig darinn um. Ist sie zerschmolzen und dünn, so quirlt man sechs Eyerdotter hinein. Dann läßt man eine Kanne guten Rahm einen Sud thun, wirft ein halb Pfund Zuker hinein, und gießt dies zu der Chocolade, die man hernach auf dem Feuer gut umrührt. So bald die Eyer gequollen sind, wird dieser Rahm in einem Eistopf aufs Eis gesezt. Das weitere siehe bey dem gefrornen Käß mit Rahm.

Käß, gefrorner, von Erdbeeren. Man reinigt und zerdrükt ein Körbchen mit Erdbeeren, vermengt damit eine halbe Maas Rahm und drey Viertelpfund Zuker, läßt alles eine Stunde beysammen, schüttet es durch ein Sieb, und läßt diesen Rahm nun beschriebenermassen gefrieren. Verfährt dann, wie bey dem gefrornen Käß von Rahm gezeigt worden.

Käßkrapfen. Man macht einen Teig von geriebenen Käse, halb so viel Mehl, nebst einigen Eyern, wie auch etwas Salz und Muscatenblüthe, wälgert ihn aus, formirt ihn wie einen Käß, und bakt ihn in geschmolzener Butter gelb.

Käßküchlein. Man reibt Parmesankäß zart, rädelt ihn durch einen Durchschlag, nehme ein Drittel Mehl, als Käß, und rührts untereinander; zerklopft etliche Eyer, läßt sie durch einen Durchschlag laufen, und macht den Teig nun diker, als den gebrannten Küchleinsteig. Wann man nun die Küchlein formiren will, so benezt man die Hand mit kalt Wasser, macht Schmalz in der Pfanne heiß, bakt die Küchlein langsam heraus und legt sie auf sauber Papier.

Käsekuchen. Man nimmt ein halb Pfund Butter und weissen Käß zu zwey Pfund Mehl, und salzt es, schlägt vier bis fünf Eyer daran, macht dann alles mit kalt Wasser an, formirt Kuchen, bestreicht ein Papier mit Butter, legt den Kuchen darauf, bestreicht ihn mit Eyerdottern und bakt ihn im Ofen.

Käß, portugiesischer. Man stößt ein Viertel von einer eingemachten

ten Citrone zart, und mengt zwey bis drey Löffel voll Marmelade darunter. Dann kocht man eine Kanne Rahm mit einem Viertel Nössel Milch, bis ein Drittel eingekocht ist, und wenn der Rahm etwas ausgekühlt ist, vermischt man ihn nach und nach mit der Marmelade. Wenn er nur noch ein wenig laulicht ist, so thut man einer Caffeebohne groß Milchlab mit etwas Milch vermengt dazu, läßt den Rahm durch ein Sieb in eine Schüssel laufen, worinn er auf heißer Asche oder auf dem Ofen gerinnen muß. Ist er zusammengelaufen, so thut man ihn in einen kleinen mit Löchern versehenen Käßtopf, daß er abtropft, richtet ihn in eine Schüssel an, schüttet ringsherum süssen Rahm, und bestreut ihn mit Zuker.

Käse mit Rahm. Man setzt eine Viertelskanne Milch und eine Kanne Rahm aufs Feuer, daß beedes nur laulicht wird. Wenn man es vom Feuer nimmt, so thut man einer kleinen Caffeebohne groß Milchlab, mit etwas Wein vermischt, dazu, gießt es durch ein Sieb in eine Schüssel, und dekt sie zu, bis der Rahm steif ist; zu dem Ende setzt man ihn auf heiße Asche oder auf den Ofen. Dann macht man es, wie eben bey dem portugiesischen Käß gesagt.

Koch- u. Confit. Lexic.

Käseschnitten. Man schlägt zu einem geriebenen Käß Eyer, vermengts mit etwas Semmelmehl, macht einen Teig davon wie ein dikes Mus, streicht ihn erhaben auf Semmelschnitten, und bakt sie im Schmalz.

Kalbfleisch, fricaßirt. Man nimmt Kalbfleisch von der Brust, hakt es in kleine Stüke, legt sie in kalt Wasser, wo sie eine Weile liegen müssen. Blanchirt es dann in siedendem Wasser, wäscht es aber gleich wieder heraus; legt in eine Caßerole ein Stük Butter, streut Muscatenblüthe und Citronenschaalen darauf, thut das Fleisch auch hinein, setzt es zusammen auf Kohlen, paßirts mit einer ganzen Zwiebel und etlichen Lorbeerblättern, nur daß die Butter nicht braun werde. Dann gießt man Wein und Fleischbrühe darauf, läßt es feiner kochen, schüttet auch ein en Löffel voll Weinessig dazu. Vor dem Anrichten schlägt man vier bis fünf Eyerdotter in ein Töpfchen, rührt sie mit etwas Weinessig ab, thut auch etwas roh Mehl darein, zieht die Eyerdotter mit der Brühe, die am Fleisch ist, an, rührts aber immer, daß es nicht zusammen läuft, schüttets wieder ans Fleisch, und rüttelt es, daß es dik werde. Endlich richtet man es auf eine Schüssel an, und sprengt zerlaßene Butter, Salz und Muscatenblüthe darüber.

Kalbfleisch mit Carviol. Man hakt Kalbfleisch zu Kochſtüken, und legts in kalt Waſſer; ſezt in einem Topf Waſſer zum Feuer, ſalzt es und läßts eine halbe Stunde kochen; kühlt es aus, richtet es in eine Caſſerole ein, würzt es mit Muſcatenblüthe und Ingber, ſtreut geriebene Semmeln darein, legt ein Stük Butter daran, gießt Brühe darauf, und ſezt es auf Kohlen. Hernach ſchneidet man Carviol der Länge nach, brennt ihn mit ſiedendem Waſſer und Salz, legt ihn zum Kalbfleiſch, und läßt es zu einer diklichten Brühe kochen.

Kalbfleiſch mit Citronen. Dies wird verfertigt wie das fricaſirte, nur daß man Citronenſcheiben daran legt, aus denen aber die Kerne weg ſeyn müſſen.

Kalbfleiſch mit Capern und kleinen Roſinen. Gerade wie das mit Carviol, nur thut man eine Hand voll Capern und eben ſo viel Roſinen dazu, auch etwa eine ganze Zwiebel und ein paar Lorbeerblätter.

Kalbfleiſch mit Klöſen und Morcheln. Man verfährt ſchon oft beſchriebenermaſſen. Dann weicht man Morcheln in warmen Waſſer, paßirt ſie in Butter, und macht indeſſen Kalbfleiſchklöschen. Iſt das Fleiſch im Kochen, ſo thut man die Morcheln und Klöschen hinein, ſtreut geriebene Semmeln daran und thut ein Stük Butter dazu, und läßt es zuſammen kochen.

Kalbfleiſch mit Semmelſchnitten. Wie das bisherige. Nur bäht man Semmelſchnitten, und legt, wenn man das Fleiſch anrichtet, von dieſen einige in die Schüſſel, die andern aber auf den Rand, gießt die Brühe über das Fleiſch, und ſtreut Muſcatenblüthe mit Ingber darüber.

Kalbfleiſch mit Sauerampfer. S. dieſe vorhergehende Artikel im Anfang. Nur nimmt man weiß gebrannt Mehl, rührt es an die Brühe die auf dem Kalbfleiſch iſt, ließt Sauerampfer, ſezt in einer Caſſerole Butter zum Feuer, paßirt den Sauerampfer darinn, bis er weich iſt, ſchüttet ihn dann an das Fleiſch und läßts miteinander kochen.

Kalbfleiſch mit Spinat. Richtet man zu wie gemeldet. Nun brüht man Spinat mit ſiedendem Waſſer, thut ihn zum Kalbfleiſch, ſtreut geriebene Semmeln, Muſcatenblüthe und Ingber daran, gießt Fleiſchbrühe darauf, ſezt es aufs Kohlfeuer, und läßt es kochen bis die Brühe ein wenig dik wird. Endlich legt man ein Stük Butter daran.

Kalbfleiſch mit Selleri. S. vorhergehendes. Man ſchneidet alsdann

dann Sellerì, wie zum Salat, scheibenweis, und thut ihn zum Kalbfleisch, streut eine Hand voll geriebene Semmeln, Muscatenblüthe und Ingber hinein, gießt Fleischbrühe darauf, und läßt's auf Kohlen kochen.

Kalbfleisch mit Sardellen. Man nimmt ein Stük aus der Keule, schneidet es in dünne Scheiben, klopfts auf beeden Seiten und bestreuts etwas dünn mit Mehl; bräunt indessen ein gut Stük Butter, thut das Fleisch hinein, und läßts auf gelindem Feuer zugedekt schwitzen. Dann hakt man Sardellen mit einigen Zwiebeln klein, und thut noch ein wenig Nasses daran, daß die Sose klar wird, und kochts noch ein wenig durch.

Kalbfleisch mit Spek und Thymian, wird zugerichtet wie das mit Citronen, und zum Feuer gesetzt. Nur thut man keinen Wein daran, sondern nur ein paar ganze Zwiebeln, Lorbeerblätter, und etwas gröblicht gestossene Negelein und Muscatenblüthe. Ist es gahr, so schneidet man Spek würflicht, röstet ihn in einer Pfanne, nimmt ihn heraus, und thut etwas Mehl und zimlich zart gehakten Thymian in das heiße ausgebratene Fett, doch daß es nicht bitter wird; hernach bratet man es ein wenig durch, thut Salz nebst dem Spek an das Fleisch, und kocht es durch.

Kalbfleisch, französisch. Man kocht ein bis zwey Stüke Kalbfleisch in einem Kessel, thut Muscatenblüthen, Pfeffer, Roßmarin und Salz daran; wann es gahr ist, nimmt mans heraus, läßt es wohl ablaufen, legt es auf eine Schüssel, macht von vier Eyerdottern, einem Löffel voll Mehl, geriebenen Citronenschaalen, Muscatenblüthe, Zuker, einem Stük Butter, eine halbe Maas Wein und eben so viel Wasser eine Brühe, rührt alles auf dem Feuer wohl um, daß es nicht zusammen rinne, gießts über das Fleisch und bakt es in der Tortenpfanne braun.

Kalbfleisch, niederländisch. Man siedet es halb ab, thuts aus der Brühe in einen Tiegel, und schält und schneidet Zwiebeln, läßt sie im Wasser weich sieden, treibt sie mit Fleischbrühe durch einen Durchschlag, und gießt sie an das Fleisch, macht es mit Eßig ein wenig sauer, würzts mit Pfeffer, Ingber und Muscatenblüthe, schneidet Limonien dazu und läßt es sieden. Indessen röstet man würflicht geschnittenen Spek in einem Pfännchen, schäumt sie mit einem Löffel in eine Schüssel heraus, dekt sie zu und hält sie warm; das Schmalz von den Grieben aber brennt man recht heiß

heiß an das Fleisch im Tiegel, und läßts ferner damit kochen. Hierauf richtet man es in eine Schüssel an, streut die Spekgrieben darüber, und trägt es zugedekt auf der Glut zu Tisch.

Kalbfleischpastete. S. Pastete.

Kalbfleisch mit gefülltem Salat. Man kocht in Stüke geschnittenes Kalbfleisch ab, kühlt es aus, richtet es in eine Casserole mit einem Stük Butter, paßirts auf dem Feuer mit Muscatenblüthe und etwas Ingber, gießt Brühe darauf und läßts kochen; nimmt Kopfsalat, puzt und schneidet ihn mitten entzwey, auch das Herz heraus, daß das Haupt hohl werde, setzt in einer Catzerole Wasser zum Feuer, wirft etwas Salz hinein, thut den ausgehöhlten Salat darein und läßt ihn einen Sud thun. Hernach nimmt man das Ausgeschnittene und schneidets mit einem Schneidmesser klein, schweißts in Butter, schlägt drey bis vier Eyer daran, schüttet geriebene Semmeln, Muscatenblüthe und ein wenig guten Rahm dazu, rührt es auf dem Feuer zu einer Fülle, thut den abgebrühten Salat aus dem Wasser, drükt ihn aus, rührt von der abgerührten Fülle darein, doch so, daß allemal zwey Theile übereinander kommen, bindet es mit Zwirn zusammen, legt es zum Kalbfleisch, läßt es miteinander kochen, und macht die Brühe mit ein wenig gebranntem Mehl diklicht. Vor dem Anrichten thut man die Zwirn weg, schneidet den Salat entzwey, garnirt das Fleisch damit, und streut Muscatenblüthe darüber.

Kalbfleisch gehakt und in ein Nez gefüllt. Man hakt das Fleisch klein, thut Rindsmark oder Nierenfett darunter, rührt Semmelkrumen, drey bis vier Eyer, Butter, Muscatenblüthe, Pfeffer, Negelein und Salz untereinander, legt dieses alles in ein Kalbsnez und näht es zu. Dann legt mans in Fleischbrühe, wo es drey Viertelstunden kocht, läßts kalt werden, und zieht den Faden aus dem Nez. Man schneidet es nun in Scheiben, legts in eine Schüssel und macht eine Tunke von Muscatenblüthe.

Kalbsbrust gefüllt und gebraten. Man löset eine Kalbsbrust zwischen der Haut und den Rippen, daß sie innen hohl wird; das Loch aber, wo man mit dem Messer hineinfährt, macht man nicht zu groß. Dann läßt man in einer Caßerole ein Stük Butter auf Kohlen zergehen, thut geriebene Semmeln, vier Eyer, etwas Rahm, grüne gehakte Petersilie und etwas Safran daran, rührts auf dem Feuer, wie Eyer,

Eyer, füllt es in die Bruſt, macht oben das Loch mit einem Speiler zu, ſalzt ſie ein wenig ein, und bratet ſie am Spieß. Wenn ſie zu braten anfängt, beſtreicht man ſie mit Butter und läßt ſie gemach braten. Man beſtreicht ſie aber oft mit Butter. Iſt ſie gahr, ſo gießt man beym Anrichten braun gemachte Butter darüber, und beſtreut ſie mit geriebener Semmel.

Kalbsbruſt am Spieß mit Schinken. Man füllt ſie wie geſagt; ſpikt ſie mit groſſem wohlgewürzten Spek, ſtekt ſie an den Spieß, belegt ſie mit Schinken- und Kalbfleiſchſcheiben auch Spekſtreifen, würzt ſie mit Salz, Pfeffer und feinen Kräutern, bewikelt ſie mit zwey Bogen Papier, und läßt ſie bey gelindem Feuer braten. Iſt ſie gahr, ſo macht man die Streifen davon und legt ſie in eine Schüſſel. Dann ſchüttet man ein Schinkenragout darüber, belegt ſie mit Schinkenſcheiben, und richtet ſie warm an.

Kalbskeule, (Schlegel) angeſchlagen. Man ſalzt ſie ein wenig ein, bratet ſie am Spieß, ſchneidet nach dieſem das Braune herunter, löſt das übrige Fleiſch von den Knochen ab, hakt es ganz klein, puzt den Knochen und legt ihn beyſeite; ſchneidet ein halb Pfund Nierentalg darunter, thuts in einen Mörſel, ſchlägt vier bis fünf Eyer daran und ſtößt es; gießt zwey Löffel voll Rahm, auch eingeweichte und wieder ausgedrükte Semmeln dazu, ſalzt es ein wenig, und würzt es mit Muſcatenblüthe, Jngber und Citronenſchaalen, und ſtößt alles vollends zuſammen. Dann beſtreicht man die Knochen mit Eyern, legt von der Farce daran, (wenn man vorher eine Pfanne mit Butter geſchmiert, einen Bogen Papier darein gelegt und dieſen auch beſchmiert hat) und ſchlägt ſie fein an. Dann beſtreicht man ſie mit Eyern, gießt zerlaſſene Butter darüber, beſtreut ſie mit Semmeln und bakt ſie im Ofen. Man kann ſie warm auftragen, auch Brühe darunter geben.

Kalbskeule, gefüllt. Man öfnet ſie unten der Länge nach am diken Fleiſch, und ſchneidet alles Fleiſch heraus; doch macht man keine Löcher. Das Fleiſch hakt man ganz klein. Dann ſchneidet man eingeweichte Semmeln, Nierenſtollen, etwas Zwiebeln, ein Ey ganz klein zuſammen, würzt es mit Jngber, Muſcatenblüthe, Cardomonen und Salz, reibt würflicht geſchnittenen Spek, Citronenſchaalen und ein klein wenig Thymian darunter, miſcht alles, füllt es in die Keule und näht es feſt zu. Man kann es kochen oder braten.

Kalbskeule, spanisch. Man schneidet eine Kalbskeule in kleine dünne Stüke, hakt sie fein, und thut sie nebst einem und einem halben oder sieben Viertelpfund Spek, etwas Basilicum, Thymian, einigen geschälten Aepfeln, in Milch geweichter Semmel, einigen Dottern, Parmesankäs, Salz und Pfeffer in einen Mörsel, stößt alles recht fein, thut grosse und kleine Rosinen dazu, und mischt die ganze Masse wohl durcheinander. Dann bräunt man Butter in einer Casserole, macht von dieser Farse Klöse, thut sie in die Caßerole, läßt sie darinn gelbbraun werden, gießt Bouillon darauf, und läßt sie damit kochen.

Kalbskeule, mit Sardellen gespikt, englisch. Man macht Kohlfeuer in ein Forcirloch, stekt den Braten an einen hölzernen Spieß, hält ihn über die Glut, schmiert ihn mit Spek oder Butter, läßt ihn ziemlich anlaufen, und wischt ihn wieder ab; nimmt Sardellen, wässert sie ein und wäscht sie wieder aus, zieht das Fleisch von den Gräten, durchzieht die Keule mit einer Spiknadel, drükt in das Loch, wo die Sardellen durchgezogen sind, ein wenig Butter, und oben darauf etwas Semmel, und bratet sie am Spieß gemach. So bald sie troken werden will, befährt man sie mit Butter, sezt eine Bratpfanne unter, legt ein paar ganze Zwiebeln und Lorbeerblätter hinein, gießt ein paar Löffel voll Brühe in die Pfanne, auch muß das Heraustropfende in die Pfanne kommen; auch salzt man die Keule am Spieß, bestreicht sie oft mit Butter und allemal Mehl darauf. Ist sie gahr, legt man sie auf eine Schüssel. Die Brühe aber in der Bratpfanne macht man siedend heiß, schlägt ein paar Eyerdotter auf einen Teller, zerklopft sie mit etlichen Tropfen Weinessig ganz klein, und läßt sie in die Brühe laufen, rührt sie aber, daß sie nicht gerinne. Die Brühe muß alsdann durch einen Durchschlag unter den Braten laufen; über diesen gießt man schäumende Butter und bestreut ihn mit Semmeln.

Kalbsbraten, schwäbisch. Man wässert ein dik fleischigt Stük von einer Keule, salzt es, und legts in eine Bratpfanne. Zu drey Pfund Fleisch nimmt man nicht gar ein halb Pfund Spek, und eine geschälte Zwiebel, schneidet beedes würflicht, thuts in die Bratpfanne zu dem Fleisch, gießt auch ein gut Theil Wasser daran, und bratets miteinander im Ofen. Ist er fast gahr, so muß man ihn fleißig umwenden, die

die Brühe durch einen Seiger abseigen, (Zwiebel und Spek bleiben in dem Seiger) die Brühe wieder daran gießen, Spek und Zwiebel oben auf den Braten legen, und dies ein bis zweymal thun, damit der Braten auf allen Seiten gelb, und der oben liegende Spek gebräunt werde. Von der Brühe muß so viel in der Bratpfanne bleiben, daß, wenn der Braten in die Schüssel kommt, man sie hineingießen oder darüber anrichten könne.

Kalbskopf mit einer Spekbrühe. Er wird sauber gepuzt und mit den Füßen in Salz und Wasser zum Feuer gesezt, daß er weich koche. Dann kühlt man ihn aus, sticht ihm die Augen aus, reißt ihm die Kinnbaken aus, puzt die weisse Haut weg, und bricht ihm die Zähne bis auf den Milchzahn aus. Sezt in einer Casserole Butter auf Kohlen, daß sie heiß werde, rührt einen Löffel voll Mehl darein, daß es braun wird, würzts mit Ingber und Pfeffer, legt den Kopf und die gepuzte Füße darein und läßt es kochen. Indessen brennt man geschnittenen und gerösteten Spek an den Kalbskopf, schneidet Spek und Semmel würflicht, und röstet es durcheinander. Wenn man ihn nun anrichtet, so legt man die Füße außen herum, brennt die geröstete Semmeln und den Spek darauf, und streut Ingber und Pfeffer darüber.

Kalbskopf mit Muscatenblüthe. Wann er gehörig zugerichtet ist, so legt man ihn in eine Casserole, gießt Fleischbrühe darauf, würzt es mit Muscatenblüthe und Ingber, salzt ihn hinlänglich, legt auch ein Stük Butter hinein, und läßt ihn kochen, bis eine dicklichte Brühe daran wird. Endlich streut man beym Anrichten Muscatenblüthe und Ingber darüber.

Kalbskopf mit saurer Fricasée und gerösteter Semmel. Man kocht ihn sauber ab, legt ihn in eine Casserole und gießt die Brühe darauf, nur daß er warm bleibt; thut sechs Eyerdotter in einen Tiegel, schüttet ein wenig rohes Mehl dazu, und rührts mit einem Löffel voll Weinessig klar ab, legt ein Stük Butter dazu, gießt Brühe und noch mehr Eßig darein, würzt es mit Ingber, Pfeffer und Muscatenblüthe, sezt es aufs Feuer, und rührts bis es dik werden will; alsdann thut man ein paar Tropfen kalt Wasser hinein, daß es nicht gerinne. Endlich richtet man den Kalbskopf auf eine Schüssel an, macht die Hirnschaale oben voneinander, thut das Gehirn in jede Schaale halb, und legts neben den Kopf auf den Schüsselrand, gießt auch die

Brühe über den Kopf, daß man ihn ganz überziehe. Endlich röstet man würflicht geschnittenen Spek und Semmeln darüber.

Kalbskopf mit englischer Soſe. Man brüht ihn ab, ſchneidet die Zunge aus, ſpaltet den Kopf in der Mitte, die Füße auch, und macht dieſe von den Beinknochen ab, wäſſerts wohl aus, und kochts im Waſſer mit ein wenig Salz gahr. Hierauf nimmt man die eine Hälfte vom Kopf heraus, löſt und puzt das Bakenfleiſch ein wenig, beſtreicht es mit geſchmolzener Butter, beſtreut es mit gemengten gehakten Peterſilie, geriebenem Brod, Salz und Pfeffer etwas dik, die Hälfte Füße auch, bakts in einer Tortenpfanne mit etwas ſtarkem Feuer, daß es gelbbraun wird, und macht dieſe Soſe: Man nimmt ein gut Stük Butter und einen kleinen Löffel voll Mehl, knetet es zuſammen durch, hakt Capern, Chalotten, einmal aufgekochte Peterſilie klein, auch Citronenſchaalen und Lorbeerblätter, knetet alles zum Mehl und Butter hinein, und rührts mit einer guten Brühe ab; dann macht man einige hartgeſottene Eyerdotter in kleine Stüke, thut ſie auch in die Soſe, oder ſtreut ſie beym Anrichten darüber. Hierauf nimmt man die andere Hälfte vom Kopf, die man indeſſen warm halten muß, auch heraus, löſt und puzt die Kinnbaken, richtet beede Theile in eine Schüſſel an, legt die gebakene Füße an die Seite zu dem gekochten Kopf, und die gekochten Füße an die Seite bey dem gebakenen Kopf, und gießt die Soſe über das Gekochte aber nicht über das Gebakene.

Kalbskopf, gebraten. Man wäſcht ihn aus etlichen Waſſern ſauber, und läßt ihn im Waſſer und Salz nur überſieden, nimmt ihn aus dem Waſſer, worinn er geſotten worden, macht ein klein Loch bey dem Hals in die Hirnſchaale, daß das Hirn herausgenommen werden kann, thut die Haut und Adern vom Hirn, zerrührt es, miſcht ein weiſſes im Schmalz geröſtetes Brod, wie auch Roſinen, Mandeln und Weinbeere darunter, ſchlägt Eyer daran, und füllt es in den Kopf, bindet ihn zuſammen, ſtekt ihn an den Spieß, und ſchmiert ihn immer mit Butter; zulezt wird er mit Semmelkrumen beſtreut, zwey und eine halbe Stunde gebraten, in die Schüſſel gelegt, in das Maul und die Augen Lorbeer- oder Roßmarinſträußchen geſtekt.

Kalbsfüße, gebaken. Man ſchneidet ſie in die Länge voneinander, ſezt ſie in Waſſer mit etwas Salz zum Feuer, daß ſie weich kochen; darnach kühlt man ſie troken, nimmt

Kalbsfüße   Kalbsleber

nimmt einen halben Nößel Milch, quirlt so viel Mehl darein, daß sie bald wie ein dünner Brey wird, schlägt vier Eyer darein, und salzt es ein wenig; macht ferner Schmalz in der Pfanne heiß, schüttet einen Löffel voll davon in die Klare, gießt diese über die Füße, wälzt sie darinn herum, thut sie in das heiße Schmalz und bakt sie gelb.

Kalbsfüße, anders gebaken. Man macht sie wie die vorige; nimmt dann vier bis fünf Eyer in eine Schüssel, streut geriebene Semmeln und etwas Mehl darein, klopft es klar ab, salzt es ein wenig und hakt viel grüne Petersilie darunter; macht Schmalz heiß, wikelt die Füße darinn herum, legt sie ins Schmalz, und bakt sie rösch heraus.

Kalbsfüße, fricaßirt. Man kocht sie ab und puzt sie sauber aus, richtet sie in eine Caßerole ein, legt ein Stük Butter dazu, paßirts mit Citronen und Muscatenblüthe ab, wirft ein paar ganze Zwiebeln daran, gießt ein wenig Wein, ein paar Löffel voll Eßig und Brühe daran, und läßt sie so kochen. Hierauf nimmt man vier Eyerdotter, nachdem es Füße sind, schlägt sie in ein Töpfchen, gießt etliche Tropfen Eßig hinein, thut eine Messerspitze voll Mehl dazu, quirlt es

klar, und läßt die Brühe von den Kalbsfüßen an die Eyerdotter laufen, rührts aber immer, daß es nicht gerinne; schüttets hernach wieder an die Füße und sprengt beym Anrichten zerlaßene Butter darauf.

Kalbsfußpaſtete. S. Paſtete.

Kalbsfüße, farſirt oder angeschlagen. Man kocht und würzt sie ab, daß keine Haare daran bleiben, und legt sie troken; macht eine Farſe, (S. Kalbskeule, angeschlagen) beſtreicht die Füße mit Eyern, aber nicht zu naß, umschlägt sie mit der Farſe, nach Art des Fußes, verfährt, wie bey der Kalbskeule, und bakt sie im Ofen. Man kann dann eine beliebige Brühe darüber machen.

Kalbsfüße, marinirt. Man blanchirt sie, sezt sie in Waſſer, mit Wein und Eßig vermischt, zum Feuer, salzt sie ein wenig, legt Thymian, Salbey und Yſop daran, und kocht sie weich, läßt sie dann troken werden, macht Schmalz oder Baumöl in der Pfanne heiß, wirft die Füße darein, und läßt sie etwas braun werden, legt sie darnach so ein, wie beym Aal, Hecht, Forelle, gesagt worden.

Kalbsleber, gebaken, im Nez. Man hakt einige Kalbslebern ganz klein, vermischt sie mit eingeweichter Semmel, würzt sie

L 5   mit

mit Ingber und Pfeffer, und rührt dies zusammen in einer Casserole mit einem Stük Butter auf Kohlfeuer ab, schneidet ein halb Pfund Spek ganz klein würflicht, schüttels nebst einem Viertelpfund kleinen Rosinen auch zur Leber, salzt es, und rührt es wohl durcheinander, ist es zu dik, so schlägt man drey bis vier Eyer darein, und giest ein paar Löffel voll Rahm daran. Hierauf breitet man ein unzerrissenes Kälbernez über einen mit Butter beschmierten Tiegel, schüttet die abgerührte Leber darein, dekt sie mit dem übrigen Nez oben zu, stekt ein paar Speiler darein, und bakts in einem heißen Bakofen.

Kalbsleber, gebaken, mit einer Negeleinssose. Man schneidet sie zu Schnitten, salzt sie ein und läßt sie eine Weile so liegen, streift sie durch die Hand und bestreut sie dik mit Mehl; macht Schmalz heiß, legt die Leber darein, und bakt sie braun heraus. Dann macht man in einer Casserole Butter braun, rührt einen Löffel voll Mehl darein, welches braun seyn muß, giest Brühe, Wein und Essig darein, würzts mit viel gestossenen Negelein, Ingber, Citronenschaalen und Zuker, und läßts durcheinander kochen, bis die Brühe etwas dik wird, giest auch ein paar Löffel voll Schmalz darein. Beym Anrichten schüttet man die Sose in die Schüssel, die Leber legt man herum und bestreut alles mit Zuker.

Kalbsleber, gedämpft. Man durchzieht ein paar Lebern mit groben Spek, bräunt in einer Casserole Butter, bestreut die Lebern mit Mehl, und läßt sie auch darinn bräunen; giest Brühe darauf und läßt sie ein wenig kochen, schüttet ein paar Löffel voll Wein daran, legt ein paar ganze Zwiebeln dazu, und würzt sie mit Ingber, Pfeffer, Negelein und Citronenschaalen. Ist die Brühe nicht dik genug, so thut man ein wenig gebrannt Mehl darein, nimmt beym Anrichten die Zwiebeln wieder heraus, legt die Lebern auf die Schüssel, giest die Brühe darüber, und bestreut sie mit Semmeln.

Kalbsleber mit Sardellensose. Man schneidet sie in Scheiben, macht Butter in einer Casserole heiß, bestreut die Leber mit Mehl, und röstet sie in der heissen Butter; giest Brühe darauf, würzt sie mit Ingber, Pfeffer, Negelein, Citronenschaalen und Scheiben; wäscht Sardellen, zieht sie von den Gräten ab, hakt sie ganz klein, feuchtet sie ein wenig mit Wein an, thut sie an die Lebern, und läßt sie noch eine Weile kochen.

Kalbs-

Kalbsleber mit Zwiebelsoße, sauer. Wie die vorige; nur daß man Eßig hineingießt, und viel Zwiebeln in Butter röstet und daran brennt, und die Sardellen wegläßt.

Kalbsleber, wie Hirschleber bereitet. Man wäscht und häutelt sie rein, schneidet sie zu länglichten Schnitten, salzt, pfeffert und schwingt sie im Mehl, bakt sie in heißem Schmalz, legt sie auf eine Schüssel, und seigt das Schmalz von dem Trüben herab. Dann gießt man zu dem in der Bratpfanne zurükgebliebenen Trüben ein halb Gläschen Wein, etwas Fleischbrühe und Eßig, würzt es mit Pfeffer und Negelein, streut würflicht geschnittene Citronenschaalen darein, und läßts so zusammen in der Pfanne sieden, damit die Brühe diflicht werde; hierauf richtet man sie über die Leber an, läßt sie auf der Kohlpfanne noch einen Wall thun, und drükt Citronensaft darauf.

Kalbsleber, wie Vögel zubereitet. Man wäscht und häutelt sie, schneidet daraus Stükchen, drey Queerfinger breit, einen Finger lang und einen kleinen Finger dik. Man legt sie, je zwey und zwey nebeneinander, würzt sie mit Salz, Ingber, Pfeffer und gestoffenen Negelein auf einer Seite; schneidet schmale Stükchen Spek, Messerrüken dünn, aber nicht größer als die Leberstüke; legt jedes Stükchen Spek auf jedes Stükchen Leber, das zuvor gewürzt ist, auf dieses Stükchen Spek wieder ein Stükchen Leber, und immer eins nach dem andern, aber allemal die Leber auf einer Seite gewürzt, bis Spek und Leber alle sind, und zwar so, daß allemal zwischen zwey Leberstükchen ein Spekstükchen zu liegen kommt. Dann schneidet man ein Kalbsnez in Stüke, so groß, daß jedes Stük Leber und Spek hineingewikelt werden kann. Wann nun dies Nez in solche Streifen zerschnitten ist, so würzt man jedes Stükchen Leber auf beyden Seiten, schlägt ein Stükchen Nez darum, und näht es zu, bis sie alle sind. Endlich bratet man diese ins Nez gewikelte Leberstükchen auf dem Rost, und wenn sie etwas geröstet sind, legt man sie in einen Tiegel, und bratet sie in Schmalz braun gahr. Sind sie fertig, so nimmt man sie mit einem Schaumlöffel aus dem Tiegel, läßt sie abträufen, schneidet das Zusammengeheftete auf, legt sie in die Schüssel, und streut Semmelkrumen darauf.

Kalbsgeschling, gebaken auf einer Schüssel. Man nimmt ein oder mehrere Kalbsgeschlinge, sezt sie mit Wasser zum Feuer, salzt sie ein wenig und läßt sie weich

weich kochen, kühlt sie aus, hakt sie ganz klein, schüttet sie in einen Tiegel, thut eingeweichte und wieder ausgedrükte Semmel, einen halben Nößel Rahm, acht bis neun Eyer, eine gehakte Zwiebel, eine Hand voll kleine Roßnen, würflicht geschnittenen Spek, Ingber, Pfeffer, grüne gehakte Petersilie, zerlassene Butter und Salz dazu, und rührt alles durcheinander ab. Dann macht man um die Schüssel, worauf man anrichten will, einen Kranz von hartem Teig, läßt aber auf dem Rand ein paar Queerfinger breit zum guten Butterteig leer, den harten Teig aber zwikt man sauber, bestreicht beyde Teige mit Eyern, beschmiert die Schüssel mit Butter, schüttet das Abgerührte hinein, und bakts im Ofen.

Kalbslunge, gehakt, mit grüner Petersilie. Man kochts, wie voriges ab, kühlts aus und schneidet es mit einem Schneidmesser klein, macht in der Caßerole Butter auf Kohlen heiß, rührt etwas Mehl darein; daß es gelb wird, und rührts immer um; thut die geschnittene oder gehakte Lunge dazu, gießt Fleischbrühe darauf, rührts durcheinander, würzts mit Ingber und Pfeffer, schüttet viele gehakte Petersilie daran, und läßt es kochen.

Kalbslunge, sauer, mit Zwiebeln. Gerade wie das vorige. Nur wirft man geschnittene Zwiebeln in das geröstete Mehl, und verfährt ferner eben so, wie bey vorigem.

Kalbslunge, geröstet. Man siedet sie in halb Wasser und Wein weich und salzt sie, schneidet sie auf einem Teller zu Stüken, größer als ein Finger; legt diese dann in heißes Schmalz in einer Pfanne, richtet sie in die Schüssel an und streut Ingber darauf, oder macht eine Brühe darüber.

Kalbslungenmus. Man kocht sie, kühlt sie ab, und hakt sie ganz klein; bräunt Butter in einer Caßerole, rührt etwas Mehl daran, daß es gelb wird, thut die gehakte Lunge darein, gießt Fleischbrühe daran, wirft kleine Roßnen, Pinien, Ingber und Muscatenblüthe hinein, schüttet einen Löffel voll Weineßig dazu, und läßts so kochen, legt auch etwas Butter darein und salzt es. Beym Anrichten rührt man einen Eyerdotter darein.

Kalbsgekrös, fricaßirt. Man wäscht es aus, sezt es mit etwas gesalzenem Wasser zum Feuer, daß es, aber nicht gar zu weich, kocht; thut es in kalt Wasser, nimmt alle Drüsen heraus, schneidet sie stukweis, richtet sie in eine Caßerole ein, legt ein Stük But-

Butter daran, paßirts ein wenig, würzt es mit Muscatenblüthen, Ingber und Citronenschaalen, wirft auch eine ganze Zwiebel, und ein paar Lorbeerblätter daran, gießt ein paar Löffel voll Wein, ein wenig Eßig und Brühe darein, und läßts zusammen kochen. Indessen rührt man vier bis fünf Eyerdotter mit etlichen Tropfen Weineßig an. Wann man anrichten will, zieht man die Brühe an den Gekrösen damit ab, schüttet diese wieder über das Gekrös, rüttelt es durcheinander, daß die Brühe fast wie ein Brey wird, und sprengt beym Anrichten zerlassene Butter darüber.

Kalbsgekrös, farsirt. Man puzt und schneidet es stükweis, paßirts in der Caßerole in Butter, Muscatenblüthen und Citronenschaalen, hakt die Hälfte davon klein, vermischt es mit viel geriebener Semmel, einer halben Nößel Rahm, gehakter Petersilie, acht Eyern, halb Dottern, und halb ganzen, einem halben Pfund gehakten Nierenstollen, Muscatenblüthen, Ingber und Salz. Dies alles rührt man durch einander. Hierauf macht man einen Kranz um eine Schüssel, wie bey der gebakenen Kalbslunge, beschmiert ihn mit Butter, gießt vom Abgerührten die Hälfte hinein, legt das Paßirte in die Mitte, schüttet die andere Hälfte des Abgerührten oben drüber, thut etwas Butter darauf, streut Semmel darüber, läßts im Ofen baken, und bestreuts nachher mit Zuker.

Kalbsgekrös in Papier. Man machts erst, wie schon gemeldet, paßirts alsdann und kochts nach voriger Art. Hernach sezt man in Papier auf, beschneidet es gehörig, gießts sodann ein, und bakt es im Ofen.

Kalbfleisch- und Schinkencoulis. Man belegt den Boden einer Caßerole hie und da mit Spekstreifen: die ganze Caßerole aber mit etwas diken Scheiben aus einer Kalbskeule: legt auf diese Schinkenscheiben, thut dann einen Kochlöffel voll Brühe, auch so viel gestoßenen Zuker, als man zwischen zwey Fingern fassen kan, hinzu, und läßts zusammen eine viertel Stunde schmolzen. Nachher verstärkt man das Feuer. Wann nun alles vom Zuker überzogen ist, und das Fleisch eine gute Farbe hat, zieht man das Fleisch und den Schinken heraus, legts auf einen Teller, thut Butter in die Caßerole, und wann sie geschmolzen ist, so viel Mehl, als zu der Sus gehöret, hinein, und kochts damit. Fängt es an, sich zu färben, wirft man zwey kleine, halb von einander geschnittene Zwiebeln hinein, und rührt beständständig um, thut etwas Petersilie dazu, und schüttet ein wenig Brühe daran. Dann würzt man es mit Negelein, Champignons und Knoblauch, kochts gelind, rührts, bis es gahr ist, und seiget es durch ein Haartuch.

Kalb- oder Hühnerfleischsulze. Man sezt Kalb- oder Hühnerfleisch, wohl gewaschen, zum Feuer, und versiedet es ganz. Dann schüttet man es in eine Serviette, und preßt es aus, läßt es einige Stunden stehen, und kalt werden, nimmt das Fett davon, thut eine halbe Maas Wein, Zuker, Zimmet, etwas Citronenschaalen, und zehn ganze Negelein daran, und läßts kochen. Indessen schlägt man das Weiße von Eyern stark, thuts darein, kochts ein paarmal auf, und seigts durch eine Serviette.

Kalbsmägen, gekocht. Man schneidet sie auf, puzt, wäscht und sezt sie im Wasser zum Feuer, und läßt sie weich sieden, nur nicht über vier Stunden. Sind sie fast weich, so salzt man sie, und legt sie in eine Schüssel, daß sie verseigen. Indessen röstet man die Mägen in einer Pfanne, legt sie in eine Schüssel, streut Ingber darauf, und macht eine Brühe darüber, oder fülle sie. Man darf sie aber nicht aufschneiden, wenn man sie füllen will.

Kalbsmägen, gefüllt. Man wäscht sie sauber, hakt etwas Fleisch mit Rindsmark, röstet eine geriebene Semmel im Schmalz, rührt sie unter das gehakte Fleisch und Mark, salzt und würzt sie, schlägt Eyer daran, und rührt alles untereinander. Ist dies zu dik, so thut man Fleischbrühe oder Milch dazu. Dann füllt man es in die Mägen, und siedet sie.

Kalbsnieren auf Semmelschnitten, oder Nierenschnitten. Man schneidet eine kalte, gebratene Kalbsniere mit dem Fett würflicht, hakt sie klein, thut sie in eine tiefe Schüssel, und zwey geriebene Semmeln, vier bis fünf Eyer, einige Löffel voll Rahm, geriebene Muscatennuß, und etwas Salz dazu, rührt es zusammen, legt es rund und hoch auf die Semmelschnitten, macht es mit dem Messer etwas glatt, und bakt sie.

Kalbshirn, auf Italiänisch. Man kocht das Hirn aus zwey bis drey Köpfen mit gutem Gewürz, nimmts, wann es halb gahr ist, heraus, schneidet es in Stüke, einer welschen Nus groß, wendet sie in einem geklopften Ey um, bestreut sie mit zarten Semmelkrummen, und bakt sie. Man richtet sie mit Citronensaft an.

Kalbs-

Kalbsohren, gefüllt. Man brüht sie an, und blanchirt sie, füllt sie mit einer dichten Fülle, und näht sie ganz herum sauber zu. Hernach legt man auf den Boden eines Topfs eine Reihe Spekstreifen, alsdann die Kalbsohren, thut etwas Lorbeer, Coriander, und eine Kanne Wein dazu, bedekt alles mit Spekstreifen, verschmiert den Rand des Topfs mit Teig und starkem Papier, doch, daß der Dekel genau einpaße, und kocht es in einer Brühe sechs bis acht Stunden auf nicht zu starkem Feuer. Wann sie gahr sind, macht man den Faden davon, doch, daß die Fülle nicht herausgeht, kehrt sie in zerklopftem Ey ein wenig um, bestreut sie mit Semmelkrummen, bakt sie im Schmalz, und belegt sie mit gehakter Petersilie.

Kalbszungen im Ragout. Man kocht sie im Wasser mit ein wenig Salz ab, zieht ihnen die Haut ab, schneidet sie in der Länge mitten durch, bräunt sie in Butter, und macht folgendes Ragout: Man macht Butter in einer Casserole braun, dann thut man nach Proportion etwas Mehl hinein, rührt es so lang, bis es auch braun wird, dann thut man ein wenig von diesem braunen Mehl, klein gehakte Zwiebeln, Lorbeerblätter, klein gehakte Champignons, Capern, Ci-tronenschaalen und Scheiben, etwas Fleischbrühe, in eine Casserole, und läßts durchkochen, daß nur eine kurze Sose bleibt. Diese gießt man dann beym Anrichten über die Zunge.

Kalbszungen, gefüllt. Man macht von der Seite der Gurgel ein Loch mit einem kleinen Messer in die Zunge, dann macht man eine Fülle von dem Brustfleisch des Federviehes, mit ein wenig gahr gekochten Schinken, Champignons, Petersilie, Zwiebeln, Pfeffer, Muscatennuß, Salz, ein wenig blanchirten Spek, einem Stük Rindsfett, ein wenig in Rahm geweichten Semmelkrummen, und drey bis vier Eyerdottern; hakt dieß zusammen, stoßt es im Mörsel und füllt damit die Zunge durch die gemachte Oefnung. Dann belegt man den Boden eines Kessels mit Spekstreifen und dünnen Scheiben von geklopftem Rindfleisch, würzt ihn mit Salz, Pfeffer, feinen Kräutern und Gewürzen, Zwiebeln, gelben Rüben und Pastinaken, legt die Zunge darauf, würzt und bedekt sie oben, wie unten, und läßt sie ganz gelind, mit Feuer oben und unten, kochen. Sind sie halb gahr, thut man einen Löffel voll Jus von Rindfleisch hinein, damit die Zungen feucht werden, und kocht sie vollends gahr. Alsdann macht man einen Ragout von würflicht

würflicht geschnittenen Kalbspriesen, Hahnenkämmen, Champignons, Artischokenstielen, Spargelspizen, thuts mit etwas geschmolzenen Spek in eine Casserole, gießt etwas Brühe daran, und läßts eine halbe Stunde gelind kochen, fettet das Ragout wohl ab, und macht es diklicht mit einem Coulis von Kalbfleisch und Schinken; läßts nun die Zunge ablaufen, und richtet den Ragout darüber an.

Kalbszunge am Spies gebraten. Wann sie zuvor in einer Brühe gekocht sind, zieht man die Haut ab, spikt sie mit feinen Spek, stekt ein spizig Holz durch die Mitte, bindet sie mit Bindfaden an einen Spieß, und bratet sie; alsdann zieht man sie ab, thut Schinkenessenz in eine Schüssel, legt die Zungen drüber, und richtet sie warm an. Statt der Schinkenessenz nimmt man auch Pfeffersose.

Kalbsnierentorte. S. Torte.

Kalbsprisentorte. S. Torte.

Kalbszungenpastete. S. Pastete.

Karauschen mit Rahm und Kümmel. Man schuppt sie, nimmt sie aus, und schneidt etliche Kerben auf beyden Seiten: sezt in einem Fischkessel Wasser zum Feuer, und salzt es, wie man die Karpfen salzt. Indessen wäscht man die Fische aus,

besprengt sie mit Eßig, und legt, wenn das Wasser kocht, die Karauschen hinein, daß sie ziemlich einsieden. Dann läßt man ein Mössel Rahm sieden, schlägt vier bis fünf Eyerdotter in ein ander Töpfchen, und quirlt sie, schüttet einen halben Eßlöffel voll Kümmel, der mit einem Schneidmesser klein geschnitten worden, an die Eyerdotter, und thut ein Stük Butter und Muscatenblüthe dazu. Wann der Rahm kocht, schüttet man ihn an die Eyer, die man aber beständig quirlen muß, daß sie nicht zusammenlaufen. Endlich richtet man die Fische an, und wenn die Brühe etwas dik ist, so gießt man sie darüber, und besprengt sie mit zerlassener Butter.

Karauschen mit einer Capernsose, weiß. Man schuppt und siedet sie, wie die vorigen; gießt eine Mössel Fleischbrühe und Wein in ein Töpfchen, thut eine Hand voll Capern, Citronenschaalen, Muscatenblüthen, Ingber und ein paar Lorbeerblätter darein, und läßts zusammen kochen, schlägt fünf Eyerdotter in einen andern Topf, quirlt diese mit etlichen Tropfen Weineßig, legt ein Stück Butter dazu, und gießt die Brühe im ersten Töpfchen, wenn sie siedet, an die aufgeschlagenen Eyerdotter, und quirlt sie ohne Unterlaß, daß sie nicht zusammenlaufen,

‥fen. Wann nun diese Brühe dik ist, so richtet man die Fische warm an, gießt die Brühe darüber, und besprengt sie mit zerlassener Butter.

Karauschen mit einer Capernsose, anders. Nach dem Schuppen und Absieden thut man eine Hand voll Capern in einen Mörsel, und stößt sie mit geriebenem gerösteten Roggenbrod in Butter ganz klar: schüttet diß in einen Topf, gießt Fleischbrühe, Wein und etwas Eßig darauf, würzt es mit Ingber, Pfeffer, Nägelein und Citronenschaalen, und läßt es zusammen kochen. Ist es nun dik, so streicht mans durch ein Haartuch in eine Casserole, legt die Fische dazu, und läßt sie beym Kohlfeuer gemach kochen. Endlich bräunt man Butter in der Pfanne, und brennt diese auch hinein, richtet sie an, und bestreut sie mit Citronenschaalen.

Karauschen mit einer Spekbrühe. Wann sie bereitet und gesotten sind, so bräunt man ein Stück Butter in einer Casserole, rührt einen Eßlöffel voll Mehl darein, und fährt mit dem Rühren so lang fort, bis das Mehl castanienbraun ist. Dann gießt man Brühe und Eßig darein, und läßt ferner kochen: schneidet ein halb Pfund Spek würflicht, röstet ihn in der Pfanne

braun, brennt ihn in die Brühe, würzt sie mit Pfeffer, Ingber und Lorbeerblättern, und legt die Karauschen darein: schneidet inzwischen Spek und Semmel würflicht, röstets zusammen gelb, richtet die Fische an, gießt die Brühe darüber, und streut Spek und Semmel darüber.

Karauschen mit Knoblauch gedämpft. Man reißt, schuppt und sprengt sie mit Salz ein: bräunt Butter in einer Kasserole auf Kohlen, troknet aber inzwischen die Karauschen, und legt sie in die heiße Butter. Mittlerweile, daß sie auf der Seite, wo sie liegen, braun werden, setzt man andere Butter zum Feuer, und wirft, wann diese heis ist, geschnittenen Knoblauch hinein, und brennt ihn über die Karauschen. Darnach seigt man die Butter von den Fischen ab, thut sie vom Feuer, und macht diese Brühe: Man röstet Roggenbrod in Butter, thuts in einem Topf, schüttet Knoblauch dazu, gießt Brühe darauf, würzt es mit Ingber und Pfeffer, und läßt es kochen: streicht es durch ein Haartuch, gießt diese Brühe über die Fische, und läßt sie wieder auf Kohlen kochen. Zuletzt gießt man die braune Butter, die von den Karauschen abgeseiget worden, darüber, und richtet sie an.

Karauschen, marinirt. Man sehe Forellen, marinirt

Karauschen mit Mandelmeerrettig. Man bereitet sie im Anfang, wie gemeldet, dann bakt man sie im Schmalz rösch, und verfährt wie oben gesagt. S. Hecht, gebaken, mit einem Mandelmeerrettig.

Karpfen, blau zu sieden. Man schneidet den Karpfen am Rüken auf, nimmt das Eingeweide heraus, wäscht ihn, thut ihn in eine Schüssel, und gießt Weinessig darüber. Alsdann thut man Essig in eine Pfanne, und ein wenig Wasser dazu, eine ganze Zwiebel, salzt es, und wann es kocht, wirft man den Fisch darein, und läßt ihn sieden, bis die Flosfedern leicht weggehen; seigt ihn ab, thut Wein und Gewürz daran, legt den Fisch in die Schüssel und brennt würflicht geschnittene Semmeln darauf.

Karpfen, in einer schwarzen Brühe. Den Karpfen schuppet man, wäscht ihn rein ab, schneidet ihn beym Bauch auf, nimmt das Eingeweide heraus, und macht die Galle geschwind ab, gießt ein paarmal Essig in den Fisch, daß das Blut rein weg komt. Wann man ihn ausnimmt und auswäscht, muß man ihn immer in die Höhe halten, daß nichts von dem Blut umkomme. Dann reist man ihn vollends, schneidet ihn

Karpfen

in Stük, sprengt ihn ein paar Stunden mit Salz etwas scharf ein, macht hochbraun Mehl mit kleingehakten Zwiebeln, troknet den Fisch ab, versieht ihn mit Lorbeerblättern, Citronen, und gestossenen Negelein, gießt etwas rothen Wein, und das Karpfenblut darauf, thut auch noch etwas Wasser dazu; dekt es dann zu, kocht es geschwind, auch rüttelt man zuweilen die Casserole, daß es nicht anbrenne. Zuletzt bricht man es mit ein wenig Zuker.

Karpfen, mit einer Negeleinssoße. Man schuppt und reißt sie, setzt sie aber nicht ein, sondern siedet sie in Wasser und Salz, wie beym blauabsieden gesagt worden, doch darf man sie nicht so sehr, wie jene, salzen: setzt dann in einer Casserole Butter zum Feuer, und wann sie braun ist, rührt man Mehl darein, daß sie castanienbraun werde. Darn gießt man Brühe, Essig und Wein hinein, legt eine ganze Zwiebel daran, würzt es mit viel gestossenen Negelein, Ingber, Citronenschaalen und Zuker, und läßt es ganz gemach auf Kohlen kochen. Ist die Brühe nun dikklicht, so richtet man den Karpfen an, und die Brühe darüber, setzt ihn auf Kohlen, daß sich die Brühe ein wenig in den Karpfen ziehe, bereibt sie mit Zuker, und streut Citronenschaalen darüber.

Karpfen

Karpfen mit Spekbrühe. Wird gekocht, wie der vorige. Dann setzt man geschnittenen Spek mit etwas Butter in einer Caßerole zum Feuer, läßt es zusammen braun werden, rührt ein wenig Mehl darein, welches ebenfalls bräunen muß, gießt alsdann Brühe und Eßig dazu, würzt es mit Ingber und Pfeffer, und läßt es zusammen kochen; schneidet Spek und Semmel würflicht, röstet es zusammen, daß es braun wird, richtet den Karpfen an, gießt die Brühe darüber, und streut den Spek und Semmel daran.

Karpfen zu baken. Man schuppt und reißt ihn, und schneidet ihn in Stüken: wäscht sie dann aus, sprengt sie mit Salz ein, und läßt sie eine Weile darinn liegen; endlich wälzt man sie in Mehl und Semmelkrummen herum, und bakt sie in einem Tiegel mit brauner Butter.

Karpfen, in Oel gebraten. Man macht den Fisch am Rüken auf, und thut das Eingeweide heraus, würzt ihn mit Pfeffer, Ingber, Salz und klein geschnittenen Rosmarin, läßt ihn ein bis zwey Stunden im Gewürz liegen; macht Oel in einer Schüssel mit Schmalz heis, und schüttet es über den Fisch, daß er auf beeden Seiten mit Oel, begossen wird. Dann schmieret man auch den Rost wohl mit Oel. Ist er nun gebraten, so legt man ihn in die Schüssel und gießt folgende Brühe darüber: Man thut Capern und nicht sehr sauren Eßig, Ingber, Pfeffer, Salz und ein wenig Zuker in ein Tiegelchen, läßts ein wenig sieden, und gießts über den Fisch. Man kan auch heisses Oel darunter schütten, und etwas Citronenschaalen dazu thun.

Karpfen in einer Capernsose. Man schuppt, bratet und siedet den Fisch ganz. Die Brühe, siehe: Karauschen mit einer Capernsose, weiß.

Karpfen mit einer Fricaßeesose. Man schuppt und schneidet ihn in Stücken, thut vier bis fünf Eyerdotter in ein Töpfchen, quirlt sie mit etwas Mehl ab, gießt ein Glas Wein, Eßig und Brühe daran, würzt es mit Ingber, Muscatenblüthen und Citronenschaalen, legt ein paar Lorbeerblätter, nebst ziemlich Butter dazu, setzts zum Feuer, rührts immer um, daß es nicht gerinnt. Wann es bald dik ist, läßt man etliche Tropfen kalt Wasser hineinfallen, röstet würflicht geschnittene Semmel in Butter, und streut sie beym Anrichten über den Fisch.

Karpf, gesotten auf Lachsart. Man reißt einen Karpfen von drey bis vier Pfund, wie die blaugesottene; wäscht ihn sauber

ber aus, und besprengt ihn mit Eßig. Dann gießt man in einen Fischkessel einen Theil Wasser, und einen Theil Eßig, salzt es, doch nicht stark, schneidet Zwiebel und Citronenschaalen darein, legt Lorbeerblätter, Rosmarin, und etwas ganze Würze dazu, und setzet es zusammen aufs Feuer. Wenn es kocht, thut man den Karpfen hinein, stekt aber vorher durch jedes Stük ein Spieschen, läßt ihn, doch nicht schnell, sieden, wirft einer Haselnus groß Butter hinein, und läßt ihn nur nicht übersieden, doch darf man ihn auch nicht, wie den blaugesottenen, einsieden. Hierauf nimmt man den Kessel vom Feuer, und der Fisch kan nun in der Brühe erkalten, oder man kan ihn warm, in einer Serviette, hingeben, und Citronen dazu thun.

Karpfen mit Sauerkraut. Man schuppt, reißt und schneidet sie in Stüke; die Köpfe und Schwänze salzt man ein, das übrige siedet man, wie gewöhnlich. Dann kocht man Sauerkraut halb gahr im Wasser, schneidet es klein, setzt zu gleicher Zeit in der Casserole Butter zum Feuer, in die man, wenn sie braun ist, ein wenig Mehl rühren und rösten muß. Nun schüttet man das Kraut hinein, und gießt hernach eine Kanne diken Rahm daran, welches zusammen eine Weile dämpfen muß. Inzwischen brekt man den Fisch stükweis aus, und macht es wie bey Hecht mit Sauerkraut, gesagt worden. Die Köpfe und Schwänze bestreut man mit Mehl, bakt sie aus heissem Schmalz, und garnirt das Kraut damit, nachdem es im Ofen gebaken worden.

Karpfen, gebraten. Man schuppt und reißt sie, spaltet sie entzwey, nimmt die Galle heraus, läßt aber das Eingeweide darinn; macht dem Fisch kleine Schnitte auf beeden Seiten, auch spaltet man die Köpfe, salzt sie ein und läßt sie eine Weile so liegen. Dann troknet und streift man sie ab, bestreicht sie mit Butter, legt sie auf einen Rost über Kohlen, die aber nicht stark seyn müssen. Sind sie auf der Seite braun, so bestreicht man sie oben mit Butter, legt ein Blech oben darauf, kehrt den Rost um, daß sie nicht sehr zerreißen, setzt ihn abermal auf Kohlen, und bratet die Fische vollends. Endlich macht man beym Anrichten braune Butter darüber.

Karpfen in einer Pastete. Man kan ihn, geschuppt, mit Fleischstüken von Aal spiken, mit Salz, Pfeffer, Muscatennus, Negelein, Butter und Lorbeerblättern, würzen, eine länglichte Pastete, nach der Länge des Karpfen, von feinem Teig formiren, schließen, und

und bey gelindem Feuer baken, und, ist sie halb gahr, ein Glas Wein hineinschütten. Man kan den Fisch auch mit Champignons, Artischokenstielen, Austern und Karpfenmilch füllen, wenn die Pastete gar ist, sie öfnen, wohl abfetten, ein Austernragout hineinschütten, und die Pastete warm anrichten.

Karpfen, marinirt. Man schuppt und schneidet sie in Stüke, saltzt sie ein, troknet sie ab, bakt sie ohne Mehl aus heissem Schmaltz oder Baumöl, und verfährt dann wie mit den marinirten Forellen.

Karpfen, gebraten am Spies. Man richtet den grösten und besten Karpfen, den man haben kan, einen Milchling, gehörig zu, macht eine Fülle von Karpfenmilch, Fleisch von Aal, Sardellen, Champignons, geraspelt Brod, grossen Zwiebeln, Sauerampfer, Petersilie und Thymian, würzt sie mit Saltz, Pfeffer, und gestossenen Negelein, thut etwas Butter dazu, füllt damit den Fisch, näht die Oefnung zu, spikt ihn mit Negelein und Lorbeerblättern, und bewikelt ihn mit Papier, das sich voll Butter gezogen hat, stekt ihn an den Spies, und begießt ihn in währendem Braten mit heisser Milch oder Wein. Ist er gahr, so richtet man ihn mit einem Ragout von Champignons, Karpfenmilch, Spargelköpfen, Trüffeln und Morcheln an.

Karpfen im Ragout, mit Aal gespikt. Wann er abgeschuppt ist, spikt man ihn mit Aalschnitten, paßirt ihn in der Casserole mit brauner Butter, thut den Fisch in ein Beken, nebst eben der Butter, ein wenig gebakenem Mehl und Champignons, würzt ihn mit Saltz, Pfeffer, Muscatennus, einem Lorbeerblatt und einem Stük grüner Citrone, und thut ein Glas Wein dazu. Ist er gahr, so thut man frische Austern und Capern daran, läßt ihn damit gelind aufkochen, und richtet ihn warm an. Das Ragout muß diklicht seyn.

Karpfen in einer Sultze einzumachen, und lang aufzuhalten. Man wäscht die Fische sauber, saltzt sie, läßt das Wasser wohl davon laufen, hängt sie an die Luft, daß sie troknen, pfeffert sie, legt sie auf den Rost, bratet sie sachte, doch, daß sie gelb bleiben, nimmt Eßig und Butter, legt ein Sträuslein Salbey darein, und bestreicht die Karpfen oft damit. Sind sie gebraten, so bestreicht man jedes Stük mit einer Feder mit Baumöl wohl, belegt den Boden eines Fäschens mit Rosmarin, und legt den Fisch darauf; alsdann bestreut man jedes Stük mit Pfeffer,

Pfeffer, Ingber, Negelein, und Muscatenblüthen; auch bestreicht man die Fische, wann sie vom Rost kommen, und noch warm sind, mit Baumöl, und streut auf beyden Seiten viel Gewürz darauf: legt dann wieder Rosmarin, auch etliche Lorbeerblätter darauf, dann wieder Fische, und so fort. Wann alles darinn ist, macht man halb Wein und halb Essig recht siedend heiß, und schüttelt es strudelnd über die Fische, stellt sie beschwert in den Keller, und läßt sie vier Wochen stehen. So kan man auch Salme und Forellen zurichten.

Kazendreke zu baken. Man schält ein achtels Pfund Mandeln, wäscht eben so viele Cibeben, läßt beedes wieder troknen, sticht mit einer Nadel, woran ein Faden ist, durch die Zibebe, dann durch die Mandeln, und fährt fort, bis es eine viertels Elle lang ist. Dann läßt man den Faden unten und oben vorgehen, und schneidet ihn ab, faßt wieder ein frisches Stük an, und fährt so fort, bis alles aus ist. Dann macht man einen Teig, wie zu den Aepfelschnizen, kehrt ein angefaßtes Stük nach dem andern darin um, und bakt es im Schmalz gelb. Nach dem Baken zieht man die Fäden heraus, bestreut die Stüke mit Zuker, oder macht eine süße Brühe daran.

Kaiserkuchen. Man weicht Semmel in Milch, drükt sie wieder aus, nimmt sie in eine Schüssel, thut eine Hand voll klein gestossene Mandeln, etwas grosse und kleine Rosinen, einen Löffel voll klein gestossenen Zimmet, klein geschnittene Citronenschaalen und vier Eyer dazu, rührt alles wohl untereinander und bakt es. Nach dem Baken spikt man den Kuchen mit geschnittenen Mandeln. Zur Brühe nimmt man ein wenig Butter, zerläßt sie, macht ein wenig Mehl darinnen gelb, löscht es mit Rosenwasser und Wein ab, thut ein wenig Safran, Zimmet, genugsamen Zuker, Zibeben und kleine Rosinen daran, läßt es aufkochen und gießt es an den Kuchen. Oder man siedet gedörrte Hagebutten im Wein, treibt sie durch, thut Zimmet, Negelein, klein geschnittene Citronen und Zuker darein, läßts aufsieden und gießts darüber.

Kindbetterbrod. Man mengt ein halb Pfund Mandeln, ein halb Pfund Zuker, ein halb Pfund Butter mit einem Ey untereinander, macht Streifen einen Finger lang, schneidet mit dem Messer etliche Schnitten ab, bestreicht eins nach dem andern mit Eyern, legts auf ein Blech, bestreut es mit Mehl und bakts im Ofen. Man nimmt auch Zimmet dazu.

Kir-

Kirſchen, aufgelaufen, zu baken. Wann man ein wenig heiß Schmalz im Mehl gebrannt hat, ſo ſchüttet man ein wenig warm gemachten Wein daran, und macht das Mehl mit Eyerweiß zu einem ziemlich diken Teig, baft jede Kirſche beſonders und gießt öfters Schmalz auf, doch darf es nicht zu beiß ſeyn.

Kirſchen in Brandewein. Man nimmt vier Pfund groſſe und ſchöne Kirſchen, ſchneidet die Stiele halb ab und thut die Kirſchen in eine gläſerne Flaſche mit einem Hals; dann zerdrükt man in einer Terrine ein Viertelpfund Maulbeere nebſt einigen Himbeeren, welche unter etwas Kirſchenſyrup gemengt werden müſſen, läßt ſie durch ein Sieb ablaufen, und thut den Saft davon in die Brühe zu den Kirſchen. Dann läßt man in einer Kanne Brandewein zwey und ein halb Pfund Zuker zerſchmelzen, rührt ihn recht um, und gießt ihn, mit etwas Zimmet vermiſcht, auf die Kirſchen. Hernach ſtopft man die Flaſche wohl zu. Im Winter laſſen ſich dieſe Kirſchen weiß überzukern oder braun ſieden.

Kirſchenbrod. Man ſtößt Kirſchen, thut halb Waſſer und Wein, Zimmet und Negelein daran, und läßt ſie kochen. Sind ſie genug gekocht, ſo treibt man ſie durch, ſchneidet lange Schnitte von Zeilen Semmeln, und bakt ſie im Schmalz, und ſchüttet in einer Schüſſel Brühe darüber, thut Zuker, Zimmet und Negelein daran, und läßts auf Kohlen kochen.

Kirſchenconſerve. Man nimmt aus zwey Pfund Kirſchen die Steine heraus, und läßt auf dem Feuer den Saft davon geben. Hernach drükt man ſie in einem Sieb mit dem Rührlöffel aus, den Saft ſezt man wieder aufs Feuer, und läßt ihn bis auf ein halb Pfund einkochen. Dann ſiedet man zwey Pfund Zuker a la plume, thut die Häute dazu, daß ſie mit einkochen, mengt alles mit dem Zuker wohl untereinander, und rührt beſtändig in dem Gefäß, bis ſich oben darauf eine kleine Haut zeigt. Dann thut man die Conſerve in papierne Formen, und wenn ſie hart iſt, ſchneidet man ſie in Täfelchen.

Kirſchen oder Weichſeln, gedämpft. Sie mögen friſch oder dürr ſeyn, (nur muß man die dürren vorher waſchen) ſezt man ſie in Wein und Zuker zu, läßt ſie ſieden, daß ſie eine dike Brühe bekommen, und ſtreut Zuker und Zimmet darauf.

Kirſchengallerte. Man zerdrükt in einem Napf ſechs Pfund reife Kirſchen, daß der Saft her-
aus-

auskommt, den man durch ein Sieb laufen läßt, daß er sich setze. Hernach siedet man sechs Pfund Zuker nach Art des Gebrochenen, thut den Kirschensaft hinein, daß er mit dem Zuker koche. Man schäumt ihn von Zeit zu Zeit ab und läßt die Gallerte kochen, bis sie zwischen dem Faden- und Perlenzuker ist. Sie muß sich, wenn sie kalt ist, mit dem Messer ganz aufheben lassen oder breit vom Schaumlöffel abfallen. Dann hebt man sie vom Feuer, und wenn sie etwas erkaltet ist, thut man sie in Gefäße. Zulezt fährt man mit weissem Papier darüber hin, damit der durchs Eingießen entstandene kleine Schaum wegkomme, und dekt sie zu, aber nicht bälder als wenn sie kalt ist.

Kirschenklöse. Man siedet sie im Wasser ab und versüßt sie mit Zuker. Hernach thut man sie aus der Brühe heraus und treibt sie durch einen Durchschlag, mengt etwas geriebene Semmel, Zimmet und Zuker darein, rührt es mit Eyern an und bakt es im Schmalz. Die Kerne zerstößt man und läßt sie in der Brühe wieder sieden, treibt sie durch, thut Zuker und Zimmet darein, gießt sie über die Klöse, und läßt sie darinn kochen. Man giebt sie auch trolen.

Kirschenkuchen. Man rührt fünf ganze Eyer nebst vier Dottern und einem halben Pfund Zuker eine Viertelstunde, nimmt vier Loth geriebene Semmel, zwölf Loth gestoßene Mandeln und ein Loth Zimmet, rührt alles untereinander, thut die abgepflükten Weichseln hinein, schüttets zusammen in einen flachen Model, und bakts im Ofen. Nimmts wieder heraus, läßt es erkalten, und bestreut es oben mit Zuker und Zimmet.

Kirschkuchen, anders. Man läßt drey Viertelpfund Butter schmelzen, klärt sie ab, rührt sie wieder so lang, bis sie kalt und zu einem Brey wird, nimmt zwey bis drey in Milch geweichte runde Semmelschnitten, ein wenig Salz, Zuker nach Belieben, Zimmet, ein halb Pfund klein gestoßene Mandeln, Muscatenblüthe oder geriebene Muscatennuß, schlägt sechzehn Eyer vorher wohl, rührt dies alles recht untereinander, zupft nach Gutdünken Kirschen ab, thut sie auch dazu, rührt aber nun nicht mehr, bakt dies in einer Casserole ohne Stiel oder Tortenpfanne, auch legt man unten Papier hinein. Man muß ihn, wenn er heraus soll, mit einem Messer ablösen.

Kirschkuchen, anders. Man reibt eine altgebakene Semmel, schlägt sechs bis acht Eyer daran, gießt auch ein wenig Rosensenwasser darein, rührts bis es lauter Schaum wird, wie einen Mandeltortenteig, versüßt es nach Belieben mit Zuker und Zimmet, thut die abgepflükten Kirschen darein, und rührts es untereinander; macht Schmalz in einer Pfanne heiß, schüttet das Umgerührte darein, und bakt es eine Stunde gelb. Man bestreuts hernach mit Zuker.

Kirschkuchen, anders. Man welcht Semmel in süße Milch, drükt sie wieder wohl aus, rührt sie mit etlichen Eyern, Zuker, Zimmet und Rosenwasser um, thut die Kirschen darein, und bakt sie im Ofen oder Pfanne. Im lezten Fall thut man auch Glut auf den Dekel.

Kirschkuchen von Hefenteig. Man rührt ein Viertelpfund Butter, bis sie recht weiß ist, thut zwey ganze Eyer und zwey Eyerdotter darunter, und rührt sie auch in der Butter, bis sie wie ein Brey wird, macht ein halb Pfund Mehl ein wenig warm, rührt so wohl dies als einen Löffel voll Zuker, ein klein wenig Salz, drey Löffel voll Bierhefen und vier Löffel voll lauer Milch auch daran, und klopft alles zusammen so lang, bis es sich von der Schüssel abschält und Blattern giebt. Nach diesem macht man einen runden Boden, so groß als ein Innteller,

und so dik, als ein kleiner Finger, aus dem Teig, macht von steifem Papier einen Ring darum, bestreicht ihn wohl mit Butter, und besäet ihn mit Mandeln und feinem Mehl, den Boden aber selbst zimlich dik mit Zimmet. Die Kirschen wäscht man sauber, kehrt sie im Zuker um, und überlegt den ganzen Boden damit so, daß eine hart an der andern liegt. Auf die Kirschen macht man wieder einen Boden vom obigen Teig, bestreut ihn mit Zimmet und klein geschnittenen Citronen, belegt ihn wieder mit Kirschen, und fährt so fort, bis der Teig alle ist. Das Blech, worauf der Kuchen kommt, bestreicht man mit Butter, und besäets mit vermischtem Weizenmehl und würflicht geschnittenen Mandeln. Ist der Kuchen fertig, so läßt man ihn in der Wärme gehen, bis er reif genug ist, bakt ihn in der Tortenpfanne oder im Ofen gelb, und bestreut ihn zulezt mit Zuker.

Kirschenmarcipan. Man stößt ein Pfund abgebrühte süße Mandeln; wenn sie rein gestossen sind, thut man ein halb Pfund recht reife Kirschen dazu, die vorher zerdrükt und durch ein Sieb getrieben sind. Man stößt sie nochmal mit den Mandeln, damit sie sich völlig miteinander vereinigen. Dann siedet man ein Pfund

Pfund Zuker a la plume, schüttet ihn unter die Mandeln und Kirschen, und sezt alles zusammen auf ein sehr gelindes Feuer, bis der Teig so troken wird, daß er nicht mehr am Gefäß anklebt. Hernach thut man ihn auf einen Bogen Papier, und läßt ihn kalt werden, thut ihn sodann nochmal nebst dem Weissen von drey frischen Eyern in den Mörsel, stößt ihn eine Viertelstunde und schüttet unter dem Stoßen noch etwas rein gestoßenen Zuker dazu. Dann schneidet man den Marcipan beliebig, und bakt ihn in einem gelind heissen Ofen.

Kirschenmus. Man röstet weisses aufgeschnittenes Brod im Schmalz, läßt vom Schmalz etwas im Pfännchen, schüttet die Kirschen hinein und röstet sie wohl, gießt in einem Topf Wein daran, zukert es wohl, wirft Zimmet hinein, und läßt es sieden. Endlich thut man das geröstete Brod auch hinein, und läßt es noch einen Wall mitthun.

X Kirschensoße über schwarz Gebratenes. Man zupft Weichseln von den Stielen ab, legt sie in die Pfanne, gießt etwas Fleischbrühe und Wein daran, siedet sie weich, treibt sie durch, und thut Zuker nebst Gewürz dazu, läßts aber nicht aufsieden, sondern nur recht warm werden;

dann richtet man es über das Gebratene an. Ist die Brühe zu dünn, so thut man etwas geriebenes Brod mit klein geschnittenen Citronenschaalen darein. Man nimmt die Brühe besonders zu schwarz Wildpret.

Kirschensoße über weisses Geflügel. Man puzt sie von den Stielen, wäscht und siedet sie im Wein, bis sie etwas weich werden. Dann thut man Zuker und Trisanet darein, und richtets über das gebratene Geflügel an. Man siedet auch die Kirschen mit Zukerbrod in Wein, und seigets durch, so wird die Soße diklicht.

Kirschen- und Himbeeressigbrühe über Rebhühner und Capaunen. Man bäht weiß Brod, schüttet Wein daran, läßts sieden, treibts durch einen Durchschlag, gießt Himbeer- oder Weichselessig darauf, streut Pfeffer, Muscatenblüthe, Zuker und Zimmet, etwas Trisanet, und zulezt klein geschnittene Citronenschaalen darein, und läßt es aufsieden.

Kirschensemmel. Man thut die Rinde weg und weicht sie in Rahm, röstet sie dann im Schmalz, legt sie in die Schüssel, bestekt sie mit geschnittenen Mandeln, und besäet sie mit Zuker und Zimmet. Indessen stößt man Kirschen, drükt sie durch, thut

thut Zuker und Zimmet dazu, läßt sie aufkochen, und gießt sie auf die Semmel.

Kirſchenſulze. Man ſtößt reife Kirſchen mit den Steinen, treibt ſie wie eine Gallerte durch. Sollte ſie zu diſ. werden, gießt man guten Wein daran; iſt ſie zu ſauer, ſo zukert man ſie.

Kirſchenſuppe. S. Suppe.

Kirſchentorte. S. Torte.

Kirſchenmustorte. S. Torte.

Kirſchen, halb gezukert. Man ſiedet zwey Pfund Zuker a la plume, ſchüttet vier Pfund Kirſchen ohne Stiele und Steine dazu, läßt ſie zugedekt vier bis fünf Sud thun, nimmt ſie vom Feuer, und läßt ſie im Syrup bis zum andern Tag ſtehen. Dann gießt man den Zuker ab, läßt ihn noch einmal a la plume ſieden, thut die Kirſchen wieder hinein, läßt ſie achtzehn bis zwanzig Sud thun, und ſchäumt ſie immer wohl ab, dann ſezt man ſie bis zum folgenden Tag auf den Ofen, wo man ſie aus dem Zuker und auf ein Sieb thut, daß ſie abtropfen; hernach legt man ſie auf Bleche, und läßt ſie in der Wärme troken werden.

Kirſchen mit Streuzuker. Man bereitet groſſe Kirſchen auf oft bemeldte Weiſe, taucht ſie in Zuker, der nach Art des Gebrochenen geſotten iſt, und beſäet jede, ſo bald ſie eingetauchet iſt, mit vielfärbigem kleinen oder Streuzuker, und ſezt eine nach der andern auf ein Kupferblech, das mit kleinem Zuker beſtreut iſt.

Kirſchen weiß überzukert. Man nimmt das Weiſſe von ein paar Eyern und klopfts, in den Schaum taucht man ſchöne Kirſchen, von denen die Stiele halb abgeſchnitten ſind, und wälzt jede, ſo bald ſie eingetauchet iſt, in rein geſtoſſenem Zuker herum. Den daran hangen gebliebenen überflüßigen Zuker bläßt man ab, und ſezt eine nach der andern in ein Sieb, worinn ſie auf einem gelind geheizten Ofen ſtehen bleiben, bis man ſie braucht.

Kirſchenwein. Zu einer Kanne nimmt man drey Pfund Kirſchen, thut die Kerne heraus und legt ſie beſonder. Dann ſtößt man die Kirſchen, daß aller Saft herauskommt, thut dieſen nebſt den wohlgeſtoſſenen Kernen und ein Viertelpfund Zuker auf jede Kanne Saft in ein Fäßchen, und läßts vierzehn bis ein und zwanzig Tage gähren. Inzwiſchen füllt man ihn immer mit Kirſchenſaft auf, und legt allemal ein mit Saub um und um beſtreutes Rebenblatt auf den Spund. Gährt er nimmer, ſo ſpundet man das Fäßchen ſo lang zu, bis man Zeit hat, ihn in Bouteillen abzuziehen.

Klein-

Kleingeschnitten Brod, ein Zukergebäk. Man zerklopft ein Ey, rührt viel Loth Zuker und ein halb Loth Anis darein, und thut so viel Mehl darunter, daß der Teig recht ausgewürkt wird, formirt länglichte einen Finger dike Strizeln daraus, überschmiert ein Blech mit Butter, wischts aber bald wieder ab, legt die Strizeln darauf, überstreicht sie mit Eyern, bakt sie im Ofen, und schneidet sie warm in kleine Schnitten.

Kleinigkeiten von Marzipan. Man formirt aus dem Marzipanteig Herzchen, umlegt sie mit einem subtilen Rand, ziert sie, wie gewöhnlich aus, belegt sie, wenn sie troken sind, mit Zuker und Citronenschaalen.

Klippfisch zu wässern. Man schneidet ihn in etliche Stüke, läßt ihn im kalten Wasser zwey bis drey Tage liegen, und giebt alle Tage ein paarmal frisches.

Klippfisch mit zerlassener Butter und Petersilie. Wann er gewässert und in Stüke geschnitten ist, sezt man ihn in einem Topf mit kaltem Wasser zum Feuer, thut ihn weg, so bald das Wasser etwas schäumt, und läßt ihn so stehen. Inzwischen läßt man Butter im Tiegel auf Kohlen zergehen, legt den Fisch auf die Schüssel, gießt die Butter darüber, besprengt ihn mit etwas Salz, sezt ihn verdekt auf Kohlen und läßt ihn eine halbe Viertelstunde stehen, und streut Ingber, Muscatenblüthe und klein gehakte grüne Petersilie darüber.

Klippfisch, gedämpft mit Zwiebeln. Dem gewässerten und in Stüke geschnittenen Fisch zieht man die Haut ein wenig herunter, und wirft ihn in frisch Wasser; belegt eine Schüssel inwendig mit reiner Butter einen halben Finger dik, streut Muscatenblüthe darauf, und belegt die Butter mit scheibenweis geschnittenen Zwiebeln, thut auf diese eine Lage Fisch, dann wieder Butter, Zwiebeln und etwas Salz. Dann kommt, wenn es genug ist, oben Butter, Ingber und Muscatenblüthe darüber, man sezt die Schüssel auf Kohlen, und läßt ihn fest zugedekt, so lang dämpfen, bis die Zwiebeln weich sind.

Klippfisch mit saurem Rahm und Capern. Man sezt ihn, bereitet wie den vorigen, mit Wasser zum Feuer, bräunt inzwischen in einem Tiegel Butter auf Kohlen, rührt etwas Mehl darein und bräunt es auch, gießt ein wenig Brühe daran, und läßt es kochen, daß es klar wird. Vermischt die Brühe mit einem Nößel sauren wohl gequirlten Rahm, rührt es durcheinander, bis

bis es auch recht klar wird, läßts durch einen Durchschlag in den Tiegel laufen, würzt es mit Ingber, Pfeffer, Citronenschaalen, Lorbeerblättern und Capern, und läßts zusammen kochen. Endlich läßt man den Fisch auf gelindem Feuer nur ein wenig mitdämpfen. Man kann auch noch ein wenig braune Butter daran brennen.

Klippfisch mit Senfsose. Wann der Fisch zerschnitten zugesetzt ist, bräunt man Butter in einer Casserole, rührt etwas Senf darein, und läßt dieses auch ganz braun werden, gießt Brühe und Wein daran, und würzt es mit Ingber, Pfeffer, Citronenschaalen und Zuker, und läßts durcheinander kochen. Endlich legt man den Fisch darein, und läßt ihn eine Viertelstunde dämpfen; brennt auch, ehe er aufgetragen wird, noch etwas braune Butter daran.

Klöse, (Knötchen, Knöpflein) von Kalbfleisch. Man hakt Kalbfleisch nebst einem halben Pfund Nierentalg ganz klein, schlägt zwey Eyer daran, wirft Muscatenblüthe, Salz, in Milch eingeweichte und wieder ausgedrükte Semmeln dazu, mischt dieß alles durcheinander, daß es klar wird, hakt auch Majoran und Petersilie darunter. Daraus macht man Klöse und kocht sie besonders, oder braucht sie an Potagen.

Klöse von Hühnern oder Capaunen. Man hakt das Fleisch von der Brust eines Capaunen oder einer Henne samt dem Fett oder einem Stük Rindsmark, und einer in Milch eingeweichten Semmelkrume, thut ganz klein geschnittene Petersilie, Muscatenblüthe und Salz daran, hopft es ziemlich lang und rührt es endlich mit den Eyern, um; hierauf läßt man ein Stük Butter zu Schaum zergehen, schüttet sie auch darein, macht kleine Klöse daraus, und kocht sie in siedender Hühner- oder Capaunenbrühe.

Klöse, gebaken in einer Rahmsose. Man netzt geriebene Semmeln mit Rahm an, und rührt sie wohl untereinander, schlägt zehn Eyer darein, würzt es mit Muscatenblüthe und Salz, und rührt es mit etlichen Messerspitzen Mehl zusammen; der Teig muß aber etwas stark seyn. Dann macht man Schmalz heiß, nimmt mit dem Löffel Stüke, gleich einem Klos, von obigem Teig aus dem Topf, und bakt sie im Schmalz gelb; setzt auch im Tiegel Milch zum Feuer, und wirft allemal die herausgebakene Klöse hinein, daß sie groß auflaufen. Sind ihrer nun genug, so läßt man sie eine Weile in der Milch kochen, schlägt

schlägt auch drey bis vier Eyerdotter in ein Töpfchen, und quirlt sie klar, schüttet eine Messerspitze roh Mehl dazu, zieht die Milch von den Klösen an die Eyerdotter, die man immer rühren muß, daß sie nicht gerinnen, legt noch ein Stük Butter darein, und läßts etwas dik werden, richtet sodann die Klöse an, und gießt die Brühe darüber.

Klöse von Semmeln. Man nimmt zimlich geriebene Semmeln, schlägt zwey bis drey ganze Eyer darein, legt ein halb Pfund Butter, Muscatenblüthe und Salz dazu, und wirkts wohl untereinander. Dann sezt man Wasser zum Feuer, wirft etwas Salz darein, und legt, wenn es kocht, die Klöse, die einer welschen Nuß groß seyn müssen, hinein; sie dürfen aber nicht zu lang kochen. Beym Anrichten beschmiert man eine Schüssel mit Butter, thut die Klöse darauf, gießt etwas von der Brühe daran, streut Muscatenblüthe darüber, und dekt sie mit einer andern Schüssel zu.

Klöse von frischem Spek. Man schneidet Semmeln und Spek würflicht, eines so viel als das andere, sezt den Spek mit etwas Butter zum Feuer, wenn er geröstet ist, thut man die vorige und noch ein wenig klein geschnittene Semmeln hinein, und läßt es zusammen rösten. Hernach schüttet man einen halben Rößel Mehl in eine andere Schüssel, salzt es ein wenig, und rührt es mit Milch zu einem zimlich starken Teig, woraus man Klöse machen kann; mischt den Spek und die Semmel und noch ein Pfund ganz klein würflicht geschnittenen Spek darunter, und macht Klöse daraus.

Klöse von Hecht. Man schuppt den Hecht, löset ihm das Fleisch ab und schneidet es mit einem Schneidmesser ganz klein, thut eingeweichte und wieder ausgedrükte Semmeln dazu, schüttet auch sechs gerührte Eyer, Muscatenblüthe, geriebene Citronenschaalen, etwas Ingber und Salz daran, und stößt es ganz klar im Mörsel. Dann macht man Klöse daraus wie man will.

Klöse von gebakenem Hecht. Von einem geschuppten Hecht siedet man die eine Helfte ab, die andere schneidet man wie bey dem vorigen, roh. Von der abgesottenen thut man alle Graten heraus, und schneidet sie und die rohe zusammen ganz klein, schüttet eingeweichte Semmeln, gerührte Eyer und so fort, wie oben, dazu, und hakt es zart. Daraus macht man fingerslange Strizeln, legt sie besonders, macht auch runde Klöse und besäet sie ein wenig mit Mehl, bakt

bakt dann diese und jene im Schmalz gelb. Hernach thut man sie in einen Tiegel, gießt Brühe oder Petersilienwasser darauf, wirft ein Stük reine Butter, Muscatenblüthe und ein wenig geriebene Semmeln daran, und kocht sie gemach.

Klöse mit Hefen. Man sezt Mehl in einer irrdenen Schüssel an einen warmen Ort, rührt ein paar Löffel voll gewässerte Hefen mit laulicht gemachter Milch unter das Mehl, woraus die Klöse werben sollen, deren jeder so groß als ein Dreyerbrod seyn muß, und salzt es. Diese Klöse nun sezt man auf einen Kuchendekel und bestreut sie mit Mehl, alsdann thut man sie an einen warmen Ort, daß sie aufgeben. Wenn sie genug gegangen sind, so sezt man einen Kessel mit Wasser zum Feuer, und läßts kochen. In dies thut man die Klöse, welche auch kochen müssen. Inzwischen sezt man in einer Casserole Butter aufs Feuer, und so bald sie zergangen ist, läutert man sie in einen Tiegel, richtet die ausgekochten Klöse auf eine Schüssel an, und trägt sie mit der zerlassenen Butter zu Tische, wo man sie zerreißt und stükweis in die Butter tunkt.

Klöse von Kirschen. Man wäscht gedörrte Kirschen sauber und läßt sie ganz weich kochen. Darnach thut man die Steine heraus, schneidet das Fleisch mit einem Schneidmesser von den Kirschen, röstet geriebene Semmeln in Butter braun, thut diese auch zu den Kirschen, schlägt ein paar Eyer darein, würzt es mit Negelein, Citronenschaalen und viel Zuker, macht Klöse daraus, bestreut sie mit Mehl und bakt sie rösch im Schmalz. Endlich seigt man die Brühe, worinn die Kirschen gekocht haben, durch einen Durchschlag in einen Tiegel, sezt die gebakenen Klöse darein, schüttet Negelein, Citronenschaalen und viel Zuker dazu, und läßt sie kochen. Beym Anrichten gießt man die Brühe darüber, bereibt sie mit Zuker und streut Citronenschaalen darauf.

Klöse von Borsdorferäpfeln. Man schält und schneidet sie, dämpft sie in Butter, thut kleine Rosinen, geriebene Semmeln und Zuker dazu, rührts mit Eyern ab, macht Klöse daraus, bakt sie im Schmalz, und macht eine süße Brühe darüber.

Klöse von Krebsen. Man hakt die geschälten Scheeren und Schwänze, ein Stük von einer Kalbspriese, und in sauren Rahm eingeweichte Semmelkrumen mit einander ganz klein, macht von den Schaalen etwas Krebsbutter, läßt ein Stükchen davon zergehen, und schüttet es in eine ne Schüssel über das Gehakte, würzt es mit Muscatenblüthe, Ingber und Salz, rührt es mit ein bis zwey Eyern, nachdem man viel Teig hat, in der rechten Dike um, thut auch etwas Petersilie dazu, und läßt die gemachte Klöse in guter Fleischbrühe, in die man auch wieder ein Stük Butter thut, eine Weile sieden.

Klöse von Krebsen, gebaken. Indem man die Krebse ausschält, weiche man Semmelkrumen in Fleischbrühe oder süße Milch, drüke sie wieder wohl aus, und hake sie mit den ausgeschälten Krebsen, würze sie mit Muscatenblüthe, Pfeffer und Salz, mache den Teig in der Dike mit Eyern recht, rühre alles wohl untereinander, mache kleine Klöse daraus und bake sie im Schmalz. Indessen macht man eine Krebsbrühe von durchgetriebenen Krebsen mit Fleischbrühe, Muscatenblüthe und Butter, und lasse die Klöse erst in der Schüssel ein wenig damit aufkochen.

Klöse von Quitten. Man kocht die geschälte Quitten in Wasser, bis sie weich werden, zerrührt sie, thut nach Gutdünken Mehl, kleine Rosinen, Zuker und Zimmet darunter, rührt es mit Eyern in der rechten Dike um, macht Klöse daraus und bakt sie im Schmalz. Endlich macht man von Zibeben, kleinen Rosinen, Zuker, Zimmet und Wein eine süße Brühe darüber, in der man die Klöse eine Weile aufkochen läßt.

Klöse von Reiß. Man kocht den Reiß mit süßer Milch ziemlich dik, stößt eine gute Hand voll geschälte Mandeln, und nimmt nach Gutdünken Mehl dazu, rührt es unter den Reiß, schlägt ein bis zwey Eyer darunter, rührt alles mit Zuker, Zimmet und Rosenwasser um, daß es dik wird, macht kleine Klöschen oder länglichte Würstchen daraus, kehrt sie im Mehl um, bakt sie langsam im Schmalz, und giebt sie entweder troken oder macht eine süße Wein- oder Milchbrühe darüber.

Knoblauchbrühe über eine Schöpskeule (Hammelschlegel.) Man schneidet den Knoblauch klein und siedet ihn in Eßig, dann seigt man diesen ab, und schüttet dafür etwas Fleischbrühe und ein gut Theil von dem Trüben aus der Bratpfanne, auch ein wenig Eßig daran, siedets miteinander auf, richtets über die Keule an oder sezt es besonders auf.

Koch von Biskoten, auf östreichisch. Die Biskoten werden in einen guten Wein gebrokelt, und zu einem dünnen Brey gekocht, dann durch einen Durchschlag

Körbelsuppe. **Kohl** 193

schlag getrieben. Nun ein Stük Butter pflaumig abgetrieben, etliche Dotter und Zuker dazu genommen, unter den ausgekühlten Koch gerührt, in ein mit Butter ausgeschmiertes Zinn gethan und gebaken.

Körbelsuppe. S. Suppe.

Körbelkrauttorte. S. Torte.

Kohl, gemeinen Gartenkohl zu kochen. Man puzt, wäscht und brüht ihn, drükt ihn wohl aus, schneidet ihn klein, und röstet ihn ein wenig im Schmalz, legt ihn in einen Tiegel, streut Muscatenblüthe darauf, und thut zulezt ein gut Stük Butter dazu.

Kohl, anders. Im Anfang wie den vorigen. Hernach schüttet man in einem Tiegel Gewürz, Bak- oder Bratschmalz mit siedender Fleischbrühe daran, und läßts miteinander sieden. Endlich thut man ein gut Stük Butter dazu, und richtet ihn entweder allein oder über Lamm- Kalb- oder Schweinenfleisch an. Man kann auch das Fleisch eine halbe Stunde mit dem Kohl sieden lassen.

Kohl, gefüllt. Man schneidet von einem runden Kohlkopf den Strunk ab, höhlt jenen ein wenig aus, wellt ihn im Wasser auf, zieht ihn heraus und läßt ihn abrinnen, öfnet ihn und breitet die Blätter auseinander, doch so, daß sie aneinander sizen bleiben. Dann füllt man den Kopf in der Mitte mit folgendem: Man nimmt Fleisch von allerhand Federvieh, Stüke Kalbfleisch aus der Keule, aufgewellten Spek, und das Fett von gahr gesottenen Schinken, thut gebakte Champignons, etwas von einer kleinen Zwiebel, Petersilie, nebst ein wenig Knoblauch dazu, würzt alles mit feinen Kräutern und guten Gewürzen, thut Semmelkrumen, zwey ganze Eyer, und zwey bis drey Eyerdotter dazu, hakt es wohl zusammen, und stößts im Mörsel. Hierauf füllt man den Kohl damit, bindets zu, und thut ihn in eine Casserole mit Kalbfleischscheiben aus der Keule, oder mürbgeklopften Rindfleischscheiben; hernach legt man sie ordentlich in die Casserole, läßt es sich färben, streut so viel Mehl als man mit zwey bis drey Fingern fassen kann, daran, und wenn es sich wohl gefärbt hat, gießt man gute Brühe dazu, und würzt alles mit feinen Kräutern und einigen Scheiben von grossen Zwiebeln. Ist es halb gahr, thut man Salz, Pfeffer und Negelein daran. Ist er ganz gahr, legt man ihn ohne Brühe in die Schüssel, und gießt ein Ragout von Champignons oder Schinken darüber.

Kohl, Savoyer, gefüllt und am Spieß gebraten. Man wellt ihn auf und füllt ihn, (s.

Koch=u. Confit. Lexic. N vor-

vorher) belegt ihn mit Spek und Schinkenscheiben, bindet ihn mit Bindfaden, und bratet ihn ein und eine halbe Stunde am Spieß; dann benetzt man ihn ein wenig mit Butter und Schmalz, und wikelt ihn, damit er nicht troken werde, vorher mit Papier, und richtet ihn mit Schinkencoulis an.

Kohl, rother, flandrisch mit Fleischwürsten. Man schneidet runde Kohlköpfe klein, so, daß man die Stengel der Blätter nicht mehr sehen kann, thut auch die grössern Stengel weg, thut ein halb Pfund Butter nebst dem klein geschnittenen Kohl in eine Casserole, würzt ihn mit Pfeffer, Salz, gehakten Zwiebeln und guten Kräutern, und kocht ihn so zugedekt. Hat er bey gelindem Feuer zwey Stunden gekocht, so gießt man kurz vor dem Anrichten etwas weniges von Kalbfleisch- oder Schinkencoulis dazu, und belegt den Kohl beym Anrichten mit Fleischwürsten, die entweder auf dem Rost oder in der Pfanne gebraten worden. Man kann auch weissen Kohl, Köpfchen von grünem Kohl, Bauchspek daran legen, den man aber besonders kochen muß. Man richtet auch krausen Braunkohl gehakt, mit gerösteten Maronen, Fleischwürsten und einer gebratenen Ente an.

Kohl, Savoyer, als ein Gemüse. Man schneidet ihn in vier Stüke, um ihn im Wasser mit ein wenig Salz ganz mürbe zu kochen; drükt dann das Wasser recht rein aus, macht die diken Stengel heraus, hakt den Kohl klein, macht etwas Butter in der Pfanne recht heiß, thut einen Löffel voll Mehl darein und rührts um, sodann auch den gehakten Kohl, ein wenig Pfeffer und Salz, Muscatenblüthe und süssen Rahm. Dieses alles läßt man wohl durchstoffen, und kann man ihn geben wozu man will.

Kohl, welschen, mit Käß. Wenn man den Kohl völlig in der Fleischbrühe gesotten hat, so streut man ein gut Theil geriebenen Parmesankäß in eine Schüssel, legt den Kohl darauf, gießt die Brühe worinn er gesotten, darüber, streut wieder dergleichen Käß darauf, und dann den übrigen Kohl. Hernach thut man Butter darüber, und läßt ihn noch einmal aufsieden.

Kohl, weisser, gefüllt. Man nimmt ein Krauthäuptlein, blanchirt es, öfnet die Blätter, ohne sie los zu machen; füllt dann ein Blatt nach dem andern mit der Fülle von wohlgewürztem Geflügel- oder Fischfleisch und Gewürz. Dann schließt man die Blätter wieder zu, und thut es mit gebräunten Schnitten von Rind-

Rindfleisch, ein wenig Mehl, ein wenig fetter Brühe, auch Fisch- oder Erbsenbrühe in die Casserole; läßt alles mit Salz, Pfeffer und Negelein zusammen kochen, richtet es, wanns gekocht ist, ohne Soſe an, und giebt es zum Voreſſen mit einem Ragout von Champignons auf den Tiſch. Die Schüſſel belegt man mit gebakenen Champignons oder Semmelrinden, oder Peterſilie.

Kohl oder Kabiskraut zu kochen. Man ſchneidet die Häuptlein entzwey, wäſcht ſie und läßt ſie in ſiedendem Waſſer etwas weich werden. Dann ſeigt man ſie ab, legt ſie in einen Tiegel, zuvor aber in denſelben etwas Butſchmalz, thut eine Hand voll geriebenes Brod, Pfeffer und Kümmel zwiſchen jede Lage, bis das Kraut alles darinnen iſt. Hierauf gießt man gute Fleiſchbrühe und Eſſig daran, und läßt es ſieden, daß die Brühe diklicht wird. Statt des geriebenen Brods kann man auch geröstet Mehl daran thun.

Kohlrüben oder Kohlrabi zu kochen. Man ſchneidet die grüne Blätter ab, ſchneidet ſie dann wenn ſie geſchält ſind, in Scheiben, nimmt auch vom Grünen die Herzchen dazu, und wäſcht ſie; gießt ſiebend Waſſer darüber und läßt ſie halb weich ſieden; gießt dann das Waſſer davon und Fleiſchbrühe daran, rührts ab und läßts in der Pfanne einen Sud thun. Man röſtet auch vorher Mehl mit etwas Fleiſchbrühe. Dann gießt man alles über die Kohlrüben, würzt ſie mit Ingber und Muſcatenblüthe, läßt es ſo miteinander ſieden, und thut, etwas vor dem Anrichten, einen guten Theil Butter daran, womit es noch einen Sud thut. Indeſſen übergießt man es einigemal mit der Brühe, daß es eine dike Brühe werde. Zuletzt rührt man Rahm an die Brühe, und läßt ſie nur einen einzigen Wall thun. Beym Anrichten ſtreut man Muſcatenuß darauf.

Kohlrüben, gefüllt. Man ſchält und höhlt ſie aus, hakt das Ausgehöhlte klein und röſtet es in Rindsfett, thut auch etwas gehaktes Kalbfleiſch mit Rindsmark oder Spek dazu, nuch Gewürz, ein wenig Salz, Semmel und ein bis zwey Eyer. Hierauf läßt man die ausgehöhlten Rüben im Waſſer aufkochen, wann ſie faſt weich und vertieft ſind, füllt man das Gehakte darein, und läßt ſie in Rindfleiſchbrühe kochen. Sind ſie fertig, ſo ſchneidet man ſie ſcheibicht in eine Schüſſel, nimmt von der Brühe, worinn ſie gekocht ſind, in einen Topf, thut Semmel, Gewürz und Butter dazu, und wenn es diklicht ist, gießt mans darüber.

Kohlrüben, gefüllt, anders. Man brüht sie ab, daß sie nicht gar zu weich werden, schneidet oben einen Plaz ab, höhlt sie in der Mitte aus, nimmt gesottene Priesen, Krebse, Kalbfleisch, hakt alles untereinander, röstet Eyerbrod in Butter oder Schmalz, rührt es unter das Gehakte, schlägt ein paar Eyer daran, salzt und würzt es, füllt es in die Kohlrüben, dekt sie mit dem Dekel wieder zu, gießt im Tiegel Krebsbrühe darüber, würzt sie und läßt sie sieden. Wann sie gesotten, thut man Butter daran, und gießt die Brühe beym Anrichten darüber.

Kohl, gebakener, in eine Suppe. Man bindet kleinen Kohl mit einem saubern Faden zusammen, brüht ihn im Salzwasser, schneidet sie zu vier Schnitten, von den Dörschen thut man etwas weg, doch so, daß sie noch ganz bleiben; dann macht man ein Teigchen von ein paar Eyern, einem Löffel voll Mehl und süßer Milch, etwas diker als ein Flädleinsteig, kehrt den Kohl darinn um, und bakt ihn im Schmalz gelb.

Kohl, broccoli. Wann man ihn im Frühling gesäet hat, so schneidet man ihn ab und kocht ihn, wie den Schnittkohl. Säet man ihn aber über Winter, ungefehr vor Bartholomäi, so wird davon versezt. Dieser treibt im Frühling dike Stangen, diese schneidet man ab, ehe sie Saamen bekommen, ziehet die Stangen ab und läßt die obersten Blätter daran, verwellt und kocht sie wie die Spargeln. Die Blätter kocht man wie Kraut oder thut sie zu Kohlrüben.

Kohl, Blattkohl. Ist er über Winter gesäet, so brüht man ihn, bis er weich ist, wässert und drükt ihn wohl aus, schneidet ihn mit dem Messer etlichemal durch, macht Buttermehl im Stollhafen, wie bey Spargeln, thut das Kraut darein und etwas Muscatenblüthe und Pfeffer, und läßt es wohl kochen. Dazu kann man Carminade (Carbonnade) oder Würste, oder was man will, geben.

Kraftbrühe von Kalb- und Hammelfleisch. Man läßt das Fleisch nicht gar zu hochbraun einschwizen, und streut kurz vorher, ehe das Wasser darauf gegossen wird, ein wenig Mehl darüber, läßt es noch ein wenig zusammen durchbraten, schüttet Brühe oder etwas siedend Wasser daran, kocht es damit durch, und streicht es durch ein kleines Sieb, so ists eine kräftige Brühe. Beym Anrichten drükt man etwas Citronensaft darein, auch kann
man

Kraftmarzipan

man Morcheln und dergleichen dazu thun.

Kraftmarzipan. Man nimmt abgetrokneten Marzipanteig, schneidet ihn zu kleinen Stükchen, vermischt ihn mit Negelein, Cardamomen, Muscatenblüthe, ein wenig Rosenzuker und Zimmet, wie auch klein geschnittenen Citronen- und Pomeranzenschaalen, Citronat und Pistaciennüsse, und würkts untereinander, schüttet noch ein wenig Rosenwasser dazu, damit der Teig beyeinander bleibe, walgert den Marzipan so groß aus, als man will, legt ihn auf eine Oblate, und diese auf ein Blech, und macht ein aufgeseztes Rändchen herum; läßt es ein wenig im Ofen stehen, bis es bräunlicht wird, läßts kalt werden, gießt einen Eisspiegel darüber, streicht ihn fein gleich, schneidet wieder Citronen- und Pomeranzenschaalen, Citronat, auch Pistaciennüsse klein, streut sie auf den Marzipan, sezt ihn nochmal in den Ofen, bis er trofen wird; dann kann man ihn vergolden.

Kraftmorsellen. Man nimmt ein Pfund Zuker, ein und ein halb Loth Zimmet, ein Quintchen Calmus, eben so viel Galgant, Lavendelblumen und ein und ein halb Loth Pfeffer, auch ein halb Quintchen Muscatenblüthe, ein Loth Pistaciennüsse,

Krammetsvögel 197

zwey Loth Citronat, ein halb Loth Muscatennuß, Negelein, Zibeben und Cardamomen, drey Loth Datteln, Citronen- und Pomeranzenschaalen, jedes ein halb Loth, zwey Loth dürre Rosenblätter, wie auch etwas von blauen und gelben Veilgen; thut alles dies zerschnitten dazu, läutert den Zuker mit Lavendel oder Rosenwasser, läßt ihn dik sieden, wie es bey Verfertigung der Quittenzelten geschieht; rührt obiges Gewürz nebst den Citronenschaalen und Pistaciennüssen darein, schüttets in die dazu gehörige Form oder schneidet auf einem angefeuchteten Marmor Strizeln daraus, und läßt sie ein wenig trofen werden.

Krafttorte. S. **Torte.**

Krammetsvögel zu braten. Man nimmt sie, wenn sie gerupft und gewaschen sind, nicht aus, sondern reibt sie mit Salz ab, stekt sie an ein Spießchen und bratet sie über Kohlen. Sind sie fast gahr, zieht man sie vom Spieß, legt sie in einen Tiegel, bräunt Butter darinn, bestreut sie mit Semmelkrumen, Salz, Ingber und klein gestessenen Wachholderbeeren, und bratet sie gahr.

Krammetsvögel in Ragout. Dazu nimmt man sie aus, biegt die Beine zierlich einwärts, thut die Vögel in eine Caßerole, und zwar mit geschmolzenem Spek

N 3 und

und ein wenig Mehl, damit die Soſe dikicht werde; thut dann ein Glas Wein und ein Bündchen feine Kräuter dazu, würzt es mit Salz, Pfeffer und Muſcatennuß, läßts gelind aufkochen, und richtets warm an.

Krankenſulze. Man hakt drey Pfund Kalbfleiſch, vier Pfund Rindfleiſch aus den Lenden und ein alt Huhn klein, thuts mit Salz, Waſſer und etwas ganzer Muſcatenblüthe in eine zinnerne Flaſche, bis ſie recht voll wird, ſchraubt ſie zu, verklebt ſie mit einem Teig recht feſt, ſetzt ſie in ein mit Waſſer angefülltes Geſchirr, läßt ſie drey bis vier Stund darinn ſieden, nimmt ſie aus dem Waſſer heraus, ſeigt die Brühe durch ein Haarſieb, drükt das Fleiſch ſtark aus, verwahrt die Brühe in einem irrdenen Geſchirr, und läßt warm davon trinken.

Krankenſuppe. S. Suppe.

Krapfen, Faſtnachtskrapfen, auf böhmiſch. In ein Seidlein ſüßen Schmetten wird ein Vierling Butter, ſechs Löffel voll gute Hefen, ſechs gut zerklopfte Dotter, zwey Seidlein fein Mehl und etwas geſtoſſene Mandeln genommen, ein gut geſchlagener, durchgearbeiteter, etwas lokerer Teig daraus gemacht, ihn etwas an der Wärme ſtehen laſſen, daß er auf-

geht, dann einige Wulchern daraus gemacht, ſolche ins heiſſe Schmalz gethan, langſam braten laſſen, und dann gezukert.

Kräpſchen von Aepfeln. Man ſchneidet Borsdorferäpfel und ſiedet ſie im Wein, thut ein wenig in Zuker geröſtetes Semmelmehl, nebſt klein gehakten Mandeln, etwas Triſanet und kleine Roſinen, auch ein wenig ſpaniſchen Wein daran, macht daraus eine Fülle, ſchlägt ſie in einen Butterteig und bakt ſie.

Kräpſchen von Butterteig. Man ſchüttet Mehl auf einen Tiſch, machts in der Mitte hohl, ſchlägt zwey Eyer darein, legt ein Stük Butter eines Eyes groß dazu, gießt kalt Waſſer daran, und macht einen aber nicht zu feſten, ſondern zähen Teig, macht auch noch ein rundes Stük daraus und treibt ihn aus, daß er eines Fingers dik bleibt. Nimmt Butter, ſo viel als drey Theile des Teigs betragen, macht ſie breit wie einen Kuchen, troknet ſie mit einem Tuch ab, legt ſie auf den Teig, zieht die Seiten von dem Teig über der Butter zuſammen, und treibt den Teig ſo weit aus, als möglich. Hernach nimmt man das eine Ende, und zieht es bis in die Mitte zurük; das andere Ende aber zieht man auch ſo, daß die beyden Ende zuſammen kommen; ſodann zieht

Kräpflein

zieht man die eine Seite bis zur andern, damit sie recht gleich werden. Ferner treibt man den Teig wieder lang aus, und schlägt ihn, wie schon geschehen, weiter aber zieht man nur ein End zum andern, und reibt den Teig zu Kräpfchen aus, schneidet von diesem lange Stükchen, einer Queerhand breit, jedes besonders, und bestreichts mit Eyern. Hierauf sezt man von dieser Fülle sechs bis sieben Häufchen auf den Teig, zieht eine Seite vom Teig zur andern, und umgeht jedes Häufchen mit den Fingern besonders, bestreicht ihn mit Eyern und schneidet die Kräpfchen mit einem warmen Messer, legt sie auf ein Papier und sezt sie in einen nicht sehr heissen Ofen. Man kann sie mit eingemachten frischen Obst, Mus, Rosinen u. s. w. füllen.

Kräpflein, Eis-. Man rührt das Klare von drey Eyern in ein halb Pfund Zuker, und reibts eine Stunde ab, thut ein Viertelpfund klein geschnittene Mandeln, zwey Loth Citronat, zwey Loth klein geschnittene Pistacien in das abgetriebene Eis, richtet kleine Kräpfchen auf Oblaten zu, und bakt sie geschwind.

Kräpfchen von Eyerkäse. Man nimmt zwey Löffel voll geriebene Semmeln, thut kleine Rosinen und Zimmet darunter, schlägt

Krauser Kuchen

zwey Eyer daran, rührt es wohl untereinander und macht einen Eyerkäß. Indessen macht man von Eyern und Mehl einen Teig, wälgert ihn dünn aus, füllt das Gerührte hinein, doch nicht zu voll, daß es nicht auslaufe. Endlich bakt man sie gelind.

Kräpfchen von rohen und frischen Kirschen. Man thut die Steine heraus, reibt Zuker auf die Kirschen und läßt sie im Tiegel dämpfen, daß der Saft wegkomme. Diese Kirschen nun füllt man in den Teig, bakt sie im Schmalz und bereibt sie mit Zuker.

Kräpfchen von Johannisbeeren. Man thut von reifen Johannisbeeren die Stiele weg, thut jene in den Tiegel mit etwas Butter auf Kohlen, wo sie ein wenig dämpfen, reibt viel Zuker darauf, und wenn des Safts zu viel wäre, seigt man ihn ab. Dann macht man Kräpfchen aus diesem Teig und bakt sie im Schmalz, bestreut sie auch beym Anrichten mit Zuker.

Kräpfchen von Kraftbrod. Man reibt dünn Kraftbrod und röstets in Butter, gießt etwas Wein daran, thut kleine Rosinen nebst Safran und Tresanet dazu, rührt es untereinander, macht einen Teig und formirt die Krapfen.

Krauser Kuchen. Man rührt eine Maas vom feinsten Mehl mit Rahm

Rahm ohne einen Tropfen Wasser an, schlägt aber den Rahm, ehe man ihn an das Mehl schüttet, mit der Hand wohl, thut ein Pfund Butter nebst drey bis vier Eyern, auch etwas geriebenen Käse dazu, macht den Teig etwas fest, bereitet Kuchen daraus, bestreicht sie mit Eyern und bakt sie im Ofen.

Kräuterpotage. Man sezt Herzblättchen von Spinat und andern guten Kräutern mit durchgeschlagenen Erbsen in einem Topf zu, thut eine gespikte Zwiebel mit gehörigem Gewürz hinein, und läßt es kochen. Dann schlägt man es durch ein Haartuch, richtet die Potage an, läßt Semmelrinden aufschwellen, reibt Parmesankäse darauf, legt auf den Rand der Schüssel gebakene Semmelrinden, und giebt die Potage warm.

Krebse zu sieden. Man wäscht sie rein, thut sie in einen Kessel, gießt etwas Wasser darauf, salzt sie, sezt den Kessel zum Feuer und läßt sie sieden. Sind sie gesotten, so rüttelt man sie um, dekt sie zu, daß sie warm bleiben, richtet sie troken in die Schüssel an, bestreut sie mit Petersilienblättern und giebt frische Butter dazu.

Krebse mit Butter und Kümmel. Man richtet sie zu wie die vorigen. Wann sie ein wenig gesotten haben wirft man ein Stük Butter und etwas Kümmel daran, gießt einen halben Rösel Bier darein, und läßt sie so durcheinander kochen. Hierauf richtet man sie an und gießt die Brühe darüber.

Krebse, ausgebrochen, mit Rahmsose. Man siedet die Krebse gehörig, dann schneidet man ihnen die Beine bis auf die zwey grosse Scheeren ab, hakt den Scheeren die Spizen weg, und schneidet auf der Dike der Scheeren ein Stük Krebsschaale herunter, damit man das Fleisch zu sehen bekomme. Hernach bricht man vorn um den Hals die Schaalen ab, nur daß der Hals nicht mit weggeht, thut vollends den Harnisch herunter, und schneidet die Fasen weg. Dies heißt man ausbrechen. Hierauf legt man ein Stükchen Butter nebst den Krebsen in einen Tiegel und paßirt sie ein wenig, schüttet etwas Muscatenblüthe daran, siedet einen Rösel Rahm, gießt ihn über die Krebse, läßt diese darinn ein wenig sieden, quirlt hernach vier Eyerdotter mit etwas kalten Rahm ab, schüttet den vorigen Rahm von den Krebsen, wenn er im Kochen ist, an die Eyerdotter, und quirlt es stets, sonst rinnt es zusammen. Diese Brühe gießt man denn wieder an die Krebse, richtet sie an, und sprengt

sprengt oben Krebsbutter darüber.

Krebse, ausgebrochen, mit Butter und Citronen. Man siedet sie, aber nicht völlig aus, damit man sie ausbrechen könne, nimmt sie vom Feuer und bricht sie aus; doch nimmt man nur Hälse und Scheeren, und zieht sonderlich die schwarze Adern aus den Hälsen. Hernach beschmiert man eine Schüssel mit Butter, legt die ausgebrochenen Krebse darein und paßirt sie, thut geschnittene Citronenschaalen und Muscatenblüthe dazu, gießt etwas Coulis und Krebsbutter daran, und läßt sie so ein wenig dämpfen.

Krebsnudeln. Man bricht gesottene Krebse aus, schneidet das Fleisch länglicht, wie Nudeln; macht einen Nudelteig von Mehl, ein paar Eyern und ein wenig Butter, würkt einen recht festen Teig, walzt ihn zimlich dünn aus, schneidet ihn mit einem Messer zu Nudeln, bakt sie in der Pfanne mit heissem Schmalz, macht auf die Anrichtschüssel einen Kranz ein paar Queerfinger hoch, schmiert die Schüssel mit Butter, legt eine Lage Nudeln darein, dann eine Lage Krebse, und so fort. Endlich gießt man Krebsbutter darauf, streut geriebene Semmeln hinein, siedet eine Kanne dikten Rahm, gießt auch diesen drüber, und bakt sie im Ofen. Dann kann man sie nach Belieben garniren.

Krebsfülle. Man nimmt zwölf bis funfzehn Krebse, schneidet ihnen die Köpfe ab, daß das Bittere herauskommt, stößt sie im Mörsel zu einem Mus, gießt gute Milch darauf, quirlt es durcheinander, und streicht es so lang durch ein Haartuch, als noch etwas heraus geht. Dies sezt man in der Casserole zum Feuer und rührts immer; dann schüttet man es in einen Durchschlag, und wenn der Molken davon ist, reibt mans klar, wirft etwas in Milch geweichte und ausgedrükte Semmel, nebst Muscatenblüthe und klein geschnittenen Citronenschaalen dazu, mischt ein halb Pfund Krebsbutter darunter, schlägt zehn Eyerdotter und fünf ganze Eyer daran, und rührts eine gute halbe Stunde. Endlich thut man ein Viertelpfund Zuker darein.

Krebse, grosse, gefüllt und gebaken. Man nimmt die grösten die man haben kann, wäscht sie, wellt sie im Wasser mit Salz und grossen Zwiebelscheiben auf, puzt sie wohl ab, schneidet die kleinen Scheeren davon, nimmt die grossen Schaalen davon ab, den Schwanz aber läßt man. Darauf macht man ein Ragout von andern würflicht geschnittenen

nen Krebsschwänzen, Trüffeln, u. s. w. macht eine kleine Fülle, streicht sie auf die Krebse, wo die grosse Schaalen gesessen sind, macht darinn eine kleine Höhle, thut in diese das Ragout und bedekt es wieder mit eben der Fülle, fährt mit weiß geschlagenem Eyerweiß über die Fülle und bereitete Schaale, tunkt sie iu ein geklopftes Ey, bestreut die Krebse mit Semmelkrumen, bakt sie, daß sie sich fein färben, und belegt sie mit gebakener Petersilie. An Fleischtagen kann man die Fülle von einem alten Rebhuhn machen.

Krebsstrudeln. Man macht aus Mehl, drey Eyern, ein wenig Wasser oder blauer Milch und ein wenig Salz einen nicht gar zu festen Teig, und treibt ihn auf. Dann legt man ein Tuch auf den Tisch, legt den Teig darauf, und zieht ihn mit den Händen ganz dünn. Dann nimmt man von der schon beschriebenen Krebsfülle, beschmiert damit das ganze Blatt Teig, rollt es vorn einmal zusammen, und hebt das Tuch sachte in die Höhe, daß es vollends sich selbst zusammenrollt. Endlich macht man um die Schüssel, worauf der Strudel angerichtet wird, einen Kranz von hartem Teig ein paar Queerfinger hoch, bestreicht die Schüssel mit Butter, legt den Strudel darauf, siedet eine Kanne diken Rahm, und gießt diesen nebst einem Viertelpfund Krebsbutter darunter, und bakt es im Ofen. Dann bereibt man es mit Zuker.

Krebseuter. Man macht Krebse zurecht, wie zur Fülle, und wenn sie in den Durchschlag abgelaufen sind, schüttet man sie mit viel geriebener Semmel in einen Reibasch, schlägt zwölf Eyer daran, würzt es mit Muscatenblüthe und geriebenen Citronenschaalen, und reibt es durcheinander; dann läßt man ein Viertelpfund Krebsbutter zergehen, und diese darunter laufen, gießt noch einen halben Mössel Rahm daran, schüttet es in eine Serviette, und bindet diese oben zu. Hierauf siedet man Wasser in einen Topf, legt die Serviette mit der eingebundenen Krebsfülle darein, und läßt sie so lang liegen, bis es durchaus gekocht ist. Dann bindet man es wieder auf, legts auf eine Schüssel, fängt oben von dem Topf, darinn es gekocht hat, das Fette herunter, und gießt es mit etwas Brühe auf das Euter, streut ein wenig geriebene Semmel und Muscatenblüthe daran, setzt auf Kohlfeuer, thut noch mehr Krebsbutter dazu, und läßt eine Weile zugedekt kochen.

Krebsbutter. Man nimmt mehrere Krebse, hakt ihnen die Köpfe ab, daß die Galle heraus komme, kommte, stößt sie im Mörsel mit Butter ab, röstet sie und treibt sie durch.

Krebse, wie Austern zuzurichten. Man siedet sie, aber nicht zu lang, nimmt die Schaalen weg, thut das Bittere davon, und röstet sie ein wenig in Butter und geriebener Semmel. Hernach thut man davon in die Austernschaalen, menget es mit Ingber, Pfeffer, Salz und Muscatenblüthe untereinander, thut auf jede Schaale frische Butter und Citronensaft, auch ein wenig Fleischbrühe, und läßts mit der Schaale auf Kohlen aufkochen.

Krebse, als ein Ragout. Man wäscht und siedet und puzt sie wohl, thut die Schwänze weg, die übrige Schaalen aber nebst dem was im Leib ist, braucht man zum Coulis. Dann schneidet man das Aeusserste am Leibe von den Schwänzen, thut Champignons, Trüffel, Artischokenböden und Spargelspizen dazu, und alles zusammen mit einem Stük Butter in eine Casserole, gießt etwas Brühe daran, läßt es gelind kochen, und würzt es mit Salz, Pfeffer, einer grossen Zwiebel und einer Citronenscheibe.

Krebse, auf englische Art. Wenn sie gesotten puzt man ihnen die Schwänze ab, macht die kleinen Scheeren und Füße davon, die grossen läßt man daran, auch nimmt man die grosse Schaale weg, thut sie mit ein wenig Butter, Champignons und Trüffeln in eine Casserole, gießt ein wenig Fleischbrühe, wie auch zwey bis drey Löffel voll Krebscoulis daran, und kocht sie bey gelindem Feuer gemach. Wann man anrichten will, so macht man die Brühe mit zwey Eyerdottern, welche zuvor mit etwas süßem Rahm und gehakter Petersilie vermengt seyn müssen, und richtets warm an.

Krebse, italienisch. Man siedet sie mit Wasser und Salz, thut die kleinen Scheeren davon, öfnet ihnen die Schwänze, zieht die grosse Schaale weg, thut das Haarichte heraus, läßt aber die grossen Scheeren ganz; macht eine Fülle von Butter, Champignons, Petersilie, kleinen Zwiebeln und feinen Kräutern, bakts zusammen und würzt es wohl, knetet die Fülle mit der Hand durcheinander, und belegt den Boden einer Schüssel damit, legt die Krebse in der Runde herum, und zwar das Oberste unten, und endigt es in der Mitte der Schüssel, dekt sie zu, und läßts drey Viertelstunden schwizen; dann läßt man das Flüssige aus der Schüssel laufen, thut ungefehr ein halb Glas Baumöl, welches vorher mit Citronensaft wohl geklopft worden, dazu, und richtet

tet sie in eben der Schüssel an, worinn die Krebse bleiben.

Krebse mit Spargel. Man siedet sie, macht die Scheeren, die Nasen, und die obersten Schaalen vom Schwanz ab, siedet den Spargel auch ab, legt Krebse und Spargel in die Schüssel, gießt Fleischbrühe, Butter, Pfeffer und etwas geriebene Semmel dazu, und kochts auf Kohlen auf.

Krebse am Spießchen. Man siedet sie mit Salz und Wasser, säubert die Schwänze, schneidet in einer wohlgewürzten Brühe gekochte Karpfenmilch, in Stüke, so groß als Krebsschwänze, füllt mit beeden, eins um das andere, kleine Spießchen an, tunkt sie in Krebsbutter, bestreut sie mit zart geriebenen Semmelkrumen, tunkt sie in geklopftes Eyweiß, bestreut sie mit Semmelkrumen und bakt sie.

Krebse, gebaken. Man siedet sie, schält die Schaalen vom Leib und Schwanz, so daß der Schwanz am Leib bleibt, die kleinen Beinchen aber schneidet man ab. Dann macht man einen dünnen Teig von Mehl, Milch und Eyern und salzt ihn. Man kann unter diesen Teig auch Petersilie und Ingber thun. Hernach kehrt man die Krebse in diesem Teig um und bakt sie im Schmalz gelb.

Krebscoulis. Man stößt die Schaalen mit sechs süßen Mandeln, nimmt zwey bis drey Scheiben von gelben Rüben, Pastinaken und einer grossen Zwiebel, läßt dieses mit ein wenig Butter in der Casserole halb braun werden, thut, nach Proportion der Krebsschaalen, viel oder wenig Semmelrinden dazu, gießt gute Fleischbrühe daran, würzt es mit Salz, Pfeffer, Negelein, einer kleinen ganzen Zwiebel, auch Petersilie und Champignons, läßt es zusammen eine halbe Stunde gelind kochen, vermengt die gestoßene Krebsschaalen mit diesem Coulis, läßt es zusammen einmal aufkochen und schlägt es durch ein Haartuch. Mit diesem Coulis macht man das obgemeldte Ragout diklicht, und richtet es dann warm an.

Krebscoulis an Fasttagen. Man kocht sie gewaschen im Wasser ab, puzt sie, wenn sie gahr sind, ab, und legt sie in der Schaale besonders; stößt zwölf süße Mandeln mit den Schaalen der Krebse, thut eine grosse Zwiebel mit scheibenweis geschnittenen gelben Rüben und Pastinaken und etwas Butter in die Casserole, gießt etwas Fischbrühe daran und würzt es mit Salz, zwey bis drey Negelein, ein wenig Petersilie, Champignons und Trüffeln, wie auch Semmelrinden, läßts gelind aufkochen, nimmt die gestoßenen Krebsschaalen aus dem Mörsel, zerläßt sie in der Casserole,

role, worinn das Coulis ist, und läßt damit einmal aufkochen; dann schlägt man es durch ein Haartuch, und thut die Coulis in eine Terrine.

Krebsgehäke zu machen. Man nimmt Krebse mit Eyern, läßt die Scheeren, die Schwänze und das Gelbe heraus, salzt und pfeffert es, siedet aber den Tag vorher recht guten Rahm, nimmt, wenn man das Gehäke machen will, das Beste davon, schlägt vier Eyerdotter daran, schüttet die Krebse nebst einem Achtelpfund Butter in einen Tiegel, röstet sie über Kohlen, und richtet das Gehäk in eine Schüssel an.

Krebskuchen. Man siedet Krebse aber nicht mit Salz, bricht die Schwänze aus, macht, wenn jene groß sind, das Fleisch aus den Scheeren, bereitet von den Schaalen ein Pfund Krebsbutter, thut sie, wenn sie kalt ist, in eine tiefe steinerne Schüssel, rührt sie ab, daß sie wie dicker Rahm aussieht; dann schlägt man zwölf Eyerdotter, aber nur vier auf einmal hinein, rührt inzwischen immer ein wenig, thut zwey in süßen Rahm oder Milch geweichte Semmelschnitten, zwey Hände voll zart geriebenen Zuker, ein wenig Salz, klein geschnittene Citronenschaalen und eine geriebene Muscatennuß dazu, rührt dies alles eine Stunde nach einer Seite zu, schneidet die Schwänze einmal durch, schlägt das Weisse von den zwölf Eyern zu einem steifen Schaum, rührt zuletzt beedes langsam dazu, richtet einen Boden von mürben Teig in eine Tortenpfanne zu, kraußt den Rand herum zierlich aus, schüttet das Umgerührte hinein, und bakt es langsam.

Krebsmus, sächsisches. Von den übersottenen Krebsen werden die Nasen und das Unreine weggenommen, das Uebrige wird in Mörsel ganz klein gestoßen, in Hühnerbrühe zerrührt, durch ein härenes Sieb in ein Töpfchen getrieben und beygesetzt, geriebene und in Butter geröstete Semmeln mit Pfeffer, Muscatenblüthe und einem Stük frischer Butter dazu gethan, es damit gut aufkochen lassen, und dann gegeben.

Krebspastete. S. Pastete.

Krebssulze. Man reinigt gesottene Krebse, stößt sie in einem Mörsel, schlägt sie mit gutem Wein durch, nimmt andere gesottene Krebse und läßt die durchgetriebene Brühe sieden. Wann sie siedet, thut man die Krebse hinein, läßt es zusammen einen Sud thun, würzt es, richtet es an, und bestekt sie mit Mandeln und kleinen Rosinen, dann gesteht sie.

Krebsuppe. S. Suppe.

Krebse von Zukerzeug. Man drukt Mandelzeug in Krebsmodel, schneidet das überflüßige ab, troknets, und bestreicht sie denn mit Farbe von Gummi und Fernambuk dreymal über und über, bis sie roth sind. Dann überfährt man sie nochmal mit Gummi.

Krebstorte. S. Torte.

Kuchen. Man nimmt zwey Pfund Mehl, zwey Pfund Rosinen, welche vorher in Wasser gequollen sind, schält zwey bis drey Aepfel, macht Schnize daraus, thut drey Viertelpfund Schmalz, einen guten Löffel voll feine Hefen, eine halbe Maas laulicht Wasser, ein Loth Zimmet, ein Quintchen Ingber, zwölf Loth geschälte und klein geschnittene Mandeln darein, macht einen Teig, schlägt ihn so, daß er sich um einen Löffel sezt, und bakt ihn auf einem Blech mit unterlegtem Papier.

Kuchen, bayerische. Man rührt ein Pfund Butter zu Sahne, schlägt sechzehn Eyer, wovon die Helfte Weisses zurükbleibt, dazu, hernach rührt man ein Viertelpfund Zuker, ein Pfund fein Mehl, ein halb Bierglas Barme und etwas Muscatenblumen dazu. Man streicht kleine Formen mit Butter aus, bestreut sie mit Mandeln, füllt sie halb voll. Sind sie bis oben herauf gegangen, so bakt man sie in einem nicht heissen Ofen.

Kuchen, Brod-, auf englisch. Man nimmt drey Viertelpfund Zuker, ein Pfund gestossene Mandeln, vierzehn Dotter, die Schaalen von zwey auf Zuker abgeriebenen Citronen, ein halb Loth Negelein und Zimmet, sechs Loth gerieben Brod. Den Zuker siebt man fein durch, und rührt ihn mit den Eyerdottern; die Mandeln stößt man mit ein paar Eyern fein, und rührt sie eine Weile unter die Masse, zulezt thut man alles Uebrige dazu. Von fünf Eyern schlägt man das Weisse zu Schnee und ziehts darunter. Man streicht eine blecherne Tortenform nicht fett aus, füllt die Masse hinein, und bakts nicht zu heiß.

Kuchen auf Blech. Man nimmt ein halb Pfund Kraftmehl und zwölf Loth Butter, welche man ganz weiß schlägt, rührt nach und nach vier Eyerdotter darunter, schlägt von vier Eyern das Weisse zu einem Schnee, und thut vier Loth Zuker dazu. Vom Teig nimmt man einen Löffel voll, schüttets auf ein Blech, das auf der Glut steht, und bakt es.

Kuchen von Butter. Man macht abgeriebene Butter, schlägt vier und zwanzig Eyerdotter dazu, jedoch nicht alle auf einmal, sondern vier bis sechs, rührt diese zuerst immer klein; hernach wenn alle Dotter darinnen sind, noch eine halbe Stunde lang nach einer

Kuchen

ner Seite zu; dann rührt man auch eine geriebene Citronenſchaale und drey Loth zart geriebenen Zuker dazu, und bakt den Kuchen in einer tauglichen Form langſam.

Kuchen, Caſtanien-. Man kocht zwey Pfund Caſtanien, zieht die Schaale ab, ſchwitzt ſie mit einem Pfund abgeklärter Butter weich, reibt ſie eine halbe Stunde, ſchlägt nach und nach acht Dotter dazu, und thut ein Viertelpfund feingeſiebten Zuker, ein Viertelpfund geriebene bittere Mandeln, die Schaale von zwey Citronen, ein Quintchen Muſcatenblumen, ein halb Pfund Nürnberger Mehl, und zuletzt den Schnee von obigen Eyern dazu. Man ſtreicht flache Formen mit Butter aus, beſtreut ſie mit kleinen Roſinen, füllt die Maſſe hinein, beſtreut ſie mit Zuker, bakt ſie eine Stunde langſam.

Kuchen von Chocolade. Man ſchlägt vier und zwanzig bis dreyſig Eyer recht klein, rührt eine halbe Maas ſüße Milch dazu, quirlts wohl durch, ſchüttets in eine zinnerne Schaale, ſetzt damit in einen Keſſel mit Waſſer und zwar ſo, daß das Waſſer meiſt ſo hoch, als die Schaale ſteht; dann ſetzt man es aufs Feuer, aber nicht zugedekt, nimmt es, wenn es anfängt ſich zu härten, heraus, ſo läuft es denn zu einem Eyerkäs zuſammen.

Dies ſchüttet man nun auf einen Durchſchlag, damit es rein abtriefe, rührts in einem Geſchirr klein, rührt ferner ein halb Pfund zart geſtoſſene Mandeln und ein Pfund abgeklärte Butter nebſt vier und zwanzig Eyerdottern eine Stunde nach einer Seite zu wohl, ſchlägt ein halb Pfund feine Chocolade nebſt zwey Löffel voll Citronenſaft und dem Weiſſen von zwölf Eyern zu einem ſteifen Schaum, und rührts zuletzt gemach dazu. Hernach hält man einen Boden von Butterteig in der Tortenpfanne in Bereitſchaft, und kräuſelt den Rand, thut das Umgerührte hinein, und bakt es.

Kuchen von Citronen. Man reibt das Gelbe von acht Citronen auf dem Reibeiſen ab, ſchält das Weiſſe herunter, blättert das Mark von fünf bis ſechs Citronen nach ſeinen Schichten fein aus, daß nichts Weiſſes daran bleibe, und bezukert es; thut acht Eyer, viel gerieben Eyerbrod, Cardomonen, auch etwa ein Viertelpfund Mandeln in eine Schüſſel, rührt alles eine halbe Stunde lang miteinander ab, beſtreicht einen Model mit Butter, beſtreut ihn mit geriebenem Brod, ſchüttet es hinein, und beſtreuts gebaken, mit Zuker.

Kuchen von Erbſen. Man treibt wohlgeſottene Erbſen mit Milch durch ein klein Sieb, thut ge- rieber rieben Eyerbrod, Zuker, Zimmet, kleine Rosinen und Ingber darein, schlägt vier bis sechs Eyer daran, und mengt alles wohl untereinander, nur daß es nicht zu dünn wird; bestreicht den Model mit Butter, bestreut ihn mit Brod oder legt einen ausgewälgerten Teig hinein, schüttet die Fülle darein und bestreut es, gebaken im Ofen, mit Zuker.

Kuchen von Eyern. Man nimmt eine halbe Meze Mehl, ein Pfund Schmalz, einen Nössel Hefen, ein und einen halben Nössel Milch und dreyßig Eyer, macht es an, wie einen Gogelhopfen, jedoch muß es fester seyn. Endlich bakt man es im Ofen.

Kuchen, königlicher. Man schneidet dik Fleisch aus einer Kalbskeule in der Breite eines Tellers, spikts mit feinem Spek, schneidet noch eine solche Scheibe in eben der Breite, die erste damit zu deken, welche aber nicht gespikt wird; hierauf belegt man eine kleine Caßerole mit Spekstreifen. Nach diesem legt man die gespikte Scheibe darauf, und zwar die gespikte Seite unten; bereitet auf diesen einen kleinen Boden von einer etwas dichten Fülle, macht auch einen kleinen Rand von eben der Fülle herum, thut ein Ragout von grünen Truffeln, fetten Lebern u. s. w. darauf, bedekt das Ragout mit einem dünnen Boden von eben der Fülle, legt auf denselben die andere breite Kalbfleischscheibe, tunkt die Hände in ein geklopftes Ey, bestreicht das Fleisch und die Seiten damit, legt zwey bis drey Spekstreifen darauf, und giebt unten wie oben Feuer, jedoch unten ein wenig mäßiger. Ist es gahr, so wird es mit Schinkeneffenz und Citronensaft angerichtet.

Kuchen, Königs-. Ein halb Pfund gewaschene Butter wird zu Sahne gerühret, und ein halb Pfund fein Mehl, zwölf Loth Zuker, etwas Muscatenblumen dazu gethan, dann recht untereinander gerührt; zuletzt thut man ein Viertelpfund kleine Rosinen dazu. Diese Masse füllt man in kleine ausgeschmierte Formen und bakt sie eine halbe Stunde langsam.

Kuchen, Mayländischer. Man nimmt zu vier Pfund Butter einen halben Mezen Mehl und funfzehn Eyer, man thut aber nur das Gelbe davon unter das Mehl. Dann mengt mans mit kalter Milch an, rollts mit dem Wellholz auseinander, legt den ausgerollten Teig auf allen Seiten, wie eine Serviette zusammen, so, daß beede Ende inn wendig und die andere Ende eben so zu liegen kommen. Dann faßt man den Teig mit beyden Händen, zieht ihn etlichemal auseinander, formirt einen Kuchen und bakt ihn im Ofen.

Ku-

Kuchen, Magdalenen-. Man nimmt ein Pfund Butter, ein Pfund Zuker, worauf eine Citrone abgerieben, ein Pfund Nürnberger Mehl und zehn Eyer, die Butter rührt man mit sechs ganzen Eyern und vier Dottern zur Sahne, thut die Citronenschaale und etwas Muscatenblüthe gleich mit dazu, nachher das Mehl und Zuker und den Schnee von den obigen vier Eyern; schmiert kleine blecherne Formen dünn mit Butter aus, thut die Masse hinein und bakts in einem sehr gelinden Ofen eine Stunde.

Kuchen von groben Brod oder Pommerschen Marzipan. Man reibt zimlich grobes Hausbrod, mit Zuker und Zimmet und geriebenen Citronenschaalen untermischt, läßt etwa ein Viertelpfund Butter in einer Eyerkuchenpfanne aufbraten, thut so viel Brodkrumen hinein, daß der Kuchen einen kleinen Finger hoch ist. Dann legt man eine dike Schicht Aepfelscheiben darauf, streut Zuker und Zimmet dazwischen, wieder gerieben Brod und darauf etwas Butter. Man legt glühende Kohlen auf einen Dekel, dekt ihn auf den Kuchen und bakt ihn ganz langsam. Dann kehrt man ihn um, bakt ihn vollends gahr, und streut beym Anrichten Zuker darüber.

Kuchen mit Rindsmark oder Kalbsfett. Man thut ein halb Pfund würflicht geschnittenes Rindsmark oder ein halb Pfund Kalbsfett von Kalbsnieren, dreyzehn Stük fein gestoffenen Zwiebak, mit ein wenig gestoffenen Ingber, Salz und einer halben geriebenen Muscatennuß in einen Topf, mengt es untereinander, rührt auch ein Viertelpfund schön Mehl, ein halb Pfund Corinthen, und zehn klein geschlagene Eyer zusammen mit lauer Milch vollends um, doch nicht zu dünn, daß der Teig ein wenig dik bleibe; bestreicht eine Tortenpfanne mit kalter Butter, schüttet das Umgerührte hinein, setzt es an einen warmen Ort, bis es aufzugehen anfängt, bakt es mit Feuer unten und oben, und giebt es warm.

Kuchen, Savoyscher. Man schlägt das Weisse von zwölf Eyern zu einem Schnee, mischt die Eyerdotter und so viel Zuker als die zwölf Eyer schwer sind, nach und nach darunter; dann schneidet man ein Viertelpfund ausgeschälte Pistacien und eben so viel süße Mandeln länglicht. Hierauf passirt man die Eyer in der Casserole auf dem Feuer mit Zuker so, als wenn sie geröstet werden sollten, thut geriebene grüne Citronen dazu, schüttet alles zusammen zu den Teig, mengt es untereinander, und bakt es im Ofen in der Casserole. Ist er gahr, so kann man ein

ein Eis von Eyweiß, geriebenen Zuker und Citronensaft machen, es wohl zusammenklopfen und den Kuchen damit bedeken. Man legt darnach geschnittenen Citronat darauf herum, und thut ihn, damit das Eis trokne, einen Augenblik in den Ofen.

Kuchen, statt eines Confekts.
Man nimmt vier Pfund schön Mehl und ein Pfund reine Butter, macht hieraus mit warmen Rahm, etwas Hefe und Rosenwasser einen Teig, thut allerhand zart gestoffen Gewürz dazu, legt den Teig an einen warmen Ort, bis der Ofen heiß ist, macht ihn sodann auseinander und knetet ihn, macht unter dem Kneten vielerley Confekt, aber geschwind und nicht zu dik, walgert den Teig auseinander, schneidet auf solchen Rizen mit einem Messer, nur nicht zu tief, legt den ausgezierten Teig in eine flache und vorher mit Butter bestrichene Tortenpfanne, bestreicht ihn mit Eyerweiß, Zuker, Rosenwasser und Confekt und bakt ihn.

Küchlein von Aepfeln. Man schält und schneidet saure Aepfel sehr dünn, macht einen Teig von feinem Mehl und kaltem Wasser, rührt ihn eine Viertelstunde, damit sich der Teig vom Löffel und der Schüssel ablöse; nimmt vier ganze Eyer und das Weisse von zwey andern, schlägt eines nach dem andern daran, bis der Teig wie ein Straubenteig wird, schüttet auch ein klein wenig Wein daran, salzt aber den Teig nicht, sondern läßt Schmalz in einem Pfännchen heiß werden, zieht die Aepfel durch den Teig, legt zwey bis drey derselben auf einmal ins heisse Schmalz, und begießt sie mit einem Löffel, daß sie schön auflaufen; bakt sie heraus, legt sie in eine Schüssel auf Brodschnitten, und bestreut sie vor dem Hingeben mit Zuker. Man kann auch einen Löffel voll Milchrahm in den Teig thun.

Küchlein von Eyern. Man macht von schönen Mehl, einer geriebenen Semmel, zwölf Eyern nebst einem Löffel voll frischer zerlassener Butter, etwas Salz und frischem Wasser einen etwas diken Teig, schüttet ihn in eine Pfanne, sezt ihn in einen Bakofen, welcher hinten heiß seyn muß, und bakt ihn etwa eine Viertelstunde. Wenn er aus dem Ofen kommt, schneidet man ihn nach der Breite in Stüke, beträufelt ihn mit frischer Butter und streut Zuker darauf.

Küchlein von Eyern mit Mandeln. Man stößt abgezogene Mandeln mit Rosenwasser gröblicht, und rührt sie mit ein wenig Semmelmehl, Zuker, Zimmet, Citronenmark, auch klein geschnittenen Schaalen und ein

wenig

wenig Wein um, macht von einer Semmel Schnitten, streicht auf diese das Gebäk, zerklopft einen Eyerdotter, überstreicht oben die Fülle damit, macht Schmalz in der Pfanne heiß, bakt die Schnitten geschwind heraus, übereist sie, wenn sie abgekühlt sind, und besäet sie mit feinem Zuker.

Küchlein, geblättert. Man macht von zwey bis drey Eyern und Mehl einen Teig, thut ein wenig geschmolzene Butter darein, salzt ihn, würkt ihn ab, rollt ihn so dünn aus, wie Papier, bestreicht den ganzen Platz wie zuvor, überschlägt ihn zum dritten und viertenmal auf diese Art, rädelt vierekichte Stüke daraus, bakt sie aus dem Schmalz, aber legt sie nicht allzuheiß ein, damit sie recht auflaufen.

Küchlein, gequöllen. Man macht von einer Viertelmaaß schönen Mehl und fünf Eyern mit etwas Rosenwasser und Salz einen Teig, rührt es recht glatt ab, würkt ihn wie gewöhnlich aus, doch so, daß er sich noch ein wenig an die Finger hänge; macht in einer weiten Pfanne Schmalz heiß, und läßts wieder ein wenig kalt werden; dann schneidet man einige Stükchen vom Teig ab, dekt den übrigen zu, daß er nicht spröde werde, wälgert diese Stükchen länglicht, drebt sie ein wenig und legt sie, wenn das Schmalz etwas erkaltet ist, hinein, schwingt die Pfanne stets um, hält sie aber nicht beständig über das Feuer, daß sie endlich gemach auflaufen; dann bakt man sie lichtgelb.

Kugelhippen. Man setzt Mehl in die Wärme, macht es denn mit laulichter Milch, vier Löffel voll guter gewässerter Hefen. und Salz an, schlägt fünf Eyer darein, läßt einen halben Nössel Schmalz zergehen und es darunter laufen, arbeitet den Teig zimlich mit einem Rührlöffel, bis er sich vom Löffel ablößt, schüttet Muscatenblüthe und Safran darein, und arbeitet den Teig noch mehr. Wenn er nun genug geschlagen ist, so beschmiert man die Form, worinn man diese Hippen baken will, mit Schmalz, und schüttet von diesem Teig so viel hinein, daß die Form über zwey Queerfinger leer bleibt, läßt ihn an einem warmen Ort gehen und dann im Ofen baken. Ist er gahr, so kehrt man die unterste Seite in die Höhe, und bestreut ihn mit Zuker.

Kugelküchlein. Man nimmt halb Weitzen- und halb Semmelmehl, schlägt Eyer in ein Töpfchen, klopft es mit Rosenwasser untereinander, schüttets ins Mehl, rührts wohl, schneidet Zibeben und

und Trisanet darunter, macht die Küchlein so dik wie Käßküchlein, salzt sie ein wenig, legt sie nicht zu heiß ein, und thut länglicht geschnittene Mandeln darunter. Sind sie gebaken, so reibt man ein Lebküchlein, schüttet Wein daran, thut Zuker und Trisanet darein, läßt es sieden, legt die Küchlein in die Schüssel, und gießt die Brühe darüber.

Kuheuter mit Zibeben. Aus dem abgekochten Kubeuter schneidet man breite Stüke, und diese wieder wie Nudeln, bräunt in einer Caßerole Butter, rührt einen Löffel voll Mehl darein, und bräunt dies auch ein wenig, gießt Fleischbrühe, Wein und einen Löffel voll Eßig daran, würzt es mit Pfeffer, Ingber und Negelein, und legt nebst einer ganzen Zwiebel das Kuheuter auch dazu. Endlich läßt man eine Hand voll Zibeben, und schüttet sie mit Citronenschaalen und ein wenig Zuker dazu, und läßt es miteinander kochen.

Kuheuter, fricaßirt. Man schneidet es würflicht oder wie Nudeln, thuts in einen Tiegel, gießt Fleischbrühe darauf, legt eine ganze Zwiebel und ein paar Lorbeerblätter hinein, und läßts auf Kohlen kochen; gießt zwey Löffel voll Wein und einen Löffel voll Eßig dazu, würzt es mit Muscatenblüthen, Ingber und Citronenschaalen, und läßts immer weiter kochen. Hernach schlägt man vier Eyerdotter in ein Töpfchen, thut etliche Tropfen Eßig darein und quirlt es klar; daran schüttet man hernach die Brühe, worinn das Kußeuter kocht, quirlts aber stets. Dann gießt man die Brühe wieder an das Kuheuter, rüttelt alles wohl durcheinander, richtets an, und sprengt zerlaßene Butter darüber.

Kuheuter, gebraten. Man schneidet es stükweis, etwann eines guten Messerrükens dik und so breit und so groß, als man kann. Macht zerlaßene Butter, hält geriebene Semmel mit Ingber und ein wenig Salz vermischt, in Bereitschaft, tunkt das Euter in die Butter und bestreut es mit dieser vermengten Semmel, und bratet alles zusammen gemach auf dem Rost. Ist es gahr, so richtet man es an, gießt braune Butter darüber, streut geriebene Semmel darauf, und giebt es warm.

Kuheuter, gebaken. Man reibt es auf dem Reibeisen, schneidet ein halb Pfund Nierenstollen klein, und schüttet diese beeden Stüke nebst eingeweichter und wieder troken ausgedrükter Semmel in einen Reibasch, gießt einen halben Mößel guten Rahm darein, rührts wohl untereinander,

Kürbis

anber, würzts mit Ingber, Muscatenblüth, Citronenschaalen, Zuker und kleinen Rosinen, und schlägt fünf Eyer daran. Dann macht man einen Kranz um eine Schüssel von Teig, schmiert diese mit Butter, giesst das Abgeriebene hinein, sezts in einen Bakofen und läßt es gemach kochen. Sollte es oben zu braun werden, so dekt man es mit einem Bogen Papier zu, und bestreuts, angerichtet, mit Zuker.

Kürbis zu baken. Wann der Kürbis abgekocht und zubereitet ist, (man schneidet ihn nehmlich erst in der Mitte entzwey, und alsdann der Länge nach in Stüken, etwa zwey Finger breit, thut die innwendige Kerne heraus und die äussere Schaale herunter) so thut man ihn mit eingeweichter und wieder ausgedrükter Semmel in einen Reibasch, giesst einen halben Rössel guten Rahm dazu, schlägt zehen Eyer hinein, läßt ein Achtelpfund Butter zergehen und diese darein laufen, würzt es mit Ingber und Pfeffer, und rührt alles zusammen klar ab; dann bestreicht man eine Tortenpfanne mit Buter, belegt sie innwendig mit einem guten Teig, schüttet das Abgerührte hinein, und bakts in einem heissen Ofen. Ist es gahr, so macht mans in der Tortenpfanne los und richtets auf die Schüssel an.

Lachs

Kürbis in Milch. Man thut ihn wenn er abgeseigt ist, mit geriebener Semmel in einen Topf, giesst Milch darauf und läßt ihn kochen. Hernach quirlt man ihn klar, würzt ihn mit Ingber und Pfeffer, und legt ein Stük Butter darein. Will man ihn bald anrichten, so rührt man ein paar gequirlte Eyer darunter.

L.

Laberdan. S. Stokfisch.
Laberdantorte. S. Torte.
Lachs zu reissen. Man reißt ihm den Leib auf, thut das Eingeweide heraus, und schneidet ihn in Stüke.

Lachs zu sieden. Man reißt und zerstükt ihn, stekt in jedes Stük ein hölzern Spießchen, und wäscht ihn sauber aus; dann sezt man in einem Kessel Wasser Wein und Eßig zum Feuer, wirft zimlich Salz darein, thut Ingber, Pfeffer, Muscatenblüthe, Negelein, Lorbeerblätter, Rosmarin, Zwiebelscheiben u. s. w. dazu, und legt, wenn es kocht, den Lachs hinein, daß er zimlich einkocht; er darf aber nicht zu jähling wie ein Karpf sieden. Dann wirft man noch ein Stük Butter, einer welschen Nuß groß daran. Ist er gesotten, so kann man ihn anrichten, in eine Serviette schlagen, und Citronen oder Weinessig dazu geben.

Lachs kalt zuzurichten. Man schneidet ihn in Stüke oder läßt ein Viertel davon ganz, wäscht ihn ganz, bläuet ihn mit Eßig und legt ihn in einen Fischtiegel, gießt kalt Wasser darauf, daß es drüber geht, salzt es aber nicht stark, und sezt es zum Feuer bis es siedet. Dann nimmt mans weg, daß es nur sachte und nicht übersiede. Wann es fast eine halbe Stunde gesotten hat, gießt man etwas Wein daran und läßt ihn mit aufsieden, hebt ihn ab, und gießt die Brühe sachte davon in ein Geschirr, daß sie kalt werde. Dann hebt man den Lachs mit einer Eyerschuppe heraus, legt ihn auf ein Brett, dekt ihn mit einer Serviette zu, thut ihn in ein Geschirr, gießt die Brühe darauf, daß sie drüber weggeht, und sezt es an einen kühlen Ort. Er hält vierzehn Tage. Will man ihn genießen, so schüttet man guten Weineßig mit klein gehakter Petersilie darauf.

Lachs a la genuise (auf genuesisch.) Man legt den in kleine dünne Stüke geschnittenen Lachs in Salz und etwas Weineßig, schneidet einige Zwiebeln daran, auch ein Lorbeerblatt, drükts alsdann gut aus, sezts in einer Caßerole mit einem Quart weißen Wein aufs Feuer, schneidet Citronenschaalen darein, auch einige Scheiben davon, und recht viel gehakte Schalotten, thut noch ein halb Pfund gehakte Sardellen dazu, dekt die Caßerole recht fest zu und läßt es eine halbe Stunde rasch kochen. Man durchknetet ein gut Stük Butter mit zwey Eßlöffel voll Mehl und zupft zu dem Fisch, auch wird von einer Citrone der Saft noch dazu gedrükt. So läßt man die Soße noch satt durchkochen; während der Zeit muß man sie auf den Lachs herumschöpfen, daß er nicht troken wird.

Lachs in Austern oder Sardellensoße. Man schuppt und siedet ihn im Salzwasser mit etwas Rosmarin und Lorbeerblättern ab, macht eine Brühe von Austern oder Sardellen mit ein wenig Wein, Butter, Pfeffer und Muscatenblüthe, bis die Brühe dik wird, gießt sie über den Lachs und läßt es zusammen in einer Schüssel aufkochen. Dann belegt man ihn mit Citronenschelben.

Lachs zur Fastenzeit. Man spikt den Kopf mit Sardellen und Aalschnitten, bindets mit Bindfäden, legts in eine ovale Caßerole, thut ein Stük Butter einer Faustgroß hinein, daß sie schmelze, thut wieder eine Hand voll dazu, und rührts immer, bis es braun wird. Dann gießt man Fischbrühe dazu, thut es zusammen zu dem Lachs in die Caßerole, gießt eine Bouteille Cham-

Champagner- oder andern weiſſen Wein dazu, und ſieht daß der Fiſch ſo viel Brühe habe, um darinn kochen zu können. Hierauf würzt man ihn mit Salz, Pfeffer, feinen Kräutern, guten Gewürzen, groſſen und kleinen Zwiebeln, Peterſilie und grünen Citronenſcheiben, und läßt ihn bey gelindem Feuer kochen. Iſt er gahr, ſo läßt man ihn ein paar Stunden in ſeiner Brühe ſtehen, nimmt ihn heraus, bindet ihn auf, läßt ihn austropfen, legt ihn in die Schüſſel, und ſchüttet ein Ragout von Karpfenmilch, Champignons, Trüffeln oder auch ein Ragout von Krebsſchwänzen darüber und richtets warm an.

Lachs in rother Brühe. Man wäſcht ihn ſauber, thut ihn in eine meſſingne Pfanne, gießt rothen Wein und ein paar Löffel voll Fleiſchbrühe daran, würzt ihn mit Muſcatenblüthe, Pfeffer und Ingber, wirft eine mit Negelein beſtekte Zwiebel darein, thut Citronen, Lorbeerblätter, Rosmarin, Thymian und ein gut Stük Butter daran und läßt es aufkochen.

Lachs mit einem Ragout. Man ſchneidet ihn in Stüke, wäſcht ihn und thut ihn in einen Topf oder Pfanne, röſtet etwas Mehl und klein geſchnittene Zwiebeln gelb, thut ſie an den Lachs, gießt ihn mit Waſſer, Wein und Weineßig, würzt ihn mit Negelein, Muſcatenblumen, Salz und Pfeffer, und läßt es miteinander gahr kochen.

Lachs zu räuchern. Man reißt ihn am Rüken auf, ſpaltet den Kopf entzwey, ſalzt das Ganze mit Salz, worunter Salpeter iſt, ein, und läßt es ſo ein paar Tage liegen. Dann ſpannt man mit breiten und auf beyden Seiten ſpitzigen Spänen den Lachs aus, und hängt ihn ſo in den Rauch. Hat er etliche Tage gehangen, ſo bindet man ihn mit Papier zu und läßt ihn ferner ganz ſachte räuchern. Nach dieſem hängt man ihn an einem lüftigen Ort auf.

Lachs, marinirt. Den in Stüke geſchnittenen Lachs ſalzt man ein und läßt ihn eine Weile im Salz liegen; macht ihn troken und bakt ihn aus Baumöl oder Schmalz. Iſt er kalt, ſo richtet man ſich bey dem Einlegen nach dem Verfahren mit den Forellen. S. Forellen, marinirt.

Lachs, geräucherten, zuzurichten. Man ſchneidet ihn in dünne Stükchen; iſt er aber zu ſalzig, ſo wäſſert man ihn eine Weile. Dann legt man ihn in einen Tiegel mit einem Stük Butter, beſäet ihn mit Pfeffer und beträufelt ihn mit Citronenſaft.

saft. Dann bratet man ihn im Tiegel auf Kohlen.

Lachs, geräucherten, zu braten. Man schneidet ihn in Stüke ein paar Messerrüken dik, und etwa eine Viertelselle lang, legt sie in ein Geschirr, gießt Bier darauf, und wenn sie eine bis zwey Stunden gelegen sind, nimmt man sie heraus, daß sie troken werden. Dann nimmt man zu jedem Stük Lachs ein klein Kästchen von Papier, bestreichts mit Butter, und legt die Stükchen darein; den Lachs aber bestreut man mit weissem Ingber, der mit klar geriebener Semmel gemischt ist, sezt ihn auf einen Rost, unter dem nicht viel Feuer seyn darf, wendet sie einmal im Papier um, und wenn er auf beyden Seiten fertig ist, so kann man ihn mit dem Papier anrichten und warm geben.

Lachs, frischen, zu braten. Man schneidet zwey bis drey Finger breite Stüke, besprengt sie ein wenig mit Salz, legt sie in die Pfanne oder auf den Rost und bratet sie; dann begießt man sie fleißig mit schäumender Butter, daß sie braun werden, legt sie in eine Schüssel, gießt die übrige Butter darauf, drükt Citronensaft darauf, und bestreut mit ein wenig Semmelkrumen. Man kann sie auch ein wenig pfeffern.

Lachs, frischen, zu braten, anders. Man wäscht ihn mit Essig und läßt ihn eine halbe Stunde so liegen; vermischt hernach Pfeffer, Muscatenblüthe und ein wenig Salz miteinander, bestreut damit den Fisch überall wohl und läßt ihn allmählich troknen. Dann legt man ihn in heisses Schmalz und läßt ihn ein wenig dämpfen; thut wieder etwas von obigem Gewürz, ein wenig geriebenen Brod, etwas Wein und Eßig, auch klein geschnitten Salbey und Petersilie daran, und läßts aneinander sieden, daß es eine dünne Pfefferbrühe giebt, begießt und bestreicht den Lachs oft damit, und läßt ihn genug braten.

Lachsscheiben auf dem Rost gebraten. Den Lachs schneidet man in Stüke, läßt Butter in einer Casserole zergehen, thut etwas Salz dazu, wendet die Lachsscheiben in der Butter um, und bratet sie auf dem Rost über gelinden Kohlen. Hernach thut man Butter, Mehl, als man zwischen zwey bis drey Fingern fassen kann, in eine Casserole, wäscht ein paar Sardellen, macht die Gräten heraus, hakt sie klein, thut sie, nebst Capern und einer kleinen ganzen Zwiebel, zu der Butter, würzt sie mit Pfeffer, Salz und Muscatennuß, und gießt etwas Wasser und einige Tropfen Weineßig daran. Sind sie

sie auf einer Seite gebraten, so bratet man sie auch auf der andern; rührt die Soſe auf dem Caßerolloch um, thut sie, wenn sie diklicht ist, in die Anrichtſchüſſel, nimmt die kleinen Zwiebeln heraus, legt die Lachsſcheiben darüber, und richtets warm an.

Lachsſcheiben mit Krebscoulis auf dem Roſt gebraten. Man bratet sie wie eben geſagt. Dann thut man ein Stük Butter, so viel Mehl als man mit zwey bis drey Fingern faſſen kann, eine kleine Zwiebel und eine Sardelle in eine Caßerole, würzt ſie mit Salz, Pfeffer und Muſcatennuß, gießt ein wenig Waſſer und Weineßig daran, rührts auf dem Caßerolloch um, und thut, wenn sie diklicht iſt, einen halben Löffel voll Krebscoulis dazu, rührt es wieder um, und machts am Ende wie oben geſagt.

Lachsſcheiben mit Champignons auf dem Roſt gebraten. Wann sie gebraten sind, legt man sie ganz oder in Stüken in eine Schüſſel, und ſchüttet ein Ragout von Champignon darüber. Man kann sie auch mit einem Ragout von Trüffeln und Morcheln anrichten.

Lachsſcheiben, geröſtet, mit brauner Soſe. Man bratet sie, dann thut man ein Stük Butter eines Eyes groß in eine Caßerole, ſezt es auf ein Caßerolloch, läßt es ſchmelzen, und thut so viel Mehl als man zwiſchen zwey bis drey Fingern faſſen kann, dazu, rührt es immer um, bis es braun wird, gießt Fiſchbrühe und ein Glas Wein daran, würzt es mit Pfeffer, Salz, einer mit Negelein geſpikten Zwiebel, und ein wenig gehakter Peterſilie. Wann es kocht, legt man die gröſte Lachsſcheiben dazu, und läßt es bey gelindem Feuer kochen. Iſt die Soſe gehörig eingekocht, ſo nimmt man die Lachsſcheiben heraus, legt sie in eine Schüſſel, macht die Soſe mit einem Dotter und unreifen Traubenſaft diklicht, ſchüttet sie über die Lachsſcheiben und richtet sie warm an.

Lachsſcheiben mit Champagnerwein. Man ſchneidet ihn in Scheiben, zieht die Haut ab, nimmt die Gräten aus der Mitte, ſchneidet jede Scheibe in zwey Stüke, legt sie in der Caßerole zuſammen, würzt sie mit Salz, Pfeffer, einer mit Negelein beſtekten Zwiebel, einem halben Lorbeerblatt und ein wenig Peterſilie, thut auch etwas geriebene Semmel und ein Stük friſche Butter dazu, gießt eine halbe Bouteille Champagner- oder andern weiſſen Wein dazu, legt Champignons dazu, ſezt die Caßerole auf ein wohl geheiztes Loch, und macht, wenn die Soſe etwas

was eingekocht ist, die Fleischstüke vom Lachs mit einem Krebscoulis dikkicht, und richtet sie an.

Lachsscheiben, marinirt und gebaken. Man schneidet den Lachs in Scheiben und diese in Stüke, legt sie in eine Caßerole, würzt sie mit den schon oft angeführten Dingen und Petersilie, drükt den Saft von einer Citrone darauf, oder thut etwas Weinessig daran, rührts zusammen um und läßt die Lachsstüke einige Stunden darinnen mariniren, nimmt sie heraus, troknet sie mit einem leinenen Tuch ab, wendet sie im Mehl um und bakt sie in Butter. Dann legt man eine Serviette über eine Schüssel zusammen, auf diese thut man die Lachsstüke mit gehakter Petersille, und richtet sie warm an.

Lachsscheiben mit Braunkohl. Man schneidet den Fisch in Stüke, legt sie auf den Kohl in einem Tiegel und sezt ihn auf Kohlen. Ist aber der Lachs sehr gesalzen, so wässert man ihn erst ein oder thut ihn in Bier. Beym Anrichten schüttet man den Kohl in eine Schüssel, und den Lachs legt man darum herum. Man kann auch Erbsen, Spinat, Kraut, saure Rüben u. s. f. nehmen.

Lachs, gebaken, in polnischer Brühe. Man bakt frischen Lachs im Schmalz, thut Zwiebel und Aepfel in einen Topf, gießt Wein darauf, läßt es mit Zimmet und Zuker sieden, macht es ein wenig säuerlich, reibt es durch einen Durchschlag über den gebakenen Fisch, und läßt es aufsieden.

Lachs, wie eine Wurst. Man hakt ihn ganz klein und würzt ihn mit Negelein, Pfeffer, Ingber, Muscatenblüthe, Lorbeerblättern und ein wenig Petersilie. Dies mengt man untereinander, thut es in eine saubere Leinwand und bindet es mit Faden in Form einer Wurst. Dann siedet man es im Wein, bis man glaubt, daß es gahr sey, und läßt es in seiner eigenen Brühe erkalten. Die Leinwand, womit das Gehakte umwikelt ist, macht man weg, legt dieses in eine Schüssel, zierts mit Blumen und bestreuts mit Lorbeerblättern. Will man kleine Würstchen von diesem Gehakten machen, so füllt mans in Därme, und machts, wie eben gesagt. Sind sie kalt, so schneidet man sie in Scheiben.

Lachs, gesalzener, zu sieden. Man wässert ihn, wenn er stark gesalzen ist, ein bis zwey Tage ein, giebt ihm des Tags zweymal frisch Wasser, schuppt und schneidet ihn zu dünnen Stüken, und siedet ihn im Wasser ab. Nach diesem gießt man das Wasser ab und Fleischbrühe daran, thut

thut ein gut Theil Butter, auch Pfeffer, Ingber und Muscatenblüthe dazu, und läßt es zusammen aufwallen. Man thut auch einen Löffel voll in Schmalz eingebrannt Mehl daran, seigt die Brühe in ein Töpfchen ab, legt den Lachs in die Schüssel, gießt die Brühe darüber, und streut Muscatenblüthe darauf.

Laktuken mit Fleischbrühe und Muscatenblüthe. Man schneidet Laktuken, wenn er geputzt ist (dies geschieht, daß man ihn wie Carviol schneidet und in kalt Wasser legt) nach Gefallen rund oder länglicht, und wirft es in siedend Wasser, damit sich das Rohe ein wenig herausziehe; dann schüttet man sie in einen Tiegel, legt Butter, Muscatenblüthe, Ingber und geriebene Semmel oder gebrannt Mehl daran und gießt Fleischbrühe dazu, setzt den Tiegel auf Kohlen, und läßt den Laktuken so lang kochen, bis die Brühe ein wenig dik wird; dann richtet man ihn an. Man kann ihn auch über Kalb- oder Lammfleisch, über Hühner und Tauben anrichten.

Laktuken, gebaken. Wenn er geputzt ist, schneidet man ihn etwa eines Fingers lang ganz flach und dünn, wellt die geschnittene Stükchen in etwas gesalzenen Wasser auf dem Feuer ab, bis

er weich zu werden anfängt. Darnach seigt man ihn ab, daß er troken werde, bestreicht ihn mit Muscatenblüthe und Ingber und macht folgende Klare: Man quirlt in Milch eine Hand voll weiß Mehl, daß es wie ein dünner Brey wird, schlägt drey Eyer darunter, salzt es ein wenig und quirlt es klar. Inzwischen macht man Schmalz in der Pfanne heiß, gießt aber erst einen Löffel voll in die Klare, quirlt es untereinander und schüttet diese Klare über den Laktuken. Ist das Schmalz heiß, so legt man jedes Stükchen besonders hinein, daß sie nicht zusammenkleben, und bakt sie.

Laiblein zu baken. Man nimmt ein weisses Brödchen, schneidet oben einen Dekel ab, höhlt die Krume (Brosam) heraus, bröckelts klein, schüttet süßen Wein daran, drükt sie wieder aus, bakt sie mit einem süßen Apfel und einer Hand voll abgezogener Mandeln klein, röstet die Aepfel und Mandeln in Butter, etwa einer welschen Nuß groß, thut sie in das ausgehöhlte Laiblein, legt von dem ausgehöhlten Brod darein, streut allemal zwischen eine Lage Zimmet und kleine Rosinen, und zwar so lang, bis das Brod voll wird; hierauf thut man wieder ein klein wenig Butter darauf, bekt den

Dekel

Dekel wieder darüber, und bakt es im Ofen eine halbe Stunde.

Laiblein, gefüllte. Man nimmt weisses Brod, schneidet eine Schnitte davon und höhlt es aus; kocht Pflaumen und zerrührt sie, thut ein wenig Zuker, Zimmet, Zibeben und Mandeln darein, füllt die Laiblein damit, und bindet die Dekel wieder darauf, legt sie in eine Schüssel, gießt die Brühe, in welcher die Pflaumen gesotten worden, siedend darüber, und bakt sie im Schmalz. Nach dem Baken legt man sie in ein Geschirr, macht eine süße Brühe daran, und läßt sie damit aufkochen. Man nimmt auch statt der Pflaumen gedämpfte Aepfel zur Fülle, und rührt ein wenig kleine Rosinen darunter.

Lammfleisch in Butterbrühe. Wenn es bis auf die Helfte gesotten ist, legt mans in einen Tiegel, gießt Fleischbrühe daran, thut Semmelmehl dazu, würzt es mit Ingber, Pfeffer und Muscatenblüthe, und läßt es mit.inander sieden, bis das Fleisch weich ist. Dann schneidet man zimlich Butter darein, richtet es an, und streut Muscatenblüthe darauf.

Lammfleisch mit jungen Hopfen. Man zerlegt es in mittelmäßige Stüke, wässerts wohl aus, brennt ein wenig weiß Mehl, thut das Fleisch, nebst Salz, Muscatenblüthe und einem Bündchen feiner Kräuter hinein, läßt es auf gelindem Feuer wohl durchschwizen, gießt etwas siedend Wasser darauf, womit mans kochen läßt. Den Hopfen schneidet man so weit er mürb ist, klein, wäscht ihn wohl, läßt ihn einmal aufkochen und thut ihn auch ans Fleisch, kocht es zusammen gahr, und machts mit ein paar Eyerdottern säumig. Man kann auch Butter in die Sose thun.

Lammfleisch in Ragout. Man zerlegt ein Lammsviertel in vier Stüke, spikt diese, läßt sie in der Caßerole färben, kocht sie in Brühe gahr, und thut Salz, Pfeffer, Negelein, Champignons und ein Bündchen feine Kräuter daran. Ist es gahr, so thut man ein Coulis von Kalbfleisch dazu, und richtets damit an.

Lammfleisch mit Stachelbeerbrühe. Man thut gerieben Semmelmehl oder gebäht weiß Brod und halb reife Stachelbeere zusammen in ein Töpfchen, gießt Fleischbrühe und ein wenig Eßig daran, und läßt sie sieden bis die Beere weich sind. Denn zwingt man es durch einen Durchschlag und gießt wieder Fleischbrühe daran, würzt es mit Pfeffer, Ingber und Muscatennuß, thut noch mehr Stachelbeere auch einen Löffel voll Rahm darein, und

und läßt es sieden bis die Beere weich sind. Darnach thut man Butter dazu und richtet es über das gesottene Fleisch an.

Lammsfüße zu einem Gerüchte. Man brüht und kocht sie; sind sie gahr, nimmt man die Knochen aus der Mitte und füllt sie mit einer guten Fülle. Dann wendet man sie in geklopften Eyern um, bestreut sie mit zarten Semmelkrumen, und bakt sie, belegt auch die Schüssel mit gehakter Petersilie.

Lammsköpfe zu braten. Man wäscht, salzt und siedet sie ein wenig im Wasser ab, nimmt sie aus der Brühe, stekt sie an den Spieß, beträufelt sie mit Schmalz und läßt sie so braten.

Lammsköpfe auf englische Art. Man kocht sie im Wasser mit allerhand Gewürz, macht eine dike Brühe mit durchgesiebten Habermehl und Rahm daran, thut auch Rosinen und Weinbeere mit etwas Salz daran. Vor dem Anrichten thut man auch etwas spanischen Wein und Zuker dazu.

Lammsviertel zu braten. Man wässert, wäscht und salzt es, stekt es wie einen Schlegel an den Spieß, beträufelts und bratets gemach. Ehe es fertig ist, beträufelt man es mit Butter. Dann schneidet man Rosmarinsträußchen, bestekt das Viertel damit, und läßt es noch ein wenig braten.

Lammsviertel auf englisch. Man bratet ein Vordervieretel am Spieß, knetet darauf ein Stük Butter mit gehakter Petersilie, Chalottenzwiebeln, feinen Kräutern, Salz, Muscatenblüthe, Pfeffer und ein wenig Mehl. Ist es gahr, zieht mans vom Spieß, legt es in eine Schüssel, in welche vorher ein bis zwey Kochlöffel voll guter Brühe gethan worden, und sezt es auf Kohlen. Hierauf hebt man die Lammsschultern in die Höhe, streicht die Butter darunter und rührts um; dann thut man noch Pomeranzensaft dazu.

Lammfleischsose. Man verdämpft das Fleisch mit Zwiebeln, Butter und Wurzelwerk. Dann thut man ein Stükchen Butter, Zwiebel, Citronen, ein Stükchen Schinken in einen Tiegel, einen Löffel voll Mehl, etliche Eyerdotter und einen Löffel voll Essig, rührts auf Kohlen untereinander, bis es anfängt zu sieden, siebt es durch das Haarsieb, und richtets über das Fleisch an.

Lammsviertel mit Eyern gebraten. Wenn es gebraten ist, klopfe man drey bis vier Eyer, gieße Rosenwasser daran, tunke, ehe jenes völlig gahr ist, ein Büschchen Strohähren in die zerklopfte Eyer, bestreiche es überall

überall damit, und brate es aus.

Lammsschlegel zu braten. Man wäscht und reibt ihn mit Salz ab und bratet ihn am Spieß, begießt ihn, wenn er bald gahr ist, mit brauner Butter, bestekt ihn mit Rosmarinsträuschen, und bratet ihn noch ein wenig.

Lamm, ein ganzes, zu braten. Man spreißt ein nicht gar zu grosses Lamm zum Braten, macht es auf dem Rost steif, spikt die Keule mit Petersilie und Salbey und das Vorderste mit Spek; hierauf schält man zwey Pfund Castanien, haft sie mit Schalotten, zwanzig abgerührten Eyern, etwas Schweinefleisch, Salz, Pfeffer und Negelein, mischt alles untereinander, und füllt den Bauch damit, bratet es so, und giebts zu einem Gerichte warm, mit Citronenschaalen belegt.

Lamm am Spieß zu braten. Die eine Hälfte wird gespikt, die andere mit Semmelkrumen überzogen. Nun umwikelt man beyde am Spieß mit Papier, daß sie nicht verbrennen; und wenn sie gahr sind, überzieht man die ungespikte Hälfte mit Semmelkrumen, Salz, Pfeffer und gehakter Petersilie, drebt sie einigemal am Spieß um, damit sich diese Hälfte färbe, und richtet sie mit Citronen- oder Pomeranzenjus an.

Lampreten zu sieden. Man ersäuft sie in süßem Wein oder Malvasier, dann schneidet man sie in Stüke und salzt sie ein wenig. Hierauf sezt man einen Kessel mit Wasser und dem Wein, worinn sie gelegen sind, zum Feuer, wirft ein paar Lorbeerblätter, Ingber, Pfeffer, Negelein und Zuker darein, und läßt es sieden; legt die Lampreten auch darein, und läßt sie kurz einkochen.

Lampreten auf andere Art. Man durchsticht die Ohrenlöcher einer Lamprete mit einer Spiknadel, fängt das daraus rinnende Blut auf, begießt die Lamprete mit siedendem Salzwasser, worein ein wenig Eßig gegossen worden, und reibt sie rein ab; nimmt den weissen Faden, den sie statt des Rükgrades hat, heraus, läßt sie in starkem Wein und dem aufgefaßten Blut sieden, würzt sie mit Salz, Pfeffer, Ingber, Muscatenblüthe und Zimmet, und thut ein gut Stük Butter daran. Man kann diesen Fisch auch, wie den Aal, am Spieß braten.

Langes Brod, ein Zukergebäke. Man schlägt vier ganze Eyer und zwey Dotter eine halbe Stunde zu einem Schaum, rührt ein halb Pfund Zuker, ein halb Pfund Mehl, einen Löffel voll nach dem andern, unter die Eyer, füllt den

den Teig in die mit Butter bestrichene Möbel bis zur Hälfte ein, und bakts in einer schnellen Hize.

Latwerge von Borsdorferäpfeln. Man nimmt sechs Aepfel welche geschält und in Röhrwasser, doch nicht zu weich gesotten seyn müssen, und schneidet dann dünne Stükchen, wie zu einem Mus. Dann läßt man mit diesem, so viel Zuker als die Aepfel wiegen, sieden, rührt, wenn es eine Weile gesotten hat, das Mark und die klein geschnittene Schaalen von einer Citrone darunter. (Man kann auch statt des Wassers den Aepfelsaft nehmen, und die Aepfel, statt zu schneiden, schaben). Man lasse sie aber nicht zu lang sieden oder siede auch den Zuker dik, und rühre dann das Mark nebst den Citronen darein.

Latwerge von Citronen, roth. Man schneidet das Gelbe von sechs Citronen zu dünnen Schnitten, ungefehr eines halben kleinen Fingers lang, reinigt das Mark von der Haut und den Kernen, doch daß es nicht zu hart zerdrükt werde, und streut es mit geriebenen Zuker wohl ein. Hierauf siedet man eine grosse Quitte im Röhrwasser, aber nicht zu weich, schält sie, schneidet sie zu länglichten Schnitten wie Citronenschaalen, aber in der Dike wie eine kleine Fingerspize, bedekt sie wohl, damit sie fein weiß bleiben, hält ein Viertelpfund durch ein Haarsieb getriebenes Quittenmark in Bereitschaft, bindet die länglichtgeschnittenen Citronenschaalen in ein sauber Tüchlein, siedets in einem Töpfchen mit Röhrwasser, wie harte Eyer, seiget sie ab, nimmt sie heraus, bekt sie zu, schüttet zwey Pfund Zuker mit einer halben Maas ausgepreßten und lautern Quittenmark darein, läßts eine Weile sieden, thut auch das Citronenmark nebst dem gesezten Saft hinein, läßts eine halbe Stunde gemach unter stetem Umrühren sieden, daß es roth werde, wirft die Citronenschaalen auch hinein und läßts noch eine Viertelstunde sieden, dann thut man erst die geschnittene Quittenschnitten dazu; diese aber müssen, des Rührens ungeachtet, ganz bleiben. Endlich siedet man die Latwerge zu ihrer rechten Dike gahr, füllt sie in mit Rosenwasser bestrichene Schachteln, und sezt sie in einer warmen Stube in die Höhe, bis sie etwas vertroknet sind.

Latwerge von Citronen und Quitten. Man schneidet vier bis fünf weich gesottene Quitten wie die gelben Rüben, nimmt zu einem Pfund Quitten ein und ein halb Pfund Zuker, schüttet drey achtel Maas Wasser daran, läutert ihn und läßt ihn sieden bis er Faden spinnt, aber doch nicht hart wird, legt die Quitten darein, und siedet sie mit. Indessen schält man acht Citronen, siedet die Schaalen in Röhrwasser, thut das Weisse heraus, und schneidet das Gelbe länglicht, das saure Mark hakt man. Wann die Quitten ein wenig gesotten haben, thut man die Citronenschaalen nebst dem Mark auch hinein, siedet alles zusammen bis es rauscht, läßts ein wenig kalt werden, und faßts in gläserne Schaalen.

Leberstrizeln. Man rührt ein paar Löffel voll Mehl mit süßer Milch zu einem diken Teig an, macht ihn mit Eyern zimlich dünn und bakt Flädlein daraus; hakt Gäns- Kalbs- oder Hühnerlebern, läßt Butter in der Pfanne zergehen, thut die gehakte Lebern und ein wenig fein Mehl darein, und kocht sie ein wenig auf gelinden Kohlen, daß er zwar diklicht, aber die Leber nicht hart werde. Dann thut man kleine Rosinen oder Petersilie dazu, und rührt, wenn es noch zu dünn ist, etwas mehr fein Mehl darunter, würzt es mit Salz und Pfeffer, schlägt Eyer dazu, bis es so dik wird wie eine Fülle, und nichts davon herausläuft. Von dieser Fülle streicht man auf jedes Flädchen einen Löffel voll, überwikelt es wohl, daß nichts heraus kann, bestreicht eine Pfanne ohne Stiel und Füße unten recht wohl mit Butter, sezt sie auf eine Kohlpfanne, und die gefüllte Flädchen recht dicht aneinander darein, thut auf jedes Flädchen wieder ein Stükchen Butter, bedekt die Pfanne mit einem eisernen Dekel, thut Feuer oder viel Glut darauf, kehrt die Flädchen, wenn sie auf einer Seite gelb werden, um, daß sie auf der andern auch so werden.

Lebersuppe. S. **Suppe.**
Lebertorte. S. **Torte.**

Lebkuchenkräpfchen. Man wälgert aus geriebenen Lebkuchen, geschnittenen Pomeranzenschaalen, Zimmet, Ingber, Megelein, Muscaten, Cardomomen, gestoßenen Zuker, Tragant, Kraftmehl und Rosenwasser, Pläzchen, dekt einen Teig von Rosenwasser und Mehl darüber, schneidet es mit einem Kräpfcheneisen ab, legt es auf einen Bogen Papier nach dem andern in den Ofen, und bakt sie eine Stunde.

Lebkuchen, Basler. Man nimmt ein Pfund Zuker, ein Pfund Mehl, ein Viertelpfund Mandeln, welche man klein schneidet, von einer Citrone die Schaale, Citronat, Zimmet und etwas Muscatenblüthe; schlägt das Weisse von etwa vier Eyern wohl, macht damit den Teig an, und Lebkuchen davon. Ein Viertelpfund

Pfund Zuker kocht man in einem halben Glas Waſſer, bis es einen Faden zieht. Sind die Lebkuchen über die Hälfte gebaken, ſo beſtreicht man ſie damit, und bakt ſie vollends.

Lebkuchen, Nürnberger. Man rührt ein halb Pfund fein geſiebten Zuker mit ſechs friſchen Eyern zu einer etwas diken Maſſe, ſchlägt noch ſechs Eyer dazu, thut auch ein Quintchen Zimmet, ein Quintchen Carbomomen und einigen Negelein, alles geſtoſſen dazu, und rührts noch eine halbe Stunde, dann rührt man vier Loth Nürnberger Mehl und drey Loth geriebene Mandeln dazu. Die Maſſe ſtreicht man eines kleinen Fingers dik auf Oblaten, ſchneidet ein Loth gebrühte Mandeln in der Breite einmal durch, und legt ſie darauf, und bakts in einem gelinden Ofen eine Stunde lang.

Lebzelten, weiſſe. Man rührt fein weiß Mehl mit Roſenwaſſer an, thut auch klein geſtoſſenen Zuker darunter; ſtößt Mandeln zu einem Mus mit Roſen- oder Zimmetwaſſer klein, thut ſie auch ins Mehl und ein wenig Zimmet darunter, würkt den Teig wohl und läßt ihn gehen; drükt ihn in den Model, bakt ſie in der Tortenpfanne, und beſtreicht ſie mit Tragant oder zerlaſſenem Zuker.

Lebzeltenkräpfchen. Man nimmt geriebenen Lebkuchen, thut geläuterten Honig und Zuker daran, auch Quittenlatwerge mit Roſenwaſſer und Malvaſier gerieben, ein wenig Negelein, Ingber, Zimmet und eingemachte Citronenſchaalen, wälgert Plätzchen daraus, dekt einen Teig von Roſenwaſſer und Mehl darüber, ſchneidet es mit einem Kräpfcheneiſen ab, legt es auf einen Bogen Papier und bakt es.

Lebzeltenbrod. Man reibt Nürnberger Lebkuchen zart, vermiſcht ſie mit eben ſo viel abgezogenen, geſtoſſenen und abgetrokneten Mandeln, klein geſchnittenen Citronat, Citronen- und Pomeranzenſchaalen, durchgeſiebten Zuker, gießt etwas Malvaſier daran, macht einen nicht zu dünnen Teig, ſtreichts auf Oblaten und bakts im Ofen.

Lerchen zu braten am Spieß. Man ſtekt ſie gepuzt an hölzerne Spießchen, ſprengt ſie ein wenig mit Salz ein, legt ſie auf einen Roſt auf Kohlen; ſind ſie troken, ſo begießt man ſie oft mit zerlaſſener Butter. Sind ſie bald gahr, beſtreut man ſie mit zart geriebener Semmel und beträufelt ſie mit Butter. Nach dem Anrichten macht man braune Butter darunter.

Lerchen mit Zwiebeln. Man bratet ſie in braungemachter Butter,

ter, schneidet und röstet Zwiebeln in Butter, und schüttet sie zu den Lerchen. Gießt hernach etwas Brühe darein, streut Ingber und Pfeffer daran, und läßt sie fein gemach dämpfen.

Lerchen, gefüllt und gebraten. Man bläst sie, wenn sie gerupft sind, am Hals mit einem Federkiel auf, hakt Hühnerlebern, Spek und Majoran klein untereinander, röstet es im Schmalz, zerklopft ein Ey, gießt ein wenig Fleischbrühe daran, thut Salz, Pfeffer, Ingber und Muscatenblüthe dazu, füllt es in den Hals, bindet die Lerchen in Lorbeerblätter, beträufelt sie am Spieß mit geschmolzener Butter und bratet sie gemach.

Lerchen zu dämpfen. Man schneidet in einen Tiegel dünne Stüke Spek, thut die Lerchen darein, schneidet obere Brodrinde klein gewürfelt, thut ein Stükchen Knoblauch ganz dazu, legt wieder ein wenig Capern und oben darauf wieder dünne Spekstükchen, macht den Tiegel wohl zu und läßt es dämpfen.

Lerchen im Ragout. Man passirt sie, wenn sie ausgenommen sind, in der Caserole mit Spek und etwas Mehl braun, würzt sie mit Salz und Pfeffer, kocht sie in einer kräftigen Brühe mit Champignons, Morcheln u. s. w. Sind sie halb gahr, gieße man ein Glas Wein daran, und drükt Citronensaft darauf.

Limonade von Citronen. Man schneidet geschälte Citronen entzwey, nimmt das innere ganz weg, thuts in eine Schüssel, preßt den Saft durch ein Leintuch, bis jenes ganz troken ist; den Saft läßt man vier und zwanzig Stunden stehen, das Klare gießt man dann ab und wiegt es. Zu einem Pfund Saft nimmt man drey Viertelpfund gestossenen Zuker, giessts mit dem Saft in einen Kessel, kochts auf schnellem Feuer, schäumts fleißig ab, bis es ein Syrup ist. Dann gießt mans in reine Bouteillen, die wohl verwahrt sind.

Limonienbrühe über allerley Gebratenes. Man nimmt die Kerne heraus, schneidet und hakt jene und thut sie in ein Töpfchen, schüttet Wein und etwas Fleischbrühe, auch Rosenessig daran, würzt es mit Pfeffer, Muscatennuß, ein klein wenig Gewürznegelein, Zuker nach Belieben, siedet es zusammen, und richtes es über das Gebratene, besonders Lendenbraten, an.

Linsen mit gebratener Kalbsleber. Man liest junge Linsen sauber, und kocht sie im Wasser bald weich, gießt Essig daran, mit welchem sie kurz einsieden müssen; bräunt Butter in der Caserole, rührt ein wenig Mehl dar-

darein, welches auch bräunen muß, wirft nach diesem klein geschnittene Zwiebeln dazu, welche auch mit rösten müssen, brennt sie an die Linsen, rührt sie durcheinander und salzt sie ein wenig. Die Kalbslebern stekt man in stehend Wasser, daß sie ein wenig anlauft, schneidet vierekichte Stükchen, einer welschen Nuß groß, und eben so grosse Stükchen Spek, stekt beyde wechselsweise an kleine hölzerne Spießchen, continuirt so, bis etliche Spießchen voll sind. Dann sprengt man sie mit Salz ein, tunkt die an den Spießchen stekende Leber darein, bestreut sie mit Semmel und bratet sie auf dem Rost. Die Linsen richtet man an, und garnirt sie mit der Leber.

Linsen, mit gebakenen Eyern. Wenn die Linsen gekocht sind, sezt man einen Tiegel mit geschmolzener Butter so lang zum Feuer, bis die Butter recht heiß ist. Hernach nimmt man eine Kelle, schlägt ein Ey darein, streut ein wenig Salz und Mehl darauf, schüttet es ins heisse Schmalz, und läßt es gahr baken. Man bakt auf diese Art mehrere, und richtet sie zu Linsen an.

Linsenpotage an Fasttagen. Man kocht Linsen mit einer Brühe von Wurzeln, thut eines Eyes groß Butter, eine gelbe Rübe, eine Pastinake und eine grosse in Scheiben geschnittene Zwiebel in eine Cakerole, bräunt sie, giest Fleischbrühe daran, würzt es mit zwey bis drey Negelein, thut etwas Petersilie, eine ganze Zwiebel, Champignons und einige Semmelrinden dazu, und läßt es miteinander aufkochen. Sind die Linsen gahr, im Mörsel gestossen, in die Cakerole, worinn das Coulis ist, gethan, und aufgekocht, so schlägt man das Coulis durch ein Haartuch, thuts in einen Kessel, damit es warm bleibt, wirft einen Löffel voll ganze Linsen dazu, läßt Semmelrinden mit einer Fischbrühe aufkochen, richtet ein klein gefülltes Weißbrod zu, legt es in die Mitte und richtet das Coulis auf die Potage warm an.

Loken zu machen. Man läße zwey Theeköpfe Milch kochen, rührt acht Loth fein Mehl und eines Eyes groß Butter so lang auf Kohlen, bis es ein recht steifer Teig ist; dann wird es abgenommen und kalt gerührt, nachher vier ganze Eyer und etwas Muscatenblumen dazu gerührt. Darauf taucht man einen Löffel in kochend Wasser, sticht damit von diesem Teig Klöse, wie ein grosses Ey ab, und kocht sie eine Viertelstunde. Man probirts zuerst mit einem Klos, und wenn er nicht fest ist, rührt man noch etwas Mehl zu der Masse.

Lungengehäke. Man hakt eine abgesottene Kalbslunge, thut sie in eine Schüssel, nimmt eine Hand voll Weinbeere oder kleine Rosinen, eben so viel geriebenes Brod und fünf Eyer, würzt es, thut Schmalz in die Pfanne, schlägt die gehakte Lunge in ein Netz, und hälts in der Pfanne über Kohlen, daß es langsam bake und nicht anbrenne. Ist es rösch, so richtet man es an, und macht eine beliebige Brühe darüber.

Lungenklößchen, gebaken in einer Butterbrühe. Man hakt die Kalbslunge oder das ganze Gekröß vom Kalb ganz klein, weicht ein wenig weisses Brod in süße Milch, thut das Gehakte darein, würzt es mit Salz, Pfeffer, Ingber, Muscatenblüthe, Majoran und Peterfilien, rührt es mit Eyern, so dik als andere Klößchen um, bakt sie gelb im Schmalz, macht eine Butterbrühe und läßt sie darinn kochen.

Lungenkräpfchen. Man hakt eine gesottene Kalbslunge klein, rührt sie mit Zuker, Zimmet, feinem Gewürz, zwey Eyern, kleinen Rosinen und geriebenem weissen Brod recht untereinander, füllt sie in einen Teig, und bakt sie im Schmalz.

Lungensuchtsulze. Man schneidet eine mäßige Hand voll Steinraute und Körbelkraut, eben so viel Rosmarin und zwanzig Schneken klein, siedet es wohl zugedekt, in Ziegenmilch so lang, bis es halb eingesotten ist, seigt es ab, und trinkt Morgens und Abends ein Schälchen.

Lungenmus. Man hakt sie abgesotten klein, läßt ein Stükchen Butter im Tiegel zergehen, verdämpft darinn etwas Petersilie und Schalottenzwiebeln, thut ein bis zwey Löffel voll Mehl dazu, wenn es wohl schäumt, die Lunge und gute Fleischbrühe, etwas geschnittene Citronen und Citronensaft, auch ein wenig Eßig, Salz und Muscatenblüthe, hernach läßt mans wohl aufkochen. Man kann auch Kalbsprießlein mitsieden und haken.

M.

Macronen. Man mengt ein halb Pfund gestoßene Mandeln, ein halb Pfund gestoßenen Zuker und von vier Eyern das Weisse wohl, und quirlt es, streicht von dieser Masse Häufchen auf Oblaten, so groß man will, und bakt sie in jäher Hize gelb.

Macronen, gefüllt. Man nimmt ausgewürkten Macronenteig, walgert ihn nicht zu dik aus, drukt ihn in einen Macronenmodel, schneidet den Teig im Model ab, damit sie fein hohl bleiben;

ben; dann vermischt man halb abgetrokneten Marzipanzeug mit Zimmet, Muscatenblüthe, auch klein und würflicht geschnittenen Citronat. Von diesen zusammengemachten Zeug formirt man ein Stükchen auf eine Oblate, stürzt die gefüllten Macronen darüber, klebt sie an, legt sie auf ein Blech, und bakt sie im heissen Ofen.

Macronen, Brüßler. Man brüht ein halb Pfund süße Mandeln ab; stößt sie zart, und fuchtet sie mit der Hälfte des Weissen von einem Ey an, schüttet in eine Terrine zu diesem zwey Unzen Reismehl und ein halb Pfund Zuker, rührt alles recht wohl untereinander, thut das zu Schaum geschlagene Weisse von vier Eyern noch dazu. So bald alles mit den Mandeln recht vermengt ist, sezt man sie länglicht auf weiß Papier, läßt sie im Ofen baken, und überzieht sie mit einem weissen Zukerguß.

Macronenherz. Man stößt ein und ein halb Pfund Zuker, brüht eben so viel Mandeln ab, stößt sie grob, und thut die Schaalen von zwey Citronen nebst Citronat dazu. Etwa eine Stunde vor dem Baken schüttet man ein Glas voll Rosenwasser über den Zuker, daß er völlig zerschmelze, mengt die Mandeln und den Zuker untereinander, und trok-

net es in einer Pfanne. Ist der Teig kalt, so klopft man das Weisse von sieben Eyern zu einem dikken Schaum, und mengt es unter den Teig. Hierauf schneidet man Formen von Papier, bestreicht diese mit zerlassener Butter, streicht den Teig daumensdik darauf, und bakt sie im Ofen.

Macronentorte. S. Torte.

Magenconfekt. Man giesse ein wenig frisch Wasser an ein Pfund Zuker, läßt es so lang sieden, bis es ganz dik wird, läßts erkalten, nimmt Muscatenblüthe, Zimmet, Negelein, von jedem ein halb Loth, Cubeben und Cardomomen, von jedem ein Quintchen, alles gröblicht zerstossen, wie auch ein halb Pfund Mandeln und klein geschnittene Citronenschaalen; davon macht man mit feinem Mehl einen Teig an, wälgert ihn dünn aus, drükt ihn in hölzerne Model, beschmiert das Blech mit Butter, und bakt es, aber nicht braun. Zulezt mischt man Zuker, Rosenwasser und ein Eyweiß untereinander, bestreicht es damit und sezt es noch einmal in den Ofen.

Magenlatwerge. Man nimmt rothe Rosen, Salbeyblüthe und Blätter, Ysop, Lavendel, Betonien, Borragen, Ochsenzungen, Scabiosen, Melissen, Rauten, Rosmarinblumen, Fenchelkraut, Cardobenedikten, jedes ein Loth, Gichtrosen, Alantwurz, Wegwarten und Pinellen, jedes zwey Loth, ließt die Kräuter rein, die Wurzeln schabt man, hakt alles klein, stößts ein wenig, siedet die in Scheiben geschnittene Wurzeln in einen halben Rössel Malvasier und eben so viel guten Wein ganz weich, thut es heraus und hakt es ganz klar, läßt es in einer Maas guten Honig kochen, gießt aber im Sieden immer etwas von dem Wein zu, worinn die Wurzeln gesotten worden, daß sich der Honig dadurch läutere, womit man so lang fortfährt, bis der Wein nach und nach aller darinn ist. Hierauf nimmt man das Honig vom Feuer, läßt es erkalten, schäumt es ab und sezt es wieder auf, daß es so lang siede, bis der Wein fast eingesotten ist, rührts danchen stets um, und läßt es ganz dik einsieden.

Malvasiermus. Man schneidet sechs bis sieben hart gesottene Eyer auf, nimmt die Dotter heraus, und rührt sie mit Malvasier glatt ab. Vorher aber weicht man auch ein wenig geriebene Eyerbrod oder Semmelkrumen in Malvasier ein, thut dies nebst gehakten Mandeln, Muscatennüssen, Zimmet und geriebenen Citronenschaalen unter die abgeriebenen Dotter, drükt etwas von Citronensaft darein, und zukerts nach Belieben. Ist es zu dünn, so kann man noch ein wenig Mehl darein schütten.

Mandeläpfel. Man stößt zimlich abgezogene Mandeln mit Rosenwasser ab, rührt Zuker und geriebene Eyerbrod darunter, schlägt so viel ganze Eyer daran, daß der Teig feste wird; wäre er aber zu dünn, so muß man noch ein wenig gerieben Eyerbrod darunter mischen. Hierauf formirt man Aepfel daraus, den Buzen stellt man mit einem Negelein, den Stiel aber mit einem Stükchen Zimmet vor. Dann bakt man die Aepfel aus dem Schmalz, und giebt sie entweder troken oder in einer Weinbrühe, mit Zuker und Zimmet besäet.

Mandelbilder und Früchte. Man rührt ein halb Pfund gestoffene Mandeln und ein Viertelpfund gestoffenen Zuker mit Rosenwasser ab, troknet es in einem messignen Kessel auf Glut ab, man rührt es aber immer, bis es an den Händen kleben bleibt, wenn man darauf schlägt; thut es wieder vom Feuer, macht es kalt, daß mans angreifen kann, und arbeitet den Teig mit gestoffenem Zuker und mit etwas Kraftmehl stark aus. Dann formirt man allerhand Früchte davon, legt sie auf ein Papier, und läßt sie in einem Sieb beym Ofen trokknen, oder dörrt sie in einem Zukerofen.

Mandelblumen. Man nimmt ein Viertelpfund klein gestoßene Mandeln, weicht ein wenig klein gestoßenen Tragant in Rosenwasser, und rührt ihn bis es dik wird; stößt es unter die Mandeln und Zuker darunter so viel man kann, würkt den Teig auf einem Tisch, sticht mit Mödeln Blumen daraus, bakt sie auf einem mit weissem Wachs bestrichenen Blech in der Tortenpfanne, und thut oben mehr Glut dazu als unten.

Mandelbögen auf die Torten. Zu zwölf Bögen nimmt man eine meßingene Pfanne, thut ein halb Pfund Zuker nebst einem halben Mössel Wasser hinein, siedets recht dik ein, schneidet dann ein halb Pfund Mandeln klein, ein Viertelpfund aber klein gestiftelt. Hernach rührt man die klein geschnittene Mandeln erstlich in dem gesottenen Zuker, läßt sie wohl einsieden und rührt sie oft um, daß sie nicht anbrennen. Zulezt rührt man auch die andern Mandeln, das Weisse von zwey Eyern, klein geschnittene Schaalen von einer Limonie, nebst dem Saft darein, beschmiert die dazu gehörige blecherne Bögen mit Schmalz, schneidet Oblaten so groß, daß die Bögen damit bedekt werden können, streicht es mit Eyerweiß an, daß sie sich biegen laßen, streicht die Mandelfülle dik darauf, bakt sie langsam, macht ein oder zweyerley Eis mit Citronat bestreut, und läßt es bis das Eis hart wird, anziehen, richtet es auf die Torte hoch auf, siedet aber vorher Zuker mit Wasser braun, tunkt die Oerter in heissen Zuker ein, und sezt sie aufgebogen doppelt übereinander.

Mandelbrezeln, aufgelaufen. Man weicht feinen Tragant in Rosenwasser ein, mengt gestoßenen Zuker darunter, auch ein Pfund und drey Loth abgebrühte gestoßene Mandeln. Dies alles mengt man unter das Weisse von Eyern, wenn es zu Schaum geschlagen worden, und formirt Brezeln daraus.

Mandelbrod. Man wirft ein halb Pfund mit Rosenwasser frisch gestoßene Mandeln, drey Viertelpfund gestoßenen Zuker, zehn frische und wohl zerklopfte Eyer, ein halb Viertel Welzenmehl untereinander, bakt es auf einem Papier in der Pfanne, schneidet es in Stüke, bestreicht es mit Eyerweiß, und streut gestoßenen Canarienzuker darüber.

Mandelbrod, schwedisches. Man rührt ein halb Pfund gestoßenen Zuker und ein halb Pfund abgestosgestossene Mandeln wohl untereinander, schüttet drey wohlgeschlagene Eyer daran, thut auch Negelein, Muscatenblüthe und Cardomomen, jedes ein Quintchen gröblicht gestossen dazu, etwa auch Citronenschaalen und Citronat, rührts alsdann mit Mehl zu einem rechten Teig wohl untereinander. Dann macht man kleine Laiblein daraus, bakt sie langsam, bestreicht sie mit einem Zukereis, und besäet sie mit überzogenen Anis.

Mandelbrod, Wienerisches. Man rührt zwölf ganze Eyer und zwölf Dotter in einem Topf eine halbe Stunde, rührt dann ein halb Pfund gestossene Mandeln und ein Pfund Zuker wieder drey Viertelstunden, schneidet die Schaalen von zwey Limonien klein, und rührt dies alles nebst einem Pfund Mehl wohl untereinander. Hierauf schüttet man den Teig in ein mit Butter bestrichen Geschirr, bakts langsam, kühlts ab, schneidets dünn, und bräunts auf dem Rost.

Mandelbrod, englisches. Man schlägt drey ganze Eyer und vier Dotter in zwölf Loth zart gestossenen Zuker, schüttet eine halbe Eyerschaale voll Rosenwasser daran, und rührts mit einem Kochlöffel eine Viertelstunde recht untereinander; thut ein Achtelpfund zart gestossene Mandeln nebst zwölf Loth wohlgestossenen und durchgesiebten Zuker dazu, rührt alles wieder recht untereinander, würzts mit Zimmet, Muscatenblüth und Cardomomen, doch muß der Zimmet sehr vorschlagen, rührt endlich acht bis zehn Loth fein Mehl darein, daß es wie ein diker Straubenteig wird. Nach diesem bestreicht man irrdene Mödelchen mit Butter, füllt den Teig hinein, macht aber die Mödelchen nicht zu voll, sezt sie auf einem Blech in einen heissen Ofen, läßt sie eine halbe Stunde gelblicht baken, und nimmt sie dann heraus. Man vergoldet sie auch.

Mandelbrödchen. Man klopft drey Eyerdotter wohl, rührt ein Pfund feinen, zart gestossenen und gesiebten Zuker, ein Pfund gestossene Mandeln, ein Loth Zimmet, drey Quintchen Negelein, ein Quintchen Pfeffer und drey Quintchen Ingber darunter, löst es im Rosenwasser auf, macht es zu einem Teig und giests in spanische Brodformen und bakt es.

Mandelbrühe über Hühner und Capaunen. Man hakt oder reibt sie im Mörsel, schüttet ein wenig aber nicht fette Hühnerbrühe und siedheissen Malvasier darüber, mischt gerieben Brod, Muscatenblüthe, Zuker und Trisanet darunter, gießt ein

ein wenig Roseneßig dazu, läßt die Brühe sieden, und richtet sie über das Geflügel an.

Mandeln in einer Citronenconserve. Man stößt ein Viertelpfund süße Mandeln in einem Mörsel rein, und benezt sie während dem Stoßen mit Citronensaft. Zu diesen läßt man ein Pfund Zuker a la plume sieden, nimmt ihn vom Feuer, und rührt so lang darinn, bis er weiß wird. Dann vermengt man die Mandeln mit demselben recht wohl, und gießt ihn in die Conserveformen.

Mandeleyer, gebakene. Man stößt und reibt abgezogene Mandeln zart, und theilts in zwey Theile, den einen läßt man weiß, den andern färbt man mit Safran. Darnach nimmt man vom Weissen und machts um das Gelbe herum, daß es wie ein Ey wird, und fährt so fort, bis alles fertig ist. Sobann macht man ein Eis von Eyweiß und weissem Zuker, überstreicht das ganze Ey damit, daß es glatt wird, und daß man es trofen für ein recht Ey ansieht. Will man dieses Ey in Viertel zerschneiden, so muß es geschehen ehe es geeißt wird, und die Viertel muß man allein eißen.

Mandelfische, gefüllte. Man macht einen Teig von feinem Mehl, Eyerdottern, etwas süssem Wein und ein wenig Zuker, würkts und wälgert es, bestreut einen Model und drükt den Teig darein, füllt ihn mit einer Mandelfülle, legt den andern Model darauf, und drükt diesen fest darüber zusammen; wiewohl man ihn auch nur auf einer Seite ganz flach mit dem Teig zumachen, bezwiken und zuvor mit einem Ey bestreichen kann, damit der Teig beysammen bleibe. Man nimmt dann die so formirte und gefüllte Fische aus dem Model, überstreicht sie mit einem Ey, bakt sie auf einem Blech im Ofen gelb, und bestreut sie mit gröblicht gestossenen Zuker.

Mandelgebakenes in Butterteig. Man stößt ein halb Pfund Mandeln fein, thut eben so viel geriebenen Zuker, ein Stükchen Butter und zwey Eyerdotter dazu, stößts ferner in einem grossen Mörsel zu einem Teig, rollt einen dünnen Butterteig etwas dünn aus, schneidet vierekichte Stüke, aber nicht zu groß, davon, bestreicht diese mit Eyern, sezt auf jedes Stük etwas von den Mandeln, nimmt oben die vier Eke zusammen, klebt sie aneinander, thut sie in eine Tortenpfanne, bakt sie langsam und bestreut sie mit Zuker.

Mandeln, gebakene, mit Citronen. Man schält süße Mandeln und schneidet sie ganz klein rund,

rund, schüttet die geriebene Schaalen von einer grünen Citrone, ein Eyweiß und zart gestossenen Zuker, so viel zu einem rechten Teig nöthig ist. Von diesem bildet man mit der Hand kleine Stükchen wie Mandeln, legt sie auf weiß Papier, so daß zwischen jeder eines Fingers breit leer ist. Dann bakt man sie gelind im Ofen und nimmt sie bald vom Papier weg.

Mandeln, in Zuker gebakene. Man reinigt ein Pfund grosse Mandeln, siedet ein Pfund Zuker a perle, wirft die Mandeln hinein, läßt sie so lang sieden, bis der Zuker den Sud a souflè erreicht, indem man die Mandeln immer umrührt. Wenn sie gebaken sind, nimmt man sie vom Feuer, rührt sie immer mit einem Spatel um, bis sie völlig troken sind, legt sie in eine Schüssel, thut die kleinen Stükchen Zuker daben, thut sie wieder in die Pfanne und über das Feuer, bis sie ein Oel von sich geben; thut den Zuker, der in der Schüssel geblieben, nach und nach dazu, und läßts in der Pfanne bey beständigem Umrühren kalt werden.

Mandeln, gebakene, Languedokische. Man schüttet geschälte Mandeln ins Wasser, läßt sie abtropfen, thut sie in ein Beken mit zart gestossenem Zuker, läßt Oel in einer Pfanne warm werden, bakt die Mandeln darinn, bis sie ein wenig gelb aussehen, nimmt sie mit einem Schaumlöffel heraus, und richtet sie mit dem Löffel auf Papier an.

Mandeln, gebrannte. Man läßt ein halb Pfund Zuker in wenig Wasser zerschmelzen, thut ein halb Pfund Mandeln, woven man den Staub vorher wohl abreiben muß, samt den Schaalen hinein, läßt sie auf hellem Feuer mit dem Zuker unter beständigem Umrühren kochen, bis sie prasseln. Wenn der Zuker sich zu färben anfängt, so rührt man sie an einem Ort wie am andern mit dem Rührlöffel ganz langsam, damit sie die Farbe des Zukers annehmen. Wenn sie glänzen und allen Zuker angenommen haben, hebt man sie vom Feuer, sezt sie zuerst auf den Ofen, und schüttet sie dann aus dem Gefäß heraus.

Mandeln, gebrannte, anders. Man zieht den Mandeln die Haut ab, nimmt sie aus dem Wasser und troknet sie ab, läßt so viel Zuker als die Mandeln wägen, nach der grossen Kugelart sieden, und die Mandeln darinn drey Sude thun. Hierauf thut man sie vom Feuer, rührt sie beständig mit dem Rührlöffel, bis sie allen Zuker angenommen haben. Sind sie ein wenig zu kalt worden

den und ist noch etwas Zuker übrig, so macht mans nur wieder warm, und rührt die Mandeln ferner, bis sie den Zuker völlig angenommen haben.

Mandelgebäke. Man nimmt klein gestoßene Mandeln und eine gute Milch, und macht davon Mandelmilch, (S. Mandelmilch) rührt Kraftmehl darunter, läßts auf Kohlen sieden, wie sonst einen gemeinen Brey, und streut Zuker darauf.

Mandeln, geröstete, portugiesisch. Man läßt ein halb Pfund Zuker in ein wenig Wasser zerschmelzen, und wirft ein halb Pfund abgebrühte und in zwey Theile geschnittene süße Mandeln darein. Diese läßt man im Zuker sieden, bis sie Perlen formiren, und rührt darinn, daß sie denselben annehmen. Wenn sie röthlicht werden, breitet man sie auf ein Sieb, und wirft schnell weissen zarten Zuker darüber; wendet sie sogleich auf einer Schüssel um, bestreut sie auf der andern Seite ebenfalls mit zarten Zuker, und setzt sie auf den Ofen, daß sie abtroknen.

Mandelkränzchen. Man nimmt zwey Hände voll geschälte Mandeln und stößt sie klein, klopft das Weisse von zwey Eyern recht wohl, thut es dazu und stößts ein wenig zusammen. Darauf stößt man ein Pfund zarten Zuker Hände voll weis dazu, daß es ein steifer Teig wird, den man wälgern kann. Dies legt man sodann auf einen Baktisch, mengts mit etwas zart gestoßenen und durchgesiebten Zuker, auch durchgesiebter weisser Stärke zusammen, wälgert den Teig damit aus, schneidet ihn in länglichte Stüke, und biegt ihn als einen kleinen Ring rund zusammen. Hieraus macht man nun grosse und kleine Kränze, und bakt sie im Ofen oder der Tortenpfanne.

Mandelkränzchen mit Rosinen. Man weicht abgezogene Mandeln in Rosenwasser ein, kernt grosse Rosinen aus, und weicht sie in Wein ein, hängt dann eine Rosine, hernach eine Mandel an einen Drath, bis es ein Kranz ist. Hierauf beugt man den Drath hintenzu, läßt zwey kleine Stükchen daran, daß man ihn wieder aufmachen und daran halten kann. Man verfertigt zuvor alle, hernach macht man einen Teig wie zu den Datteln, thut ein Ey dazu, macht geschmolzene Butter in einem Tiegel oder Pfännchen heiß, tunkt die Kränzchen in den Teig, legts in die Butter, bakts auf beeden Seiten, nimmts heraus, biegt den Drath hinten auf, legt die Hand auf das Kränzchen, zieht den Drath sanft heraus, und schneidet ihn mit einem scharfen Mes-

Messer voneinander, so kommen zwey Kränzchen heraus:

Mandelkräpfchen. Man nimmt ein Viertelpfund mit Rosenwasser abgeriebene Mandeln, sechs Loth Pinien, weicht sie zusammen in heiß Rosenwasser und läßt sie darinn quellen; reibt sie und thut ein wenig Zuker, Zimmet und Rosenwasser daran, rührts untereinander, nur daß es nicht zu dünn wird, macht einen Teig von Rosenwasser und schön Mehl, schlägt die Fülle darein, macht kurze Strizeln daraus und bakt sie in der Tortenpfanne.

Mandelkräpfchen, aufgehende. Man rührt ein Viertelpfund Zuker nebst dem Weissen von vier Eyern eine Viertelstunde lang ab, thut zwölf Loth zart gestossene Mandeln dazu, und rührts wieder ab, macht von einem Viertelpfund Mehl, eben so viel Zuker und süssem Rahm und zwey Eyerdottern einen Teig, diesen wälgert man dünn aus, schlägt die Mandelfülle länglicht eines Fingers dik darein, rädelts ab, formirt einen Ring daraus, legts auf ein Tortenblech, beschmierts mit Eyern und bakts; bestreichts dann mit Limöneneis, bakts wieder ein wenig, und giebts hin.

Mandelkräpfchen, geröstete. Man rührt ein halb Pfund gestossene Mandeln, ein halb Pfund feinen gesiebten Zuker nebst vier Eyweiß und klein geschnittenen Limonienschaalen in einer messingenen Pfanne wohl ab, sezts auf Glut, bis es diklicht wird, formirt runde Kräpfchen auf Oblaten und bakts gelb.

Mandelküchlein. Man schält die Mandeln und stößt sie im Mörsel, besprizt sie während dem Stossen mit ein wenig Milch; stößt ferner eingemachte Pomeranzenschaalen und reibt sie mit rohen Eyern nebst etwas Pomeranzenblüthwasser wohl ab, mischt die gestossene Mandeln darunter, klopft alles zusammen mit so viel Mehl, als zu einem gelinden Teig nöthig ist, wälgerts aus, bakts und bestreuts mit Zuker.

Mandelkuchen. Man nimmt ein Pfund Mandeln und eilf Loth Schmalz, rührt das Schmalz eine gute Stunde auf eine Seite, thut klein geschnittene Citronen und Citronat, zwey Loth Zuker, acht ganze Eyer, und von acht andern die Dotter darunter, rührt alles zusammen bey einer und einer halben Stunde, schmiert eine Schüssel mit Butter, schüttet es darein, thut oben und unten Glut, oben aber mehr als unten dazu, und bakt es.

Mandellebküchlein. Ein Pfund Mandeln und ein Pfund Zuker rein gestossen, ein Ey, ein halb Loth Negelein, ein Loth Zimmet, eine

Mandellebkuchen

eine Muscatennuß, acht Loth Citronat, zwey Loth Rosenwasser und vier Löffel voll Mehl arbeitet man wohl untereinander, drükt den daraus gewordenen Teig in Formen, legt ihn auf Bleche, und läßt ihn bey gelinder Wärme baken.

Mandellebkuchen, weisse. Man klopft sechs Eyer und vier Dotter eine Viertelstunde lang wohl, rührt ein Pfund Mehl, eben so viel Zuker, gebräunte Mandeln, zwey Loth Pomeranzenschaalen, vier Loth Citronat, auch Zimmet, Pfeffer, Muscatenblüthe und Cardomomen darein, schneidet die Mandeln und Pomeranzenschaalen länglicht, mengt alles wohl untereinander, streichts auf Oblaten, legt diese auf ein Papier, und bakt sie auf einem Blech langsam.

Mandelnlebzelten, aufgehende. Man schlägt das Weisse von fünf Eyern in einer Schüssel zu einem Schaum, rührts nach und nach unter ein halb Pfund zart gestossene Mandeln, thut ein Viertelpfund wohl gesiebten Zuker dazu, machts zu einem Teig, troknet ihn in einem messingnen Beken auf einer Glut weiß ab, läßt ihn kalt werden, legt ihn auf Oblaten, bestreut ihn oben mit Zuker, drükt den gehörigen Model allezeit oben darauf und bakt ihn langsam.

Mandelmaultaschen 237

Mandellebzelten von Citronen. Man vermischt zart gestossene Mandeln mit Eyerweiß, ein wenig Butter und Rosenwasser, schneidet eine eingemachte Citrone zu dünnen Schnittchen, und rührt sie unter die Mandeln, dann auch einen in Citronensaft eingeweichten und durch ein Tuch gepreßten Tragant mit Zuker und Kraftmehl, richtet einen Teig zu, legt ihn besonders. Hernach wälgert man die Mandeln mit den Citronen auf Oblaten aus, und rollt von dem Tragantteig auch ein Blättchen zwey Messerrüken dik aus, thut es oben darauf, drükt die Möbel darauf und bakt es gemächlich.

Mandelmaultaschen. Man arbeitet ein Pfund fein Mehl und ein Pfund frische Butter, blätterweis darein geschnitten, mit einem Wälgerholz wohl aus, macht mit sechzehn Eyerdottern und acht Löffeln voll Wein einen Teig an, treibt mit einem Nudelwälzer aus, und schlägts zweymal vierfach zusammen. Schneidet dann vier und sechzig Stükchen, jedes dünn und vierekicht ausgewälgert, in der Grösse eines kleinen Tellers, richtet die Mandelfülle zu, legt das schmälere Theil über die Mandeln und das andere mehr als halb darüber, rädelts ab, bestreichts mit Eyern, bestreuts mit fein ge-

238 Mandelmilch

siebten Zuker, und bakts langsam.

Mandelmilch. Man brüht ein Viertelpfund Mandeln ab und stößts mit einem Viertelpfund von Kürbis- Melonen- Pfeben- und Gurkenkernen; schüttet während dem Stossen von Zeit zu Zeit einen halben Löffel voll Wasser dazu, damit nicht Oel daraus werde. Sind sie rein gestossen, so thut man sie aus dem Mörsel in eine irrdene Schüssel, und macht sie nach und nach mit einer Kanne Wasser dünn. Man kann auch einen halben Nössel Milch dazugiessen. Dann läßt man ihn etlichemal durch ein Haarsieb gehen, indem man die Mandeln mit einem hölzernen Löffel ausbrükt, damit sie der Milch ihren Saft mittheilen. Man wirft auch ein Viertelpfund Zuker hinein, und wenn er geschmolzen ist, seigt man den Kühltrank durch ein Tuch, ohne es auszubrüken, und sezt ihn ins Kühle.

Mandelmich zu kochen. Man stößt die geschälte Mandeln, thut sie in einen Kessel, gießt einen Nössel Rahm nebst einer halben Kanne süßer Milch auf die Mandeln, thut ein wenig Semmelkrumen, Citronenschaalen, Zimmet, Zuker und Rosenwasser daran, läßt es auf Feuer durchkochen, daß die Semmelkrumen

Mandeln

zergehen; streicht es durch ein Haartuch, und läßts in einem Topf erkalten.

Mandelmus. Man legt ein balb Pfund Mandeln in heiß Wasser, daß sie sich abschälen, und stößt sie mit Rosenwasser. Dann gießt man einen Nössel gute Milch dazu, und reibt immerzu, bis sie gahr ist; hernach sezt man sie in einem Tiegel zum Feuer, thut Semmelkrumen daran, läßt es zusammen kochen, und rührt es während dem Kochen beständig um. Ist es dik genug, so thut man Zuker daran, und streut beym Anrichten Zuker und Zimmet darauf.

Mandelplätzchen Man stößt Mandeln mit Citronenmark, reibt die äusserste gelbe Schaale von den Citronen auf einem Reibeisen, zukerts und reibts zu einem Teig ab. Ist er zu dik, so macht man ihn mit Citronensaft dünner, streicht ihn auf Oblaten und bakt ihn im Ofen.

Mandeln a la polonoise. Man brüht ein Pfund süße Mandeln und Haselnüsse ab, und wirft sie, wenn sie geschält sind, einzeln in frisch Wasser; läßt es wieder ablaufen, troknet sie ab, hakt die Hälfte davon sehr rein und die Uebrige schneidet man dünn. Dann siedet man ein Pfund Zuker nach grosser Federart, wirft die Mandeln und Haselnüsse nebst
etwas

etwas gehakter Citronenschaale hinein, rührt alles, nicht auf dem Feuer, untereinander. Ist es recht vermischt, mengt man das geschlagene Weisse von einem Ey darunter, giesst die Mandeln auf Papier, und, wenn sie ganz kalt sind, schneidet man sie nach Belieben.

Mandelrahm. Man macht ihn wie Crame von Pistacien. S. oben. Will man ihn aber an Fasttagen haben, so stösst man vor dem Abendessen die Mandeln, schlägt sie mit Wasser durch ein Haartuch, um daraus Mandelmilch zu machen; man muss aber viel Mandeln nehmen. Wenn sie nun fertig ist, so macht man den Rahm daraus, von Pistacien, Chocolate oder andern Sachen, und thut sonst nichts, als ein wenig Mehl, Zuker und Pomeranzenblüthwasser, nicht aber Eyer und Milch, sondern nur ein wenig Salz und viel Zuker dazu. Ist es gahr, so richtet man es warm an.

Mandelrauten. Man brüht und stösst ein Pfund schöne Mandeln, feuchtet sie aber zugleich mit Rosenwasser je und je an. Dann schlägt man das Weisse von sechzehn Eyern zu einem diken Schaum, rührt den Dotter nebst einem halben Pfund Zuker sogleich unter die Mandeln, vermengt auch zuletzt den Schaum damit, thut den Teig in die Formen und bakt sie im Ofen.

Mandelschlange. Man stösst ein halb Pfund Mandeln, nimmt zwölf Loth Zuker, ein wenig Muscatenblüthe, geriebene Citronenschaalen und zwey Eyer nebst einem Viertelpfund Citronat dazu, rührt alles untereinander, wälgert einen süssen Butterteig nach der Länge aus, legt die Fülle darauf, und macht es wie andere Schlangen, ausser, dass man noch einen Teig eines guten Messerrükens dik auswälgert, mit einem Rädchen abrädelt, auf die eingefüllte Schlangen legt, hernach mit Eyerdottern bestreicht und im Ofen bakt. Wenn sie gebaken sind, so kann man sie mit Zuker und Rosenwasser bestreichen, und mit weissen Blsamzuker bestreuen.

Mandelschnitten. Man macht einen Teig von einem Viertelpfund gestossenen Mandeln, einem Viertelpfund schönen Mehl, eben so viel geriebenen Zuker und zwey Eyern, knetet und wälgert ihn, als wenn man einen Rand um eine Schüssel herum machen wollte. Dann rollt man ihn ein wenig platt, ungefehr zwey Finger breit, schneidet ihn in länglichte Stüke und bakt sie langsam.

Mandelschnittchen, süsse. Man stösst abgezogene Mandeln oder hakt sie klein, röstet geriebene

Semmeln in Butter, thut sie zu den gestoßenen Mandeln in die Schüssel, schüttet etwas süßen Wein nebst Zuker, Muscatennuß und Cardomomen dazu, streut Citronenmark nebst Zuker darein, rührt dies nebst Citronenschaalen auch darunter, streicht es auf die Semmelschnitten stark, und in der Mitte hoch auf, schmierts oben mit Eyerdottern und bakts in geschmolzener Butter gelb. Man kann auch die Schnitten durch gequirlte Eyer ziehen.

Mandelschnitten auf Oblaten. Man stößt ein und ein halb Pfund Mandeln mit Zimmetwasser ab, thut ein und ein halb Pfund Zuker, von einer Citrone die klein geschnittene Schaale und etwas gestoßenen Zimmet und Negelein darein, rührt es mit zwey Eyern um, streicht es nicht zu dik und nicht zu dünn auf Oblaten, und bakt es in der Tortenpfanne.

Mandelspäne. Man stößt ein halb Pfund Mandeln, aber nicht zu klein, und rührt sie eben so ab, wie bey Mandeltorte gesagt wird. Dann schneidet man Plätzchen von Oblaten, thut mit einem Löffel von den gestoßenen Mandeln darauf, streut kleinen bunten Zuker darüber, und bakt sie in einem nicht zu heißen Ofen; besser aber in der Tortenpfanne.

Mandelsterne. Man legt Mandeln in frisch Wasser, schält und stößt sie so zart man kann, mit Rosenwasser, stößt eben so viel Zuker darunter als Mandeln sind, thut etwas Rosenwasser in eine meßingne Pfanne, troknet das obige darinn ab, schneidet nach dem Model einen Stern daraus, legt ihn auf ein Papier und thut ihn in die Tortenpfanne, aber nur eine halbe Viertelstunde, dann vergoldet man die Spitzen.

Mandelsulze. Man stößt Mandeln klein, treibt sie mit warmer Milch durch, thut sie nebst ein wenig Hausblasen in eine Pfanne, läßt beedes zusammen sieden, bis es dik wird, und läßts in einer Schüssel gestehen.

Mandeltorte. S. Torte.

Mandeln weiß überzogen. Man thut ein halb Pfund geschälte Mandeln, ein halb Pfund Zuker, und einen Nössel frisches Wasser in einen meßingnen Beken, läßt den Zuker dik sieden, daß er fliegt; schüttet die Mandeln in den Zuker, läßt sie im Zuker sieden, bis er völlig eingesotten ist, rührt sie beständig um, löst sie, wenn sie ankleben, voneinander, schüttet sie auf ein Papier und läßt sie abkühlen.

Mandeln mit Zimmet. Man machts, wie oben gesagt. Nur muß man, wann das Eis dik genug

genug abgerührt ist, wohl gesiebten Zuker darunter thun, und es auf die vorige Art machen, auch klein geschnittene Schaalen von einer Limonie und zart gestoffenen Zimmet darunter mischen.

Mandeln, überzukert. Man brüht und schälet sie, und röstet sie hernach auf kleinem Feuer unter beständigem Umrühren. Dann siedet man Zuker a la plume, hält ihn warm, tunkt eine nach der andern an eine Gabel hinein, und rührt sie daran um. Wann man sie wieder heraus ziehet, muß man sie sogleich überall mit kleinem Zuker bestreuen, daß er sich fest anhänge: und so legt man eine nach der andern aufs Papier. Dann läßt man sie auf dem Ofen troknen.

Mangolt, zu kochen. Man liest ihn sauber, streift die Stiele ab, wäscht und brüht ihn, wie Kohl, hakt ihn klein, macht Schmalz in der Pfanne heiß, legt ihn drein, und röstet ihn wohl. Hierauf thut man ihn in einen Tiegel, und ein gut Theil Rahm dazu, würzt ihn mit Salz, Pfeffer und Muscatennuß, gießt ein wenig Eßig dazu, und läßt ihn auf den Kohlen prägeln. Dann thut man auch Butter dazu, und richtet ihn an.

Mangolt, gefüllt. Man thut die Rippen von den Blättern weg, doch so, daß die Blätter ganz bleiben, und brüht sie ab, daß man sie wikeln kan. Hierauf gießt man ganz gewällte Milch über Semmel, und läßt es stehen, schneidet Petersilie, Zwiebeln, ein wenig Salbey und Rosmarin klein, dämpft es in Rindsschmalz gelind, rührt zwey bis drey Eyer darein, und hakt es klein. Die eingeweichte Semmel drükt man aus, und hakt sie mit ein wenig Spek auch darunter. Diese Fülle würzet man mit Ingber, Pfeffer, Muscatenblüthen oder Nuß, füllt ein Blatt um das andere damit, und überschlägt es. Die gefüllten Blätter legt man auf eine zinnerne Schüssel in Ordnung, begießt sie mit Fleischbrühe, thut Butter, Pfeffer, Ingber und Muscatenblüthen daran, und kocht sie auf einer Glutpfanne auf.

Marzipan. Man schält ein Pfund Mandeln, läßt sie in kaltem Wasser eine Zeitlang liegen, troknet sie mit reinen Tüchern wohl ab, stößt sie in einem steinernen Mörser zu Muß, feuchtet sie mit Orangeblüthen- und Rosenwasser an, mengt ein Pfund klein gestossenen und durchgesiebten Zucker daran, macht es einem diken Brey gleich, und treibts durch ein Haarsieb oder Tuch — Diesen Teig siedet man an gelindem Feuer so lang, bis er sich von der Pfanne giebt: man rührt ihn aber fleißig um, daß er nicht anbrennt.

anbrennt. Ist er ganz gesotten, gießt man ihn in steinerne Geschirre, die man vorher stark mit Zuker bestreut, daß er sich nicht anhänge. Wenn er kalt ist, legt man ihn auf den Tisch, arbeitet ihn mit dem Mandelholz wie einen andern Teig, in die Breite, und macht allerley Figuren, die man dann im Ofen bakt. Sind sie wieder aus dem Ofen, und hat man ein Eis darüber gestrichen, so thut man sie wieder in den Ofen, daß das Eis auch mit gahr werde.

Marzipan mit Anis. Man nimmt ein halb Pfund wohl gesiebten Zuker, eben so viel schön Mehl, schlägt aber vorher zwey bis drey Eyer aus, zerklopft sie eine gute Weile, rührt den Zuker, denn auch das Mehl nach und nach darunter, wirkt den Teig auf einem Bret schnell ab, wälgert ihn fast Messerrükens dik aus, drukt ihn in die mit Mehl bestreute Möbel, schneidet ihn fein aus, läßt ihn über Nacht troknen, beschmiert das Blech mit Butter, überstreichts hernach wieder mit einem saubern Tuch, oder bestreuts mit Mehl, läßt den Teich so baken, daß er weiß bleibt, und nimmt ihn mit einem Messer ab. Dann rührt man auch Anis darunter.

Marzipan, aufgelaufen. Man nimmt ein halb Pfund gestossenen Zuker, stößt vier Loth Mandeln klein, klopft das Weiße von einem Ey wohl, rührt den Zuker gemach darunter, doch, daß auf einmal nur ein Löffel voll Zuker dazu kommt, und alles auf eine Seite gerührt werde. Ist der Zuker völlig darunter, so kommen die vier Loth gestoßene Mandeln auch dazu: diese aber muß man zuvor auf dem Feuer in einem Pfännchen ein wenig abtroknen. Das halbe Pfund Zuker rührt man nicht alles in das Eyweiß, sondern behält ein wenig davon auf, und wirkt den Teig nicht, bis alles untereinander gerührt ist, daß es einen diken Teig abgiebt, der sich kaum in die Formen drüken läßt. Endlich nimmt man den Teig aus der Schüssel, und legt ihn auf ein Bret. Wann er ein wenig mit Zuker gewürkt, und in die Form gethan ist, schneidet man ihn neben herum mit einem Messer ab, legt ihn auf ein Papier, und bakt ihn in der Tortenpfanne, da er dann auflauft.

Marzipan, aufgesprungener und geblätterter. Man thut drey Loth feinen durchgesiebten Zuker und ein Loth Rosenwasser in eine irdene Schüssel, schlägt es so lang, bis es so dik wird, daß es kaum mehr vom Messer fließt, streicht eines Messerrükens dik auf den Marzipan, und giebt oben und unten Feuer. Wann es heiß werden will, thut man das unterste Feuer völlig weg, und legt, wenn es anfängt aufzugehen

hen, einen Bogen Papier darauf, daß es nicht anbrennt. Man muß aber allemal den Marzipan zwey Tage vorher troknen, ehe der Spiegel darauf gegoßen wird.

Marzipanbilder. Man nimmt fein hart abgebrannten Marzipanteig, drukt ihn durch Stärkmehl in Formen, bakt ihn im Canditorofen bräunlich, reibet die Stärke mit einer Bürste davon ab, und vergoldet die Bilder.

Marzipanbrezeln. Man formiret sie vom abgetroknetem Marzipanzeug, bakt sie gelblicht, bestreicht sie, bestreut sie mit gröblicht gestoßenem Zuker, troknet sie im Ofen ab, und bakt sie.

Marzipan von Chokolade mit einem Zuckerguß. Man stößt ein Pfund abgebrühte süße Mandeln sehr rein, und feuchtet sie während dem Stoßen mit der Hälfte des Weißen von einem Ey oft an; siedet ein halb Pfund Zuker a la plume, und sezt die gestoßenen Mandeln darinn so lang auf gelind Feuer, bis sie nicht mehr am Finger anhangen: rührt ein und eine halbe wohl gestoßene und gesiebte Chokoladetafeln mit einem halben Eyerweiß unter diesen Teig, nimmt ihn mit reinem Zuker, worunter der dritte Theil Mehl ist, auf einen Tisch, treibt ihn mit einem runden Holz so lang in die Breite, bis er durchaus nur so dik, als ein Thaler ist, schneidet ihn in der beliebigen Gestalt, und thut ihn auf Papieren in einen gelind gebeizten Ofen. Ist er gebaken, so rührt man fein gesiebten Zuker, etwas Eyerweiß, und etliche Tropfen Citronensaft untereinander, gießt es über den Marzipan, und sezt ihn mit diesem Zukerguß wieder in den Ofen, daß er troken wird.

Marzipan von Citronen. Man brüht ein Pfund süße Mandeln ab, und stößt sie mit acht Loth eingemachten Citronenschaalen in einem Mörsel: man feuchtet sie unter dem Stoßen je und je mit etwas Eyerweiß an, und thut sie, wann sie recht rein gestoßen sind, in ein halb Pfund Zuker, der a la plume gesotten ist, rührt darinnen über einem kleinen Feuer mit einem Rührlöffel, bis der Teig, wenn man mit dem Finger darauf brükt, nicht mehr anhängt. Dann nimmt man ihn auf den Tisch, streut oben und unten zartgestoßenen Zuker, und treibt ihn mit einem runden Holz so breit auseinander, daß er eines halben Fingers, oder wenigstens halb so dik bleibt, als der Marzipan werden soll, den man daraus machen will. Den Teig schneidet man dann in beliebiger Größe, und formirt Bilder daraus. Hierauf macht man aus Citronensaft, etwas Eyweiß und rein gestoßenem Zuker einen weißen Zukerguß, bedekt damit die

Ober-

Marzipaneis von Mandeln. Man nimmt Eyerweis, und rührt halb Zuker und halb zu Mehl abgerührte Mandeln darein, bis ein diker Brey wird, dann bestreicht man das Stük, das man will, Messerrükens dik damit.

Marzipaneis von Tragant. Man weicht den Tragant über Nacht in Rosenwasser ein, drukt ihn durch ein Tüchlein, und rührt Zuker drein, daß es ein diker Brey wird.

Marzipaneis von Zimmet. Man thut fein gesiebten Zuker in eine Messingpfanne, troknet den Zuker auf einer Glut wohl ab, mischt zart gesiebten Zimmet drunter, drukt den Saft von einer bis zwey Limonien darunter, daß es die rechte Dike bekomme, und streichts auf eine Torte oder an der Gebakenes.

Marzipaneisbaum. Man zieht ein Sträuslein Rosmarin durch geklopftes Eyweis, läßt eine viertel Stunde so stehen, bestreuts mit zartgestoßenen Canarienzuker, läßt den Eisbaum wieder so lang stehen, bis es troken ist, vergoldet dann die Spizen, und bestekt den Marzipan damit.

Marzipan, gefüllter. Man walgert ziemlich von dem Marzipanzeug eines kleinen Fingers dik aus, schneidet eine beliebige Form daraus, macht von eben diesem Teig einen zwey bis drey Finger hohen Rand herum, legt eine Fülle von gröblich gehakten Mandeln, Citronat, Cardamomen, Zuker und Zimmet, mit Zugiessung ein wenig Malvasiers darauf, bedekt diese mit einem andern Stük, gleich dem Boden von eben diesem Marzipanzeug, gießt einen Spiegel darauf, und ziert mit in Zuker eingemachten Sachen aus. Die Fülle muß man nicht zu naß machen.

Marzipanguß. Man zerklopft das Weiße von ein bis zwey Eyern wohl, rührt durchgesiebten Canarienzuker Löffelvollweis dazu, rührts beständig um, biß es ein rechter weißer Brey wird, drukt ein wenig Citronensaft hinein, bestreicht auch den Marzipan auf dem Boden mit Citronensaft, thut den Guß auch darein, ziert ihn mit eingemachten Citronen- und Pomeranzenschaalen und buntem Streuzuker aus, und troknet ihn ab.

Marzipan, niederländischer. Man stößt oder reibt abgezogene Mandeln, mischt Zuker darunter, streichts in Rautenform auf Oblaten, bezwikts neben herum, legts auf ein mit Mehl bestreutes Kupferblech, bakts im Ofen bräunlicht, nimmts wieder heraus, gießt

gießt einen von Zuker und Rosenwasser angemachten Eisspiegel darüber, streut gefärbten Zuker darein, und tröknets im Ofen.

Marzipankrapfen. Man röstet ausgeschnittene Oblaten, eines Tellers breit und rund, macht runde Kugeln aus Mandelteig, legt sie auf die ausgestochene Oblaten, thut sie von einander, macht länglichte Krapfen daraus, schiebt sie in den Ofen, daß sie auflaufen. Dann dekt man sie mit Papier zu, daß die Hize nicht darauf fällt.

Marzipan, krauser. Man schält Mandel und stößt sie, mengt nach und nach Zuker darein, bis man einen brauchbaren Teig hat, den man ziehen kan. Dann legt man ihn in beliebiger Form auf Papier, bakt ihn nur auf einer Seite unter dem Bakofendekel, und läßt ihn kalt werden. Dann bakt man auch die andere Seite, und hebt ihn ganz warm vom Papier.

Marzipan a la Prinzeße. Man stößt ein Pfund geschälte süße Mandeln, vermengts mit einem Pfund gestoßenen Zuker, und geschabten grünen Citronenschaalen, und legts in beliebiger Gestalt aufs Papier. Dann bakt man es, wie eben beym krausen Marzipan gesagt.

Marzipan von Salz. Man dörrt und stößt recht weisses Salz sehr klein, preßt in Rosenwasser eingeweichten Tragant, der doch nicht allzudünn seyn darf, durch ein Tuch, streicht ihn mit einem Messer auf einem hölzernen Teller so lang hin und wieder, bis er schneeweis wird. Dann macht man das Salz damit an, daß es feiner Teig wird, man thut auch ein wenig Bisam darunter, formirt ihn beliebig, troknet ihn, und macht, wie auf andern Marzipan, einen Spiegel.

Marzipan von Zimmet. Man stößt ein Pfund abgebrühte Mandeln sehr zart, und nezt sie dabey mit einem Löffel voll Pomeranzenblüthwasser an: siedet ein halb Pfund Zuker a la plume, und thut die Mandeln, nebst einem Quintchen gestoßenen Zimmet, hinein; läßts zusammen auf gelinden Feuer einkochen, bis ein Teig daraus wird, der nicht mehr an den Fingern klebt. Dann thut man ihn mit etwas reinem Zuker, worunter der dritte Theil Mehl ist, auf ein Papier, treibt ihn mit einem runden Holz breit, bis er so dik ist, wie ein Thaler, schneidet Bilder daraus, bakt sie in gelindem Ofen, und bedekt sie mit einem weissen Zukerguß.

Marinirte Briken. Man bratet sie langsam und gelind auf dem Rost, beträuft sie immer mit gutem Baumöl, bestreut den Boden

246 Marinirte Fische

Boden eines reinen Fäßchens unten mit Pfeffer, legt die Briken schichtweise nacheinander hinein, bestreut sie weiter mit gemischten Pfeffer, Negelein und Zimmetrinden, bis das Fäßchen voll ist. Endlich gießt man Weinessig darauf, daß er drüber geht, und beschwehrt es.

Marinirte Fische. Man röstet sie und thut sie in eine Cafferole mit Citronen- und Pomeranzenscheiben, Lorbeerblättern, guter Butter, kleinen Zwiebeln, Salz, Pfeffer, Muscatennuß und Weinessig. Mit dieser Soße giebt man sie auch zu Tische.

Markklöse. Man rührt zu ziemlich viel Rindsmark zwey Löffel voll schön Mehl, streut Ingber, Pfeffer, Muscatenblühte und Safran darein, schlägt zwey bis drey Eyer daran, rührt alles wohl durcheinander, formirt daraus Klöse wie Taubeneyer, und läßt sie in der Brühe eine Viertelstunde gemach sieden.

Markkrapfen. Man macht von fein Mehl, Eyern und etwas Salz einen Teig, würst ihn trocken, wälgert ihn dünn aus, hakt vorher Mark klein, thut Zuker und kleine Rosinen dazu, bakt die Krapfen in geschmolzener Butter, und richtet sie an.

Markküchlein. Man rührt Rindsmark und das Saure einer Citrone zu einem diken Brey ab,

Marmelade

zukert und salzt es ein wenig, würzt es mit Muscatenblühte und Cardemomen, macht einen Teig von Butter, einer Dotter und Wasser an, schlägt es in jenen Teig, macht Küchlein und bakts im Schmalz.

Markküchlein mit Aepfeln. Man hakt Mark und Aepfel untereinander, thut ein wenig Zuker darein, schlägt es in einen feinen Butterteig, formirt sie nach Belieben, bakt sie in geschmolzener Butter in der Pfanne, und streut Zuker darauf.

Markmus. Man hakt ein Achtelspfund Mark klein mit dem Messer, rührt es mit drey Eyern und süßem Rahm, thut eine Hand voll geriebene Semmel, etwas Zuker und Zimmet und ein wenig kleine Rosinen dazu, setzt es nach dem Umrühren auf die Glut, thut auch oben Glut darauf, und läßt es gemach stehen.

Markpastetchen. S. **Pastete.**

Marktorte. S. **Torte.**

Marmelade von eingemachten Erdbeeren. Man siedet zwey Pfund Zuker a la plume, nimmts vom Feuer, und thut ein Pfund gestossene Erdbeere hinein; man muß aber diese vorher mit einem hölzernen Löffel so durch ein Haarsieb treiben, daß nichts davon zurük bleibt. Hernach vermengt man die Erdbeere und den Zuker wohl, und thut sie in Gefässe,
die

die man aber, ehe jene ausgekühlt sind, nicht zudekt.

Maronen, braun gesotten. Man thut die äußere Schaale weg, kocht sie im Wasser bis die innere auch abgeht. Wenn nun diese weg ist und die Maronen auf dem warmen Ofen troken worden sind, siedet man Zuker braun, und hält ihn auf gelindem Feuer warm. In diesem wälzt man nun die Maronen an einer Gabel einzeln herum, und stekt sie an kleinen gespizten Stekchen in die Löcher eines geflochtenen Korbs, daß der braune Zuker daran in freyer Luft troknet.

Maronen, bunt überzukert. Gestofte Maronen (S. Maronen, gestoft) die vom Tisch übrig geblieben, nimmt man aus ihrem Syrup und troknet sie ein wenig auf dem Ofen. (Man kann den Syrup auch zu gegenwärtigem brauchen) Ist er nicht dik genug, so wirft man noch etwas Zuker hinein, siedet ihn nach Art des Gebrochenen, hält ihn auf gelindem Feuer warm, wälzt die Maronen an einer Gabel einzeln in demselben herum, thut sie heraus, und streut kleinen bunt gefärbten Zuker darüber.

Maronen, gestoft. Man schneidet funfzig ein wenig, daß sie nicht zerspringen, wenn sie braten. Sind sie gebraten, wischt man sie ab, schält sie, drükt sie ein wenig breit, doch daß sie nicht entzwey gehen, und thut sie in ein Viertelpfund geläutertеn Zuker. Darinn läßt man sie eine Viertelstunde auf gelindem Feuer und drükt den Saft von einer halben Citrone hinein. Dann richtet man sie an, und vor dem Hingeben streut man gestoßenen Zuker darauf.

Maronen, weiß überzukert. Man röstet sie auf gelindem Feuer bis die beyden Schaalen leicht weggehen, taucht sie in Eyweiß, das zu Schaum geschlagen ist, und wälzt sie sogleich in rein gestoßenen Zuker herum. Hierauf sezt man sie in ein Sieb und troknet sie auf dem Ofen.

Maulbeere einzumachen. Man siedet zwey Pfund Zuker als grossen Perlenzuker, und thut drey Pfund noch nicht ganz reife Maulbeere hinein. Darinn kochen sie zugedekt ein klein wenig, und das Gefäß rüttelt man mittlerweile beständig; nimmt sie vom Feuer und läßt sie mit ihrem Syrup in einer Schüssel vier und zwanzig Stunden stehen. Dann gießt man den Syrup ab, und läßt ihn auf dem Feuer zu grossen Perlenzuker werden, thut die Maulbeere sachte hinein, und wenn sie halb ausgekühlt sind, faßt man sie in Töpfchen.

Maulbeermarmelade. Man preßt die Beere aus, kocht den Saft

Saft dik, thut so viel Zuker als Saft ist, dazu, läßts kochen bis es dik genug ist, und verfährt wie mit andern Marmeladen, das ist, man trägt sie zu Tische oder troknet sie, um einen Teig daraus zu formiren.

Maultaschen zu baken. Man rollt ein Stük feinen Butterteig, ungefehr zwey Messerrüken dünn aus, und macht von eingemachten Sachen, Maultaschen, bakt sie auf einem Blech im Ofen, oder Tortenpfanne, eine Pfanne voll nach der andern gahr, richtet sie an und streut Zuker darüber.

Mayenmus. Man stößt ein halb Pfund Mandeln mit wenig Rosenwasser, rührt ein Viertelpfund Zuker und ein Achtelpfund frische Butter daran, mischt es wohl untereinander, thuts in eine Schüssel, streichts in die Höhe, wie einen Berg, bestreuts mit Zimmet und bestekt es mit Mandeln und Blumen.

Meerrettig, Mandelmeerrettig, zu Fischen, Hühnern, Gänsen, Ent. u u. s. w. Die geriebene Wurzeln vermischt man mit Zuker, Rahm und geriebenen Mandeln, und kochts gelind.

Meerrettig zum Rindfleisch. Man reibt die Wurzeln zart, thut zimlich gesiebten Zuker daran, und gießt scharfen Weinessig darüber.

Meerrettiggallerte. Man rührt in Milch geriebenen Meerrettig, Zuker und gestossene Mandeln recht untereinander, und läßts zusammen aufkochen; seigts dann durch ein Haartuch auf einen Teller und läßts kalt werden.

Meerschwein, mit Ragout, auf französisch. Es wird in Stüke geschnitten und am Spieß gebraten, in währendem Wenden mit Butter, Salz, Eßig und Pfeffer vermengt, begossen. Ist es gahr, so thut man es in eine Cassetole, giebt ein wenig Fleischbrühe, ein Glas Wein, Pfeffer, die abgetropfte Brühe dazu, rührt ein eingebrenntes darunter, und giebt es zu einem Vorgericht auf.

Mehlbrey. Man nimmt zu einem Nössel süssen Rahm fünf Löffel voll Mehl, röstet es im Schmalz, rührt das Mehl mit dem Rahm an, kochts, daß der Brey nicht zu dik oder zu dünn wird, und tupft ihn, wenn er fertig ist, mit einem Stük Butter an.

Mehlkuchen. Man macht ein Pfund abgeriebene Butter, hiezu nimmt man das Weisse und Gelbe von zehn Eyern, von zehn aber nur das Gelbe, schlägt es nach und nach hinein, rührt sie inzwischen bis sie alle sind, thut fünf Hände voll schön Mehl, ein Viertelpfund gestossenen Zuker, einen halben Nössel Milch, geriebene Muscatennuß, geriebene Citro-

Mehlstrauben

Citronenschaalen, ein halb Pfund Corinthen und etwas gestossenen Kümmel dazu, rührt alles wohl untereinander, richtet es in einer zugerichteten Form oder in einer Tortenpfanne zu, sezts an einen warmen Ort, daß es aufgehe, und wann es im Aufgehen ist, bakt man es.

Mehlstrauben. Man sezt Mehl an einen warmen Ort, thut einen Eßlöffel voll gewässerte Weißbierhefen darein, salzt es ein wenig, gießt warme Milch daran, und macht einen zähen Teig daraus; schlägt sechs ganze Eyer, und von sechsen das Weisse in einen Topf, quirlt sie ab, schüttet sie zu dem angemachten Teig und arbeitet ihn ganz klar. Dann sezt man Schmalz zum Feuer, macht es aber nicht zu heiß, und läßt von dem Teig durch einen nicht allzuweiten Trichter ins Schmalz laufen. Man muß aber den Trichter oft umbrehen, damit es eine gedrehte Form bekomme.

Melonen einzumachen. Man schält und schneidet sie in länglichte Stüke, und das Weiche heraus, schüttet Weineßig darauf, läßts einige Tage damit stehen, giebt wieder frischen Eßig und läßts wieder ein paar Tage ruhen, läßt sie dann auf einem Tuch troken werden, kocht sie in geläutertem Zuker, doch nicht weich, nimmt sie heraus und läßt den Zuker oder das Nasse sauber ab, und wieder zu dem andern laufen; kocht den Zuker vollends, bis er gesteht, läßts kalt werden, machts zusammen in ein Zukerglas ein, auch muß man, so oft es nöthig ist, ihn abgießen und umkochen, bis er gesteht.

Meriden von Fleisch. Man hakt das Fleisch von einer Henne oder Kapaunen klein, macht es mit Nierenfett und vier bis fünf eingerührten Eyern, auch mit in Milch geweichten Semmeln an, schneidet alles untereinander, treibt Butter oder gestossenes Mark mit etlichen Eyerdottern oder Krebsbutter ab, thut alles mit Semmelkrumen in eine Schüssel, und bakts es.

Milchbrod. Man macht von schön Mehl, etwas lauer Milch und fünf Löffel voll Hefen einen Teig, doch nicht zu dik, läßt diesen Teig gehen, und wenn er gegangen ist, schüttet man ein halb Pfund zerlassene Butter und eine halbe Maas Rahm unter die laue Milch, schlägt zehn ganze Eyer daran, macht den Teig vollends mit Mehl an und knetet ihn so lang, bis er troken von den Händen geht; dann läßt man ihn wieder gehen. Wenn er gegangen ist, macht man Weken daraus, und bakt sie im Ofen.

Salz muß auch in den Teig kommen.

Milch mit Citronen oder Citronenmilch. Man rührt zwölf Eyerdotter recht wohl, reibt das Gelbe von einer Citrone an einem Stük Zuker ab, stößt den Zuker und rührt davon unter die Eyer, bis es süß ist, rührt aber alles wohl miteinander. Inzwischen macht man eine Maas Milch siedend, und rührt das obige darein, läßt es ein wenig aufsieden und kalt werden. Man thut auch Rosenwasser dazu.

Milch auf englisch. Man schlägt zwölf bis achtzehn Eyerdotter aus, rührt sie klein, thut ein wenig Salz, Zuker, geriebene Citronenschaalen nebst einen oder einen und einen halben Nössel Milch dazu, schlägts mit einer Ruthe wohl durch; macht von feinen gebrannten Wasserteig nach der Grösse, wie man Teig oder Milch angeschlagen hat, welches also gemacht wird: Man rollt erst ein wenig Teig dünn zu einem Unterblatt aus, setzt darauf einen Rand, wie man einen um eine Schüssel macht; dies muß man auf einem Bogen Papier verfertigen und damit in eine Tortenpfanne setzen, die angeschlagene Milch hineinsetzen, unten und oben mit Feuer langsam baken, aber keinen Dekel von Teig darüber machen.

Milch, gebakene. Man nimmt einen kleinen Löffel voll schön Mehl, rührts klein mit etwas süßen Rahm, auch mit Zuker, geriebenen Citronenschaalen, acht bis neun Eyern, etwas Salz und wieder nach Gutdünken Milch, schlägts durcheinander, beschmiert eine Schüssel mit kalter Butter, setzt sie auf Sand oder Salz in einer Tortenpfanne, schüttet das Angerührte hinein, und bakts unten und oben mit Feuer.

Milchgehäke. Man nimmt fünf ganze Eyer und fünf Dotter, eine halbe Maas Milch, rührt alles zusammen ab, macht ein Viertelpfund Schmalz im Tiegel recht heiß, brennt drey Löffel voll Mehl darein, schüttet die Milch sammt den Eyern dazu, zukert oder salzt es, rührt es bis es siedet, deft es zu, und läßt es immerfort sieden, bis es sich ablößt; dann seigt man das Schmalz ab, daß es ganz heraus geht, und legt es in die Schüssel.

Milchgehäke mit Mandeln. Man nimmt Rahm, Mehl, fünf bis sechs Eyerdotter, zerklopft alles wohl untereinander, wie einen dünnen Mehlbrey, rührt eine Hand voll klein gestossene Mandeln darunter, macht Schmalz im Tiegel heiß, rührt darinn alles zusammen, bis es

Milchküchlein. zu sieden anfängt und eine Rinde bekommen will. Man kann auch Zuker und Rosenwasser dazu thun.

Milchküchlein. Man läßt eine ganze dike unabgenommene Milch zusammen laufen, zerreibt sie glatt, rührt sie mit Eyern ab, daß sie dik bleibe; streut Mehl darein, bis der Teig troken wird, macht Küchlein wie Taubeneyer daraus, bakt sie im Schmalz, und legt sie kühl ein.

Milchküchlein, schwäbische. Man macht von schön Mehl und Milch einen Teig in einer Schüssel, wie einen Straubenteig, macht Schmalz in der Pfanne heiß, röstet den Teig darinn, thuts in einen Tiegel, schlägt ein Ey nach dem andern darein, und rührts wohl ab; hierauf tunkt man einen Schöpflöffel in beisses Schmalz, nimmt von dem Teig so viel man will, und bakts im Schmalz.

Milch mit Mandeln. Drey Nösfel Milch kocht man bis auf die Hälfte ein, nimmt sie vom Feuer und thut zwölf Loth geschälte, rein gestossene und je und je mit etwas Milch angefeuchtete süße Mandeln darein. Man rührt diese recht in die Milch, und thut noch etwas Pomeranzenblüthwasser auch stark ein Viertelpfund Zuker dazu. Ist dieser geschmolzen, so läßt man die Milch mit den Mandeln zwey

bis dreymal durch ein Tuch laufen, und richtet sie in die Schüssel an.

Milchpotage. Man läßt Milch mit Zuker und Salz, etwas Zimmet und einigen Negelein aufsieden. Hat sie gesotten, so rührt man Eyerdotter mit ein wenig Milch um, und mischt sie mit einem Löffel untereinander, kehrt es so lang um, bis es recht gemischt ist, und richtet es auf kleine Semmelschnitten an.

Milchrahmeis. Man thut zart gesiebten Zuker unter ein Eyweiß und einen Löffel voll Wasser, und macht es in der Dike wie einen Kinderbrey. Wenn man es eine gute Stunde abgestoßen hat, thut man es in ein sauber Geschirr und bakt es in der Tortenpfanne, wo aber unten keine Glut seyn darf.

Milchstrudel. Man nimmt ein Beken voll Milch, gießt ein wenig Essig darein, sezt es in die Wärme, läßts über Nacht stehen, schüttets in ein Tüchlein, daß es ganz austropft; ist es troken, so reibt man eine halbe Semmel darunter. Nimmt dann drey Dotter, ein Ey und ein Stükchen Butter, auch Rahm, salzt es, rührts untereinander, macht den Teig zu den Strudeln, zieht ihn dünn aus, streicht die Fülle darauf, rollt ihn zusammen; läßt ihn in einer Pfanne mit

mit Waſſer wohl ſieden, legt ein Stükchen Butter in eine Pfanne, worinn etwas Semmelmehl umgekehrt, und ſüße Milch daran abgegoſſen wird. Die Strudeln ſchüttet man in eine Schüſſel, die, wenn man obiges darinn abgießt, oben und unten Glut haben muß.

Milchſulze. Man macht aus einer halben Maas Milch, acht Dottern, Roſenwaſſer und Zuker einen Eyerkäs, füllt ihn in doppelte Model, die übereinander ſtehen, und läßt ihn wohl austroknen. Inzwiſchen ſiedet man eine halbe Maas Milch, Zuker und Roſenwaſſer untereinander, ſchüttet das Weiſſe von fünf Eyern geſchwind darein, thut den Eyerkäs in eine Schüſſel, gießt die erſtgedachte mit dem Eyweiß vermiſchte Milch darein, ſo geſteht ſie und ſulzt ſich. Endlich beſtekt man ſie mit Mandeln und vergoldet ſie.

Miſpeln, braun geſotten. Man ſtekt in jede ein kleines Stekchen, läßt Zuker braun ſieden und hält ihn auf kleinen Feuer warm. In denſelben taucht man eine Miſpel nach der andern, und ſtekt ſie mit dem Stengelchen zwiſchen die kleinen Oefnungen eines geſtochenen Korbs, daß der braune Zuker ſchwebend in der Luft troken wird, ſodann legt man ſie auf Teller, die mit rund geſchnittenen Papieren belegt ſind.

Miſpeln einzumachen. Man nimmt Miſpeln die noch ein wenig hart und nicht gar reif ſind, wiſcht ſie ab, ſticht oben einige Löchlein mit einem Pfriemen hinein, doch daß ſie nicht völlig durchgehen. Oder man kann auch ſiedendWaſſer darüber ſchütten, ſie einen einzigen Wall thun und hernach troken werden laſſen, ferner ſie in einen Tiegel oder Glas legen, geläuterten Zuker darüber ſchütten, ſie beſchweren und ſo ſtehen laſſen.

Modelküchlein. Man zerklopft drey Eyer, ſchüttet etwas Wein und Roſenwaſſer daran, zukert es, macht einen Teig von ſchönem Mehl, wie einen Straubenteig, in einem Pfännchen, das ſich zu dem Model ſchikt; läßt Schmalz heiß werden, tunkt den Model darein, daß er warm wird, thut ihn alsbald auf ein ſauber Tuch, hernach in den angemachten Teig, und dann ins heiſſe Schmalz, ſchüttet ihn aber in dem Pfännchen ein bis zweymal auf und ab, daß der Teig fein aufgehe, wendet die Küchlein mit etwas ſpitzigen um, und bakt ſie nicht lang.

Möhren, (gelbe Rüben) mit Mandeln. Wann ſie geſchaben und geſchnitten ſind, brüht man ſie, ſeigt das Waſſer davon ab und bakt ſie klein; indeſſen hatt man abgezogene Mandeln, thut die

die gehakten Möhren und Mandeln zusammen in den Tiegel, gießt süßen Rahm daran, und läßt es wohl miteinander sieden, daß sie diklicht werden. Man kann auch Zuker und Zimmet darunter rühren, und zulezt läßt man ein Stük Butter mit aufsieden. Sind sie angerichtet, so kann man geriebenes, im Schmalz geröstetes Brod, oder auch Zuker und Zimmet darauf streuen.

Möhrenragout. Man zerschneidet und schüttelt sie, läßt sie eine Viertelstunde in siedendem Wasser, dann in der Caserole in guter Fleischbrühe, mit einem Glas weißen Wein, einem Bündchen feiner Kräuter und Salz kochen. Die Sose legirt man mit ein wenig Coulis, und richtet es an, zu was für Fleisch man will.

Morcheln zu baken. Man schneidet sie in der Länge voneinander, und kocht sie in gelindem Feuer. Ist die Brühe eingekocht, so bestreut man jene mit Mehl und bakt sie im Schmalz. Von dem übrigen der Brühe macht man eine Sose mit Salz und Muscatennuß gewürzt, thut Jus von Hammelfleisch unter die Morcheln, und richtet sie so an.

Morcheln mit Fleischbrühe. Die gepuzte Morcheln wäscht man noch etlichemal aus, thut in einen Tiegel Butter und die Morcheln, und paßirt sie ein wenig; schüttet dann Ingber, Muscatenblüthe, Fleischbrühe und geriebene Semmeln daran, und läßt sie kochen bis sie weich werden. Sind sie noch zu dünn, so darf man sie nur noch mit einem Eyerdotter abziehen.

Morcheln, gefüllt. Man nimmt nicht zu grosse, schneidet die Stiele ab und weicht sie einigemal im Wasser; macht von der Brust von Geflügel, von gekochten Schinken, aufgewelltem Spek, Rindsfett, zwey Eyerdottern, etwas in Rahm geweichte Semmelkrumen, einige Champignons, gehakter Petersilie und kleinen Zwiebeln, eine Fülle, würzt dies alles mit Salz und Pfeffer, bakts und stößts im Mörsel. Damit füllt man die Morcheln von der Seite des Stiels; belegt dann eine Tortenpfanne oder Schüssel mit Spekstreifen und dünnen Kalbfleischscheiben, würzt sie mit Salz, Pfeffer und feinen Kräutern, guten Gewürzen und Zwiebelscheiben, legt die gefüllten Morcheln darauf, würzt sie oben und unten, bedekt sie mit Spek- und Kalbfleischscheiben, und läßt sie im Ofen oder unter einem Dekel mit Feuer oben und unten gahr werden, nimmt sie heraus, läßt sie auf einer Schüssel wohl austropfen, thut Schinkenessenz in eine andere Schüssel, legt die Morcheln darüber, und richtet sie warm zu einem Beygericht an.

Morcheln auf italienisch. Wann sie mehrmal in lauem Wasser gewaschen sind, so läßt man sie recht abtropfen; prägelt sie dann auf heißer Asche, mit Petersilie, kleinen Zwiebeln, Champignons, Spitzen von Knoblauch, alles gehakt, in guter Butter, nebst einem Löffel voll Oel, Salz und Pfeffer. Sind sie genug geprägelt, so richtet man sie über eine in Butter pasirte Brodrinde an.

Morchelnpotage an Fleischtagen. Man wäscht und schneidet sie, wie schon gesagt, läßt sie abtropfen, und paßirt sie in geschmolzenen Spek, next sie mit ein wenig Brühe nebst einem Bündchen feiner Kräuter, und läßt sie bey gelindem Feuer wellen; mitonniret Brodrinden mit halb Bouillon und halb Kalbsfuß, daß sie sich im Grunde der Schüssel anhängen, garnirt diese mit einem Ring von Morcheln, gießt die Brühe, worinn sie gekocht haben, darauf, läßt den Brodrinden Zeit, dieselbe in sich zu ziehen, gießt Coulis a la Reine darauf, und richtet das Gerichte an.

Morchelnpotage mit Brodrinden an Fasttagen. Man macht ein kleines Morchelnragout, doch thut man Butter dazu. Man legirt es mit Fasttagscoulis, wellt Brodrinden in Fischbouillon, legt ein klein Brödchen darüber, welches mit einer Fasttagsfarse gefüllt ist, darüber schüttet man das Ragout und giebts hin.

Morchelsuppe. S. Suppe.

Morchelntorte. S. Torte.

Mörselkuchen. Man nimmt vier Eyer, etwas Rosenwasser und nicht viel gestossenen Zuker, macht einen Teig daraus wie zu Nudeln, wellt ihn ganz dünn, läßt ihn troknen, schneidet ihn in fingersbreite Striemen, und diese wieder in vierekichte Stükchen, und bakt sie im Schmalz; schneidet ein Viertelpfund geschälte Mandeln, die Schaale von einer Citrone und ein Stük Citronat, nebst einem fingerslangen Stük Zimmet, klein und länglicht, thut grob gestoßene Negelein, Pfeffer, Ingber, Cardomonen, Cubeben und Muscatenblüthe, jedes so viel man zwischen drey Fingern fassen kann, darein, und mischt die gebakene Teigstüke und das Gewürz vollends untereinander. Man nimmt ferner einen halben Mössel Honig, ein halb Pfund Zuker und ein wenig Rosenwasser in eine messingne Pfanne, läßt es miteinander kochen, bis es so dik wird, daß es gesteht. Alsdann thut man obiges alles auch darein, rührts über dem Feuer wohl um, drükts in einen Mörsel oder Tiegel, der oben weiter ist

Morſellen

iſt als unten, läßt es darinn kalt werden, thut es auf einen Teller und beſtreut es mit Zuker.

Morſellen von Citronen. Man nimmt feinen Canarienzuker, drükt auf einem irrdenen Teller Citronen darein, doch ſo, daß der Zuker recht bleibe. Hierauf rührt man ein wenig würflicht geſchnittene Citronenſchaalen und Piſtaciennüßchen darunter, läßt es ſtehen bis es ein wenig dik wird, und formirt Morſellen daraus.

Moſcowitiſches Mandelgebakenes. Man hakt ſo viel abgeſchälte Mandeln als man will, mit halb ſo viel geriebenen Zuker recht klein, thut es in eine Caßerole, rührt es auf dem Feuer wohl ab, bis es hochbraun und röthlich ausſieht; dann drükt man es, weil es heiß iſt, in kleine krauſe Formen, zwey Meſſerrüken dik, rund herum und überall hinein, daß es recht hohl wird; die Formen aber muß man wohl ſäubern und eine Stunde lang in friſch Waſſer legen. Wann alles eingedrükt und kalt worden iſt, läßt es ſich glatt herausnehmen. Mit dem Eindrüken in die Formen muß man geſchwind umgehen, ehe es kalt und hart wird. Die Möbel aber muß man auch vorher naß machen.

Muſcatellertrauben - Gallerte. Man beert ſechs Pfund recht reiſe Muſcatellertrauben ab, und

Muſcatenbrod

läßt ſie mit einem Glas Waſſer ungefehr ſechs bis ſieben Sude thun. Hernach läßt man ſie durch ein Sieb gehen, daß der Saft völlig heraus kommt. Auf eine halbe Kanne Saft ſiedet man ein Pfund Zuker nach groſſer Federart, kocht den Muſcatellerſaft mit dem Zuker, bis er, wenn man ihn mit dem Schaumlöffel aufſchöpft, breit davon abfällt. Dann nimmt man ihn vom Feuer, und faßt ihn, wenn er ein wenig ausgekühlt iſt, in Töpfchen.

Muſcatellertrauben, geſtopfte. Man beert ſie ab und nimmt die Kerne mit einem ſpizigen Hölzchen heraus. Man kann ſie auch ſchälen, wenn man will. Auf jedes Pfund Beere muß man ein halb Pfund Zuker nach kleiner Federart ſieden, in dieſen thut man die Beere, daß ſie etliche Sude thun. Darnach hebt man ſie vom Feuer, ſchäumt ſie mit kleinen Stükchen weiß Papier ab, womit man drüber fährt, und ſo richtet man ſie in die Schüſſel an.

Muſcatenbrod. Man ſchlägt das Weiſſe von achtzehn bis zwanzig Eyern aus, zerklopfts zu lauterm Schaum, klopfts mit ein und einem halben Pfund Zuker wohl ab, miſcht darnach fünf Viertelpfund ſchön Mehl und ein wenig klein geſchnittene Muſcatenblüthe, auch ein wenig Zimmet,

met, Anis und Fenchel darunter, den Model bestreicht man mit Butter, schüttet den Teig, welcher so dik seyn muß wie ein diker Straubenteig, hinein, bestreichts ferner mit frischem Wasser, bakts ein und eine halbe Stunde lang im Ofen gelblicht, nimmts wieder heraus, macht es kalt, tunket ein sauber Tuch in frisch Wasser, windet dieses recht stark wieder aus, schlägt das gebakene Brödchen darein, weichts ein bis zwey Tage, schneidets dann in Stüke und troknets.

Muscatenbrod mit Mandeln. Man nimmt zu einem halben Pfund feinen Zuker ein halb Pfund schön Mehl, klopft sechs Dotter eine halbe Stunde lang, bis sie dikflicht werden, mischt zwey Hände voll länglicht geschnittene Mandeln, ein halb Quintchen Zimmet, ein halb Loth Anis, ein halb Loth Fenchel, mit einem Löffel voll Rosenwasser untereinander, rührt einige Safranblümchen darunter, schüttels in ein mit Butter bestrichenes Mödelchen, bakts im Ofen, anfangs bey einer kleinen, hernach aber stärkern Hize so lang, bis es aussen hübsch braun wird, schneidet es, wenn es kalt ist, in Stükchen, und bräunt diese.

Muscatennuß. Man dörrt ein Stük Muscatenbrod, stößt es klein, röstets in ein wenig Butter oder gießt Wein daran. Dann drukt man Citronensaft darein oder nimmt nur ein wenig Citronensaft mit Zuker gesotten dazu, auch Zuker, Zimmet und Muscatenblüthe, und läßt es so sieden.

Muscatennüße einzumachen. Man legt grosse Muscatennüsse acht Tage lang in Wein, durchsticht sie mit Naden, schüttet wieder starken frischen Wein darauf, wo sie wieder acht Tage liegen müssen. Hernach thut man sie drey Tage ins Wasser, gießt alle Tage frisches daran, und schüttet geläuterten Zuker darüber.

Muscatenzienlein. Man klaubt ein halb Pfund Mandeln sauber aus, damit nichts unreines darinnen bleibe, denn man ziebt sie nicht ab; reibt sie mit einem saubern Tuch wohl ab, nimmt so viel Zuker als Mandeln sind, stößt es miteinander gröblicht, aber auf einmal mehr nicht, als eine Hand voll Mandeln und ein Stükchen Zuker. Dann schneidet man ein Loth Zimmet und eine Muscatennuß klein, stößt ein Quintchen Muscatenblüthe, eben so viel Negelein und ein halb Quintchen Pfeffer, nebst würflicht und klein geschnittenen Schaalen von einer halben oder ganzen Citrone, nischt es drunter, und drukt etwas vom Saft der Citrone darein. Hierauf schlägt man ein bis zwey Eyer daran,

daran, rührt alles wohl untereinander, bis es feucht wird, wälgert den Teig ein wenig auf einem Bakbret mit Mehl aus, doch so, daß nicht zu viel Mehl darunter komme, auch der Teig vom Citronenſaft und den Eyern nicht zu hart benezt werde; hernach ſchneidet man Stükchen daraus, drükt eins nach dem andern in den mit Mehl beriebenen und wieder abgekehrten Model, legt ſie auf ein mit Mehl beſtreutes Blech, und bakt ſie im Ofen, daß ſie aufgehen.

Muſcheln zu braten. Man nimmt ſie lebendig aus den Schaalen und legt ſie in einen Durchſchlag, daß die Brühe davon kommt. Alsdann wendet man ſie mit etwas Salz vermengt im Mehl um, bratet ſie in Oel und Butter und genießt ſie mit Agreſtbeerſaft.

Muſcheln, kandirte. Man kann eine Muſchel von Mandelteig hohl eindrüken, ein wenig im Ofen troknen, auſſen mit weiſſem Candelzuker oder Zimmet überſtreuen, innwendig aber mit weiſſem Zukereis überziehen.

Muſcheln, fricaßirt. Man ſchüttet vier bis fünf Dotter in einen Tiegel, dazu eine Meſſerſpize rohes Mehl, ein Stük reine Butter, Citronenſchaalen, Muſcatenblüthen, Ingber, ein Gläschen Wein, und rührt dies alles

durcheinander klar ab; gießt auch Fleiſchbrühe oder Waſſer dazu, ſo viel als man Brühe haben will, und rührts ſtets über Kohlen, bis es anfängt dik zu werden. Hernach paßirt man Muſcheln in einer Caßerole mit Butter ab, und wenn ſie durchwärmt ſind, gießt man die abgerührte Brühe darauf, und richtet ſie an.

Muſchelnragout mit weiſſer und brauner Soſe. Man nimmt die Muſcheln aus den Schaalen, paßirt ſie in der Caßerole mit friſcher Butter, Peterſille, feinen klein gehakten Kräutern, und würzt ſie mit Salz, Pfeffer und Muſcatennuß, und wann ſich das Waſſer der Muſcheln verkocht hat, ſo thut man das Gelbe von Eyern mit Trauben- oder Citronenſaft vermengt, dazu, und richtets warm an. Das Ragout mit der braunen Soſe wird eben ſo gemacht, nur muß man nichts vom Ey dazu thun. Man paßirt ſie auch braun mit ein wenig Butter und Mehl.

Muſchelnragout zur Faſtenzeit. Man ſäubert die Muſcheln, wäſcht und thut ſie in eine Caßerole, bis ſie ſich öfnen. Dann macht man ſie aus den Schaalen und behält ihr Waſſer beſonder auf. Hierauf thut man einige Champignons mit ein wenig Butter in eine Caßerole, legt die Muſcheln nebſt einem Bündchen

chen feiner Kräuter dazu, und schwengt sie einigemal auf dem Caßerolloch um, benezt sie mit der Hälfte ihrers Wassers, wie auch mit eben so viel Fleischbrühe, und thut etwas gehakte Petersilie und ein wenig Pfeffer dazu. Sind sie gahr, so macht man sie mit einem Coulis von Muscheln diklicht, und richtet es warm an. Mit diesem Ragout richtet man alle Gerichte mit Muscheln an Fasttagen an.

Muschelnragout an Fleischtagen. Man thut sie, wohl gesäubert, in eine Caßerole, daß sie sich auf dem Feuer öfnen. Dann nimmt man sie vom Feuer, macht sie aus den Schaalen und behält das Wasser davon besonders; thut hierauf kleine Champignons und einige in Scheiben geschnittene Trüffeln mit ein wenig geschmolzenen Spek in eine Caßerole, würzt es mit Pfeffer, gießt etwas Jus von Kalbfleisch daran, und läßts bey kleinen Feuer gemach kochen. Wenn es gahr ist, fettet man es fein ab, und machts mit Kalbfleisch- und Schinkencoulis diklicht, thut alsdann die Muscheln mit ein wenig von ihrem Wasser dazu, sezt das Ragout auf heisse Asche, läßt es aber ja nicht aufkochen. Dies Ragout braucht man zu allen Gerichten von Muscheln.

Muschelsose. Man öfnet einige rohe Muscheln, nimmt sie aus den Schaalen, und hakt sie mit etwas Schalotten klein; dann knetet man ein Stük Butter, ein Löffel voll Mehl und die gehakten Muscheln nebst Muscatenblüthen, Citronen und Lorbeerblättern zusammen, rührts mit etwas Fleischbrühe oder Wein und von der Muschelbrühe zu einer säumigen Sose. Hernach macht man den Bart von den abgekochten Muscheln ab, und thut ihn zulezt in die Tunke.

N.

Negelein zu candiren. S. Gewürznegelein zu candiren.

Negeleinsconserve. Man läutert ein und ein halb Pfund Zuker mit einem Nößel rothen Wein, wirft ein Viertelpfund geschnittene und klein gehakte Negelein darein, läßts so lang als weiche Eyer sieden, thut sechs Loth eingemachten Ingber, Zimmet, langen Pfeffer und Negelein, jedes ein Quintchen; Citronat, Citronen und Pomeranzenschaalen, jedes vier Loth, Muscatennuß und Blüthen, Galgant und Cardomomen, jedes ein halb Quintchen dazu, zerstößt alles gröblicht, und rührts, wann der Saft vom Feuer genommen worden, hinein, thut die Conserve dann in ein Glas und verwahrts.

Negelein, gefrornes. Man stößt eine Hand voll Nelkenblätter in einem

einem Mörſel rein, und miſchts unter eine Kanne Waſſer; wirft ein halb Pfund Zuker dazu, und gießt das Waſſer, wenn dieſer geſchmolzen iſt, drey bis viermal um, ſchüttet es hernach durch ein enges Sieb und von da in einen Eistopf, worinn man es auf dem Eis gefrieren läßt.

Neunaugen, geſotten. Man ſchleimt ſie, das iſt, man thut ſie in einen Keſſel, gießt ſiedend Waſſer darauf, und durcharbeitet ſie mit einem neuen Beſen, daß es recht ſchäumt, ſo wird die ſchlierichte Haut weggehen. Dann legt man ſie in rein Waſſer, reißt ſie wie einen Aal, nur daß ſie nicht zerſtükt werden, wäſcht ſie aus und gießt Eßig darauf; ſchüttet dann Waſſer in einen Fiſchkeſſel, auch Wein und Eßig, ſalzt es, doch nicht ſo ſtark, als einen Karpfen, wirft Zwiebeln, Citronenſchaalen und Lorbeerblätter dazu, und läßt nun auch die Neunaugen darinn kochen. Man muß aber etwes Taubeneyes groß Butter dazu werfen, daß ſie weich werden. Wenn ſie genug geſotten haben, nimmt man ſie vom Feuer, ſprengt etwas kalt Waſſer darauf und dekt einen Bogen Papier darüber. Beym Anrichten legt man ſie in eine Serviette, gießt guten Weineßig oder Citronen dazu, und läßt ſie damit auftragen.

Neunaugen mit ſüßer Soſe, auf franzöſiſch. Man nimmt ihnen das Blut und reibt ihnen den Schleim ab, ſchneidet ſie in kleine Stüke, und kocht ſie in guten rothen Wein mit brauner Butter und darunter geröſtetem Mehl mit ein wenig Zuker und Salz. Wenn ſie eine Weile gekocht ſind, thut man ihr Blut in ein wenig Brühe zerrührt dazu, läßt ſie damit noch ein paar Wälle thun, und richtet ſie zu einem Vorgericht mit gebakenem Peterſilien um den Rand der Schüſſel an.

Neunaugen, gebraten. Man ſchleimt ſie ab, reißt ſie, ſalzt ſie ein, und läßt ſie eine Weile im Salz liegen; ſtreicht ſie ab, beſtreicht ſie mit zerlaſſener Butter und bratet ſie ganz gemach auf dem Roſt. Sind ſie gahr, ſo macht man braune Butter darüber, und thut beym Anrichten Citronen dazu.

Neunaugen, marinirt. Man bratet ſie wie die vorige, nimmt ſtatt der Butter Baumöl, legt ſie in Fäßchen, wie die Forellen, und in dieſer Geſtalt heißen ſie Briken.

Nierengehäke. Man hakt eine fette Niere von einem Braten klein, thut drey Löffel voll geriebene Semmel dazu, ſchlägt vier Eyer daran, pfeffert es, gießt Fleiſchbrühe oder Milch in einem Tiegel daran, und siedets auf der Glut.

Nierenschnitten. Man hakt Kalbsnieren und ein Viertelpfund Nierenstollen ganz klein untereinander, thut eingeweichte und wieder ausgedrükte Semmeln, drey Eyer, Muscatenblüthe, Rosinen, Salz und etwas Rahm daran, rührts durcheinander, und schmierts auf Semmelschnitten. Hierauf schmiert man eine Tortenpfanne mit Butter, legt die Nierenschnitten hinein, bestreicht sie mit zerklopften Eyern, gießt zerlassene Butter darüber, bestreut sie mit geriebener Semmel, und bakt sie im Ofen.

Nierensuppe. S. Suppe.

Nonnenbrod. Man macht einen Teig von Marzipanmasse, mischt Pfeffer, Zimmet, Negelein, Cardamomen und Muscatenblüthe, auch Citronat, Citronenschaalen, eingemachten Ingber, alles gröblicht geschnitten, darunter, formirt runde Kugeln daraus, schlägt sie in den Teig ein, schneidet sie mit einem Bakrädchen ab, und bakt sie in der Tortenpfanne gelblicht.

Nudeln mit brauner Butter. Man sezt Wasser im Kessel aufs Feuer, wirft, wenn es kocht, ein wenig Salz hinein, schüttet die Nudeln auch dazu, rührt sie um, daß sie nicht zusammenkleben, und läßt sie ein wenig sieben. Hernach nimmt man sie vom Feuer, seigt sie durch einen Durchschlag, schüttet sie auf eine Schüssel, brennt Butter darüber, und bestreut sie mit geriebener Semmel.

Nudeln mit Erbsenbrühe. Man kocht Erbsen und treibt sie durch einen Durchschlag, thut die Nudeln darein, würzt sie mit Safran und Muscatenblüthe, und kocht sie mit einem guten Stük Butter. Man kann die Nudeln auch eben so mit Fleischbrühe zurichten.

Nudeln, gebakene. Man macht Nudeln, schneidet sie aber nicht so zart, siedet sie und flößt sie mit frischem Wasser ab; verklopft vier Eyer und süßen Rahm, kehrt die gesottene Nudeln darinn um, und schüttet sie in heißes Schmalz, würzt sie mit Salz und Ingber, legt oben noch ein Stük Butter darauf, und bakt sie oben und unten mit Glut.

Nudelngehäke zu machen. Man thut klein geschnittene Nudeln in heiß Schmalz, und nimmt sie, ehe sie braun werden, wieder heraus; dann schüttet man das Obere und Beste von der Milch daran, sezt alles auf Glut, siedets und streut Zuker darein.

Nudelkuchen. Man sezt in einem Kessel Wasser aufs Feuer, salzt es ein wenig, und thut, wenn es kocht, die Nudeln hinein, rührt sie

sie aber während dem Hineinthun mit dem Rührlöffel fleißig um, daß sie nicht zusammenbaken. Wann sie nun einen Sud gethan, so nimmt man sie vom Feuer, und gießt kalt Wasser darauf, fängt sie mit einem Durchschlag heraus, und läßt alles Wasser herunter laufen, daß sie ganz trocken werden. Hernach streut man geriebene Semmeln, aber nicht zu viel, darunter, macht Butter oder Schmalz in der Casserole auf Kohlen braun, schüttet die Nudeln hinein, und läßt sie unten und oben braun werden.

Nudelmus. Man macht von schön Mehl und Eyerdottern einen Teig, salzt ihn, würkt und wälgert ihn in dünne Pläze, troknet und legt sie zusammen, und schneidet sie wie das Kraut aufs allerdünnste; macht inzwischen Fleischbrühe siedend, thut die geschnittene Nudeln darein, läßt sie darinn sieden, würzt sie mit Muscatenblüthe, thut auch Butter darein und richtet das Mus an. Zuletzt wird Muscatenblüthe darauf gestreut.

Nudelmus, anders. Man bakt die Nudeln hell im Schmalz, thut sie in siedende Milch, rührt sie, daß sie nicht anbrennen, siedet sie ein wenig und bestreut sie mit Zuker und Zimmet.

Nudelteig. Man nimmt ein Pfund Mehl, zwey ganze Eyer und einen Dotter, nebst einer halben Muscatennuß. Das Mehl schüttet man auf den Tisch, macht in die Mitte des Mehls ein Loch, und schlägt die Eyer hinein. Hievon macht man einen festen Teig, den man, wenn er recht fest gedrükt ist, in Stüke zerschneidet, möglichst dünne auswälgert, in eines guten Daumens breite Streifen schneidet, eine Streife auf die andere legt, und schneidet davon ganz feine Nudeln.

Nudeltorte. S. Torte.

Nüsse zu baken. Man schält sie so, daß die Kerne ganz bleiben, hernach feuchtet man sie mit Rosenwasser und Zuker an, und bakt sie aus Schmalz gelb.

Nußmus. Man stößt drey Knoblauchzehen nebst einer Hand voll welschen Nußkerne, schneidet sie untereinander ganz klein, thut eine Hand voll Semmelkrumen in siedende Fleischbrühe, und läßts zusammen weich sieden; schüttets dann wieder heraus zu den gestossenen Nüssen, und treibt es miteinander durch einen Durchschlag. Man salzt und pfeffert es wohl, gießt die Fleischbrühe zu dem Durchgetriebenen, bis es recht in der Dike wie ein Mus wird, und siedet es auf Kohlen. Vor dem Auftragen wird Pfeffer darauf gestreut.

Nußsalse. Man stößt die Kerne von welschen Nüssen und das Weisse

Weiſſe von hartgeſottenen Eyern nebſt Semmelmehl untereinander, treibt es mit gutem Wein durch, ſalzt und würzt es, und giebt es zu Gebratenem.

O.

Oblatengebakenes. Man ſchlägt acht Eyer mit einer ſteifen Ruthe wohl, ſchüttet ein Pfund geriebenen Zuker dazu, und ſchlägts wieder; thut geſtoſſene Cardomomen, ein Pfund ſchön Mehl, auch Anis und ander fein Gewürz darein, rühret es recht untereinander, ſtreichts, etwas dicker als einen Meſſerrüken, auf Oblaten, ſchneidets in länglichte Riemen, legts auf Papier, und bakts auf einem Blech im Ofen oder in der Tortenpfanne.

Oblatenkräpfchen. Man hakt oder ſchneidet drey Viertelpfund geſchälte Mandeln, nimmt vier Eyerweiß, rührts eine gute Viertelſtunde, und thut die Mandeln nebſt einem halben Pfund Zuker, Zimmet, einer geriebenen Muſcatennuß, Negelein, auch klein geſchnittenen Citronenſchaalen darein. Von dieſem macht man kleine runde Kräpfchen auf Oblaten, und bakts langſam.

Oblatentorte. S. Torte.

Ochſengaumen wie Hühnerkämme. Man ſchneidet vom Ochſen nur den Gaumen, wenn er lind geſotten und wieder erkaltet iſt, wie Hühnerkämme; puzt dann etliche Champignons ſauber, ſchneidet ſie, läßt ein Stük Butter zergehen, und dämpft darinn die Champignons ein wenig ab, thut die Hühnerkämme dazu, ſtäubt etwas Mehl daran, füllt ſie mit Fleiſchbrühe auf, thut ein wenig klein geſchnittene Peterſilie dazu, und läßt es aufkochen. Vor dem Anrichten drükt man den Saft von einer Citrone daran, und thut ein paar Eyerdotter an die Soſe.

Ochſenzunge mit Himbeereßig. Man ſiedet die Zunge im Waſſer mit gar wenig Salz, ſchält ſie ab, ſchmiert ein Papier mit Butter, wikelt ſie darein, bratet ſie auf dem Roſt gelb und richtet ſie an, und gießt endlich warm gemachten Himbeereneßig mit Zuker darüber.

Ollapotridpaſtete von Krebsteig. Zu zwey Maas Mehl nimmt man zwey Pfund ausgeſchälte Krebſe, nemlich Scheeren und Schwänze, und hakt ſie möglichſt klein, ſchüttet das Mehl, wie zu einem andern Teig, auf ein Bret, macht in der Mitte ein Grübchen, legt zuerſt die geſtoſſene Krebſe, dann ein halb Pfund friſch Schmalz und ein AchtelpfundButter darauf. Dann wirft man eine mäßige Hand voll Salz dazu; ſchlägt ein Ey daran,

daran, und rührt dies mit sie‑
dendem Wasser untereinander.
Ist es zusammengewürkt, so muß
man den Teig ein wenig ruhen
lassen, und dann eine Pastete
daraus verfertigen.

Orangeblüthzeltlein. Man nimmt
des Abends die Blüthe, schnei‑
det sie, legt sie auf ein Papier,
daß sie nicht naß werde. Den
andern Tag thut man etliche Löf‑
fel voll Wasser in ein Pfännchen,
läßt es sieden, und rührt etliche
Löffel voll zartgesiebten Cana‑
rienzuker darein, so, daß der Zu‑
ker mit dem Wasser angefeuchtet
ist, läßt noch ein wenig aufsie‑
den, rührt die Blüthe alsdann
darein, und gießt es in einen
Model von Papier.

Omelette von Krebsen. Man
siedet und bricht die Krebse aus,
stößt die Schaalen und röstets in
Butter, siedets mit Milch ab,
preßt es durch und hakt die
Schwänze klein. Hierauf nimmt
man ein Händchen voll gerieben
Milchbrod, schlägt fünf bis sechs
Eyer daran, rührt es mit der
Krebsmilch an, thut Salz dazu,
und bakt es wie eine Omelette.

Omelette von Gansleber. Man
hakt die Leber klein nebst einem
Schalottenzwiebelchen und etwas
Petersilie. Dieses verdämpft
man dann in einem Stükkein
Butter, alsdann die Gansleber,
wozu auch Salz und Muscaten‑
nuß kommt; wenn es ein wenig
angezogen, thut man Citronen‑
saft und etwas Fleischbrühe dar‑
an. Hierauf schlägt man fünf
Eyer an ein Löffelein voll Mehl,
thut noch ein wenig Milch und
etwas Salz dazu, macht siedend
Schmalz in der Fladleinspfanne,
gießt den Teig darein; das Feuer
darf nicht gar zu stark seyn.
Wann der Teig angezogen, gießt
man die Fülle in die Mitte,
schlägt nur den Teig neben her‑
um mit einem Bachschäufelein
über die Fülle, bis es überzo‑
gen, alsdann kehrt man es um
und bakt es auf der andern Sei‑
te. Man kann es troken oder
in einer Butter‑ oder Fischbrühe
geben.

P.

**Pasteten von Aepfeln auf böh‑
misch.** Die Aepfel werden ganz
weich gebraten, dann abgeschält,
mit dem Messer das Weiche ab‑
geschaben, ein paar zerklopfte
Eyerdotter, gestossenen Zimmet
und durchgesiebten Zuker dazu
gethan, gut untereinander ge‑
rührt, auf die eine Helfte von
Semmelschnitten geschmiert, die
andere darauf gedekt, in einen
dünnen von Eyern und Mehl
gemachten Teig getunkt, und im
Schmalz gebaken.

Pastete, Aal‑. S. Aal, weiß,
in einer Pastete.

Pastete von Artischoken. Wenn der Butterteig fertig ist, nimmt man eine zimliche Anzahl Artischokenböden, die abgesotten sind, ein paar abgesottene und zerschnittene Kalbsbriesen, nebst einigen ausgeschälten Krebsen, würzt und salzt es, legt ein Stük Butter dazu, schlägt es in die Pastete, und bakt sie im Ofen. Inzwischen siedet man Artischokenkerne in Fleischbrühe, treibts durch einen Seiher, thut gut Gewürz und ein Stük Butter daran, macht ein Loch in die Pastete, und schüttet es hinein.

Pastete, Auerhahn *. Man rupft den Hahn, wirft ihn aus, klopft ihn mit einem Scheit Holz alle Gebeine entzwey, salzt ihn ein, schneidet Zwiebeln darüber, sprizt etwas Eßig darauf, und läßt ihn über Nacht so stehen. Hierauf zähmet man ihm die Beine unten ein, daß er fein zusammen kommt, stößt ihm einen Spreil durch den Leib, läßt ihn auf dem Rost ein wenig anlaufen, sezt ihn in ein Geschirr und gießt Eßig darauf. Dann schneidet man Spek fingersdik und drey Queerfinger lang, legt ihn auf eine Schüssel, streut Salz, Pfeffer, Ingber, Negelein darauf, und mischt alles wohl untereinander. Mit diesem spikt man den Hahn, wenn er aus dem Eßig ist, und macht folgenden Teig: Man thut Mittelmehl auf den Baktisch, um einen Teig, dessen oberer und unterer Theil eines Fingers dik ist, daraus zu machen; streut eine Hand voll Salz daran, brennt das Mehl mit siedendem Wasser, mischt es möglichst fest und zähe, würkt die Hälfte des Teigs klar ab, treibt ihn mit einem Bakholz aus, daß er ungefehr eines fingersdik bleibt, legt ihn auf Papier und bestreicht ihn mit Eyern. Hierauf schneidet man aus etwas Teig Ringe, wie Rosteisen, und legt sie auf den ausgetriebenen Teig in der Form eines Rosts herum, und zwar nur so weit, als der Hahn zu liegen kommt; thut Butter und Spek auf diesen Rost, streut Ingber, Pfeffer, Negelein und klein geschnittene Citronenschaalen darüber, sezt Lorbeerblätter hinzu, und legt den Hahn darauf. Darnach rollt man ein Stük Teig mit den Händen gleich einem Strik aus, schneidet ihn in der Mitte entzwey, und umgiebet unten am Teig den Auerhahn, daß er geraum, doch den Umzug nicht berührend, darinn liegen kann, und streut das Gewürz darüber. Damit man nun den ganzen Hahn und den untern Teig überziehen könne, so treibt man die andere Hälfte des Teigs auch aus, drükt ihn auswendig an dem aufgesezten Rand fest zusammen, drükt den Teig in eine Pasteten tenform, schneidet es unten und oben sauber ab, umziehet die Pastete um und um, schneidet den untern Teig in der Runde sauber weg, und setzt den Hahn so, daß oben auf der Pastete der Kopf und unten die Füße kommen. Diese Pastete bakt man in einem heissen Ofen, und macht folgende Brühe dazu: Man vermischt Butter und Mehl in einer Casserole über dem Feuer, bis es braun wird, gießt Brühe, Wein und Eßig daran, und lässet es einen Sud thun; nimmt die Pastete aus dem Ofen, schneidet oben ein rundes Loch darein, füllt durch einen Trichter die Brühe hinein, setzt sie wieder in den Ofen, wo sie noch zwey Stunden kochen muß. Vor dem Anrichten nimmt man sie heraus, bestreicht sie mit Spek und giebt sie hin.

Pastete von Austern. Man nimmt die Schaalen von den Austern ab, wäscht sie, seigt derselben Brühe durch, legt ein gut Theil Butter wie auch Pfeffer und Muscatenblüthe in die Pastete, thut die Austern darauf, würzt sie mit Pfeffer und Muscatennuß, legt hart gesottene Eyer, ganze Muscatenblumen, Salz und Butter darauf, macht die Pastete zu, und läßt sie nicht gar eine halbe Stunde baken. Wann sie aus dem Ofen kommt, so schüttet man ein wenig Wein, Wein-

eßig, Zuker, Eyerdotter und Butter darein, und giebt sie hin.

Pastetchen, Austern-, auf holländische Manier. Man nimmt so viel Austern als man Pastetchen haben will, troknet sie wohl ab, wenn man sie aus den Schaalen macht, paßirt sie ein wenig mit guter Butter, Petersilie und gehakter Zwiebel, und würzt sie. Sind sie kalt, so macht man vermittelst eines feinen Teigs Pastetchen in kleinen Tortenformen, bakt sie im Ofen und richtet sie warm zu einem Gerichte an, oder garnirt damit andere Essen.

Pastetchen von Austern, anders. Man macht sie aus einem fetten Teig, bestreicht sie innen mit Eyern, und thut in jedes Pastetchen ein wenig Butter, einer welschen Nuß groß; legt ein bis zwey Austern dazu, mischt geschnittene Citronenschaalen, geriebene Semmeln und Muscatenblüthe untereinander, und streut etwas davon auf die Austern, drükt auch in jedes etwas Citronensaft, dekt sie zu, bestreicht sie mit Eyern, und schneidet sie ab. Endlich bakt man sie im Ofen schnell.

Pastete von Cabliau. Der Fisch wird gewässert, mit heissem Wasser gebrannt, ein zimlich Stük Butter in eine Casserole geworfen, der Cabliau darein gelegt, mit einigen ganzen Zwiebeln paßirt, firt, mit Pfeffer, Ingber und Citronenschaalen gewürzt, eine gute Pastete verfertigt, und der Fisch darein gethan.

Pastete von Capaunen oder Hühnern, warm. Man macht eine Pastete von hohem Rand mit einem mürben Teig, und läßt ihn erstlich hart werden, hernach legt man den Capaun oder das Huhn darein, thut Ingber, Pfeffer, Zuker, Zimmet und Safran, auch kleine Rosinen, gehakte Aepfel, geschnittene Limonien, auch ein Stükchen Butter oder Rindsfett dazu, macht den Dekel darüber, bestreichts mit Eyerdottern, und bakt es ein und eine halbe Stunde im Ofen. So macht man es auch mit jungen Hühnern oder Federwildpret.

Pastete, Cardinals-. Man treibt einen Butterteig eines Thalers dünn aus, legt ihn in die Tortenpfanne, und füllt ihn mit Kalbfleisch oder Flügelwerk, welches roh oder gequellt ist, thut eben so viel Rindsmark darein, salzt und würzt es; man kann auch Pistacken, Weinbeere und hartgesottene Eyer darunter nehmen. Ist die Pastete nun gefüllt, so dekt man sie mit Butterteig zu. Soll sie süß seyn, so giest man, wann sie halb gebaken ist, eine süße Brühe darein.

Pastete von Carviol oder Blumenkohl. Man puzt den Carviol sauber, wäscht ihn wohl, kocht ihn im Wasser mit wenig Salz ab, und läßt ihn dann abträufen und abkühlen. Hernach macht man eine Farse, mengt den Carviol mit kleinen Stükchen Butter, Gewürz, feinen Kräutern, gehakt, und Zwiebel an, und macht eine gute Pastete dazu. Man legt zum Carviol auch kleine Saucitzen, und schüttet beym Anrichten eine Rahmsose daran.

Pastete von Castanien. Man legt Castanien einen Tag und eine Nacht in frisch Wasser, schält sie, bakt Kalbfleisch und Rindsmark, wie zu Klöschen, wälgert einen Boden von gutem Teig, legt erstlich Gehäk, hernach Castanien, wieder Gehäk, bis es genug ist, und oben darauf Gewürz, Butter, Pistacien und Citronenschaalen, schüttet ein klein wenig Wein dazu, bestreicht es mit Eyern, macht einen Dekel darüber, bakt die Pastete, und giest noch ein wenig Wein zum Luftloch hinein.

Pastete auf englisch. Man nimmt Fleisch von einem Haasen und eine zarte Hammelskeule, fettet sie ab, bakt sie mit Rindsmark, ein wenig Kalbfleisch und rohen Schneken, würzt sie mit allerhand feinen Kräutern und gelinden Gewürzen, wie auch gehakten Trüffeln und Champignons, macht

macht eine Paſtete, thut die Fülle hinein, bedekt ſie mit Spekſtreifen, und ſchließt die Paſtete mit einem andern Boden.
Dann bakt man ſie im Ofen öfnet ſie, fettet ſie wohl ab, ſchüttet ein Rebhühnercoulis hinein,
und richtet ſie warm an.

**Paſtete von Enten, ohne Kno-
chen, kalt.** Man ſchneidet
die Enten auf dem Rüken entzwey, thut alle Beine heraus,
ausgenommen aus den Schen-
keln, macht Schnitte auf der
Bruſt, ſpikts mit mittelmäßigem
Spek, und würzets mit Salz,
Pfeffer, Negelein, Muſcatennuß, geſtoßenem Spek und Spekſtreifen. Man thut ſie dann in
eine Paſtete, beſtreicht ſie mit
Eyerdotter, und bakt ſie zwey
Stunden.

**Paſtete von wilden Enten, auf
Wiener Art.** Man puzt und
nimmt ſie aus, und ſtekt ihnen
die Füße ein, macht eine gute
Beize, und läßt ſie darinn anlaufen: wenn die Beize ſiedet,
ſpikt man die Enten, und läßt
ſie etliche Stunden in der Beize
liegen. Hernach bakt man friſche Hühner- und Entenlebern,
läßt die Enten in Butter dünſten,
nimmt ſie heraus, daß ſie aus-
kühlen, zerrührt die gebakten Lebern in eben dem Saft, worinn
die Enten gedünſtet worden, thut
noch ein wenig Butter, geriebene
Semmelkrummen, Milchrahm,
kleine geſchnittene Limonenſchaa-
len, grüne Peterſilie und Gewürz, auch ein wenig von der En-
tenbeize dazu. Indeſſen macht man
eine Paſtete, legt die Enten hinein, ſchüttet die Brühe darüber,
und bakt ſie im Ofen.

Paſtete von Eyerkäß. Man macht
einen Butterteig, beſtreicht kleine
Paſtetenmödel mit Butter, thut
den Teig darein, macht einen
Eyerkäß, ſchüttet ihn mit ſüßem
Rahm in den Teig, dekt die Pa-
ſtetgen oben mit keinem Dekel
zu, und bakt ſie offen, beſtreut
ſie aber vor dem Anrichten mit
Zuker und Zimmet.

Paſteten von Faſanen, warm.
Man nimmt Fleiſch von Faſanen und einem geſchnittenen
Huhn, nebſt einem Stük von einer zarten Kalbskeule, und bakt
alles mit gekochten Schinken und
rohem Spek, Milchfleiſch von
Kälbern, Peterſilie, kleinen Zwiebeln und Champignons, würzt es
auch mit Salz, Pfeffer, guten
Gewürzen und feinen Kräutern:
macht eine Paſtete mit zwei Böden, bakt ſie gahr, fettet ſie vor
dem Anrichten wohl ab, thut Coulis von Champignons dazu, und
richtet ſie warm an.

Paſtete von farſirten Fiſchen.
Man farſirt Hechte, Karpfen,
Börſe u. ſ. w. und richtet ſie mit
Morcheln, Champignons, Kreb-
ſen

sen, Austern, Karpfenmilch, Hechtlebern in einer feinen Pasteten zu.

Pastete von Forellen. Man nimmt sie aus, spikt sie mit Sardellen und Aal, schneidet auch das äusserste Ende des Schwanzes und den Kopf ab. Dann macht man eine Pastete von mittelmäßiger Höhe, und belegt den Boden mit frischer Butter. Hernach macht man eine Fülle von einem Stük Forellenfleisch mit frischer Butter, Champignons, Trüffeln, kleinen Zwiebeln und Petersilie, würzt sie mit Salz, Pfeffer, guten Gewürzen und feinen Kräutern, hakt alles zusammen klein, und füllt den Leib der Forelle damit aus. Dann legt mans in die Pastete, würzts wieder mit dem eben angeführten, bedekts mit frischer Butter, schließt die Pastete mit dem obersten Boden, bestreicht sie mit Eyerdottern, und bakt sie im Ofen. Ist sie gahr, so öfnet man sie, fettet sie ab, gießt ein Ragout von Krebsen hinein, und richtet sie warm an.

Pastete von Gehäke. Man hakt Karpfen-Schleyen oder Aalfleisch, klein, macht eine Pastete, würzt sie, thut Karpfenmilch und Morcheln darein, dekt sie nicht zu, und gießt vor dem Anrichten eine weiße Soße und Citronensaft daran.

Pastete von Hammelfleisch, warm oder kalt. Man spikt das Fleisch mit dikem Spek, würzt es gehörig, schlägt die Knochen entzwey, thut das Fusbein weg, macht eine Pastete, und bakt sie. Champignons und dergleichen thut man nicht wohl, aber ein Stük Knoblauch oben zum Loch hinein.

Pastete von Haasen. Man hakt das Haasenfleisch mit Fleisch von einem Hammelschlegel und ein drittel Spek klein, würzt es mit Salz, Pfeffer, gestoßenem Zimmet, Negelein, kleinen Zwiebeln und feinen Kräutern, macht einen Pastetenboden von feinem Teig, legt das Gehäke in Gestalt eines Haasen darauf, und thut Spek zum Spiken, und dann wieder Gehäke darüber. Dann legt man Lorbeerblätter und Spekstreifen darauf, macht den Dekel von eben dem Teig, bestreicht ihn mit Eyerdotter, bakt die Pastete drey bis vier Stunden im Ofen, und thut vor dem Auftragen Citronensaft darauf.

Pastete von Hechten. Man hakt das weiße Fleisch vom Hecht mit Champignons klein, kochts mit einem Stük Butter und einem Glas Wein in einer Casserole halb gahr. Vermengts mit Salz, Pfeffer, zerstükten Champignons, Artischokenböden, kleinen Zwiebeln, Karpfenmilch und feinen Kräutern, schlägt alles zusammen in eine aufgesezte Pastete, macht einen

einen Dekel darauf, und thut bey dem Anrichten Citronensaft daran.

Pastete, Haselhuhn s. Man puzt es sauber, nimmt es aus, spellert und blanchirt es, sezts ein wenig auf einem Rost über Kohlen, und läßts ein wenig anlaufen. Hernach legt man es ein bis drei Tage in Eßig, nimmts wieder heraus und spikts, macht auch eine Pastete, thut Citronenschaalen, Ingber, Pfeffer, Negelein, Lorbeerblätter und ein Stük Butter dazu, macht die Pastete zu, und bakt sie im Ofen halb gahr. Hierauf thut man ein Stükchen Butter in einem Tiegel auf Kohlen, daß sie braun werde, rührt ein wenig Mehl darein, welches auch bräunen muß, gießt Brühe und Eßig drein, und läßt es kochen, daß es etwas dik wird. Darnach macht man ein Loch in die Pastete, und füllt dies durch einen Trichter hinein, und bakt alsdann die Pastete vollends gahr. Vor dem Anrichten rüttelt man es durch einander.

Pastete, Halbfisch s. Man zieht den Halbfischen die Haut ab, bakt sie halb gahr, und schneidet sie in länglichte Fleischstüke. Hierauf macht man eine Pastete von mittelmäßiger Höhe, und eine kleine Fülle von Aalfleisch, frischer Butter, Salz, Pfeffer, Champignons, Trüffeln und feinen Kräutern, belegt den Pastetenboden damit, legt die länglicht geschnittene Schollen- oder Halbfischstüke darauf, würzt sie mit Pfeffer, Salz, guten Kräutern und Gewürzen, bedekt sie mit frischer Butter, schließt die Pastete mit einem Dekel von eben dem Teig, bestreicht sie mit dem gelben von Eyern, sezt sie in den Ofen, und macht ein Ragout von Trüffeln drauf. Ist sie gahr, so öfnet man sie, fettet sie ab, schüttet das Trüffelragout hinein, und richtet es warm zu einem Gerichte an.

Pastete, Hefen s. Man würkt ein Drittel von einer Kanne süsse Milch, ein Ey, und von einem das gelbe, zwey Löffel voll Bierhefen, und ein klein wenig Salz untereinander, und thut so viel Mehl darein, daß es ein ganz gelinder Teig wird, den man kaum würken kan: macht hieraus zwey Kuchen, legt ein halb Pfund süsse Butter darein, überschlägt und wellt ihn fünf bis sechsmal, wie einen andern Butterteig, und macht eine Pastete daraus. Den Dekel füllt man mit Papier oder mit einer Serviette aus, legt die Pastete auf ein Blech, und läßt sie bey gelinder Wärme gehen, weil sonst die Butter herausschmilzt; auf eben dem Blech aber, auf welchem sie liegt, muß man sie auch in der Tortenpfanne baken. Ehe man sie bakt

bakt, bestreicht man sie. Ist sie gahr, und der Dekel aufgeschnitten, thut man hinein, was man will.

Pastete, Hühner- mit Quitten. Man zerlegt sauber gepuzte und wohl ausgewaschene, nicht zu kleine junge Hühner, und bratet sie ein wenig gelb in Butter: man kan sie auch ganz lassen: streut Pfeffer, Ingber und Negelein darein, schneidet geschälte Quitten in dünne Schnitten, stekt etliche darein, höhlt auch geschälte ganze Quitten aus, füllt sie mit Zuker, Zimmet und kleinen Rosinen, legt eine kleine Deke drauf, macht einen Teig, wie zu andern Pasteten, macht einen Boden, wie auch einen Kranz von Teig darum, legt die Hühner herum, und die Quitten dazwischen, streut noch mehr Zuker, Zimmet, kleine Rosinen, auch frische Butter drauf, macht die Pastete zu, und bakt sie. Dann macht man eine Brühe von Fleischbrühe, Wein, Quittenlatwergen, süssen Gewürz und ein wenig geriebnem Brod, kocht sie auf, und schüttet sie in die Pastete.

Pastete, Hühner-. Man zerschneidet die Hühner, blanchirt sie im Wasser, thut sie mit einem Stük Butter und einer ganzen Zwiebel in eine Casserole, stäubt ein wenig Mehl daran, füllt sie mit Fleischbrühe auf, läßt sie schnell kochen, stellt sie zurük, und thut die Zwiebel davon, nimmt drey bis vier Eyerdotter mit ein wenig süssem Rahm in ein klein Geschirr, und schneidet Petersilie recht klein. Soll man anrichten, sezt man die Hühner zum Feuer, drukt den Saft von einer Citrone daran, thut etwas Muscatenblüthe dazu, rührt die Eyerdotter mit der Sose von den Hühnern beständig um, daß sie nicht gerinnt, thut sie an die Hühner, und füllt sie in die Pastete.

Pastete, Kalbfleisch-. Man häutelt eine Kalbskeule und bratet sie ein wenig auf dem Rost, läßt sie dann ein paar Tage in Eßig liegen, nimmt sie heraus, und spikt sie, und besprengt sie ein wenig mit Salz. Darauf macht man eine Pastete, in die man das Fleisch hernach legt, wie schon oft gesagt.

Pastete von braunem Kohl. Der Kohl wird sauber abgepuzt, in weichem Wasser, mit ein wenig Salz ganz mürb abgekocht, oder, wann es spat im Jahr ist, verdekt in seiner eigenen Brühe mit einem Stükchen Butter und ein wenig Bouillon ganz mürbe abgeschwizt; auf einem Durchschlag das Nasse herausgedrükt, ein wenig durchgehakt, doch nicht zu klein, mit geschmolzenem Spek und klein gehaktem Rindsmark in einer Schüssel angemengt, geschmolzen, und durch ein Sieb geschüzt schüttet. Nach diesem nimmt geman ein paar ganze Zwiebeln, mit Negelein besteckt, ein wenig Pfeffer und Salz, mengt alles wohl untereinander, und macht dann eine Pastete. Man kan auch sauber geputzte Castanien unter den Kohl thun. Wann man anrichten will, rührt man ein wenig gute Brühe mit einem in Mehl umgekehrten Stückchen Butter zu einer Sose und schüttet diese zuletzt drein. Den Kohl legt man oben in die Pastete mit Spekscheiben, und in die Sose thut man Citronensaft.

Pastete von Krebsen. Man kocht die Krebse in Wein ab, bricht ihnen die Schnauze aus, vermengt sie mit etwas Gewürz, klein gehakten feinen Kräutern, Morcheln, Trüffeln, Champignons, jungen Zwiebeln, Karpfenmilch, Hechtlebern und dergleichen, thut ausgegrätete Fische darunter, bereitet ein wenig Farse, macht das Fleisch aus den Schaalen heraus, nimmt gesottene oder gebratene Fische dazu, macht dies mit abgeriebener Butter, geriebenem Brod, Eyern, guten Kräutern und feinen Gewürz vorher klein, und bakt es zu einer Farse, setzt davon einen kleinen Rand in die Pastete, thut das Angemachte hinein, und die Farse darüber her, darnach bakt man die Pastete, die von feinem Teig seyn muß, im Ofen. Zur Sose macht man von den Krebsschaalen etwas Krebsbutter, und rührt eine Sose damit ab, und schüttets beym Anrichten in die Pastete.

Pastete von Krebsfarse. Man macht das Fleisch aus den Schnalen und Scheeren der gesottenen Krebse, nimmt auch von Fischen etwas dazu, bereitet davon eine Farse, macht von der Hälfte Schaalen etwas Krebsbutter; reibts, wenn diese kalt ist, ab, und thuts in die Farse, und macht von der andern Hälfte ein wenig Krebscoulis. Ist nun die Farse mit feinen Sachen einpaßirt, macht man eine Pastete, und schüttet, wann sie gebaken, die Krebscoulis dazu.

Pastete von Lachs mit Austern. Man schneidet gesalzenen Lachs in Stüke, wässert sie über Nacht ein, und paßirt sie in Butter mit Zwiebeln, Muscatenblüthen und Citronenschaalen. Inzwischen wässert man die Austern, wann sie gesalzen sind, auch ein, formirt eine feine Pastete, legt die Lachsstüke hinein, mengt die Austern darunter, dekt die Pastete zu, und bakt sie, wie gewöhnlich.

Pastete von Lachs, zur Fastenzeit. Man thut aus dem Lachskopf das nöthige heraus, schneidet ihn, und spikt ihn mit Aalschnitten

schnitten und Sardellen, macht eine Ovalpastete von gemeinem Teig, so groß, als sie zum Lachskopf nöthig ist: macht auf den Boden eine Lage von Butter, würzt sie mit Salz, Pfeffer, feinen Gewürzen und Kräutern, legt den Lachskopf drauf, würzt ihn oben, wie unten, bedekt ihn mit frischer Butter, schließt die Pastete mit eben dem Teig, bestreicht sie mit geklopftem Ey, und läßt sie vier bis fünf Stunden im Ofen stehen. Ist sie halb gahr, so zieht man sie heraus, öfnet sie, sezt sie auf eine Schüssel, und richtet sie kalt zu einem Beigericht an.

Pastete von Lerchen. Man hakt eine Kalbsniere mit Semmelkrummen, zwey Eyern, Salz, Zuker, Zimmet, geriebene Muscatennuß, kleinen Rosinen, und ein wenig Rosenwasser recht klein, und machts im Tiegel warm: nimmt die gepuzten Lerchen aus, thut von dem vorhergehenden hinein, und füllt sie mit aus: von dem, was übrig bleibt, macht man Klösgen. In die Pastete thut man unten Butter, dann die gefüllten Lerchen und die Klösgen, und oben drauf Zuker, Mark und Datteln. Ist die Pastete gahr, so schüttet man oben die Brühe, die man von Wein, Zuker, Butter und Eyerdottern gemacht hat, hinein.

Pastete, österreichische. Man macht gute und genugsame Farsen rund zusammen, drukt sie ein wenig glatt, daß sie wie ein rundes Brod wird, und richtet sie dann in einer Tortenpfanne mit feinem Butterteig zu einer Pastete. Unter die Farse auf den Teig, so, wie auch oben, legt man dünne Spekscheiben, bedekts dann mit Teig, und bakts: macht ein fein Ragout, und thuts beym Anrichten in die Pastete. Den Spek aber nimmt man vorher weg.

Pastete von Priesen, mit Farse. Man siedet Priese, thut sie in Butter, dämpft ein wenig Mehl und Citronensaft ab, auch ein wenig Fleischbrühe und Muscatenblüthe, macht eine Farse von Kalbfleisch und Nierenfett, verdämpfts ein wenig, bakt Semmeln mit einem Ey, und rührt ein Ey daran, thut unter die Farse, auch ein wenig Zwiebel und Citronen, macht Pastetgen von Butterteig, füllt von der Farse ein wenig unten hin, dann einen Löffel voll von dem Ragout, oben wieder etwas von der Farse, und dann macht man einen Dekel von Butterteig.

Pastete von Rebhühnern, kalt. Man spikt sie mit mittelmäßigem Spek, würzt sie mit Salz, Pfeffer, einigen ganzen Negelein, Muscatennuß, Lorbeerblättern und

Paſtete

und geſtoſſenem Spek. Sodann formirt man einen Paſtetenboden, läßt den Teig zwey bis drey Stunden im Ofen, und behält ſie, wann ſie heraus iſt, an einem trokenen Ort auf.

Paſtete von Schinken. Man ſchneidet gekochten Schinken in dünne Scheiben, macht von eben demſelben Schinken ein wenig Farſe, wenn man nämlich etwas davon in Würfel ſchneidet; es mit ein paar Eyern, etwas geriebenem Brod, ein wenig Gewürz, und feinen Kräutern klein hakt, eine Paſtete von feinem Teig macht, ſie im Ofen baken läßt, und eine beliebige Soſe drein ſchüttet.

Paſtete von Schneken. Man kocht ſie in halb Wein und halb Fleiſchbrühe, thut Butter, Muſcatenblüthen und Majoran dazu, läßt ſie erkalten, macht eine Paſtete von Butterteig, thut die Schneken mit geriebener und in Butter geröſteter Semmel, auch geſchnittene Prieſen hinein, bakt ſie, macht vor dem Anrichten die Brühe, worin ſie geſotten haben, warm, und ſchüttet ſie hinein.

Paſtete von Schweinswildpret. Man wäſcht, ſalzt und ſiedet das Wildpret, troknet es, beſtreut den Boden mit jart geriebnem Roggenbrod, auch mit etwas Muſcatenblüthen, Pfeffer und vielen Nageln, legt das Wildpret

Paſtete

pret drauf, belegt es mit Citronenſcheiben, überſtreut es mit obigem Gewürz, beſprengt es mit ein wenig Salz und würflicht geſchnittenen Citronenſchaalen, ſchneidet ziemlich Butter zu Stüken, legt dieſe hin und wieder drauf, ſchlägt den Dekel drüber, und macht die Paſtete, wie bekannt. Hernach röſtet man ein wenig geriebenes Roggenbrod im Schmalz, doch, daß es nicht zu fett wird, thut es in ein Töpfchen, ſchüttet Fleiſchbrühe, Wein und Eßig daran, würzts mit obigem Gewürz, ſiedets zuſammen auf, wirft ein wenig Butter darein, gießt die Soſe in die Paſtete vor dem Auftragen.

Paſtete von wilden Schweinsköpfen. Man ſchneidet den Kopf rauh ab, hält ihn über ein ſtark Feuer, und brennt ihn mit glühenden Feuerſchaufeln und Zangen völlig rein ab, bis die Haare ganz weg ſind, ſchneidet ihm die Zunge aus, löſt ihm um das Unter- und Obermaul ein wenig, ſpaltet ihn mitten durch, kocht ihn in Waſſer, Salz, Weineſig und guten Kräutern, doch nicht gar zu mürb, nimmt ihn heraus, bricht die Knochen aus, daß das Fleiſch in zwey ganzen Stüken bleibe, läßt es kalt und hart werden, puzt die Schwarte und alles Unreine ſauber ab, und verfertigts mit einer feinen Farſe, aber nicht mit Nierenfett,

Koch- u. Conſit. Lexic.) S

ſondern

sondern mit abgeriebner Butter, entweder in eine aufgesetzte Pastete, oder in einen ordinairen mürben Teig, macht eine braune Sose, die etwas scharf ist, mit klein gehakten Capern und ziemlich viel Chalotten dazu, so, daß man sie kalt oder warm geben kan.

Pastete von Spargel. Man bricht dem Spargel, so weit das mürbe geht, die Köpfe ab, wäscht ihn rein, läßt ihn im Wasser ein paarmal aufkochen, legt ihn auf einen Seiher, daß er recht abtriefe, mengt ihn mit kleinen Stüken Butter, Salz, etwas Pfeffer und Muscatenblüthen, auch fein gehakten Kräutern und kleinen Zwiebeln an, macht auch ein wenig Farse, sezt davon einen Rand, aus feinen Butterteig, so groß, als die Pastete seyn soll, thut den angemengten Spargel drein, machts vollends fertig, und bakts. Vor dem Anrichten schüttet man eine Rahmsose drein.

Pasteten von Stokfisch. Man schneidet gewässerten Stokfisch in Stüke, sezt ihn mit kaltem Wasser zum Feuer, nimmt ihn wieder heraus, pflükt die Hälfte davon sauber aus, paßirt ihn mit Butter, Citronenschaalen, Muscatenblüthen und Ingber wohl ab; schneidet die andere Hälfte mit einem Schneidmesser ganz klein, thut sie nebst in Milch eingeweichter und wieder rein ausgedrükter Semmel in eine irdene Schüssel, wirft geschnittenen Schnittlauch, Citronenschaalen und ein halb Pfund Nierentalg darunter, schlägt sechs ganze Eyer und sechs Dotter dran, gießt eine Kessel guten Rahm hinein, salzts ein wenig, und rührts wohl durcheinander ab: macht einen Kranz um eine Schüssel, sezt eine aufgesezte Pastete auf, bestreicht sie mit Butter, schüttet die Hälfte vom abgerührten Stokfisch drein, den paßirten aber thut man in die Mitte, und mit der andern abgerührten Hälfte überzieht man die Pastete, auf welche man alsdann ein wenig zartgeriebene Semmel streut. Zulezt sezt man sie in Bakofen, und trägt sie warm auf.

Pastete von jungen Tauben. Man bereitet sie, wie die von Hühnern, nur thut man keine Fülle, sondern Kalbspriesen, Hahnenkämme, zerstoßnen oder zerschmolznen Spek, Rindsmark und Champignons drein, und bakt sie auch so. Ist sie gebaken, so thut man vor dem Auftragen Kalbfleischjus und Citronensaft daran.

Pastete von wilden und zahmen Tauben. Man bereitet, spikt und würzt sie ein, und petzt sie

ein paar Tage in Eßig, legt ſie
denn an einen warmen Ort zum
trokneu, und ſchlägt ſie gezeigter
maſſen in einen Paſtetenteig.
Man macht auch ein Gehäk
darüber, wie über Hühner; nur
zerſchneidet man die Tauben nicht,
auch löſt man die Beine und Gelenke nicht, wie bey den Hübnern.
Man macht in dieſe Paſtete auch
ein Gehäk von Rindfleiſch.

Paſtete von Zwiebeln. S. Zwie-
belpaſtete.

Paſtetenbrod. Man ſtöſt oder
reibt gut altbaken hart Brod zart,
mengt es nebſt einem Pfund Zuker, gequetſchten Anis und Coriander mit etwas weiſſen Mehl,
machts mit Eyweis zu einem
recht diken Teig, ſtreichts in Form
eines kleinen Laibchens auf eine
Oblate, bakts, und ſchneidet, wenns
gahr iſt, dünne Stükchen draus,
und legt ſie in eine warme Stube, daß ſie hart werden.

Paſtinaken zu kochen. Man ſchabt
ſie, ſchneidet ſie vierteilweis,
und dann in länglichte Stüke,
wäſcht und ſiedet ſie in Waſſer
und Salz weich; ſeigt das Waſſer davon, thut ſie in einen Tiegel, gießt Fleiſchbrühe dazu,
würzt ſie mit Ingber, Pfeffer
und Muſcatennuß, legt ziemlich
Butter drein, läſt ſie auf Kohlen ſtark ſieden, und ſchwenkt ſie
je und je im Tiegel um, daß ſie
ſich nicht anlegen. Man kan

auch eine halbe Stunde vor dem
Eſſen geſotten Fleiſch drein legen, und ſie ein wenig mit aufkochen laſſen.

Perſch, (Berſich) zu ſieden.
Man ſchuppt ſie mit einem Reibeiſen, fährt ihnen mit einer
Spiknadel oder einem ſpitzigen
Hölzchen unter dem Floß hinein,
und zieht den Darm heraus,
woran die Galle hängt, die
man wegſchneidet, dann wäſcht
man ſie aus, gießt ein wenig
Waſſer drauf, ſiedet ſie mit dem
nöthigen Salz blau, wie die Karpfen, macht auch eine Brühe von
Eyerdottern, Wein, Waſſer,
Eßig, jedes gleich, geſtoßnem
Zimmet und Muſcatenblüthen,
darüber.

Perſch zu baken. Man ſchuppt und
nimmt ſie aus, kerbt ſie auf beyden Seiten etwas ein, ſalzt und
wälzt ſie im Mehl herum, bakt
ſie im Butter braun, trägt ſie
troken auf, und giebt eine Citronenbrühe dazu.

Perſch mit Citronenſoſe. Man
bereitet ſie, wie ſchon gemeldet:
zieht ihnen einen Faden durch die
Naſe und den Schwanz, und bindet den Schwanz an den Kopf
zuſammen, daß ſie krumm werden;
dann ſiedet man ſie mit Waſſer und
Eßig, auch etwas Salz, in einem Keſſel, ab. Iſt nun das
Waſſer mit dem Fiſch halb eingekocht, ſo thut man Citronen-
ſchei-

ſcheiben, Ingber, Pfeffer und Semmelkrummen dazu, dieß kocht man noch eine Weile zuſammen, legt ein Stük Butter dazu, und richtet ſo an.

Perſche mit einem Ragout. Man nimmt ſie aus, legt ſie auf den Roſt, thut Kohlen brunter, und wendet ſie um. Iſt nun die Haut troken, und die Fiſche halb gahr, ſo nimmt man ſie weg, und ſchält ſie reinlich ab. Dann gießt man eine Nöſſel Wein nebſt ein wenig Fiſchbrühe in eine Caßerole, thut eine große mit Negelein geſpikte Zwiebel, gehakte Peterſilie und ein Lorbeerblatt dazu, würzt ſie mit Salz und Pfeffer, thut ein Stük Butter in der Größe eines Eyes in eine andere Caßerole, läßt ſie mit ein wenig Mehl auf dem Feuer halb braun werden, gießt die bereitete Brühe dazu, legt die Perſche zuſammen hinein, und läßt ſie bey gelindem Feuer gemach kochen. Sind ſie gahr, ſo nimmt man ſie heraus, legt ſie in eine Schüſſel, ſchüttet ein beliebiges Ragout in der Faſtenzeit drüber, und richtet ſie warm an.

Perſch mit Sardellenſoſe. Man nimmt ſie aus, und legt ſie in eine Caßerole, thut große Zwiebeln, eine grüne Citrone, Peterſilie, kleine Zwiebeln, Lorbeerblätter, Negelein, Pfeffer, Salz, zwey Gläſer Wein, und etwas Weineßig nnd Waſſer dazu, daß die Fiſche damit bedekt ſind. Hernach kocht man ſie in einer Caßerole gahr, läßt ſie völlig erkalten, ziehet ſie heraus, ſchuppt ſie ab, legt ſie in die Schüſſel, und hält ſie, zugedekt, warm: dann thut man friſche Butter in eine Caßerole, ſtreut etwas Mehl darein, wirft ein paar gehakte Sardellen, Capern, eine kleine, ganze Zwiebel und eine Citronenſchaale dazu, und würzt es mit Salz, Pfeffer und ein wenig Muſcatennus, gießt etwas Waſſer und Weineßig hinein, rührt die Soſe mit einem Löffel auf dem Feuer um, und, wann die Butter geſchmolzen und die Brühe diklicht iſt, nimmt man die Citronenſcheiben, und die kleinen ganzen Zwiebeln heraus, ſchüttet die Brühe über die Perſche, und richtet ſie warm an.

Peterſilie zu baken. Man kocht die Wurzeln, ſchneidet ſie dann in die Länge auf, löſet den Kern heraus, wälgert ihn im Mehl herum, und bakt ihn im Schmalz.

Pfannenkuchen. Man ſezt ein und ein viertel Pfund Mehl in einem Geſchirr an einen warmen Ofen, gießt ein paar Löffel voll Bierheſen hinein, thut fünf ganze Eyer, drey Loth Zuker, und ein viertel Pfund zerlaſſene Butter dazu, macht es mit lauer Milch an, an, und macht einen aber nicht gar starken Teig. Wann er nun genug gearbeitet ist, thut man ihn auf ein mit Mehl bestreutes Bret, und läßt ihn gehen, würkt ihn, und treibt ihn mit einem Welgerholz aus, schneidet vierekichte Stüke daraus, legt diese auf einen mit Mehl bestreuten Kuchendekel, und sezt ihn an einen warmen Ofen, daß sie gehen. Endlich macht man Schmalz in einer Pfanne heiß, legt die Pfannenkuchen darein, und bakt sie, aber nicht zu heiß, gelb.

Pfannenkuchen, anders. Man macht den Teig wie eben beschrieben, mischt geschnittene Mandeln, Zibeben, Safran und Muscatenblüthe darunter, macht Strizeln und bakt sie im Schmalz.

Pfeffernüsjchen. Man schlägt sechs kleingeklopfte Eyer mit einem Pfund gestossenen Zuker wohl durch, macht es mit feinem Mehl nach Gutdünken so dik, daß mans auswälgern kann; rollt dies hernach eines kleinen halben Fingers dik aus, stichts mit einer blechernen Form aus, bestreicht ein Papier mit geschmolzener Butter und sezts darauf, und bakts auf gelindem Feuer.

Pfeffersose. Man schüttet Weinesjig mit ein wenig Jus von Kalbfleisch in eine Casserole, thut eine Citronenscheibe, eine kleine ganze, wie auch eine grosse in Scheiben geschnittene Zwiebel darein, würzt es mit Salz und Pfeffer, kocht es genugsam, läßts durch ein Haarsieb laufen, thut es in ein Sosennäpfchen und richtet es warm an.

Pfifferling- (Champignons-) Küchlein. Man macht einen Teig von schön Mehl, Eyern, Zuker und Rosenwasser, macht indessen Schmalz im Pfännchen heiß, tunkt den Model gleich in den Teig, schüttet oben ein wenig, damit er einen Stiel bekomme, mit einem Löffel darein, und thuts ins Schmalz, macht es neben herum mit einem Messer los, daß es herausgeht, und bakt es hell. Dieser Teig muß seyn wie der Modelküchleinsteig.

Pfirschen (Pferfiche) zu baken. Man schneidet aus geschälten Pfirschen, aus jeder, nachdem sie groß sind, vier bis sechs Stükchen, macht eine Klare wie zu den gebakenen Aepfeln, und verfährt dann weiter eben so.

Pfirschen, braun bezukert. Von Pfirschen, die in Brandtewein eingemacht sind, läßt man die Feuchtigkeit abtropfen, und troknet sie auf dem Ofen; den Zuker läßt man braun sieden, und hält ihn, ohne daß er kocht, über ein klein Feuer, daß er nur warm bleibt. In diesem wendet man die Pfirschen an einer Gabel um, sticht

sticht ein klein Stengelchen hinein, und stekt sie damit zwischen die Ruthen eines geflochtenen Korbs, daß der braune Zuker im Freyen daran troken wird. Eben so macht man es auch bey troken eingemachten Pfirschen.

Pfirschenconserve. Man schält halbreife Pfirsichen, schneidet sie in kleine Stüke, und kocht sie auf kleinem Feuer. Sind sie zu einer diken Marmelade worden, so siedet man auf sechs Unzen solcher Marmelade ein und ein halb Pfund Zuker a la plume. Diesen nimmt man vom Feuer, läßt ihn halb kalt werden, gießt ihn in die Marmelade, rührt beedes mit einem Kübellöffel wohl durcheinander, und bringt es alsdann in Papierformen. Ist sie nun steif, so schneidet man sie nach Gefallen in Tafeln.

Pfirschengefrornes. Man zerdrükt acht schöne reife Pfirschen mit der Hand, thut einen Mössel Wasser dazu, worinn sie eine bis zwey Stunden weichen. Dann drukt man sie durch ein Haarsieb, ohne sie zu rütteln, damit aller Saft heraus komme, thut ein halb Pfund Zuker dazu, und sezt sie aufs Eis.

Pfirschen auf sächsisch. Man schält sie, thut sie in einen Tiegel, gießt Wein darauf, kocht und zukert sie, doch nicht weich, dann mit einer löcherichten Kelle herausgenommen und in eine Schüssel gethan. Die Brühe wird noch ein wenig diker gekocht und dann darüber gegossen. Sie können auch halb voneinander geschnitten, und gleich mit Wein und Zuker in einer Schüssel gekocht werden.

Pfirschensalat. Man schält und schneidet sie entzwey, daß sie doch aneinander hängen, klopft die Pfirschsteine voneinander, schält und stekt sie in die Pfirschen (an deren statt auch geschälte Mandeln oder Nußkerne und legt sie in eine Schüssel, daß der Salat ein wenig erhaben wird. Man kann auch eine Fülle von Mandeln und eingemachten Citronenschaalen machen, die Pfirschen darauf legen, Malvasier daran schütten, Trisanet darauf streuen, und diesen Salat entweder mit Bögen, wie den Capernsalat, besteken, oder mit eingemachten Sachen auszieren.

Pfirschensulze. Man schält ein Pfund Pfirschen und schneidet sie voneinander, thut ein Pfund Zuker dazu, schüttet drey Viertel Maas von einer Aepfelgallerte daran, läßt es miteinander sieden, daß sie nicht zerfallen. Wenn sie anfangen weich zu werden, legt man sie in die Schüssel und dekt sie zu. In die Sulze thut man ein wenig eingeweichte Hausblase und siedet sie dann ein wenig.

wenig. Man läßt auch wohl ein wenig Gewürz, wie bey andern Sulzen, mit sieden, und schüttet es über die Pfirschen.

Pflaumen, (Zwetschgen) grüne, zu dämpfen. Man schneidet sie, wenn sie gewaschen und abgeseigt sind, auf, thut die Kerne heraus, sezt in einem Tiegel ein wenig Butter zum Feuer, schüttet die Pflaumen darein, läßt sie über Kohlen dämpfen, und gießt ein wenig Wein dazu, welches aber auch unterbleiben kann; beym Anrichten legt man gebähte Semmeln in die Schüssel, schüttet die Pflaumen darüber, und bereibt sie mit Zuker.

Pflaumen zu baken. Man schält und schneidet sie auf, nimmt die Kerne heraus und stekt geschälte Mandeln hinein. Hierauf macht man einen Teig von einem Ey, Mehl, Zuker, Wein und Rosenwasser, knetets zusammen, wikelt jede Pflaume in ein Stükchen Teig, und formirts wie Pflaumen; schmelzt Butter in einem Tiegel, und bakt die Pflaumen dann darinn.

Pflaumen, gefüllt. Man zieht den frischen Pflaumen die Haut ab und drükt die Steine so heraus, daß jene kein grosses Loch bekommen; dafür stekt man abgezogene Mandeln oder Pistacien hinein, legt sie in einen Tiegel, schüttet Wein daran, zu-

kert sie, läßt sie sieden, daß sie eine dike Brühe bekommen, richtet sie an und streut Trisanet darauf.

Pflaumenmus. Man kernt sie aus, kocht sie im Keissel und rührt sie beständig um, daß sie nicht anbrennen, bis das Mus so stark ist, als man es haben will. Man reibt die gesottene Pflaumen auch durch ein Sieb, damit nur der Saft durchgehe und die Schaalen mit dem groben Wesen zurükbleiben; wirft auch Zimmet, Negelein und Citronenschaalen hinein; leztere aber müssen entweder gar nicht, oder doch nicht lang kochen, daß das Mus nicht bitter wird. Die Töpfe, worinn es aufbehalten wird, gießt man oben mit Pech, oder noch besser, mit brauner Butter zu, und verwahrt sie an einem troknen Ort.

Pilze, in Butter geröstet. Man schält und schneidet sie plätzchenweis, thut sie in eine Pfanne und troknet sie auf dem Feuer; nimmt sie weg, macht in einer Caßerole ein und ein halb Pfund Butter auf dem Feuer braun, schüttet die Pilzen hinein, und röstet sie so ab, daß sie wie gebraten sind. Endlich streut man gehakte grüne Petersilie, Ingber und Pfeffer darein, und richtet sie an.

Pilze, auf englisch eingemacht. Man legt Champignons, oder anbere Pilze ins Wasser und zieht die Haut davon. Die Grössen schneidet man in Stüke, die kleinen läßt man ganz, thut sie in einen Kessel, schüttet zu zwey Maas Schwämmen zwölf Löffel voll Wasser, zwey Löffel voll Salz, und läßt sie kochen, wohl schäumen, und in einem Durchschlag wohl abtropfen. Nach diesem thut man si in einen steinernen Topf oder Zukerglas, macht eine Brühe von Eßig, Rosmarin, Pfeffer, zwey bis drey ganzen Muscatennüssen, zwey bis drey Lorbeerblättern, zwey bis drey Citronenblättern darüber, kocht es zusammen, giests, wenn es wieder kalt ist, darauf, und verwahrts wohl.

Pisketen, auf böhmisch. Zu einem Viertelpfund feinen und durchgesiebten Zuker werden sechs Eyer genommen, und eine Stunde lang wohl geklopft und gerührt, dann ein Viertelpfund recht fein oder Kraftmehl dazu gethan, ein wenig warmes Wasser daran gegossen, fünf Loth feines Mehl darunter gerührt, daraus einen fließenden Teig gemacht, auf das Papier in die ihnen gehörige Formen gegossen und langsam gebaken.

Pistacienbrod. Man schält Pistaciennüschen und thut eben so schwer Zuker dazu, nimmt auch ein Ey, gießt etwas Zimmet-

und Rosenwasser daran, stößt alles zusammen, daß es eine gute Masse werde, streichts in beliebiger Form auf Oblaten, bakt es, macht ein zartes Eis darauf, und überstreuts mit Zimmet.

Pistacienbutter. Man läßt Pistacken im Wasser einen Sud thun, zieht die Haut ab und legt jene ins kalte Wasser; stößt sie dann in einem Mörsel klein, thut ein Stük reine Butter dazu, und stößt ferner beydes miteinander. Endlich schüttet man alles in einen Tiegel, röstets ein wenig auf dem Feuer, streicht es durch ein Haartuch in eine zinnerne Schüssel, und bedient sich dieser Butter nach Gelegenheit.

Pistacienconserve. Man wirft eine Unze geschälte Pistacien in frisch Wasser, oder brüht sie mit Mandeln, daß die Schaale abgeht, legt sie auf ein Tuch, daß sie abtropfen, stößt sie zart und drükt sie durch ein Sieb; siedet ein halb Pfund Zuker nach kleiner Federart, arbeitet ihn, wenn er gesotten ist, bis er weiß wird, thut die Pistacien darein, rührt sie um, gießt die Conserve in papierne Formen, und schneidet sie, wenn sie kalt ist, in Tafeln.

Pistacienlebzelten. Man nimmt zu acht Loth Zuker zwey Loth fein geschnittene Pistaciennüschen, ein und ein halb Loth Zimmet, ein

ein halb Quintchen Ingber, Muscatenblüthen, Cubeben und Cardomomen, und siedets mit ein wenig Rosenwasser. Hierauf läßt man den Zuker erkalten, rührt das Gewürz und die Nüßchen darein, und läßt es miteinander einen Sud thun, legt Oblaten auf ein Blech und schüttet sie darauf. Endlich troknet und vergoldet man sie.

Pistacienmarzipan. Man stößt ein halb Pfund abgebrühte Pistacien sehr zart, und schüttet während dem Stossen etwas reinen Zuker dazu, daß sie nicht ölicht werden; siedet ein und ein halb Pfund Zuker a la plume, und schüttet die gestossenen Pistacien hinein, daß sie mit demselben auf gelindem Feuer einkochen, bis sie nicht mehr am Finger kleben. Diesen Teig legt man auf einen Tisch, bestreut ihn oben und unten mit reinem Zuker, treibt ihn mit einem runden Holz breit, daß er so dik, als ein halber Ducaten bleibt, und schneidet Sterne mit kleinen Schwänzchen daraus. Diese legt man auf weiß Papier, und dekt einen blechernen Dekel, über den man ein wenig Feuer macht, darauf, unter welchem sie auf der obern Seite gelind baken. Hernach kehrt man den Marzipan um, bedekt die untere ungebakene Seite mit einem aus etwas Eyweiß, etlichen Tropfen

Citronensaft und reingesiebten Zuker, zubereiteten Zukerguß, und läßt ihn unter dem mit selbschem Feuer nochmal aufgesetzten Dekel vollends ausbaken.

Pistacienmuß. Man stößt Mandeln nebst weissen und grünen Pistaciennüßchen und Melonenkernen mit etwas Rosen- oder frischen Wasser ganz klein, und treibts mit dünner Gerstenbrühe zu einer diken Mandelmilch durch. Hierauf nimmt man die Hälfte der Milch und weicht zwey Schnitten gebähtes weisses Brod darein, treibt sie durch einen Durchschlag, zerklopft zwey frische Dotter in einer messingnen Pfanne, schüttet den andern Theil Mandelmilch daran, wie auch die erste mit dem durchgetriebenen Brod; alsdann rührt man es glatt ab, machts in rechter Dike und siedets mit stetem Klopfen und Rühren, zukert es, und läßts mit dem Zuker noch einen Sud thun. Vor dem Anrichten rührt man den Dotter von einem gelind gesottenen Ey darein, richtets an und streut kleine Rosinen darauf.

Plinzen. Ein und ein halb Quart Rahm, zwölf Eyer, ein halb Pfund Zuker, worauf eine Citrone abzerieben, vier Loth geschmolzene Butter, etwas Muscatenblumen, drey Viertelpfund Mehl klar untereinander gequirlt; dann läßt man von ungefehr ein halb

halb Pfund geschmolzene Butter, die man bey der Hand hat, einen Eßlöffel voll in eine heisse Pfanne herumlaufen, thut einen guten Eßlöffel voll von der Masse darauf, läßt es auch so herumlaufen, so, daß es ein dünner Plinz wird. Ist er auf der einen Seite gut, so kehrt man ihn um, und dann rollt man ihn auf. Diese Plinzen werden so hart, daß sie, wenn man hineinbeißt, zerspringen.

Pomeranzenbiscuits. Man reibt in zwey Löffel Pomeranzenmarmelade etwas von einer Citrone, und thut beydes, nebst sechs frischen Dottern, in ein halb Pfund gestossenen Zuker. Alles dies schlägt man mit einem Rührlöffel wohl durcheinander, bis der Zuker mit der Marmelade und den Dottern recht vermengt ist. Dann schlägt man das Weisse von acht Eyern zu Schaum, mengt es unter den Zuker, und thut drey Unzen gesiebt Mehl dazu. Ist alles wohl durcheinander gemischt, sezt man die Zukerbrode in papierne Formen und bakt sie im Ofen. Ist dies geschehen und das Papier weggenommen, so bedekt man sie oben mit einem weissen Zukerguß von Pomeranzenblüthwasser, einem Eyerweiß und rein gesiebten Zuker, welches alles wohl durcheinander gerührt wird, bis der Zukerguß weiß ist. Mit diesem muß man sie nochmal in den Ofen sezen, daß es troken wird.

Pomeranzen, braun gesotten. Das Fleisch der Pomeranzen, wovon man die Schaale in Brandtewein gesezt hat, theilt man in vier Theile; man muß aber das Häutchen, welches die Theile absondert, nicht zerreissen. Hierzu hält man braungesottenen Zuker auf kleinen Feuer in Bereitschaft, in welchem die Pomeranzenviertel einzeln geworfen und mit einer Gabel umgewandt werden. Wenn man sie wieder herausnimmt, stekt man an jedes Viertel ein spizig Stekchen, und stekt sie damit zwischen die Ruthen eines geflochtenen Korbs, damit der daran hangengebliebene braun gesottene Zuker in der Luft troken werde.

Pomeranzenbrühe. Man macht ein Stükchen Schmalz, einer Nuß groß, heiß, röstet einen Löffel voll weisses Mehl darinn, schüttet ein Glas Wein, auch etwas Eßig und den Saft von einer Pomeranze dazu, würzts mit Negelein, Zuker und Zimmet, schneidet eine reife Pomeranze nebst der Schaale in dünne Schnitten, und legt sie, wenn die obige Brühe zuvor aufgesotten ist, darein. Endlich läßt man diese Schnitten nur ein wenig mit aufsieden, und richtet die Brühe an über was man will.

Pome-

Pomeranzen, Citronen, Bergamotten von Eis, in Gestalt der Früchte. Man wirft diese Früchte in siedend Wasser und läßt sie weich werden, bis sich mit den Fingern Gruben darein drüken laßen. Dann legt man sie in kalt Wasser, und wenn man sie wieder hat abtropfen laßen, stößt man sie im Mörsel sehr klein, und läßt sie durch ein fein Sieb gehen. Nach diesem siedet man eben so viel Zuker am Gewicht, als die Marmelade ausmacht, a la plume, thut die Marmelade in den Zuker und rührt beydes gut durcheinander, hernach bringt man es in Eisformen, daß es auf dem Eis gefriert. Wenn es so weit ist, muß man es recht durcharbeiten und in Formen thun, die nach Gestalt der Früchte gemacht sind. Diese wikelt man in Papier und sezt sie aufs Eis, wie die Pfirschen von Eis. Dann giebt man ihnen eine Farbe, wie sie von Natur haben. Zu Pomeranzen und Citronen nimmt man ein Stük Gummigutt, und reibts auf einem Teller mit warmen Wasser, bis eine dunkle Farbe daraus wird. Zu der Bergamotte verſezt man aber diese Farbe mit einer grünen.

Pomeranzen, süße, eingemacht. Man läßt sie eine halbe Stunde im Wasser liegen, daß die Schaale weich wird. Dann zieht man diese völlig herunter, schneidet das obere Gelbe davon ganz dünn, und wirft die Pomeranzen, so bald sie geschält sind, ins Wasser. Uebrigens werden sie eingemacht wie die Citronen. (S. Eingemachte Citronen.) Manche ziehen ihnen die Schaale ab, ohne sie ins Wasser zu werfen.

Pomeranzengebakenes. Man reibt die braunen Schaalen von acht bis zehn Pomeranzen ganz dünn ab, und thut sie in ein Geschirr; schält die dike weiſſe Schaale von dem Innwendigen auch ab, schneidet das Innwendige in vier Theile, macht die Kerne heraus, hakt das andere ein wenig klein, und thut es zu den abgeriebenen Schaalen, rührt alles mit einem halben Pfuhd fein gestoſſenen und durchgesiebten Zuker, wie auch ein Viertelpfund troken gestoſſenen Mandeln untereinander, schlägt das Weiſſe von drey bis vier Eyern zu einem steifen Schaum, thut es dazu, rührt es recht untereinander, und bakt es in einem Rand.

Pomeranzen, saure, geröstet. Man nimmt die Schaale von etlichen sauren Pomeranzen, schneidet sie in kleine schmale Stükchen und läßt sie im Waſſer drey bis vier Sud thun; thut sie dann in friſch Waſſer und läßt dieses

dieses wieder rein ablaufen. Zu einem Viertelpfund solcher Schnittchen siedet man ein halb Pfund Zuker a la plume, in welchen man die Schnittchen wirft, und sie mit dem Zuker unter beständigem Umrühren mit dem Rührlöffel kochen läßt, bis sie fast geröstet sind. Dann thut man ein wenig rein gestoßenen Zuker dazu, und sezt sie häufchenweis auf Kupferbleche, die mit etwas Oel bestrichen sind.

Pomeranzen zu kochen. Man siede süße Pomeranzen eine gute Weile ganz in Wein, wenn sie gesotten sind thut man sie heraus und schält sie, doch, daß die Schaale daran bleibe, sezt sie in eine Schüssel, schüttet Malvaster oder Zuker dazu, thut sie auf Kohlen, läßt sie kochen, und streut Zuker und Zimmet darauf.

Pomeranzenmus. Auf zwey grosse Schüsseln nimmt man Pomeranzen, welche man vierzehn Tage gewässert hat. Will man es in der Geschwindigkeit machen, so siedet man sie bis sie gelind werden, thut die Kerne davon und stößt sie miteinander zu einem Teig. Man nimmt eben so viel Butter als die Pomeranzen wägen, stößt sie unter die Pomeranzen mit eben so viel geriebenen Eyerbrod; ist dieses zu alt und zu hart, so muß mans vorher in Milch einweichen; ist es aber nicht altbaken, so nimmt man nur das Geriebene, und stößt oder rührt alles untereinander ein und eine halbe Stunde, man braucht auch zwölf bis vierzehn Eyer dazu. Erstlich nimmt man acht Dotter, hernach vier bis fünf ganze Eyer; die Pomeranzen müssen vorher zu Mus gestoßen seyn. Man zukert es nach Belieben, richtet es in zwey Schüsseln an. Ein Teig wird darum gemacht, im Rohr gebaken und mit Zuker bestreut.

Pomeranzen- und Citronensalat. Man schneidet von beyden die Schaalen in die Länge herunter, das innere Mark aber nach seinen natürlichen Fugen in Schnitten; von diesen legt man eine um die andere in eine Schüssel, schneidet die abgeschnittene Schaalen von den Citronen und Pomeranzen in Bögen, legt sie in Zuker, schneidet auch eingemachten Citronat in Bögen, ziert den Salat damit aus, schneidet einen Theil Citronat würflicht, streut ihn auf den Salat, nimmt feine Hagebutten, macht die Kerne heraus, richtet ein Gehäke von Mandeln, Zuker, Zimmet und Citronat zu, füllt es in die Hagebutten, siedet sie auf Kohlen weich, läßt sie kalt werden, und legt sie dazu.

Pomeranzenschaalen, feucht eingemacht. Man schält sie vom Mark

Pomeranzenschaalen

Mark ab, wirft sie in siedend Wasser, wo sie so lang als weiche Eyer sieden, nimmt sie heraus, legt sie zwey Tage in frisch Wasser auf ein Tuch, troknet sie, thut sie in ein Glas, und begießt sie mit geläuterten und einigemal übersottenen Zuker. Den Pomeranzenschaalen muß man des Tags zweymal frisch Wasser geben.

Pomeranzenschaalen troken einzumachen.

Man nimmt eingemachte Pomeranzenschaalen, läutert Zuker etwas stark, läßt ihn wieder erkalten, kehrt die Pomeranzenschaalen darinn um, sezt eine flache Schüssel vor den Ofen, thut Hölzchen darauf, legt die Schaalen darüber, kehrt sie wieder im Zuker um, läßt sie troken werden, und thut dies drey bis viermal.

Pomeranzensulze

Man gießt auf ein Viertelpfund Zuker Wein und Wasser, so viel, als man zu einer Schüssel voll braucht; legt ganzen Zimmet und Negelein darein, und läßts sieden, bis es ihnen den Geschmak herauszieht. Dann schält man einige Pomeranzen so, daß nichts Weisses daran bleibt, doch müssen die Kerne ganz bleiben. Dann thut man das Weisse aus den Schaalen sauber heraus, schneidet sie länglicht, legt sie nebst den Pomeranzen ein wenig in

Pomeranzenblüthe

frisch Wasser, übersiedet sie dann im Wasser, daß das Bittere wegkomme, thut die Schaalen nebst den ganzen Pomeranzen in die Sulze, läßt sie weich sieden, und seigt sie wieder auf einem Sieb ab, legt hierauf die Pomeranzen in die Schüssel und die Schaalen oben darauf. Die Sulze aber siedet man noch eine Weile mit Hausenblase, macht sie kalt, seigt sie zwey bis dreymal durch ein wollen Tuch hell ab, schüttet sie über die Pomeranzen in die Schüssel, und ziert sie mit Mandeln.

Pomeranzenblüthen-Conserve.

Man nimmt von den Blüthen blos die Blätter, wiegt ein Viertelpfund davon ab, und hakts nur drey bis viermal mit dem Messer, und legts auf einen Teller. Auf diese Blüthen drükt man den Saft von einer Citrone, daß sie weiß bleiben; siedet ein Pfund Zuker a la plume, thut die Pomeranzenblüthen hinein, und rührt darinn mit einem Rührlöffel, ohne sie wieder zum Feuer zu sezen. Mit dem Rühren fährt man so lang fort, bis der Zuker am innern Rand des Topfs weiß wird; dann schüttet man die Conserve in eine papierne Form, und schneidet sie, wenn sie kalt und fest, in Täfelchen.

Pomeranzenblüthe, gebaken.

Man nimmt zwey Pfund wohlgelegelesene Pomeranzenblüthe, läutert zwey Pfund Zuker, den man nach Art des Gebrochenen sieden läßt, und wirft die Blüthen in den Zuker. Wann er einen Sud gethan hat, rührt man ihn mit einem Rührlöffel so lang, bis er dem nach kleiner Federart gesottenen Zuker ähnlich wird. Hernach nimmt man ihn vom Feuer und rührt so lang mit dem Rührlöffel, bis der Zuker zu Pulver wird. Sodann schüttet man die Blüthe in ein auf einer Schüssel stehend Sieb, daß der durchlaufende Zuker hineinfalle, läßt die Blüthe in der Wärme troken werden, nimmt ihm den Zuker ab, indem man sie nochmal in ein Sieb schüttet, und verwahrt sie in einer Schachtel auf dem Ofen. Aus diesen Blüthen kann man im Winter Zukerkand machen, und den Zuker weiter zu anderer dergleichen Arbeit gebrauchen.

Pomeranzenblüth-candirt. Man pflükt von einem halben Pfund Pomeranzenblüthe nur die Blätter ab. Dazu siedet man ein Pfund Zuker nach Art des Geblasenen, nimmt ihn vom Feuer und schüttet die Blüthen hinein. In demselben bleiben sie eine gute Viertelstunde stehen, daß sie Zeit haben, ihr Flüssiges von sich zu geben. Nach diesem sezt man sie wieder aufs Feuer und läßt sie mit dem Zuker sieden, bis dieser abermal nach Art des Geblasenen gesotten ist. Dann nimmt man sie vom Feuer und läßt sie halb kalt werden, worauf man ihn in die Zukerkandformen gießt und auf den warmen Ofen sezt, bis er gut ist. Ehe er aus der Form gebracht wird, stekt man an eine jede Eke der Form ein klein weiß Stekchen bis auf den Boden hinein. Ist er hart genug dem Vermuthen nach, zieht man die Stekchen heraus, und sieht nach, ob sie überall funkeln. Dann stellt man die Form schief auf eine Eke, läßt sie zwey Stunden lang abtropfen, und kehrt sie hernach auf einem Bogen weiß Papier um.

Pomeranzenblüthkuchen. Man begießt Zuker von gebakenen Pomeranzenblüthen mit etwas Wasser, siedet ihn, daß beynahe gebrochener Zuker daraus wird, und arbeitet darinn mit einem Rührlöffel, als wollte man eine Conserve davon machen. Wenn man sieht, daß er wie bey einer Conserve in die Höhe steigt, so schüttet man ihn auf ein Kupferblech, das mit gutem Baumöl bestrichen ist, macht daraus Häufchen von gleicher Grösse, sezt jedes zwey Daumen breit von andern hinweg, und drükt sie mit einem andern ebenfalls mit Oel bestrichenen und oben darauf gelegten Kupferblech so breit, daß

daß sie noch die Dike eines Dukatens behalten. Man kann auch, indem man das Waſſer, worinn der Zuker einkocht, dazu ſchüttet, geriebene Citronenſchaalen hinein thun.

Portugieſiſch Brod. Man reibt ein Viertelpfund geſchälte und mit Roſenwaſſer gröblicht geſtoſſene Mandeln, ein halb Pfund klein geſtoſſenen Zuker und etwas armeniſchen Bolus untereinander, thut geſtoſſene Negelein, feinen Zimmet, Cardamomen, Muſcatenblüthen, jedes ein halb Loth dazu, zerſtößt alles nur gröblicht, auch ein halb Pfund Mehl, zerklopfte Eyer nach Nothdurft, daß ein Teig daraus gemacht werden kann, macht eines Queerfingers dike Semmeln daraus, legt ſie auf ein mit Mehl beſtreutes Papier und bakts in einer Tortenpfanne mit gelindem Feuer, doch oben ſtärker als unten.

Portulak zu braten. Man wäſcht ganzen Portulak, taucht ihn in einen Teig von zerklopften Eyern, Mehl, Pfeffer und Weineſſig, und prägelt ihn bey gelindem Feuer; endlich richtet man ihn mit gebakener Peterſilie an.

Portulakſalat. Man lieſt die Blätter ſauber, wäſcht und drükt ſie mit Salz zwiſchen zwey Schüſſeln aus, wie die Gurken, und macht ſie mit Salz, Pfeffer, Baumöl und Eßig an. Will man aber die Stengel haben, ſo ſchneidet man ſie an der Erde weg, thut Blätter und Haut davon, und macht Stüke, ſo lang als Spargel; hernach ſiedet man ſie und macht ſie an wie Spargelſalat.

Potage. Iſt eine Suppe von kräftiger Brühe oder Coulis, in welcher allerhand Speiſen, insgemein zum erſten Eſſen zubereitet werden. Man nennt Potage auch ein Allerley, es ſey Rinds- Kalbs- Hammel- Hühner- Capaunen- und dergleichen Fleiſch, eines allein oder mehr Arten zuſammen, in einer langen Brühe mit Reis, Graupen, allerley Kräutern oder Wurzeln gekocht, zuweilen mit Morcheln, Eyern, Klöſen, Krebsnaſen u. ſ. w. verbeſſert, welche bey der Mahlzeit zuerſt aufgetragen werden.

Potage von Aal. Man zieht einen Aal ab, ſchneidet ihn in länglichte Stüke, und ziert ihn in einer Caſſerole mit gutem Gewürz und feinen Kräutern braun, thut ihn mit einer guten Brühe in einen Topf, und kocht alles wohl zuſammen. Hierauf kann man Semmelrinden aufſchwellen laſſen, den Aal darauf thun, und die Potage mit einem Coulis von Champignons oder mit Citronenſaft anrichten.

Po-

Potage von Artischoken. Man nimmt eine Brühe von grünen oder auch andern Erbsen, nach der Jahrszeit, und würzt sie gehörig; schneidet Artischokenböden entzwey, siedet sie in einer Casserole braun, mit ein wenig Mehl die Suppe dik zu machen, und wirft sie in die Brühe. Wenn alles gahr ist, richtet man es über Semmelrinden an, mit Artischoken oben darauf, und andern gebakenen Artischokenböden um den Rand der Schüssel.

Potage von Austern. Man passirt die Austern mit guter Butter, würflicht geschnittenen Champignons und Mehl, läßt alles zusammen in durchgestrichenen Erbsen, Salz und Pfeffer kochen, mitonirt Brodrinden mit Fleischbrühe, legt die Austern und Champignons darauf, und richtet sie mit Champignonsjus an.

Potage mit gefülltem Brod an Fasttagen. Man nimmt ein etwas kleines und sechs andere noch kleinere Brödchen in der Grösse eines Eyes, welche wohl geraspelt sind, macht durch den Boden eine Oefnung, nimmt die Krumen heraus, füllt sie mit dem Gebakenen von Karpfen, schließt das Loch mit der zuvor weggenommenen Rinde zu, bindet sie mit Bindfaden um, und läßt sie ein wenig in Milch wellchen; nimmt sie, wenn sie geweicht sind, heraus, läßt sie wohl austropfen, bakt sie in Butter, und läßt sie auf einer Schüssel wohl ablaufen. Hierauf schwellt man Semmelrinden in einer Potageschüssel von Fleischbrühe auf, legt das größte Brod in die Mitte, die kleinen aber um selbiges herum, macht ein Ragout von Karpfenmilch, Krebsschwänzen, Trüffeln und Champignons, belegt die Potage mit einer Reihe Karpfenmilch auf den Rand herum, thut auch zwischen jedes Brödchen einen Artischokenstiel, macht das Ragout mit einem Krebscoulis diklicht, schüttet es darüber, und richtet die Potage warm an.

Potage mit gefülltem Brod an Fleischtagen. Man nimmt ein klein rund Semmelbrod, thut alle Krumen heraus, dörrt es im Bakofen, füllt es mit einer Fülle vom Capaun oder vom diken Fleisch aus einer Kalbskeule, von Spek, Artischokenböden, Champignons und feinen Kräutern, welches alles wohl gehakt und in einer Casserole zum Ragout gemacht wird. Dann läßt man das gefüllte Brod in einer Casserole mit einem Kalbfleischmus, einer guten Brühe, Salz und Pfeffer aufschwellen, richtet es unter den andern Semmelrinden, welche auch in einer guten Brühe aufgeschwellt worden, an,

an, beseßt alles mit der Fülle, schüttet eine gute Jus an die Potage, und garnirt den Rand der Schüssel mit einem Ragout von Champignons oder Kalbsmilch, oder Klößchen von einem Gehäke.

Potage von Champignons. Was von den Champignons abgepußt worden, wäscht man wohl, lässet es in einer klaren Erbsen- oder auch Fleischbrühe kochen, schlägt es, wenn es gekocht ist, durch ein Haarsieb, schneidet die andern Champignons gewürfelt, macht ein Ragout mit frischer Butter, Salz, Pfeffer und feinen Kräutern daraus, würzt die durchgeschlagenen Erbsen mit Salz und Pfeffer, wirft ein Stük Butter und eine gespikte Zwiebel darein, und läßts, wenn es genug gekocht hat, Semmelrinden über das Ragout aufschwellen, und belegt zuletzt den Rand der Potagenschüsseln mit dergleichen Champignons.

Potage von Erbsen an Fasttagen. Man macht kleine Erbsen aus den Schoten, sucht die grösten heraus, richtet eine durchgeschlagene Suppe samt den Schoten und Petersilie zu, läßt sie ein wenig kochen, stößt hierauf alles zusammen, thut Semmelkrumen, die in der Brühe eingeweicht sind, darunter, schlägt alles durch ein Haarsieb, schüttet es mit den kleinen Erbsen, woraus zuvor in einer Caßerole ein Ragout mit frischer Butter, Petersilie und dem gewöhnlichen Gewürz gemacht worden, in einen Topf, und läßt es zusammen kochen. Dann schwellt man Semmelrinden auf, richtet die Erbsen darüber an, und belegt den Rand mit gebakenen Artischokenböden und Champignons.

Potage von Fischen. Man nimmt aus einem Milchkarpfen die Gräten, macht ein Gehäk aus dem Fleisch mit zehn blanchirten Champignons, passirt es mit Butter, Salz und Pfeffer, feinen Kräutern und Fischbrühe; hierauf macht man ein Ragout von Karpfenmilch, Hechtlebern und Krebsscheeren, weicht Semmelrinden in Fleischbrühe, garnirt die Potage mit Gehäk und Ragout, und richtet warm an.

Potage von allerhand Kleinigkeiten. Man nimmt gut Fleisch von Hühnern, Tauben u. s. w. Karpfenzungen, Hechtlebern, thut alles zusammen, nebst fein geschnittenen Spek, mehrern guten Kuchenkräutern, grünen Erbsen und Spargel in einen Topf, läßt es miteinander kochen, und richtet es über geröstet Weißbrod an.

Potage von Parmesankäß. Man nimmt Brödchen von der Dike einer mittelmäßigen Zwiebel, ein det sie ab, netzt sie in geschmolzenem Spek, und bestreut sie mit klein geriebenen Parmesankäß. Ein grösser Bröbchen legt man in die Mitte, die kleinen rings herum mit Semmelrinden, welche bereits in Fleischbrühe mitonnirt sind, und richtet darüber ein Gehake von Rebhühnerfleisch an; bestreut alles mit geriebenen Parmesankäß und richtet es an.

Potage von Schneken. Man siedet eine Anzahl Schneken im Wasser mit Asche, nimmt sie heraus, und thut die Schwänze und die schwarze Haut, welche um die Schneken her ist, davon, die weisse aber schneidet man auf, daß der Schleim sauber heraus komme. Nach dem Puzen reibt man sie drey bis viermal mit Salz, und wäscht sie wieder mit warmen Wasser ab; sezt sie zum Feuer, kocht sie vier und zwanzig Stunden, gießt das Wasser davon und läßt sie kalt werden; macht einen Teig von geriebener Semmel mit etwas Muscatenblüthe und Butter, thut in die Schnekenschaalen zuerst ein wenig Teig, dann eine Schneke, wieder Teig und so fort. Zulezt kocht man es in Fleischbrühe und richtet es an.

Potage von Semmelrinden mit Krebscoulis. Man läßt Rinden in Fischbrühe aufschwellen, und auf dem Boden der Schüssel anbaken, legt ein gefüllt klein Bröbchen darauf, schüttet Krebscoulis daran, und richtet es warm an.

Potage von Semmelrinden, braun mit Rebhühnercoulis. Man schwellt Semmelrinden in einer Potageschüssel in halb Kalbfleischjus und halb Brühe auf, und machts angebaken; dann schüttet man ein braun Rebhühnercoulis darüber.

Potage von Spargel. Dazu macht man die Brühe, wie an die kleine Erbsen, und thut, statt des Ragout von kleinen Erbsen, wohlgewürzte Spargelspitzen darein, womit man die Potage besezt; den Rand aber garnirt man mit gebakenen Champignons oder Semmelrinden.

Potage von jungen Tauben. Man rupft und blanchirt sie in siedendem Wasser, nimmt sie heraus, biegt sie ein, belegt sie mit Spekstreifen, siedet sie in guter Brühe, würzt sie mit Salz, Pfeffer, ganzen Negelein, einem Bündchen feiner Kräuter und einer ganzen Zwiebel, kocht sie gahr, nimmt sie aus der Brühe heraus, kocht sie in guter Jus von Rind- und Hammelfleisch mit etwas Citronensaft gelind auf, schwellt Semmelrinden in guter Fleischbrühe auf, legt die Tauben darüber, und richtet an.

Potage

Potage, weiſſe, königlich. Man nimmt die Bruſt von einem Capaun, das Halsſtük vom Kalb, drey hartgeſottene Eyerdotter und Mandeln, nebſt in guter Brühe geweichte Semmelkrumen, ſtößt alles zuſammen im Mörſel, kocht es in guter Brühe in der Caßerole, ſchlägt es durch ein Haartuch, und ſchüttet es über die Potage.

Potage von Zwiebeln an Faſttagen. Man wendet ſechs und dreyſig bis acht und vierzig geſchälte Zwiebeln von gleicher Gröſſe im Mehl um, bakt ſie in geſchmolzener Butter, daß ſie ſich wohl färben, nimmt ſie heraus, läßt ſie wohl abtropfen, thut ſie in ein Töpfchen und gießt Fleiſchbrühe daran. Dann läßt man in eben der Brühe Rinden aufſchwellen, legt ein klein Brödchen in die Mitte, belegt den Rand der Schüſſel mit einer Reihe gebakener Zwiebeln, ſchüttet die Zwiebelbrühe über die Potage und richtet ſie an.

Prinzeſſenpaſtete. Man nimmt Zukerteig, macht kleine Paſteten in kleine blecherne Model ſehr dünn, thut eine gebakte Capaunenbruſt mit Rindsmark darein, würzt es mit geſalzenem Gewürz, mengt auch in Butter geröſtete Schwämme darunter. Wenn ſie nun gefüllt, dekt man ſie mit jenem Teig und bakt ſie in einer Viertelſtunde.

Preßkopf

Preßkopf. Man ſiedet Schwarte, ein paar Kalbsfüſſe, Schweinsfüſſe, vom Kinnbaken, Ohren und von dem Hals des Schweins mit Salz und Waſſer weich, thuts heraus, löſts von den Beinen ab, ſchneidets zu kleinen Stükchen, thuts in einen Tiegel nebſt geſchnittenen Citronen, Pfeffer, Ingber, Negelein, Citronenſaft, einer Zwiebel, ein paar Lorbeerblättern, ein halb Gläschen Eſſig, ein paar Löffel voll Brühe, worinn es geſotten, dekt es wohl zu, und läßts aneinander kochen. Hierauf thut man die Zwiebel und die Lorbeerblätter heraus, nimmt, wenn es nicht ſauer genug, noch etwas Eſſig, rühre auch dürre Bratwürſte und geräucherte geſottene Schinken darunter, gießt es in ein Porzellangeſchirr und läßt es ſtehen. Will man viel Sulz dazwiſchen haben, ſo gießt man vor dem Einfüllen noch ein paar Löffel voll klare Brühe von dem geſottenen Fleiſch daran. Will man ſie aber in Schwarten haben, ſo legt man ſie auf einer Serviette in einer Schüſſel herum, füllt die Maſſe darein, dekt ſie mit Schwarten zu und bindet ſie rund und feſt zu, thut die Serviette oben auseinander, legt ſie zwiſchen zwey hölzerne Teller, und beſchwert ſie mit Steinen oder Gewicht. Beſſer aber

aber bedient man sich hiezu einer Presse.

Punsch. Man nimmt Arrak, in dessen Ermangelung Brandtewein, am besten Franzbrandtewein, Brunnenwasser, Citronensaft, etwas Citronenschaalen, Zuker und Muscatennuß. Das Wasser siedet man im Theekessel, mit oder auch ohne Thee dazu, und thut obige Dinge, wenn es gesotten hat, darein; zuweilen thut man auch ein klein Stükchen geröstet Brod dazu. Man trinkt es meistens warm.

Prügelkuchen. Man macht ein halb Pfund Zuker, ein halb Pfund Mehl, ein halb Pfund Butter, den man ein wenig zergehen läßt, mit sechs bis sieben Eyern und saurem Rahm an, thut klein geschnittene Citronen und Citronat, Pomeranzenschaalen, Zimmet, Negelein und eine Muscatennuß darein, macht alles mit Milch vollends dünn, wie einen Kinderbrey; schält und spaltet ungefehr drey Viertelpfund Mandeln, schneidet jede zu drey länglichten Stükchen; stekt einen runden hölzernen völlig armsdiken Prügel, der in der Mitte ein Loch hat, an einen Bratspieß, macht ihn daran fest, und langsam über Kohlen warm; schmiert einen Bogen Papier mit Butter, umbindet ihn mit Bindfaden, überstreicht ihn über und über mit dem Teig, nur daß unten und oben eines Fingers breit leer bleibt. Man stellt eine Bratpfanne unter, daß das Herabfallende nicht umkomme, sondern wieder zum Teig genommen werden könne; dann wendet man es beständig vor dem Feuer, das aber nicht zu schnell seyn darf, um, bis es ein wenig gelb oder troken, doch nicht zu hart ist. Wenn es eine Dike hat, daß die Mandeln ein wenig darinn steken bleiben können, wird es mit Mandeln überstekt, aber nicht gar zu viel auf einmal. Sind die Mandeln ein wenig gelb, begießt mans wieder rings um mit einem Löffel voll von dem Teig, und verfährt so damit, bis Teig und Mandeln alle sind. Wenn es durchaus schön gelb ist, schneidet man den Kuchen unten und oben mit dem Messer gleich, nimmt den Prügel von dem Spieß weg, streift das Papier samt dem Kuchen davon ab, stellt es aufrecht auf eine Platte, und thut das Papier sorgfältig heraus. Ehe der Kuchen vom Prügel abgethan wird, wird ein Eis gemacht, und jede Mandel damit bedupft.

Pudding. Man schneidet von zwey Semmeln die Rinden, weichts in Milch ein, rührt ein Achtelpfund Butter mit sieben Eyerdottern, schneidet ein Stükchen Nierenfett ganz klein, rührts dar darein, drükt die Semmeln fest aus und rührts darein, mit etwas Zibeben und Rosinen, auch Citronen und Zuker, das Weisse schlägt man zu Schaum und rührts darein, schmiert ein Tuch ein wenig mit Butter, legt von Citronat, Pistacien u. s. w. etwas auf das Tuch, gießt die Masse darauf hin, bindet sie fest zu, und läßt sie drey Stund sieden. Man kann eine Citronensose dazu machen. In ein Stük Butter rührt man ein wenig Mehl und etliche Eyerdotter, reibt eine Citrone auf Zuker ab, machts mit Wasser und Wein dünn, läßts unter beständigem Umrühren sieden und richtets über das Pudding an.

Pudding, englisch gebaken. Man rührt ein halb Pfund Butter mit sieben Eyerdottern, schält von drey Semmeln die Rinden ab und weicht es in süsse Milch, drükt es wohl aus und rührts mit unter; thut Zuker nach Belieben, etwas geschnittene Citronen, eine Hand voll reine Rosinen, etwas Zimmet, Citronat und Pomeranzenschaalen darein, schlägt das Weisse von den sieben Eyern zu einem diken Schaum, rührt es darunter, schmiert ein Beken mit Butter, stellts in Bakofen oder zieht es mit Kohlen auf, und macht eine Citronensose daran.

Pudding von Krebsen. Man reibt von einer Semmel die Rinde ab und weicht sie in Milch ein, macht von einem halben Pfund Butter, Krebsbutter, rührt von diesem etwas mehr als die Hälfte mit sechs Eyerdottern, etwas klein geschnittener, samt Petersilie, Priesen und Morcheln, der Hälfte Krebsschwänze, auch Salz, Muscatenblüthe und Ingber, drükt die Semmel aus und thut sie auch dazu, schlägt das Weisse zum Schaum und rührts darein, bestreicht ein Tuch mit Butter, schneidet die übrigen Krebsschwänze länglicht entzwey, legt die Oberseite auf dem Tuch herum, und etwas Morcheln dazwischen, gießt die Masse darauf, und bindet es fest zu, siedets im Salzwasser bey drey Stunden, thuts auf dünne Platten, und macht eine Krebssose daran.

Pudding, Nudeln, süß. Man macht von einem Ey und einem Dotter Nudeln, siedet sie im Wasser und läßt sie erkalten, rührt ein Viertelpfund Butter wohl mit fünf bis sechs Eyerdottern, thut die Nudeln darein, Zuker, Zimmet, geschnittene Citronen und Citronat, ein paar Löffel voll süßen Rahm, auch Rosinen, schlägt das Weisse von den Eyern zu Schaum, bindet es in ein Tuch und läßt es zwey bis drey Stunden im Wasser sieden;

den; dann macht man eine Citronen- oder sonstige süße Sose daran.

Pudding, Nudeln, gesalzen. Man macht diese eben so, nur daß man es salzt, und statt der übrigen Süßigkeiten gesottene Prieslein und Euterlein, Morcheln und etwas Grünes darein schneidet, auch eine Krebs- oder Buttersose daran macht.

Q.

Quittenauflauf. Man siedet sechs Quitten, schälet und schabt sie, kocht das Fleisch in einem Pfännchen mit geläutertem Zuker ab, thuts in eine Schüssel heraus, reibt etwas Citronen mit dem Zuker ab, rührts mit einem Eyerweiß, rührts nach gestossenen Zuker, daß es ungefehr mit obigem ein Viertelpfund wird, nach und nach mit sechs Eyerweiß, welche man zu Schaum schlägt, an. Ist es recht schaumig, so drükt man etwas Citronensaft daran, und ziehts in der Tortenpfanne oder dem Bakofen auf.

Quitten zu baken. Man schneidet sie zu dünnen Schnitten, das Steinichte aber heraus, legt sie nicht in heisses, sondern nur warmes Schmalz, und sezt eine Stunde auf kleine Glut, daß sie welch werden. Dann macht man einen Teig von Mehl, Wein und Zuker, zieht die Schnitten durch diesen Teig, und bakt sie im Schmalz.

Quittenbiscuit. Man stößt ein Pfund welchgesottene Quitten in einem steinernen Mörsel glatt, oder treibt sie durch ein Sieb, schüttet eine halbe Maas Rosenwasser in fünf Viertelpfund Zuker, und läßt es so dik, wie zu einem Quittenkäß sieden, thut die gestossene oder durchgetriebene Quitten in ein Beken, gießt den Zuker siedheiß darüber, und rührts sogleich stark und geschwind um; schlägt das Weisse von drey frischen Eyern mit zwey Löffeln voll Rosenwasser vermittelst eines Pinsels wohl ab, daß es zu lauter Schaum wird, und rührts unter die Quitten eine gute Stunde, gießt das am Boden befindliche Wässerige weg, und wirft kleine geschnittene Citronenschaalen darein. Nach diesem macht man eine Kapsel von Oblaten, wie zu andern Biscuit, in die Höhe oder in die Länge, daß der Zeug darein komme, doch darf man sie nicht zu niedrig machen. Dann läßt man sie in einem lauen Zimmer stehen, bis sie so weit troknen, daß sie sich schneiden lassen, welches man aber kaum in vierzehn bis zwanzig Tage thun kann. Will man sie nun schneiden, so tunkt man ein scharf Messer in siedheiß Wasser, fer, legt die geschnittene Biscuits auf Papier, und läßts in einer warmen Stube troken werden. Will man sie aber eher troken haben, so rührt man gleich anfangs einer Nuß groß eingeweichten und durchgepreßten Tragant darunter. Dies aber unterbleibt lieber.

Quittenbrod. Man preßt den Saft durch ein Tüchlein, reinigt die ausgepreßten Quitten von dem steinichten Wesen, nimmt Zukermehl, läutert es mit Eyweiß und kocht es; thut die durchgedrükten Quitten hinein, rührts erst über gelindem Feuer, zieht alsdann die Masse auf und über starkem Feuer ab, gießt sie in nasse dazu gemachte Schachteln, läßt sie etliche Wochen in der warmen Stube stehen, bis sie ausgetroknet sind, dann verwahrt man sie.

Quitten zu dämpfen. Man schält die Quitten, gießt Wein und etwas Wasser daran, zukert sie wohl, bindet ein wenig Quittenkerne in ein Tüchlein, und läßt sie sieden, bis sich die Brühe sulzt und die Quitten weich werden. Dann richtet man sie in eine Schüssel an, streut Citronenschaalen darauf oder bestekt sie mit klein überzogenem Zuker, Zimmet, oder länglicht geschnittenen Mandeln oder Pistacien. Sollen die Quitten roth seyn, so

nimmt man statt des Wassers Quittensaft, und läßt sie sodann dämpfen.

Quitten, ganze einzumachen. Man sticht den Buzen aus recht reifen Quitten aus, schält sie sauber, siedet sie in vergohrnen Weinmost fein weich, doch, daß sie nicht zerfallen, nimmt sie heraus, bestekt sie mit Zimmet und Negelein, siedet den Most, worinn sie gesotten haben, so dik, als man den gesottenen Wein zu sieden pflegt, thut sie in ein Glas, schüttet den süßen Wein kalt darüber, und hebt sie zum Gebrauch auf.

Quittenfleisch zu machen. Man läßt ein Pfund Zuker mit einer halben Maas wohl ausgepreßten rothen Quittensaft fein langsam zugedekt sieden, bis er roth wird, und fast gestehen will; hierauf rührt man zwey gute Löffel voll durchgeschlagene Quitten darein, daß es fein glatt wird, drükt auch den Saft von einer Citrone darauf, und läßt es sieden, bis es gesteht, thuts in ein Glas, und nimmts, wenns auf den Tisch kommen soll, stükweis heraus.

Quitten, gefüllt. Man schält sie, schneidet oben einen grossen Dekel ab, nimmt die Kerne weg und höhlt jene ein wenig aus. Indessen macht man eine Fülle von gehakten oder gestossenen

Mandeln, Weinbeeren, Corinchen, Zuker und Zimmet, und feuchtet sie mit gutem Wein an, thut die Fülle in die ausgehöhlte Quitten, und macht das abgeschnittene Plätzchen wieder darüber; setzt sie in einen Tiegel und gießt so viel Wein daran, daß sie darinn sieden können. Sind sie halb gesotten, streut man Zuker und Zimmet darein, läßt sie gar einsieden, und richtet sie an, setzt aber die Dekel in die Höhe und streut Zuker und Zimmet darauf.

Quittengallerte. Man schneidet vier Pfund fast reife Quitten in Stüken und gießt drey Kannen Wasser darauf. In diesem kocht man sie so lang, bis sie zu Marmelade werden, welche hernach durch ein Sieb gegossen wird. Auf jede halbe Kanne siedet man ein Pfund Zuker a la plume, thut den Saft zum Zuker, daß beydes zusammen auf einem mäßigen Feuer kocht, damit die Gallerte Zeit hat, roth zu werden. Wenn man etwas Gallerte mit dem Schaumlöffel aufschöpft, und diese breit wieder abfällt, so kann man sie in Töpfchen aufheben.

Quittengehäke. Man siedet die Quitten in süßem Wein, treibt sie durch einen Durchschlag, rührt drey Eyerdotter und ein wenig Rahm darunter, streut auch Zuker und Zimmet darein; läßt hierauf Butter in einer Schüssel zergehen, schüttet den Teig darein, und läßt ihn auf Kohlen aufsieden.

Quittengehäke, aufgegangenes. Man siedet die Quitten im Wasser recht weich, treibt sie durch ein Siebchen in eine tiefe Schüssel, zukert sie wohl, und rührt sie damit lange um. Dann schlägt man das Weisse von zwey bis drey Eyern darein, und mischt es durch langes Rühren gleichfalls darunter, daß es zu Schaum wird. Diesen trägt man unter stetem Rühren nach und nach in die Quitten ein. Zulezt mischt man ein wenig klein geschnittene (würflicht) Citronenschaalen darunter, und bestreicht vor dem Anrichten eine Schüssel mit Butter, worein man das Gehäke fein hoch aufeinander richtet, in einer Tortenpfanne bakt und mit Zuker bestreut.

Quitten zu kochen. Man schält und schneidet sie mitten entzwey, thut die Kerne heraus, kocht die Quitten im Wasser halb ab, sezt sie in eine Schüssel, bestekt sie mit Mandeln, thut ein wenig Wein und Zuker, auch Kirschen- oder Maulbeersaft daran, läßt sie auf Kohlen gahr sieden, und bestreut sie mit Zuker und Zimmet.

Quitten und Birnen zusammen zu kochen. Man nimmt ein

Drit-

Drittel Quitten und zwey Drittel Birnen, schält und kocht sie miteinander in kurzer Brühe, thut Butter, Corinthen, und etwas geriebene Semmeln dazu, läßt es miteinander durchstoßen, richtet sie an, und bestreut sie mit Zuker und Zimmet. Man kann auch im Kochen ein Stük Butter dazu thun, und so viel Brühe machen, daß man Scheiben von Roggenbrod darunter schneiden kann.

Quittenlebzelten, genueser. Man siedet schöne Quitten im Röhrwasser ab, schält sie, reibt sie auf einem Reibeisen, schüttet ein Pfund Quittenmark und ein Pfund fein geriebenen Zuker in einen Keßel, und siedet es so lang, bis es auf einem Zinnteller gesteht, rührts beständig, thut Muscatenblüthen- und Nuß, Negelein, Zimmet, Cardamomen, Citronen- und Pomeranzenschaalen, Citronat, alles klein zerschnitten darunter, und läßts noch einen Sud thun. Soll es säuerlich seyn, so thut man nach dem Sud das Mark von einer bis zwey Citronen darein, schneidet von Citronat kleine Plätzchen, und rührt sie auch darein, schüttet es endlich in blecherne Mödel, die hohl sind und keine Böden haben.

Quittenlebzelten, rothe. Man läutert ein Viertelpfund gestoßenen Zuker mit Waßer, bis er große Blasen bekommt; dann siedet man rothe Fleckchen darinn, bis der Zuker roth wird. Die Fleckchen nimmt man wieder heraus, thut den Zuker vom Feuer, rührt vier Loth wohlburchgesiebtes Quittenmark darinn fein glatt ab, sezts wieder aufs Feuer, läßts gemächlich noch ein wenig sieden und läßts immer auf Kohlen stehen, bis mans wie die andern in Mödel füllt.

Quitten in Mödeln. Man siedet sie weich, schält sie, und schneidet kleine Blättchen daraus, nimmt ein halb Pfund der geschnittenen Quitten und ein Pfund geläuterten Zuker, rührt die geschnittene Quitten hinein, läßt sie geschwind kochen, thut sie ein wenig auf einen Zinnteller, nimmts, wann es gesteht, vom Feuer, schneidet das Gelbe von einer Citrone weg, schneidet Blumen u. s. w. daraus, legt sie in flachen Gläsern oder kleinen Schachteln auf den Boden, richtet die Quitten mit einem Meßer, und die Blätter fein zwischen die ausgeschnittene Citronen, damit man sie durchsehen könne, wie ein Glas.

Quittenmus. Man kocht sie mit Wein und Waßer, und schabt, wenn sie auffpringen, mit einem Meßer die Schaale ab, drükt sie durch in einen Topf, und
thut

thut guten Wein und viel Zuker und Zimmet daran.

Quittensaft. Man nimmt eine Maas rohen ausgepreßten Quittensaft, thut ein Pfund Zuker daran, siedets, brükt von zwey Citronen den Saft aus, schüttet ihn daran, und siedet ihn zu einer völligen Saftdike, und gießt diesen Saft endlich, wenn er wieder ein wenig erkaltet ist, in ein Glas.

Quittenschnee. Man kocht Quitten in Wasser mürb, schält sie, schabt das Fleisch von den Kernhäusern ab, reißts klein, treibts durch einen Durchschlag, thuts in eine tiefe Schüssel, rührts eine Stunde lang immer nach einer Seite, thut Zuker, Zimmet und geriebene Citronenschaalen gleich anfangs darein, nimmt auf dreyßig bis fünf und dreyßig Quitten, sechs Eyerweiß, schlägt eins nach dem andern auf einem Teller mit einem Messer klein, thuts gleich zu den Quitten und rührts immer, bis es recht knirscht, bestreicht eine blecherne Schüssel mit Butter, macht auch einen kleinen Rand um die Schüssel, schüttet das Angerührte hinein, bakts in einer Tortenpfanne, und streut, wenn es im vollen Aufsteigen ist, gestoßenen Zimmet und Zuker etwas dik darauf.

Quittenstrauben. Man schüttet in einem Topf an acht Quitten Röhrwasser, siedet sie weich, schälet sie, schneidet sie in Plätzchen, treibt sie durch ein Sieb, rührts mit geriebenem Eyerbrod, einer guten Hand voll Mehl und Zuker durcheinander, formirt Strauben aus diesem Teig, und bakts in einer Pfanne mit heißem Schmalz, wie die Mandelstrauben.

Quittenstrizeln, saure. Man siedet ein Pfund Quitten weich, nimmt das Beste davon, stößt es glatt ab, nimmt fünf Viertelpfund Zuker und einen Rössel Wasser, und siedets so dik, wie zu den Quittenlebzelten. Dann schüttet man mit Zuker abgestoßenen Citronensaft dazu, daß es säuerlich werde, und rührts darein; der Zuker aber muß warm bleiben, so lange man rührt. Nach diesem thut man die Quitten darein, und rührts wohl, bis es weiß wird, und schüttet es auf ein Papier, und wann es gestanden ist, schneidet man es eines Fingers breit, thut auch Citronenschaalen darunter, und läßt es troken werden.

Quittenwerk von Mandeln und Citronen. Man übersiedet ein Pfund Quitten, schneidet das Gelinde ab, stößt es nebst einem halben Pfund Mandeln in einem steinernen Mörsel zart, schneidet das Gelbe von einer großen Citrone dazu, doch, daß das Weiße ſe bey dem Selben einen Meſſer-rüken dik bleibt. Hierauf läßt man über Nacht im Waſſer liegen, ſchneidets ganz dünn, läutert ein und ein halb Pfund Zuker und ſiedet ihn ganz dik. Nach dieſem läßt man die Citronen im Waſſer einen Sud thun und ſie wieder troken werden, auch kann man dieſe nebſt den Quitten und Mandeln in dem geläuterten Zuker ſo lang, bis ſie ſich von der Pfanne löſen, ſieden, aber zugleich rühren, daß ſie nicht anbrennen. Dann ſchüttet man die Maſſe in blecherne Mödel, beſtreut ſie mit Zuker, rühret ſie oft um, und troknet ſie beym Ofen.

R.

Ragout von gebratenen Eyern.
Man ſcharrt zwölf Eyer in heiſſe Aſche, daß ſie darinn ganz hart braten, ſchält und ſchneidet ſie in Scheiben, bratet ſie mit Salz, Pfeffer, geriebener Muſcatennuß, nebſt geſchnittenen Schalotten und klein gehakten Thymian in Butter, bis ſie eine bräunliche Farbe bekommen; dann thut man ein wenig braune Jus und etwas Salz dazu; indeſſen reibt man einen Teller mit Schalotten, richtet es darauf an, und drükt ein wenig Citronenſaft darüber.

Ragout von einer Gans mit Borſtorferäpfeln. Die Gans haut man in Stüke, wäſſert ſie ein wenig aus, und kocht ſie in einer kurzen Brühe, nemlich mit ein wenig Waſſer, ganzen Zwiebeln, Lorbeerblättern, feinen Kräutern und Gewürz gahr, macht ein wenig braun Mehl, und thut das Gänſefleiſch dazu nebſt würflicht geſchnittenen Borſtorferäpfeln, Corinthen, ein wenig Zuker und länglicht geſchnittenen Mandeln; die kurze Brühe thut man durch ein Sieb darauf, das Fett aber nimmt man ab, alsdann läßt man es zuſammen durchkochen, daß nur eine kurze Brühe darauf bleibt, und ſalzts ein wenig.

Ragout von Hirſchwildpret. Man ſpikt ein Stük mit groſſem und mit Salz und Pfeffer gewürztem Spek, thut es in eine Caſſerole mit geſchmolzenem Spek, läßt es mit Brühe oder heiſſem Waſſer und ein paar Gläſern Wein kochen, würzt es mit Salz, Muſcatennuß, einem Bündchen guter Kräuter, einigen Lorbeerblättern, einem Stük von einer grünen Citrone, und läßt es drey bis vier Stunden kochen, nachdem es nemlich hart iſt. Wenn es gahr iſt, macht man die Soſe mit einem guten Coulis biklicht, und thut beym Anrichten Capern und Citronenſaft dazu.

Ragout von Kalbfleisch. Man schneidet einen Kalbsschlegel (Keule) in fingersdike Stüke, zieht ein wenig Spek durch, thut es in eine Casserole, giebt Pfeffer, Salz, Muscatenblüthe, auch ein paar ganze Zwiebeln und Petersilie dazu, läßt es braun schwitzen, gießt etwas Fleischbrühe oder Wasser daran, läßt es kurz einkochen, richtet das Fleisch an, und gießt die Brühe durch einen Seiher darüber.

Ragout von Kalbspriesen mit Champignons. Man wässert die Priesen aus, und läßt sie in heißem Wasser ein wenig steif werden. Dann überspikt man sie ein wenig fein, macht etwas Mehl braun; thut die Priesen hinein und läßt sie auf beyden Seiten ein wenig gelbbraun braten. Dann thut man ganz klein gehakte Zwiebeln, Lorbeerblätter und Champignons, die man vorher einweicht, und ein wenig Brühe darauf, und läßts damit durchkochen. Endlich thut man Salz und Citronensaft daran.

Ragout von Kalbsmilch mit Austern. Man blanchirt die Kalbsmilch sauber, puzt sie, daß sie weiß wird, und legt sie in kalt Wasser; schmiert eine Casserole dik mit Butter an, thut die Kalbsmilch und dreyßig Austern darein, würzt sie mit Muscatenblüthe, Citronenschaalen, Lorbeerblätter, und paßirt alles zusammen auf Kohlen. Dann gießt man gute Coulis darauf, läßt es durcheinander kochen, aber nicht gar lang, und richtet es an.

Ragout von Kalbsmilch mit Krebsen. Man bricht sechzig Krebse aus, siedet sie halb gahr, so daß sie noch etwas roh bleiben, und nimmt die Schwänze und Scheeren davon; thut Krebsbutter in eine Casserole, legt die Kalbsmilch und Krebse zusammen hinein, paßirt und würzt es mit Muscatenblüthe. Während dem Paßiren schüttet man ein paar Löffel voll sauren Rahm daran, gießt Coulis darauf und läßt es ganz gemach kochen. Bey dem Anrichten kann man Pistacien darunter mengen. Statt des Coulis kann man klein geriebene Semmeln oder gebrannt Mehl daran thun.

Ragout von Rebhühnern mit Austern. Wenn man übriggebliebene Rebhühner hat oder auch frische nimmt und bratet, so halbirt oder viertheilt man sie, legt sie in eine Casserole, thut Muscatenblüthe, Ingber, Citronenschaalen und eine ganze Zwiebel dazu; gießt ein Glas süßen Wein darauf, schüttet fünf und zwanzig Austern und reine Butter dazu, und läßts auf Kohlen gemach

mach kochen. Hat es eine Weile gekocht, so thut man die Zwiebeln heraus, und drükt beym Anrichten Citronensaft darein.

Ragout von Rebhühnern mit Capern. Wird eben so zubereitet, wie das eben beschriebene.

Ragout von Rebhühnern mit Sardellen. Man schneidet gebratene Rebhühner in Stüke und legt sie in einen Tiegel, wäscht fünf gewässerte Sardellen sauber, zieht das Fleisch von den Gräten, hakt es klein, und thut es in einen Durchschlag, gießt ein wenig Fleischbrühe darauf, und treibt sie durch. Dann schüttet man Muscatenblüthe, Citronenschaalen und ein paar Löffel voll Wein, auch braun Mehl daran, legt ein Stük Butter dazu, und kocht es auf Kohlen. Hat es kurz genug gekocht, so richtet man an.

Ragout von Schnepfen. Man schneidet die Schnepfen, wenn sie recht gereinigt, und in halb Wein und halb Fleischbrühe gedämpft sind, in zwey Theile, röstet etwas Mehl in Butter braun, legt die zerschnittenen Schnepfen in einen Topf, rührt die gehakte Leber und was sonst zum Schnepfenschweiß gebraucht wird, unter das geröstete Mehl, und richtet es über die Schnepfen an, gießt alsdann den Wein und die Fleischbrühe, worinn sie zuerst gesotten worden, wieder darüber, würzt es mit Muscatenblüthen, Pfeffer, Negelein und Salz, thut einige Champignons dazu, und läßt alles zusammen aufsieden.

Ragout von Wasserschnepfen. Man nimmt zerlassenen Spek, paßirt die entzwey geschnittene Schnepfen, ohne von dem Inwendigen etwas heraus zu thun, in einer Caßerole, würzt sie wie gewöhnlich, thut ein wenig Zwiebeln, Petersilien und ein Bündchen feine Kräuter daran, läßt alles zusammen ein wenig auf Kohlen stehen, und richtet es mit einem Jus von Champignons an.

Ragout von Schweinsohren oder Füßen. Man kocht sie im Wasser, läßt sie darinn liegen, bis sie erkalten; schneidet sie in kleine Stükchen, hakt Zwiebeln klein, legt ein Stük Butter in eine Caßerole, machts mit ein wenig Mehl braun, thut die klein gehakte Zwiebeln mit den Ohren oder Füßen darein, gießt gute Fleischbrühe darauf, thut Muscatenblüthe, Salz, Pfeffer und ganze Negelein daran, und läßt es kochen. Vor dem Anrichten schüttet man einen bis zwey Löffel Weineßig oder den Saft von einer sauren Citrone daran, und läßt es einmal damit aufkochen.

Rahm von Citronen. Man mengt das Weisse von acht Eyern,
ein

ein Viertelpfund Zuker und den Saft von acht Citronen wohl untereinander. Wenn der Zuker geschmolzen und alles zusammen hernach durch ein Sieb gelaufen ist, so sezt man es über das Feuer, auf welchem es aber nicht kochen darf, sondern nur so lang beständig gerührt werden muß, bis es dik wird. Dann richtet man es an.

Rahm mit Erdbeeren. Man vermengt eine halbe Maas Milchrahm mit einem Viertelpfund Zuker und kochts bis auf die Hälfte ein; stößt zwey Hände voll frische und gewaschene Erdbeere in einem Mörsel, und thut sie unter den Rahm. Wenn es halb abgekühlt ist, rührt man einer Erbse groß Milchrab in den Rahm, drükt ihn durch ein Tuch und richtet ihn in die Schüssel an. Diese sezt man in den warmen Ofen, daß der Rahm gerinnt, und läßt ihn auf dem Eis kalt werden.

Rahm in Gestalt eines Felsen. Man thut ein wenig grün geriebene Citrone mit etlichen Löffeln voll feinen Zuker in eine halbe Kanne diken Rahm, und quirlt alles zusammen, bis der Rahm recht schäumt. Dann richtet man ihn in Gestalt etlicher kleiner Felsen an, und bringt ihn auf die Tafel.

Rahmkuchen. Man nimmt eine Maas schön Mehl, thut ein Viertel davon in einen grossen Asch, schüttet eine Maas sauren Rahm dazu, knetet es mit ein wenig Salz, einem Quintchen geschnittenen Muscatenblüthe, auch funfzehn Eyern, und zwar nur die Hälfte von den Dottern, untereinander, thut noch mehr Mehl dazu, macht ihn aber nicht zu fest. Dann bricht man zwey Pfund frische Butter in Stüke, knetet sie wohl im Teig durch, legt den Teig auf ein Bret, würkt ihn noch ein wenig, aber nicht zu stark, von Mehl aus, streut ein klein wenig Mehl unten in den Asch, thut den Teig darein, streut aber kein Mehl oben darauf, und sezt ihn in den Bakofen. Nach diesem läßt man davon aufmandeln, so lang die Bakschüssel ist, fein dünn, dupfet mit einem Messer kleine Löcher darauf, und bestreicht ihn, wenn er gebaken ist, mit zerlassener Butter.

Rahmstrauben. Man siedet eine halbe Maas süßen Milchrahm mit vierzehn Loth frischer Butter auf, rührt achtzehn Loth fein Mehl darein, läßt es unter stetem Rühren auf der Glut wohl abtroknen, salzts, rührt zehn Eyerdotter darein, macht einen Teig so dik, daß er durch den Straubenlöffel lauft, an, bakt die Strauben gelb aus dem heissen Schmalz, und giebt sie warm und gezukert.

Rebhühner, gebraten und mit Schinken zugerichtet. Man rupft sie und nimmt sie aus, die Lebern aber stößt man mit geschabtem Spek, einer gehakten Zwiebel, Petersilie und einer Trüffel im Mörsel, würzts mit Salz, Pfeffer, ein wenig gutem Gewürz und feinen Kräutern. Wenn alles wohl gestoßen ist, macht man die Haut von den Brüsten los, und füllt sie mit der Fülle von Leber, hernach macht man sie steif, belegt sie mit Spek, und stekt sie an den Spieß. Dann schneidet man magere und geschlagene Schinken in kleine Scheiben, belegt damit den Boden einer kleinen Caßerole, dekt sie zu, und läßt sie schwitzen; wenn sie anbaken, thut man so viel Mehl dazu, als man zwischen drey Fingern fassen kann, rührts auf dem Caßerolloch um, gießt Jus ohne Salz daran, thut ein Bündchen feine Kräuter dazu, und kochts gemächlich bey gelindem Feuer. Den Schinken aber muß man wohl abfetten. Hernach macht man ihn mit einem Kälber- und Schinkencoulis diklicht. Sind die Rebhühner gebraten, so zieht man sie vom Spieß, legt sie in die Schüßel, belegt sie mit den Schinkenscheiben, thut die Jus darüber, und richtet sie warm an.

Rebhühner, gebraten mit einer Karpfensoße. Die Rebhühner füllt man zwischen Haut und Fleisch mit geraspeltem Spek, und gewürzt. Hierauf belegt man sie mit Spek, und gießt eine Karpfensose darüber: nemlich, man belegt den Boden einer Caßerole mit guten Kalbfleischscheiben; hiezu legt man noch Schinkenscheiben nebst einem Bündchen feiner Kräuter; dann nimmt man einige Karpfen aus, wäscht sie, ohne sie zu putzen, im Wasser, schneidet sie so in Stüke, als wenn man sie in ihrem Blut kochen wollte, legt sie in vorerwähnte Caßerole, und läßt sie auf dem Caßerolloch färben, als wenn eine Jus davon gemacht werden sollte. Hierauf werden sie mit Kälberjus benetzt, eine Flasche Champagnerwein, eine Zwiebel, Knoblauch, einige gehakte Champignons, Trüfeln und einige kleine Semmelrinden dazu gethan, läßt alles fein kochen, nur muß es nicht zu gesalzen seyn. Hat es recht gekocht, so drükt man es durch ein Haartuch, und sieht zu, daß die Sose diklicht sey; sonsten schüttet man etwas vom Rebhühnercoulis darunter, und thuts zusammen in eine Caßerole. Ehe man anrichtet, legt man die Rebhühner in die Sose, und hält sie warm darinn. Ist es zum Anrichten Zeit, legt man jene in die Schüßel, und gießt die Sose darüber.

Rebhühner, gebraten mit seinen Kräutern. Man rupft und nimmt sie aus, und macht sie vom Brustfleisch los; dann nimmt man geschabten Spek, thut ein wenig Petersilie dazu, hakt ein wenig feine Kräuter, würzt es mit Salz und Pfeffer, und mischt alles wohl untereinander; füllt damit die Rebhühner zwischen Haut und Brustfleisch, belegt sie unten und oben mit Spek, und stekt sie an den Spieß. Sind sie gahr, so zieht man sie vom Spieß, nimmt den Spek weg, legt die Hühner in die Schüssel, thut Schinkenessenz darüber, und richtets warm an. Statt dieser Essenz kann man auch klare Coulis nehmen.

Rebhühner, gebraten, auf polnisch. Wenn sie ausgenommen sind, so thut man ihnen Butter in den Leib, wikelt sie in Schinken und Papier, und bratet sie am Spieß. Sind sie gahr, so hebt man ihnen einen Schlegel in die Höhe, reißt ihn aber nicht ab, thut etwas Ingber, gehakte Schalotten und Petersilie, Salz und ein wenig frische Butter in den Leib, zerquetscht die beyden Flügel zwischen zwey Tellern, thut einige Schnitten Pomeranzenschaalen, ein wenig Bouillon, etwas Brodkrunien darauf, und sezt sie eine Weile auf Kohlen zwischen zwey Schüsseln nebst Pomeranzensaft und ein halb Glas Champagnerwein, läßt sie einmal damit aufwallen, und richtet sie warm an.

Rebhühner zu kochen. Man rupft und nimmt sie aus, hakt ihnen die Flügel ab, spannt die Beine auf und wässert sie; läßt sie in warm Wasser aufwallen, bestekt sie mit Negelein und Zimmet, legt sie in eine Caßerole, thut ein Stük Butter daran, dekt sie zu und läßt sie dämpfen; gießt eine gute Brühe und Wein darauf, und streut Negelein und Muscatenbluth darüber; endlich bräunt man Mehl, bestreut die Hühner damit, drükt Citronensaft darauf, und streut beym Hingeben noch Semmelkrumen und Citronenschaalen darüber.

Rebhühner mit Petersilienwurzeln und Negelein. Wenn sie gepuzt sind, schneidet man ihnen Köpfe und Beine ab, blanchirt sie und sezt sie mit Fleischbrühe zum Feuer; schabt Petersilienwurzeln, schneidet sie nach Belieben, thut nebst ganzen Negelein, Muscatenblüthen und in Butter geröstete und geriebene Semmel auch dazu, legt Butter daran und kocht sie gahr.

Rebhühner mit Pomeranzenschaalen. Wenn die Rebhühner meist gahr sind, thut man das Wasser davon, und gießt wieder Wein darauf, thut eine geschnittene Pomeranze, Butter, Pfef-

Rebhühner.

Pfeffer, Zuker und Semmelkrumen daran, und läßt es wohl kochen.

Rebhühner zu mariniren. Man spaltet sie entzwey, klopft sie, und läßt sie in einer Sose drey Stunden mariniren. Dann macht man einen klaren Teig von Mehl, mit weissem Franz- oder andern Wein, Eyerdotter und ein wenig zerlassener Butter. Man läßt die Rebhühner abtropfen, welcht sie in den Teig, und bakt sie in geschmolzenem Schweinenschmalz, und richtet sie mit gebakener Petersille an.

Rebhühnersuppe. S. Suppe.

Rebhühnertorte. S. Torte.

Rehbug, Rehkeule, (Schlegel) zu braten. Man häutelt das Fleisch sauber ab, schneidet Spek zimlich zart, spikt es sauber und salzt es ein wenig. Wäre es schweißig, so wäscht mans erst sauber, oder brennts mit heissem Wasser, steckts an den Spieß, und bratet es bey Kohlen oder hartem Holz. Ist es bald troken, so begießt man es mit Butter, die aber nicht braun gemacht seyn darf, und läßt es ferner braten. Hierauf legt man ein paar ganze Zwiebeln in die Bratpfanne, daß die Jus darauf lauft, und begießt das Fleisch damit oft. Ists nun bald gahr, so begießt man es noch einmal, dann richtet man

Koch- u. Confit. Lexic.

Rehkeule 305

es an und gießt die Jus erst in die Schüssel, das Fleisch, Schlegel u. s. f. legt man oben darauf, bestreut die Schüssel mit Semmel.

Rehkeule mit einer Sose. Man spikt und bratet sie am Spieß, sticht oft mit einem Messer darein, und begießt sie fleißig mit heisser Butter, daß sie braun werde. Darnach schneidet man Aepfel dünn und klein länglicht, röstet sie im Schmalz mit zimlich kleinen Rosinen braun, würzts mit Pfeffer, Ingber, Zimmet und Zuker, gießt ein Glas guten Wein daran, röstet etwas Mehl im Schmalz, thut dieß alles dazu, und läßts über Kohlen nicht dik sieden, so ist die Brühe gemacht.

Rehkeule, gedämpft. Man häutelt sie, beizt sie einige Tage in Weinessig, spikt, salzt und würzt sie mit Negelein und Pfeffer, thut sie in einen Topf, gießt Eßig, Wasser und ein wenig Wein daran, und läßt sie sieden, bis sie weich wird. Indessen röstet man geschälte und klein geschnittene Aepfel im Schmalz, thut gebakte Weinbere und geriebene Lebkuchen dazu, gießt süßen Wein daran und würzt es nach Belieben. Hierauf seiget man die Brühe von der Keule, worinn sie gesotten hat, gießt erstgemeldte Brühe darüber, läßt es so
U   mit

mit einander dämpfen, richtet es in eine Schüssel an, streut Zimmet und klein geschnittene Citronenschaalen drauf, gießt die Brühe drüber, und giebt es hin.

Rehrüken, zu braten. Man spellert ihn, wie einen Haasen, häutelt und spikt ihn sauber, und verfährt übrigens, wie mit der Keule.

Rehbraten auf Butter. Uebrig gebliebenen Braten schneidet man zu feinen Stüken, setzt Butter in der Caßerole zum Feuer, und thut, wann sie braun ist, geschnittene Zwiebeln nebst dem Braten dazu, und röstet ihn, doch daß er nicht zu hart werde, oder verbrenne. Dann richtet man ihn an, und gießt die braune Butter mit den Zwiebeln drüber.

Rehbraten mit Capern. Man hakt den Braten zu kleinen fürmlichen Stüken, thut diese in einen Tiegel, legt ein Stük Butter, auch geriebene Semmeln, Muscatenblüthen, Capern, Ingber, und Citronenschaalen daran, gießt ein wenig Wein und Bouillon dazu, und läßt es auf Kohlen kochen, bis es ein wenig dik wird, und richtet es an.

Rehbraten, gedämpft mit Citronen. Man hakt den übrigen Braten in Stüke, setzt in einem Tiegel Butter aufs Kohlfeuer, und wann sie braun ist, so rührt man ein wenig Mehl drein, und läßt es rösten, bis es lichtbraun ist, gießt Bouillon und Wein drauf, würzt es mit Pfeffer, Ingber und Cardomomen, schneidet Citronenschaalen und Scheiben drein, und kocht es zusammen.

Rehbraten mit Sardellen. Wird gemacht, wie das eben beschriebene, nur daß man vier bis fünf Sardellen auswäscht, dieselbe von den Gräten ablößt, sie klein hakt, und unter die Brühe rührt.

Rehlebermuß. Man schneidet eine Rehleber in vier Stüke, und bratet sie auf dem Rost genug: thut sie dann in einen Mörsel, nimmt sauber gewaschene und gelesene kleine Weinbeere, auch zwey bis drey gebähte Semmelschnitten, stößt alles wohl durcheinander, zerklopft es mit warmer und guter, aber nicht fetter Fleischbrühe, streichts durch ein hären Sieb, daß es dik wird, thuts in einen verzinnerten Kessel oder Tiegel, würzt es mit Zimmet, Negelein, Ingber und Zuker, läßt es miteinander aufsieden, und rührts mit einem Kochlöffel um, daß es nicht anbrennt.

Rehwildpret, sauer gekocht. Man kochts in Wasser und gehörigem Salz. Wenn es weich ist, nimmt man es heraus, säubert es und wäscht es ab, thut es in einen andern Topf, und kocht es in Eßig gahr: würzt es mit Pfeffer, Negelein, gebratenen Spekwürfelchen und geriebenen Lebkuchen. Man läßt es so lang kochen, bis man meint, daß noch Brühe genug daran sey.

Reiß, gebaken im Schmalz. Man schlägt fünf bis sechs Eyer in eine Schüssel, und zerklopft sie, sprengt ein wenig Salz drein, zieht den Reiß, wenn Stükchen geschnitten sind, in den Eyern herum, legt ihn ins heiße Schmalz, und bakt ihn heraus.

Reißgebäke. Man wäscht, troknet und stößt ihn grob, siedet ihn in Rahm, rührt klein zerstoßene Mandeln drein, daß er eine rechte Dike bekommt, und läßt ihn noch ein wenig sieden. Endlich zukert man ihn, und schüttet etliche Löffel voll Zimmet- oder Rosenwasser darein.

Reißklöse oder Knöpflein Man kocht den Reiß in der Milch recht dik, und läßt ihn kalt werden; rührt etwas Butter ganz weiß, thut sie unter den gekochten Reiß, schlägt ein paar Eyer dazu, würzt es dann ein wenig mit Muscatenblüthen, Zuker und zartgestoßnem Zimmet, rührt endlich alles mit Semmelkrumen an, und macht Klöschen daraus, die man auch in die Suppe thun kan.

Reißkuchen. Man kocht ein Pfund Reiß in süsser Milch recht dik, aber nicht zu mürbe, und läßt es kalt werden: macht ein halb Pfund abgeriebne Butter, oder schmelzt drey viertel Pfund Butter, klärt sie ab und rührt sie so lang, bis sie wie ein Brey wird: dann rührt man zwölf Eyerdottern nach und nach hinein, thut Zimmet, geriebne Citronenschaalen, und drey bis vier Hände voll zart geriebne Semmel dazu, rührt diß alles nebst dem Reiß wohl untereinander, schlägt das Eyweiß zu einem steifen Schaum, rührts zulezt auch dazu, macht endlich einen Boden von Blätterteig in eine Tortenpfanne, umkräuselt den Rand, thut das angerührte hinein, und bakts unten und oben mit Feuer.

Reißmilch. Man kocht Reiß in Milch, aber nicht zu dik, thut Zuker und Zimmet darein, und läßt es kalt werden.

Reißsuppe. S. Suppe.
Reißtorte. S. Torte.

Rindfleisch, gedämpft. Man nimmt ein derbes Stük, klopft es wohl, spikt es mit Spek eines kleinen Fingers dik, und bestreut es mit allerhand Würze: sezt Butter und Spek zum Feuer; wann es braun ist, legt man das Stük Rindfleisch darein, und bräunt es auf beyden Seiten, gießt Fleischbrühe, Wein und Eßig drauf, thut Muscathenblüthen, Ingber, Pfeffer, ganze Ne-

Negelein, Citronenschaalen und Lorbeerblätter dazu, und läßt es ganz gemach kochen. Nach diesem stößt man einen Eßlöffel voll Wachholderbeere, thut diese auch hinein, und läßt es sachte dämpfen, bis es weich wird. Ist es weich, so fängt man etwas von dem Fett, das sich auf diesem Fleisch gesamlet hat, herunter, und richtet es auf eine Schüssel an: die ganze Zwiebel thut man wieder heraus, gießt die Brühe drüber, und bestreut es mit geschnittenen Citronenschaalen.

Rindfleisch, gedämpft, auf böhmisch. Man hakt ein Stük von der dünnen Brust stükweis, etwa ein und eines halben Fingers dik, klopft es mit einem Holz, sprengt es ein wenig mit Salz ein, und bratets ein wenig auf dem Rost. Hierauf schlichtet man es in einen Topf, gießt Weißbier, Wein, Brühe und ein wenig Essig drauf, sezt es auf einen Ort, und thut um den ganzen Topf Kohlen, dekt es oben zu, und läßt es dämpfen. Hat es nun ziemlich gedämpft, so thut man geschälte und geschnittene Mandeln, Zibeben, Negelein, Ingber, Pfeffer, geriebenen Lebkuchen, Zuker und ein paar Lorbeerblätter dazu. Ist die Brühe zu kurz, so gießt man mehr Wein, Brühe und Essig dazu, sezt es wieder in die Kohlen, und rüttelt es oft um, daß es sich fein durcheinander ziehet. Endlich bestreut man es mit Citronenschaalen.

Rindfleisch mit Citronensoße. Man kocht ein Stük in Salz, Wasser und Petersilie, und sezt in einem Tiegel Butter aufs Feuer, wenn sie braun ist, rührt man ein wenig Mehl darein, und läßt es goldgelb werden: hernach gießt man Brühe und ein wenig Wein drauf, würzt es mit Ingber und Muscatenblüthen, schneidet die Schaalen von einer ganzen Citrone, auch die Scheiben hinein, läßts kochen, und legt das Fleisch drein. Hat es eine Weile mitgekocht, so richtet man es an.

Rindfleisch, auf englisch. Man haut ein Stük Rindfleisch von der diken Brust vierekigt, sezt es mit Wasser in einem Topf zum Feuer, und schäumt es wohl ab. Ist es halb gahr, so nimmt mans wieder heraus, löst die Rippen heraus, und bindet es mit Bindfaden: schneidet dann ein ander drey bis vier pfündiges Stük Fleisch in dünne Scheiben, belegt damit, wie auch mit Spekstreifen, den Boden einer Casserole, dekt sie zu, daß die Scheiben schwizen. Wann sie angebaken sind, thut man ein wenig ausgeschmolznen Spek und ein paar Hände voll Mehl hinein, und läßts

Rindfleisch

läßts zusammen unter beständigem Umrühren braun werden. Wann es braun ist, benezt mans ein wenig mit der Brühe, in welcher die Rindsbrust gekocht worden, thut diese Brühe, wie auch die Scheiben, zu dem Bruststük in den Topf, würzt sie mit Salz, Pfeffer, feinen Kräutern und Gewürzen, großen Zwiebeln, gelben Rüben, Pastinaken, Petersilie, kleinen Zwiebeln und eine halbe Maas Wein, und laße es zusammen kochen. Ist es gahr, so nimmt man es ab, und läßts in seiner Jus erkalten; dann macht man ein Ragout von jungen Tauben oder Wachteln mit Kalbspriesen, Hahnenkämmen, Champignons und Trüffeln, thut dies alles in eine Casserole mit etwas geschmolzenem Spek, würzt es mit Pfeffer und Salz, und gießt ein wenig Jus daran. Ist es gahr, fettet man es wohl ab, macht es mit einem Coulis von Kalbfleisch und Schinken diklicht, und läßts erkalten. Hernach habe man eine kleine Fülle von Geflügel parat, ziehe das Rindfleisch aus dem Topf, legt es in die Schüssel, in welche es kommen soll, macht es zurecht, und zwar die Haut oben und von den Seiten ab, dann ein vierekigtes Loch hinein, so groß, daß um und um nur eines Daumens breit Fleisch stehen bleibe, schneide mit einem Messer alles Fleisch so viel möglich heraus, und sehe, daß der Rand nicht von einander gehe; belege das Loch ganz dünn mit der erwähnten Fülle, und thue das Ragout kalt hinein, das vierekigte Stük aber, welches herausgelößt worden, spaltet man mit dem Messer voneinander, daß es nur wie ein kleiner Finger dik wird, bedeke damit das Ragout, und wenn es nicht wohl schließen sollte, so mache man die Rizen mit der Fülle zu. Dann schneidet man sehr dünne Spekstreifen, bedekt das Rindfleisch damit, und schiebts, mit zarten Semmelkrumen bestreut, in den Ofen; hernach macht man einen Kreis von Spieschen, auf die man Kalbspriesen und fette Lebern gestekt hat; herum, thut auch eine Marinade von jungen Hühnern und gehakter Petersilie darüber, und richtet es warm an.

Rindfleisch mit Erdbirnen. Man kocht ein Stük Rindfleisch im ganzen, wie gewöhnlich, schält Erdbirne, thut sie in kalt Wasser, und schneidet sie, wann sie zu groß sind, entzwey, schüttet sie in einen Tiegel, streut geriebene Semmel, Ingber und Pfeffer daran, seigt fette Fleischbrühe daran, und läßts so kochen. Hierauf legt man das Rindfleisch darein, welches wieder kochen muß. Beym Anrichten streut man

man Ingber und Petersilie darüber.

Rindfleisch, gefüllt, mit Austernsoſe. Man macht eine ſchöne Bruſt hohl; hakt abgebraten Kalbfleiſch und Nierenſtollen klein, thuts in eine Caſſerole, miſcht darunter kleine Roſinen, Citronenſchaalen, Ingber, Pfeffer, würflicht geſchnittenen Spek, Salz, ein wenig klein geſchnittene Zwiebeln, ein Stückchen Butter, und drey Eyer, dieß ſezt man zuſammen auf Kohlen, und rührts ab, füllts in die Rindsbruſt, machts mit einem Speiler ſauber zu, daß die Fülle nicht heraus laufen kan, blanchiret und wäſcht ſie ſauber aus, wikelt ſie in eine Serviette, ſezt ſie in einem Topf mit Waſſer, Eßig und Wein ans Feuer, und ſalzt ſie, ſchüttet auch etwas Kräuter und etliche ganze Zwiebeln daran, und läßt ſie ſo lang kochen, bis ſie weich wird. Darnach thut man funfzig vorher gewäſſerte Auſtern in einen Tiegel, legt ein Stük Butter dran, paſſirt ſie mit Citronenſchaalen, Muſcatenblüthen, Ingber und ein paar ganzen Zwiebeln, gießt Jus oder braun geröſtet Mehl darauf, und thuts zu den Auſtern, gießt Wein dazu, und läßt es kochen. Endlich legt man das Bruſtſtük drein, welches gleichfalls mit kochen muß. Beym Anrichten zieht man den Speiler aus der Bruſt heraus, richtet ſie an, die Auſtern drüber, und belegt ſie mit Citronenſchaalen und Scheiben, macht auch noch Auſternpaſtetchen dazu.

Rindfleiſch auf holländiſche Art. Man legt das Fleiſch, wann es gahr geſotten iſt, in einen weiten Topf, thut Citronenmark in Scheiben geſchnitten, Muſcatenblüthen, Butter und gehakte Peterſilie dazu, und läſts mit geriebener Semmel durchkochen.

Rindfleiſch mit Kohlrüben. Man kocht das Fleiſch gewöhnlich, ſchält Kohlrüben ſauber, und ſchneidet ſie, wie man will. Hernach thut man in einen Tiegel geriebene Semmel, Muſcatenblüthen und Ingber daran, gießt Fleiſchbrühe dazu, ſezts aufs Feuer, und läßts kochen, bis es ein wenig dik wird. Endlich legt man das Fleiſch zu den Rüben, und ſtreut beym Anrichten Ingber darüber.

Rindfleiſch mit Kümmel und Zwiebeln. Man kocht Rindfleiſch ganz oder in Stüken, gewöhnlich nur in Waſſer und Salz ab, kühlt es aus, und richtets wieder in einen Topf, thut geriebene Brod, Ingber, Pfeffer, Kümmel und Zwiebeln darein, gießt Fleiſchbrühe darauf, und läßts zuſammenkochen.

Rindfleiſch mit Meerrettig oder Grenn. Man nimmt Meerrettig

tig, schabt ihn fein, reibt ein wenig Semmel unter den Meerrettig, schüttet ihn in einen Topf, gießt Fleischbrühe darauf, und setzt ihn zum Feuer, doch daß er nicht kocht; soll er aber die Schärfe verlieren, so läßt man ihn nur einen Sud thun. Hierauf richtet man das schon vorhin abgekochte Rindfleisch an, thut den Meerrettig darüber, besprengt ihn mit Rindsfett, und trägt ihn auf.

Rindfleisch mit pikanter Soße. Man kocht das Fleisch wie gewöhnlich; schäumts aber wohl ab, und macht dann diese Brühe: Man setzt im Tiegel Butter oder Rindsfett zum Feuer, läßts heiß werden, thut geriebene Semmeln hinein, und röstet sie castanienbraun. Wenn sie nun braun ist, gießt man etwas gute Brühe und einen halben Röffel Wein, auch ein paar Löffel voll guten Weineßig daran, daß es zusammen kocht, würzt es mit Negelein, Ingber, Pfeffer, Citronenschaalen und Scheiben, thut ein Viertelpfund Zucker dazu, legt das Fleisch in die Brühe, und läßts eine Weile gemach kochen, daß sich die Brühe ins Fleisch zieht. Endlich richtet man es an, gießt die Brühe darüber, belegt es mit Citronenscheiben, und bestreut es mit klein geschnittenen Citronenschaalen.

Rindfleisch mit Ragout. Man spikt das Fleisch mit Spek und kochts mit Wasser; nimmt gehakt Kalbfleisch, macht kleine Klößchen daraus, thut Morcheln, Artischokenböden, Kalbspriesen und Hühnermagen dazu, und macht ein Ragout davon. Ist das Fleisch gahr, so richtet man es an, und schüttet das Ragout darüber.

Rindfleisch, geräuchertes zu kochen. Das beste ist das halb geräucherte; ist es aber ganz geräuchert, so muß es ein paar Nächte im Wasser liegen. Man kocht es alsdann im bloßen Wasser gahr, und ißt es mit Senf, warm oder kalt. Man schneidet es auch in Scheiben, und legt es um den Salat, auch unter durchgetriebene Erbsen.

Rindfleisch mit einer Sardellensoße. Man kocht es, wie Hirschziemer angeschlagen, und macht dann diese Brühe: Man bräunt im Tiegel Butter auf Kohlen, rührt etwas Mehl darein, daß es gelb wird, thut fünf gewässerte Sardellen darein, und rührts durcheinander, gießt Bouillon und Wein darein, und wenn es aufgekocht hat, läßt man es durch einen Durchschlag in einen andern Tiegel laufen, würzt es mit Muscatenblüthe, Ingber, Citronenschaalen und einer ganzen Zwiebel,

U 4 legt

legt das Stük Fleisch in die Brühe, daß sie sich in das Fleisch zieht, und richtet es an.

Rindfleisch mit Sauerampfer. Man liest und wäscht Sauerampfer rein, setzt im Tiegel Butter zum Feuer, thut den Sauerampfer hinein, und paßirt ihn eine Weile; schüttet geriebene Semmel, Muscatenblüthe und Ingber daran, gießt gute Bouillon darauf, und läßts kochen. Endlich legt man das abgekochte Fleisch darein, und läßt es noch eine Weile dämpfen. Alsdann richtet man es an. Anstatt der geriebenen Semmel nimmt man gebranntes, nicht gar zu braun, sondern gelb geröstet Mehl, quirlt dieses mit Bouillon und ein paar Löffeln süßen Rahm an, und läßts durch einen Durchschlag an den Sauerampfer laufen.

Rindfleisch mit Senfbrühe. Das Fleisch kocht man wie gewöhnlich. Diese Brühe aber macht man so: Man setzt in einer Casserole Butter zum Feuer; wenn sie braun ist, schüttet man ein wenig geriebene Semmeln hinein, daß sie auch castanienbraun werden; hernach thut man Senf darein, gießt Fleischbrühe und Wein darauf, würzt es mit Citronenschaalen, Ingber und Zuker, und läßt es kochen. Endlich legt man das Fleisch hinein, daß sich die Brühe hineinziehe, und richtet es an.

Rindfleisch mit Spargel. Den Spargel kocht man ab, aber nicht gahr, thut ihn sodann an das Fleisch, wenn es gahr gesotten ist, mit etwas Petersilie, ein wenig Erbsenblättern, welche von den Kiefererbsen abgeschält worden, und läßt es damit ein wenig aufkochen.

Rindfleisch auf westphälische Manier. Man nimmt ein groß, schön durchwachsenes, fettes und mageres zugleich, Stük Rindfleisch von Rippen, hauts in Stüke einer Hand groß, wäschts wohl, thuts in einen Topf, der groß genug ist, setzts mit Wasser zu, und kochts, schäumts auch wohl ab; dann läßt man es zween Finger breit einsieden, thut aber Negelein, ganzen Pfeffer, Muscatenblüthe und etwas grüne Zwiebeln, so groß und lang sie sind, samt dem Kraut und etwas grünen Majoran hinein. Hernach verkleibt man den Topf mit einem Dekel von schlechten Teig, setzt ihn von ferne ans Feuer, daß er allgemach kocht, und macht ihn, wenn man merkt, daß er bald möchte eingesotten seyn, auf, thut das Fette von der Brühe weg, und dagegen eine Hand voll geriebene Semmel mit ein wenig Salz daran, läßt eine Sose daraus kochen, richtet es an, und belegt es mit Citronen.

Rind-

Rindfleisch, wie Wildpret zu kochen. Das Fleisch reibt man mit Salz, legts in eine grosse Schüssel, beitzts mit Weineßig und Wachholderbeeren, und kochts oder bratets ordentlich. Zur Brühe röstet man Semmelkrumen in Butter braun, gießt etwas Eßig mit klein gestoßenen Wachholderbeeren darüber, würzt es mit Pfeffer und Ingber, läßts miteinander kochen, und giebts beym Anrichten über das Fleisch.

Rindsbraten, auf englisch. Man nimmt von einem fetten Rinde ein Stük vom hintern Viertel, so groß, als ob man einen Nierenbraten abhauen wollte, klopfts mit einem Stük Holz mürbe, legt es, mit Salz eingesprengt, in ein Geschirr, daß es Raum habe; solche Braten können dreysig bis vierzig Pfund schwehr seyn. Hat er etliche Stunden im Salz gelegen, so sprengt man ein wenig Eßig darüber, und läßt ihn, mit Zwiebelscheiben belegt, über Nacht so liegen. Dann stekt man ihn an den Spieß, legt ihn aber nicht zu jählings zu einem Feuer von hartem Holz. Fängt er an troken zu werden, so begießt man ihn mit Butter, und so oft man dies thut, bestreut man ihn mit Mehl, er muß aber allemal fett begoßen werden, so bekommt er eine Rinde, als ob er mit Teig überzogen wäre. Doch darf er nicht über zwey bis drey Finger ausbraten. Ist er fertig, so richtet man ihn an, gießt von der in der Bratpfanne aufgefangenen Brühe darüber, und garnirt es nach Gefallen. Wenn er zerschnitten wird, so muß man ihn ganzscheibig nach der Länge schneiden, und wenn ein Stükchen geschnitten ist, die Jus herausdrüken und auf den Braten gießen, dann kann man ihn den andern Tag wieder aufs neue braten und auftragen.

Rindsbraten am Spieß mit Capernsose. Den Braten muß man fein überspiken und saftig braten. Dann macht man eine braune oder weiße Capernsose, und zwar muß man die Capern ein wenig gröblicht durchhaken; gießt die Sose in eine Schüssel, und richtet den Braten darauf an.

Rindsbraten mit Cucumern. Man spikt und bratet ihn, macht ein wenig gelbbraun Mehl mit klein gehakten Zwiebeln, thut zimlich klein geschnittene frische Cucumern dazu, und läßt sie auf gelindem Feuer wohl durchschwizen; hernach schüttet man ein wenig Fleischbrühe daran, kochts damit durch zu einer Sose, und thut Weineßig und Pfeffer darüber.

Rindslendenbraten. Man spikt den Braten von außen mit frischem Spek, kleinen Fingers
U 5   dik,

dik, bratet ihn am Spieß mit untersezter grosser Bratpfanne, gießt Wasser darein, und begießt ihn damit; man nimmt aber auch statt des Wassers Eßig. Ist der Braten groß, so muß er zwey Stund braten und fleißig begossen werden. Dann richtet man ihn an, schüttet die Bratenbrühe in ein Pfännchen, thut ein paar Lorbeerblätter, geschnittene Citronen und gestoßen Gewürz daran, und kocht es so. Man thut auch Capern darein, und gießt die Brühe dann über den Braten.

Rindsbraten oder Nierenstük, auf sächsisch. Man nimmt von dem Stoß, als wie von dem Kalbe das Nierenstük, oder auch zwey bis drey von den diken Rippen, wässert sie ein, und läßt sie dann ein paar Stunden mit Wasser und Salz kochen, hernach thut mans in eine Bratpfanne an die Butter, und bakts im Ofen.

Rindsfleke mit Kraut. Man thut die Fleke, geschnitten, in einen Topf, schneidet Krauthäupter, als wollte man Salat machen, thut das Kraut zu den Fleken, würzt es mit Ingber und Pfeffer, gießt Brühe darauf, sezet es aufs Feuer, und läßts kochen. Hernach rührt man eingebranntes Mehl darunter, und gießt Fett von Rindfleischbrühe darauf.

Beym Anrichten streut man Ingber und Pfeffer darüber.

Rindsfleke mit Spek. Man schneidet sie länglicht, wie Nudeln, thut sie mit geriebener Semmel, Ingber, Pfeffer, Safran und ein Viertelpfund klein geschnittenen Spek, auch ein wenig klein geschnittenen Zwiebeln in einen Tiegel, und läßt kochen mit aufgegoßner Fleischbrühe, legt ein Stük Butter daran, und richtet es, wenn es diklicht ist, an.

Rindsfleke, mit Zwiebeln, sauer. Man schneidet die abgekochten Fleke nach Gefallen in einen Tiegel, thut eingebrannt Mehl, Ingber, Pfeffer und in Butter geröstete Zwiebeln daran, gießt Eßig und Butter darauf, und läßt sie auf Kohlen kochen; brennt dann etwas gebräunte Butter hinein, und richtet sie an.

Rindsfüße mit Zibeben. Man nimmt vom Fleischer gebrühte Rindsfüße, sengt sie und schneidet sie der Länge nach entzwey, wäscht sie sauber und läßt sie mit Wasser und Salz weich kochen; thut sie dann in kalt Wasser, kühlt sie aus, schneidet sie wie Nudeln, würzt sie im Tiegel mit Ingber, Pfeffer, Citronenschaalen und ein Viertelpfund gelesenen Zibeben, und wirft ein Stükchen Zuker dazu; bräunt in einem andern Tiegel Butter auf dem Feuer, rührt

rührt einen Eßlöffel voll Mehl darein, läßt es castanienbraun werden, und thuts auch an die Rindsfüße. Hernach gießt man Bouillon, Eßig und Wein darauf, und läßt es kochen, damit es eine dike Brühe bekommt.

Rindsfüße, kalt, mit Oel und Eßig. Man schneidet sie wohl gesotten, ganz klein, wie Nudeln, richtet sie in eine Schüssel an, streut Ingber und Pfeffer darauf, gießt Baumöl und Eßig daran, streut klein geschnittene Schnittliche darüber, und giebt sie hin.

Rindsfüße, fricaßirt. Man paßirt sie, klein geschnitten, mit Butter, Muscatenblüthe, Citronenschaalen und einer ganzen Zwiebel in einem Tiegel auf Kohlen, gießt Bouillon und Wein darauf, und läßt sie kochen; schlägt vier bis fünf Eyerdotter in einen Topf, gießt ein paar Löffel voll scharfen Eßig an diese, quirlt sie klar, schüttet auch die Brühe von den Füßen an die Dotter, nur daß er nicht gerinnt. Indessen legt man wieder ein Stük Butter an die Rindsfüße, und paßirt sie ein wenig, gießt das abgerührte oder gequirlte Fricaßee darauf, schüttet es durcheinander, und richtet es, wenn es dik ist, an.

Rindsfüße mit Zwiebeln. Man thut die grösten Knochen aus den abgekochten Füßen heraus, legt sie in einen Tiegel, schüttet geschnittene Zwiebeln, Ingber, Pfeffer, geriebene Semmeln und ein Stük Butter daran, gießt gute Fleischbrühe darauf, und läßt sie kochen.

Rindsmagen, gefüllt. Man kocht ihn weich, wäscht und kühlt ihn sauber aus, hakt gebraten Kalbfleisch, ein halb Pfund Nierentalg klein, vermischt es mit kleinen Rosinen, Citronenschaalen, Ingber, Muscatenblüthe und eingeweichter Semmel; thut Butter in eine Caßerole und das zusammengemischte darein, schlägt vier Eyer daran, und rührts auf Kohlen ab; füllt den Magen damit, thut ihn in eine Caßerole, gießt Rindfleischbrühe darauf, thut geriebene Semmel, Muscatenblüthe, Ingber, Citronenschaalen und Scheiben, auch ein Stuk reine Butter dazu, und läßt ihn so kochen. Endlich, wenn man ihn anrichtet, schneidet man ihn scheibenweis und gießt die Brühe darüber.

Rindsmaul zuzurichten. Man hart es ab, brüht und wässert es, siedet es im Wasser, und salzt es im Sud, schneidet es fingerslang und breit, richtet es kalt zu, mit Baumöl und Eßig, auch Zwiebeln, oder warm mit einer Zwiebel-Nelken- oder andern Brühe.

Rinds-

Rindsschwänze mit Linsen. Man schneidet sie in Stüke, blanchirt sie mit dünnen Spekschnitten und bratet sie. Unterdessen kocht man einen halben Nössel Linsen in Bouillon, und läßt eine Schnitte Kalbfleisch und Schinken schwizen, und wenn sie sich anhängen, nezt man sie mit ein wenig Bouillon. Mit dieser Kalbfleisch- und Schinkenessenz paßirt man die Linsen durch einen Durchschlag, würzt das Coulis, fettet die Schwänze ab, richtet sie mit den dünnen Spekscheiben an, und gießt die Coulis darüber.

Rindszungen, gebraten. Man wäscht sie aus, sezt sie, wie Rindfleisch zum Feuer; wenn sie weich ist, thut man sie in kalt Wasser, zieht die Haut ab, puzt und schneidet sie der Länge nach in vier bis fünf Stüke; bräunt Butter in einer Caßerole, legt die Zunge hinein, so daß sie auf beeden Seiten braun wird. Beym Anrichten gießt man die braune Butter darüber, und bestreut sie mit Ingber.

Rindszunge mit Capern. Wenn sie abgekocht ist, sezt man eine Caßerole mit Butter zum Feuer, und wenn sie braun worden ist, rührt man ein wenig Mehl daran, und läßts auch braun werden. Hernach gießt man Rindfleischbrühe, Wein und Eßig darauf, würzt die Zunge mit Ing-ber, Pfeffer und Citronenschaalen, und wirft eine Hand voll Capern darein. Dann schneidet man die Zunge wie die vorige, legt sie in die Brühe und läßts miteinander kochen, daß sie dicklicht wird.

Rindszunge, gefüllt. Man schneidet eine abgekochte und gepuzte Zunge die Länge herunter am diken Ort auf, und auf der Seite das Fletsch heraus, und hakt es klein, hakt auch ein Viertelpfund Nierentalg, nimmt kleine Rosinen, Citronenschaalen, Muscatenblüthe, Ingber, geriebene Semmeln und länglicht geschnittene Mandeln, und mischt dies alles durcheinander. Hierauf schüttet man es in eine Caßerole, legt ein Stük Butter dazu, schlägt drey bis vier Eyer darein, rührts auf Kohlen ab, gießt ein paar Eßlöffel voll Rahm dazu, und füllt die Zunge damit. Hierauf bestreicht man eine Tortenpfanne mit Butter, legt die Zunge darein, und sezt sie in einen heissen Ofen, wenn man sie vorher mit Butter begossen hat. Indessen macht man eine Brühe von Sardellen, Capern, Citronen u. s. w. und gießt sie darüber.

Rindszungenpastete. Man kocht eine Zunge bis sie mürbe ist im Wasser und Salz, zieht die Haut ab, und schneidet sie, wenn sie kalt

kalt iſt, in Stüke oder nur entzwey. Nach dieſem thut man Butter unten in eine Paſtete, und die Zunge mit Salz, Pfeffer, Zuker, Muſcatenblüthe, groſſen und kleinen Roſinen darauf, oben wieder Butter darauf, macht die Paſtete zu und bakt ſie im Ofen. Vor dem Anrichten kann man eine Brühe von Wein, Zuker, Butter, Eyerdottern machen, und ſie in die Paſtete ſchütten.

Rindszungen mit pikanter Soſe. Man ſchneidet ſie in Stüke. Die Brühe iſt wie beym Rindfleiſch mit pikanter Soſe. Wenn dieſe gemacht iſt, legt man die zerſchnittene Zunge hinein, und läßt es ein wenig miteinander kochen, dann richtet man es an.

Rindszunge mit Ragout. Man bereitet ſie wie gewöhnlich, ſpikt ſie mit kleinen Spek, bratet ſie am Spieß, und begießt ſie mit in Eßig, Salz und Pfeffer zergangener Butter. Iſt ſie gebraten, ſo ſchneidet man ſie in groſſe Stüke, läßt ſie in einer Remolade von Sardellen, gebakten Capern, klein geſchnittenen Zwiebeln und Peterſilie ein paar Walle thun, paßirt alles in einer Jus von Rindfleiſch mit gehörigem Gewürz, einigen Rosquenbolen, in ein wenig Eßig, und giebt ſie zum Voreſſen. Anſtatt der Remolade kann man die davon gemachte Stüke über den Kohlen in einem Ragout von Champignons, Kalbsprieſen und Artiſchokenböden ſtehen laſſen; in währendem Kochen muß man ſie mit Butter begießen, oder läßt brennenden Spek darauf triefen.

Rindszunge, geräucherte, trokken, mit Senf. Man wäſſert ſie über Nacht in laulichtem Waſſer, wäſcht ſie ſauber aus, und gießt in einem Topf Waſſer darauf, und läßt ſie weich kochen. Dann thut man ſie in kalt Waſſer, ziehet die Haut ab, ſchneidet ſie der Länge nach zu ganz dünnen Schnitten, richtet ſie auf eine Schüſſel an, wie einen Kranz, damit in der Mitte Plaz bleibe, gießt Senf hinein und trägt ſie auf.

Rindszunge mit groſſen Roſinen. Man ſchneidet ſie, gehörig zugerichtet, der Länge nach flach entzwey in ſechs bis ſieben Stüke, thut ſie in einen Tiegel, würzt ſie mit Ingber, Pfeffer, Negelein und Citronenſchaalen, thut eine Hand voll groſſe, und eben ſo viel kleine Roſinen, auch länglicht klein geſchnittene Mandeln dazu, brennt ein wenig braun Mehl daran, gießt Rindfleiſchbrühe, auch Wein und Eſſig darauf, und läßts kochen. Wenn es nur ziemlich kurz und dik eingekocht iſt, ſo reibt man

Zuker

Zuker daran, und läßt sie noch ein wenig kochen.

Rindszunge, gespikt mit Citronen. Wann sie abgekocht und gepuzt ist, so spikt man sie mit Citronen; stekt oder bindet sie an einen Bratspieß, bratet sie und begießt sie oft mit Butter. Während der Zeit macht man die Brühe, welche beym Rindfleisch mit Sardellensose beschrieben ist.

Rissolen, sind eine Art französischer Pastetchen von gehakten und gewürzten Fleisch, welches in einen Teig geschlagen und im Schmalz gebaken wird.

Rissolen von Apricosen. Man macht eine Art zerbrochenen Teiges von feinem Mehl, Butter, Pomeranzenblüthwasser, klein gestossene Citronenschaalen, ein paar Finger voll Salz und Wasser. Daraus bereitet man kleine Unter- und Oberkrusten, zwischen beyde thut man ein wenig Apricosenmarmelade, vergoldet sie und bakt sie im Schmalz. Alsdann glacirt man sie mit Zuker.

Rollade von zahmen Schweinskopf. Man löst aus dem Schweinskopf alle Knochen, schneidet die Ohren ab, salzt das Fleisch mit Salz und Salpeter ein, schneidet die Ohren und Zungen länglicht, pökelts mit Salz ein, bestreuts mit Pfeffer, rollts auf, und bindets ganz fest mit Bindfaden. Ist Pökellake vorhanden, so legt man die Rollade ungefehr acht Tage hinein, hängt sie dann vierzehn Tage in Rauch; wikelt sie nachher in eine Serviette, kocht sie in Wasser mit Neiken und Zwiebeln weich. Wenn man sie brauchen will, zieht man den Bindfaden aus, und giebt sie so in Scheiben hin.

Rollkuchen. Man nimmt ein Pfund schön Mehl, eben so viel Zuker, (dafür auch Honig) und ein Nößel Wasser. In dies schüttet man zuvörderst den klar geriebenen Zuker, rührt das Mehl mit dem Zukerwasser an, thut ein paar Eyer dazu, und schlägts recht untereinander. Ist nun alles übrige Wasser nach und nach zugegossen, schmelzt man ein klein wenig Butter mit etwas Wasser. Dies rührt man schnell unter dem Teig; ist er zu flüßig, so verstärkt man ihn mit Mehl, ist er zu stark, so verdünnt man ihn mit Wasser. Daß er aber recht schön aufgehe, haut man ihn mit der Hand, rollt und dehnt ihn aus, zieht ihn aber auch bald wieder an sich, verwahrt ihn an einem trokenen Ort und bakt ihn.

Rosenbrey Man hakt frische Rosenblätter wohl untereinander, nimmt etwas Mehl, schlägt einige Eyer darunter, und knetet es

Rosenconserve

es zu einem rechten Teig, treibt diesen ordentlich auf, und zwar ganz dünn, und läßt ihn troken werden, und hebt ihn zum Gebrauch in Schachteln auf. Von diesem nimmt man nun einige Stüke, wirft sie in wohlgesottene Milch, und thut etwas Eyer und Mehl dazu, so hat man einen Rosenbrey.

Rosenconserve, weiche. Man nimmt Rosenknöpfe, thut das Grüne und Gelbe weg, zerdrükt die Blätter in einem steinernen Mörsel, und thut bald so viel zarten Zuker, als die Blätter wiegen, unter dem Zerdrüken dazu. Wenn nun dies wohl durchgearbeitet ist, stellt man diese Conserve vierzehn Tage in die Sonne in Porcellantöpfchen, die man aber um der Gährung willen nicht ganz füllen darf. Darnach sezt man sie vier bis fünf Tage in Schatten, und füllt die übrige aus einem Topfe völlig auf. Endlich bindet man ein doppeltes genezte Pergament darüber.

Rosenhonig. Man nimmt zu einem Pfund Rosen drey Maas gesotten Wasser, läßt es drey Nächte darüber stehen, darnach preßt mans aus; thut wieder ein Pfund Rosen daran, und das zum drittenmal, siedet es mit Honig ab, und verfährt wie mit dem Violensaft. Man kann ihn sehr nützlich gebrauchen.

Rosinen 319

Rosenjulep für Kranke. Man nimmt einen Schoppen Rosenwasser und ein Pfund Zuker, zwey bis drey frische Eyer, klopft das Weisse stark davon, und thut es unter das Rosenwasser; mischt dann den Zuker darein, und sezt es erst über das Feuer, verschäumt es recht sauber, und kocht es wie einen andern Syrup.

Rosenwassermus. Man zerklopft Eyerdotter, gießt Wein und Rosenwasser daran, klopfts untereinander, röstet Semmelmehl im Schmalz, schüttet das Angerührte daran, thut Zuker und Safran darein, und läßts unter stetem Aufrühren sieden.

Rosinen zu den Torten zu bereiten. Man liest und wäscht grosse Rosinen sauber, sezt in einem Tiegel Wein aufs Feuer, thut die Rosinen hinein, und läßt sie dämpfen, bis sie zimlich weich sind, schneidet auch Citronenschaalen klein, stößt Zuker zart und schüttet beydes zu den Rosinen. Diese braucht man nun zu allem Bakwerk, wozu man Fülle haben will.

Rosinen oder Zibeben zu baken. Man quellt sie in heissem Wasser ab, daß sie ein wenig auflaufen und weich werden, spießt sie an etwas spiziges und und am Ende etwas gekrümmtes, z. E. an eine Spiknadel, tunkt sie in eine Klare, dergleichen man

man zu Aepfelschnitzen gebraucht, und bakt sie schnell in heissem Schmalz.

Rosinenbiscuits von kleinen Rosinen. Man nimmt ein halb Pfund Zuker, ein halb Pfund Mehl, ein halb Pfund Butter, ein halb Pfund kleine Rosinen, liest und wäscht diese sauber, und troknet sie über dem Feuer wohl ab; rührt die Butter schneeweis, nimmt vier Eyerdotter und zwey ganze Eyer, rührt allemal ein Ey und einen Löffel voll Mehl und Zuker hinein, rührt alles wohl durcheinander, und macht so fort, bis Eyer, Mehl und Zuker gar sind. Hernach thut man die Rosinen darein, und macht kleine Model von Papier, wie zum Mandelbrod, schmiert sie mit Butter und bestreut sie mit feinem Mehl, füllt den Teig hinein, aber nicht ganz voll, und bakt sie im Ofen. Wenn sie gebaken sind, thut man das Papier auf, so gehen sie heraus; dann streut man Zuker darauf.

Rosinenbrühe. Man sezt Wein in einem Töpfchen zum Feuer, würzts mit ein wenig Pfeffer, Zuker, Zimmet und Muscatenblüthe, bindet ein wenig Safran in ein Läppchen, thuts mit dem Gewürz in das Töpfchen, und kochts wohl zusammen. Indessen sezt man sauber gelesene und reingewaschene Rosinen in einem Töpfchen mit Wasser besonders zum Feuer, daß sie aufquellen; dann schüttet man den Wein mit dem Gewürz durch ein Tuch, und drükt es aus. Endlich läßt man das Wasser von den aufgequollenen Rosinen abtriefen, thut sie in die Weinbrühe, läßt alles zusammen mit noch ein wenig Malvasier wohl kochen, und richtet es über Gebratenes an.

Rosinenmus. Man lese und wasche Rosinen, thue sie in einen Topf, giesse halb Wasser und halb Wein daran, und koche sie ganz weich. Hernach quirle man sie klar und treibe sie durch einen Durchschlag in einen Tiegel, giesse noch ein wenig Wein daran, schütte ferner Citronenschaalen, Zimmet und Zuker darein, und lasse es ein wenig miteinander kochen. Endlich richte man es auf eine Schüssel an, streue oben Zuker und klein geschnittene Citronenschaalen darüber, und gebe es kalt oder warm.

Rosinentorte. S. Torte.

Rosmarinbrühe über Gebratenes. Man läßt frische Butter oder Schmalz in einer Pfanne zergehen, schneidet ein wenig Zwiebeln klein, wirft sie mit einem halben Löffel voll Mehl darein, und röstet es miteinander; dann giesst man Fleischbrühe und ein wenig Eßig daran, siedet es, und würzts mit Negelein, Mu-
scaten-

Rothe Rüben scatenblüthe, Pfeffer, Zuker und Zimmet. Hernach schneidet man Citronenschaalen, länglicht wie Kraut, läßt sie mit einigen kleinen Rosmarinzweigen nur einen einzigen Sud thun, und schüttets über das Gebratene. Zuletzt belegt man es mit runden ausgestochenen Citronenscheiben.

Rothe Rüben einzumachen. Man siedet sie, schabet ihnen die Haut ab, schneidet sie in Scheiben, thut würflicht geschnittenen Meerrettig, Coriandersaamen, Anis und Kümmel daran, allemal eine Lage Rüben und wieder eine Gewürz. Dies alles in einem Topf. Ist dieser voll, so gießt man scharfen Weinessig daran, daß er darüber geht, und dekt ihn wohl zu.

Roulade mit Aal. Man sengt einen Capaun oder anders Geflügel und spaltet es in der Mitte, thut die Knochen davon und breitet eine feine Farse darüber her; bedekt diese Farse mit Schinken und Aalschnittchen, rollt das Geflügel über und über darinnen, bindets mit Bindfaden zusammen, und kocht es mit einem Glas Champagnerwein. In eben dieser Bräse kocht man gespikte Stüke Aal, glacirt sie, richtet die Rouladen auf einer Schüssel an, ein Stük Aal in der Mitte, und die übrige rings herum; und zur Sose giebt man einge-

Koch- u. Confit. Lexic.

Roulade 321

kochte Jus aus der Bräse, wenn man sie abgefettet und mit Citronensaft durch ein Haarsieb getrieben hat.

Roulade von Kalbfleisch, bayerisch. Man klopfet einen Kalbsschlegel mürbe, schneidet alles derbe davon aus, fettet es recht ab, nimmt alle Häute weg, schneidet das Magere zu kleinen Schnitten, die man sodann klein hakt. Hierauf bereitet man auf einen Tisch ein in frischem Wasser gewässertes Kälbernes aus, darauf richtet man die Kalbfleischschnitten, und bedekt sie mit ganz kleinen Spekstreifen, mit gestoffenen Schinken, der mit Salz, Pfeffer, Negelein, Zimmet, gestossene Muscatennuß und Coriander, Petersilie, Schalotten, Knoblauch, Zwiebeln, Thymian, Basilikum, Wegerich, Lorbeerblättern, Champignons, klein geschnittenen Kalbseuter, Kalbsmilch und Butter gekocht werden. Man rollt alles zusammen wie eine Bratwurst, und bindet sie mit Bindfaden; stekt sie mit Papier umwikelt und mit Butter bestrichen an einen hölzernen Spieß, läßt sie bey gelindem Feuer rösten, und begießt sie fleißig. Ist sie gahr, so nimmt man das Papier ab, und richtet es zum Veressen mit Kalbscoulis an, thut auch in dieses eine Zehe Knoblauch und gestossenen Pfeffer.

Z Rou-

Roulade von Rindfleisch. Man nimmt ein Seitenstük, schlägt es wohl, breitet es über eine Tafel, richtet darüber Spek-Schinken- auch Rindszungen-schnitten, hart gesottene Eyer, Pistacien, feine Kräuter, Salz, Pfeffer und ein wenig Roquenbeln. Man überziehet alles zusammen mit Eyern, macht es mit ein wenig Mehl zusammen, faltet die Schnitten besonders in einer Serviette, und thut es in eine gute Bräse, nezet es mit weissem Wein und Bouillon, und richtet es kalt an.

Roulade von Schweinsköpfen. Man nimmt mittelmäßige nicht allzufette Schweinsköpfe, spaltet sie entzwey, schneidet die Ohren weg, wässerts einigemal in frischem Wasser wohl aus, und kocht sie gahr, doch sollen sie nicht allzumürb seyn, sondern sich nur die Knochen völlig ausbrechen lassen. Hierauf nimmt man sie heraus, bricht die Knochen warm aus, daß der Kopf ganz bleibt, streut Salz, gestossene Negelein, Pfeffer, Muscatenblüthe, in Striemen geschnittene Citronenschaalen und gehakte Peterfilie warm auf das innere der Kopfstüke dik, fügt diese wieder zusammen, daß der Kopf ganz zu seyn scheint, umbindets mit einem Bindfaden wohl, schlägts in ein Tuch und thuts in eine Presse, daß es kalt werde. Will man davon brauchen, so schneidet man es in Scheiben, giebt Weinessig, Pfeffer und gehakte Peterfilie darüber.

Rüben, märkische oder bayrische, auch Ilfinger, braun zu kochen. Wenn sie sauber gepuzt und wohl gewaschen sind, läßt man sie auf einem Durchschlag abtroknen, macht in einer Casserole braun Mehl, legt die Rüben hinein, läßt sie eine gute Zeit darinn braten und schwizen, schüttelt und rührt sie auch je und je; endlich macht man eine braune Brühe daran und kocht sie vollends gahr, nur mit weniger Brühe. Man richtet sie über Enten, Gänse, Rindszungen und Hammelfleisch an.

Rundes Biscuit. Man nimmt ein halb Pfund gröblicht gestossenen und durchgesiebten Zuker, schlägt zuerst fünf ganze Eyer und einen Eyerdotter in einen Topf, rühret es eine Stunde lang untereinander, bis es schön weiß und diklicht wird, thut ein halb Pfund fein Mehl dazu, schlägt es noch ein wenig miteinander ab, schüttet einen Löffel voll Rosenwasser oder die Hälfte Zimmetwasser daran, nebst ein klein wenig Brandtewein. Man kann auch die Hälfte Stärkmehl und die Hälfte von einem andern Mehl nehmen, recht schnell rüh-

Sakküchlein

rühren, damit der Teig glatt werde, selbigen hernach auf ein grobes Papier mit einem Löffel, doch nicht gar zu genau aneinander thun, in einem heissen Ofen geschwind abbaken, und, wenn es gebaken, mit dem Messer vom Papier ablösen.

S.

Sakküchlein. Man macht von schön Mehl, sechs Eyern, sechs Eyerschaalen voll Milch und Rosenwasser einen Teig, wie zu Strauben, salzt ihn, hängt ihn in einem Säkchen in siedend Wasser, siedet ihn eine Viertelstunde darinn, nimmt ihn aus dem Säkchen heraus, schneidet ihn vierekicht, und macht hin und wieder Schnittchen darein; legt diese Stükchen in Schmalz, welches aber nicht zu heiß seyn darf, bakt sie langsam, thut das geschnittene Theil unterwärts gegen den Boden in die Pfanne, behält aber den andern Teig immer in warmen Wasser, bis er ebenfalls nach und nach aufgebaken worden. Man kann auch ein wenig kleine Rosinen darunter rühren.

Sainimenous. (ein steif gekochter Brey.) Man nimmt ein Quart Milch, ein Viertelpfund Krebs- oder andere Butter, ein Viertelpfund fein Mehl, vier Eyerdotter und eine halbe Mus-

Salat

scatennuß. Das Mehl rührt man mit der Milch klar, thut die Butter nebst der Muscatennuß dazu, und kocht es in einer Casserole unter beständigem Rühren zu einem diken Brey. Es heißt er vom Feuer kommt, schlägt man die vier Eyerdotter dazu, rührt's wohl untereinander, und läßt's auf einem Teller kalt werden. Man macht davon über ein Stük Rind- oder ander Fleisch, auch über andere Speisen eine Kruste, wenn das Fleisch angebrannt oder sonst beschädigt worden. Man bakt diese Kruste im Bakofen oder unter dem Dekel bräunlich.

Salat von Aepfeln, Rettig und Zwiebeln. Man schält Borsdorferäpfel und Rettige, schneidet beyde würflicht oder länglicht, die Zwiebeln auch, und mischt es untereinander. Dann liest man vier Loth grosse Rosinen, und läßt sie in heissem Wasser ein wenig liegen, thut sie heraus, und mischt sie unter den Salat; zieht vier Loth Mandeln in heissem Wasser ab, schneidet sie länglicht, mischt sie gleichfalls darunter, richtet diesen Salat auf eine Schüssel an, gießt guten Weinessig und Provenceröl darauf, streut Zuker darüber, und mischt alles wohl.

Salat von Apricosen. Man schält und schneidet sie entzwey, das daß der Stein herauskommt, thut in eine jede eine Mandel oder Pistaciennuß, richtet sie so in die Schüssel, daß der Salat hoch werde, schüttet süßen Wein und Zuker daran, und streut klein und würflicht geschnittenen Citronat, auch ein wenig Trisanet oben darauf.

Salat von Artischoken. Man wässert und siedet grosse Artischoken, macht die innere Blätter nebst dem Haarigten heraus, läßt aber die äußerste Blätter daran, legt diese Artischokenkörnchen in eine Schüssel, mischt Eßig, Baumöl und Pfeffer untereinander, schüttet es darüber her, läßts so eine Weile darüber stehen, bis die Artischoken die Kraft davon ein wenig an sich ziehen; legt allerley grünen oder Kräutersalat, auch kleine Capern, Oliven u. s. w. hinein, und bestreut es mit klein geschnittenen Citronenschaalen.

Salat von Blumenkohl, auf vogtländisch. Man siedet den Blumenkohl im Salzwasser, und macht ihn mit Provenceröl, Eßig und Pfeffer an.

Salat von Brokoli oder Kohlsproßen. Man nimmt die Sproßen vom braunen Kohl, die am Strunk herauf gewachsen sind, und puzt sie sauber; sezt Waßer zum Feuer, daß es kocht, wirft erst ein wenig Salz und alsdann den Brokoll auch hinein, und läßt ihn weich kochen. Nach diesem thut man ihn heraus auf eine Schüssel und läßt ihn kalt werden, salzt ihn ein wenig, gießt Eßig und Baumöl darüber, und streut Zuker darauf.

Salat von Capern. Wann man Salzcapern die Stiele abgepflükt hat, legt man sie über Nacht in rein Wasser, seigt sie ab, wäscht sie nochmal in frischem Wasser, begießt sie ein wenig mit Eßig, zukert sie nach Belieben, wäscht alsdann ein wenig ausgekörnte Rosinen und schöne Weinbeeere, und schneidet geschälte Mandeln länglicht, Citronat aber würflicht. Dann mischt man alles unter die Capern, thut ein wenig Baumöl darauf, richtet es in eine Schüssel hoch zu, belegt den Rand mit Citronenschaalen und überstreut sie mit Zuker. Man kann auch klein geschnittene Citronenschaalen und Pistaciennüßchen darunter rühren.

Salat von Cichoriensproßchen. Man schneidet das Weiße und die Spitzen weg, legt sie in frisch Wasser, wo sie, bis das Bittere weg ist, liegen bleiben, wäscht sie, und macht sie mit Eßig und Baumöl an.

Salat von Endivien. Man liest ihn rein, und thut das Grüne außen herum weg, das mittelste Gelbe und lange aber schneidet man entzwey; wäscht es sauber aus, legts in eine Schüssel, besprengts mit Salz, gießt guten Eßig und Baumöl darauf, und bereibts mit Zuker. Den Schüsselrand kann man mit ausgestochenen Citronenpläzchen belegen, und den Salat mit Granatäpfelkörnern bestreuen.

Salat von verschiedenen Fleisch. Man nimmt gebraten Geflügel oder Wildpret, schneidet es in dünne schmale Schnittchen, richtet es mit gehakten Laktuken, die man auf den Boden der Saladiere legt, reihenweis an, und gießt das gewöhnliche zu einem Salat gehörige, nebst dem nöthigen Gewürz darüber.

Salat von Gartenkresse. Man liest die Kresse, und legt sie in kalt Wasser, wäscht sie sauber, salzt sie ein wenig, gießt Eßig und Baumöl darauf, mischt alles wohl und streut Zuker darüber.

Salat von frischen Cucumern. Man schält und schneidet sie scheibenweis ganz dünn, oder hobelt sie auf einem Salateisen in dünne Scheibchen, salzt sie in einer Schüssel scharf ein, dekt einen Teller darauf, und beschwert sie, daß sie schwizen, und läßt das Wasser allemal herunter laufen. Wenn sie nun ein paar Stunden im Salz gelegen haben, drükt oder preßt man sie aus, gießt Eßig und Baumöl darauf, und thut Zwiebeln und Pfeffer daran.

Salat von Haasenohren. Man sezt Haasenohren mit Wasser zum Feuer, und thut sie, wenn sie eine Weile gekocht haben, heraus ins kalte Wasser, und thut die Haare herunter. Dann schneidet man sie wie Nudeln, legt sie auf eine Schüssel, gießt Baumöl und Eßig darauf, und streut länglicht geschnittene Citronenschaalen darüber.

Salat von Hopfenkeimchen. Man schabt, liest und puzt sie sauber, und legt sie in kalt Wasser; sezt Wasser in einen Topf zum Feuer, und wirft, wenn es kocht, ein wenig Salz hinein, wäscht die Hopfenkeimchen sauber aus, läßt sie in siedendem Wasser ein wenig kochen, bis sie weich werden, seigt sie ab, und läßt sie auf einer Schüssel kalt werden. Dann gießt man Eßig und Baumöl darauf, und richtet sie an.

Salat, italienischer, oder Sardellen s. Man wässert Sardellen, wäscht sie aus, und zieht das Fleisch auf beyden Seiten ganz ab; rollt von diesem Fleisch etliche Stückchen wie Papier zusammen, und läßt die andern ganz. Dazu kommen noch Muscheln, eingelegte Austern, kleine

Capern, Oliven, Citronen, Bricken, Cervelaten, Granatäpfelkerne; dieses richtet man alles
ordentlich an, gießt Weineßig
und Provenceröl darauf, und
garnirt es mit gerissenen Citronenscheiben und geschnittenen Citronenschaalen.

Salat von Kälberbraten. Man
läßt eine gebratene Kalbskeule
kalt werden, schneidet sie in dünne Scheiben, wie ein Blatt,
legt sie in eine Schüssel, thut
Oel, Pfeffer, Salz, ein wenig
Eßig, und den Saft von einer
Citrone darüber.

Salat von Krauthäuptern. Man
nimmt rothe und weiße, aber
zarte Krauthäupter, läßt die
Blätter herunter, und schneidet
den durch das Blatt gehenden
Strunk heraus; wikelt etliche
Blätter fest zusammen, und
schneidet sie so zart als man kann;
salzts in einer Schüssel, gießt
etliche Stunden vor dem Essen
Eßig und Baumöl darauf, und
mischt es wohl untereinander.
Man thut auch Pfeffer und Zwiebeln dazu.

Salat von Kräutern. Man
nimmt Löffelkraut, Gartenkresse,
jungen Sauerampfer, Sauer-
klee, Pimpinell, Isop, Schnittlauch, Körbel, Ochsenzungen,
Gartensalat, Borragen, Pfefferkraut, Mellissengipfel, Fenchelkraut, Kaisersalat, Zuker-

rüblein, Schlüsselblumen, ölke
Nelken u. s. w. reinigt und wäscht
alles wohl, und machts mit Oel,
Eßig u. s. f. wie einen andern
Salat an. Man nimmt auch
statt des Wein-Rosenessig, zukert ihn ein wenig, legt diese
Kräuter in die Mitte, und andere Salate herum.

Salat von Mangolt macht man
aus den größten und dicksten
Stengeln, wenn man sie schält,
fingerslang schneidet, in Wasser
mürb siedet, und mit Eßig und
Baumöl oder Butter anmacht.

Salat von Oliven. Eingemachte
Oliven richtet man blos in frischem Wasser an, und setzt sie
zum Gebratenen auf.

Salat von Portulak. Man
liest die Blätter einzeln und wirft
sie in kalt Wasser, wäscht sie
sauber aus, thut sie in eine
Schüssel, salzt sie ein wenig, und
gießt Eßig und Oel darauf. Hernach liest man kleine Rosinen,
wäscht sie aus heissem Wasser,
daß sie ein wenig auflaufen,
streut sie auf den Salat, mischt
es durcheinander, richtet ihn auf
eine Schüssel an, und thut Zuker oder Pfeffer darauf.

Salat von Sardellen. Man
wäscht sie sauber, zieht das
Fleisch von den Gräten, und
legts wieder in frisch Wasser und
die Sardellen auf einen Teller.
Man kann auch geschnittene Zwiebeln

beln darauf streuen; dann thut man Eßig und Baumöl darauf. Statt der Zwiebeln nimmt man auch Citronenschnittchen.

Salat von Schnecken. Man wäscht sie geschwind aus, daß der Sand herunterkomme, sezt sie mit heissem Wasser zum Feuer, läßt sie aber nicht lang kochen. Wenn sie kochen wollen nimmt man sie vom Feuer, legt sie in frisch Wasser, puzt sie, legt sie wieder in frisch Wasser, sezt sie mit ein wenig Wasser und Salz in einen Topf zum Feuer, kocht sie eine Weile, und thut sie wieder in frisch Wasser. Dann troknet man sie, richtet sie an, würzt sie mit etwas Salz und Pfeffer, und schüttet Eßig und Baumöl darauf.

Salat von Spargel. Man puzt ihn sauber, siedet ihn im Wasser, thut ein wenig Salz dazu, daß er weich werde. Dann wirft man ihn in kalt Wasser, legt ihn in eine Schüssel, gießt Eßig und Oel darauf, und streut klein geschnittene Citronenschaalen darüber.

Salbey gefüllt und gebaken. Man zieht die Blätter durch ein Wasser, legt dann eins nach dem andern auf ein Brett, bestreichts an der Seite ein wenig mit Eyweiß, thut in der Mitte eingemachte Johannisbeere oder Kirschenmus darauf, dekt wieder ein ander Blatt darüber, daß die Adern über sich kommen, drükt es an der Seite, wo es mit Eyerweiß bestrichen ist, fein zu, macht einen Teig von einem Löffel voll Mehl in einer Schüssel, brennt einen Löffel voll heiß Schmalz darein, rührts wohl um, daß man kein Schmalz mehr darinn sieht, gießt ein wenig kalt Wasser dazu, nur daß der Teig damit benezt werde, quirlt ein Eyweiß darein, dann auch den Dotter; die Dike muß so seyn, daß sie an den Salbeyblättern hangen bleibt. Endlich tunkt man diese gefüllte Blätter in den Teig und bakt sie.

Salm. S. Lachs.

Sandtorte. S. Torte.

Sardellenbrühe über allerley Braten. Man zerreibt ein Stük frische Butter mit Citronenmark, thut ein paar gehakte Sardellen dazu, rührt alles wohl untereinander, sezts auf Kohlen, schüttet die Bratenbrühe, und wenn es zu sieden anfängt, den Saft von einer Citrone oder Pomeranze dazu, und richtets an.

Sardellensulze. Man säubert zwey Kalbsfüße, zwey paar Kalbs- und zwey paar Schweinsohren, auch eine junge Schweinszunge, und siedet sie in Wein und Wasser; wenn sie etwas weich gesotten haben, thut man zwey paar Priesen, einen Ochsengaumen und Hühner- und Taubenmagen hinein, und läßts recht miteinander sieden. Wenn alles weich ist, und die Brühe abgeseigt und es kalt worden ist, schneidet man es klein, legts in eine Schüssel, die Brühe aber nebst acht bis zehn klein geschnittenen Sardellen thut man in einen Topf, und siedets so lang, bis es eine starke Sulze wird, nimmts hierauf vom Feuer, wirft eine Citronenschaale darein, drükt auch Citronensaft darauf, seigts durch ein Tuch und läßts gestehen.

Sauerkraut. Man setzts mit Wasser zum Feuer, und kocht es weich; macht Butter oder Schweineschmalz heiß, rührt ein wenig Mehl darein, und läßt es ein wenig rösten; seigt alsdann etwas Brühe vom Kraut ab, schüttet das heisse Schmalz oder Butter ans Kraut, rührts wohl durcheinander, und richtet es an.

Sauerkraut als ein Salat. Man kochts im Wasser auf, läßts wieder kalt werden, macht es mit Baumöl und Eßig an, und ißts wie einen Salat.

Schaafsmagen, auf sächsisch zu braten. Man kocht sie in einer guten Fleischbrühe weich, füllt sie mit einer beliebigen Fülle, näht sie zu, bratet sie am Spieß, begießt sie oft mit Butter, und giebt sie dann entweder so hin, oder macht eine Muscatenblumenbrühe darüber.

Schalottenbrühe über einen Schlegel. Man schneidet sie klein, setzt sie mit ein wenig klein geschnittenen Rosmarin und einem Stückchen gebähten Brod zum Feuer, siedet sie weich, seigt sie durch, und zwar mit ein wenig trüber Brühe, aus der Bratpfanne; endlich thut man Citronensaft, Pfeffer und Muscatenblüthe, auch ein wenig klein geschnittenen Rosmarin und Citronenschaalen darein, und richtet sie über den Braten an.

Schildkröten zuzubereiten und zu putzen. Man legt ihnen eine glühende Kohle auf den Rüken, dann hält man ihnen Fuß, Kopf und Schwanz, daß sie hervorstreken, hinweg, wäscht sie sauber, und läßt sie im Wasser kochen. Hernach thut man sie in kalt Wasser, schält das Schild oben herunter, und kühlt das Fleisch, als ob man junge Hühner hätte, nimmt aber die Galle von der Leber. Die Eyer wäscht man sauber, und zieht das schwarze Häutchen herunter. Den Schild säubert man so, daß die schwarze Haut davon kommt, und wäscht ihn mit Salz wie ein Schnekenhaus.

Schildkröten mit Citronensoße. Man thut Butter, Muscatenblüthe und Citronenschaalen in einen Tiegel, legt die geputzten Schildkröten darein, und paßirt sie

Schildkröten

sie auf Kohlen; gießt Coulis und ein Glas Wein darauf, legt Citronenscheiben hinein, salzt es ein wenig, und läßt es kochen. Man richtet es in die Schilde oder sonst an.

Schildkröten, fricaßirt. Man wäscht Butter, thut sie in einen Tiegel, wirft Citronenschaalen, eine ganze Zwiebel und Muscatenblüthe dazu, legt die gepuzten Schildkröten darein, und pußirt sie auf Kohlen; gießt ein paar Gläser guten Wein und etwas gute Bouillon (an Fasttagen Petersiltenwasser) darauf, und läßts eine Weile kochen. Nach diesem schlägt man vier Eyerdotter darauf, gießt etliche Tropfen Weineßig daran, thut gehakte grüne Petersilie dazu, und quirlts klar ab. Dann gießt man die Brühe von den Schildkröten an die gequirlten Eyer, und quirlt es beständig, daß sie nicht gerinnen; inzwischen legt man noch ein Stük Butter an die Schildkröten, setzt sie wieder auf Kohlen und paßirt sie ein wenig. Endlich schüttet man die gequirlte Brühe daran, rüttelt es um, und richtet sie in das Schild. Man kann es auch in die bloße Schüssel anrichten.

Schildkröten mit Muscatenblüthe. Man thut sie gepuzt in den Tiegel, legt ein Stük Butter daran, streut geriebene Semmeln und viel Muscatenblüthe darein, gießt gute Fleischbrühe darauf, läßts auf Kohlen gemach kochen, bis die Brühe diklicht ist, und richtet es in die Schilder oder schlechtweg an.

Schildkrötentorte. S. Torte.

Schinken abzukochen, französisch. Man macht sie rein, ohne die Schwarte anzugreifen, läßt sie das Salz im Wasser verlieren, wikelt sie in ein weisses Tuch, steft sie mit zwey Kannen Wasser und eben so viel Wein in einen Topf, und Wurzeln, Zwiebeln, und ein starkes Bündchen von allerley feinen Kräutern dazu; läßt sie fünf bis sechs Stunden bey gelindem Feuer kochen, und hernach in ihrer Brühe erkalten; dann nimmt man sie heraus, ziebt ihnen die Schwarte ordentlich ab, ohne das Fett zu beschädigen, auf welches man gehakte Petersilie nebst ein wenig Pfeffer und geriebener Brodrinde thut, paßirt über die rothe Haut, daß sie das geriebene Brod annimmt, und der Schinken schön wird.

Schinken auf dem Rost gebraten. Man schneidet dünne Scheiben von Schinken, welche gekocht und dann wieder kalt worden sind, bestreicht sie mit Butter, legt sie auf den Rost, und bestreut sie, wenn sie wieder warm werden, mit Pfeffer. Man kann

kann sie auch roh und ungesotten so braten, und dann ißt man sie zum Salat, oder mit Eßig und Pfeffer oder auch mit Senf.

Schinken am Spieß gebraten. Man zieht ihm die Haut ab und umwikelt ihn damit, benimmt ihn im warmen Wasser das Salz und weicht ihn dann zehn bis zwölf Stunden auf einer tiefen Schüssel mit einer Flasche spanischen oder andern süßen Wein ein. Sodann bewikelt man ihn mit Papier und stekt ihn an den Spieß; den Wein, worinn er eingeweicht worden, gießt man in die Bratpfanne, begießt ihn damit während dem Braten, und wenn er gebraten ist, panirt man ihn mit feiner Brodkrume und gehakter Petersilie, giebt ihm am Spieß eine schöne Farbe, läßt ihn kalt werden, und richtet ihn auf einer Serviette mit grüner Petersilie garnirt an.

Schinken mit Champagnerwein. Man läßt drey bis vier Schinkenschnitten schweißen; wenn sie zwey bis drey Stunden auf glühender Asche geschwelzt haben, so thut man eine Flasche Champagnerwein in die Braise, und läßet sie ferner bey ganz gelindem Feuer kochen, zerschneidet sie, und richtet sie mit einer Soße von Champagnerwein an.

Schinken, gepreßt. Man zieht einem Schinken, weil er noch roh ist, die Haut ab, löst den Spek oben herunter, und schneidet ihn würflicht, das Fleisch aber schneidet man alles von den Knochen ab, hakt es klein, und mischt beydes untereinander, würzt es mit Pfeffer, Cardomomien, Citronenschaalen, thuts zusammen in eine Casserole, schlägt ein bis zwey Eyer darein, und rührt es wohl untereinander. Nach diesem schneidet man aus Citronat lange vierekichte Stükchen, so lang als er ist, auch geräucherte und abgekochte Rindszungen und Spek, zieht ferner Pistacien ab. Zuletzt nimmt man noch vom Schinken eine Haut, legt sie auf eine Serviette, und streicht vom Abgerührten eines halben kleinen Fingers dik darauf, legt alsdann immer ein Stükchen Citronat, Rindszunge und Spek nach der Länge, und zwischen diese Stüke überall Pistacien. Ist man hiemit fertig, so streicht man wieder von dem Abgerührten darauf, wie zuerst, und treibts so lang, bis man einen Schinken formirt hat. Darnach legt man oben wieder eine Haut darauf; wikelt die Serviette fest herum, legt überall breite Späne, und bindet ihn mit Bindfaden fest zusammen, sezt ihn in einen Potagekessel, gießt Wein, Wasser und Eßig darauf, wirft allerhand Kräuter, ganze Zwiebeln

beln, Citronenschaalen, auch etliche Kalbsfüße darein, und läßt auf Kohlen gemach kochen. Hat er drey Stunden gekocht, so thut man ihn mit der Serviette heraus, legt ein Bret darüber, und beschwehrt ihn ein wenig. Ist er kalt, so thut man Servietten und Häute weg, und giebt es so hin.

Schleyen zuzurichten. Man legt sie in ein Geschirr, gießt heiß Wasser darauf, und reibt sie mit Asche und Salz ab, daß die schleimichte Haut herunterkommt; reißt sie auf, nimmt das Eingeweide heraus, schneidet sie in Stüke, und thut sie nebst dem in Wein, Zwiebeln und Salz, das miteinander aufgekocht hat. Hat er nun wohl geschäumt, so thut man Citronen, Butter, geriebenes weiß Brod, Ingber, Pfeffer, Negelein und Muscatenblüthen dazu, und richtet sie an.

Schleyen zu baken. Man läßt Wasser sieden, nimmt es vom Feuer, thut die Schleyen hinein und rührt sie um, nimmt sie wieder heraus, macht den Schleim davon, troknet sie ab, nimmt sie aus, spaltet sie im Rüken voneinander, bestreut sie mit ein wenig Mehl und Salz, und bakt sie im Schmalz.

Schleyen blau zu sieden. S. Karpfen troken oder blau zu sieden.

Schleyen mit brauner Butter. Wenn sie abgekocht sind, richtet man sie warm an, macht braune Butter, brennt sie oben darüber, und bestreut sie mit Pfeffer.

Schleyen mit Erbsenbrühe. Man begießt Schleyen mit ein wenig Eßig, setzt in einem Fischkessel Wasser aufs Feuer, salzt es, wie man sonst einen Fisch salzt, und thut, wenn es siedet, die Schleyen hinein, und läßt sie aussieden. Inzwischen setzt man Erbsen mit Wasser zum Feuer, und wenn sie weich sind, quirlt man sie und streicht sie durch einen Durchschlag; sind sie aber zu dik, so schüttet man ein paar Löffel voll Rahm darunter. Hernach thut man sie in einen Tiegel, wirft ein Stük Butter daran, und würzt sie mit Pfeffer und Ingber. Nach diesem legt man die Schleyen dazu, und läßt sie mit der Erbsenbrühe kochen, und dann anrichten, auch etwa würflicht geschnittene in Butter geröstete Semmel darüber streuen.

Schleyenfricaßee mit weißer Brühe. Man macht den Schleim von den Schleyen weg, nimmt sie aus, schneidet den Kopf ab, spaltet sie entzwey, schneidet sie in sechs Stüke, wäscht sie wohl und troknet sie wieder ab; läßt Butter in der Caßerole schmelzen, thut die Stüke mit Champignons

pignons hinein, würzt sie mit Salz, Pfeffer, einem Bündchen guter Kräuter, und einer mit Negelein gespikten Zwiebel, thut dieses nebst etwas Mehl zusammen, giest ein wenig heiß Waſser daran, macht auch eine halbe Bouteille siedend, und thut ihn zum Fricaßee. Ist es zimlich eingekocht, so macht man eine diklichte Brühe von drey bis vier Eyerdottern mit Traubenſaft oder mit ein wenig siedheiſſem Wein, macht die Fricaßee wie von Hühnern damit diklicht, thut ein wenig gehakte Peterſilie und Muscatennuß dazu, und richtet es dann warm an.

Schleyen, gefüllt. Man macht den Schleim weg, spaltet sie ein wenig im Rüken auf, löst die Haut mit dem Messer von den Gräten, schneidet Kopf, Blut und Schwanz weg, nimmt die Gräten heraus, löst von einer andern Schleye oder dem Karpfen das Fleisch ab, legts auf einen Tisch, thut Champignons, ein wenig Petersilie und gehakte kleine Zwiebeln dazu, würzts mit Salz, Pfeffer, feinen Gewürz und Kräutern, bakts wohl zusammen, stößts im Mörsel, und thut frische Butter, auch das Gelbe von drey bis vier rohen Eyern, und so viel in Rahm geweichte Semmelkrumen, als zwey Eyer ausmachen, dazu. Man stößt es wohl zusammen,

füllt die Schleyen damit, und näht sie wieder zu. Dann thut man ausgewaschene Butter in eine Caßerole, und, wenn sie heiß ist, wendet man die Schleyen im Mehl um, und bakt eine nach der andern in Butter. Wenn sie wohl gefärbt sind, nimmt man sie heraus, setzt so viel Butter, als zwey Eyer ausmachen, in einer Caßerole zum Feuer, rührt ein wenig Mehl darein, und giest, wenn sie braun ist, Fischbrühe und etwas gesottenen Wein dazu, legt die Schleyen in diese braune Brühe, würzts mit Salz, Pfeffer, einem Bündchen guter Kräuter und einer mit Negelein gespikten Zwiebel, und kochts bey gelindem Feuer. Sind sie gahr, so zieht man sie heraus, legt sie in die Schüssel, schüttet ein Ragout von Karpfenmilch darüber, und richtet es warm an. Ein andermal können sie mit einem Ragout von Krebsschwänzen oder Austern angerichtet werden.

Schleyen, marinirte, zuzurichten. Wenn sie marinirt seyn sollen, schneidet man sie in der Mitte entzwey, marinirt sie mit Salz, Pfeffer, unzeitigen Traubensaft, gespikter Zwiebel und Citronenſaft. Oder, man bestreut sie mit Mehl, oder tunkt sie in einen klaren Teig von Eyern, Mehl und Salz, kocht sie hernach in raffinirter Butter, bis sie

sie eine schöne Farbe bekommen; wann sie fertig sind, richtet man sie an, und besetzt den Rand der Schüssel wie man will. Will man sie kalt haben, so nimmt man sie aus, schneidet auf beyden Seiten quer ein, und siedet sie im Salzwasser; manche nehmen auch Weinessig. Wenn sie nun gesotten und wieder kalt sind, legt man sie in eine Schüssel, bestreut sie mit gehakter Petersilie und giebt guten Eßig dazu.

Schleyen mit saurer Rahmsose und Capern. Erst siedet man die Schleyen gehörig ab, macht in einer Cassetole Butter auf dem Feuer braun, rührt ein wenig Mehl darein, daß es auch braun werde, gießt Eßig und etwas Brühe darauf, würzt es mit Ingber, Pfeffer, Citronenschaalen und ein paar Lorbeerblättern; quirlt drey Viertel Mössel sauren Rahm mit der Brühe ab, gießt dies wieder zusammen in den Tiegel, schüttet eine Hand voll Capern dazu, legt die Schleyen hinein, und wenn sie durcheinander gekocht haben, kann man sie anrichten.

Schleyen mit Spekbrühe. Man schleimt sie ab, reißt und siedet sie, setzt im Tiegel Butter zum Feuer; wenn sie braun ist, rührt man ein wenig Mehl darein, welches auch bräunen muß. Dann gießt man Brühe und Eßig daran, würzt es mit Ingber und Pfeffer, läßt es kochen, und legt darnach die Schleyen darein; schneidet Spek würflicht, macht ihn in einem Tiegel braun, und brennt ihn auch an die Schleyen. Endlich schneidet man Semmeln würflicht, röstet sie in Butter, und streut sie beym Anrichten über die Schleyen.

Schleyentorte. S. **Torte.**

Schmalzgehäke. Man zerklopft vier Eyerdotter mit einem Mössel Milch, macht davon mit Semmelmehl einen Teig, trägt ihn, so bald er zu sieden anfängt, in zerlassene Butter ein, und rührt dabey beständig um. Wenn das Schmalz lauter wird, seiget man es ab, legt den Teig in einen andern Topf, und läßt ihn abtroknen.

Schmarn von Gries, auf östreichisch. Man thut Schmalz oder Butter mit etwas geriebenen Safren in heisse Milch, rührt, wenn sie anfängt zu sieden, Gries darein, läßt es eine Stunde lang dünsten, bis es reblet wird, rührt aber doch immer fort, daß er sich nicht auf dem Boden oder am Rand festsetzt oder anbrennt.

Schmarn von Mehl auf östreichisch. Man gießt kalte Milch an sehr schönes Mehl, rührt fünf bis sechs Eyer darunter, macht einen gut gearbeiteten etwas

was flüssigen Teig daraus, gießts ins heiße Schmalz, und läßt es zugedekt gut ausdünsten und braun werden.

Schmalztorte. S. **Torte.**

Schmerlen, blau gesotten. Man setzt in einem Fischkessel Wasser aufs Feuer, thut, wenn es eine Kanne voll Schmerlen ist, eine gute Hand voll Salz hinein, gießt erst über die Schmerlen Eßig, und legt sie, wenn das Wasser bald anfangen will zu sieden, hinein, nur daß kein Eßig hinein komme. Sind sie gesotten, so nimmt man sie weg, und sprengt etwas kalt Wasser daran, dekt oben Papier darüber, richtet sie in eine Serviette an, und setzt Weineßig dazu auf. Man kann sie auch im Wein ersäufen, mit demselben absieden, und mit Butter, Zuker und Muscatenblüthe würzen.

Schneken zuzurichten und zu sieden. Man siedet sie in Wasser, bis sie sich ausziehen lassen. Dann nimmt man sie aus den Häuschen, puzt sie sauber, und reibt sie mit Salz ab, nimmt Fleischbrühe, thut gehakte Petersilie, Pfeffer und Muscatenblüthe darein, und läßt die Schneken ein wenig darinn sieden; dann puzt man die Häuschen, reibt sie mit Salz aus, thut in jedes Häuschen ein Stükchen Butter, das wohl mit Pfeffer und Muscatenblüthe bestreut ist, die Schneken darauf, und oben wieder ein Stükchen Butter und geriebene Semmel, sezts in einen Topf, gießt Brühe darüber, und läßt sie noch ein wenig sieden.

Schneken, gebakene. Man nimmt ein Viertelpfund Butter nebst einem Loth frischen Schmalz, rührts eine gute Viertelstunde ab, schüttet einen Löffel voll Milchraum und ein halb Loth Salz daein. Indessen zerklopft man drey ganze Eyer und zwey Dotter in einem Töpfchen wohl, thut ein Achtel Hefen unter die Eyer, und rührt die Eyer und Hefen unter das abgerührte Schmalz. Nach diesem rührt man eine Maas fein Mehl darein, klopft den Teig wohl ab, legt ihn auf ein Bret, schneidet Stükchen zwey oder ein und ein halb Loth schwer daraus, wälgert sie zu länglichten Würfeln, bestreicht sie auf der einen Seite mit Eyerweiß, rollt sie wie Schneken zusammen, macht beym Kopf mit dem Messer zwey Schnitte darein, und richtet zwey in die Höhe, die die Ohren bedeuten. Man sezt sie nun vor den Ofen, daß sie ein wenig gehen, legt sie in zimlich heisses und wieder kalt gewachtes Schmalz, und bakt sie langsam.

Schneken, gebraten, mit Baumöl. Wenn sie gepuzt und abgekocht

kocht sind, füllt man sie in die Häuser, und setzt sie auf den Rost, vermischt gut Baumöl mit geriebenen Citronenschaalen und Muscatenblüthe, gießt in jedes Häuschen ein wenig von dem vermischten Baumöl, und läßt sie gemach braten. Man muß sie aber warm anrichten.

Schneken mit Citronensose. Man behandelt sie wie schon gemeldet. Hierauf legt man ein paar Hände voll Semmel nebst einem halben Pfund Butter in eine Schüssel, thut Muscatenblüthe, Citronenschaalen und den Saft von einer Citrone, ein paar Eyerdotter, und etwas Salz zu den Semmeln, und macht daraus einen Teig, damit füllt man die Schneken, legt sie in einen Tiegel, gießt Fleischbrühe und ein paar Gläser guten Wein daran, wirft Citronenschaalen und Ingber, auch Citronenscheiben hinzu, und läßt es durcheinander kochen, bis es ein wenig dik wird. Darnach richtet man sie an.

Schnekenmus. Man siedet und putzt Schneken, hakt sie klein, röstet gerieben Eyerbrod im Schmalz, und mischts nebst Muscatenblüthe und Cardomomen unter die gehakte Schneken, schüttet so viele Fleischbrühe daran, daß es in der Dike wie ein Mus wird, und läßt es so miteinander sieden. Wenn man anrichtet, rühret man Eyerdotter und ein Stük Butter darein.

Schneken mit sauren Rahm. Man bereitet von geriebener Semmel, einem Stük Butter, ein paar Eyerdottern, Muscatenblüthe, Ingber und Pfeffer einen Teig, füllt ihn nebst den Schneken auf vorbeschriebene Art in die Häuschen, und legt sie in den Tiegel. Hierauf quirlt man einen Nössel sauren Rahm mit etwas Fleischbrühe klar ab, läßts durch einen Durchschlag an die Schneken laufen, und läßts durcheinander kochen, bis die Brühe ein wenig dik wird. Dann schneidet man Capern mit einem Schneidemesser ganz klein, und thut sie mit etlichen Lorbeerblättern, Ingber, Pfeffer, Citronenschaalen und einer ganzen Zwiebel an die Schneken, und richtet sie an.

Schneken von Zukerzeuge. Man macht sie aus einem Viertelpfund gerösteten Mandelzeug und troknet sie. Dann rührt man zwey Löffel voll Wasser, vierzehn Tropfen Gummi, einen Tropfen schwarze Farbe und etwas armenischen Bolus wohl untereinander, malt die Schneken, überstreicht sie mit Gummi, macht ein wenig Zukereis darüber, und bestreut sie mit Muscatenblüthe.

Schnee zu baken. Man schlägt zu einem halben Nössel süßen Rahm das Weisse von vier Eyern und

und Zuker nach Gefallen mit einem Schlagbesen so lang, bis es wie dünner Seifenschaum wird, sezt mit einem Löffel ein Häufchen ans andere in eine zinnerne Platte, und bakt es in einem nicht mehr heissen Ofen, bis es hart wird.

Schneeballen. Man macht sie aus einem zarten, von Milch, Eyern und feinen Mehl mit ein wenig Muscatenblüthe, Safran und Salz angerührten und wohl durchgearbeiteten Teig in kleinen Stüken nach und nach in Butter, nicht zu heiß, und formirt kleine Kugeln.

Schneeballen, französische. Sie sind eine Art Pastetchen, wozu man Stüke Rindsmark, ungefehr einen Zoll groß nimmt, die man in siedendem Wasser warm macht, woraus man sie wieder herausnimmt und abtropfen läßt. Man bestreut sie dann mit Zuker nebst ein wenig gestossenen Zimmet. Hierauf macht man kleine Pastetenböden von Butterteig, sezt auf jeden Boden ein Stük Mark, und ein Stük Zuker nach obiger Art gewürzt. Dann bedekt man es mit dem nemlichen Boden, indem man ihn oben herüberziehet und die Ründchen ausbildet. Endlich bakt man diese Pastetchen in Schmalz, ohne sie zu rühren, läßt sie abtröpfen, und bestreut sie mit feingestossenen Zuker.

Schnepfen zu braten. Man rupft sie sauber, dreht ihnen die Füße, wie einer Drossel, stekt ihnen den Schnabel statt eines hölzernen Spreils durch den Leib, nimmt sie nicht aus, sondern bindet sie an den Spieß, und bratet sie bey hartem Holz, sezt ein Pfännchen unter, röstet vorher drey bis vier Semmelschnitten in Butter, und legt sie ins Geschirr, damit das Eingewelde von der Schnepfe darauf fallen kann, begießt die Schnepfe oft mit Butter und besprengt sie mit Salz. Wenn sie gebraten ist, richtet man die Semmelschnitten auf eine Schüssel an, und das Eingewelde darauf, legt die Schnepfen oben drüber, gießt ein wenig braun gemachte Butter über dieselbige, und sezt halb geschnittene Citronen dazu auf.

Schnepfen, gebraten, mit französischen Ragout. Die Schnepfen werden gespikt und am Spieß gebraten, sie müssen aber an kleine Spieschen gestekt und an dem Spieß angebunden werden. Dann macht man ein wenig Schinkencoulis mit etwas würflicht geschnittener Acia, geschälten Oliven, Champignons und würflicht geschnittenen Artischokenstielen, durchgekocht, machts mit einem Stükchen Butter sämig, drükt Citronensaft darauf, und giebts unter die Schnepfen.

Schne-

Schnepfen, gefüllt und gebraten. Man rupft und beizt sie über Nacht in Wein ein, wäscht sie mit Wein aus, und würzt und salzt sie inwendig. Hierauf richtet man den Schnepfenschweiß zu, macht die Fülle den Tag zuvor an, ohne sie stehen zu lassen, und thut etwas davon bei Seite. Hernach füllt man sie, doch so, daß die Fülle überall auf der Brust bis an die Schenkel recht zertheilt werde, näht sie zu, würzt sie auch auswendig, stekt sie an den Spies, beträufelt sie mit Butter, und bratet sie saftig. Die übrige Fülle thut man in eine Schüssel, und gießt noch ein wenig Wein und Citronensaft daran, daß es eine diklichte Brühe abgiebt. Wenn die Schnepfen nun gebraten sind, legt man sie in diese Brühe, und ziert sie mit Citronenplätzgen und Schaalen.

Schnepfen auf burgundisch. Man zerschneidet sie, vorher genug vorbereitet, in vier Theile, und thut das innere zu einer Verdikung heraus; thut sie dann mit Kalbsmilch, Champignons und Trüffeln, die zusammen in Spek passirt sind, in eine Casserole, gießt Jus von Rindfleisch daran, und würzt alles wohl, thut noch einige Gläser Wein dazu, und läßt das Ragout recht kochen. Wann es gekocht ist, verdikt man die Sose mit dem, was man aus den Schnepfen genommen hat, welches man nun darein schlägt: und wenn es gahr ist, fettet man das Ragout wohl ab, richtets in eine Schüssel an, und trägts mit dem Saft von einer Citrone auf.

Schnepfen zu dämpfen. Man rupft sie, zieht ihnen den Kopf ab, wäscht die Gedärme mit Wein ab, damit das Unreine davon komme; den Magen wirft man weg, die Leber aber hält man nebst den Gedärmen klein: hierauf wäscht man die Schnepfen aus, reibt sie mit Salz und Pfeffer in= und auswendig, legt sie in einen tiefen Tiegel, gießt Wein darüber, und läßt sie eine Viertelstunde dämpfen. Indessen röstet man Krumen von schwarzen Brod in Butter, gießt die Brühe, worinn die Schnepfen gedämpft worden, daran, und rührt es untereinander. Sollte sie zu dik seyn, so thut man noch etwas Wein oder Citronensaft dazu. Endlich würzt man die Brühe mit Salz, Pfeffer, Negelein und Muscatenblühten, gießt sie in den Tiegel, worinn die Schnepfen liegen, daß sie noch eine Weile damit dämpfen. Hernach richtet man sie an, und bestreut sie noch mit klein geschnittenen Citronenschaalen.

Schnepfenpastete. Man nimmt zwar Schnepfen, Krammetsvögel und Lerchen zum Braten nicht aus; es geschieht aber, wenn man sie zu einer Pastete oder Ragout brauchen will. Die Galle thut man von der Leber, macht die Mägen rein, hakt diß mit den Gedärmen klein, und streicht es unten und oben in die Pastete.

Schnepfenpastete, französisch. Man stellt eine Pastete auf drey Zoll hoch, klopft die Schnepfen wohl auf der Brust, spitt sie mit mittelmäßigem Spek, schlägt sie hinein, füttert die Pastete mit gestoffenem Spek, Salz, Pfeffer, einem Lorbeerblatt, Schalotten, Trüffeln, Champignons, ein wenig grüner Citrone, macht den Dekel mit eben den Teig drüber, streicht die Pastete an, bakt sie zwey Stunden im Ofen, und thut, wann sie gahr ist, Citronen- oder unreifen Traubensaft daran.

Schnepfenpastete, wienerisch. Man nimmt, wenn sie sauber gerupft und gesengt sind, das Eingeweide heraus, und hakt es klein, stekt die Füße in die Schnepfen ein, und läßt sie in einer Casserole, mit Butter belegt, anlaufen, daß sie weiß werden, salzt sie ein, drükt Limoniensaft darauf, röstet den gehakten Schweiß im Butter, streut auch Semelkrumen, Rahm, grüne Petersilie und feines Gewürz dazu, und weicht gebähte Semmelschnitten in Rahm. Dann arbeitet man fein Mehl, Butter und Schmalz wohl untereinander, nimmt drey bis sechs Eyerdotter, Wein und Wasser, macht einen festen Teig, treibt ihn, wie gewöhnlich, aus, legt die Schnepfe oben drauf, formirt die Pastete beliebig, richtet die Köpfe zierlich herum, und bakts zwei Stunden im Ofen.

Schnitten, gebakene. Man siedet Kalbspriesen, Krebse, Schnecken und Morcheln, hakt alles klein untereinander, röstet geriebenes Eyerbrod in Krebsbutter, mischet alles wohl untereinander, schlägt Eyer daran, um es zu einer subtilen Fülle zu machen; schneidet Eyerbrod zu Plätzgen, streicht diese Fülle darauf, beschmiert sie mit geklopften Eyern, und bakt sie im Schmalz.

Schnitten, goldene. Man schneidet Eyerbrod zu Plätzchen, zerklopft drey bis vier Eyer, salzt und zukert sie ein wenig, schüttet Rosenwasser daran, rührts wohl untereinander, zieht so viel Schnitten, als man auf einmal baken kan, zuerst durch Rahm oder Milch, dann aber durch die gerührte Eyer, legt ferner diese durchgezogene Schnitten in das Schmalz, das in einer Pfanne heiß gemacht worden, und bakt sie.

Schnit

Schnitten von Butter. Man knetet ein halb Pfund schön Mehl, ein halb Pfund Butter, ein wenig Salz, und ein Glas guten Wein zusammen, wälgert ihn mit dem Wälgerholz auseinander, und schlägt ihn wieder zusammen, wiederholet dies dreymal: man muß es aber an einem kühlen Ort thun. Sodann wälgert man diesen Teig eines starken Messerrükens dik, schneidet mit einem warmen Messer vierekigte Stükchen, bestreicht sie mit zerklopftem Eyweiß, streut ein wenig Zuker darüber, und bakt sie in einem nicht gar zu heißen Ofen.

Schnitten von einem Rebhuhn. Man hakt das abgelößte Fleisch von den Vordervierteln oder der Brust eines gebratenen Rebhuhns mit ein wenig gebratenen Kalbsnieren, nebst dem daran hangenden Fett, oder auch etwas Rindsmark, klein, thut etwas zerriebene Semmel darunter, schlägt einen Eyerdotter daran, macht den Teig in gehöriger Dike, würzt ihn mit Salz, Pfeffer, Muscatenblüthen, und ein wenig Safran, rühret auch klein gestoßene Zibeben oder Rosinen darunter, streicht diese Fülle auf einige Schnitten von weißem Brod, bakt sie gemach aus nicht allzuheiß gemachtem Schmalz, und giebt sie troken, oder in einer gelben süßen Sose.

Schnitten von Semmel, gefüllt. Man klopft Eyer, rührts im Schmalz ab, und thut kleine Rosinen, nebst Zuker, Trisanet und Safran darunter, streichts auf Semmelschnitten, wie Hirn, legt zwey Schnitten aufeinander, klopft wieder Eyer, legt diese zugemachte Schnitten darein, und bakt sie, wie andere Semmelschnitten.

Schöps. S. Hammel.

Schüsselpastete. Man nimmt junge Hühner, Tauben, Vögel, Priesen oder Milchfleisch vom Kalb, Bratwürstchen, Fleischklöschen und s. f. untereinander, schneidet die Hühner und Tauben in Stüke, bratet sie in Butter, schneidet eine Chalotte, wie auch Peterstlie dazu, daß sie mitbraten, würzt es mit Ingber, Pfeffer und Muscatenblüthen, und thut Citronen und Butter dazu. Wenn man nun hat, um eine Schüssel zu füllen, und die Tauben u. s. f. gahr gebraten sind, so legt man es in eine Schüssel, dekts mit Teig zu, und bakts. Vor dem Auftragen schüttet man Sose von Fleischbrühe und Eßig dazu.

Schwedisch Brod. Man reibt oder stößt Nürnberger Lebkuchen, thut eben so viel abgestoßene Mandeln, nebst etwas eingemachten und klein geschnittenen Pomeranzenschaalen, auch Zuker, dazu, schneidet aus Oblaten allerhand Figuren, streicht von diesem Teig dik darauf, und bakts im Ofen schnell. Ist es gahr, so bestreicht man es mit einem Eisen, wie Marzipan, troknet auch die Mandeln, ehe man sie zu den andern Sachen thut, wie bey dem Marzipan geschieht, ab.

Schweinsfleisch mit Braunkohl.

Man wäscht und zerstükt es, setzts mit Wasser und Salz zum Feuer, wo es kochen muß, kühlt es denn im kalten Wasser aus. Nun streift man Braunkohl von den Stränken, wikelt ihn zusammen, schneidet ihn wie Krautsalat, doch nicht so gar klein, und wäscht ihn sauber. Nach diesem sezt man einen Kessel mit Wasser zum Feuer, und wenn es kocht, wirft man ein wenig Salz drein, thut den Braunkohl dazu, und läßt ihn ein wenig sieden. Ist er bald weich, so thut man ihn heraus, sezt in einem Tiegel Butter zum Feuer, daß sie braun werde, rührt einen Löffel voll Mehl darein, und röstet es braun, legt das Fleisch nebst dem Braunkohl dazu, gießt von der Brühe, worinn das Fleisch gekocht hat, daran, würzt es mit Ingber und Pfeffer, und sezt es auf ein Kohlfeuer, auf welchem beydes mit einander kochen muß, bis es gahr ist.

Schweinfleisch, frisches, gedämpft.

Man läßt in einem Tiegel ein gut Stük Butter zergehen, dann legt man das sauber gewaschene Fleisch darein, würzts mit Salz, Pfeffer und Negelein, thut auch klein geschnittene Citronen und einen Löffel voll Mehl dazu, hernach bekt man den Tiegel fest zu, und läßt es so dämpfen. Wenn nun das Fleisch gahr ist, wird noch ein wenig Wein dazu gegossen, daß es eine kurze Brühe bekommt, und dann angerichtet.

Schweinfleisch, frisches, mit Mandeln und Cibeben braun.

Man nimmt eine ganze Keule oder Bug, und bratets am Spieß: sezt inzwischen in der Casserole Butter zum Feuer, daß sie braun werde, und rührt einen Löffel voll Mehl darein, darnach gießt man etwas von der Schweinfleischbrühe, wie auch Wein und Eßig dran, würzt es mit Ingber, Pfeffer, Negelein und Citronenschaalen, thut zubereitete Mandeln, (S. folgenden Artikel) Zibeben und Zuker darein, sezts auf ein Kohlfeuer, worauf es kochen muß, zieht das gebratene Fleisch vom Spieß, legt es in die gemachte Brühe, und läßt es mit einander noch etwas kochen. Beym Anrichten streut man geschnittene Citronenschaalen oben drüber.

Schweinfleisch, frisches, mit Mandeln und Cibeben, gelb ge-

gemacht. Man hakt und kocht das Fleisch, wie voriges, kühlt es aus, thuts in einen Tiegel, streut geriebene Semmel, Ingber und Pfeffer drauf, gießt von der Fleischbrühe dran, und läßts auf Kohlen kochen. Inzwischen schneidet man abgezogene Mandeln in drey bis vier Stüke, wäscht ein Pfund Zibeben aus, und thut beydes zusammen an das Fleisch, gießt eine achtels Kanne Wein und etwas Eßig hinein, wirft Zuker und Citronenschaalen dazu, nimmt auch ein wenig Safran in einem Löffel, und gießt von der Fleischbrühe drauf, rührt ihn ab, und gießt ihn an das Fleisch, rüttelt es durcheinander, und läßts so kochen.

Schweinfleisch, frisches, in einer Wildpretbrühe. Man siedet das Fleisch nach dem Waschen in gesalznem Wasser ab, aber nicht gar zu weich, reibt ein gut Stük Brodkrumen von gemeinem Brod, röstet es gelb und thut, wenn es fast genug hat, ein wenig würflicht geschnittenen Spek, und ein paar eben so geschnittene Zwiebeln dazu, kehrt auch diese ein paarmal mit dem Brod um, doch daß sie weis bleiben, löscht das geröstete mit etwas Eßig ab, würzt es mit Negelein, Pfeffer und Ingber, thut Citronenscheiben, ein paar Lorbeerblätter, etliche Wachholderbeere, und einen Rosmarinzweig dazu, gießt nach Gutdünken von der Brühe, worinn das Fleisch gesotten worden, darein, läßt es mit dem Fleisch noch ein wenig aufkochen, und richtets an.

Schweinsbraten. Man wäscht den Braten sauber aus, salzt ihn ein, und läßt ihn eine Stunde im Salz liegen. Hernach bringt man ihn am Spieß zum Feuer, und, wann er troken worden, schneidet man mit einem scharfen Messer durch die Schwarte, etwa eines Querfingers breit voneinander, lange Striemchen über den ganzen Braten in die Quere, darnach muß er fortbraten, sodann bestreicht man ihn etwas mit Spek, daß die Schwarte hart werde, und macht ihn gahr.

Schweinskeule (Schlegel) zu braten. Man klopft ihn wohl, daß er mürb werde, zieht die Schwarte ab, aber am Fuß nicht: nimmt dann gestoßne Wachholderbeere, gröblicht gestoßenen Pfeffer, auch ein wenig gestoßene Negelein und Salz, reibt den Schlegel stark damit, legt ihn in Eßig, daß er darüber geht, läßt ihn vierzehn bis zwanzig Tage drinnen liegen, wendet ihn alle Tage um, bratet ihn am Spieß, und macht eine Brühe darüber.

Schweinsfüße zu baken. S. Kalbsfüße.

Schweinsfüße mit Baumöl und Eßig. Man kocht sie ab, kühlt sie aus, thut alle Knochen heraus, und läßt sie kalt werden: schneidet sie dann wie Nudeln, schüttet sie auf eine Schüßsel, gießt Baumöl und Eßig darauf, würzt sie mit Salz, Ingber und Pfeffer, hakt Schnittlauch klein, und streut ihn darüber, mischt alles durcheinander, und richtets an.

Schweinsfüße mit Senfsose. Man setzt sie in einem Topf mit Wasser, Salz und Eßig zum Feuer, läßt sie weich kochen, und kühlt sie aus. Indessen macht man in der Casserole Butter heiß, rührt ein paar Messerspitzen voll Mehl darein, daß es auch bräune, schüttet eine drittels Schoppen Senf an das gebrannte Mehl, gießt Rindfleischbrühe und Wein daran, würzt es mit Ingber, Pfeffer, Cordamomen, Citronenschaalen, und einer ganzen Zwiebel, und läßt es so zusammen kochen. Hernach legt man ein ziemlich Stük Zuker daran, macht ein wenig Butter heiß, thut die Füße drein und bräunt sie ein wenig. Nach diesem legt man sie in die Senfbrühe, und läßt sie eine Weile einkochen.

Schweinsküse. Man spaltet einen Schweinskopf, wäscht ihn sauber aus, setzt ihn mit Wasser und Salz zum Feuer, daß er weich kocht: nimmt ihn dann heraus, thut alles Fleisch von den Knochen, und schneidet es klein, den Spek aber schneidet man kleinwürflicht, und mengt ihn unter das Fleisch, würzt es mit Ingber, Pfeffer und Citronenschaalen, thut es zusammen in eine Casserole, gießt von der Brühe, worinn der Kopf gekocht hat, darauf, kocht auch Kalbsfüße, schneidet sie klein, thut sie auch dazu, und läßt es wieder auf Kohlen kochen. Indessen schneidet man aus Citronat lange oder würflichte Stükchen, wie auch geräucherte Rindszungen, und hält Citronenschaalen und Pistazien in Bereitschaft. Dann schüttet man ein wenig von dem Gehakten auf eine Serviette, legt eine Lage von diesen Dingen darauf, auf dieses wieder Gehake, und fährt so fort, bis es alle ist. Endlich bindet man die Serviette fest zusammen, beschwert sie stark einen Tag lang. Nach diesem thut mans heraus, schneidet es in dünne Schnitten, und gießt Baumöl und Eßig darüber.

Schweinskopf, wilden oder zahmen, zuzurichten. Man sengt, putzt, und wässert ihn über Nacht, wäscht ihn sauber aus, streut ihm Pfeffer und Salz ins Maul, und läßt ihn etliche Stunden so liegen: legt ihn dann in einen Kessel, gießt

Schweinskopf

gießt Wein, Waſſer und Eßig darauf, thut Lorbeerblätter, Roßmarin, Yſop, Salben, Zwiebeln, ganzen Ingber, ganzen Pfeffer, ganze Negelein und Citronenſchaalen daran, und ſalzt ihn ziemlich; dann läßt man ihn kochen, bis er weich wird. Iſt die Brühe gekocht, und der Kopf noch nicht weich, ſo gießt man noch einmal Wein, Waſſer und Eßig dazu, bis er weich iſt. Dann muß er erkalten, hernach zieht man die Haut ein paar Queerfinger um den Kopf herum weg, daß das weiſſe abſticht, und richtet ihn auf eine Schüſſel an, und gibt Eßig und Baumöl, Pfeffer, Ingber und Capern dazu.

Schweinskopf mit rothem Wein. Man machts anfangs, wie ſchon gemeldt. Iſt er aber eingeſotten, ſo thut man rothen Wein daran, dreht den Kopf oft mit einem Löffel herum, daß er ſich nicht anlege, und läßt ihn gemach ſieden. Ehe man ihn herausnimmt, ſeiget man die Brühe ab, und ſtürzt ihn auf eine Schüſſel, wo er über Nacht erkaltet. Dann richtet man ihn wie den vorherigen an.

Schweinskopfſulz. Man ſchneidet ihn entzwey, und ſiedet ihn recht weich, macht die Knochen, ohne Haut und Fleiſch zu verletzen, heraus, und ſtreut auf beyde Theile, wo der Kopf von einander iſt, Pfeffer, Negelein, Cordamomen und Citronenſchaalen. Dann legt man einen Theil des Kopfs auf eine Serviette, ſo, daß die Schwarte unten liegt, und die andere Hälfte oben drauf, daß die beyden Rüßel aufeinander ſind. Dieß geſchieht, wenn die Köpfe noch warm ſind. Endlich ſchlägt man die Serviette oben zuſammen, legt ein Bret darauf, beſchwehrt es mit Steinen, bis alles kalt iſt. Dann macht man ein Salzwaſſer, ſo ſtark, daß es ein Ey tragen kan, und legt die Sulze darein. Trägt man die Sulze zu Tiſch, ſo ſchneidet man Schelben vom Schweinskopf, und gießt Eßig darauf.

Schweinsohren, frikaßirt. Man kocht und ſchneidet ſie klein, thut ſie mit Butter und einer ganzen Zwiebel in einen Tiegel, paßirts ein wenig auf Kohlen ab, würzt es mit Ingber, Muſcatenblüthen und Citronenſchaalen, gießt ein Glas Wein, und ein paar Löffel voll Weineßig drein, und läßts eine Weile dämpfen. Dann gießt man noch etwas Fleiſchbrühe drein, und läßt es noch eine Weile kochen. Inzwiſchen ſchlägt man vier Eyerdotter in ein Töpfchen, ſchüttet eine halbe Meſſerſpize Mehl und einen Löffel voll Eßig drein, und quirlt dieſe klar ab; hierauf zieht man die Brühe, worinn die Schweinsohren liegen, daran, quirlt es wohl durch-

durcheinander, legt wieder ein Stük Butter an die Ohren, und paßt sie noch ein wenig, gießt die Brühe drein, und rührt es durcheinander.

Schweinsrippen, gekocht und geröstet. Man kocht sie gahr, nimmt sie vom Feuer, bestreut sie mit geriebner Semmel, thut Pfeffer, Salz und klein gehakten Salbey dazu, und bräunt sie auf dem Rost. Dann macht man eine Brühe von braunem Mehl, Wasser, Eßig, Salz, Pfeffer und klein geschnittenen Zwiebeln, gießt sie in die Schüssel, und richtet die Rippen darauf an.

Schweinswildpret, zuzurichten. Man wäscht es sauber, und salzt es, wenn es noch frisch ist, kochts in halb Wasser und Wein; thut Butter in einen Tiegel, und röstet, wenn sie heis ist, Mehl und gerieben Roggenbrod darinn braun. Dann nimmt man ein wenig Brühe von dem Wildpret und gießt sie dazu, und würzt es mit Negelein, Pfeffer und Ingber. Ist die Brühe kalt, so thut man das Fleisch dazu in den Tiegel, nebst klein gestossenen Wachholderbeeren und ein wenig Bratenfett. Es muß zusammen aufkochen.

Schweinwildpret mit Kirschensose. Das Wildpret haut man in Stük, wässert sie aus, und kocht sie in Wasser mit ein wenig Salz gahr. Indessen macht man etwas braun Mehl mit ein wenig Zuker, thut ein paar Hände voll gestossene, trokene Kirschen, nebst Zimmet und Citronen drein, rührts über dem Feuer, thut Wasser und Weinessig drauf, und kochts damit langsam, und streichts dann durch ein Sieb. Ist das Fleisch gahr, so wird es sauber ausgepuzt, zu der Sose gethan, dann vollends süß gemacht, und ein wenig zusammen durchgekocht.

Schweinwildpretbraten mit Citronen. Man schneidet übrig gebliebenen Braten scheibenweis, thut ihn in einen Tiegel, streut ein wenig geriebne Semmel drein, würzt es mit Ingber, Pfeffer und Cordamomen, schneidet Citronenschaalen und Scheiben daran, gießt Fleischbrühe und etwas Wein hinein, legt eine ganze Zwiebel daran, und läßts auf Kohlen kochen. Kurz vor dem Anrichten brennt man braun gemachte Butter hinein, oder von der in der Bratpfanne aufgefangenen Brühe, und richtet es an.

Schweinwildpretbraten mit Capern. Eben so, wie der eben beschriebene; nur nimmt man für Citronen, Capern, und machts mit ein wenig braunem Mehl ab.

Schwein-Wildpretbraten mit kleinen Rosinen. Wieder wie das vorige. Nur daß man zu den Cardomomen u. s. w. auch kleine Rosinen thut, und, indem jenes kocht, ein achtels Pfund Pinien puzt, sie in kalt Wasser legt, und in das würflicht geschnittene Gebratene thut, auch alles noch eine Weile durcheinander kochen läßt. Man kan auch vor dem Anrichten noch Zuker darein thun.

Schwein-Wildpretbraten mit Sardellen. Im Anfang auch auf die bisherige Art. Dann zieht man vier bis fünf gewässerten Sardellen das Fleisch von den Gräten, sezt ein Stük Butter auf Kohlen, legt die Sardellen drein, und reibt sie zu einem Brey, gießt ein wenig Brühe und Wein darein, läßts durch einen Durchschlag an das Wildpret laufen, und gießt alsdann mehr Brühe zu, bis man genug zu haben glaubt. Nach diesem läßt man es wieder auf Kohlen gemach kochen, schneidet zulezt Citronenschaalen darein, und macht die Brühe dik.

Schweinwildpretbraten mit gerösteten Zwiebeln, sauer. Man verfährt beschriebenermaßen; darnach bräunt man Butter, rührt einen Eßlöffel voll Mehl darein, und wann dieses auch braun ist, thut man geschnittene Zwiebeln hinein, röstet sie bräunlich, brennt sie an den eingeschnittenen Braten, würzt ihn mit Ingber und Pfeffer, gießt Fleischbrühe und guten Eßig darauf, und kochts auf Kohlen.

Schweinszungen, gespikt, am Spieß gebraten. Man übersiedet sie im Wasser, zieht ihnen die äusserste grobe Haut ab, spikt sie mit länglicht geschnittenem Spek, biegt sie krumm, und stekt sie so an den Spieß, daß der Spieß am hintern Theil hinein, und vorn ohnweit der Spize wieder herausgeht, beträufelt und bratet sie. Indessen macht man eine Brühe von halb Eßig und halb Wein, zukert sie, streut etwas Negelein und Muscatenblüthen drein, läßt alles zusammensieden, und richtet die Brühe über die Zungen an.

Schweizerkuchen. Man thut recht fein Mehl in einen Tiegel, mit etwas zart gestoßnem Zuker, ein wenig Salz und Muscatenblüthen, feuchtet es mit lauer Milch an, schlägt zehn bis zwölf Eyer klein, rührt sie nebst abgeklärter Butter dazu, thut auch aufgekochte Rosinen nebst striemenweis geschnittenen Mandeln daran, rührts durch, läßts aufgehen, schüttets in eine Form, und bakts im Ofen.

Scorzoneren. S. **Haberwurzeln.**

Sechs-

Sechswöchnerinnenbrod. S. Kindbetterinnenbrod.

Semmelkuchen. Man röstet einige Semmelscheiben, thut sie in eine eingerichtete Form, schlägt acht bis zwölf Eyer auf, von vieren aber allein das weisse, schlägt die Eyer mit etwas geriebnem Brod, zerlassenem Butter, süssem Rahm und Rosinen wohl durch, macht das Eyweis zu einem steifen Schaum, schüttet das Brod in die Form, und bakt es.

Semmelküchlein. Man nimmt frische Semmeln, schneidet die Rinde rings herum weg, aus der Krumme aber länglichte Stükchen, und zwar ungefähr aus einer Semmel sechs. Hernach quirlt man Eyer, Rahm, Zuker und ein wenig Rosenwasser untereinander, legt die geschnittene Semmel in einen tiefen Napf, schüttet das gequirlte darüber, läßt es recht weich werden, kehrts oft um, reibt Semmelrinden, kehrt die im Napf eingeweichte Semmelrinden darinn um, und bakt sie in zerlaßner Butter.

Sose Robert. Man schwizt würflicht geschnittene Zwiebeln in Butter weis, thut etwas Mehl und ein Stük Schinken dazu, füllts mit guter Bouillon auf, und verkochts wohl, dann thut man recht guten Mostrich, ein Stük Zuker, Citronensaft, und eine mit Zuker abgeriebene Orange, nebst dem Saft hinzu. Wenn man diese Sose zu Capaunen oder andern feinen Gerichten geben will, so streicht man sie durch.

Sose Robert maigre. Man verkocht ein gut Stük frische Butter, ein wenig Mehl, ein Stük Zuker und Wasser zu einer Sose, rührt sie mit einigen Dottern ab, thut durch ein Haartuch gestrichenen Mostrich und eine Citrone daran, schneidet von einer Orange die Schaale dazu, und drükt auch den Saft hinein.

Sose Royale (königliche Sose). Man schneidet Schinken, Zwiebeln, Wurzelwerk und ein Lorbeerblat fein, schwizt es in Butter gelb braun, thut Mehl darauf, füllts mit Jus auf, verkochts mit Coriander und etwas Anis wohl, streicht die Sose durch ein Haartuch, reibt eine Orange auf Zuker ab, marinirts mit Citronensaft, und thuts hinein.

Sose verte (grüne Sose) Man schneidet Schinken, gelbe Rüben, Zwiebeln, Sellerie, Schalotten würflicht, schwizts mit Coriander, einigen Nelken und Pfeffer in Butter, und kochts mit weißer Coulis. Hierauf nimmt man einige Hände voll Petersille, pflükt die grünen Blätter von den Stielen, stößt sie im Mörser, preßt den grünen Saft aus, läßt ihn

ihn am Feuer ganz langsam kochen und zusammenlaufen, und gießt ihn auf ein enges Haarsieb. Ist die Soße auch durch ein Haarsieb gelaufen, so streicht man sie noch einmal mit dem Petersiliensaft durch. Ehe man anrichtet, reibt man noch die Schaale von einer Orange mit Zuker ab, thut deren Saft und den Saft von einer Citrone mit feinen Kräutern in einen Theekopf, und drükt es durch ein feines Tuch, daß die Kräuter zurük bleiben. Vor dem Anrichten macht man die Soße heiß, doch nicht kochend, und thut den ausgedrükten Saft, auch ein Glas weissen Wein dazu.

Spanferkel zu puzen. Man legt es in ein Geschirr, streut klein geklopftes Pech drüber, gießt heißes Wasser drauf, (es darf aber nicht gar sieden) und brüht so die Haare herunter. Dann schabt man mit einem Messer die kleinen Härchen ab, schneidet am Bauch ein nicht gar zu großes Loch, thut das Gedärme samt Lung und Leber heraus, und wäscht es sauber aus.

Spanferkel zu braten. Man salzt es ein und spellert es, wie einen Haasen. Oben am Hals schneidet man einen Strich nach der Länge, als ob man nach dem Rüken zu schneiden wollte, alsdann schneidet man ein paar Strichelchen in die Quere, bald wie ein Kreuz. Ist es eine Stunde im Salz gelegen, so thut man Pfeffer, kleine Zwiebeln, eine mit Negelein gespikte große Zwiebel, und ein Stük Butter innwendig hinein, trofnet es, und legts am Spies zum Feuer. Man muß es unter dem Braten wenden, und, wenn es feucht wird, immer abwischen. Fängt es an zu braten, so bestreicht man es mit Spek so: Man stekt ein Stük Spek an ein Spießchen, so, daß es am Feuer ein wenig heiß werden muß, und schmelzen will: damit bestreicht man nun das Spanferkel über den ganzen Leib oft. Vor dem Anrichten bläßt man hinten hinein, daß der Dampf herausfährt.

Spanferkel auf deutsche Art. Man schneidet es, wenn es abgebrüht und ausgenommen ist, in vier Theile, thut diese mit geschmolznem Spek in eine Casserole, kochts mit guter Brühe gahr, und thut eine mit Negelein gespikte große Zwiebel daran, auch ein Bündchen guter Kräuter, Salz, Pfeffer und Muscatennus, und läßt alles so aufsieden. Ist es fast gahr, so thut man ein Glas weissen Wein daran, hierauf thut man in eben den Spek, worinn zuvor das Spanferkel gelegt worden, Austern, Mehl, ein Stük Citronen, Kapern und ausgekernte Oliven.

Vor

Vor dem Anrichten drükt man den Saft von einer Citrone darauf, und belegt den Rand der Schüssel mit dem gehakten Gehirn vom Spanferkel und mit gehakter Petersilie.

Spanferkel, frikaßirt. Man schneidet es in Stüke, legt sie in einen Kessel mit siedendem Wasser, wo sie aufkochen. Hierauf Hierauf legt man sie in kalt Wasser, zieht die Haut ab, bräunt Butter in der Pfanne, bestreut das Fleisch mit Mehl, und so läßt man es braun werden; gießt alsdann Fleischbrühe oder Wasser dazu, würzt es mit Muscatenblüthe, Pfeffer und Negelein, und wirft Zwiebeln und Salz daran. Wenn es gahr ist, schlägt man drey Eyerdotter aus, und rührt sie mit Essig ab, und gießt vor dem Anrichten die Eyer daran.

Spanferkel zu füllen und zu braten. Man speilert es, wenn es geputzt ist, zum Braten, schält von ein paar süßen Citronen die Schaalen herunter, schneidet die Citronenscheiben scheibenweis, die Schaalen aber länglicht klein; bäht etwa acht Semmelschnitten und legt sie in ein Geschirr, gießt etwas Wein darauf, daß sie ein wenig quellen, reibt alsdann viel Zuker darauf, wie auch auf die geschnittenen Citronen. Darnach salzt man das Ferkel ein wenig ein, und füllt es so: Man legt in dem Leib herum etliche Semmelschnitten, darnach Citronen, streut viel Zimmet darauf, und macht es wieder wie zuerst. Wenn es alle ist, so näht man den Bauch unten zu. Ist die Fülle zu troken, so gießt man noch etwas Wein zu; man muß es aber sehr süß machen. Hernach stekt man es an den Spieß, macht alle Löcher, wo etwas herauskommen könnte, mit Brodkrumen zu, und bratet es wie voriges. Soll man es warm speisen, so sezt man eine Pfanne unter und gießt ein wenig Wein darein, damit das, was herausläuft, nebst dem Wein zur Sose werde. Wird es aber kalt verspeiset, so legt man das Innwendige auch mit vor. Man nimmt auch Borsdorferäpfel unter die Fülle.

Spanferkel zu kochen, wie einen Schweinskopf. Man nimmt ein geputzt Spanferkel, zündet Stroh an, hält das Spanferkel darüber, und bestreicht es mit Spek, daß es fett wird. Hernach nimmt man von dem gebrannten Stroh das Schwarze, und reibt das Ferkel über und über kohlschwarz, streicht es mit Spek und hält es wieder über das Strohfeuer, daß es schönschwarz wird. Dann viertheilt man es, wäscht es sauber aus, und kocht wie einen Schweinskopf.

kopf, nur daß es nicht gar eine Stunde kochen darf; ſetzt es mit der Soſe, worinn es gekocht hat, beyſeit, und läßts erkalten. Endlich richtet man es wie einen Schweinskopf an.

Spanferkel in einer Paſtete. Das Ferkel wird geſäubert, mit Salz, Pfeffer, Muſcatennuß, Negelein und Muſcatenblüthen gewürzt; dann hakt man allerhand gute Kräuter mit ſauber gewaſchenen kleinen Roſinen und zwey bis drey Eyerdottern recht klein, macht eine Paſtete von einem guten Teig, ſtreut den halben Theil der Kräuter, Salz und kleine Roſinen mit etwas Butter auf den Boden, legt das Ferkel hinein, die übrigen Kräuter, Roſinen und Butter oben darüber, und bakt es. Die Paſtete kann man kalt oder warm ſpeiſen.

Spaniſch Brod. Man thut ein Pfund geſiebten Zuker in einen Topf, ſchlägt ſieben ganze Eyer und ſechs Dotter daran, rührts mit dem Zuker eine halbe Stunde, thut klein geſchnittene Citronen- oder Pomeranzenſchaalen, ein halb Pfund klein gehakte Mandeln, gut Gewürz, und drey Viertelpfund fein Mehl daran, rührt alles wohl durcheinander, beſtreicht die Model mit Butter, und füllts mit dem Teige an. Dann bakt man es.

Spaniſche Mandelbrezeln. Man reibt ein halb Pfund friſch abgezogene Mandeln mit Roſenwaſſer ab, thut ſie mit vier Loth Zuker in eine Schüſſel, macht einen Teig mit Eyerdottern, ein wenig Zuker und Mehl, würkt es, daß man es länglicht wälgern kann; wälgert den obern Theil wie Würſte, doch nicht gar zu dik, legt ihn in den gewälgerten Teig, ſchlägt das andere Theil darüber, zwikt es, beſtreichts mit Eyerweiß, daß es nicht auslauft, formirt Brezeln, bakt und beſtreicht ſie mit Eyweiß.

Spaniſche Nieren zu baken. Man ſtößt ein halb Pfund abgezogene Mandeln mit ein wenig Roſenwaſſer klein, miſcht zart gerieben Brod und das Weiſſe von drey Eyern nebſt Zuker und Zimmet in einer Schüſſel untereinander, ſchmiert es auf rund geſchnittene Eyerbrodbrezeln, überſtreichet es mit einem Eyerdotter, bakts, legts in eine Schüſſel, ſchüttet gezukerten Wein darüber, und beſtreuts mit Triſanet.

Spaniſche Vögel zu baken. Man nimmt Kalbsmilch und Kalbfleiſch, ſtreut geriebene Semmel darein, gießt Eyerdotter nebſt etwas Rahm dazu, wirft gehakte Peterſilie, klein geſtoſſene Cardomomen, Muſcatenblüthe und Ingber daran, legt ein wenig Rindsmark dazu, und bakt hakt dies alles klein zu einem Teig, dann formirt man ihn wie einen Vogel, und hüllt ihn in ein Stük Kalbsnez, läßt es ein wenig aufkochen, nimmt es aus der Casserole heraus, läßt den Vogel troken werden, und bakt ihn aus Schmalz.

Spanische Zukerplätzchen. Man nimmt Kraft- und Weizenmehl, jedes ein Viertelpfund, ein halb Pfund Zuker, schlägt vier Eyer mit Rosenwasser wohl, macht einen Teig daraus, läßt ihn durch einen Trichter auf ein mit Butter geschmiert Papier, oder auch in blecherne Formen laufen, und bakt diese Plätzchen in der Tortenpfanne. Man kann auch Citronenschaalen, Anis u. s. w. unter den Teig thun.

Spargeln zurecht zu machen. Man wäscht und bindet ihn in Bündchen, schneidet ihn unten gehörig ab, kocht ihn in Wasser und gehörigem Salz weich, legt ihn in einem Tiegel auseinander, gießt Fleischbrühe darüber, und würzts mit Butter, Pfeffer, Ingber und Muscatenblüthe, läßt alles miteinander auf Kohlfeuer aufwallen. Endlich schlägt man zwey Eyerdotter klein, gießt etwas von der Brühe zu den Eyern, klopft es untereinander, und richtet es über den Spargel an.

Spargel zu baken. Man schneidet von schönen grossen Spargel das Weisse ab, wäscht und siedet ihn körnicht, macht einen Teig von Mehl, Eyern und Milch, und tunkt den Spargel so weit das Mürbe geht, hinein, bakt ihn in heisse Butter, richtet ihn an und streut Zuker darüber.

Spargel mit Butter. Man bestreicht die Schüssel, in die der Spargel kommen soll, eines Fingers dik mit ausgewaschener Butter, streut Muscatenblüthe, klein geschnittene Citronenschaalen, und ein wenig geriebene Semmel darein, legt den Spargel ordentlich darauf, und über denselben noch mehr Butter, sezt es auf Kohlen und läßt es, mit einer andern Schüssel zugedekt, stehen, bis sich die Butter ein wenig in den Spargel gezogen hat. Darnach richtet man ihn sauber an, und bestreut ihn mit Muscatenblüthe und geriebener Semmel.

Spargel mit einer Butterbrühe. Man legt abgekochten Spargel auf eine Schüssel, streut geriebene Semmel und Muscatenblüthe darauf, thut ein Achtelpfund Butter daran, gießt Fleischbrühe oder Petersillenwasser darüber, und läßt die Spargel über Kohlen, daß die Brühe ein wenig dik wird. Beym Anrichten streut man geriebene Semmel und Muscatenblüthe darauf.

Spat-

Spargel mit kleinen Erbsen.

Man bricht ihn in Stüke, paßirt ihn mit Salz, Pfeffer, klein gehakter Petersilie, kleinen Zwiebeln und zerlaßenen Spek in einer Caßerole, läßt ihn in einem kleinen Topf mit einer fetten Brühe kochen, fettet ihn ab und trägt ihn mit einem Jus von Hammelfleisch und Citronensaft als ein Beygericht auf.

Spargel in Eßig einzumachen.

Man schneidet das Harte davon, thut ihn in ein Geschirr, schüttet gesottenen und wieder erkalteten Eßig darüber, läßt ihn eine Weile daran stehen, legt den Spargel auf ein sauber Tuch, läßt ihn darauf troken werden, schichtet ihn in einen grossen Tiegel oder Fäßchen, gießt frischen Eßig daran, der aber darüber gehen muß, wie auch etwas Oel, und macht es recht zu. Will man davon gebrauchen, so nimmt man heraus, siedet ihn im Waßer, daß er gelind wird, und macht ihn mit Oel und Eßig an.

Spargel mit Eyern, warm.

Wann man ihn abgebrüht und in der Fleischbrühe gesotten hat, daß er härtlicht bleibt, thut man Pfeffer und Muscatenblüthe daran, klopft ein paar Eyerdotter wohl in einem Töpfchen, drükt ein gut Theil Citronensaft darein, rührt sie mit der Brühe, worinn der Spargel gesotten worden, an, und schüttet es über den Spargel, sezt die Schüssel auf eine Kohlpfanne, und läßt sie eine Weile darauf stehen, daß die Brühe diklicht werde. Man kann auch würflicht geschnittene Citronenschaalen darauf streuen.

Spargel mit einer Fricaßeesoße.

Gepuzten und abgekochten Spargel legt man ordentlich auf eine Schüssel, schlägt in einem Tiegel drey bis vier Eyerdotter, gießt ein paar Tropfen scharfen Eßig daran, thut eine Messerspitze Mehl dazu, und rührt es klar ab; schüttet dann ein halb Pfund Butter, Muscatenblüthe und Citronenschaalen zu den Eyerdottern, und rührt es durcheinander, gießt Fleischbrühe oder Petersilienwasser, ein paar Löffel voll Wein und eben so viel Eßig darauf, sezt es auf Kohlen, und rührt, bis es dik werden will; dann gießt man einen Löffel voll kalt Waßer darein, daß es nicht gerinnt. Endlich gießt man es an den schon in der Schüssel angerichteten Spargel, sezt ihn auf Kohlen, daß sich die Brühe etwas hineinziehe; er darf aber nicht kochen. Vor dem Anrichten sprengt man zerlaßene Butter darüber.

Spargel in Oel zu braten.

Man schneidet das Weiße von difen Spargel ein wenig ab, legt ihn eine Stunde in frisch Waßer, wäscht

wäscht ihn, schwingt das Wasser wohl davon, thut Oel in ein Bratpfännchen, macht es warm, legt den Spargel hinein, und bratet ihn, daß er härtlich bleibt; seigt hierauf das Oel ab, besprengt den Spargel mit Salz und Pfeffer, schwingt ihn ein wenig darinn herum, und schichtet ihn in eine Schüssel, gießt von dem Oel, worinn er gebraten worden, etwas darüber, sezt ihn auf Kohlen, und läßt ihn noch ein wenig präglen.

Spargel mit Rahm. Man siedet ihn und paßiret ihn dann mit Butter in der Casserole, thut Rahm, ein Bündchen kleine Zwiebel und Petersilie, ein Eyerdotter, dazu, die Sose dicklicht zu machen, thut auch das gewöhnliche Gewürz daran. Es ist ein Breygerichte.

Spargelntorte. S. Torte.

Spekkuchen. Man nimmt ein oder einen halben Nössel Milch, eben so viel Hefe, ungefehr zwey Maas fein Mehl, macht davon einen nicht gar zu festen Teig, läßt ihn an einem warmen Ort gehen, rührt fünf Eyer und ein Viertelpfund nicht gar zu heisses Schmalz darein, salzt den Teig, rührt noch mehr Mehl dazu, daß er jezt fester wird, würkt ihn auf einem Bret wohl, wälgert ihn mit dem Holz zu einem Kuchen, macht oben überzwerg kreuzweis Schnitten darein, bestreicht ihn mit zerklopften Eyern, streut etwas Salz, Kümmel, Zwiebeln und würflicht geschnittenen Spek darauf, und bakt ihn im Ofen, wenn er vorher in der Wärme gegangen.

Spekkuchen, gerührter, süßer. Man rührt ein Pfund Butter in einem Napf recht ab, thut zwey Pfund Mehl, einen halben Nössel Milch, ein Achtel Hefe, zwanzig Eyer, zwölf Loth gesiebten Zuker und ein Viertelpfund Mandeln dazu, und macht einen Kuchen daraus. Man kann es auch in kleine Formen schütten.

Spekkuchen, abgerührter. Man nimmt eine Maas Mehl, acht Loth frische Butter, sechs Loth Schmalz, ein Achtel Milch, einen halben Eßlöffel voll Milchrahm, ein Achtel gute Bierhefe, vier Eyer und ein halb Loth Salz, rührt die Butter in das Schmalz nebst dem Rahm drey Viertelstunden, hernach das Mehl nach und nach dazu, ferner die Hefe und die Milch, endlich die Eyer und das Salz hinein, rührts noch eine Viertelstunde lang untereinander, bestreicht den Model mit Butter, schüttet den Teig hinein, läßt ihn beym Ofen gehen, bestreicht den Kuchen mit Eyerdottern, bestreut ihn mit geschnittenen Spek, der mit Salz und Kümmel vermischt ist, und bakt ihn eine Viertelstunde lang.

Spieß

Spießkrapfen

Spießkrapfen, wienerische. Man nimmt ein halb Pfund Mehl, einer Nuß groß Butter, zwey Löffel voll Rahm, fünf Eyerdotter, acht Loth Zuker, nebst klein gestoßenen Negelein, Muscatenblüthe und Zimmet, auch klein geschnittene Schaalen von einer Limonie, macht einen Teig, wälgert ihn messerrükensdik aus, legt ihn auf ein Blech, daß er eben zusammengebe, bindet ihn ringlicht zusammen, bakt ihn gelind im Schmalz, daß er auflauft, und zukert ihn wohl.

Spießkuchen. Man nimmt einen halben Nößel guten Rahm, einen Nößel Milch, schlägt achtzehn Eyer hinein, thut ein halb Pfund frische Butter, vier Löffel voll Zuker, ein wenig gestoßene Muscatenblüthe und ein Pfund gut Weizenmehl dazu, schlägt es so, daß der Löffel darinn stehen bleibt; schmiert einen hölzernen Spieß mit Spek, bewindet ihn mit einem auch beschmierten Faden; nimmt vier Löffel voll Teig, giesst über den Spieß, legts an ein Kohlfeuer, daß es heiß wird; darnach begießt man es mit dem umgerührten Teig, läßt es wieder braten, und begießt es etlichemal, bis der Teig aller darauf ist. Die vom Kuchen in die Bratpfanne herabfallende Tropfen gießt man wieder auf den Teig. Den Spieß stellt man fern vom Feuer, bis der Teig

Koch- u. Confit. Lexic.

Spinatfarse 353

dreymal herumgegossen ist; nach dem andern Guß streut man ein wenig geschnittene Muscatenblüthe darüber; beym lezten Guß hingegen läßt man es lichtbraun werden, und wenn es gahr abgebaken ist, löst man es mit einem Messer unten und oben fein ab, und zieht es vom Spieß.

Spinat zu kochen. Man nimmt die zärtste und grünste Blätter, thut die Stiele davon und wäscht jene wohl, blanchirt sie, läßt sie wohl austropfen und bakt sie zart; thut nun ein Stük Butter in die Cazerole, läßt sie zergehen, legt den Spinat mit Salz und Pfeffer hinein, daß alles mitteinander kocht. Vor dem Anrichten reibt man Muscatennuß darein oder thut frischen Rahm daran, und giebt es zum Vorgerichte mit gebakenen Semmelrinden oder gebakenen Champignous.

Spinat mit Carbonnade. S. Spinat zu kochen und Carbonnade.

Spinat mit Eyerkuchen. S. Spinat zu kochen und Eyerkuchen.

Spinatfarse. Man bakt abgekochten Spinat ganz klein, thut ihn in einen Tiegel, schüttet das zu geriebene wie auch etwas eingeweichte Semmel und ein halb Pfund klein gehakten Nierentalg oder Rindsmark; schlägt drey

Z

schlägt

bis vier Eyerdotter daran, und rührts auf Kohlen ein wenig ab, daß die Eyer gahr werden. Hernach thut man es in einen Mörsel, würzt es mit Muscatenblüthen, stößt ein wenig rohe Butter und Salz darunter, und nimmt, wenn es genug gestossen, die Farse heraus, und braucht sie nach Belieben.

Spinatkräpfchen. Man schweißt den gewaschenen und gehakten Spinat in einer Pfanne ganz troken, seigt ihn wohl aus, thut ihn in eine Schüssel, salzt und zukert ihn, macht ein wenig gerieben Eyerbrod nebst einigen Eyern darunter, würzts mit Ingber, Pfeffer, Zimmet und Cardomomen, vermengt alles wohl untereinander, streichts auf Semmelschnitten, bakts im Schmalz und streut Zuker darauf.

Spinat mit Krebsen. Man verfährt wie bey Spinat zu kochen, gesagt worden; läßt ein wenig Butter im Tiegel heiß werden, thut den Spinat darein, und röstet ihn darinn, zuvor aber siedet man Krebse, schält und hakt sie klein; die Krebseyer aber thut man besonders und hakt sie nicht mit; die Schaalen hingegen zerstößt man mit einem Stükchen Butter, und treibt sie mit süßem Rahm durch. Hierauf mischt man das gehakte von den Krebsen mit den Eyern unter das geröstete Kraut, gießt den mit den Schaalen durchgezwungenen Rahm daran, würzt es mit Muscatenblüthe und Cardomomen, läßt es sieden und wirft zulezt ein Stükchen Butter darein.

Spinatrahm. Wenn er gekocht ist, drükt man ihn aus, und nimmt so viel davon, als zwey Eyer groß sind, auch ein Viertelpfund süße Mandeln, die man schält. Dies nun stößt man mit ein wenig grüner Citrone, drey bis vier Biscuits von bittern Mandeln, und so viel Zuker als nöthig ist, wohl, hernach vermengt man eine halbe Maas Rahm und einen Mössel Milch, wie auch sechs frische Eyerdotter miteinander, und schlägt es durch ein Haartuch. Nach diesem sezt man eine Schüssel auf heiße Asche, thut den Rahm hinein, bedekt ihn mit einem Tortenpfannendekel, legt so lang Feuer darüber, bis der Rahm gestanden ist, und richtet ihn endlich warm oder kalt an.

Spinat mit Rahm und kleinen Rosinen. Wenn er abgekocht ist, thut man ihn aus dem Wasser in einen Durchschlag, daß er abseige, und schneidet ihn mit einem Schneidmesser ganz klein. Dann sezt man in einem Tiegel Butter aufs Feuer, schüttet den Spi-

Spinat darein, daß er ein wenig röste, gießt einen Löffel süßen Rahm daran, wirft eine Hand voll Rosinen darunter, rühret alles wohl durcheinander, und läßt eine Weile dämpfen.

Spinat mit Zwiebeln. Man putzt, wäscht und brüht ihn, gießt kalt Wasser darüber, drükt ihn wohl aus, hakt ihn nebst ein wenig Zwiebeln klein, macht Schmalz in der Pfanne heiß, röstet das Kraut mit ein wenig Mehl darin, schüttet Fleischbrühe daran, siedet es und würzts mit Salz, Pfeffer und Muscatenblüthe.

Sprizengebakenes. Man thut ein und ein halb Pfund Mehl in einen Topf, macht Wasser so warm, daß man den Finger darinn leiden kann; mit diesem Wasser rührt man das Mehl an, machts zu einem dünnen Teig, wäscht ein Viertelpfund Butter rein aus, und schmelzts in einem Tiegel und läßts wieder kalt werden. Dann thut man den Teig in die Butter, röstet ihn, bis er dik wird, legt ihn in eine Schüssel, rührt ihn mit vier Eyern wohl durch, und salzt ihn. Er darf aber nicht zu dik und nicht zu dünn seyn. Dann schmielzt man Butter in einem Tiegel, läßt aber das Salz weg, thut von der Butter ein wenig in die Sprize, läßt sie durch solche laufen, daß sie glatt werde, und der Teig sich nicht an die Sprize anlegen könne; thut den Teig mit dem Löffel in eine Sprize, bis sie voll ist, tunkt den Stöpsel in zerlassene Butter, drükt ihn in die Sprize und sprizt in die Butter rund herum, hebt den Tiegel ein wenig vom Feuer, rüttelt ihn um und sezt ihn wieder auf. Wenn nun der Teig in der Butter aufzulaufen beginnt, wird er in die Runde zusammengedreht, sodann die Butter immerzu mit einem Löffel darauf geschöpft, und nachdem der Teig oben verharrscht hat, solcher umgewendet, endlich, wenn er gelb gebaken ist, herausgenommen.

Stachelbeergallerte. Man sezt drey Pfund grüne Beere in warmen Wasser zum Feuer; die Kerne dürfen nicht herauskommen. Wenn sie oben auf dem Wasser sind, wirft man sie in frisch Wasser, sezt sie wieder zum Feuer, bis sie sich mit den Fingern drüken lassen, läßt hernach das Wasser davon ablaufen, und schüttet sie in drey Pfund a la perle gesottenen Zuker. Man läßt sie etlichemal aufwallen und schäumt sie immerfort, bis der Zuker wieder perlenmäßig ist, welches zu wissen, man nur ein wenig Zuker in den Schaumlöffel nehmen darf. Wenn der Zukersaft breit, wie ein Tuch, herabfällt, so hat die Gallerte genug

nug gekocht. Alsdann gießt man sie durch ein Haarsieb in eine flache Schüssel, und thut sie in Gefäße.

Stachelbeertorte. S. Torte.

Stangen- oder Baumkuchen. Man nimmt zwey Pfund recht fein Mehl, ein Pfund zartgestossenen und durchgesiebten feinen Canarienzuker, thuts zusammen in ein Geschirr, gießt ein Pfund abgeklärte Butter dazu, schlägts mit einer steifen Ruthe wohl durch, thut achtzehn Eyer, und zwar vier bis sechs davon auf einmal hinein, und schlägts beständig ein wenig, schüttet zulezt Zimmet oder ander Gewürz und einen Mössel Rahm dazu, schlägt dies alles wohl durcheinander, daß es ein mittelmäßig fließender Teig werde. Hierauf muß man ein dik rund gedreht Holz haben, etwa wie ein Rollholz, das ein Loch mitten die Länge hindurch hat, wo der Bratspieß durchgeht. Dies stekt man nun an den Spieß, befestigts an beyden Enden mit ein paar Blökchen, umwindet das Holz dik mit Bindfaden, legts zum Feuer, wie einen Braten, begießts mit ein wenig Butter, bratets, bis es schäumen will, und schüttet den Teig daran, daß es obenher recht bedekt ist. Dieses muß man so lang, bis es gelbbraun wird, braten, alsdann wieder angießen, und damit, bis es gahr ist, fortfahren. Wann der Kuchen gahr, gelb und schön gebraten ist, macht man die beyde Blökchen los, zieht ihn vom Spieß, schneidet ihn auf dem Holz in der Mitte voneinander, nimmt jede Hälfte behend ab, macht den Bindfaden heraus, richtet es an, und streut Zuker darauf.

Sternkuchen. Man nimmt eine Maas Rahm, acht Eyer, zwey Pfund Butter, nach Gutdünken Mehl und Mandeln, Hefen, ein und ein halb Pfund Zuker, eine Muscatennuß und Rosenwasser, rührts untereinander ganz dik an, daß der Löffel darinn steht, läßts ein wenig stehen, daß es gehe, thut die vorher geklopfte Eyer und den Zuker nebst der Butter, der Muscatennuß, dem Rosenwasser und den Mandeln hinein, und rührt alles untereinander; die Butter aber thut man nur halb in den Teig, läßt sie erst zergehen, und die andere Hälfte wird in den Model herum, und der Teig hinein geschüttet, und zwar der Model über halb voll, alsdann die andere Butter vollends darüber gegossen, in den Bakofen gesezt und angerichtet.

Stokfisch zu wässern. Man klopft ihn mit einem hölzernen Schlegel, gießt Regenwasser darauf, wor-

worinn er einen ganzen Tag liegen muß, wäscht ihn heraus,
gießt wieder Waſſer darauf, und
läßt ihn noch zwey bis drey Tage
wäſſern. Man kann ihn auch alle Tage zweymal auswaſchen,
und ihm allemal wieder friſch
Waſſer geben.

Stokfiſch zu baken. Man ſchneidet ihn, gewäſſert in Stüke, wendet dieſe im Mehl um und bakt
ſie im Schmalz, legt ſie in die
Schüſſel, thut ein wenig Rahm
und friſche Butter dazu, ſtreut
auch Pfeffer und Muſcatenblüthe
darauf, und läßts auf Kohlen
ein wenig aufſieden.

Stokfiſch zu braten. Man wäſcht
ihn und nimmt die Gräten heraus, brüht ihn einigemal in beiſ-
ſem Waſſer, das wohl geſalzen
iſt, ab, thut innwendig ein wenig Pfeffer und ein gut Theil Butter nebſt ein wenig Salz hinein,
bindet ihn wieder zu, aber brükt
ihn vorher wohl aus, damit das
Waſſer davon komme, weil er
im Braten ſonſt gern zerfällt.
Dann ſezt man ihn mit einer Fiſch-
reiſte in einer Bratpfanne zum
Feuer, daß die Butter aus dem
Fiſch darein laufen könne, be-
träufet ihn oft mit Butter und
kehrt ihn oft um. Iſt er fertig,
ſo ſtreut man Ingber darauf.

**Stokfiſch zu braten, mit einer
Brühe.** Man bratet ihn, wie
oben geſagt; dann nimmt man

Erbſenbrühe, welche mit Fleiſchbrühe durchgetrieben worden,
thut ein gut Theil Butter, Pfeffer, Ingber und Muſcatenblüthe
daran, läßt ſie zu einer diklichen
Brühe einſieden, und gießt es
alsdann neben in die Schüſſel,
daß der Fiſch oben röſch bleibe.
Man kann auch Peterſilie ein wenig in der Brühe aufſieden laſſen.

Stokfiſch mit friſchen Erbſen.
Man läßt ihn im Waſſer einen
Sud thun, ſeigt das Waſſer wieder davon; zuvor aber kocht man
die grüne Erbſen in Fleiſchbrühe
weich, würzts mit Ingber, Pfeffer und etwas Muſcatenblüthe,
brennt ein wenig Mehl darein,
daß ſie diklicht werden, und gießts
über den Fiſch. Dann ſchneidet
man noch ein Stük dazu, und
läßt es noch einen guten Sud damit thun. Vor dem Anrichten
ſalzt man ihn.

Stokfiſch, gefüllt. Man nimmt
das Schwanzſtük, thut die Gräten in der Mitte heraus, ſchuppt,
wäſcht und brüht es mit geſalzenem Waſſer etlimal an; ſodann
miſcht man es innwendig mit Pfeffer, Ingber und Muſcatenblüthe
untereinander, hakt Mayenkraut
und Zwiebeln recht klein, reibt
eine Semmel und röſtet ſie nebſt
dem gehakten Mayenkraut und
Zwiebeln im Schmalz, ſchüttet
es in ein Schüſſelchen, würzt es,
ſchlägt ein paar Eyer daran,
rührt

rührt alles wohl untereinander, und thut noch ein Stük Butter daran; hernach nimmt man den gewürzten Stokfisch, drükt das Wasser wohl heraus, und thut die Fülle da hinein, wo die Gräten herausgethan worden, bindet ihn mit einem Bindfaden zu, legt lange Späne in eine Bratpfanne und den Stokfisch oben darauf, träufelt auf beyden Seiten heisses Schmalz darüber, wendet ihn ein paarmal um, und bratet ihn in einem Bakofen oder auf dem Rost.

Stokfisch mit Rahm. Man zerschneidet und wässert ihn, wäscht ihn sauber, sezt ihn zum Feuer, auch Rahm in einem Tiegel auf Kohlen. Wenn er anfangen will zu kochen, nimmt man ihn vom Feuer, legt ihn heraus, puzt ihn sauber ab, thut ihn in die auf Kohlen stehende Milch, würzt ihn mit Muscatenblüthe, schüttet auch ein wenig Safran daran, und läßt ihn so ein wenig kochen; schlägt ferner fünf bis sechs Eyerdotter in ein Töpfchen, quirlt diese mit etlichen Tropfen kalter Milch klar ab, gießt die Milch davon an die Eyerdotter, und rührt bis es dik wird. Inzwischen legt man ein Stük ausgewaschene Butter an den Stokfisch und paßirt ihn eine Weile; wenn die Brühe diklicht ist, thut man den Stokfisch vom Feuer, gießt die abgequirlte Brühe darüber, und rüttelt ihn durcheinander. Endlich richtet man ihn an, und sprengt zerlassene Butter und Muscatenblüthe darüber.

Stokfisch mit Senfsose. Wenn er gewässert, zugerichtet und gepuzt ist, bräunt man Butter auf Kohlen im Tiegel, thut eine Messerspitze Mehl darein, welches auch mit bräunen muß, gießt einen halben Nößel Senf darein, würzt ihn mit Ingber und Pfeffer, gießt von der Brühe, in welcher der Stokfisch gesotten hat, nachdem man etwas Wein und Zuker daran gethan hat, darein, und läßt es kochen. Endlich legt man den Stokfisch dazu, der aber in dieser Brühe nicht gar zu lang kochen darf; ist er zu mager, so macht man in einer Pfanne Butter braun, und läßt sie vollends hinein laufen.

Stokfischtortelettchen. Man wässert ihn, sezt ihn eine Stunde zum Feuer, kocht ihn aber nicht, zieht ihn aus dem Wasser, pflükt ihn in kleine Stükchen und kühlt ihn in süßer Milch ab. Dann hakt man etwas weniges vom Stokfisch mit ein wenig frischer Butter, geriebener Semmel, abgerührten Eyern, Salz, Pfeffer, Petersilie und Muscatenblüthe untereinander, richtet davon eine Fülle zu, nimmt den abgekühlten Stokfisch aus der Milch, kocht ihn mit süßem Rahm, Pfeffer, Musca

Muscatenblüthe und Petersilie in der Casserole einmal auf und läßt ihn wieder erkalten. Dann macht man einen feinen Butterteig, belegt damit Pastetenmödelchen, thut etwas Fülle, dann Stokfisch, wieder Fülle u. s. f. darein, dekt es mit dem dünnen kreuzweis überlegten Teig zu, und bakts im Ofen.

Stör, frischen zuzurichten. Man salzt ihn durch und läßt ihn in seiner Sose liegen. Alsdann zieht man ihn ab, pfeffert und bratet ihn auf dem Rost. Unterm Braten bestreicht man ihn mit Butter und beträufelt ihn mit Eßig. Ist er gebraten, so legt man ihn in die Schüssel, macht eine Brühe von Butter, Pfeffer, Ingber und Eßig darüber, läßt es zusammen sieden, und giebt es über den Stör mit Citronenscheiben.

Stör, zu braten, am Spieß. Man spikt ein groß Stük vom Stör mit Sardellen und Aal, und stekts an den Spieß. Alsdann macht man eine Pfefferbrühe mit halb Fischbrühe und halb Weineßig, thut grosse Zwiebelscheiben, Pfeffer, Salz und ein groß Stük Butter dazu, und begießt das Stük vom Stör am Spieß während dem Braten mit dieser Marinade. Wenn es gahr ist, richtet man es mit dem noch übrigen von der Marinade an, welche aber mit Coulis von Fischen oder Krebsen

nebst ein paar Sardellen und ein wenig Capern zu vermischen, hernach unter den Stör zu thun und warm anzurichten ist.

Stör, an Fasttagen. Man kocht ihn mit kurzer Brühe, wie den Hecht, und richtet ihn, wenn er gahr ist, auf einer Serviette an. Man kann ihn auch in länglichten Stüken anrichten. Nemlich man schneidet ihn in Stükchen eines Fingers breit, kocht sie mit Wasser und Salz, paßirt sie mit Butter braun, und wenn sie ausgetropft sind, wirft man sie mit aufgewellten und gewürzten Rüben in ein hierzu bereitetes Coulis.

Stör an Fleischtagen. Man schneidet ihn in länglichte Stüke und richtet sie mit Rüben an. Man kocht sie nemlich mit Wasser, Salz, Pfeffer, Thymian, Negelein und grossen Zwiebeln, gießt Brühe dazu, und paßirt die Stüke im Spek braun, wirft sie nebst den Rüben und ein wenig klein gehaktes oder in Scheiben geschnittenen Schinken in ein Coulis, und richtet es warm an.

Straubenkränzchen. Man macht von einer Maas frischen Mehl und sechs Eyern einen dünnen Straubenteig, würzt ihn mit geriebener Muscatennuß und etwas Safran, rührts wohl untereinander, macht Schmalz heiß, läßt den Teig sechs bis siebenmal aufeinander rings herum ins Schmalz laufen, und bakt es.

Strauben, krumme, mit Mandeln. Man macht von vier Löffeln voll Mehl und zwey Loth mit Rosenwasser abgeriebenen Mandeln, auch mit dem zerklopften Weissen von drey Eyern einen Teig, rührt noch Zuker darunter, zettelt ihn mit einem Trichter in das Schmalz, und bakt ihn geschwind. Dann biegt man die Strauben über ein Wellholz.

Strizeln von Aepfeln. Man schält und bakt die Aepfel klein, röstet geriebene Semmel in Butter, thut die Aepfel dazu und röstet sie ein wenig mit; thut Eyer nebst Safran und Trisanet daran, rührts untereinander, formirt länglichte Strizeln daraus, bakts in Butter, und bestreut sie mit Zuker und Zimmet.

Sulze von Citronen. Man siedet drey Kalbsfüße und ein Loth gefeilt Hirschhorn, ein Loth geschnittene Hausenblase mit halb Wasser und halb Wein in einem zweymäßigen Topf weich, seigts in einen kleinen Topf durch ein sauber Tuch, machts kalt, daß man das Fett wegnehmen könne; thut Pomeranzen- und Citronenschaalen, Cardomomen, Muscatenblüthe, Zimmet und das Mark von zwey Citronen darein, zukerts und siedets zusammen noch einmal so lang, als harte Eyer. Dann seigt man es durch ein rein Tuch in einen saubern Topf, läßts ein wenig abkühlen, schneidet indessen eingemachten Citronat, Citronen- und Pomeranzenschaalen klein und länglicht, legt sie in die Schaale, schüttet die Sulze, wenn sie ein wenig erkaltet ist, darüber, und ziert sie, wenn sie gestanden und zweymal übergossen worden, mit dergleichen eingemachten Schaalen, und bestekt sie mit Pistaciennüßchen.

Sulze von Fischen. Man schneidet Karpfen, Hechte, Forellen, am Bauch auf, wäscht sie sauber, daß kein Blut darinn bleibt, zerschneidet sie aber nicht, und siedet sie in Weineßig, doch nicht weich. Dann macht man eine Brühe mit spanischem Wein in einem besondern Topf an, zukert sie mit feinen Zuker, hängt ein Bündchen gut Gewürz und ein Stük Hausenblasen darein, und siedet alles miteinander so lang, bis die Brühe zu einer Sulze wird. Ist der Fisch abgesotten, so seigt man ihn ab, schüttet gemeinen Wein daran, würzt ihn und siedets wieder miteinander, seigt den Fisch noch einmal ab, streut ein wenig gut Gewürz auf den Boden der Schüssel, und legt den Fisch; wenn die sulzichte Brühe ein wenig gestanden und gefallen ist, in die Mitte der Schüssel. Dann seigt man das Lautere von der sulzichten Brühe durch ein sauber Tuch, schüttet ein wenig in die Schüssel

ſel und läßts geſtehen, daß das Gewürz nicht in die Höhe ſchwim̃e; füllt hernach die Schüſſel mit der Sulze vollends an, und belegt ſie, wenn ſie auch ein wenig geſtanden iſt, oben mit Mandeln.

Sulze von Ochſenmaul und Rindsfüße. Man ſiedet dieſs ſechs bis acht Stunden lang in Waſſer und Salz recht weich, macht die Beine heraus, thut Salz, Pfeffer, Ingber und ander fein Gewürz dazu, läßts noch eine Weile ſieden, rührts zu einem Brey, ſchüttets in eine Schüſſel, preßts durch eine Serviette und behälts zum Salat u. ſ. w. auf.

Sulze von Rebhühnern. Man zerſchneidet ein ſauber geputzt ausgenommen Rebhuhn, zerſtößts mit Fleiſch und Bein, ſiedets in der Hühnerbrühe wohl, kochts in einem Nöſſel Wein und einen halben Nöſſel Eßig, wirft ein Stük Hauſenblaſe darein, würzts mit Ingber, Zimmet und ein wenig Safran, gießt die Brühe, wenn es genug geſotten hat, davon ab, und ſeigt ſie durch ein Tuch, legt das Fleiſch in eine Schüſſel, oder preßt es, wenn es zerſtoſſen worden, durch, und ſchüttet es über abgezogene und halbirte Mandeln, Piſtaciennüßchen, Zibeben, einige möchte Citronenſchaalen und Ci-

tronat. Dann läßt man es zu einer Sulze geſtehen, und beſtreut es mit Zuker und Zimmet.

Sulze, weiſſe. Man nimmt das Weiſſe von Eyern, ſchüttet dike Milch und Roſenwaſſer daran, zukerts, klopfts wohl durcheinander, ſetzts in der Pfanne zum Feuer, ſiedets unter ſtetem Rühren auf, gießts in eine Schüſſel, und beſtekt ſie, wenn ſie geſtanden iſt, mit Mandeln.

Sulze von Zimmet. Man ſtößt zwey Loth feinen Zimmet und Zuker äußerſt zart, ſchüttet ihn in eine zinnerne Flaſche, gießt einen halben Nöſſel ſiedend Waſſer daran, ſetzt die Flaſche in einen mit ſiedenden Waſſer angefüllten Topf, und läßts noch eine gute Weile ſieden, thut Pomeranzenmark in eine Schüſſel und ſchüttet die Sulze darüber. Man kann es auch zuvor ſeigen und ſo geſtehen laſſen. Man kann auch Haſenblaſe oder Hirſchſulze dazu thun.

Suppe von Aepfeln. Man ſchält und zerſchneidet ſäuerliche Aepfel, gießt Wein und Waſſer, doch mehr Waſſer als Wein daran, läßt ſie weich ſieden, zwingt ſie durch einen Durchſchlag, ſtreut Zimmet, Muſcatenblüthe und Safran darein, läßts noch einen Sud thun, zerklopft zwey Eyer, rührt ſie mit der Suppe um, und richtet ſie über weiß, würflicht geſchnitten und

und im Schmalz geröstet Brod an.

Suppe von Austern. Man kocht eine Maas Fleischbrühe auf und quirlt einen Löffel voll Mehl darein, hernach reinigt man Austern, hakt sie klein und thut sie in die gekochte Fleischbrühe, würzt sie mit Pfeffer, Cardomomen, Muscatenblüthe und einem guten Stük Butter, gießt ein Glas Wein mit Citronensaft dazu, und quirlt zwey Eyerdotter dazu, röstet einige Semmelschnitten, legt sie in die Schüssel, schüttet die Suppe darauf, und giebt sie mit geriebenen Citronenschaalen hin.

Suppe, Bennatel genannt. Man schneidet Semmel, thut sie in ein Töpfchen, gießt Fleischbrühe darauf und läßt es kochen. Hernach quirlt man es klar ab, quirlt ferner ein paar Eyerdotter und ein Stükchen Butter hinein, und würzt es mit Muscatenblüthe.

Suppe von Bier. Man macht Bier in einem Töpfchen heiß, schlägt ein paar Eyer in ein anderes Töpfchen, legt ein Stük Butter dazu, quirlt es mit ein wenig kaltem Bier ab, gießt das Bier an die Eyer, quirlts, daß es nicht gerinnt und salzt es ein wenig; schneidet weiß Brod würflicht, und richtet die Suppe darauf an.

Suppe von Bier und Milch. Man sezt einen Nössel Milch und einen Nössel Bier, jedes besonders, zum Feuer; wenn die Milch kocht, gießt man sie an das Bier und quirlt es wohl, daß es nicht rinnt; schneidet weiß Brod würflicht, und thut es in die Schüssel wo die Suppe angerichtet wird, schlägt drey Eyerdotter in ein Töpfchen, thut ein Stük Butter dazu und quirlt es wohl durcheinander. Hierauf zieht man die Bier- und Milchsuppe damit ab, und richtet sie auf das Brod an.

Suppe von Biscuit. Man läßt Milch in einem Topf sieden, nimmt ein Viertelpfund oder auch ein halb Pfund Biscuit, legt die Hälfte in die Schüssel, wohin die Suppe kommt, und ein Viertelpfund davon thut man in die Milch; wenn es weich ist, quirlt man es in der Milch ganz klar, schlägt in einen Topf drey bis vier Eyerdotter, und quirlt diese mit ein paar Löffeln voll kalter Milch und ein Viertelpfund Zuker klar ab. Nach diesem schüttet man die siedende Milch an die aufgeschlagene Eyerdotter, rührt es, daß es nicht gerinne, richtet es auf das Biscuit in der Schüssel an, belegt die Suppe mit dem übrigen Biscuit, und streut Zuker darüber.

Suppe von Blumenkohl und einem farsirten Huhn oder einer Kalbsbrust. Man farsirt ein Huhn oder Kalbsbrust, roh oder

oder gebraten, puzt eine gute Portion Blumenkohl sauber, kocht ihn ab und läßt ihn ablaufen. Die gröste Stüke davon legt man in eine breite Pfanne, wirft ein gut Stük Butter darein, schüttet ein wenig Fleischbrühe daran, und läßt es warm stehen, den kleinen Abfall vom Carviol aber nebst etwas kalten Braten, zwey hartgesottenen Eyern, ein paar Händen voll Mandeln, einigen geweichten runden Semmelstüken, hakt und stößt man zusammen klein, thut es in ein Geschirr, gießt gute Fleischbrühe darauf, rührts wohl untereinander, läßts kochen, streichts durch, würzts mit ein wenig Salz und Muscatenblüthe, mitonnirt geröstete Semmelscheiben mit ein wenig klarer Brühe, worinn die grossen Stüke Carviol gelegen sind, schüttets auch mit aufs weiß Brod, legt das farsirte Huhn oder Kalbsbrust in die Mitte, sezt den Carviol rund herum, und gießt die sämige Coulis darüber.

Suppe, braune, mit Tauben und Ragout von Kalbspriesen, Morcheln, Pistacien, Artischokenstielen u. s. w. Man richtet die Tauben sauber zu und biegt sie ein, und läßt sie auf den Brüsten in brauner Butter ein wenig braun werden, gießt gute Brühe durch ein zart Sieb darüber, kocht die Tauben darinn gahr, macht von den oben genannten Sachen ein Ragout, und wenn es zum Anrichten fertig ist, mitonnirt man geröstete Semmelscheiben mit der klaren Taubenbrühe, richtet die Tauben an, schüttet das Ragout darüber, ordentlich gesalzen. Man kann auch einen Markknochen in die Mitte legen und das Ragout darüber herschütten.

Suppe von Braunkohl mit Castanien. Man puzt und hakt ihn klein, macht ein Stük Butter in der Casserole heiß, rührt ein paar gute Löffel voll Mehl hinein, thut den Kohl dazu, läßts auf dem Feuer zusammen durchschwizen, rührts fleißig um, gießt siedende Fleischbrühe durch ein Sieb darauf, salzt es, wirft ein paar ganze Zwiebeln darein, und läßts miteinander gahr kochen. Hernach schneidet man eingemachte Castanien in kleine Würfel, und thut sie, kurz vor dem Anrichten des Kohls dazu, daß sie ein paarmal mit aufkochen. Man kann auch noch ein wenig weißgebrannt Mehl daran machen.

Suppe von Brezeln. Man zerbricht Brezeln, thut sie in eine Schüssel, streut ein wenig Salz und Muscatenblüthe darauf, gießt Wasser oder Fleischbrühe darüber, dekt sie mit einer andern Schüssel zu, und läßt sie auf Kohlen aufquellen. Sind sie weich

weich genug, so streut man geriebne Semmel darüber, und brennt heiße Butter dran.

Suppe von Castanien. Man siedet Castanien, bis sie weich sind, nimmt die Schaale und Haut weg, und stößt sie im Mörser ganz klein, treibt sie mit süssem Rahm oder Wein durch einen Durchschlag, thut Zuker, Zimmet und Rosenwasser daran, läßt sie sieden, und richtet sie über gebähte Semmelscheiben an.

Suppe von Anis. Man füllt einen mäßigen Topf mit halb Wasser und Wein, thut so viel Anis hinein; als man zwischen die Finger fassen kann, und läßts eine halbe Stunde sieden, bis der Wein den Geschmak vom Anis bekommt. Hierauf nimmt man einen Löffel voll Stärkmehl, gießt Wein darauf, und rührt alles wohl durcheinander. Dann gießt man auch dies in den Topf, läßts ein wenig sieden, und thut etwas Butter und Zuker dazu. Die Suppe sieht aus wie Froschlaich.

Suppe von Citronen. Man kocht zwey Citronen in Wein, bis das weiße von der Schaale abgenommen werden kan: dann schneidet man das Selbe von der Citrone in kleine Stükchen, würzts mit Zuker, kleinen Rosinen und Muscatenblüthen, röstet würflicht geschnittene Semmeln in Butter braun, schüttet die Brühe in der Schüssel über das Brod, schneidet die geschälten Citronen in Scheiben, und legts darauf.

Suppe von Erbsen. Man liest sie rein, wäscht sie aus, thut sie in einen Topf, gießt Wasser drauf, und sezt sie zum Feuer. Hat das Wasser eingekocht, und die Erbsen sind noch nicht weich, so gießt man Wasser nach, bis sie weich werden, quirlt und streicht sie durch einen Durchschlag in ein Geschirr. Sind sie etwas zu dik, so gießt man mehr Brühe oder Petersilienwasser daran, würzt sie mit Ingber und Pfeffer, legt ein ziemlich Stük Butter und etwas Salz hinein, und läßt es so kochen. Endlich röstet man scheibenweis geschnittene Semmel in Butter, macht länglichte Schnittchen daraus, und richtet sie an.

Suppe von Erbsen mit Spek, französisch. Man kocht Erbsen und Spek zusammen gahr, treibt sie durch, aber nicht zu dik: dann schneidet man Sellerie, Rüben und Petersilienwurzeln in feine Striemchen, kochts einmal im Wasser auf, und thuts nebst gehakten Körbel in die Erbsen, womit man sie gahr kochen läßt, salzt, dann geröstete Semmelscheiben mit ein wenig klarer Erbsen- oder Fleischsuppe vermischt, die Erbssuppe darüber giebt, und mit Spek garnirt.

Suppe von Erdbeeren. Man gießt Wein und Zuker auf die Erdbeere, läßt sie aufwallen, drükt sie durch ein Tuch, und läßt sie wieder aufkochen. Hernach röstet man Semmelschnitten in Butter braun, thut die Brühe in der Schüssel darauf, und streut Zuker und Zimmet darauf.

Suppe von Eyern. Man macht eine halbe Maas Wasser, oder halb Wasser und halb Fleischbrühe siedend, salzt es ein wenig, würzt es mit Ingber, Pfeffer, und geriebener Muscatennuß, zerklopft drey Eyer mit einem Stük Butter, rührt sie in die siedende Brühe, läßts noch einen Sud thun, und richtet es dann über würfflicht geschnittene Semmeln an.

Suppe von Eyerdottern. Man macht eine halbe Maas Fleischbrühe siedend, zerklopft zwey Eyerdotter, und thut Muscatenblüthen, ein wenig Cordamomen und ein Stük Butter darein, rührts mit der siedenden Brühe, und richtet es über würfflicht geschnittene Semmeln an. Nur muß man sie mit den Dottern nicht mehr sieden lassen.

Suppe von verlohrnen Eyern. Man brennt heiß Schmalz über geschnitten Roggenbrod in einer Schüssel, oder röstet das Brod im Schmalz, gießt siedende Fleischbrühe daran, dekt es zu, läßts auf der Glut sieden; macht indessen Wasser im Pfännchen siedend, salzts ein wenig, schlägt ein Ey in ein Töpfchen, daß der Dotter ganz bleibt, und schüttet es in das siedende Wasser, klopft immer mit dem Löffel an das Pfännchen, daß sich das Ey nicht anlegt, bis man sieht, daß sich der Dotter, welcher weich bleiben muß, mit dem Wasser überzieht, alsdann hebt man es mit einem flachen löcherichten Löffel auf die Suppe heraus; die Suppe aber thut man indessen von den Kohlen, damit die darauf gelegten Eyer nicht hart werden: sie bleibt aber zugedekt, daß sie nicht kalt wird; und dann streut man Muscatenblüthen drauf.

Suppe oder Eyergerste. Man sezt in einem Töpfchen Fleischbrühe zum Feuer, nimmt ein paar Hände voll abgeriebne Semmel, schlägt drey bis vier Eyer dazu, schüttet Muscatenblüthen und etwas Salz hinein, und mischt es durcheinander. Wenn die Fleischbrühe kocht, so thut man das abgerührte hinein, daß es nicht knollicht bleibe, und läßts einen Sud thun. Ist die Brühe noch zu mager, so thut man ein Stük Butter dazu, und streut beym Anrichten Muscatenblüthen darüber.

Suppe an Fasttagen. Man nimmt gesottenen Karpfenrogen, legt

legt ihn auf gebähte Semmelschnitten in eine Schüssel, schneidet gesottene Schneken klein, legt
Krebsschwänze und Scheeren
drauf, gießt Krebsbrühe darüber, thut Butter und Gewürz dazu, und läßts einen Sud thun.

Suppe von Fischrogen. Man
zerreibt einen gesottenen Fischrogen, (nur nicht von Bärben) und
siedet ihn in Erbsenbrühe, thut
gut Gewürz daran, wirft auch
ein Stükchen Butter hinein, und
richtet es über gebäht Brod an.

Suppe, französische. Man nimmt
gefüllte oder ungefüllte Hühner
oder Tauben, siedet sie besonder,
thut Kohl, weis Kraut, gepuzte
und gesottene Morcheln, kleine
Stäudchen Endivien, Carviol,
Spargel, (alles vorher gewaschen) in einen Topf, und läßts
auch sieden; ferner nimmt man
ausgeschälte Krebse und Nudeln,
und bakt sie im Schmalz; von
diesen gesottenen Dingen schüttet
man die abgegossene Brühe über
zerstoßene Krebsschaalen, preßts
durch, wirft ein Stükchen Butter mit Gewürz drein, und läßts
zusammen aufsieden. Inzwischen
legt man drey bis fünf gebähte
Semmelschnitten in die Schüssel, und etwas von abgesottenen
und klein geschnittenen Priesen
dazu, auch kleine Fleisch- oder
Butterklößchen; die abgesottene
Hühner oder Tauben in die Mitte, rings herum die übrige gesottene Sachen. Die Brühe richtet man siedend darüber an, legt
gebakene Sachen, besonders
Grundeln, auf den Rand der
Schüssel, und bestreut es mit
Muscatenblüthen. Man kan
auch Bratwürstchen und Nieren
dazu nehmen.

Suppe, gefüllte. Man hakt gepuzte Kalbspriesen klein, röstet
ein wenig zerriebenes fein Mehl
oder Eyerbrod in Schmalz, rührts
unter die gehakten Priesen, würzts
mit Pfeffer, Muscatenblüthen
und Cardomomen, und schlägt
Eyer daran; zu zwey Priesen
nimmt man zwey Dotter und
ein ganz Ey, und rührt das Gehäk damit an, gießt ein wenig
Fleischbrühe dazu, doch, daß es
nicht zu dünn wird, läßts in der
Schüssel auf der Glut einen Sud
thun, daß es gleichsam ein wenig
stoligt wird. Indessen bäht man
Schnitten von einer Semmel,
röstet sie troken im Schmalz, legt
die Schnitten auf das Gebäk in
die Schüssel, und macht Fleisch-
oder Hühnerbrühe siedend, würzt
sie mit Muscatenblüthen und
Cardomomen, thut ein Stükchen
Butter dazu, und gießt sie über
die gefüllte Suppe.

Suppe, gehakte. Man schlägt ein
Ey in ein Töpfchen, zerklopft es,
rührt fein Mehl darein, macht
einen festen Teig daraus, den
man

man auf einem Bret noch mehr zusammen würkt, und knetet ihn zu Plätzchen, aber nicht zu dünn. Wenn sie ein wenig troken sind, hakt man sie klein, daß sie völlig troken werden, und zerreibt sie noch ein wenig mit den Händen. Dann macht man Butter in einem Pfännchen heiß, röstet das Gehakte darinn recht gelb, mit beständigem Umrühren, streuts in Fleischbrühe, die im Kochen ist, gemach hinein, und quirlt es immer, daß es nicht zusammen fließt. Endlich kocht man es noch zusammen auf, thut ein wenig Muscatenblüthe und ein Stükchen Butter dazu.

Suppe, geriebene. Man macht aus Eyern und feinem Mehl einen festen Teig, würkt ihn in einem runden Ballen zusammen, und treibt ihn auf einem Reibeisen immer in die Runde herum, den Ballen aber drükt man stets in die Runde fest zusammen, bis der Teig völlig abgerieben ist. Dann läßt man ihn dürre werden, und zerreibt ihn ein wenig mit den Händen. Endlich wird er geröstet, und in Brühe oder Waßer aufgesotten und angerichtet.

Gißelsuppe. Man nimmt eine bis drey Semmeln, durchschneidet die obere Rinde in die Länge und in die Quere, daß ein Schnitt etwa Fingers breit vom andern ist, und die untere Rinde ganz bleibt: legt diese aufgeschnittene Semmeln in heiß Schmalz, daß die geschnittene obere Rinde in das Schmalz hineingeht, und bakt sie darinn, aber nicht hart. Nach dem Baken legt man die Semmeln in eine Schüßel, thut Muscatennuß und Pfeffer daran, gießt gesalzen heiß Waßer drüber, und läßt es, wohl zugedekt, ein wenig aufkochen. Man verklopft das Gelbe von zwey Eyern mit ein wenig Waßer, schüttet es auch an die Suppe, macht Schmalz heiß, zerschneidet Zwiebeln würflicht, röstet sie im Schmalz, und schmälzt die Suppe damit.

Suppe von Häbergrüze. Man ließt ein Pfund Habergrüze aus, schüttet es in einem mäßigen Topf, gießt Waßer darauf, läßt den Grüze beym Feuer ein wenig aufquellen, und gießt hernach auch Fleischbrühe dazu. Wenn er gekocht ist, streicht man ihn durch in ein ander Töpfchen, und würzt es mit Muscatenblüthen, es darf aber nicht zu dik seyn. Hierauf schlägt man ein paar Eyerdotter in ein Töpfchen, thut ein Stük Butter daran, und quirlt es durcheinander. Hernach schneidet man Semmeln würflicht in die Anrichtschüßel, liebt mit den Eyerdottern die Suppe ab, richtet sie auf die Semmeln an; man kan auch Rosinen darauf streuen.

Suppe, sogenannte Haber-. Man macht im Tiegel Butter auf Kohlen braun, rührt ein paar Meßerspitzen Mehl darein, welches auch bräunen muß; gießt Fleischbrühe oder Wasser darauf, läßt es kochen, und würzt es mit Muscatenblüthen, Ingber und Pfeffer. Hierauf zerklopft man ein paar Eyer, und läßt sie, wann sie in vollem Sud ist, hineinlaufen, daß sie sich zertheilen. Endlich schneidet man Brod würflicht, röstets in Butter, und richtet die Suppe drauf an.

Suppe von Hagebutten. Man liest und wäscht diese sauber, thut sie in ein Töpfchen, gießt Wasser darauf und läßt sie weich kochen. Hernach streicht man sie in einen Tiegel durch, gießt Wein daran, würzt es mit Negelein, Zimmet, Zuker und Citronenschaalen, und läßts wieder kochen. Inzwischen röstet man Semmel in Schmalz, wie bey der Kirschensuppe, und richtet sie auch so an. Man streut auch geschnittene Mandeln darauf.

Suppe von Hechten. Man schuppt kleine Hechte, nimmt sie aus, und schneidet sie in Stüke, sprengt sie ein wenig mit Salz ein, troknet sie ab, kehrt sie im Mehl um, bakt sie in brauner Butter nur ein wenig und fein saftig, und stößt sie im Mörsel wohl. Dann weicht man Semmeln in Fleischbrühe ein, thut es auch dazu, stößt alles fein, wie einen Teig, zusammen, schüttet Fleischbrühe und ein wenig Wein daran, rührts auf dem Feuer wohl untereinander; streicht es durch ein Haartuch, würzts mit ein wenig gestoßenem Ingber und Muscatenblüthen, thut ein Stük Butter daran, läßts zusammen durchkochen, und richtets auf geröstete Semmelschnitten an.

Suppe, Holsteinische. Man wäscht und hakt ein paar Hände voll grünen Kohl recht fein, schwizts mit drey viertels Pfund Butter, zwey Loth Habergrüze, und vier Loth Mehl langsam, füllt drey Quart Bouillion und ein Quart Jus dazu, kochts langsam weich; kocht auch Castanien, schält sie, und kocht sie in der Suppe einigemal mit auf. Dann schält man die Haut von einer Knakwurst ab, schneidet sie in Scheiben, legt sie in eine Terrine, reibt etwas Muscatennuß dazu, und richtet die Suppe, wenn man sie vorher gehörig gesalzen, an. Diese Suppe macht man nur im Winter; dann ist der Grünkohl süß und schmakhaft.

Suppe von Hühnern. Man kocht ein Huhn, schneidet es in Stüken, und stößts mit Fleisch und Knochen im Mörsel ganz klein; dann gießt man die Hühnerbrünerbrühe dazu, treibt es durch ein leinen Tuch, und thuts wieder in den Topf. Hierauf würzt man es mit Ingber, Salz, Butter und Muscatennuß, und läßt es noch einmal auffochen. Hernach röstet man Semmelschnitten, reibt sie mit einer Muscatennuß, legt sie in die Schüssel, und thut die Brühe darüber.

Suppe von Hühnern, Enten, Tauben und Gänsen, mit grünen Erbsen. Man puzt und bereitet das Flügelwerk vorher gehörig, sezts mit siedendem Wasser zum Feuer, salzt es gelind, schäumts wohl ab, und kochts mit Sellerie und Petersilie. Dann reiniget und wäscht man etwas Laktuken und Petersilie, balts ein wenig durch, stößts mit einigen grünen Erbsen, auch mit ein paar geweichten Semmelschnitten und zwey hart gesottenen Eyern recht zart, macht ein Stük Butter in der Casserole heis, schüttet zwey Löffel voll Mehl dazu, rührts ein wenig auf dem Feuer, thut die gestoßne Kräuter auch dazu, läßt es zusammen durchschwizen, gießt klare Brühe darauf, kochts damit durch, und streichts durch ein Haartuch, so ist diß eine grüne Coulis. Hierauf kocht man einige grüne Erbsen besonders, thut sie zu der durchgestrichenen Brühe, und behält es heiß: mithin könnte endlich einige geröstete Semmelschnitten mit etwas klarer Brühe, legt dann die Hühner, Enten u. s. w. auch darein, und giebt die grüne Erbsencoulis darüber.

Suppe von Hühnerbeinen. Man hakt das Fleisch von einer gesottenen Henne klein, stößt die Beine nebst dem gehakten Fleisch in einem Mörsel, bähet eine Semmelschnitte, thut diese mit dem gestoffenen in ein Töpfchen, schüttet die Hühnerbrühe daran, läßt sie eine Weile daran sieden, treibts durch ein Haarsieb, würzt es mit Cardomomen und Muscatenblüthen, wirft ein Stük Butter hinein, läßt es nochmal aufsieden und richtets über gebähte Semmeln an. Zu einer gestoffenen halben Henne muß man einen Nössel Fleischbrühe nehmen.

Suppe von Hühnerlebern. Man läßt die Lebern auch einen Sud in Fleischbrühe thun, zerrührt sie durch einen Durchschlag, seigt das zerrührte ungefähr mit einem Nössel Fleischbrühe durch, läßt es wieder aufsieden, würzt es mit Cardomomen und Muscatenblüthen, läßt auch kurz vor dem Anrichten ein Stük Butter einen einzigen Sud thun, und schüttet es dann über gebähte Semmeln.

Suppe von Kalbfleisch mit Coulis. Man macht Coulis von Kalbfleisch- und Schinkenscheiben,

ben, Petersilie, Zwiebeln und Lorbeerblättern, zurechte, und legt in die Suppe, was man will, dann mitonnirt man geröstet Weisbrod mit klarer Fleischbrühe und richtet die Coulis nebst dem, was man in die Suppe legen will, zusammen an.

Suppe von Käs. Man reibt frische Käse, drei bis vier Stüke, in einen Topf, gießt gute Fleischbrühe darauf, quirlt es wohl durcheinander und kocht es. Inzwischen röstet man geschnitten Brod in Butter, und schlägt, wenn man anrichten will, ein paar Eyerdotter in ein Töpfchen, thut auch ein Stük Butter und etwas Muscatenblühen daran, zieht die Käsesuppe damit ab, und richtet sie über das geröstete Brod an.

Suppe von Käs, italiänisch. Man legt gebähte Semmeln in eine Schüssel, schüttet siedende Hühner- oder Fleischbrühe darüber, streut geriebenen Parmesankäs darauf: oder man legt das gebähte Brod in eine Tortenpfanne, gießt die Brühe daran, und läßts in einem Baköfchen einprägeln.

Suppe von Kirschen. Man thut Weichseln in ein Töpfchen, wäscht sie, gießt Wasser daran, und kocht sie weich. Nach diesem quirlt und streicht man sie durch einen Durchschlag in ein Töpfchen, gießt Wein zu, würzt es mit Negelein und viel Zuker, und schneidet Citronenschaalen darein. Endlich schneidet man Semmel in Schnitten, und diese wieder länglicht die Quere entzwei, röstet sie im Schmalz, thut sie dann in die Schüssel, gießt die Suppe darauf, sezt sie ein wenig auf Kohlen, und reibt Zuker daran.

Suppe von Kohl. Man puzt Braunkohl, worüber ein Reifen gegangen, wäscht ihn sauber, hakt ihn samt einem Kopf weissen Kohl ganz klein, sezt Habergrüze mit ziemlich viel Wasser zum Feuer, und kocht es, bis es gahr ist: dieß gießt man durch ein Haartuch auf den Kohl, und kocht ihn damit gahr, und thut ein Stük Butter und Salz daran. Man kan auch Spek, Schinken oder kleine geräucherte Würste dazu thun.

Suppe von Kopfsalat mit einem alten Huhn. Man nimmt die besten Herzen von sechs Salarköpfen, schneidet sie recht fein, kocht sie in Wasser ab, und schüttet sie auf ein Haarsieb. Hierauf läßt man ein halbes Pfund Butter in einer Castrole zergehen, thut sechs Loth fein Waizenmehl darauf, und läßt den Salat drinn schwizen, rührt ihn mit vier Quart Bouillon klar, und läßt ihn noch eine halbe Stunde kochen. Ist sie gahr, so rührt

Suppe Suppe 371

man sie mit acht Eyern ab, und giebt sie nebst dem alten Huhn hin.

Suppe von Körbel. Man reinigt und wäscht ziemlich Körbel, hakt ihn ganz klein, schneidet Petersilie mit den Wurzeln auch ganz klein, kocht es mit einer guten Fleischbrühe, bis die Wurzeln weich sind, würzt es mit Ingber, Pfeffer und Muscatenblüthen, und thut ein Stük Butter dazu. Endlich klopft man zwey Eyerdotter klein, und giebts über die Semmelschnitten.

Suppe für Kranke. Man schneidet von einer Semmel sechs Schnitten, gießt Rosen- oder Zimmetwasser darüber, daß die Scheiben weich werden, und streut Zuker und gießt Mandelmilch darauf. Ist der Kranke so schwach, daß er nicht essen kan, so zerreibt man es zu einem Muß, und streicht es mit einem Federchen ein. S. auch Krankensuppe.

Suppe von Kraut. Man wäscht und schneidet weiß Kraut in einen Topf, wirft ein paar gebähte Semmelschnitten dazu, gießt Fleischbrühe darauf, läßt es kochen, streicht es in einen Tiegel durch, würzt es mit Ingber und Pfeffer, gießt etwas fette Fleischbrühe daran, setzt es auf Kohlen und richtet es auf die Semmelschnitten an.

Suppe von Krebsen, mit Rahm. Man nimmt etwa funfzehn Krebse, hakt ihnen die Köpfe ab, und stößt sie im Mörser ganz klein: setzt eine Nössel Rahm zum Feuer, daß er siede, thut die gestoßne Krebse, gebähte Semmel, klein geschnittene Citronenschaalen und Muscatenblüthen hinein, quirlt es klar ab, setzt es von fern zum Feuer, und läßt es kochen. Nach einer halben Stunde nimmt man es weg, quirlts wohl durcheinander, streicht es durch ein Haartuch, und setzt es, mit ein wenig Zuker, in einem Töpfchen wieder auf Kohlen. Endlich schneidet man Semmeln scheibenweis, bäht sie gelb, legt sie in die Schüssel, und richtet die Krebssuppe darauf an. Man kan statt der Semmel Biscuit nehmen, und damit verfahren, wie bey der Suppe von Biscuit.

Suppe von Kümmel. Man thut Kümmel und ein Stük gebäht Weiß- oder Roggenbrod in halb Wasser und halb Fleischbrühe, salzt und läßt es sieden, seigt es durch, würzt es mit Pfeffer, Ingber, geriebner Muscatennuß und Safran, wirft auch ein wenig Bakschmalz darein, läßt es noch einmal aufsieden, und richtet es über aufgeschnitten Roggenbrod an.

Suppe von Leber. Man reibt ein Stük Kalbsleber fein, thut sie

Aa 2 in

in einen Topf, rührt es mit etwas Wein untereinander, und reibts zu einem dünnen Brey: streicht es durch ein zart Tuch, läßt es mit Zuker, Zimmet, klein gehakten Citronenschaalen, auch etwas weniges Safran durchkochen, rührt es mit ein paar Eyerdottern wohl ab, und salzt es recht: darnach thut man würflicht geschnittenes und geröstetes Weisbrod darein und thut es anrichten.

Suppe von Linsen. Man liest, wäscht und thut sie in ein Töpfchen, gießt Wasser darauf, sezt sie zum Feuer, und schüttet, wenn das Wasser eingekocht ist, Fleischbrühe darauf, thut auch etwas Ingber und Pfeffer darein, macht Butter in einem Pfännchen braun, thut eine Messerspize Mehl darein und läßt es auch braun werden, brennt es an die Linsen, und rührt es wohl durcheinander. Indessen röstet man Semmelschnitten in Butter, und richtet dann die Linsen darüber an.

Suppe von Linsen mit Schweinsmaul und Ohren. Man kocht eine halbe Meze Linsen in Wasser welch, so auch das Maul und die Ohren, welch lezteres man in kleine längliche Stüken schneidet. Dann schwizt man ein halb Pfund klein geschnittenen Schinken, eine Handvoll Semmelrinden, einige gelbe Rü-

ben, einige große Zwiebeln, eine Sellerieworzel, alles klein geschnitten, in einem halben Pfund Butter, und thut ein paar Löffel voll Mehl, auch einige Negelein und Pfefferkörner dazu. Diß füllt man mit Bouillon auf, kochts eine Stunde langsam, thut die Linsen, bis auf einige Löffel voll, dazu, und streicht sie durch ein Haartuch. Alsdann thut man die übrigen Linsen in die Suppe, auch das geschnittene Fleisch.

Suppe von Linsen, sauer, mit Zwiebeln. Man macht sie wie die vorige: nur daß man Eßig daran gießt, und unter das geröstete Mehl klein geschnittene Zwiebeln thut, und sie mit röstet.

Suppe von Mandeln. Man puzt und stößt sie mit Rosenwasser klein, gießt in einem Topf süsse Milch darauf, sezts ans Feuer, rührt es, bis es kocht, streicht es mit vier Eyerdottern durch ein Haartuch, läßt es heis bleiben, gießt die Suppe auf geröstete Semmelscheiben, und streut endlich abgeschwizte Corinthen, Zuker und Zimmet darüber.

Suppe von Milch mit verlohrnen Eyern. Man läßt Milch in einem Töpfchen sieden, schneidet Semmeln in die Anrichtschüssel, schlägt in ein ander Töpfchen drey Eyerdotter, zieht
die

die Milch damit ab, schüttet sie über die Semmel, salzt es ein wenig, thut verlohrne Eyer darauf, und streut auf die Eyer Muscatenblüthe.

Suppe von Milch mit Mandeln. Man stößt abgezogene Mandeln, thut sie in Milch und läßt sie aufkochen. Dann quirlt man ein bis zwey Eyerdotter mit ein wenig kalter Milch nebst Zuker ganz klein, gießts in die gekochte Milch, läßt es zusammen noch einmal aufwallen, und richtet es über braun gebähte Semmelschnitten an.

Suppe von Morcheln. Man nimmt frische oder dürre Morcheln, brüht sie einigemal mit siedendem Wasser ab, läßt ein Viertel davon ganz, hakt die andern alle klein, röstet sie in Butter, thut sie in siedende Fleischbrühe, würzt sie mit Pfeffer, Cardomomen und Muscatenblüthe, läßt ein gut Stük Butter darinn zergehen, und richtet sie über gebähte Semmelschnitten an.

Suppe von Nieren. Man hakt übriggebliebene Nieren vom Braten, nebst etwas wenigem von desselben Fett, ganz klein, macht Brühe siedend, thut die gehakte Nieren darein, würzt es mit Muscatenblüthe und Cardomomen, läßts miteinander aufsieden, legt ein Stük Butter hinein, läßts miteinander noch einen Sud

thun, und richtet es über gebähte Semmelschnitten an.

Suppe von Nudeln. Man sezt im Topf Rindfleischbrühe zum Feuer, und läßt sie kochen, thut die Nudeln darein, rührt sie um, daß sie nicht zusammenkleben, und würzt sie mit Muscatenblüthe; thut man sie aber ins Wasser, so legt man ein Stük Butter daran, damit man sie an Fasttagen verspeisen könne.

Suppe von Nüssen. Man hakt Nußkerne klein, schüttet Milch daran, thut Zuker, Zimmet und ein wenig Rosenwasser dazu, streut kleine Rosinen auf Semmelschnitten, die gebäht sind, und richtet die Suppe darüber an.

Suppe mit Petersilien. Man liest sie recht, wäscht, hakt sie klein, und sezt Fleischbrühe oder nur Wasser zum Feuer, läßt die Petersilie damit kochen, würzt es mit Butter und Salz, schüttet die Suppe auf Semmelschnitten und sezt sie auf Kohlen. Indessen stellt man ein Töpfchen mit Wasser zum Feuer, und läßt es kochen, schlägt einige Eyer hinein, doch, daß das Weisse und Gelbe ganz bleibt. Diese legt man in die Schüssel über die Suppe, und trägt sie damit auf.

Suppe von Lauch. Man puzt Lauch wie Zwiebeln oder Knoblauch, schneidet ihn, nachdem er dik ist, die Länge durch, und etwas etwa eines Fingers lang die Queere entzwey, thut Butter im Tiegel zum Feuer, den Lauch darein, läßt ihn paßiren, gießt Fleischbrühe darauf, würzt es mit Muscatenblüthe und Ingber, und kochts auf Kohlen. Nach diesem zieht man die Suppe mit Eyerdottern ab, wie die Suppe von Petersillenwurzeln, und richtet sie auf Semmelschnitten an.

Suppe von Prunellen. Man schneidet Prunellen länglicht, thut sie in einen Topf, gießt etwas Wasser darauf, würzt sie mit gestoßenen Zimmet, Cardomomen, Zuker, klein geschnittenen Citronenschaalen und kleinen Rosinen, läßt alles zusammen durchkochen, thut etwa Wein und nach Proportion braun Mehl daran, kocht es zusammen noch ein wenig durch, und richtet die Suppe auf geröstete Semmelschnitten an.

Suppe von Rahm, süße. Man nimmt zu einer halben Maas Rahm ein ganz Ey, zerklopft es wohl, rührets mit dem süßen Rahm ab, thut Zuker und Rosenwasser daran, schüttet alles miteinander in eine Pfanne, rührts fleißig um, bis es sieden will und richtets über zerbrochenes gebähtes Brod an.

Suppe von Rebhühnern für Kranke. Man läßt ein gebraten Rebhuhn kalt werden, hakt oder stößt es klein, thuts in ein Töpfchen, schüttet Hühnerbrühe und ein wenig Wasser daran, siedets, treibts durch einen Seiher, würzts mit Muscatenblüthe und Cardomonien, thut, wenn es noch ein wenig gesotten hat, Butter daran, und richtets über gebähtes weiß Brod an.

Suppe von Reisgries mit Bouillon. Man läßt ein Pfund Reisgries vorher im kalten Wasser wässern, gießt das Wasser wieder ab, und läßt ihn dann in vier Quart Bouillon unter öfterm Rühren eine halbe Stunde kochen. Hierauf thut man fein gehakte feine Kräuter dazu, und reibt eine halbe Muscatennuß darauf.

Suppe von weißen Rüben. Man schält süße weiße Rüben sauber, schneidet sie klein, schüttet sie in einen Topf, gießt Fleischbrühe darauf, thut ein wenig gebähte Semmeln darein, und läßt sie kochen. Wenn sie weich sind, quirlt man sie, streicht sie durch in einen Tiegel, würzt es mit Ingber, Muscatenblüthe und ein wenig weißen Pfeffer, und setzts auf Kohlen. Indessen thut man gebähte Semmeln in eine Schüssel, schlägt zwey bis drey Eyerdotter in ein Töpfchen, legt ein Stük Butter daran, und zieht die Rübensuppe damit ab. Ist sie aber dik, so gießt man mehr Fleischbrühe nach. Endlich richtet

tet man sie auf die gebähte Semmeln an.

Suppe von Sauerampfer. Man liest (wilden oder Garten-) Sauerampfer, wäscht ihn sauber, thut ihn in einen Tiegel, pasirt ihn mit Butter, gießt gute Brühe darauf und läßt es kochen. Hernach streut man Muscatenblüthe auf gebähte Semmelschnitten, zieht die Sauerampfersuppe mit vier bis fünf Eyerdottern ab, und richtet sie auf die Schnitten an.

Suppe von Schneken. Man siedet die Schneken samt den Häuschen wie harte Eyer, thut sie dann heraus, zieht die schwarze Haut ab, schneidet das hintere Theil davon und wäscht sie mit heissem Wasser wohl ab, man reibt sie auch vorher mit Salz. Hierauf siedet man sie wieder in Fleischbrühe, daß sie weich werden, und hakt sie klein; nur einige läßt man ganz. Die gehakte thut man in ein Töpfchen, gießt Fleischbrühe daran, würzt sie mit Muscatenblüthe, Pfeffer und Cardomomen, läßt sie aufsieden und thut Butter daran. Haben sie aufgewallt, so richtet man sie über gebähte Semmeln an; nimmt die übrigen ganzen Schneken und legt sie auf eine gebähte Semmelscheibe in die Mitte der Suppe.

Suppe von Selleri. Man puzt und schneidet ihn mit einem Schneidmesser ganz klein, sezt in einem Tiegel Butter zum Feuer, thut den Selleri hinein und passirt ihn, gießt gute Fleischbrühe darauf, läßt ihn kochen und wirft Muscatenblüthe dazu; zieht die Suppe mit vier bis fünf Eyerdottern und einem Stük Butter ab, welche aber sieden muß, wenn man sie an die Eyer gießt, man quirlt auch die Eyer stets, richtet es endlich auf gebähte Semmelschnitten an, und streut Muscatenblüthe darauf.

Suppe von Semmeln. Man schneidet Semmeln der Länge nach entzwey, macht noch überzwerch Schnitte darein, doch, daß die halbe Semmeln nicht zerfallen, röstet sie in Schmalz und legt sie in die Schüssel, gießt siedende Fleischbrühe darüber, streut Ingber darauf, sezt sie zugedekt auf Glut und läßt sie aufsieden.

Suppe von Spargel. Man schneidet das Weisse vom Spargel sauber ab, bricht ihn noch ein bis zweymal voneinander, legt ihn in frisch Wasser, sezt indessen ander Wasser in der Pfanne zum Feuer, salzt es, und läßt den Spargel darinn sieden, bis er ein wenig weich wird. Dann seigt man das Wasser davon ab, macht Fleischbrühe siedend, thut den gesottenen Spargel hinein, würzt ihn mit Pfeffer und Muscatenblüthe, und kocht ihn noch eine

eine Weile doch nicht zu weich. Endlich läßt man sie noch mit einem Stük Butter einen Wall thun, und richtet es über würflicht geschnittene Semmeln an.

Suppe von Spek. Man salzt Wasser und läßt es sieden, richtet es über aufgeschnitten Roggenbrod an, sezt es auf Kohlen, läßt es wohl austroknen, macht würflicht geschnittenen Spek in einem Pfännchen heiß, bis er gelblicht wird, und brennt ihn über die Suppe.

Suppe von Spinat. Man liest und wäscht jungen Spinat sauber, paßirt ihn in einer Cafferole mit Butter, gießt Fleischbrühe darauf, würzt es mit Muskatenblüthe und macht sie vollends wie die vom Sauerampfer.

Suppe, welsche, Wasser-. Man schneidet Semmeln wie zu einer Brodsuppe, salzt es und schüttet siedend Wasser darüber, doch daß die Suppe noch dik bleibt; hernach kocht man es auf Kohlen auf, thut Schmalz in einen kleinen Tiegel, wenn es heiß ist, streut man ein wenig Mehl darein, röstet es gelb und läßt klein geschnittene Zwiebeln, Lauch und Petersilienkraut auch mit abdämpfen; sodann schüttet man noch so viel Wasser, als der Suppe abgeht, an das Abgedämpfte, und verklopft, wenn es eine zeitlang gesotten hat, ein bis zwey Eyer, rührts unter das Abgedämpfte, richtet es über die Suppe an, und schmelzt sie oben darauf mit heissem Schmalz, worinn etwas Brodkrumen gelb gemacht sind.

Suppe von Weichseln über gebratene Capaunen auf böhmisch. Man drükt spanische Weichseln durch ein Tuch, daß die Schaalen und Körner zurük bleiben, nimmt eben so viel geläuterten Zuker als Weichselsaft dazu, läßt es sieden, thut etwas Citronensaft daran, und gießts über den gebratenen Capaunen.

Suppe von Wein. Man sezt nach Proportion der zu machenden Suppe Wein in einem Töpfchen zum Feuer, und gießt den vierten Theil Wasser dazu. Hernach schlägt man fünf bis sechs Eyerdotter in ein ander Töpfchen, gießt einen Eßlöffel voll kalten Wein daran, thut eine halbe Messerspize Mehl dazu, und quirlt es wohl durcheinander. Wenn der Wein gesotten ist, gießt man ihn an die Eyerdotter, man muß aber stets quirlen, daß es nicht gerinnt, thut viel Zuker, Zimmet und Safran darein, und richtet es über würflicht geschnittene Semmeln an, und bestreut sie mit Zuker und Zimmet.

Suppe von Wein, oder Weinmus. Man gießt zu einem Rössel Wein einen halben Rössel Wasser see, sezt beyde zum Feuer, thut viel geriebene Semmel hinein, daß es wie ein Brey wird, und läßt es kochen. Hernach quirlt man es klar ab und würzt es mit Muscatenblüthe, Safran und viel Zuker, je nachdem der Wein sauer oder nicht ist. Vor dem Anrichten zieht man ein paar Eyerdotter daran.

Suppe von Zwiebeln. Man thut geschälte und geschnittene Zwiebeln in einen Topf und gebähte Semmeln daran, gießt gute Fleischbrühe darauf, sezt sie zum Feuer, würzt sie mit Ingber und Pfeffer, und läßt sie kochen. Wenn die Zwiebeln bald weich sind, quirlt man sie klar, streicht sie durch in einen Tiegel oder Caßerole, legt ein wenig Butter dazu und hält sie warm. Darnach richtet man sie über gebähte Semmelschnitten an. S. auch Zwiebelsuppe.

Süßholz Zukerwerk. Man schabt ein Viertelpfund grün Süßholz, zerdrükt es und sezt es mit etwas Wasser zum Feuer, bis es den Saft abgegeben hat, und nur noch etwas weniges vom Wasser übrig ist. Dies Wasser gießt man durch ein Sieb, und drükt das darinn befindliche Süßholz aus. In diesem Wasser läßt man eine Unze Gummitragant zergehen, und drükt es stark durch ein Tuch; hernach stößt man es mit zartem Zuker und schüttet immer mehr Zuker hinein, bis es ein Teig wird. Aus diesem macht man nun selbstbeliebige Dinge, und troknet sie auf dem Ofen ab.

Syrup zur Limonade. In ein Pfund fadenmäßig gesottenem Zuker drükt man den Saft von einer ganzen Citrone, und kochts mit dem Zuker zu Syrup. So nimmt man ihn vom Feuer und gebraucht ihn. Man darf ihn aber nicht bälder machen als bis man ihn nöthig hat.

T.

Tabaksrollen. Man macht einen Butterteig, wellt ihn gehörig aus, macht eine Fülle, kocht ein halb Pfund Zibeben und ein halb Pfund Rosinen mit einem Glas Wein ganz ein, rührt ein halb Pfund Mandeln, wovon die eine Hälfte klein gestoßen und die andere länglicht geschnitten ist, vier Loth Citronat und klein geschnittene Citronenschaalen mit vier Eyern an, streichts auf den Butterteig, schneidet ihn in Streifen, wikelt sie auf die mit Butter bestrichene Hölzer, umbindet es mit Bindfaden, und bakt sie in heißem Schmalz gelb, legt sie auf Brodschnitten, und bestreut sie, wenn das Schmalz recht abgeloffen, außen und innen mit Zuker und Zimmet.

Tabaksrollen, kleine. Man macht ein halb Pfund Mehl, ein Achtelpfund gestoßene Mandeln, ein Viertelpfund Zuker, ein Achtelpfund Butter, ein halb Gläschen Wein, den Rahm von saurer Milch, etwas Muscatennuß und ein wenig Negelein untereinander, weilt es eines Messerrükens dik aus, wikelts auf kleine mit Butter geschmierte Hölzer, und bakts im Schmalz.

Tauben, gebraten, mit Artischoken. Man rupft sie troken, nimmt sie aus, läßt die Füße daran, biegt sie einwärts, füllt sie mit einer guten Fülle, belegt sie mit Spekstreifen, und bratet sie am Spieß. Dann nimmt man eben so viel kleine Stiele von Artischoken, als man Tauben hat, säubert sie, kocht sie in Wasser, und läßt sie, wenn sie gahr sind, ablaufen, kocht sie in Schnekenessenz gelind auf, thut Krebsschwänze mit ihren Eyern dazu, legt die Artischokenstiele ordentlich in die Schüssel und auf diese die Tauben. Dann belegt man den Rand der Artischoken mit Krebsschwänzen, schüttet die Schnekenessenz darüber, und richtets mit Citronensaft an.

Tauben, mit Capern gespikt. Man verfährt im Anfang wie eben gesagt, nur daß man sie auch mit Mehl bestreut. Dann giebt man ihnen eine Farbe in brauner Butter, thut sie in eine Casserole, gießt Brühe darauf und läßt sie kochen. Wenn sie bald gahr sind, thut man Capern, Pfeffer, Muscatenblüthe und braun Mehl daran, läßt es zusammen kochen und richtet es an.

Tauben, gedämpft, auf italienisch. Man reißt ihnen die Köpfe ab, rupft sie, nimmt sie aus, wäscht sie, salzt und pfeffert sie innwendig, thut sie mit Butter und Rosmarinblättern in einen Tiegel, und läßt sie auf Glut etwas braten, daß sie gelblicht werden; der Tiegel aber muß wohl zugedekt bleiben. Hernach gießt man Fleischbrühe daran, drükt den Saft und wirft das Mark von Citronen und würflicht geschnittenen Limonien darein, würzt es mit Pfeffer und Muscatenblüthe, läßt es zusammen aufkochen, und richtet es an.

Tauben, fricaßirt. Man puzt und zerschneidet sie in zwey Theile, thut in einen Tiegel ein Stükchen Butter, eine Zwiebel, etwas Mehl und Salz, sezt ihn auf Kohlen, daß es ein wenig anzieht, und schwingt es einigemal um, daß sie nicht gelb werden; man thut auch Petersilie dazu. Dann siedet man ein paar Löffel voll Fleischbrühe, ein halb Gläschen Wein und etliche Ci-
tro-

tronenscheiben mitelnander, bis die Tauben weich sind; und vor dem Anrichten zieht man sie mit ein paar Eyerdottern ab. Man kann auch abgesottene Morcheln dazu thun.

Tauben, gebakene, auf Gemüße. Man siedet und schneidet sie zu Stükchen; dann macht man ein paar Hände voll Mehl mit kalt Bier an, rührt auch nicht gar ein Viertelpfund Provenceröl mit etwas Salz daran, schlägt zwey Eyerweiß zu Schaum und rührts auch darein, dann macht man den Teig vollends mit Bier wie einen ganz dünnen Klöschensteig, kehrt die Taubenstüke darinn um, und bakt sie im Schmalz.

Tauben in schwarzer Brühe. Man puzt und schneidet sie in vier Theile, thut sie in einen Tiegel und ein Glas Wein daran; auch klein geschnittene Zwiebeln, klein geschnittenen Speck, eine gute Hand voll geriebene Brodkrumen, ein klein Stükchen Zuker, etliche Citronenscheiben, etwas Negelein, Muscatenblüthe und Salz, ein paar Lorbeerblätter und ein Stükchen Butter. Dies alles siedet man bis es weich ist, gießt etliche Löffel voll Fleischbrühe daran, läßt vom Blut der Tauben etwas durch einen Schaumlöffel laufen, und noch ein wenig daran aufkochen. Dann richtet man es an.

Tauben, wie Rebhühner zu braten. Man gießt lebendigen Tauben Eßig und Pfeffer in den Hals, bindet ihnen den Hals mit einem Faden fest zu, und läßt sie verzappeln. Nach diesem rupft man sie, wie die Rebhühner, nur den Kopf nicht, nimmt sie aus, wäscht sie innwendig mit gutem Eßig, streut Salz, Pfeffer und Negelein in die Tauben, und beizt sie ein bis zwey Tage in Eßig ein. Dann spikt man sie, verbindet ihnen die Köpfe mit Papier, und läßt sie gemach braten. Beym Auftragen giebt man Citronenschaalen und Scheiben dazu.

Tauben, junge, nieblich zuzurichten. Man legt die gesäuberte Tauben in weissen Wein und Wasser, thut ganze Muscatenblüthe, ganzen Pfeffer und Salz mit gedörrten Morcheln dazu, und kocht sie mürbe. Hernach legt man Artischoken, Capern und etwas Butter dazu, und läßt es gemach aufkochen.

Tauben, gefüllt, am Spieß zu braten. Man rupft und säubert und nimmt sie aus, macht auch mit dem Finger die Haut über der Brust los; hernach nimmt man die Leber von den Tauben, ein Stük Schinken, Trüffeln, Champignons, würzt es mit Salz, Pfeffer, feinen Kräutern und gutem Gewürz, thut

thut etwas Spek dazu, auch Petersilie und Zwiebeln, hakt alles zusammen und stößt es im Mörsel, thut zwey Eyerdotter daran, füllt die Tauben mit dieser Fülle, steckt sie an den Spieß, umwikelt sie mit zarten Scheiben von Kalbfleisch und Spekstreifen, und einem Blatt Papier und läßt sie braten. Dann zieht man sie vom Spieß, thut die Bekleidung weg, legt sie in die Schüssel, thut Kalbfleisch- und Schinkencoulis darüber, und richtet sie warm an.

Tauben auf königlich zugerichtet. Man rupft sechs Tauben troken, nimmt sie aus und biegt sie ein. Hierauf macht man eine kleine gute Fülle, füllt damit den Leib, thut sie in der Casserole in geschmolzenen Spek, und wenn sie steif worden sind, spikt man sie mit dünnem Spek und bratet sie am Spieß. Wann sie gahr sind, richtet man sie mit Kalbfleischjus oder Schinkenessenz, oder mit Krebscoulis an. Während dem Kochen müssen zwey Schinkenscheiben, ein Stük aus einer Kalbskeule, und eine mit vier Negelein gespikte Zwiebel dazu gethan werden. Sind sie nun fast gahr, so thut man sie in eine andere Casserole, seiget die Soße durch ein Haartuch über die Tauben, daß sie sich färben. Was die Soße betrift, so muß das, was angebaken ist, mit ein wenig Mehl bestreut, und dann mit Kalbfleischjus losgeweicht, abgefettet und durch ein Haartuch in die Schüssel über die Tauben gethan werden.

Tauben, marinirt. Man marinirt sie in dem Saft von unzeitigen Trauben und Citronen, mit Salz, Pfeffer, Negelein, Zwiebeln und Lorbeerblättern, beitzt sie darinn ungefehr drey Stunden, macht einen dünnen Teig aus Mehl, weissen Wein und Eyerdottern, tunkt die Tauben darein, bakt sie in zerlassenem Spek oder Schweinenschmalz, und richtet sie mit gebakener Petersilie an.

Tauben mit Mark. Man säubert und nimmt sie aus, läßt ihnen aber Leber und Füße, biegt sie einwärts, macht sie am Schein des Feuers steif, um sie desto besser abzuputzen, und schneidet ihnen nun Hals und Flügel ab. Dann macht man eine Fülle von Rindsmark, Butter, zwey gehakten Sardellen, etwas Petersilie, Salz und Pfeffer, füllt damit den Leib der Tauben aus, bratet sie am Spieß, ohne sie mit Spek zu belegen, und begießt sie oft mit dem, was davon herabträuft. Wenn sie gahr sind, macht man folgende Soße: Man kocht einen Nößel Wein in der Casserole bis zu einem Glas voll ein, thut einen Löffel voll Brü-

Brühe, einige Citronenscheiben und etwas Butter darein, begießt damit die Tauben und richtet sie an.

Tauben mit Sauerampfer. Man wäscht und bereitet sie gehörig, gießt Brühe darauf, und würzt sie mit Muscatenblüthe und Ingber. Dann sezt man im Tiegel Butter zum Feuer, thut ausgelassenen Sauerampfer hinein, und läßt ihn schweißen bis er ganz zusammengefahren ist. Sodann legt man die Tauben zum Sauerampfer, streut klein geriebene Semmeln daran, wirft ein Stük Butter darein, würzt es mit Muscatenblüthe und Ingber, thut Brühe dazu, und läßt es miteinander kochen bis die Tauben weich sind.

Tauben mit Schinkenragout gefüllt. Man löst den Tauben die Haut von den Brüsten sauber ab, nur daß man keine Löcher darein reiße, schneidet die Brüste unter der Hand behend heraus, daß die Haut auf den Tauben sizen bleibt. Hierauf macht man von diesem Brustfleisch folgende Farse: Man nimmt gebratene Hühnerbrüste, hakt sie mit einem Stükchen Butter, ein paar Zwiebeln und andern feinen Kräutern klein, thuts zusammen in eine Pfanne, und läßts auf einem starken Feuer wohl schwizen, dekts aber nicht zu, sondern rührts, bis es durchaus steif ist. Hernach thut man es auf ein rein Hakbret und hakts klein, nimmt ferner nach Proportion des Brustfleisches halb so viel abgeriebene Butter und etwas geweicht weiß Brod, etwas weiches Rühren, ein paar rohe Eyer, auch ein wenig geriebenes Brod, Salz, klein gehakte Citronenschaalen und geriebene Muscatennuß dazu, und hakt dies alles zu einem feinen Teig. Mit dieser Farse füllt man die Tauben, sezt sie in eine kleine breite Pfanne, schneidet sie mit einem Stükchen Butter und einem Stük Schinken in dünne Scheiben, läßt es zusammen zugedekt, auf langsamen Feuer in seiner eigenen Brühe durchschwizen, thut zulezt ein wenig Nasses, z. E. nur siedend Wasser, oder Fleischbrühe daran, macht auch ein wenig braun Mehl mit einigen klein gehakten Schalotten daran, und kochts ein wenig damit durch, daß nur eine kurze Brühe darauf bleibt.

Tauben, wilde, gespikt zu braten. Man rupft sie, nimmt ihr das Gedärm und den Kropf heraus, spellert sie, läßt sie ein wenig auf dem Rost anlaufen und läßt sie kalt werden; hernach spikt man sie wie ein Rebhuhn, und bratet sie gerade so.

Tauben von Zukerzeuge. Man klopft sechs Eyerdotter und zwey ganze Eyer so lang, bis sie schäumen; dann rührt man nach und nach ein Viertelpfund gesiebten Zuker, eben so viel Mehl, und zwar jedes besonders, ein Achtelpfund mit Rosenwasser abgeriebene Mandeln und allerley gut Gewürz darunter, klopft alles wohl untereinander, bestreicht die Model mit Butter, vermacht sie außen mit Leinen, füllt den Teig hinein, sezt die Model in den Ofen, bakt sie bey gelindem Feuer, und vergoldet sie.

Teig, bayerischer. Man rührt das gequirlte Weisse von acht Eyern mit einem Rührlöffel in ein halb Pfund rein gestossenen Zuker, und läßts unter stetem Rühren auf einem kleinen Feuer eintroknen. Man nimmts dann weg, läßt etliche Tropfen Pomeranzenblüthwasser hineinfallen, und schneidet Stükchen daraus, so groß als eine welsche Nuß, die man auf weiß Papier in einem gelinde Ofen bakt, und wenn sie kalt sind, vom Papier wegnimmt.

Teig von Butter mit Blättern oder Blätterteig zu Torten. Man thut schön Weizenmehl auf den Baktisch, (Nudelbret) schlägt zwey bis drey Eyer darein, thut ein Stükchen Butter eines Eyes groß dazu, gießt Wasser daran, macht einen zähen Teig so, daß er recht fest wird, arbeitet ihn jäh ab, und treibt ihn auf, wie einen Kuchen. Dann nimmt man reine Butter, doch nicht so viel als Teig ist, aber doch über die Hälfte, troknet sie mit einem Tuch rein ab, daß nichts Nasses daran bleibt, und legt sie auf den Teig. Der Teig aber muß breiter ausgewalzt seyn als die Butter, damit man die Butter recht einfassen könne. Dann treibt man den Teig das erstemal so dünn, als möglich, zieht die Enden vom Teig, und zwar von beyden Seiten bis in die Mitte, schlägt so den Teig zusammen und treibt ihn wieder, aber nicht so dünn, als das erstemal, schlägt ihn alsdann wieder wie zuvor, bis in die Mitte zusammen; zum drittenmal aber treibt man ihn wieder, doch nicht so dünn als das andermal, und schlägt ihn wie die vorige beydenmale. Man kann Torten, Pasteten u. s. w. daraus machen.

Teig von Butter, abgerührter. Man rührt und reibt zwey Pfund Butter in einem Napf, daß sie ganz weiß wird, schlägt zwanzig Eyerdotter, eins nach dem andern darein, reibt es untereinander, und stellt es mit dem Napf in frisch Brunnenwasser, daß es recht darinn steht. Ist die Butter nun recht starr, so nimmt man sie heraus, und arbeitet den Teig, wenn es Sommer ist, im Keller. Alsdann schüt-

schüttet man ein Achtel von einer Metze Mehl, oder etwas mehr, auf ein Bret, wirft die Butter mit den Eyern darein, daß es ein gelinder Teig werde, mandelt ihn zu einer Torte auf, füllt etwas beliebiges darein, und schneidet sie wie einen Stern oder Rose.

Teig von Butter mit Rahm. Man theilt ein und ein halb Pfund Butter in kleine Stükchen, schüttet zwey Pfund Mehl dazu, thut es auf ein Bret, behält ein wenig zum Auswirken, bricht und reibt die Butter fein geschwind ins Mehl, quirlt drey Eyer in einen halben Nößel süssen Rahm, knetet es zu einem steifen Teig, doch nicht zu sehr; denn dadurch schmilzt die Butter, je schneller je besser. Dann läßt man den Teig wenigstens eine Stunde lang so stehen, daß er starrt, mandelt ihn breit, und macht daraus was man will. Will man Torten daraus machen, so bestreicht man sie nicht mit Eyerdottern, sondern man läßt sie weiß.

Teig zu Confekt. Man mengt ein Viertelpfund abgebrühte und rein gestossene Mandeln, eben so viel Mehl und Zuker, ein Achtelpfund Butter und die geriebene Schaale von einer Citrone wohl untereinander, formirt daraus einen dünnen Teig, den man mit eingemachten Früchten füllt und baken läßt.

Teig, spanischer. Man schüttet ein Viertelpfund Mehl auf einen Tisch, macht in die Mitte eine Grube, und thut vier frische Eyer, einen Löffel voll Pomeranzenblüthwasser, ein Glas spanischen Wein und vier Weken gute Butter darein. Dies alles knetet man zu einem Teig untereinander, aus welchem man Rauten, Lilien und andere Figuren schneidet. Diese läßt man nur zur Hälfte im Ofen baken, nimmt sie heraus und bedekt ihre ganze Oberfläche mit nach grosser Federart gesottenen Zuker. Damit sezt man sie wieder in den Ofen, daß sie vollends ausbaken und einen weissen Zukerguß bekommen.

Teig, süßer, zu Torten. Man nimmt ein halb Pfund fein Mehl, ein Viertelpfund gesiebten Zuker, quirlt zwölf Eyerdotter, bricht ein halb Pfund Butter in Stüke zu dem Mehl und Zuker, schüttet die Eyerdotter nebst ein wenig süßen Wein dazu, rührt und knetet es untereinander, mandelt es zu einer Torte auf, in die man allerhand Süßes füllt.

Tellerpastete. Man hakt ein Stük vom diken Fleisch an einem Kalbsschenkel mit Rindsfett fein, würzts mit Salz, Pfeffer, Muscatenblüthe, kleinen Zwiebeln

beln und feinen Kräutern, macht eine Pastete von feinem Teig mit Mehl, Butter und Eyern und setzt sie auf; macht den Teig recht fest, schlägt eine Fülle darein, und füllt es z. E. mit Hahnenkämmen, Kalbspriesen, Rindsmark, gestoßenen Spek, Champignons, Trüffeln und Morcheln, macht mitten in die Pastete von der zubereiteten Fülle einen Aufsatz, und dekt alles mit eben dem Teig zu. Diesen aber macht man ganz dünn, streicht ihn an und bakt die Tellerpastete eine Stunde lang. Beym Auftragen kann man Jus von Hammelfleisch und Citronensaft darein thun.

Tiegelbrey von einem Capaun. Man hakt das Brustfleisch von einem Capaunen klein, stößts mit einer gerösteten und in Hühnerbrühe geweichten Semmel im Mörsel, treibts mit Hühnerbrühe durch ein Haarsieb, thuts in einen Tiegel, und wirft, wenn es aufgekocht hat, frische Butter und Muscatenblüthe darein. Man kann auch ein wenig Mandeln mit unter das Fleisch stoßen.

Tiegelbrey von Feigen. Man wäscht sie, wenn sie alt sind, in frisch Wasser, schneidet sie klein, thut sie in einen kleinen Tiegel und gießt Wein und ein wenig Wasser daran. Inzwischen wirft man ein Stükchen Pfefferkuchen in Wein, treibt ihn durch einen Durchschlag in den Tiegel an die Feigen, würzt es mit Safran und andern guten Gewürz, und läßts auf Kohlen dik sieden.

Tiegelbrey von Fischen. Man hakt das Fleisch von einem Bratfisch klein, treibts mit Wein durch, röstet ein wenig Mehl im Schmalz, thuts an den durchgetriebenen Fisch, würzts mit Ingber, Zimmet, Safran und Zuker, und läßt es einen Sud thun.

Tiegelbrey von Gries. Man setzt im Tiegel Butter auf Kohlen, und wenn sie braun ist, thut man drey bis vier Rührlöffel voll Gries darein, und läßt ihn eine Weile rösten. Inzwischen setzt man in einem Topf eine Kanne Milch zum Feuer, daß sie kocht, und gießt sie alsdann auf den Gries, aber nach und nach; auch muß man denselben beym ersten Milcheingießen recht glatt abrühren. Ist die Milch nun ganz daran, so muß man den Gries recht aufquellen lassen; hernach rührt man ein paar Eyerdotter und ein Stükchen Butter darein, nimmt zugleich die Kohlen unter dem Tiegel weg, thut sie auf ein Blech, und dieses auf den Tiegel. Man streut etwas geriebene Semmel darüber, und dann muß es oben braun werden.

Tie-

Tiegelbrey von Heidegrüze. Man setzt in einem Topf Milch zum Feuer und läßt sie sieden. Inzwischen liest man ein halb Pfund Heidegrüze sauber, thut sie in die Milch, daß sie kocht, rührt sie oft um, und wenn sie ausgequollen hat, ein paar Eyerdotter, ein Stük Butter und ein wenig Salz hinein. Hernach schmiert man den Tiegel, worinn der Brey aufgetragen wird, mit Butter, und bestreut ihn mit ein wenig klar geriebener Semmel, gießt den Brey auch hinein, legt oben wieder ein wenig Butter darauf, streut klar geriebene Semmeln darüber, dekt den Brey mit einem Blech zu, und thut oben Kohlen darauf; um den Tiegel legt man aber nur ein wenig Kohlen, damit er nicht anbrennt, und läßt ihn oben braun werden.

Tiegelbrey von Krebsen. Man siedet sie in Wasser, Salz und Pfeffer, nimmt das Bittere aus der Nase heraus, und stößt das andere miteinander klein; dann treibt mans mit Hühnerbrühe durch ein Haarsiebchen, röstet geriebenes Eyerbrod in Butter, rührt dieses mit dem Durchgetriebenen ab, würzts mit scharfen und guten Gewürz, siedet ein Stük Butter auf und richtet es an.

Tiegelbrey von Mehl und Rahm. Man nimmt eine Kanne Rahm, thut drey bis vier Rührlöffel schön Mehl in einen Tiegel, gießt von dem Rahm etwas daran, rührt es mit einem Rührlöffel glatt ab, und gießt den Rahm vollends daran; den Tiegel aber sezt man auf Kohlen und rührt immer, bis es anfängt zu kochen und der Brey dik wird. Dann nimmt man die Kohlen unter dem Tiegel weg, thut sie aber auf ein Blech, dekt dies auf den Tiegel, und läßt den Brey oben ein wenig braun werden.

Tiegelbrey von gestoffenen Reis. Man stößt ein halb Pfund Reis klein, und sezt eine Kanne Milch zum Feuer; wenn diese kocht, schüttet man den Reis hinein, und läßt ihn unter öftern Umrühren kochen. Ist er gahr, so rührt man ein Stük Butter und zwey Eyer darein, salzt ihn ein wenig, beschmiert einen Tiegel mit Butter, streut ein wenig geriebene Semmel darein, schüttet den Brey dazu, und legt oben wieder ein wenig Butter darauf; unten thut man ein wenig Kohlen um den Tiegel, auch auf ein Blech, womit man den Brey zudekt.

Tiegelbrey von Sulze. Man schlägt zehn Eyerdotter aus, thut das Weisse besonders, klopft und zufert aber die Dotter wohl.

Dann

Dann setzt man Milch in einer Pfanne zum Feuer, und thut, so bald sie sieden will, die Eyerdotter darein, auch ein wenig kalt Wasser, daß sie zusammen gehen. Hierauf seiget man es durch einen Durchschlag, thut es auf einen Teller und beschwehrt es, daß das Wasser abläuft. Dann schneidet man viereckichte Plätzchen daraus, legt sie in eine Schüssel und zerklopft und zukert das vorher besonder gestellte Eyweiß. Indessen macht man Milch siedend, gießt das Weisse von den Eyern in den Sud, läßts unter stetem Rühren wie harte Eyer sieden, schüttet es über dieselben Plätzchen in die Schüssel, und läßts gestehen.

Tiegelbrey von Wein. Man reibt Eyerbrod, röstet es in Butter, gießt Wein daran, würzt es mit Muscatenblüthe und Safran, zukerts und siedets. Man kann auch abgezogene Mandeln und ausgekernte Zibeben klein schneiden, darein thun, und eine Weile damit sieden. Beym Anrichten streut man Zimmet darauf. Man darf auch geriebene Citronenschaalen darunter mischen.

Tiegelbrey von Zuker oder Eyerklar. Man weicht ein paar Semmeln, wovon man die Rinde abschneidet, in eine dik abgenommene Milch, stößt ein halb Pfund Zuker, treibt die geweichte Semmel durch, und thut den Zuker darein; hierauf gießt man ein wenig Malvasier daran (doch daß es nicht zu dünn wird) siebet und sezt es in den Keller, ehe man es gebrauchet.

Tirolerkrapfen. Man mengt ein Viertelpfund gestoßene Mandeln, ein Viertelpfund Mehl, ein Viertelpfund Butter, sechs Loth Zuker, etwas Anis, geschnittene Citronenschaalen mit zwey Eyerdottern und Wein untereinander, daß man den Teig auswälgern kann. Wann er fingersdik ausgewälgert ist, schneidet man dreyeckichte Stükchen daraus, bestreicht sie mit einem Ey, bestreut sie mit Zuker und bakt sie im Ofen.

Topfbraten. Man legt ein ganz Stük Fleisch mit etwas Spek und Butter in einen irrdenen Topf, thut allerley gut Gewürz, etliche Löffel voll Wein oder Weinessig dazu, und verschließt den Topf wohl mit einem Dekel; sezt ihn in Kohlen, läßt das Fleisch in seinem eigenen Dunst und in der von sich gegebenen Sose gahr und mürb kochen, und schüttet zulezt auch Kohlen auf den Dekel, damit es etwas bräunlicht anlaufe.

Torte von Aal. Man zieht den Aal ab, macht die Gräten weg, bakt das Fleisch mit Butter, Salz

Salz, Pfeffer, kleinen Zwiebeln, Champignons und feinen Kräutern, macht eine Torte von feinem Teig, thut obiges hinein, schließts mit einem Dekel, bakt sie, und schüttet, wenn sie halb gahr ist, ein Glas guten Wein daran; thut, wenn man sie anrichten will, drey rohe Eyerdotter nebst Citronensaft daran, und giebt sie warm.

Torte von Aepfeln. Man schält und reißt Aepfel auf dem Reibeisen, mischt kleine und grosse Rosinen, Citronenschaalen und Zimmet auch Zuker darein, thut es in einen Butterteig, und bakt es.

Torte von Aepfeln mit Quitten. Man dämpft Aepfel und Quitten ganz weich zu einem Brey, treibt sie durch ein eng Sieb, und rührt ganz klein gestossene Mandeln nebst Zuker und Zimmet darunter. Dann wälgert man von Butterteig drey bis vier Plätzchen aufs dünnste aus, streicht zerschmolzene Butter dazwischen, legts aufeinander, überstreicht aber den letzten Boden mit der obgedachten und zusammengemachten Fülle, streut Zuker und Zimmet darauf, und bedekt so die Torte mit dergleichen drey bis vierfachen Plätzchen.

Torte von Artischokenböden. Wenn diese wohl gekocht sind, schlägt man sie in einen feinen Teig mit klein geschnittenen Zwiebeln und Kräutern, würzt sie mit Salz, Pfeffer, Muscatennuß und Butter, macht von eben dem Teig einen Dekel dazu, und schüttet im Anrichten eine weisse Sose mit einem Löffel voll Weinessig daran.

Torte von Austern. Man macht sie aus den Schaalen, thut sie in eine Caßerole, wendet sie zwey bis dreymal auf dem Feuer um, nimmt sie heraus, puzt eine nach der andern ab, und legt sie auf einen Teller. Hernach wirft man ein Stük Butter, so groß als zwey welsche Nüsse, in eine Caßerole, sezt sie aufs Feuer, thut so viel Mehl, als man zwischen zwey bis drey Fingern fassen kann, zu der geschmolzenen Butter, und rührts beständig um. Wenn es braun worden ist, kann man einige kleine Champignons dazu thun, es mit Pfeffer und einem Bündchen feiner Kräuter würzen, hernach, wenn es halb gahr ist, wohl abfetten, die Austern dazu thun, sie damit nur einmal aufwellen lassen, das Ragout alsdann mit ein wenig braunen Coulis diklicht machen, abnehmen und kalt werden lassen; ferner eine Torte von feinen Butterteig in einer Tortenpfanne bereiten, das Austernragout hineinschütten, es überall befeuchten, die Torte mit einem

Boden von eben dem Teig schliessen, einen Kranz herum formiren, mit geklopftem Ey bestreichen, die Torte im Ofen baken, sie, wenn sie gahr ist, heraus nehmen, in eine Schüssel sezen, öfnen, wenn sie noch zu troken ist, ein klein gemein Coulis dazu thun, die Torte wieder zudeken und warm anrichten.

Torte von Bratillen. Man macht zuerst einen Unterteig in der Tortenpfanne, thut Kälberkröse, Champignons, Hahnenkämme, fette Leberlein, Pistacien, Trüffel, weiche Artischokenböden und Rindsmark darauf, würzt alles gut mit Salz, Pfeffer, Muscatenblüthe, auch oben darüber ein wenig klein gehakten Spek, schlägt nun den Teig zusammen, bestreicht ihn mit Eyerbottern, und bakt ihn.

Torte von Birnen. Man schält und hakt gute Birnen klein, streut Zuker und Zimmet und kleine Rosinen darauf, röstet Semmelkrumen in reiner Butter, mengt es mit dem vorigen untereinander, und röstet es, bis man meynt, daß die Birnen weich seyen, wendet es auch unter dem Rösten fleißig um, daß es nicht anbake. Dann nimmt man es aus dem Tiegel, läßts in einer Schüssel kalt werden, macht von einem mürben Butterteig einen Boden, legt die zubereitete Birnen darauf, macht einen ausgeschnittenen Dekel darüber, bestreicht ihn mit Eyern, bakt und bestreut es mit Zuker.

Torte von Capaunenfleisch. Man hakt das weisse Fleisch von einem Capaunen, der gebraten ist, mit etwas Rindsmark oder frischen Nierenfett zart, stößt es im Mörsel, damit es wie feiner Teig wird, rührts mit Salz, Zuker, geriebenen Citronenschaalen, acht bis zehn Eyern, auch mit Orangeblüthwasser wohl untereinander, schlägt das Weisse von den Eyern zu einem steifen Schaum, rührts auch dazu, macht einen Boden von feinen Butterteig in die Tortenpfanne, umkräuselt den Rand zierlich, thut das Umgerührte hinein, streut Zuker darauf, bakts im Ofen, und giebts warm auf den Tisch.

Torte von Castanien. Man sezt zwey Pfund frische Castanien in Röhrwasser zum Feuer, und siedet sie, bis sie ein wenig gelind werden, dann schält man sie, seigt das Wasser völlig davon ab, stößt die Castanien mit ein wenig Rosenwasser in einem Mörsel klein, daß sie nicht ölicht werden, mischt Zuker, Zimmet und Muscatenblüthe darunter, reibt es wohl untereinander, daß es glatt werde, nimmts aus dem Mörsel, thut geschnittenen Citronat und Trisanet dazu, macht
diese

diese Fülle mit Eyerdottern an, rührts wohl untereinander, bereitet indeſſen einen Teig, wie zur Fruchttorte, füllt ſie darein, und macht die Torte vollends aus.

Torte von eingemachten Citronenſchaalen. Man ſtößt dieſe Schaalen mit Zimmet, ein paar Zwiebaken und ein halb Glas voll eingemachten Saft, zu einem Teig, macht eine Torte von feinen Blätterteig, bakt ſie wohl, und richtet ſie mit Orangeblumen an.

Torte von Citronat. Man ſchneidet ein halb Pfund Citronat wie Nudeln, thut ſie in eine Schüſſel, gießt ein wenig Wein daran, läßt ihn aufſieden, ſtreut klein geſchnittene Citronenſchaalen und länglicht geſchnittene Mandeln darauf, und läßt es wieder kalt werden. Nach dieſem macht man eine Torte von Blätterteig, füllt den zubereiteten Citronat darein, und bakt ſie im Ofen.

Torte, Biſcuit-. Man rührt ein Pfund geſiebten Zuker mit zwanzig Eyern, (das Weiſſe von acht Eyern thut man zurük) wohl, reibt das Gelbe von einer Citrone auf dem Zuker ab, und rührts auch darein; rührt ferner drey Viertelpfund Stärkmehl auch darein, ſchlägt das Weiſſe von den acht Eyern zu Schaum, rührts auch darein, thut den Saft von einer halben Citrone dazu, ſchmiert und beſtreut den Model, und füllts ein. Dann wird es gebaken.

Torte, Brod-. Man ſchält und ſtößt drey Viertelpfund Mandeln, thuts in eine groſſe Schüſſel, rührts mit einem Pfund Zuker, zwölf ganzen Eyern und dem Dotter von zwölf eine Stunde lang, thut geſchnittene Citronen- und Pomeranzenſchaalen darein, auch Zimmet, Nägelein und Muſcatenblüthe, treibt ſechs Loth gedörrt und geſtoſſen Brod von der Rinde gemeinen Hausbrods durch einen Durchſchlag, feuchtets mit alten Wein an, und rührts vor dem Einfüllen auch in die Torte, ſchmiert einen Model mit Butter, ſtreut geriebene Semmeln darein und füllts in die Torte.

Torte, Chocolade-. Man macht ſie wie Biſcuittorte, anſtatt daß man zu einer halbpfündigen ein und einen halben Vierling Stärkmehl nimmt, nimmt man nur ein Viertelpfund Stärkmehl und einen halben Vierling Chocolade, welche man vor dem Einfüllen in die Torte rührt.

Torte, ohne Butterteig. Man bakt Oblaten mit Eyerklar zuſammen, und ſchneidet ſie rund wie ein mittelmäßig zinnern Näpfchen; will man ſie füllen, ſo muß müssen die Oblaten doppelt seyn. Dann schneidet man nicht gar völlig ein Viertelpfund Mandeln länglicht dünn, thut ein oder ein und eine halbe Eyerklar in ein Schüsselchen, und ungefähr einen halben Vierling Zuker, auch etwas geschnittene Citronen und Citronat; rührt die Mandeln in den Eyerklar und Zuker, setzt es aussen auf die Oblaten herum, wie einen Rand an einer Torte, stößt ein Viertelpfund Mandeln, rührts mit einem Viertelpfund Zuker, zwey ganzen Eyern und zwey Dottern auf Citronen, wie eine Mandeltorte, gießt es in den Rand und bakt es im Ofen. Man thut auch Zimmet und Negelein in den innern Teig, und füllt ihn mit Eingemachten.

Torte, Champignon-. Wann die Champignons etwas geweicht und rein gemacht sind, so hakt man sie ganz klein, und rührt sie mit etwas süßen Rahm, gestossenen Zwiebak, Zuker, geriebenen eingemachten Citronenschaalen und einem kleinen Stük Butter, auf dem Feuer ein wenig ab, daß alles dik wird, kühlts ab und verfertigts in eine Torte.

Torte, dreyfärbig zu machen, auf sächsisch. Man macht in eine Tortenforme einen Butterteig auf den Boden und Rand, füllt ihn mit Himbeerfülle, Zuker und Zimmet, gießt darüber einen Mandeltortenteig, bakt sie und macht zuletzt ein weiß, gelb und rothes Eis darauf.

Torte, Erd- und Himbeer-. Man schneidet von einer feinen Semmel die untere Rinde weg, weicht das übrige in Wein, nimmt eine halbe Kanne sauber gelesene und gewaschene Erd- oder Himbeere, Zuker, Zimmet und kleine Citronen, und rührt alles wohl untereinander: macht eine Torte von gutem Blätterteig, füllt das Angerührte hinein, macht statt des Dekels ein Gitter darauf, und bakt es. Nach dem Baken bestreut man sie oben mit Zuker und Zimmet, stellt in jedes Loch des Gitters ganze Erd- oder Himbeere, und streut Zuker darauf.

Torte, Eyer-. Man verrührt das Gelbe von acht Eyern wohl, und eine Viertelkanne süßen Rahm und drey Löffel voll zart gerieben fein Mehl dazu, läßt ein Stük Schmalz, so groß als ein Ey, in der Pfanne zerfliessen, doch daß es nicht heiß wird, thut die Eyer darein, und macht sie, wie ein gerührtes auf das allerkleinste. Nach diesem läßt man sie in einem Geschirr erkalten, versüßt sie mit Zuker und Rosenwasser, und rührt kleine Rosinen darein; macht ferner einen mürben Boden mit einem aufgerichteten Rand fertig, legt

das

das Angerührte darauf, bedekt es mit einem weitläuftig geschnittenen Dekel, und bakt es nach dem Brod im Ofen.

Torte, englische. Man nimmt ein Pfund schön Mehl, ein Pfund geriebenen Zuker und funfzehn Eyer, die Hälfte des Eyweißes aber kann man wegthun, und die Eyer quirlt man eine halbe Stunde wohl. Hierauf thut man den Zuker, darnach das Mehl dazu, schlägts beständig mit einem Löffel, schüttet ein wenig Rosenwasser, ein paar Löffel voll Reismehl und etwas Fenchel darein, zerläßt Butter und bestreicht damit die Formen. Der Teig muß auch stark seyn, damit man ihn mit einem Löffel ausnehmen kann. Endlich macht man die Formen halb voll, sezt sie in den Ofen, und bakt sie gelblicht.

Torte von grünen Erbsen. Man paßirt junge grüne Erbsen in Butter, und stößt sie, wenn sie weich sind, in einem Mörsel, thut sie heraus in einen Reibasch, schüttet in Milch geweichte und wieder ausgedrükte Semmel, auch drey Viertelpfund klein gehakt Rindsmark, Muscatenblüthe, Citronenschaalen, Zuker, klein geschnittene Mandeln und einen halben Nößel süßen Rahm dazu, schlägt auch zehn ganze Eyer und von acht Eyern die Dotter darein, und rührt es wohl ab. Ist es genug gerührt, so macht man einen Teig in eine Tortenpfanne, und verfährt, wie bey der Torte von Aepfeln.

Torte von Feigen. Man wäscht und thut sie mit Zwiebeln und Weinbeeren in einen Tiegel, feuchtet sie mit süßem Wein an und sezt sie in eine geringe Glut, daß sie aufschwellen. Hernach macht man einen Teig von Eyern, bestreut den Boden mit Zuker und Zimmet, macht eine Lage Feigen, dann eine von Zibeben, noch eine von Weinbeeren, wieder eine von Feigen, und so immerfort wechselsweise, streut aber auf jede Lage Zuker und Zimmet, benezt alles mit ein wenig süßen Wein, zukerts, schlägt den Dekel darüber, und bakt die Torte im Ofen. Man kann die Torte auch ohne Dekel machen, und die Feigen darinn mit Citronat und Pistacien bestekken.

Torte von Fleisch. Man richtet das Fleisch zu, wie bey den kleinen Pastetchen. Dann macht man einen Butterteig, wälgert ein Blatt so groß auf, als die Torte seyn soll, macht ein Rändchen von Teig, so weit das Fleisch liegt, legt es guten baumensdik darauf, bestreicht es unten beym Rändchen mit Ey, thut einen Dekel von eben dem Teig darauf, drükt ihn etwas an, und macht

macht unten einen in die Höhe gehobenen Rand vom Teig herum; das unterste Blatt aber muß man, ehe man die Torte formirt, auf einen grossen Bogen Papier legen, damit man sie schieben könne. Man kann auch ein Papier um den Rand schneiden, es zukleben, oben ein wenig mit einem Messer, aber nicht durchschneiden, auch in der Mitte ein Hütchen machen, sie mit Ey bestreichen und im Ofen baken.

Torte von Forellen, wie die von Lachs in geschnittenen Scheiben. S. unten.

Torte, Erdbirn-. Man schält sie, siedet sie, nur nicht gar weich, schüttet sie durch einen Durchschlag, und läßt sie recht ablaufen. Dann reibt man sie auf einem Reibeisen, und nimmt zu einem halben Pfund Zuker ein halb Pfund geriebene Erdbirn. Diese zwey Stüke zusammen rührt man mit acht Eyern an, und schlägts stark wie eine Mandeltorte. Mann bestreicht einen glatten Model, bestreut ihn mit Semmelmehl. Ehe man den Teig einfüllt, reibt man eine ganze Citrone, und schneidet das Mark davon. Ehe man es einfüllt, rührt man es darunter, und bakts im Ofen.

Torte, französische. Zu einer grossen reibt man sechs Loth Schmalz in einem Näpfchen sauber ab, rührt drey Viertelpfund klein gestoffene abgezogene Mandeln darein, rührts eine halbe Stunde, schneidet von zwey Citronen die Schaalen klein, drükt auch den Saft daran, thut ein halb Pfund fein gestoffenen Zuker dazu, und rührts noch eine halbe Stunde. Hierauf thut man ein Viertelpfund schön Mehl darein, und rührt, bis es untereinander kommt, bestreicht ein flach Tortenblech mit Butter, streicht von dem Teig den Boden auf, füllt es mit eingemachten von andern Teig, macht ein doppelt Gitter, und bakts langsam.

Torte von Gehäke. Man rührt ein Pfund klein gehakte Mandeln mit geriebenen Citronenschaalen, einem Quintchen Zimmet, Muscatenblüthe, auch ein halb Pfund gestoffenen Zuker, zwey Loth Zimmetwasser, ein Viertelpfund klein und würflicht geschnittenen Citronat wohl untereinander, füllt diese Fülle, bey der man den Zuker nicht sparen muß, in eine Torte, bakt sie nicht lange, sondern belegt sie mit Eis, und ziert sie mit eingemachten Citronenschaalen und Citronat.

Torte von frischen Johannisbeeren. Man reinigt sie und thut sie in eine Schüssel, reibt auch viel Zuker darauf; treibt dann

dann ein Blatt von Butterteig eines guten Messerrükens dik auf, bestreicht es mit zerklopften Eyern, sezt von Teig ein Rändchen, so weit die Torte gefüllt wird, eines halben Queerfingers hoch, daß der Saft von den Beeren nicht herauslaufe. Endlich macht man noch ein Blatt von obigem Teig über die Torte, und füllt diese mit den Beeren.

Torte von frischen Kirschen. Man thut die Steine heraus, schüttet jene in eine Schüssel, reibt viel Zuker darauf, und wirft auch Citronenschaalen und Zimmet daran. Darnach formirt man von Blätterteig eine Torte, und füllt sie mit den Kirschen.

Torte auf königlich. Man thut in den Teig eines Tortenbodens klein gestossenen Zuker, läßt Milch sieden, bis sie dik wird, wirft Zuker, sechs wohl gerührte Eyerdotter und frische Butter in die Milch; diesen Rahm richtet man in den Tortenboden, und schließt die Torte wie gewöhnlich.

Torte von Kraftmehl. Man macht dieses klein und siebt es durch. Darnach thut man dreyßig Eyer, und zwar von funfzehn das Weisse, die Dotter aber von allen in einen grossen Topf, der in der Mitte weit, unten und oben aber eng ist, schlägt die Eyer mit einem Rührlöffel lange Zeit ab, schüttet ein und ein halb Pfund klar gesiebten Zuker darunter, und rührts beständig; wenn es nun wieder eine Weile gerührt worden, nimmt man drey Viertelpfund Stärkmehl und drey Viertelpfund schön Weizenmehl, und rührt es wieder, aber alles auf einer Seite. Inzwischen schmiert man eine Mandeltortenforme mit Butter, gießt das Abgerührte darein, und sezt es in einen nicht heissen Ofen. Ist es gahr, so dekt man oben eine Schüssel darüber, und kehrt es um; dann fällt die Torte heraus. Dann thut man es wieder in eine Schüssel und kehrt es nochmal um, so kommt die Oberseite wieder in die Höhe. Endlich garnirt man sie nach Gefallen.

Torte von Krebsen. Man macht eine Krebsfarse, thut sie in einen Reibasch, und reibt sie recht klein ab. Ist sie noch nicht süß und fett genug, so reibt man mehr Zuker hinein, und gießt mehr Krebsbutter daran. Hernach macht man ein Blatt Teig in eine Tortenpfanne, bestreicht es mit der Krebsfarse über und über fast fingersdik, füllt es mit Eingemachten, und überzieht es mit der andern Farse, daß sie wie eine Pastete aussieht. Dann streicht man sie mit einem warmen Messer glatt zu, bestreicht ſie mit Krebsbutter, ſezt ſie in den Ofen, bakt ſie und giebt ſie warm.

Torte von gehakten Krebſen. Man ſiedet ſie, macht die Schwänze weg, bakt ſie klein, und ſchlägt ſie mit Karpfenmilch, Hechtlebern, zerſtükten Champignons, Morcheln, Trüffeln, Nezelein, Salz, Pfeffer, einem Bündchen feiner Kräuter und Butter in einen Teig, macht einen Dekel über die Torte, bakt ſie, und thut beym Anrichten Citronen- oder Pomeranzenſaft daran.

Torte von Lachs, in Scheiben geſchnitten. Man löst die Haut ab, ſchneidet ein Stük deſſelben ganz dünn ſcheibenweis, macht eine Tortenboden von mürben Teig, belegt damit eine Tortenpfanne, bakt ein Stük Lachs mit Butter, nebſt gehakter Peterſilie, kleinen Zwiebeln, einigen Champignons und einer grünen Trüffel, wohl zuſammen, ſtößts im Mörſe, nimmts wieder heraus, legt es auf den Grund des Tortenbodens, und würzt es mit Salz, guten Gewürzen, Pfeffer und feinen Kräutern. Dann legt man die Lachsſcheiben in die Torte nebeneinander, würzt ſie unten wie oben, thut Butter oben drauf, und ein Bündchen feine Kräuter in die Mitte, ſchließt die Torte mit einem Boden, von eben dem Teig, macht einen Kranz herum, beſtreicht ſie mit geklopftem Ey, bakt ſie im Ofen, und ſezt ſie, wann ſie gahr iſt, in eine Schüſſel, öfnet und fettet ſie ab, ſchüttet Krebsragout hinein, ſchließt ſie wieder, und giebt ſie warm.

Torte von gehaktem Lachs. Man hakt ein gut Stük Lachs mit Salz, Pfeffer, kleinen Zwiebeln, Champignons und feinen Kräutern, und ſchlägts in einen mürben Teig: thut in Stüke geſchnittene Artiſchokenböden und zerſtükte Champignons darein, füllt die Torte um und um damit, bakt ſie im Ofen, und ſchüttet beym Anrichten Citronenſaft darein.

Torte nach Leipziger Art. Man rührt ein halb Pfund Butter zu Schaum, thut ein halb Pfund zart geſtoſſene Mandeln dazu, ſchlägt auch zehn Eyerdotter, einen nach dem andern, wie auch ſechs ganze Eyer daran, ſchüttet drey Löffel voll Rahm, eben ſo viel Hefe, Muſcatenblühe, ein wenig Salz und die Schaale von einer Citrone, klein geſchnitten, daran. Endlich zukert man alles, etwa mit ein viertels Pfund, rührt es zuſammen, daß es dik wird, gießts in eine Form, und bakt es.

Torte von Mandeln und Zibeben. Man ließt ein halb Pfund Zibe-

Zibeben, und zieht ein viertels Pfund Mandeln ab, schneidet beydes länglicht, thut es zusammen in einem Tiegel, gießt etwas Wein daran, schüttet Zuker und Citronenschaalen dazu, und läßts auf Kohlen ein wenig dämpfen: wenn es wieder kalt ist, füllt man es in eine Torte, und bakt sie.

Torte, Mandel =. Man schält ein Pfund Mandeln, troknet sie ab und stoßt sie mit Rosenwasser oder Eyweis: dann rührt man die Mandeln mit drey viertels Pfund Zuker und mit funfzehn Eyerdottern an, schneidet auch von einer Citrone die Schaale darein; wenn es recht gerührt ist, so schlägt man das Eyerweis zu einem diken Schaum, und rührt, nachdem der Teig dik oder nicht dik ist, alles hinein. Hierauf schmiert man einen Model mit Butter, und bestreut ihn mit Semmelmehl, füllt den Teig ein, und bakts im Ofen. Man thut auch geschnitten Citronat und Pomeranzenschaalen daran.

Torte, Mandel =. Man stoßt sechs Loth Mandeln mit Rosenwasser, rührt sie mit Eyerdotter und Zuker nach Gutdünken an, thut auch geschnittene Citronen, Zimmet, Citronat und Pomeranzenschaalen dazu. Dieß gießt man in einen Butterteig. Wenn es über die Hälfte gebaken ist, schlägt man das Eyerweis zu Schnee, und thut Zuker darein, bis es wie ein Eis ist, und gießts auf die Torte, wo man es vollends ausbaken läßt.

Torte, Mandel= anders. Man schält zehn Loth Mandeln, und stößt sie mit Semmelkrumen, die in Rosenwasser eingeweicht sind, rührt solches mit einem starken Vierling Zuker und sechs Eyerdottern wohl, thut auch geschnittene Citronen dazu. Dann schlägt man drey bis vier Eyerweis zu Schaum, rührts vor dem Einfüllen hinein, und füllts wie eine Mandeltorte ein.

Torte, Mandel =, flache. Man rührt zwey Eyer und drey Dotter mit sechs Loth Zuker und einem viertels Pfund gestossenen Mandeln wie zu einer Mandeltorte, thut etwas geschnittene Citronen darein, auch Citronat und Pomeranzenschaalen; alsdann mit einem Ey neben bestrichene Oblaten aneinander, bis es die Größe einer Torte hat, schneidet es länglicht oder rund, nimmt Zukerbrod oder Biscuit, schneidet es von einander Messerrükens dik, belegt die Oblaten damit, läßt aber einen Rand zwey Finger breit liegen, überlegt das Biscuit mit etwas eingemachten, schält starke vier Loth Mandeln und schneidets länglicht, rührt ein paar Eyweis mit

mit ein paar Händen voll Zuker, aber nicht lang, thut Citronen und Citronat darein, legt die Mandeln auf dem Rand der Torte gleich, so hoch es sich giebt, herum, gießt das gerührte auf das Eingemachte, und bakt es gelb. Das Blech, worauf die Oblaten kommen, besäet man mit ein wenig Mehl.

Torte, Mandel-gewürzte. Man stößt ein halb Pfund ungeschälte Mandeln, reibt sie nur sauber ab, rührt ein halb Pfund Zuker mit den Mandeln und zwölf Eyern recht lang, bis der Teig recht dik ist. Man thut Zimmet und Negelein, Citronen, und Pomeranzenschaalen nach Belieben hinein. Man kan auch den halben Theil Eyerklar zurükbehalten und zu Schaum schlagen, ehe man es in den Ofen thut.

Torte von Mark. Man stößt sechs kleine Zwiebak klein, thuts mit ein paar Löffeln voll Rahm, ein wenig zerlassener Butter, Zuker, sechs bis acht Eyerdottern in ein Geschirr, rührt alles wohl untereinander, schneidet ein gut Theil frisch Ochsenmark in feine Würfel, und thuts dazu, schlägt das Eyweis zu einem steifen Schaum, rührts zulezt auch dazu, macht ein Unterblatt von feinem Teig in eine Tortenpfanne, umkräuzt den Rand, schüttet das Umgerührte hinein, und bakts unten und oben mit Feuer gahr, doch darf nicht allzustark Feuer dabey seyn, weil es leicht braun wird. Man giebt sie warm.

Torte von Mark, französische. Man schneidet das Rindsmark in Stüke, läßt es wohl zergehen, würzt es mit ein wenig Salz, Pfeffer, eingemachte Citronenschaalen und andern, welches alles man vorher wohl reiben muß, auch mit gestossenem Zuker, zwey darunter wohl geklopften Eyerdottern, und zwey gestossenen Macronen. Dann mengt man alles untereinander, thuts in einem Tortenboden von Blätterteig, streicht die Torte an, bakt sie ein und eine halbe Stunde im Ofen, und schüttet vor dem Anrichten gestossenen Zuker und Rosenwasser darein. Man kan auch das Mark mit dem übrigen Teig stossen.

Torte von Melonen. Man schält und schneidet sie in Stüke, kocht sie im Wein mürb, mischt sie mit Zuker, Zimmet und gestossenem Zwiebak, und macht sie kalt. Dann macht man eine Torte auf gehörige Weise davon, bakt sie und glacirt sie mit Zuker und Orangewasser.

Torte von Morcheln. Man säubert, weicht und hakt sie klein, rührt sie mit etwas süssem Rahm, einem

einem kleinen Stückchen Butter, gestoßenem Zwiebak, Zuker und geriebenen eingemachten Citronenschaalen auf dem Feuer ein wenig ab, damit es dik wird; kühlts hernach ab, und macht eine Torte davon.

Torte von Muscatellerbirnen. Man schält sie, schabt die Stiele und schneidet sie bis zur Hälfte weg: röstet die Birnen im Schmalz, macht einen Teig, streut geröstet Brod, geschnittene Mandeln, nebst Zuker und Zimmet auf den Boden, setzt die Birnen darauf, so, daß die Stiele über sich kommen, schüttet ein wenig Malvesier daran, und bakt die Torte im Ofen.

Torte, neapolitanische. Man stößt ein halb Pfund abgezogene Mandeln ziemlich grob, reibt einen halben diken Pfefferkuchen auf einem Reibeisen, schneidet eingemachte Citronenschaalen würflicht, aber nicht gar zu klein, und thut zwey klein gestoßene Muscatennüsse, auch ziemlich viel grob gestoßenen Zuker dazu. Dies alles macht man mit dik gesottenem Zuker, daran eine eingemachte Citrone gewesen, feucht, rührts wohl untereinander, füllts in eine Torte, die entweder von Mandel- oder einem andern feinen Teig gemacht ist, an, und oben auf die Fülle legt man dünne Schnittchen von eingemachten Citronenschaalen. Ist die Torte von Mandelteig, so kan man schönes Eis darauf machen.

Torte von Nüssen. Man schält ein halb Pfund Nüsse, die eine Hälfte läßt man ganz, die andere aber stößt man unter ein Pfund Mandeln: alsdann legt man die ganze in Wein und Zuker, auch nimmt man zu den gestoßenen und den Mandeln ein wenig Wein. Ferner mische man die gestoßene Nüsse und Mandeln mit Zuker, Zimmet, Muscatennüssen, geriebenem Muscatenbrod, Cardamomen, Citronat, Citronen- und Pomeranzenschaalen untereinander, und schüttet, wenn diese Fülle zu dik wäre, noch mehr Wein daran, machet hernach von süssem Butterteig eine aufgesetzte Torte, und füllt sie damit, legt die halben Nüsse oben drauf, bestreut sie mit Zuker und bakt sie im Ofen. Man kan sie auch im Model baken.

Torte von Pfirschen (Pfersichen). Man schält sie und thut die Steine heraus, thut sie nebst dem nöthigen gereinigten Zuker in eine Pfanne, dekt sie zu, setzt die Pfanne auf ein Caßeroloch, nimmt, wann die Pfirschen gekocht sind, die Pfanne ab, läßt es erkalten, macht eine gewöhnliche Torte, bakt sie im Ofen, und richtet sie warm an.

Torte von Pistacien. Man rührt ein gut Theil klein geschnittene Pistacien, etwas gestoßenen Zwiebak, Zuker, Zimmet, etwas süßen diken Rahm, nebst zwey bis drey Eyerdottern zu einer Marmelade ab, machts kalt, macht von einem Pfund feinen Mehl, einem halben Pfund gestoßenen Zuker, einem halben Pfund zart gestoßenen Mandeln und Eyern einen Teig, verfertigt davon eine Torte, bakt und planirt sie nach dem Bäken, und richtet sie mit Orangeblumen an.

Torte, Guß =. Man schält und stößt ein halb Pfund Mandeln, rührt sie mit einem halben Pfund Zuker, fünf ganzen Eyern und vier Dottern wie eine Mandeltorte; schmiert ein Blech mit Butter, legts mit Butterteig aus, füllts mit eingemachtem, thut den Guß darauf, und bakts im Ofen.

Torte, Haasen =. Man zieht dem Haasen das Fell ab, löst ihm auch die Haut ab, schneidet die Fleischstüke davon, spikt sie mit wohlgewürzten Spek, macht einen Tortenboden von mürbem Teig in die Tortenpfanne, macht einen Grund von geschabtem Spek, mit Salz, Pfeffer, feinen Gewürzen und guten Kräutern gewürzt, darein legt die Fleischstüke ordentlich darauf, würzt sie oben wie unten, thut Spekstreifen und ein wenig frische Butter darauf, bedekt die Torte mit einem Boden von eben dem Teig, macht einen Rand herum, bestreicht sie mit geklopftem Ey, und bakt sie im Ofen: sezt sie, wenn sie gahr ist, in eine Schüssel, öfnet sie, thut die Spekstreifen heraus, fettet sie wohl ab, schüttet Schinkeneßenz hinein, dekt sie wieder zu, und richtet sie warm an.

Torte, Früchten =. Das Gebäk wird mit Semmelmehl, Mandeln, Zuker, Citronat und Gewürz angemacht, und mit der Brühe, worin die Früchte gedämpft worden, angefeuchtet. Die Früchte können nun also gedämpft, z. Ex. die Quitten und Aepfel in Wein und Zuker, alsdann mit weissen PinienNüßgen bestekt werden, ehe man sie in die Torte füllt. Die Pferstche und Aprikosen muß man schälen und einzukern, man kann auch spanischen oder andern Wein daran schütten; hierauf, wenn sie eine Stunde gestanden, den Wein davon abseichen, siebend machen, die Pferstche oder Aprikosen in den Sud hinein werfen, selbige ein wenig darinn liegen laßen, daß sie nur etwas weich werden, und sie auf eine Mandelfülle in die Torte legen. Dann macht man einen Tortenteig, legt die Fülle auf den Teig, und die

die Früchte, z. Ex. Quitten, Aepfel, Prunellen, Hagebutten, Aprikosen und Weichsel darauf, bestreicht den Teig neben herum mit einem Ey, macht den Dekel darüber und bakt sie.

Torte, Hecht-. Man richtet die Hechte gehörig zu, und lößt die Gräten von der Seite des Rükens ab, schneidet sie in länglichte Stüke eines Fingers lang, wellt sie in laulichtem Wasser, und ein wenig unzeitigem Traubensaft auf, legt sie mit Butter, Karpfenmilch, Trüffeln, Champignons und Spargelspizen in eine Casserole, thut während dem Kochen einige Scheiben von einer Citrone dazu, würzt das Ragout mit Salz, Pfeffer, Muscatennuß, Negelein, kleinen Zwiebeln und feinen Kräutern. Ist es gahr, so macht man eine kleine Fülle von Karpfen- oder Aalfleisch, würzt sie wohl, macht sie mit Fisch- oder heller Erbsenbrühe und geweichten Semmelkrumen diklicht, macht von mürbem Teig eine Torte in die Tortenpfanne, belegt den Boden mit besagter Fülle, schüttet das Hechtragout darüber, schließt die Torte mit einem Dekel von eben dem Teige, macht sie bey gelindem Feuer gahr, richtet sie mit Citronensaft an, und giebt sie warm.

Torte, Hechtleber-. Man wellt sie im Wasser auf, wirft sie in kalt Wasser, thut ein Stük Butter einer Nuß groß, in eine Casserole, sezt sie zum Feuer, und thut, wenn die Butter zergangen ist, so viel Mehl, als man zwischen zwey Fingern faßen kann, dazu, und rührt es beständig um. Wenn es nun braun ist, thut man Champignons und Trüffeln dazu, schwenkt solche sieben bis achtmal darinn um, und würzts mit Salz, Pfeffer und einem Bündchen feiner Kräuter; schüttet hernach etwas Fleischbrühe daran, läßt es zusammen gelind kochen, fettet und schäumt es wohl ab, thut, wenn es recht eingekocht ist, die Hechtlebern dazu, läßts noch weiter gelind kochen, machts mit einem Krebs- oder andern Coulis diklicht, oder richtet eine diklichte Brühe von Eyerdottern und Rahm dazu zu, und wann es dik genug ist, nimmt man es ab, und läßts erkalten. Dann macht man eine Torte, und verfährt, wie eben bey der Hechttorte gesagt worden, nur daß man zulezt von dem hellen Krebscoulis hinein schüttet.

Torte, Himbeer-, wird gemacht, wie die **Torte, Erdbeer-.** S. daselbst.

Torte, Hühner-. Man nimmt sie aus, und puzt sie, zieht die Haut davon, und verschneidet sie in Viertheile: macht einen Torten

Tortenboden von gemeinem Teig, macht unten drinnen einen Grund von geschabtem Spek, würzt es mit Salz, Pfeffer, guten Gewürzen und feinen Kräutern, legt die Hühner in der Torte darauf, belegt sie mit Hahnenkämmen, Kalbspriesen, Trüffeln und Champignons, würzt sie oben wie unten, thut Spekstreifen, Kalbfleischscheiben und frische Butter darauf, schließt die Torte mit einem Dekel von eben dem Teig, macht einen Rand herum, bestreicht sie mit geklopftem Ey, bakt sie im Ofen, und sezt sie, wenn sie gahr ist, in eine Schüssel, öfnet sie, thut die Spekstreifen und Kalbfleischscheiben heraus, fettet sie wohl ab, schüttet Kalbfleisch- und Schinkencoulis daran, dekt sie wieder zu, und richtet sie warm an.

Torte, Kalbsnieren. von gehakten und gekochten Kalbsnieren. Man kocht und hakt sie, und thut sie in einen Tortenboden mit ein wenig Butter, zwey gestossenen Makronen, Salz, Pfeffer, gestoßnen Zuker und gestoßnen eingemachten Citronenschaalen. Dann macht man einen Dekel von mürbem Teig drüber, bakt die Torte drey viertel Stunden im Ofen, gießt beym Anrichten Pomeranzenblüthwasser und Citronensaft darein, und bestreut sie oben mit Zuker.

Torte, Hefen-. Man nimmt ein viertels Pfund Schmalz zu einem viertel Pfund Mandeln, rührt es wohl ab, schlägt acht Eyer, eines nach dem andern, hinein, und wenn sie abgerührt sind, schüttet man drey Löffel voll Rahm drein, und rührts wohl ab. Hierauf gießt man drey bis vier Löffel wohl abgewässerte Hefe darein, salzt es, thut ein Pfund Mehl dazu, rührts wohl ab, alsdann die zartgestoßne Mandeln, und zulezt Krebsbutter. Ferner schmiert man einen Tortenmodel wohl mit Butter, schüttet den Teig hinein, läßt ihn auf dem Ofen gehen, bis er voll ist, hernach bakt man ihn langsam, und vor dem Anrichten streut man Zuker darauf.

Torte, Kalbspriesen-. Man weilt Kalbspriesen oder Rippen in warmem Wasser auf, thut sie mit würflicht geschnittenen Champignons, frischer Butter, gestoßnem Spek, Salz, Pfeffer, gestoßnen Negelein, einem Stük grüner Citrone und einem Bündchen feiner Kräuter in einen Tortenboden von feinem Teig: macht einen Dekel von eben dem Teige darüber, streicht die Torte an, bakt sie über eine Stunde im Ofen, und schüttet, wann sie gahr ist, Citronensaft oder Jus von Kalb- oder Hammelfleisch daran, und giebt sie warm.

Torte, Karpfen s. Man schuppt und nimmt ihn aus, sticht ihm die Ohren aus, spaltet und schneidet ihn in Scheiben, macht einen Tortenboden von halben blättrigen Teige, belegt eine Tortenpfanne damit, leget in selbige unten eine Fülle von Aal zum Grund, würzt sie mit Salz, Pfeffer, guten Gewürzen und feinen Kräutern, thut die Karpfenstüke darauf, würzt sie oben, wie unten, legt frische Butter drauf, schließt die Torte mit einem Boden von eben dem Teig, macht einen Kranz herum, bestreicht sie mit geklopften Eyern, und bakt sie im Ofen, sezt sie hernach in eine Schüssel, öfnet und fettet sie ab, schüttet ein Ragout von Karpfenmilch hinein, dekt sie wieder zu, und richtet sie warm an.

Torte, Kirschenmuß s. Man schüttet Kirschenmuß in eine Schüssel, und gießt, wenn es recht troken worden ist, ein wenig Wein daran, würzt es mit Zuker, Negelein und Citronenschaalen, rührt dieses untereinander, füllt das Kirschenmus in einen Blätterteig, macht die Torte fertig, und verfährt dabey, wie gewöhnlich.

Torte, Kraft s. Man schlägt sechzehn Eyerdotter in einen Reibasch, thut ein Pfund geriebnen Zuker dazu, und rührt beydes

Koch= u. Confit. Lexic.

mit einem Kochlöffel wohl untereinander. Sodann thut man nach und nach ein Pfund gut Kraft- (Stärk-) Mehl unter obiges, rührts wohl untereinander, bis es etwas diklich wird, und der Teig etwas Blasen bekommt. Hernach nimmt man das weisse von den sechzehn Eyern, thut es in einen reinen, wohl ausgetrokneten Topf, worinn kein Fett gewesen, quirlt es so lang, bis es zu Schnee und so dik wird, daß der Quirl darinn stehen kan, schüttet dieses Eyweis zu obigem Teig, und schlägt es schnell untereinander, bis es wieder Blasen giebt. Dann thut man ein Loth Feuchel, ein Loth Coriander, ein halb Loth Negelein und ein halb Loth Muscatenblüthen, jedes vorher etwas gröblicht gestossen, untereinander, und rührts zulezt wohl in den Teig. Dann schmiert man die Form innwendig mit Butter, gießt den Teig etwas über halb in die Form, und bakt ihn gleich, daß er aufläuft.

Torte, Körbelkraut s. Man macht einen süßen Butterteig in einen Model, zieht zwölf Loth Mandeln ab, und hakt sie klein, liest Körbelkraut sauber, wäscht und hakt es klein, röstet es ein wenig in Butter, rührts unter die Mandeln, schüttet eine halbe Nössel Milch dazu, schlägt sechs Eyer darein, thut geriebne Semmeln, mel, ein halb Pfund Zuker, und ein wenig Salz daran, schüttet alles in einen Tiegel, und rührt es beständig über dem Feuer, bis es kalt worden ist. Dann macht man einen süssen Butterteig in einen Tortenmodel, legt die Fülle darauf, und bakts im Ofen.

Torte, Laberdan. Man kocht zwey Schwänze von Laberdan in siedendem Wasser, macht länglichte Stüke davon, richtet eine Sose mit ein wenig Mehl, frischer Butter, gehakten Trüffeln, Champignons und Petersilie zu, würzt sie mit Pfeffer und Muscatennuß, legt die Fischstüke in die Sose, und läßt sie darinn bey gelindem Feuer kochen, und dann kalt werden. Hierauf belegt man eine Tortenpfanne mit einem Boden von Blätterteig, und macht auf demselben einen Grund von gehakten Karpfen, legt die Laberdanstüke darauf, macht einen Dekel von eben dem Teig darauf, bakt die Torte im Ofen gahr, sezt sie in eine Schüssel, öfnet sie, schüttet ein Ragout von Krebsen oder Muscheln, auch von Karpfenmilch darein, schließt sie wieder und giebt sie warm.

Torte, Leber. Man macht einen Tortenboden von mürbem Teig, legt ihn in eine Tortenpfanne, und macht eine Lage von geschabtem Spek, mit Salz, Pfeffer, guten Gewürzen und feinen Kräutern gewürzt: Hierauf legt man die fetten Lebern ordentlich nebeneinander auf diese Lage, mit Hahnenkämmen, grünen Trüffeln und Champignons, in die Mitte aber thut man ein Bündchen gute Kräuter, würzt es oben wie unten, bedekt es mit Spekstreifen und dünnen Kalbfleischscheiben, schließt die Torte mit einem Boden von eben dem Teig, bestreicht sie mit Ey, und bakt sie im Ofen. Nachher sezt man sie in eine Schüssel, öfnet sie, nimmt die Spekstreifen und Kalbfleischscheiben heraus, fettet sie wohl ab, schüttet Schinkenessenz hinein, dekt die Torte mit ihrem Dekel zu, und richtet sie warm an.

Torte, Lerchen. Man legt sie, sauber gepuzt, in eine Tortenpfanne auf einen Teig, wie bey der Torte von Wachteln weiter unten gezeigt wird, mit gestoßnem Spek, Mark, fetten Lebern, Salz, Pfeffer und einem Bündchen feiner Kräuter. Nach diesem schließt man die Torte mit einem Dekel von eben so feinem Teig, bakt sie anderthalb Stunden, wann sie gahr ist, öfnet man sie, schüttet eine Sose mit geschmolznem Spek, geröstetem Mehl, Capern und Citronensaft darein, und giebt sie warm.

Torte, Linzer. Man nimmt drey viertels Pfund abgezogene Mandeln, drey viertels Pfund Butter, drey viertels Pfund fein Mehl, drey viertels Pfund Zuker, die Schaale von einer Citrone und acht Dotter. Die Mandeln stößt man mit einer Theetasse Rheinwein, das Mehl schüttet man auf einen Tisch, zupft die Butter hinein, thut das übrige dazu und macht einen Teig davon. Man bestreicht ein Papier mit Butter, rollt ein Stük vom Teig eines Fingers dik darauf aus, und schneidet einen Boden davon. Man legt eingemachtes darauf, rollt den übrigen Teig aus, belegt die Torte damit, wie ein Gitter, bestreicht sie mit Eyweisschaum, und bakt sie eine gute Stunde im Ofen.

Torte, Lungen. Man siedet eine Kalbslunge weich und läßt sie kalt werden, hakt sie dann klein, röstet ein gerieben Eyerbrod in Butter, thut es in ein Geschirr, nebst drey Eyern, Salz, Ingber, Rosinen, Zuker, Zimmet und klein gestoßnen Mandeln, rührt alles untereinander, macht einen Butterteig in eine Tortenpfanne, füllt die angemachte Lunge hinein, und bakt die Torte gelb. Man kann diese Torte auch in kleine Model füllen.

Torte, Macronen. Man macht einen Macronenteig, nimmt aber nicht auf jedes Pfund Mandeln ein Pfund Zuker, sondern nur die Hälfte. Man rührt nemlich ein Pfund gestoßne Mandeln mit einem halben oder ein viertels Pfund geriebnen feinen Zuker in der Caßerole auf dem Feuer ein wenig ab, kühlt es ab, schlägt das weisse von sechs Eyern zu steifem Schaum, rührts mit geriebnen Citronenschaalen untereinander, macht in eine Tortenpfanne einen Boden von Butterteig, umkräuselt den Rand, streicht den Macronenteig eines kleinen halben Fingers dik darüber her, machts oben glatt, schlägt ein Eyweis mit ein wenig Zuker und Rosenwasser klein, bestreichts oben damit, bakt die Torte langsam und placirt sie, bestreut sie auch mit buntem Streuzuker.

Torte, Nudel. Man nimmt drey viertels Pfund abgezogene Mandeln, stößt die Hälfte davon klein, und feuchtet sie mit Limoniensaft an, schneidet die andere Hälfte gestiftelt, thut die gestoßne Mandeln nebst einem halben Pfund Zuker, auch vier Eyern, dazu, rührts eine halbe Stunde, macht von Mehl und zwey Eyern, mit ein wenig Zuker vermischt, geschnittene Nudeln, bakt sie weis aus Schmalz, zerbricht sie, wie die gestiftete Mandeln, rührt alle beyde Stüke ins abgetriebene, belegt ein geschmiert flach Tortenblättchen mit Oblaten, füllt das Abgerührte darein, macht den Reif herum, und bakt es langsam im Ofen.

Torte, Oblaten-. Man reibt ein halb Pfund Mandeln klein, thut ein Loth Zimmet, ein halb Loth Negelein, ein halb Pfund klein gestoßnen Zuker, ein halb Loth Muscatennuß, ein Loth Muscatenblüthen, ein viertels Pfund Citronat, von fünf Eyern das weiße, die Schaale von einer Citrone und von einer süßen Pomeranze dazu. Die eine Hälfte davon schneidet man ganz klein, die andere aber länglich, und rührt dies alles untereinander. Hernach bestreicht man ein Blech mit Butter, legt die Oblaten darauf, macht einen Rand von Teig herum, thut das übrige auf die Oblate, und bakts in der Hitze schnell, daß es oben gelb wird. Endlich wird der Rand vom Teig wieder abgemacht.

Torte, Pomeranzen-. Man macht von etlichen Pomeranzen die Schaalen ab, schneidet das inwendige in Scheiben oder Stüke, thut die Kerne heraus, mengt sie mit Zuker, Zimmet, klein geschnittenen Pistacien und gestoßnem Zwiebak an, und verfertigt eine beliebige Torte davon.

Torte, Quitten-, mit einem Guß. Man siedet etliche Quitten, schält und schabt sie, kocht das Mark in geläutertem Zuker und Citronen, schmiert ein Beken mit Butter, bestreuts mit Semmelmehl und legts mit Butterteig aus. Diesen Boden überstreicht man von den gekochten Quitten, wovon aber noch drey bis vier Löffel übrig seyn müssen, man rührt sie mit ein viertels Pfund Mandeln, Zuker nach Gutdünken, drey ganzen Eyern, und dem gelben von dreyen an, bis es loker ist, es kommt auch etwas geschnittene Citronen und Citronensaft darein, welches man auf die Quitten gießt. Hierauf nimmt man zwey Hände voll gerieben Eyerbrod, mischt Zuker und Zimmet darunter, streut es Fingers dik auf den Kuchen, überlegt den Kuchen mit ganz dünn geschnittenen Scheibchen Butter und bakt ihn im Ofen.

Torte, Rebhühner-. Man rupft, puzt und nimmt junge Rebhühner aus, thut die Lebern heraus, macht eine kleine Fülle, wie zur **Torte, Wachtel-,** füllt den Leib der Rebhühner damit, macht einen Tortenboden von mürbem Teig in eine Tortenpfanne, legt auf denselben eine Lage von geschabtem Spek, mit Salz, Pfeffer, gutem Gewürz und feinen Kräutern gewürzt, legt die jungen Rebhühner mit einigen kleinen Cham-

Champignons und grünen Trüffeln darauf, würzt sie oben wie unten, bedekt sie mit Spekstreifen und Kalbfleischscheiben, schließt die Torte mit einem Dekel von eben dem Teig, macht einen Rand herum, bestreicht ihn mit geklopftem Ey, und bakt sie im Ofen. Ist sie gahr, so sezt man sie in eine Schüssel, thut die Spekstreifen und Kalbfleischscheiben heraus, fettet die Torte wohl ab, schüttet ein braun Rebhühnercoulis hinein, dekt sie wieder zu, und giebt sie warm.

Torte, Reis-. Man wäscht ein halb Pfund Reis wohl, thuts in einen Tiegel, schüttet eine halbe Maas guten alten Wein daran, läßt es auf der heissen Asche, daß der Reis aufquillt und nicht kocht, so lange stehen, bis er weich ist. Dann läutert man ein halb Pfund Zuker in einer messingnen Pfanne, schneidet von zwey Citronen die Schaale würflicht, thut dies nebst dem gekochten Reis mit dem Saft und Mark der Citronen in den Zuker, und läßts darinn kochen; ist es zu dik, so nimmt man noch ein wenig Wein; man läßt es neben an der Pfanne mit Fleiß ein wenig braun werden, damit im Umrühren die Fülle ein wenig gelb davon wird, (man muß auch Citronat darein schneiden) füllt es in eine Torte, streut Zuker und Zimmet darauf, und belegt es wieder mit ausgeschnittenen Butterteig.

Torte, Rahm-. Man schlägt acht Eyer in einen Mössel guten Rahm und quirlt sie klar ab. Hernach giesst man dies in einen Tiegel, (man kann auch ein wenig Rosenwasser darunter giessen) sezts aufs Feuer und rührts, bis es anfängt zu sieden, daß es zusammenfährt. Dann schüttet man es in einen Durchschlag, daß das Lautere davon laufe. Nun thut man das Zusammengeronnene in einen Reibasch, und reibts mit ein paar rohen Eyern klar ab, vermischt das Abgeriebene mit kleinen Rosinen, Zimmet, Zuker, geschnittenen Mandeln und Citronenschaalen, macht die Torte wie andere, und bakt sie recht aus.

Torte von kleinen Rosinen. Man liest und wäscht ein halb Pfund Rosinen, sezt im Tiegel Wein mit Zuker vermischt auf Kohlen, thut die Rosinen darein, läßt sie eine Weile dämpfen, wirft etwas klein geschnittene Citronenschaalen daran, und läßts darnach wieder kalt werden. Dann macht man eine Torte von Blätterteig, und bakt sie gelb im Ofen.

Torte, Rindszungen-. Man schneidet eine eingesalzene Ochsenzunge in dünne Scheiben, legt sie in eine Tortenpfanne auf einen mürben Teig, würzt es mit Salz, Pfeffer, ein wenig geschmolzenen Spek und guten Kräutern, dekts mit eben dem Teig zu, bakts eine gute halbe Stunde im Ofen, gießt, wenn sie halb gahr ist, ein halb Glas guten Wein daran, bakt die Torte vollends, und thut vor dem Auftragen Citronensaft daran.

Torte, Rüben-. Man bratet weisse Rüben recht, schneidet sie zu breitlichen dünnen Schnitten, zukert sie ein wenig, füllt sie so in einen niedrigen Tortenboden der von Butterteig ist, ein, und legt viel Butter in die Mitte und oben darauf. Soll sie nicht süß seyn, so nimmt man statt Butter und Zuker gut gesotten Rindsfett oder ziemlich viel klein geschnitten Rindsmark.

Torte, Sand-. Man rührt ein Pfund ausgewaschene Butter zu Schaum, schlägt nach und nach zehn Eyer nebst einem Pfund klein gestossenen Zuker und Citronenschaalen dazu, rührt ein halb Pfund Stärkmehl darein, und bakt es langsam in einem Model.

Torte, Schildkröten-. Man siedet die Schildkröte, wenn man ihr Kopf und Füße abgeschnitten hat, in Wein und Wasser so lang, bis sie die Schaale verläßt, schlägt sie in einen feinen Teig, thut aber ja die Galle vorher weg. Dann würzt man sie mit Salz, Pfeffer, Muscatennuß und feinen Kräutern, thut ein wenig geriebenes Brod, sehr wenig Butter, Krebsscheeren und Schwänze, Capern, kleine Zwiebeln, Morcheln und Champignons dazu, macht einen Dekel von eben dem Teig darauf, und thut vor dem Anrichten Citronensaft daran.

Torte von westphälischen Schinken. Man schneidet ein Stük von einem abgesottenen westphälischen Schinken in dünne Scheiben, oder bakts auch klein, belegt eine Tortenpfanne mit einem Boden von feinen Teig nebst frischer Butter, einem Lorbeerblatt, wie auch etwas klein geschnittenen feinen Kräutern, würzts mit Pfeffer, macht einen Dekel von eben dem Teig darüber, streicht ihn an, bakt die Torte eine halbe Stunde im Ofen, thut, wenn sie gahr ist, Citronensaft und Jus von Hammelfleisch mit ein wenig Schalotten daran, und giebt sie hin.

Torte, Schleyen-. Man spaltet abgesottene und ausgenommene Schleyen voneinander, schneidet sie in vier Theile, macht einen nicht zu diken und zu dünnen Tortenboden von mürben Teig, belegt eine Tortenpfanne damit, thut ein wenig Butter auf den Grund, würzts mit Salz,

Salz, Pfeffer, guten Gewürz und feinen Kräutern, legt die Schleyen darein, würzts oben wie unten, thut Champignons nebst einem Bündchen feiner Kräuter dazu, bedekt alles mit frischer Butter, streut ein wenig gehakte Petersilie und kleine Zwiebeln darauf, schließt die Torte mit einem Dekel von eben dem Teig, schlägt den Rand herum in die Höhe, bestreicht die Torte mit geklopftem Ey, und bakt sie im Ofen. Ist sie gefärbt, so setzt man sie in eine Schüssel, öfnet und fettet sie ab, schüttet ein Krebsragout oder ein Ragout von Fischmilch darein, thut den Dekel wieder darauf, und trägt sie warm auf.

Torte, Schmalz-, auf wienerisch. Man treibt ein halb Pfund frisch Schmalz schön pflaumig ab, thut acht Eyerdotter und zwey ganze Eyer, auch ein halb Pfund klein gestossene Mandeln darein, rührts eine ganze Stunde, thut klein geschnittene Limonienschaalen darunter, rührts mit drey Viertelpfund schön Mehl untereinander, nimmt ein flach Tortenblättchen, streicht den Boden auf, füllts mit eingemachten Sachen, macht von andern Teig ein Gitter, und bakts im Ofen.

Torte, Spargel-. Man schneidet alles Grüne vom Spargel weg, wellt ihn auf, wirft ihn in kalt Wasser, thut frische Butter in der Grösse von zwey welschen Nüssen in eine Caßerole, setzt sie zum Feuer, thut zu der geschmolzenen Butter so viel Mehl, als man zwischen zwey Fingern fassen kann, rührts um, giest, wenn es braun ist, ein wenig Fleischbrühe daran, würzts mit Salz, Pfeffer und einem Bündchen feiner Kräuter, und thut die Spargelspizen dazu. Wenn sie gahr sind, macht man das Ragout mit einem braunen Coulis diklicht, nimmt es weg und läßts kalt werden, belegt eine Tortenpfanne mit einem Boden von Blätterteig, schüttet das Ragout von Spargel hinein, schließt die Torte mit einem Boden von eben dem Teig, macht einen Kranz um die Torte, bestreicht sie mit geklopftem Eyerdotter, bakt sie im Ofen, und richtet sie warm auf eine Schüssel an.

Torte, Spek-. Man siedet ein halb Pfund frischen ungesalznen Spek im Wasser, daß er weich werde, macht ihn kalt und stößt ihn in einem Mörsel recht wohl. Dann weicht man Krumen von zwey Semmeln mit Milch, drükt sie aus und stößt sie mit, schlägt, wenn es wohl zusammengestossen ist, vier Eyer und vier Dotter daran, schüttet zwey Löffel voll Milchrahm, Zuker, Gewürz, klein

klein geschnittene eingemachte Citronenschaalen dazu, macht einen mürben Teig, wälgert ihn dünn aus, thut die Fülle darein, streut Zuker darauf und bakts im Ofen.

Torte, wilde, Tauben. Man nimmt sie aus, zerquetscht ihnen die Brust, legt sie in einen Tortenboden von feinem Teig mit einem Stük frischer Butter, gestossenen Spek, Rindsmark, Morcheln, Champignons, Lorbeerblätter, Artischokenböden, kleinen Zwiebeln und feinen Kräutern, macht einen Dekel von eben dem Teig darüber, streicht sie an, bakt sie drey Stunden im Ofen, und thut vor dem Anrichten Citronensaft darauf.

Torte von sauersüßen Sachen. Man nimmt ein Glas voll Citronen- oder Traubensaft auf ein Viertelpfund Zuker, und rührts auf dem Feuer ab, bis es auf die Hälfte eingekocht ist; dann schlägt man sechs Eyerdotter mit ein oder einen und einen halben Mössel Rahm klein, rührts mit ein wenig Butter, Zimmer, Orangenwasser, Citronenschaalen und noch mehr Zuker auf dem Feuer zusammen, bis es dik wird, läßt es kalt werden, und verfertigt mit Blätterteig eine Torte davon.

Torte von Spinat. Den Spinat liest und wäscht man sauber, setzt Wasser aufs Feuer, wirft ein wenig Salz darein, und thut, wenn es siedet, den Spinat hinein, daß er weich koche, seigt ihn ab, drükt ihn aus, und schneidet ihn ganz klein. Hernach setzt man in einem Tiegel Butter zum Feuer, schüttet den Spinat hinein, läßt ihn ein wenig schweissen, wirft kleine Rosinen, Muscatenblüthe und ein wenig geriebene Semmel daran, gießt etliche Löffel voll süßen Rahm dazu, läßt ihn ganz troken werden, thut ihn wieder in einen Reibasch heraus, schlägt sechs Eyer daran, legt auch etwas Zuker, in Milch eingeweichte und wieder ausgedrükte Semmel dazu, und rührts wohl durcheinander. Die Torte macht man wie die von Krebsen, nur daß man statt der Krebsbutter andere Butter nimmt. Dann richtet man sie warm an.

Torte mit Wachteln. Man rupft und nimmt diese Vögel aus, thut die Lebern heraus und die Galle davon, hakt die Lebern mit Salz, Pfeffer, feinen Kräutern, ein wenig Schinken, Spek, Petersilie, kleinen Zwiebeln und Champignons recht zart, und stößts mit zwey Eyerdottern in einem Mörsel, nimmts heraus und füllt den Leib der Wachteln damit. Hierauf bestreut man eine Tortenpfanne mit Mehl, macht einen in der Dike mittlern Boden von feinen Butterteig, macht dar-

darinn ein klein Beet von geschabten Spek, mit Salz, Pfeffer und ein wenig Muscatennuß gewürzt, legt die Wachteln darauf, und zwar mit Kalbspriesen, Hahnenkämmen und kleinen Champignons, würzt sie oben wie unten, legt ein Bündchen feine Kräuter in die Milch, bedekt sie mit Spekstreifen und Kalbfleischscheiben, schließt die Torte mit einem Boden von eben dem Teig, formirt den Rand nach Belieben, bestreicht sie mit geklopften Ey, und bakt sie im Ofen. Ist sie gahr, so sezt man sie in eine Schüssel, öfnet sie, nimmt die Spekstreifen und Kalbfleischscheiben heraus, fettet sie wohl ab, schüttet Schinkeneffenz hinein, dekt sie zu, und richtet sie warm an.

Torte von Trauben. Man zupft von den Trauben die Beere, wenn sie noch etwas bärtlich sind, ab, thut sie mit etwas zart geriebenen Zuker in eine Pfanne, macht sie über Kohlen gemach warm, bis sie etwas Saft von sich geben und den Zuker erweichen; dann nimmt man sie heraus, siedet bei den Saft etwas diklicht ein, und läßt ihn erkalten, macht einen Butterteig in einen Model, füllt klein gestoffene Mandeln mit Brod und Zuker vermischt, darein, thut die Beere darauf, schüttet den eingekochten Zuker darüber, und bakt die Torte im Ofen.

Torte, Wiener. Man wäscht Zibeben und Rosinen, kocht sie mit ein wenig Wein und Zuker ab, daß sie nur aufquellen; macht einen Hefenteig, nemlich ein halb Pfund Butter mit drey ganzen Eyern und drey Dottern gerührt, ein und einen halben Löffel voll Bierhefe, drey Viertelpfund Mehl, ein wenig Salz und etwas Zuker. Dies macht man mit Milch vollends an, daß der Teig in der Dike recht ist, und klopfts wohl. Wenn der Teig ein wenig gegangen, wellt man einen Boden in ein kupfern Beken völlig messerrükensdik aus, das Beken schmiert man vorher mit Butter; dann thut man die gekochte Zibeben und Rosinen auf dem Teig herum, streut ein wenig geschnittene Mandeln, Citrone, Citronat und Pomeranzenschaalen, Zuker und Zimmet darauf, macht kleine Striemen von Hefenteig und ein Gitter darauf, und eben so neben herum anstatt des Randes; läßts noch einmal gehen, bestreichts mit Eyern und bestreuts mit Zuker, und bakts im Ofen.

Torte von Zimmet. Man schält und stößt ein halb Pfund Mandeln klein, rührts mit zwölf Loth Zuker und sieben bis acht Eyerdottern. Dann schneidet man von einer Citrone die Schaale klein, wäscht vier Loth Rosinen sauber, thut ein völlig halb Loth

Zimmet darein, schlägt das Weisse von den Eyern zu Schaum, rührt es bis auf etwas weniges darein, belegt ein Beken mit Butterteig nach Gutdünken, gießt diese Fülle darein, und bakts langsam.

Torte von Zuker. S. Zukertorte.

Traganteis. Man weicht den Tragant über Nacht in Rosenwasser ein, brükt ihn durch ein Tüchlein und rührt Zuker darein, daß es ein diker Brey wird. Man braucht dies Eis Confituren zu glaciren.

Tragantteig. Man stößt ein Loth Tragant klein, schüttet vier Loth halb frisch und halb Rosenwasser daran, preßt es durch ein zart Tuch, reibt ihn auf einem zarten Marmorstein, mischt ein Viertelpfund gesiebten schönen Zuker, zwölf Loth gesiebt fein Mehl, und zwar vom Mehl einen Löffel voll auf einmal, und dann ein klein Löffelchen voll Zuker, eins ums andere untereinander, bis der Teig fest wird.

Trappenpastete. Man weidet den Trappen aus, nachdem sein Fleisch gehörigermassen wild und ihm der Magen ausgeschnitten worden; zerschlägt ihn die Keulenknochen, spikt ihn mit Mittelspek, würzt ihn mit Salz, Pfeffer, Negelein, gestossenen Muscatenblüthen und Lorbeerblättern, thut in die Pastete viel gestossenen Spek und Spekschnitten, macht die Pastete wie gewöhnlich, und bakt sie wenigstens vier Stunden.

Traubenkuchen. Man macht sie wie die Kirschenkuchen. Man nimmt aber auch statt des Gusses ein paar Hände voll geriebene Semmeln, eine Hand voll gestossene Mandeln samt der Schelfe, eine Hand voll Zuker und ein wenig Zimmet. Dies thut man messerrükensdik auf den Kuchen herum, legt ganz dünne Schnitten Butter darauf, bestreuts nochmal mit Zuker, und bakts im Ofen.

Traubenküchlein. Man macht vier Löffel voll Mehl mit süsser Milch, wie einen diken Klöschensteig an; dann wird ein Stüklein Schmalz einer grossen welschen Nuß groß, siedend darein gemacht, zwey ganze Eyer und zwey Dotter darein gerührt; der Teig muß wie ein Apfelschnitteig seyn. In diese Masse nun rührt man einen Teller voll Traubenbeere; das Schmalz macht man in der Pfanne siedend heiß, taucht einen Schaumlöffel darein, den man wieder ablaufen läßt; jene legt man halbvoll in das siedende Schmalz, aber so, daß es nicht zu dik aufeinander kommt. Ist es auf beyden Seiten rösch gebaken, so legt man es auf Brobschnitten, und bestreuts mit Zuker

ker und Zimmet. Das Schmalz muß man mit einem andern Schaumlöffel wieder wohl abschaumen. Alle andermal nimmt man ein Stükchen frisches dazu, und immer recht heiß, sonst giebt es lauter Schaum. Man kann aber eine Pfanne nehmen, worinn zwey bis drey Küchlein auf einmal gebaken werden.

Traubensulze. Man macht sie von Muscateller- oder Silbeertrauben. Diese zerdrükt und preßt man aus, zu einer halben Maas Saft nimmt man eine proportionirte Menge Kalbsfußsulze, von einer Citrone nur den Saft, und Zuker, bis es süß genug ist. Wenn es miteinander gesotten hat, wird es durch ein Tuch filtrirt.

Tunkgebakenes. Man macht drey gute Löffel voll Mehl mit drey Eyern und einem Dotter, ein wenig Zuker und Milch an, daß es wie ein biker Flädleinsteig ist. Den Model macht man im Schmalz heiß, und tunkt ihn, wenn er abgeloffen ist, in den Teig, welcher halb gebaken, von dem Model abgeschüttelt und vollends gelb gemacht, auch mit Zuker und Zimmet bestreut wird.

Trisanet von gebähten Semmeln. Man schneidet Semmeln scheibenweis, bäht sie auf dem Rost gelb, legt sie in einen Tiegel, streut von dem Trisanet oben darauf, gießt guten Wein darüber, daß die Semmeln aufquellen, und läßt sie eine gute Weile liegen. Nach diesem bestreut man eine Schüssel mit dem vorigen Vermischten, legt eine Lage von den eingeweichten Semmeln, streut wieder das Trisanetpulver nebst geschnittenen Citronenschaalen auf dieselben, und macht so fort, bis es alle ist. Hernach gießt man den übriggebliebenen Wein, worinn die Semmeln geweicht sind, darüber, streut wieder vom Obigen darauf, und läßt es aufsezen.

Trisanet mit kalten Braten. Dies macht man wie das Vorhergehende. Wenn man es nemlich anrichtet, und eine Lage Semmeln gelegt hat, legt man allemal pläzchenweis geschnittenen kalten Braten, Kalbsbraten, welsche Hühner, Capaunen, Rebbraten, Rebhühner, u. s. w. und trägt es zu Tisch.

Trüffelporage. Man stößt die Trüffeln, schneidet sie in Schnitten, thut sie mit Kalbsjus in einen Tiegel, und läßt sie bey gelindem Feuer prägeln. Wenn sie gahr sind, schüttet man klare Rebhühnerconlis darein, mittonnirt Semmelrinden; in die Mitte legt man ein gefüllt Profiterolenbrod, schüttet das Ragout darüber, und richtet es warm an.

Trüffelragout an Fleischtagen. Man stößt Trüffeln und schneidet

det sie in Schnitten, paßirt sie mit der feinsten Butter, netzt sie mit Bouillon und bann mit Kalbsmilch, würzt sie und schäumt sie ab, und richtet sie zum Beygerichte an.

Trüffelnragout an Fasttagen. Man richtet sie zu wie die vorigen, benezt sie aber mit Fischbrühe, läßt sie mit einem Bündchen Kräuter, Salz und gröblicht gestoßenen Pfeffer mittoniren, legirt sie mit Krebscoulis und richtet sie an.

Tunke von Apricosen. Man preßt den Saft aus den Apricosen, mischt so viel Zuker als der Saft ist, darunter, siedets zu gehöriger Dike ein, nimmt den Schaum davon ab, daß es lauter werde, und giebt es mit dem Braten.

Tunke von Citronen. Man drükt den Saft von sechs Citronen aus, seigt ihn durch ein Tuch, und schüttet zweymal so viel Wein, und eben so viel Wasser, als des Citronensafts gewesen, dazu. Hierauf zerklopft man sechs frische Eyerdotter, und rührt sie unter den Citronensaft, das Wasser und den Wein; das Weisse aber muß man vorher zu einem lautern Schaum besonders wohl rühren. Dann läßt man es eine Stunde stehen, bis es sich sezt, nimmt das Schaumichte oben weg, mischt es unter den Citronensaft, den Wein, das Wasser und die Dotter, zukert es, thut ein wenig klein geschnittene Citronenschaalen darunter, läßt es so auf dem Feuer in einem Tiegel zusammengeben, und rührt es, wie ein Eingerührtes an.

Tunke von Meerrettig auf sächsisch. Man reibt auf einem Reibeisen guten Meerrettig, der nicht fasicht ist, ganz fein, und ein paar Borsdorfer Aepfel dazu, zukert es und gießt Wein darauf. Man kann diese Tunke zu einem gebratenen Karpfen geben.

Tunke von Sahne oder Schmetten, auf sächsisch. Man siedet gute süße Sahne auf und läßt sie wieder erkalten; dann wird die dike Haut davon mit einem Schaumlöffel abgenommen und in eine Schüssel gethan, und mit Zuker bestreut.

Tunke von Rosinen, auf sächsisch. Die Rosinen werden mit gerösteten Brodschnitten im Mörsel gestoßen, dann in Wein zerrieben, durch ein Sieb in ein Gefäß gegossen, gezukert und mit Zimmet bestreut.

Tunke von Nüssen, auf sächsisch. Man schält die Nüsse, stößt sie mit geriebenen Semmeln und dem Weissen von hart gekochten Eyern in einem Mörsel ganz zu Brey, zerreibt es in Wein; dann wird es durchgeseiget, gewürzt und gesalzen oder gezukert.

Tun-

Tunke von Petersilie, auf sächsisch. Die grüne Petersilie wird klein gehakt, mit einer in Wein geweichten Semmelkrume in einem steinernen Mörsel klein gestoßen, ausgedrükt, oder durch ein enges Sieb getrieben, gezukert und klein gehakte Eyer darauf gestreut.

Türkischer Hahn. S. Welscher Hahn.

U.

Ueberzukerte Blumen. Man weicht etwas Tragant ein wenig in Rosenwasser, schlägt zwey Eyweiß mit einem Löffel voll wohl, thut von dem eingeweichten Tragant einer Erbse groß nebst ein wenig gestoßenen Zuker dazu, schlägt es zu einem lautern Schaum wohl ab, tunkt ein Häderchen hinein, bestreicht die Blumen damit, und bestreuts mit gestoßenen Zuker über und über, legt jedes Blättchen auf ein Brett, und thuts zum warmen Ofen, daß sie abtroknen, und läßts dann bey der Wärme stehen.

Ueberzukerte Johannisbeere. Man kocht ein wenig Johannisbeersaft und etwas Zuker, nebst ein wenig Rosenwasser in einem Pfännchen, bis es ziemlich dik wird; dann tunkt man rechte feine Johannisbeersträußchen hinein, zieht sie geschwind wieder heraus, wälzt sie in schönen weißen durchgesiebten Zuker, daß sie ganz weiß werden, hängt sie auf, läßt sie troknen, und verbraucht sie sogleich, dann sie halten nicht lange.

Ueberzukerte Kirschen. Man läutert weissen Zuker und kocht ihn so steif, daß er gleich hart wird, wenn man einen Tropfen davon auf einen Teller fallen läßt. Dann tunkt man frische schöne Kirschen, eine nach der andern hinein, zieht sie geschwind wieder heraus, hängt sie auf, daß sie troken werden, und verbraucht sie gleich frisch.

V.

Veilchenkuchen. Man macht aus Papier eine etwas erhabene Form, so groß, als der Kuchen werden soll, dann thut man ein halb Pfund Veilchenblätter in ein Pfund Zuker, der nach grosser Federart gesotten ist. Dies arbeitet man auf dem Feuer mit dem Rührlöffel wohl durch. Wenn alles zusammen zu steigen anfängt, und nun bald in die Form gegossen werden soll, so nimmt man ein wenig Eyweiß, das mit klaren Zuker, und zwar nicht allzudünn eingerühret ist, daß der Kuchen in die Höhe geht, dies thut man dazu, schüttet gleich darnach alles zusammen in die Form, und hält darüber ein Beken mit Kohlen in gewisser Entfernung, wodurch der Kuchen noch mehr steigt.

Veilchenkuchen, gerösteter. Man röstet ein Viertelpfund klaren Zuker über dem Feuer, und thut eben so viel Veilchen, wie bey dem vorigen Kuchen, dazu. Wann dies nun eine geröstete Farbe bekommen hat, und dabey überall gleich gerührt worden ist, so thut man es in ein Pfund Zuker, der nach grosser Federart gesotten ist, und verfährt damit wie beym vorigen.

Veilchenpastete = oder Teig. Man nimmt ein Viertelpfund Veilchenblätter, stößt sie sehr zart in einem kleinen Mörsel, und läßt ein Pfund Zuker nach grosser Federart sieben. Man nimmt ihn dann vom Feuer, schüttet die Veilchen hinein, und rührt sie nach und nach mit dem Zuker durch, daß sich beydes gut miteinander vereinige. Dann füllt man damit die Pastetenformen, und sezt sie in den warmen Ofen, daß sie troken werden.

Veilchenstrauße. Man nimmt schöne Veilchen mit den Stielen, bindet vier bis fünf mit einem Faden zusammen, tunkt sie in Zuker, der nach kleiner Federart gesotten und halb ausgekühlt ist. Dann legt man sie in gehöriger Entfernung auf ein Haarsieb, daß sie abtroknen, bestreut sie überall mit sehr reinen Zuker, bläßt ab was zu viel darauf liegt, legt sie auf ein ander Haarsieb, so daß die Blumen darauf breit auseinander liegen, thut sie auf den warmen Ofen, daß sie troken werden, und hebt sie in mit Papier ausgefütterten Schachteln an einem troknen Ort auf.

Vögelpastete von kleinen Vögeln. Drosseln, Krammetsvögel, Lerchen, kleine Schnepfen und andere Vögel können auch in Pasteten eingeschlagen werden, und man bedient sich hiezu meistens eines Butterteigs; auch richtet man vorher die Vögel wie die Schnepfen zu.

Vögel, gebratene, von Zukerzeug. Man drükt ein halb Pfund Mandelzeug in die Model, nimmt ihn wieder heraus, läßt ihn troken werden, macht eine Farbe von einem Quintchen Zimmet, zwey grosse Nußschaalen voll Wasser, eben so viel Safran, einem Quintchen armenischen Bolus, einem Loth Gummi und acht Tropfen schwarzer Farbe, rührt es wohl untereinander, malt die Vögel damit, bestreut sie mit groben Zuker, und läßt sie troken werden.

Vogelnester, indianische. Man weicht sie über Nacht in warm Wasser oder Fleischbrühe, die nicht zu fett ist, so werden sie den andern Tag aufgequollen und schlaff,

Vogelnester
ſchlaff, wie weich Leber ſeyn. Die kleine Federchen aber, die ſich dann zeigen, muß man herausklauben.

Vogelneſter, mit Butter und Muſcatenblüthe. Man nimmt zubereitete Vogelneſter, und ſchneidet ſie, wenn ſie groß ſind, etlichemal entzwey, thut ſie in einen Tiegel oder auch nur auf eine ſilberne Schüſſel, ſtreut geriebene Semmeln und Muſcatenblüthe dazu, legt ein zimlich Stük reine Butter daran, gießt gute Bouillon darauf und läßt es zugedekt dämpfen. Beym Anrichten ſtreut man noch ein wenig Muſcatenblüthe darüber.

Vogelneſter, fricaßirt. Man thut reine Butter, Muſcatenblüthe, Citronenſchaalen und eine ganze Zwiebel in einen Tiegel, legt die abgeputzten Vogelneſter darein, und paßirt ſie; dann gießt man gute Bouillon hinein, wirft ein wenig gehakte grüne Peterſilie dazu, und läßt es in etwas, nicht lange, verkochen. Ferner klopft man drey bis vier Eyerdotter mit etlichen Tropfen Wein oder Eßig ab, ziebt an die Dotter dann die Brühe von den Vogelneſtern, und quirlt ſie klar ab. Endlich gießt man ſie wieder an die Neſter, richtet ſie an, und ſtreut ein wenig gehakte grüne Peterſilie darüber.

Vogelneſter mit Krebsſchwänzen. Man legt ſie, gepuzt, nebſt einem Stükchen Butter in einen Tiegel, ſchüttet ausgebrochene Krebsſchwänze dazu, würzt es mit Muſcatenblüthe, weiſſen Ingber und Citronenſchaalen, und paßirt es ein wenig. Hernach gießt man gute Coulis darauf, und läßts auf dem Feuer ganz gemächlich kochen.

W.

Wachholderbrühe über Wildpret. Man ſtößt Wachholderbeere, ſchüttet Fleiſchbrühe daran, würzt ſie mit Pfeffer, Ingber, Negelein und Muſcatenblüthe, wirft ein wenig gerieben Brod darein, läßt es endlich mit Eßig und Wein, wie auch mit einem StükchenButter aufſieden.

Wachholderbrühe über Hühner. Man ſchneidet die Wachholderbeere klein, thut ſie nebſt gebähtem und mit Fleiſchbrühe durchgetriebenen Roggenbrod, oder mit ein wenig geriebnem Eyerbrod in einTöpfchen, gießtFleiſchbrühe und Hollundereßig daran, thut Pfeffer und Muſcatenblüthen, ein wenig Butter, auch klein geſchnittene Citronenſchaalen dazu, zukert es und läßt es zuſammen aufſieden.

Wachholdergefrornes. Man thut eine Handvoll zerdrükte Wachholderbeeren mit etwas Zimmet und einem halben Pfund Zuker

in

in eine Kanne Waſſer, und ſezts aufs Feuer, daß es beyſammen fünf mit ſechs Sude thut; dieſes ſeiget man hernach durch, gießts in einen Eistopf, und läßt es auf dem Eis gefrieren.

Wachteln zu braten. Man rupft, nimmt ſie aus, wikelt ſie in Spekſtreifen, ſtekt ſie an ein ſpitzig Holz, befeſtigt ſie damit am Bratſpieß und bratet ſie. Sind ſie faſt gahr, ſo beſtreut man ſie mit zarten Semmelkrumen auf den Spekſtreifen, und richtet ſie warm an.

Wachteln, fricaßirt. S. Hühner zu fricaßiren.

Wachtelnpaſtete. Man nimmt ſie aus, macht einen Teig von Mehl, Waſſer, Salz, Butter und etlichen Eyerdottern, belegt den Boden im Grunde mit einer Fülle von dikem Fleiſch aus dem Kalbsſchenkel, Spek, Rindsmark, Salz, Pfeffer, Peterſilie, Trüffeln, Champignons und feinen Kräutern, ſezt die Wachteln auf die Fülle, füttert ſie mit geſtoßnem Spek, einem Stük friſcher Butter, Kalbsprieſen, Hahnenkämmen, Trüffeln, Champignons, macht den Dekel von eben dem Teige, ſtreicht ſie an und bakt ſie ein und eine halbe Stunde. Vor dem Auftragen thut man das Bündchen Kräuter weg, und ſchüttet Citronenſaft daran.

Weinbeere auf ſächſiſch gekocht. Sie werden von den Stengeln abgepflükt, erſt ein wenig in Butter gebraten, dann etwas Wein darauf gegoſſen, Zuker und Zimmet dazu gethan und damit gut aufgekocht, und in die Schüſſel über in Butter geröſtete Semmelſchnitten gegoſſen.

Wäffeln, (Waffelkuchen). Man nimm ein Pfund Mehl, einen Röſſel Rahm, drey viertels Pfund abgeklärte Butter, drey Stük klein geſtoßnen Zwiebak, ſechs Eyer mit dem weiſſen und gelben, zwey Löffel voll Hefen, welche die Nacht über im Waſſer geſtanden, einen guten Löffel voll Muſcatennüſſe und Cardamomen, Zuker und Roſenwaſſer, rührts in einem ſteinernen Topf wohl ab, ſezt es an einen warmen Ort, und läßt es drey Stunden ſtehen, daß es in dem Topf recht ſteht oder aufgeht: es muß aber an einem Ort ſtehen, wo es nicht anbrennen oder ſich im Topf anſezen kan: dann bakt man es in einem Waffeleiſen auf Kohlen.

Waffeln ohne Hefe. Man rührt ein halb Pfund Butter mit acht Eyern recht untereinander, thut eine halbe Röſſel Rahm und ein Pfund Mehl dazu, und machts mit guter Milch zu einem dünnen Teig, damit man ihn ins Eiſen gießen kan. Dann macht man das Waffeleiſen heis, ſtreichts mit

mit Spek aus, schüttet ein paar Löffel voll von dem Teig darein, bakts braun, und streut mit Zimmet vermischten Zuker darauf.

Waffeln mit Rahm. Man rührt Mehl und Zuker gleich viel in ein wenig Pomeranzenblüthwasser und süssen Rahm, so daß keine Klümpchen darinn bleiben. Man muß aber den Teig so machen, daß er einen Faden zieht, wenn man ihn vom Löffel fallen läßt. Dann macht man das Waffeleisen heis, und bestreicht es inwendig mit frischer Butter. Dann schüttet man einen guten Löffel voll von diesem Teig drauf, machts zu, und legts aufs Feuer. Ist die Waffel auf einer Seite gebaken, so wendet man das Eisen um. Sind sie gahr, so legt man sie um ein rund Holz und hält sie mit der Hand, daß sie gebogen bleibt. Sind sie alle gebaken, so sezt man sie in einem Sieb auf den Ofen, daß sie troken bleiben.

Waffeln von Reis. Man brüht ein Pfund Reis, sezt ihn mit Milch zu, läßt ihn dik sieden, schüttet ihn dann in eine Schüssel, streut Zuker darein, rührt ihn wohl untereinander, stellt ihn an einen kühlen Ort, daß er kalt werde, schlägt Eyer daran, thut geriebnes Brod nebst einem viertel Pfund Butter dazu, rührt alles wohl untereinander, legt das Waffeleisen auf einen Dreyfuß, läßt ihn gemächslich zergehen, drükts aber nicht sugleich ganz zu, damit der Teig nicht herauslaufe, kehrt das Eisen ein bis zweymal um, nimmt die Waffeln, wenn sie braun sind, heraus, schmiert das Eisen wieder mit der ins Tüchlein gewikelten Butter, legt einen Löffel voll Teig, wie zuvor, hinein, und fährt so fort.

Waffeln mit spanischem Wein. Man rührt ein viertels Pfund Mehl, zwey Eyer und ein viertels Pfund zartgesiebten Zuker zu einem Teig untereinander: vermischt diesen nach und nach mit spanischem Wein, bis er so dik ist, wie der zu den Rahmwaffeln. Dann verfährt man damit wie mit den vorigen.

Waffeln mit Zimmet. Man verrührt ein viertels Pfund frische Butter wohl, und vermengt damit zwey ganze Eyer. Ferner thut man ein viertels Pfund Zuker, ein halb Loth Zimmet und zwey Hände voll Mandeln, alles zart gestossen, dazu, und rührt alles wohl untereinander. Endlich mengt man schön Mehl darein, bis ein fester Teig daraus wird. Davon legt man einer Nuß groß aufs Eisen und läßt es baken.

Waffeln, gefüllte. Man welt einen Butterteig Messerrükens dik aus,

aus, schneidet von Papier die Größe von dem Waffeleisen, schneidet den Butterteig nach dem Muster zu Stüken, bestreichet es neben herum mit einem Ey, füllt ein Stük davon mit etwas eingemachtem, oder Citronen- oder Mandelfülle, legt ein anderes darauf, bakts auf beyden Seiten gelb, und bestreuts mit Zuker.

Wälscher Hahn, zu braten. Man rupft ihn rein und nimmt ihn aus, sengt ihn auf dem Feuer, wäscht ihn sauber aus, speilert, salzt ihn ein, stekt ihn an den Spies und legt ihn zum Feuer. Wenn er anfängt troken zu werden, so bestreicht man ihn mit kalter Butter, läßt ihn ganz gemach braten, und wiederhohlt dies oft. Hat er nun Farbe genug, so bindet man ein mit Butter beschmiert Blatt Papier über den Hahn. Bey dem Anrichten gießt man von der Jus, die in die Bratpfanne gelaufen ist, darüber, und streut klar geriebene Semmel darauf.

Wälscher Hahn gespikt zu braten. Man bereitet ihn zum Braten angezeigter maſſen zu, stekt ihn an ein Holz, läßt ihn über ein Forcierloch, worinnen glühende Kohlen sind, ein wenig anlaufen, bestreicht ihn während diesem mit Butter oder Spek, dreht ihn oft um, bis er recht angelaufen ist, wischt ihn mit einem Tuch wieder sauber ab, und spikt ihn, wenn er kalt ist, sehr zart. Dann thut man ihn an Spies zum Feuer, begießt ihn bald mit zerlaßner Butter, und verfährt ferner, wie oben gesagt worden.

Wälscher Hahn mit einem Ragout von Krebsschwänzen. Man richtet einen solchen Hahn oder Henne gehörig zu, macht mit den Fingern die Haut über dem Brustfleisch los, nimmt die Brust heraus, macht eine Fülle davon, thut ein wenig Rindsfett, Schinken, etwas Petersilie, Zwiebeln, Champignons und Trüffeln dazu, würzt es mit Salz, Pfeffer und Muscatennuß, thut so viel in Rahm geweichte Semmelkrumen, als zwey Eyer groß sind, auch ein paar rohe Eyerdotter dazu, und hakt alles zusammen, stößts im Mörsel, und fülle damit das Huhn. In den Leib aber thut man ein gut Ragout von Krebsschwänzen. Dann näht man das Huhn an den beyden Enden mit der Fülle zu, stichts mit einem spizigen Holz durch und stekts an den Spies, belegts mit Scheiben von Kalbfleisch, Schinken und Spek, umwikelts mit ein paar Bogen Papier, bindet Faden herum und bratets bey gelindem Feuer. Das Ragout aber macht man so: Man macht aus den gestoſſenen

senen Krebsschaalen ein Coulis: Man nimmt nämlich ein Stük Kalbfleisch und ein Stük Schinken, schneidet es in Scheiben, thut ein wenig gelbe Rüben und Pastinaken dazu, und läßt es schwitzen. Wenn es anfängt anzubaken und sich wohl zu färben, so wird es halb mit Brühe und halb mit Jus benezt, mit Petersilie, einer ganzen kleinen Zwiebel und zwey bis drey Negelein gewürzt, und damit es dikflicht werde, wirft man so viel Semmelrinden, als man gut findet, nebst einigen Champignons und Trüffeln dazu, und läßt alles miteinander etwa drey viertel Stunden kochen. Wenn es gekocht hat, nimmt man die Kalbfleischscheiben heraus, thut die gestoßnen Krebsschaalen hinein, gießt Brühe dazu, und schlägts durch ein Haartuch. Hierauf nimmt man die Krebsschwänze mit Artischokenstielen, Spargelspizen, Trüffeln und Champignons, thut alles in eine Caßerole, mit ein wenig Jus daran; wenn es gahr ist, fettet man es wohl ab, und macht das Ragout mit dem vorerwähnten Krebscoulis diklicht. Ist das Huhn gebraten, so nimmt mans vom Spieß, thut die Bekleidung davon, sezts in eine Schüssel, thut das Ragout darüber, und richtet es warm an.

Wälschen Hahn zuzurichten, wie einen Auerhahn. Man prügelt einen lebendigen wälschen Hahn mit einem Steken, aber meistens nur auf den Bauch, und zwar so stark, daß er blau und braun wird, nur muß man ihn nicht zu tod schlagen. Darnach gießt man ihm Eßig und Wein, etwa ein sechstel von einer Maas, worein man gestoßne Negelein, Zimmet, Ingber, Pfeffer und Muscatenblüthen gethan hat, nach und nach in den Hals. Dann hängt man ihn an einer Schleife von Bindfäden beym Hals auf, daß er stirbt. Dann wird er ein eben so schwarz Fleisch haben, wie ein Auerhahn. Hierauf bratet man ihn oder schlägt ihn in eine Pastete ein.

Wälscher Hahn, gebeizt, in einer Pastete. Man hängt ihn, wie eben gezeigt, rupft und nimmt ihn aus, hakt die Beine und Flügel herunter, schlägt ihm die Beine entzwey, stekt einen Speiler durch, salzt ihn ein wenig ein, sezt einen Rost aufs Kohlfeuer, und läßt ihn ein wenig anlaufen. Dann thut man ihn in ein Geschirr, und füllt dies voll Eßig, daß der Hahn ganz darinn bedekt ist. So kan man ihn, wenn man ihm alle Monathe frischen Eßig giebt, sechs und mehr Monathe aufbehalten. Beym G b auch schlägt man ihn in eine Pastete.

Wälscher Hahn in einer Pastete. Man nimmt ihn aus, biegt ihm

ihm die Beine einwärts, zerschlägt die Knochen, öfnet ihn im Rüken, spikt ihn mit grobem Spek, und läßt ihn zwey Tage in Weinessig mit Citronenscheiben, Zwiebeln und feinen Kräutern mariniren. Dann hakt man zwey bis drey harte Eyer wohl, thut es mit Spek= und Schinkenstreifen in eine Casserole, und würzts mit feinen Kräutern, gießt ein wenig Milchrabm dazu, macht alles mit etlichen Eyerdotten diklicht, formirt die Pastete, belegt den Boden mit Spekstreifen, füllt den Hahn mit der Fülle, thut ihn darauf, und das übrige der Fülle, nebst etlichen Citronenscheiben und andern Gewürzen, nur keinem Ingber, darüber, bedekt es mit Spekstreifen in frischer Butter, und läßt es fünf Stunden im Ofen.

Wälsche Hahnpastete, französisch. Man schlägt ihm die Knochen entzwey, drükt die Brust nieder, spikt sie mit grobem Spek, nimmt schwarzen oder weißen Teig dazu, wirkt diesen mit gestoßnem Spek und Spekstreifen, wie auch mit Salz, Pfeffer, Negelein, Muscatennuß und Lorbeerblättern. Ist die Pastete gahr, so wirft man eine Schalotte durch das Luftloch hinein, und macht es zu.

Wälsche Hahnpastete nach Pariser Art. Man schneidet einen jungen wälschen Hahn auf dem Rüken auf, thut ihm alle Knochen und Beine heraus, den Burzel ausgenommen, sammlet hernach das Fleisch wieder zusammen, würzt es, wie die obige Pastete französisch, und schlägt es eben so ein. Ist sie gahr, so thut man eine Schalotte durch das Luftloch hinein, und macht das Loch zu.

Wälscher Hahn mit Schinken und Castanien. Wann der Hahn vorher sauber zurecht gemacht ist, kan er scharf à la Daube abgekocht werden. Hat man aber keine Brühe zur Tunke, so muß man ihn mit ein wenig kochenden Wasser zum Feuer bringen, etwas Kräuter, Zwiebeln, Lorbeerblätter und Gewürz dazu thun und so gahr kochen, daß eine kurze und kräftige Brühe darauf bleibt. Währender Zeit reiniget man die Castanien, schneidet etwas Schinken in ganz dünne Scheiben, weicht diese ein wenig in Milch ein, bräunt etwas Mehl, thut gehakte Zwiebeln und die Schinkenscheiben darein, rührt alles auf dem Feuer wohl durch, und thut dann von der kräftigen Brühe darauf. Hierauf läßt man es in einer kurzen Brühe zusammen kochen, bis der Schinken gahr ist; dann thut man die Castanien auch dazu, und kocht es noch ein wenig zusammen durch. Beym Anrichten giebt man den Uebergus darauf.

Wasser=

Waſſergehäke. Man nimmt acht bis zehn Eyer, ein wenig Roſenwaſſer, Zuker und eine gute Milch, ſchlägt es mit den Eyern wohl ab, ſalzt es ein wenig, läßt Waſſer in einem tiefen Keſſel wohl ſieden, ſezt das obige in einem Topf in das ſiedende Waſſer hinein, dekt es fleißig zu, rührt es aber nicht, bis das Gehäke zuſammengeht. Es muß eine Stunde im ſiedenden Waſſer ſtehen, nur daß das Feuer dabey nicht gar zu groß ſey, ſonſt legt ſich das Gehäk an den Boden. Iſt die Milch gut, ſo wird das Gehäk eben und glatt. Iſt das Gehäk zuſammengegangen, ſo hebt man es aus dem Waſſer heraus, faßts mit einem Schaumlöffel auf eine Schüſſel, daß es aufgehäuft aufeinander liege, ſezt es hernach in Keller, daß es kühl werde, beſtekts mit Blumen, und giebt es ſo hin.

Weinbeerbrühe über Auerhähne, Rebhühner, Capaunen und Rehſchlegel. Man nehme gute reife Weintrauben, zukere ſie, ſchütte ein wenig Wein daran und laſſe ſie ſieden, bis ſie weich werden; dann preſſe man es durch, gieße ein wenig Citronen- oder andern Eßig daran, würze es mit Muſcatenblüthe, Zuker und Zimmet, thue noch mehr ganze Weinbeere darein, laſſe alles miteinander ein wenig aufſieden, ſtreue zulezt noch Triſa- net darein, und richte es über obiges Geflügel an.

Weinbeerencompote. Man ſchält ein Pfund reife Weinbeere nur obenhin, und nimmt die Kerne heraus; ſo thut man ſie in ein halb Pfund Zuker, der nach groſſer Federart geſotten iſt, läßt ſie etlichemal aufwallen, und richtet ſie in der Schüſſel an.

Weinbeere, ſaure, geſchält und eingemacht. Man ſchält groſſe, faſt reife, ſaure Beere, und nimmt die Kerne mit einem ſehr ſpizigen, kleinen, hölzernen Splitter heraus. So viel man Beere am Gewicht hat, eben ſo viel rein geſtoßnen Zuker wiegt man dazu, und läßt ihn in einem halben Glas Waſſer ſich auflöſen. Dann ſchüttet man die Beere hinein, und läßt ſie darinn etlichemal aufſieden. Man muß ſie wohl abſchäumen und nicht lang kochen. Wenn ſie bald ausgekühlt ſind, ſo thut man ſie in die Töpfchen.

Weinbeereßig. Man thut Weinbeere oder Corinthen in guten Eßig, ſo wird er recht ſauer davon, und man kann ihn zu verſchiedenen Brühen gebrauchen.

Weinbeerengallerte von ſauren Weinbeeren. Zu ſechs Pfund recht reifen Beeren gießt man ein Glas Waſſer, und läßt ſie etlichemal aufwallen, bis ſie weich ſind. Hierauf ſchüttet man ſie in ein Sieb; ſezt eine Schüſſel unter, und drükt ſo viel Saft heraus als

als möglich. Auf eine Kanne solchen Safts siedet man vier Pfund Zuker nach grosser Federart, thut den Saft in den Zuker, und läßt ihn etlichemal mit aufwallen. Wann die Gallerte breit und glatt vom Löffel abfällt, so kann man sie in Töpfchen thun. Man dekt sie aber nicht bälder zu, als bis sie ganz kalt ist.

Weincrême. Man kocht eine Kanne guten Wein in einen reinen Topf, thut ein halb Pfund feinen Zuker dazu, für neun Pfenninge Zimmet, sechs bis acht ganze Negelin, etwas Muscatenblüthe gröblicht gestoßen, und läßt es zusammen wohl kochen. Dann schlägt man in einen andern etwas grössern Topf zehen Eyer, von sechs nur die Dotter, die übrigen aber samt dem Eyweiß, mischt ein Löffelchen voll Weizenmehl darunter, quirlt es wohl, gießt den siedenden Wein darauf, und quirlt so lang ohne Unterlaß auf den Kohlen, bis es dik wird, jedoch muß es gleich angerichtet werden, daß der Schaum fein darauf stehen bleibt.

Weintorte. Man rührt etwas röthlichen Wein, ein Stük Butter, Zuker, Zimmet, Johannisbeersaft, vier bis sechs Eyerdotter, geriebene eingemachte Citronenschaalen, wie auch zwey bis drey gestoßene Zwiebake, zu einem diken Rahm ab, und machts übrigens wie bey der Torte von eingemachten Citronenschaalen. S. daselbst.

Weintrauben, weiß überzukert. Man nehme Muscatellertrauben, tunke sie einzeln in halbgeklopfte Eyweiß, werfe sie so ein paarmal in den Händen herum, daß nicht zu viel Eyweiß daran hangen bleibe. Nach diesem wälzt man sie in fein gestoßenen etwas warmen Zuker herum, und wenn sie überall mit Zuker überzogen und troken sind, gebraucht man sie.

Weintrauben, troken eingemacht. Man schneidet grosse fast reife Muscatellertrauben in kleine Zweige, und siedet zu jedem Pfund derselben drey Viertelpfund Zuker nach grosser Federart. In diesen wirft man die kleinen Träubchen und läßt sie zugedekt zwey bis drey Sude thun, bis der Syrup nach der grossen Perlenart gesotten ist. Dann nimmt man sie vom Feuer und schäumt sie mit kleinen Stükchen Papier ab. So bald er kalt ist, nimmt man alle kleine Träubchen heraus, läßt sie auf Kupferblechen ablaufen, bestreut sie mit gestoßenen Zuker, und troknet sie auf dem Ofen.

Weißfische zu baken. Man schuppt sie, nimmt sie aus, und macht ihnen auf dem ganzen Leib in die Quere Kerbchen, oder zerstükt sie, wenn sie groß sind, und salzt sie ein. Uebrigens verfährt man wie mit den Karpfen. S. Karpfen zu baken.

Weißfische

Weißfische zu braten. Man schuppt sie und macht sie wie die vorige zurecht, nur daß man sie ganz und eine Weile im Salz liegen läßt. Hernach streift man sie troken ab, bestreicht sie mit zerlassener Butter und läßt sie auf dem Rost gemächlich braten. Wenn sie nun auf einer Seite braun worden sind, legt man oben eine Schüssel darüber, kehrt den Rost um, löst sie fein mit einem Messer ab, und legt sie wieder auf den Rost, wo man sie vollends gahr braten läßt. Beym Anrichten brennt man braune Butter darüber, und bestreut sie mit geriebener Semmel.

Weißfische, gebraten, kalt, mit Eßig, Aepfeln und Baumöl. Man bratet sie, wie schon gesagt, und läßt sie auf einer Schüssel kalt werden. Hernach streut man würflicht geschnittene Aepfel darüber, reibt Zuker darauf, thut kleine Rosinen, Ingber und Pfeffer dazu, gießt Eßig und Baumöl über die Fische, und giebt sie so hin.

Weißfische mit Buttersose. Man setzt sie, geputzt, in einem Fischkessel mit Wasser, mit einer Hand voll Salz vermischt, zum Feuer; wenn es kocht, thut man die Fische darein, und läßt sie aussieden. Dann richtet man sie auf eine Schüssel an, die man vorher mit Butter beschmiert hat, streut geriebene Semmel und Muscatenblüthe daran, legt ein groß Stük Butter dazu, und gießt etwas von der Brühe daran, die aber nicht zu stark gesalzen seyn darf. Hernach setzt man die Fische auf Kohlen, und dekt sie mit einer andern Schüssel zu; man läßt auch ein paar ganze Zwiebeln mitkochen, daß die Brühe ein wenig dik wird.

Weiße Strauben. Man macht von dem feinsten Mehl und mit lauter Eyweiß von sechs bis acht Eyern, die wohl zerklopft sind, einen anfangs diken Teig, schüttet ein wenig Rosenwasser daran, daß er etwas dünn wird, und zukert ihn. Dann nimmt man ein tief Pfännchen mit recht heissem Schmalz und ein eng Trichterchen, hebt die Pfanne vom Feuer, schüttet etwas vom Teig ins Trichterchen, läßt es langsam, bis die Pfanne mit den Strauben angefüllt ist, in das Schmalz laufen, hält es dann über das Feuer, wendet aber die Strauben nicht um, sondern legt sie auf ein sauber Tuch, wikelt sie schnell über ein Wälgerholz, so lang sie noch heiß sind; drükt sie wohl um das Holz, wendet sie, wo sie am krausesten und weissesten sind, heraus, legt sie in eine Schüssel und zukert sie.

Wiener Bögen. Man schält und stößt ein halb Pfund Mandeln klein, thut ein halb Pfund Zuker nebst den Mandeln in eine messinge gene Pfanne ſamt vier Eyerdottern und den Saft von zwey kleinen Citronen; läßt dies auf Kohlen unter beſtändigem Umrühren kochen, thuts in eine Schüſſel heraus, und ſchneidet die Schaale von einer Citrone klein, nebſt etwas Citronat. Dann ſchneidet man Oblaten ein Viertel lang und drey Finger breit, beſtreicht ſie mit dem Teig, bakt ſie im Ofen gelb, ſtößt ein wenig Mandeln gröblicht, färbt ſie mit ſpaniſchem Flor, ſchneidet Piſtacien klein, macht ein roth Eis von Himbeerſaft gefärbt, thut davon nebſt einem weiſſen Eis auf die gebakene Schnitten, und garnirt ſie mit den gefärbten Mandeln und Piſtacien. Wenn ſie aus dem Ofen kommen, legt man ſie über das Wälgerholz.

Wiener Hippen. Man macht von einem Vierling Mehl, vier Loth Schmalz, einem halben Vierling geſtoſſenen Mandeln, einem Vierling geſiebten Zuker, vier Eyern, von der Schaale und dem Saft einer Citrone, und einem paar Löffeln voll ſüßen Rahm einen glatten Teig, bakt ihn im Hippeneiſen, rollt ſie aber, ehe ſie kalt werden, gleich auf das Holz.

Wiener Kuchen. Man rührt ein halb Pfund Butter, auch ſechzehn Eyerdotter ab, thut eine nach der andern hinein, auch ein Viertelpfund zart geriebenen Zuker, Muſcatenblüthe, eine geriebene Citronenſchaale, nebſt einem halben Nöſſel Rahm, rührt alles wohl untereinander, ſchlägt das Eyweiß zu einem ſteifen Schaum, rührts mit einem Pfund ſchön Mehl ſachte auch dazu und untereinander, thuts in eine eingerichtete Form, läßts an einem warmen Ort aufgehen, ſetzts, wenns im Aufgehen iſt, in eine Tortenpfanne, und bakt es langſam.

Wiener Mus. Man rührt zwölf Loth Butter mit ſechs Eyern wohl, ſtößt zwölf Loth Mandeln zart, rührts nebſt einem Löffel voll Stärkmehl in die Butter, auch eine Hand voll Roſinen; Zuker und Zimmet nach Gutdünken, und zieht es in einem Blech auf.

Wiener Torte. Man kocht Roſinen und Zibeben, ſauber gewaſchen, mit ein wenig Wein und Zuker ab, nur daß ſie aufquellen; macht einen Hefenteig, nemlich man rührt ein halb Pfund Butter mit drey ganzen Eyern und zwey Dottern, anderthalb Löffeln voll Bierhefe, völlig drey Viertelpfund Mehl, ein wenig Salz und etwas Zuker. Dies macht man mit Milch vollends an, daß der Teig in der rechten Dike iſt, und klopft es wohl. Iſt der Teig ein wenig gegangen, ſo wälgert man den Boden in einem kupfernen Beken völlig meſſerrüken dik aus, ſchmiert das Beken vor-

vorher mit Butter, thut die gekochten Zibeben und Rosinen auf dem Teig herum, streut ein wenig geschnittene Mandeln, Citronen- Citronat- und Pomeranzenschaalen darauf, macht kleine Wargeln von Hefenteig und ein Gitter darauf, und eben so neben herum statt des Rands; läßts noch einmal gehen, bestreichts mit Eyern und Zuker, und bakts im Ofen.

Wildpret vom Rindfleisch, auf böhmisch. Mageres Rindfleisch wird klein gehakt, hernach Kälberblut in Wein gerührt und sieden lassen, alsdann Rindfleisch in Stüke geschnitten, jenes alles mit geriebenen Brod darauf gegossen, Pfeffer daran gethan, zugedekt und über dem Feuer gut dämpfen lassen.

Wildpret, schwarzes, zu sieden, auch kalt zu essen. Man wäscht und schabt es sauber, siedets mit Wasser, Wein und Eßig, ein wenig Wachholderbeere, ganzen Gewürz, Lorbeer, Citronen, einer Zwiebel und Salz, thut auch zu dem Sieden noch eine Selleriwurzel und ein paar gelbe Rüben, auch ein wenig Thymian oder Basilikum, und läßt es kalt werden. Man kann folgende Sose dazu machen: In einem Dreyfuß verdämpft man Kalbfleisch, Selleri, Petersilien und gelbe Rüben, (Möhren) streut, wenn es gelb ist, einen Löffel voll Mehl daran, wenn es angezogen hat, schüttet man ein Glas rothen Wein daran. Hat die Brühe gekocht, so treibt man sie durch das Haarsieb, zuvor aber nimmt man von der Fleischbrühe, worinn das Wildpret gesotten, so viel dazu, als man nöthig hat; dann schält man fünf bis acht kleine Zwiebeln ganz und siedet sie im Wasser, legt sie, wenn sie weich sind, samt dem Fleisch in die Sose, wo man sie aneinander kochen läßt. Ist die Sose nicht gelb genug, so brenne man ein wenig Zuker daran.

Wildpret, schwarzes, zu sieden, anders. Man siedet es wie oben gemeldet, schneidet Schalottenzwiebeln klein, und verdämpft sie samt ein wenig Mehl in Butter, schüttet von der Brühe, worinn das Fleisch gesotten, etwas daran, nebst einer Hand voll zart geriebenen Brodkrumen, und wenn es nicht sauer genug, noch ein wenig Eßig; dies läßt man aneinander mit dem Fleisch kochen. Man läßt die Sose so, oder giebt ihr eine Zukerfarbe.

Wildpretsulze. Man nimmt acht rein gepuzte Kalbsfüße nebst dem schwarzen Wildpret, sezt es mit zwey Maas Wasser, einer Maas Wein, eine halbe Maas Eßig zu, thut einige Zwiebeln, Selleri- Petersilienwurzeln und gelbe Rüben dazu, würzt es mit Salz und

und Pfeffer, läßt es langsam einkochen, schäumt es rein ab, wirft es keinen Schaum mehr, so thut man einige Lorbeerblätter, ein Quintchen ganze Negelein, eine Citrone scheibenweis zerschnitten, in den Topf, läßt es sodann fortkochen, bis die Sulze gestanden und das Fleisch weich ist. Dann gießt man die gekochte Sulze ab, fettet sie ab, legt das gekochte Fleisch nebst den ausgebeinten Kalbsfüßen auf eine irrdene Schüssel, daß es ein wenig erkaltet, schlägt in eine Casserole von acht Eyerweiß einen nicht gar zu starken Schaum, bis er anfängt Bläschen zu werfen, drükt Citronensaft dazu, gießt die Sulze, die vorher wieder gemacht seyn muß, dazu, dekt es wohl zu, läßt es auf der Glut kochen, bis es anfängt, zusammen zu gerinnen, dann gießt man es auf ein ausgespannt Filtrirtuch, und läßt es rein durchlaufen. Dann gießt man ein wenig von der filtrirten Sulze in einen Schnekenmodel, setzt es in einen kühlen Ort, daß die Sulze bald gestehe, ziert es wechselweise mit ganzer Muscatenblüthe, ganzen Negelein, ganz geschälten Mandeln und Pistacien, Lorbeerblättern, Rosmarinzweigen und Citronenscheiben, schneidet das gesulzte Fleisch in beliebige Stükchen, legt es in den Model hinein, schneidet die Kalbsfüße auch klein und legt sie hinein, gießt den Model mit der noch übrigen filtrirten Sulze auf, und läßt ihn an einem kühlen Ort gestehen.

Wildpretbraten. Man zieht vom schwarzen Wildpret die obere Haut ab, bestreut es mit Salz und ein wenig Pfeffer, begießts an dem Bratspieß mit siedend Schmalz und träufelts immer von dem Fett, bestreuts, wenn es halb gebraten ist, mit Brodkrumen, und bratets vollends aus. Ferner thut man etwas klein geschnittene Zwiebeln, ein wenig Eßig, ein wenig Mehl, Negelein, ein paar Citronenschnitten in die Bratpfanne, läßt es aneinander kochen, und macht die Soße gelb mit gebranntem Zuker.

Wildpretsoße von Selleri über Eingebeiztes. Man thut Selleri und etwas gelbe Rüben in Butter, läßts ein wenig dämpfen, thut Mehl darein, rührt es um, schüttet ein Glas Wein, Fleischbrühe, auch von der Soße, worinn das Wildpret gesotten, daran, läßt es kochen, brennt Zuker daran, bis es gelblicht ist, thut Salz, Muscatenblüthe und Negelein daran. Das Wildpret siedet man vorher, wie man es zum Sulzen siedet.

Wildpretsoße von Selleri über schwarzes. Man schneidet etliche Selleri und etliche gelbe Rübenwurzeln zu Scheiben, läßt ein Stükchen Butter zergehen, dämpft

dämpft die Wurzeln ein wenig darinn, rührt einen Löffel voll Mehl daran, macht es gelb, gießt ein Glas Wein darein, gießt es mit der Brühe an, worinn das Wildpret gesotten worden, läßts wohl kochen, bis es in der Dike recht ist, brennt einen Zuker daran, schält etliche mittelmäßige oder kleine Zwiebeln, siedets im Wasser ein wenig ab, schlägt die Sose durch einen Durchschlag, thut die gesottene Zwiebeln nebst dem abgesottenen Wildpret daran, thut Muscatenblüthe und Negelein dazu, und läßts noch eine Weile kochen.

Wildpretsose von Rahm. Man übergießt das Wildpret mit Butter und Eßig, welches aneinander gesotten; ist es aber lang gebeizt, so übergießt man es mit siedend Schmalz, thut Fleischbrühe in die Bratpfanne und träufelt den Braten damit. Wenn er bald gahr ist, thut man etliche Löffel voll sauren Rahm in ein Näpfchen, rührt ein Löffelchen voll Mehl darein, und überstreicht den Braten damit; und so thut man ein paarmal den übrigen Rahm in die Bratpfanne, läßt ihn noch ein wenig damit kochen, thut alsdann ein wenig gebrannten Zuker daran, daß die Sose gelb wird. Man thut auch etliche Citronenscheiben in die Sose. Ist sie zu dünn, so brennt man ein wenig Mehl daran, läßt es aber nicht mehr lang mit dem Rahm kochen, daß sie nicht fett wird. Man kann auch ein wenig Negelein oder ein paar Wachholderbeere in die Bratpfanne thun.

Wildpretsose von Senf, über schwarzes. Man nimmt etliche Löffel voll Senf, drey Löffel voll Wein, ein wenig klein geschnittene Citronenschaalen, einen Löffel voll Provenceröl, von einer halben Citrone den Saft, klopft es wohl untereinander, und giebt es zum kalten Wildpret.

Wildpretsose von Malagawein über schwarzes. Man siedet es, wie gewöhnlich, mit Wasser, Wein, Gewürz und Kräutern, thut ein Stükchen Schinken, ein paar Lorbeerblättchen, etwas Rosmarin, kleine Zwiebeln, auch ein wenig Fleisch und etwas von Wurzeln darein. Dieses macht man in einem Stükchen Butter gelb, schüttet gute Fleischbrühe daran, und brennt, wenn es eine zeitlang gesotten, ein wenig Zuker daran. Dann röstet man ein paar Löffel voll Mehl in einem Stüklein Butter kaum gelb, rührt von der Brühe, worinn das Wildpret gesotten, an, und füllts von der braunen Sose vollends auf, schüttet ein Glas Malagawein daran, woran man die Sose lange kochen läßt. Ist sie nicht recht lauter, so treibt man sie durch ein Haarsieb, thut ein wenig Citronensaft daran, und richtets über das Wildpret an.

Wie

Winterköhl, verdämpft. Man puzt und wäscht ihn sauber, gießt ihn mit siedend Wasser an, dekt ihn zu und läßt ihn eine halbe Stunde stehen. Dann drükt man ihn aus, thut ihn in einen Dreyfuß, und gießt ein gut Stük siedend Rinds- oder Gänseschmalz darüber, verdämpft ihn wohl mit etwas Salz, dann thut man auch ein paar Löffel voll Zuker daran; wenn er weich ist, streut man einen Löffel voll Mehl darauf, schüttelt ihn wohl um, läßt ihn noch ein wenig anziehen, gießt etwas Fleischbrühe daran, läßt sie aber wieder ganz einkochen, daß es keine Sose hat. Man kan auch zu dem Verdämpfen oder in das siedende Schmalz einen klein geschnittenen Zwiebel, desgleichen Kastanien darunter, und von geräucherten Fleisch oder Bratwürste, auch Zungen dazu thun.

Würste, belonische, zu machen. Man nimmt das Fett vom Schwein, und das magere Fleisch aus der Lende vom Rind, hakt es zusammen recht klein, und zwar von einem so viel, als vom andern, schneidet dann frischen Spek, der noch nicht geräuchert worden, würflicht, verweilt ihn ein wenig im Wasser, thut dieß nebst gestoßnen Negelein, ganz fein Pfeffer, Salz und ein wenig Schaafsblut zum Fleisch, und füllt es die Därme.

Würste, bolognesische. Man schneidet drey Pfund frischen Spek in große Würfel, wie eine Haselnuß, auch vier ein halb Loth wohl gedörrtes und zu Pulver gestoßnes Salz, eine kleine Muscatennuß, ein und ein halb Quintchen Zimmet, ein halb Quintchen Gewürznegelein, dieß alles stößt man nebst zwey Gran Ambra und ein wenig Zuker, macht es mit Malvesier oder sonst gutem Wein an, mischts untereinander, und sezts an einen frischen Ort im Keller. Dann nimmt man acht Pfund mager Schweinfleisch von Schinken, oder Stüken ohne Fett, schneidet die Häutchen und Nerven sauber weg, hakt das Fleisch klein, nezt es mit Malvasier und streut neun Loth wohl gedörrt Salz, nebst vier ein halb Loth geriebnem Parmesankäs drauf, untermengts mit drey Loth ganzem Pfeffer, und bakts mitelnander, legt hierauf den geschnittnen Spek auf das magre, hakts ein wenig, knetets zu einem Teig untereinander, füllts in einen großen Darm so fest, als möglich, sticht mit einer großen Nadel hinein, damit die Luft herausgehe, und hängt sie zwey bis drey Tage in eine Stube, daß sie troken werden. Sind sie troken, so hängt man sie an einen kühlen und luftigen Ort, und wischt sie je und je mit einem saubern Tuch ab.

Würste

Würste von Capaunen. Man schneidet Brüste von Capaunen, auch von alten Hühnern, nebst einem halben Pfund frischen Spek, ganz klein, und stößt bey= des im Mörsel mit einem Ey klar ab: thut es in einen Reibasch, würzt es mit Muscatenblüthen, Cardamomen und geriebnen Ci= tronenschaalen, wirft in Rahm geweichte und wieder ausgedrük= te Semmel dazu, und salzts ein wenig: schlägt von sechs Eyern die Dotter drein, rührts klar ab, und läßt, wenn es noch nicht dik genug wäre, ein paar Löffel voll Mehl daran laufen. Ist es nun abgerührt, so füllt man es durch die Wurstsprize in die Därme.

Würste von Hammelfleisch. Man schabt aus einem Hammelschle= gel das feine Fleisch ohne Adern und Fett aus, hakt es mit einem Schneidmesser recht klein, schnei= det unter vier Pfund mageres Hammelfleisch ein Pfund fetten Spek fein würflicht, thut etwas gröblicht gestoßenen Pfeffer, ein achtels Quart Franzwein, die Schaale von einer Citrone, et= was Kümmel und gestoßene Kräu= ter dazu, dann arbeitet man die ganze Masse gut untereinander, und stopft sie fest in einige Schweinsdärme. Wenn man diese Würste zum Genuß geben will, bestreicht man sie mit But= ter, und bratet sie bey nicht zu raschem Feuer auf dem Rost.

Würste, italiänische. Man hakt drey Pfund Ochsenfleisch, fünf Pfund Schweinfleisch, funfzehn Loth Salz und zwey Loth gröb= licht gestoßenen Pfeffer recht klein untereinander, zwey Pfund Spek schneidet man würflicht darunter, die Würste aber troknet man beym Ofen, und hängt sie nicht in den Rauch.

Würste, Knak=. Man macht sie wie die gemeinen Bratwürste, nur daß man sie etwas stärker würzt, und den andern Tag nach dem Machen etwas nachstopft, damit sie recht derb werden. Man thut auch Salpeter darunter, daß sie roth werden. Endlich hängt man sie in den Rauch.

Wurst vom Kohl auf böhmisch. Der Kohl wird halb gesotten, dann ausgekühlt mit einem Schok ausgebrochener Krebse klein ge= hakt, in eine Schüssel gethan, geröstete und geriebene Sem= meln, Eyer, Butter und Gewürz dazu genommen und Würste dar= aus gemacht, solche in Schmalz gebaken und dann in einer But= terbrühe aufsieden lassen.

Würste von Krebsen. Man macht eine Krebsfarse, mengt ganz klein würflicht geschnittenen Spek dar= unter, und treibt es durch die Wurstsprize in die Därme, her= nach blanchirt man die Würste in Milch, nimmt sie wieder heraus, und passirt sie in Krebsbutter.

Würste

Würste von frischen Morcheln. Man liest und puzt sie sauber, wäscht sie etlichemal aus, schneidet sie ganz klein, und paßirt sie in Butter, daß sie weich wer̃ den. Hernach nimmt man sie wieder aus der Butter heraus, schneidet sie noch kleiner, sezt auch ein Pfund Nierentalg zum Feuer, und schneidet ihn, wenn er gekocht hat, ebenfalls klein, und schüttet beydes, nebst in Milch eingeweichter und wieder ausgedrükter Semmel, Muscatenblüthen, Ingber, Pfeffer und geschnittene grüner Petersilie zusammen, schlägt vier bis fünf Eyer daran, sezt und rührt alles wohl durcheinander, schneidet vier Loth Spek ganz kleinwürflicht, und rühret ihn auch darunter. Ist es nun genug gerühret, so bringt man es durch eine Wurstsprize in die Därme, blanchirt die Würste in Wasser, bratet sie und giebt sie warm.

Würste von Reiß. Man liest ein halb Pfund Reiß recht rein, kocht ihn nur halb gahr in Milch, daß er recht dik wird, thut ihn wieder heraus in einen Mörsel, stößt ihn ganz klein, schüttet ihn in einen Reibasch, wirft ein Pfund ganz klein geschnittenen Spek, Muscatenblüthen, Zimmet und Safran dazu, schlägt zehn Eyer, aber nur von vieren das weisse daran, und reibt es wohl untereinander. Dann mengt man Pistacien, nicht gar zu klein geschnitten, darunter, thut es in die Wurstsprize, und stößt es in die Därme. Endlich blanchirt man es in Milch, und brätet sie auf Papier.

Würste von einem Spanferkel. Man bratet es, und zieht ihm die Haut ab, löst alles Fleisch weg, hakt es klein und thut es zu drey viertels Pfund ganz kleinwürflicht geschnittenem Spek, würzt es mit Ingber, Pfeffer, Cardamomen und Salz, schlägt ein paar Eyerdotter daran, giest ein wenig Rahm hinein, reibt von einer Citrone die Schaalen drein und rühret es wohl untereinander. Das abgerührte thut man durch die Wurstsprize in die Därme und siedet oder bratet sie.

Würste von frischem Spek. Man nimmt ein bis zwey Pfund Spek, hakt ihn ganz klein, schüttet ihn in einen Reibasch, thut in Milch geweichte Semmel, vier bis fünf Eyer, geschnittenen Schnittlauch, Muscatenblüthen, Ingber, Pfeffer und Salz dazu, rührt es zusammen ab, und füllt es in die Därme.

Würste von Spinat. Man läßt in einem Kessel Wasser kochen, wirft gelesenen Spinat nebst ein wenig Salz darein, daß er grün bleibt. Wenn er genug gesotten hat, seigt man ihn ab, drukt ihn aus, schneidet ihn ganz klein, und

und thut ihn nebſt eingeweichten Semmeln, die wieder ausgedrukt worden, auch Muſcatenblüthen, Pfeffer, Roſinen, in einen Reibaſch, rührt ſechs Eyer, ſchüttet dieſe nebſt ein wenig Salz auch dazu, und reibt alles untereinander klar. Ferner ſchneidet man ein halb Pfund Spek ganz klein würflicht, rührt ihn mit darunter, füllt von dieſem Gehäk in die Därme und bereitet ſie, blanchirt ſie in Waſſer oder Milch, und bratet ſie auf Papier.

Wurzelncoulis. Man ſchneidet Paſtinaken, gelbe Rüben, Peterſilienwurzeln und große Zwiebeln ſcheibenweis, thut ſie ein wenig in eine Caßerole, ſtoßt ſie hierauf nebſt einem Stük in Fleiſchbrühe eingeweichten Semmelkrumen und achtzehn Mandeln im Mörſer, läßt es in einer Caßerole kochen, würzt es wie andere Coulis, ſchlägt es ganz heiß durch ein Haartuch, und bedient ſich deſſen zu allen Potagen mit Zukerwurzeln.

Wurzeltorte von gelben Wurzeln. Man kocht ein gut Theil ſauber gepuzte gelbe Wurzeln ein wenig im Waſſer über halb gahr, dann läßt man ſie abkühlen und abtroknen. Hierauf reibt man ſie auf einem Reibeiſen zart, nimmt etwa ein halb Pfund Butter, rührt zehn bis zwölf Eyerdotter darunter, auch zwey bis drey geweichte Semmelſchnitten, noch mehr etwas geriebnen Zuker, Zimmet, geriebne Citronenſchaalen und ſo viel von geriebnen Wurzeln, als wegen der Dike nöthig ſeyn mag, rührts ein wenig untereinander, ſchlägt das Eyweis zu einem ſteifen Schaum und miſchts zulezt auch gemächlich hinein, macht einen Boden von Blätterteig in eine Tortenpfanne, umkräußt den Rand zierlich, und bakt ſie darinn.

Wurzelſuppe. Man ſchneidet Sellerie und gelbe Rüben, auch Peterſilienwurzeln zu länglichten Stükchen, nur dünn und kurz, eine Handvoll, dämpft ſie in einem Stükchen Butter, aber nicht gelb, thut ein wenig Mehl dazu, füllts mit guter Fleiſchbrühe auf, ſiedets vollends auf, und ſiedets vollends weich, verklopft vor dem Anrichten ein paar Eyerdotter, ziehts mit ab, und richtets über Semmelſchnitten an.

Wurzelſuppe, anders. Man ſiedet einige kleine Köhle, welche gelb ſind, bindet ſie mit Bindfaden zuſammen, daß ſie ganz bleiben, ſchneidet gelbe Rüben, Sellerie und Peterſillerwurzeln klein länglicht, ſiedet es in Fleiſchbrühe weich, thut es in eine Caßerole, ſchneidet den Kohl ſchnittweis darein, gießt klare Jus daran, und läßt es noch ein wenig aufſieden, dann giebt man es hin.

Z.

3.

Zeltlein von Oranienblüthe. Man nimmt des Abends die Blüthe, schneidet sie, legt sie auf ein Papier, daß sie nicht naß werde. Den andern Tag thut man etliche Löffel voll Wasser in ein Pfännchen, läßt es sieden und rührt einige Löffel voll zartgesiebten Canarienzuker darein, so, daß der Zuker mit dem Wasser angefeuchtet ist, läßts noch ein wenig aufsieden, rührt die Blüthe alsdann darein, und gießt es in einem Model von Papier.

Zephirzuferbrod. Man rührt vier Eyerdotter, ein Pfund fein gesiebten Zuker, so viel geriebne Citronenschaalen, als man mit drey Fingern fassen kan, und eben so viel gebakne, rein gehakte Pomeranzenblüthen eine halbe Stunde lang mit einem Rührlöffel durcheinander, quirlt von zwölf Eyern das weiße und mischt es, wenn es recht viel Schaum hat, unter den Zuker, und rührts dabey beständig mit dem Quirl. Auf dieß alles siebt man ein Pfund gebeuteltes und auf dem Ofen getroknetes Mehl, und rührts, indem es durch das Sieb fällt, mit dem Rührlöffel ein. Sodann thut man die Zukerbrode in papierne Formen, streut reinen Zuker darüber, daß sie einen Zukerguß bekommen, und bakt sie in einem gelinden Ofen. Wenn sie aufgegangen und schön färbicht sind, so nimmt man sie warm aus den Formen.

Zephirmarzipan. Man siedet ein Pfund Zuker nach grosser Federart, thut ein Pfund abgebrühte und gestoßne süße Mandeln darunter, rührt beydes über sehr gelindem Feuer durcheinander, bis ein Teig daraus wird, der sich nicht mehr am innern Rand des Gefässes anhängt. Dann läßt man ihn kalt werden, und stößt ihn noch einmal eine Viertelstunde lang in einem Mörsel, in welcher Zeit man noch ein wenig reinen Zuker, frisch geriebne Citronen, und das weisse von drey Eyern, jedes einzeln, hinein schüttet. Alsdann sezt man den Marzipan in beliebiger Gestalt auf weis Papier, und bakt ihn in einem gelinden Ofen.

Ziegenfleisch (Gaiß-Kizlein,) zuzurichten, auf französisch. Man reinigt das Fleisch wie gewöhnlich, reibt es mit Salz ab, viertheilt es, füllt unter die Haut einen guten zarten Fatsch, spikt sie entweder mit Salbey, Majoran, Rosmarin und andern guten Kräutern, oder mit zartem Spek, Pomeranzen- und Citronenschaalen, bratet sie, und macht eine beliebige kurze Brühe daran.

Ziemer, (kleine Krammetsvögel) zu braten. Man rupft und puzt sie sauber, steft sie an an einen hölzernen oder dazu gemachten eisernen Spieß, und versengt sie ein wenig. Will man sie nun gahr braten, so bindet man sie an einem Bratspieß, legt sie zum Feuer, begießt sie bald mit zerlaßner Butter, besprengt sie ein wenig mit Salz, und läßt sie so braten. Man muß sie dabey fleißig begießen; die Butter aber darf niemal braun werden. Vor dem Anrichten begießt man sie, streut klar geriebne Semmel darüber, richtet sie an, und thut beym Auftragen ein wenig braune Butter darunter.

Ziemer von Damhirschen. Man steckt einen recht feisten Ziemer von dem Hirschen an Spieß, salzt ihn gut, und spikt ihn mit einigen Negelein, rollt einen festen Pastetenteig wie einen starken Pfeifenstiel dik aus, und wikelt ihn um den Ziemer, der Teig aber muß ganz herum reichen. Dann umwindet man es mit Bindfaden, bratets so drey Stunden, und begießt es wie gewöhnlich mit Butter. Man giebt Johannisbeergelee oder auch Tunke von Kirschmus dazu. Das Fett bleibt unter dem Teig ganz weiß.

Ziemer. S. Hirschziemer, oder Hirschziemel.

Zimmetconfekt. Man macht Zimmet mit Mandeln und Zuker zu einem Teig, und bildet Röhrchen daraus.

Koch-u. Confit. Lexic.

Zimmet Conserve. Man wiegt zwey Quintchen durch ein fein Haarsieb getriebnen Zimmet auf einem Teller unter zwey bis drey Löffel voll geläutertem Zuker. Dann schüttet man ihn unter ein halb Pfund nach großer Federart gesottenen Zuker, mengt beydes wohl untereinander, und gießt die Conserve sogleich in papierne Formen. Wenn sie geronnen ist, schneidet man sie in Täfelchen.

Zimmeteis. Man thut fein gesiebten Zuker in eine meßinge Pfanne, troknet den Zuker auf der Glut wohl ab, mischt zart gesiebten Zimmet darunter, damit es braun wird; drükt den Saft von ein bis zwey Limonien darunter, daß es dik wird, und streicht es dann auf eine Torte oder ander Gebakenes.

Zimmetgehäke, aufgelaufenes. Man reibt ein gut Stük Rinde von Roggenbrod auf einem Reibeisen, und schüttets in einen Tiegel, thut vier bis sechs Loth zart gestoßenen Zimmet, sechs ganze Eyer und das weiße von sechs andern dazu, zukert es nach Belieben, rührt alles eine Stunde lang um, befeuchtet es mit Zimmet- oder Rosenwasser, und thut ein wenig in gedachtem Wasser aufgelößten Tragant dazu, daß das Gehäke nicht niederfällt. Hierauf schüttet man es in eine mit Butter bestrichene Schüssel,

E e

sezt es auf Kohlen, bedekt mit
einer neben herum aufgebogenen
und mit Kohlen belegten eisernen Stürze, damit es oben und
unten braun werde, und schön
auflaufe.

Zimmetbögen. Man thut ein Pfund
geſiebten Zuker, ein Pfund Mandeln, wovon die Hälfte länglicht,
zart geſchnitten, das andere aber
geſtoſſen wird, ein Loth Zimmet,
ein Quintchen Negelein, vier Loth
Citronat, auch länglicht geſchnitten, in eine Schüſſel, ſchlägt acht
Eyer klar zu einem Schaum,
ſtößt vier Quintchen Tragant zu
Pulver, und thuts, mit dem Saft
von zwey Citronen, in den
Schaum, rührt es wohl untereinander, beſtreicht ein Blech
mit Butter oder weis Wachs,
ſtreicht jenes ganz dünn und
länglicht auf, bakts im Ofen,
nimmts nach dem Baken mit einem breiten Meſſer ab, und
krümmt es über ein Wälgerholz.

Zimmethlippen. Man ſchält ein
halb Pfund Mandeln, welche abgetroknet ſeyn müſſen und klein
geſtoſſen, und ſchlägt ſie mit drey
bis vier Eyweis und drey Eyerklar zu Schaum, rührt ein halb
Pfund geſiebten Zuker darein;
reibt, wenn es eine Zeitlang gerührt und dik iſt, von einer Citrone die Schaale auf dem Reibeiſen, und thuts nebſt dem Saft
von einer halben Citrone auch

darein. Hierauf rührt man die
geſtoſſenen Mandeln mit dieſer
Maße nach und nach an, thut
ein Loth Zimmet darein, beſtreicht
das Blech mit Butter, ſtreichts
Löffel voll weis Meſſerrüken dik
auf, und krümmt ſie, wenn ſie
gebaken ſind.

Zimmet, kandirter. Man weicht
etliche Stükchen Zimmet vier und
zwanzig Stunden in Waſſer ein,
ſchneidet ſie ganz klein, und
wirft ſie in nach kleiner Federart geſottenen Zuker, worinn
man ſie zwey bis drey Sude
thun läßt. Den Zuker gießt
man durch ein Sieb ab, und den
Zimmet troknet man auf dem
Ofen. Wenn er troken iſt, legt
man ihn auf Roſte, welche man
in die Zukerkandformen ſezt,
läßt den Zuker nach Art des Ge-
blaſenen ſieden und gießt ihn
drüber. So bald er halb ausgekühlt iſt, ſezt man ihn bis
zum folgenden Tag auf den O-
fen, in welchem man beſtändig
ein gelind Feuer unterhält. Iſt
der Zuker noch nicht genug kandirt, ſo läßt man die noch zurük-
gebliebene Feuchtigkeit abtropfen,
und ihn noch eine bis zwey Stunden auf dem Ofen ſtehen, ehe
man ihn aus den Formen nimmt
und in Schachteln legt, die mit
weis Papier ausgefüttert ſind.

Zimmetkränzchen. Man mache
ein halb Pfund Mehl, ein viertels Pfund Butter, ein viertels
Pfund

Pfund Zuker, ein viertels Pfund Mandeln, ein halb Loth zerstossenen Zimmet, eine auf Zuker abgeriebene Citrone und drey Eyerdotter, untereinander, nimmt, wenn es zu dik wäre, noch Rosenwasser dazu, bis man den Teig auswellen kan, den man dann einen völligen Messerrüken dik auswellt. Daraus macht man Kränzchen, bakt sie im Ofen und macht ein Eis darauf.

Zimmetlebzelten mit Citronen. Man läßt ein halb Pfund Mandeln über Nacht in frischen Wasser liegen, schält und stößt sie klein, und thut währendem Stossen den Saft von zwey Citronen, auch zwey Loth gerädelten Zimmet und ein Pfund gesiebten Zuker darunter, würkt es miteinander ab, streicht es auf Oblaten und bakt es.

Zimmetschlange. Man bakt ein Pfund abgezogene Mandeln nicht gar klein, stößt ein halb Pfund Zuker nebst zwey Loth Zimmet gröblicht, schlägt das weiße von zwey Eyern daran, mischt ein viertels Pfund Citronat darunter, rührt alles wohl untereinander, macht einen festen Teig von vier Loth Mehl, ein wenig Wasser und zwey Eyern, theilt ihn in zwey Theile, wälgert ihn vier Finger breit fein aus, bestreicht den Teig mit Butter, thut die Fülle darauf, schlägt ihn ringsherum hinauf, schlägt den andern Theil des Teigs auf den abgeschnittenen Ort, windet ihn in die Runde, wie eine Schlange, beschneidet sie um und um, bakt sie in gleicher Hize, überstreicht sie hierauf mit einem von Zuker und Rosenwasser wohl abgerührten und angemachten Eis, und sezt sie noch einmal in den Ofen und bakt sie.

Zimmet in Stangen oder gebaken. Man weicht seine Unze Gummitragant in ein Glas Wasser, drukt das Wasser, wenn er zerschmolzen ist, stark durch ein Tuch, stößt es mit einem Caffeelöffelchen voll reingesiebtem Zimmet in einem Mörsel, und thut während dem, daß es gestoßen wird, immer reinen Zuker dazu, bis es ein rechter Teig wird, den man auf weis mit Zuker bestreutes Papier legt. Diesen Teig treibt man mit dem Mandelholz so dünn, als möglich, und schneidet Streifen von der Länge und Breite daraus, daß sie um einen Ganskiel der Länge nach herum paßen, und wenn man sie wieder abnimmt, hole Stangen formiren. Dann legt man eine nach der andern auf ein Sieb, und wenn sie alle sind, sezt man sie auf den Ofen, daß sie troken werden.

Zimmetstern. Man schlägt drey Eyerklar zu Schaum, rührt ein halb Pfund gesiebten Zuker darein, auch ein halb Pfund ungeschälte zart gestoßene Mandeln nebst einem Loth Zimmet; nimmt halb Mehl und Zuker auf ein Bret, würkt es ganz leicht damit aus, wälgert es messerrükens dik, und sticht's mit einem Sternmodel aus.

Zimmetstrudel. Man stoße ein Viertelpfund Mandeln ganz klein, thut zwey Loth klein gestoßenen Zimmet, ein halb Loth Cardomomen, eine Muscatennuß nebst klein geschnittenen Citronat, Citronen- und Pomeranzenschaalen dazu, zukert es, schlägt zwey bis drey Eyer daran, und macht eine Fülle daraus. Hernach nimmt man ein Pfund schön Mehl, ein halb Pfund Butter, ein Ey, ein und ein halb Viertel Zuker und Zimmetwasser, macht einen Teig davon, wälgert über die Hälfte des Teigs in die Länge aus, und zwar ein oder ein halb Viertel breit, je dünner je besser, streicht die angemachte Fülle nicht gar zu dünn auf den Teig, rollt ihn in der Länge übereinander, wälgert den übrigen Teig auch dünn aus, schlägt die Wurst in den Teig, thut es auf einem Blech in der Runde herum, bestreicht's mit einem Ey, und bakt es. Ist es gebaken, so bestreicht man es mit Zuker und Zimmetwasser, und bestreut's mit krausen Bisamzuker.

Zimmettorte. Man nimmt zwey Loth Zimmet, ein Pfund Zuker, ein Pfund geriebene Mandeln, zwölf ganze Eyer und die Dotter von acht Eyern, und schneidet die Schaale von einer Citrone in länglichte Stükchen, und von der andern die Schaale würflicht. Dann schlägt man die Eyerdotter ganz klein, und den Zuker, zart gestoßnen Zimmet, Mandeln und Citronenschaalen darunter, das Weisse aber zu einem Schaum, und thut es unter das Uebrige. Hierauf schlägt man alles zusammen eine Stunde lang, schüttet es in eine mit zerlassener Butter bestrichene und mit feinem Mehl bestreute Tortenpfanne, und bakt's in einem nicht heissen Ofen.

Zimmetwürmer. Man stößt abgezogene Mandeln mit Rosenwasser zu einem zarten Brey, vermischt's mit etwas gestoßenen Zimmet und so viel Zuker, daß es einen zähen und meist trokenen Teig giebt. Dann treibt man ihn durch einen Durchschlag auf Papier nebeneinander, bestreut ihn mit dik gestoßenen Zimmet, sezt ihn in eine warme Stube, rüttelt, wenn er etwas troken werden will, das Papier langsam hin und wieder, daß sich der Zimmet an die Würmer aller Orten anhänge.

Zimmetzukerwerk, kleines. Man läßt eine Unze Gummitragant im Wasser zerschmelzen, und dann dies durch ein Tuch laufen. Hernach

nach gießt man es mit einem Caf⸗
feelöffelchen voll gestoßenen und
gesiebten Zimmet in einem Mör⸗
sel, thut nach und nach ein Pfund
gesiebten Zuker dazu, und stößt
es zu einem leicht zuverarbeiten⸗
den Teig. Aus diesem macht
man dann allerband Zukerwerk,
und läßt es auf dem Ofen tro⸗
ken werden.

Zinnmus. Man rührt vier Eyer
mit etwas Zuker und einem Quart
Milch an, nimmt einen Löffel
voll gekochten Brey und Zimmet
darunter, streicht ein Zinn, das
nicht sogar flach ist, ein wenig
mit Butter, gießt die Masse dar⸗
ein, stellt es auf ein Geschirr
mit siedenden Wasser, dekt es
mit einem Blech zu, worauf oben
Kohlen sind, legt zuvor ihnen
Ring von Blech, oder außen an
der Schüssel etwas von Eisen oder
Rührlöffel, läßt es oben gelb
werden. Wenn es gestanden ist,
ist es fertig.

Zuker auf böhmisch zu läutern.
Zu einem Pfund Zuker nimmt
man etwas Wasser, thuts in ei⸗
ne Pfanne, sezt es über ein mäſ⸗
siges Kohlfeuer, rührts und läßts
zergehen. So bald es anfan⸗
gen will zu sieden, so thut man
ein wohl gerührtes Eyweiß dar⸗
an, läßt es zusammensieden,
nimmt den Schaum mit dem Ey
ab, und läßt es so lang sieden, bis
fast alles Wasser eingesotten ist.

Zukerbilder, aufgelaufene. Man
füllt den dritten Theil eines Be⸗
chers mit feinem Tragant, gießt
ihn voll Regen⸗ oder Schneewaſ⸗
ser, rührts anfangs etlichemal,
läßts eine Nacht so stehen, stößt
den Tragant in einem steinernen
Mörsel zu einer starken Masse
mit dem besten Canarienzuker,
daß man ihn in Formen drüken
könne, bakts in einem Canditor⸗
ofen geschwind ab, doch, daß es
nicht braun wird; wenn es kalt
ist, malt oder vergoldet man es.

Zukerbilder und Früchte, hohl
gegossen. Man läßt Zuker nach
Federart sieden, nimmt ihn vom
Feuer, reibt ihn vom Rand
des Kessels mit dem Kochlöffel ein
wenig ab, damit er wieder mit
dem andern zerschmelze, und gießt
ihn in zuvor gewärmte Formen.
Dann läßt man sie eine Minute
lang stehen, bis der Zuker oben
am Loch der Form gestehen will,
dann lüftet man das Loch und
läßt den Zuker so viel möglich,
herauslaufen, läßts hierauf wie⸗
der nicht gar eine halbe Stun⸗
de lang stehen und kalt werden;
dann löst man die Form, nimmt
die Frucht heraus, bestreicht
das Loch mit dem herausgelau⸗
fenen Zuker, beschneidet das Bild
oder die Frucht mit einem Meſ⸗
ser, und trofnet sie aus. Man
malt sie dann der Natur nach.

Zukerbilder und Früchte, voll
gegossen. Man nimmt dazu

den vorbeschriebenen Zuker und gießt und malt sie auf eben diese Weise, hilft aber den Bildern mit Stökchen, und legt diese Stökchen, ehe sie gegossen werden, in die Form. Die vollgegoßnen müssen in den Formen länger stehen bleiben, damit sie recht ertroknen, ehe man sie herausnimmt.

Zukerbiscotins. Man nimmt drey Viertelpfund fein gesiebten Zuker, schön Mehl und zart gestoßene Mandeln, jedes ein halb Pfund, auch Negelein, Zimmet, Muscatennuß, ein wenig gröblicht gestoßene oder geschnittene Citronenschaalen und einige Eyer, rührt die Mandeln ab, daß sie recht glatt werden, schlägt sechs bis acht Eyer daran, schüttet das Mehl, Gewürz und die Citronenschaalen auch darein; daß wie ein Biscuitteig wird, schlägt alles wohl ab, gießt ihn in vierekichte kleine Biscuitenmödel, läßt sie baken; schneidet sie zu dünnen Schnitten, wie das Muscatenbrod, und troknet sie auf einem Blech nochmal ab.

Zukerbogen, Wiener. Man schlägt ein Pfund Zuker und sechs Eyer eine Stunde lang, dann rührt man ein Pfund Mehl und die Schaale von einer Citrone dazu, läßt einige Bakbleche warm werden, überstreicht sie an beyden Seiten, wie eine Hand breit dünn mit weiß Wachs, und streicht von der Masse eines Messerrükens dik darauf; in der Mitte bleibt es leer; sezt die Bleche in einen nicht heissen Ofen, und bakt sie eine halbe Stunde. Wenn die Kuchen gerathen, müssen sie oben eine ganz weisse Gußrinde bekommen. So bald sie aus dem Ofen kommen, schneidet man sie vom Blech, und legt sie warm auf ein rund Holz.

Zukerbrod oder Biscuit. Man macht von einem Pfund schönen gestoßenen Zuker, zwölf Loth Kraftmehl, vierzehn Loth Weizenmehl, und etlichen mit Wein zerklopften Eyern, einen Teig. Darauf schmiert man eine papierne Capsel mit Butter, thut den Teig hinein, sezt diese Capsel in die Tortenpfanne, und giebt ihr unten und oben gehöriges Feuer. Man thut auch Rosen- und Zimmetwasser und gestoßenen Coriander und Anis dazu.

Zukerbrod, Carlsbader. Man thut drey ganze Eyer in einen Topf, schlägt sie ein wenig, schüttet sechs Loth durchgesiebten Zuker dazu, und schlägt es beständig auf eine Seite, bis es recht dik wird. Hernach schüttet man drey Loth vom besten Weitzen- oder Kraftmehl dazu, sezt den Topf ein wenig über Kohlen, bis der Teig zu rauchen anfängt, schlägt es alsdann wieder, bis es kalt ist, schneidet einen

einen Bogen Papier in die Länge in vier Theile, klebt etwas Teig mit einem gebogenen Löffel auf die Streifen Papier queer über, und einen Daumen breit voneinander, setzt es auf ein Backblech, siebt ein wenig Zuker darüber, schiebt es in die Bakröhre, welche ziemlich heiß seyn muß, und läßts eine Weile stehen. Das Thürchen darf, wenn man nach dem Bakwerk sieht, nicht lang offen stehen. Inzwischen dreht man es einmal herum, läßt es bräunlicht werden, nimmt es heraus, und schneidet es mit einem Messer vom Papier. Ist das Blech kalt, so thut man wieder andere darauf, und bakt es so geschwind nacheinander, als möglich.

Zukerbrod von Chocolade. Man mengt eine Tafel geriebene Chocolade, ein Viertelpfund rein gestoßenen Zuker, ein halb Viertelpfund Mehl und drey Eyerdotter untereinander, rührt auch das wohlgeschlagene Weisse von vier Eyern darunter. Hernach gießt man die Zukerbrode länglicht auf weiß Papier, siebt ein wenig gestoßenen Zuker darüber, und bakt sie in einem gelinden Ofen. Sind sie gahr, so nimmt man sie heraus, löst das Papier davon ab, und troknet sie in einem Sieb auf dem Ofen.

Zukerbrod, französisches. Man nimmt achtzehn Loth gestoßenen Zuker, fünf Loth gestoßen Stärkmehl, drey Löffel voll Weizenmehl und Eyer und Wein, klopft es wohl, bis es einen Schaum giebt. Der Zuker wird gerieben und hineingethan, darnach erst das Weizenmehl, damit alles wohl untereinander komme. Dann stellt man es in die papierne Capsel, bakt es in der Tortenpfanne mit Feuer unten und oben, und nimmt es, wenn es gelblicht ist, heraus, da man es kaum in der Wärme troknen läßt.

Zukerbrod von Gefrornen. Man macht sechs dike Zukerbrode in grossen Formen. Wenn sie gebaken sind, hebt man den Zukergus ganz behutsam davon ab, nur daß er nicht zerbricht; diesen setzt man in einem Sieb auf den Ofen. Die Krume von all diesem Zukerbrod läßt man dürr werden, bis sie sich so rein als Zuker stossen läßt, und siebt sie hernach. Dann siedet man eine Kanne Rahm, und thut, wenn er einen Sud gethan hat, etwas über ein Viertelpfund Zuker, einen Löffel voll Pomeranzenblüthwasser, und von vier Zukerbroden die gestoßene und gesiebte Krume hinein, mischt alles durcheinander, und läßt es in einem Eistopf auf dem Eis gefrieren. Dann arbeitet man es gut durch, bringt es in die zu dem Ende vom Zukerbrod aufgehobene Formen, legt auf jedes eine Oberschaale von Zukerbrod, und sezt es oben und unten in Eis, daß es sich erhält, bis es als grosses Zukerbrod aufgehoben werden soll.

Zukerbrod, genuesisches. Man reibt die ganze obere Schaale einer Citrone und einer süßen Pomeranze, und stößt sie mit zwey Löffeln voll Marmelade von Pomeranzenblüthen und zwey trokenen eingemachten Apricosen in einem Mörsel wohl. Das Gestossene drükt man durch ein Sieb und rührt in einer Schüssel drey Eyerdotter nebst vier Unzen rein gestossenen Zuker darunter. Wenn alles recht vermengt ist, rührt man noch das zu Schaum geschlagene Weisse von sechs Eyern darunter, bringt die Zukerbrode in papierne Formen, bakt sie in einem gelinden Ofen, und überzieht sie endlich mit einem aus rein gestebten Zuker, Eyweiß und Citronensaft gemachten Zukerguß.

Zukerbrod zu glaciren. Man klopft Eyweiß und gestossenen Zuker wohl untereinander, bis es ungefähr so dik wie ein Mehlbrey wird, hernach streicht man es mit einem Messer auf das Zukerbrod, und läßt diese Glace bey gelindem Feuer hart werden. Man kann das Zukerbrod auch mit zusammengerührten Zuker und wohlriechenden Wassern glaciren.

Zukerbrod, recht gutes. Man nimmt ein halb Pfund fein Mehl, drey frische Eyer, zwey Loth Zimmet, ein Loth Coriander, ein Loth Anis, ein Loth klein geschnittene Citroneuschaalen nebst vier Löffel voll Rosenwasser, schlägt die Eyer recht klein, rührt das Mehl darunter, macht damit einen Teig an und bakt es wie ander Zukerbrod.

Zukerbrod von süßen Mandeln. Man macht von weiß Papier Formen so groß, als das Zukerbrod werden soll, länglich oder wie ein klein Vierek, brüht ein Viertelpfund süße Mandeln ab, und wirft sie ohne Schaale in frisch Wasser. Wenn das Wasser abgegossen und die Mandeln wohl abgetroknet sind, stößt man sie recht zart und benezt sie dabey mit Eyweiß. Dann thut man sie in eine Schüssel, und rührt zwey frische Eyerdotter und ein Viertelpfund gesiebten Zuker mit einem Rührlöffel darunter, und schüttet das zu Schaum geschlagene Weisse von vier frischen Eyern mit einem Löffel voll Mehl dazu. Dies alles mengt man wohl durcheinander, bringt es in die Formen, und bestreut die Zukerbrode mit frischem Zuker, worunter ein Viertel Mehl ist, wodurch die Feuchtigkeit der Mandeln vermindert wird. Endlich bakt man sie, und verfährt wie schon gelehret.

Zukerbrod von Mandeln, anders. Man stößt ein Pfund geschälte Mandeln mit Eyerdottern recht

recht fein, thut ein Pfund zart gestoßenen Zuker dazu, rühret es mit zwey Eyerdottern wohl untereinander, sezt es auf, bestreuts mit Zuker und bakt es.

Zukerbrod in hohlgebogenen Papier. Man quirlt das Gelbe und Weiße von sechs Eyern wohl, wiegt so viel rein gestoßenen Zuker und Mehl ab, als die Eyer wiegen, und thut beydes mit etwas geriebener Citrone dazu. Hierauf rührt man alles mit einem Rührlöffel wohl untereinander, und macht die Zukerbrohe so: Man biegt ein groß Blatt weiß Papier in der Länge zusammen, und legt die beyden Enden desselben durch einen Falz, in der Breite eines Querfingers, daß es inwendig die Gestalt eines Hohlziegels bekommt. Das Zukerbrod sezt man dann kreuzweis auf Papiere und legt drey Schichten aufeinander. Dann bakt man es gelind, nimmt es aus dem Ofen, und zieht das Papier an beyden Seiten zugleich auseinander, so läßt sich das Zukerbrod selbst vom Papier ab. Dann troknet man es auf andern Papier in der Wärme.

Zukerbrod von Pistacien. Man brüht ein Viertelpfund Pistacien ab, daß man sie schälen könne, läßt das Wasser davon ablaufen, und troknet sie mit einem Tuch ab. Hernach stößt man sie mit dem achten Theil einer einge- machten und mit etwas geriebener frischen Citrone recht rein in einem Mörsel, wobey sie etlichemal mit Eyweiß angefeuchtet werden. Wenn sie gestoßen sind, thut man sie mit etwas mehr als einem Viertelpfund rein gestoßenen Zuker und zwey Eyerdottern in eine Terrine, rührt sie mit einem Rührlöffel um, bis sie mit dem Uebrigen wohl vermengt sind, und thut noch das zu Schaum geschlagene Weiße von sechs Eyern, worunter ein Caffeelöffelchen Mehl wohl gerührt worden, dazu. Alles dies mengt man so gut als möglich untereinander, gießt die Zukerbrode entweder in Formen oder länglicht auf weiß Papier, streut ein wenig Zuker darüber, und bakt sie in einem gelind geheizten Ofen.

Zukerbrod, rothes. Man nimmt ein halb Pfund zartgestoßne Mandeln, und rührts mit fünf ganzen Eyern wohl ab, thut drei Viertelpfund roth gefärbten Zuker, etwas gröblichtgestoßnen Zimmet, Muscatennuß, Negelein, auch klein geschnittene Citronenschalen dazu, daß der Teig so dik, wie ein ordinairer Biscuitteig wird, rührts wohl untereinander, schüttets in vierekigte Papierfächelchen, bakts wie Biscuit, schneidets in dünne Scheiben und läßts in einer Tortenpfanne troken werden.

Ee 5   Zu-

Zukerbrod, savoyisches. Wird eben so gemacht, nur läßt man das Weiße von fünf Eyern weg, und thut an deren statt ein wenig Pomeranzenblühtwasser dazu; dann, wann es wohl geklopft worden, kan man es mit einem Löffel auf Papier thun, gestoßnen Zuker und ein wenig Mehl darunter mischen, das Zukerbrod damit bestreuen, und den Zuker, wie auch das Mehl, welches aufs Papier fällt, wegblasen. Wann es nun so zubereitet ist, bakt man es, aber bey gelinderem Feuer, als anderes und thut es, wenn es gahr ist, mit dem Messer ganz warm hinweg.

Zukerbrod, unter den Wein. Man nimmt acht Loth Stärkmehl, eben so viel weiß Nürnberger Weizenmehl, ein halb Pfund Zuker, acht Eyerdotter, die jedoch nicht zu gelb seyn müssen. Diese schlägt man bey seiner Stunde wohl zu Schaum, gießt ein paar Löffel voll Rosenwasser darunter, und rührt es mit einem Löffel voll Branteweln recht untereinander; denn thut man das Mehl und den Zuker darunter, und knetet es zu einem bequemen Teig. Wenn dieser ein wenig gestanden hat, macht man sich Formen von Papier, gießt den Teig hinein, und bakt es in einer Pfanne, läßt sie aber nicht anbrennen und doch wohl ausbaken.

Zuker Eyer, gestürzte. Man formirt ein lang Kränzchen, welches inwendig so groß und hohl ist, daß man ein Ey hinein legen kan, von klein gehakten, mit Zuker und Eyweiß angemachten Mandeln auf Oblaten, und bakt sie hinlänglich. Hierauf wird ein halbes Ey von Marzipanzeug, des inwendig ebenfalls hohl ist, verfertiget, dessen hohler Theil mit einem Eißspiegel bestrichen, mit allerley feinem Gewürz, als klein geschnittenem Citronat, Zimmet, Muscatenblüthen und Cardamomen gewürzt, in einem offenen Oefchen getroknet, denn der innere Theil des bereits gebakenen Mandelkranzes mit Eyweiß bestrichen, das halbe Ey darauf gesezt, außenher mit einem weissen Spiegel überzogen, und so abgetroknet.

Zukerfisch, gebakene. Man mache aus einen halben Pfund abgetrokneten Mandelzeug Fische, troknet sie, malt sie mit einer Farbe von einem Löffel voll Zimmet, ein wenig Safran, einem Löffel voll armenischen Bolus, ein wenig Wasser und einem Löffel voll Gummi, und troknet sie: alsdenn malt man sie noch einmal über und über mit einen Löffel voll Wasser, einen Löffel voll Gummi und zwei Tropfen armenischen Bolus, das man zuvor alles zusammen wohl untereinander gerührt hat.

Zuker

Zuker, gebakenes, gutes. Man macht von einem halben Pfund Mandeln, ein halb Pfund Zuker, ein Ey, eingemachten Citronen- und Pomeranzenschalen, Zimmet, Muscatenblüthen, Cardamomen, Citronat, nebst zwölfLoth geriebnen Pfeffer- (Leb-) kuchen einen Teig, der sich welgern läßt. Ist er noch zu fest, so schlägt man mehr Eyer daran, richt ihn auf Oblaten, Blumen, Herzchen, Laubwerk, u. s. w. und macht, wenn er gebaken und kalt ist, ein Zimmet Eiß darauf.

Zukerhippen. Man nimmt feinen Zuker, und Tragant, oder Stärkmehl, weicht den Tragant in Rosenwasser, läßt es Tropfenweiß in den Mörsel fallen, worin der Zuker ist, bis alles naß ist, und stoßt indessen immerfort; nimmt ein klein Wellhölzchen, legt es auf ein Papier zu einem warmen Ofen, formirt die Hippen und wikelt sie darüber. Sollen sie braun seyn, so nimmt man viel Zuker und Zimmet.

Zukerkörner von Apricosen. Man weicht etwas Gummi Tragant vier und zwanzig Stunden in Wasser ein, und thut, wenn es geschmolzen ist, das Diksste davon, nebst apricoser Marmelade und gestoßnem Zuker in einen Mörsel und reibt es zusammen, biß ein Teig daraus wird, der sich bearbeiten läßt. Hernach thut man ihn auf einen mit Zuker bestreuten Bogen Papier, streut auch Zuker oben drauf, und treibt den Teig mit einem runden Holz ganz langsam auseinander, daß er endlich durchaus so dünn, als der Rand eines Thalers wird, woraus man ihn in kleine Stükchen schneidet und rund wie Erbsen macht. Man kan auch Herzchen oder andere Sachen daraus machen, und auf dem Ofen troknen.

Zukerkörner von Chocolade. Man läßt etwas Gummi Tragant in wenig Wasser auf; wenn er geschmolzen, und recht dik ist, wird das Wasser stark durch eine Leinwand gedrükt, damit nichts davon zurükbleibe. Hernach stoßt man ihn mit zartgestoßner Chocalade und feinen Zuker in einem Mörsel, biß ein Teig daraus wird, den man kneten kan. Diesen legt man auf einen mit rein gestoßnem Zuker bestreuten Tisch, und treibt ihn mit einem runden Holz so weit auseinander, bis er die Dike eines Thalers bekommt. Hernach schneidet man ihn in kleine Stükchen, welche rund wie eine Erbse gemacht und auf dem Ofen abgetroknet werden. Wenn sie troken sind, so werden sie mit Zuker überzogen.

Zukerkörner von Citronen. Man weicht klein geschnittene Citronenschaalen über Nacht in Wasser ein, und kocht sie, bis sie sich weich drüken lassen. Hierauf wirft man sie in frisch Wasser, läßt

läßt es ablaufen, und thut sie in fadenmäßig gesottenen Zuker, worinn sie fünf bis sechsmal aufsieden müssen. Hernach nimmt man sie vom Feuer, läßt sie im Zuker kalt, und so fort auf dem Ofen troken werden. Sobald sie recht ausgetroknet sind, wirft man sie in nach grosser Fadenart gesottenen, und mit etwas in Wasser aufgelößtem arabischen Gummi vermischten Zuker. Das Gefäß wird über einem kleinen Feuer immer geschwenkt, biß der mit Gummi vermischte Zuker sich an die kleingeschnittene Citronenschaalen angehänget hat. Sobald dieser recht troken ist, thut man von eben dem Zuker noch mehr hinein, damit sie noch einen Ueberzug bekommen. Das Gefäß bewegt man beständig bey den Henkeln; ist dieser nun auch troken, so thut man noch fünf bis sechsmal nach Fadenart gesottenen aber nicht wie die vorigen male mit Gummi vermischten Zuker dazu. Wenn die Schaalenstükchen genugsam mit Zuker überzogen sind, so schüttelt man sie etwas heftig, doch ohne daß sie herumspringen, damit sie glatt werden, und denn troknet man sie auf dem Ofen.

Zukerkörner von Haselnüßen oder Mandeln. Man brüht Haselnüße oder Mandeln, daß die Häute abgehen, und troknet sie auf dem Ofen. Machen sie ein Pfund aus, so sezt man sie in einem grossen Gefäß mit zwei Henkeln über das Feuer, und schwenkt sie stets, bis sie recht troken sind. Hierauf thut man nach und nach ein wenig mit Gummi vermischten Zuker dazu, der so bereitet wird: Man läßt arabischen Gummi in Wasser zerschmelzen, drükt es durch ein Tuch, und mengt so viel nach Fadenart gesottenen Zuker darunter, als das Wasser wiegt. Diesen Zuker gießt man gleich auf die über einem gelinden Feuer stehende Haselnüße oder Mandeln, und bewegt sie immer, biß er sich völlig daran angehänget hat. Sobald sie anfangen, troken zu werden, giesse man von eben dem Zuker mehr dazu, bis es genug zu seyn scheint. Hernach fährt man mit andern nach Fadenart gesottenen, aber nicht mit Gummi vermischten Zuker fort, von welchem man ungefehr zehn bis zwölfmal dazu gießt. Wenn der lezter Ueberzug recht troken ist, nimmt man die Nüsse oder Mandeln heraus, reinigt das Gefäß, und macht es troken. Denn schüttet man die Nüsse wieder hinein, und gießt nochmal, nach Fadenart gesottenen Zuker dazu, damit sie glatt werden. Gegen des Ende schwenkt man sie stark, doch so, daß sie nicht springen, und troknet sie auf den Ofen.

Zukerkörner — Zukerschnee

Zukerkörner von Pistacien. Man macht sie wie die oben beschriebene.

Zukerkörner mit kleinem Zuker. Man troknet Selleriesaamen auf dem Ofen, und stößt ihn, hernach siebt man ihn, und sezt ihn in einem Topf mit zweyen Henkeln mit nach Fadenart gesottenen Zuker über das Feuer, den Zuker schüttet man auf verschiedenemale hinein, wie schon bey andern Zukerkörnern gesagt, bis er sich stark genug angehängt hat. Endlich färbt man sie, wie gewöhnlich, und hebt sie an einem troknen Ort auf.

Zukerplätzgen. Man nimmt sechs bis acht Eyer und von vieren die Dotter, reibt sie wohl, thut ein Pfund gestoßnen Zuker unter ein halb Pfund schön Waizenmehl, rührt es wohl untereinander und bakt es.

Zukerplätzgen, anders. Man siedet ein halb Pfund Zuker nach großer Federart und stößts hernach mit einem halben Pfund von dem feinsten Mehl, einem Löffel voll Pomeranzenblüthwasser und zweyen Eyern in einem Mörsel, daß ein Teig daraus wird. Diesen legt man auf einen mit Mehl und Zuker bestreuten Tisch, und macht Stükchen einer Olive groß daraus, macht sie mit etwas Mehl, worunter ein drittel Zuker ist, in den Händen rund, drükt sie ein wenig breit, und sezt sie nach der Reihe auf Kupferbleche, auf denen man sie in einem gelind geheizten Ofen bakt.

Zukerplätzgen von Citronen. Man siedet ein halb Pfund Zuker nach großer Federart, nimmts vom Feuer, schüttet ein halb Pfund Mehl hinein, welches man mit einem Rührlöffel wohl einrührt, daß keine Klumpen darinn bleiben; hiezu kommt noch das Weiße von drei Eyern und die geriebene Schaale von einer halben Citrone. Alles diß mengt man mit dem Rührlöffel wohl untereinander, legt den daraus gewordenen Teig auf einen Tisch und bestreut ihn sowohl oben als unten mit Mehl. Aus kleinen Stükchen dieses Teigs, macht man Zukerplätzgen in allerhand Figuren, z. E. Mandeln, Nüße, ꝛc. welche man auf Kupferblechen in einem mäßig geheizten Ofen bakt, und wenn sie eine schöne hellbraune Farbe haben, herausnimmt, und auf den Ofen sezt, bis man sie auftragen will.

Zukerplätzgen, anderes. Ungefähr ein halb Nößel voll Mehl schüttet man auf einen Tisch, macht in die Mitte des Mehls eine Tiefen, und schüttet zwei Löffel voll Marmelade, von welcher Gattung man will, nebst zart gestoßnem Zuker, so groß als ein Ey, und das Weiße von drei Eyern darein. Diß knetet man zu einem Teig; ist er zu fest, so hilft man mit einem Eyweiß. Dann treibt man ihm mit dem Mandelholz breit, und schneidet Streifen daraus, die so lang sind, daß man sie flechten kan. Hernach bakt man sie auf Kupferblechen auf einem gelinden Ofen, und nimmt sie, wenn sie blaßbraun sind, wieder heraus.

Zukerplätzgen von bittern Mandeln. Man brüht einen Vierling bittere und einen halben Vierling süße Mandeln ab, daß die Haut abgeht, stößt sie sehr zart, und schüttet je und je einen halben Löffel voll rein gestoßnen Zuker dazu. Hierauf mengt man in einer Schüßel das Weiße von vier Eyern darunter, schüttet dreiviertel Pfund zartgesiebten feinen Zuker davon, rührt eine viertel Stunde mit einem Rührlöffel darinn, und sezt die Zukerplätzgen vermittelst zwei Messer, lang oder rund, in der Dike eines Knopfs auf weiß Papier. Dann bakt man sie in einem gelinden Ofen, und thut sie, wenn sie kalt sind, vom Papier.

Zukerplätzgen, spanische. Man nimmt zwei Loth Kraftmehl, eben so viel gut Weizenmehl, und acht Loth zartgestoßenen Zuker, schlägt zwei Eyer mit Rosenwasser recht klein rührt sie unter obiges, und macht einen gelinden Teig davon; diesen läßt man durch einen Trichter auf ein mit Butter bestrichen Papier fließen, und bakt ihn gelb.

Zukerschnee. Man läßt 1 Pfund Zuker in genugsamen Rosenwasser zerschmelzen, siedet ihn bis er schäumt, sezt ihn wieder ans Feuer kocht ihn stark, bis ein Tropfen davon, wenn man ihn auf einen kalten Stein fallen läßt, knakt und wie ein Glas zerspringt: hebt hierauf den Keßel vom Feuer, gießt das Weiße von drei bis vier Eyern, welches zuvor mit einem Löf-

Löffel voll Rosenwasser lang und wohl geschlagen worden, hinein, und rührt den Zuker mit einem Spatel behend um, daß er steigt. Dann schüttet man diesen Schnee in eine grosse papierne, innwendig mit Zuker bestreute Capsel, daß er in die Höhe steigt, und so weis und loker wie Schnee wird. Wenn er noch warm ist, schneidet man ihn in Stüke, und hebt ihn an einen warmen Ort auf.

Zukerschnitte. Man klopft sechs Eyer wohl untereinander, rührt ein halb Pfund zart gestossenen Zuker, eben so viel fein Mehl, auch ein wenig Rosenwasser darunter, schmiert eine vierekigte Form mit Butter aus, thut den Teig drein, und läst ihn baken. Nach dem Baken sezt man es in einem Keller, läst eine Nacht darinn stehen, schneidets in Schnitten, und läst es im Ofen wider aufwärmen.

Zukerschnittgen. Man klopft sechs Eyer wohl untereinander, rührt ein halb Pfund zart gestossen Zuker, eben so viel fein Mehl, und ein wenig Rosenwasser über die Eyer. Nach diesem streicht man eine vierekigte Form mit Butter aus, thut den Teig darein, bakt ihn, und verfährt, wie eben gesagt.

Zukerspiegel oder Zuker Eis. Man klopft das Weisse von zwei frisch gelegten Eyern in einem Töpfgen wohl, schüttet sechs Löffel voll des feinsten, zartgestoknen, geriebnen und ausgebeutelten Zukers in ein Schälchen, rührt das Eyweis nach und nach in den Zuker, damit es glänzend und glatt werde, auch anfange dik zu werben, und nicht mehr laufe. Sollte er gar zu dik werden, so giesst man ein wenig Rosenwasser daran, rührt ihn immer wohl untereinander, bestreicht damit das Zukerwerk, und troknet es vor dem Ofen.

Zukerspulen. Man reibt ein halb Pfund fein geschälte Mandeln mit Rosenwasser ab, rührt sechs Loth Zuker darunter, würzt es mit Zimet, Muscatenblüthen und Cardomomen, zerklopft das Weisse von einem Ey wohl, schüttet es daran, und vermischt es wohl, schneidet eine Oblate in Form einer Spule, streicht diesen Teig darauf bakt ihn auf einem Blech im Ofen bey schneller Hize gelb, beeist und vergoldets.

Zukertorte. Man schlägt zwölf Eyer eine Stunde ganz klein und rührt ein Pfund Zuker, ein Pfund Reismehl, klein geschnittene Citronenschaalen und ein wenig Anis dazu, hernach schüttet man ein wenig Rosen- und Zimmetwasser daran, und rührt alles wohl untereinander. Dann bestreicht man eine Tortenpfanne mit zerlassener Butter, thut den Teig darein, bakts im Ofen und streut alsdann Zuker darauf.

Zukerwerk, aufgelaufenes. Man weicht ein Loth feinen weissen Tragant in drey Loth Rosenwasser über Nacht ein, presst es durch ein Tuch, thut es mit einem halben Eyweis in einen Mörsel, und arbeitet es eine halbe Stunde lang mit feinem durchgesiebten Zuker zu einem rechten Teig durch, nach diesem arbeitet man den Teig wieder mit seinem Zuker durch, bis er zum Wälgern tüchtig ist, drükt ihn in kleine Formen und bakt ihn in einer Tortenpfanne mit nicht zu starkem Feuer unten und oben. Unten streut man Stärkmehl in die Tortenpfanne.

Zukerwerk, flaches, braungebaken. Der flache, braungebakene Marzipan wird eben so gemacht, wie der abgetroknete. Man pflegt nämlich dergleichen Teig auszuwälgern, die Mödel mit Mehl einzustäuben, den Teig fest darein zu drüken, ihn sodann heraus zu nehmen, auszuschneiden, ein wenig troken werden zu lassen, hierauf den Marzipan mit unterlegtem Papier auf ein Blech zu thun, ihn lichtgelb im Ofen zu baken, und darnach zu vergolden.

Zukerwerk von Chocolade. Man legt gute Chocolade, wenn sie zu troken ist, auf den Ofen, daß sie weich wird, und thut ein wenig gut Baumöl dazu, daß man sie mit dem Löffel desto besser durcharbeiten kan. Von diesem macht man in den Händen kleine runde Stüken, wie Nüsse, und legt sie einen starken Daumen weit von einander auf einen Bogen Papier. Wenn das Papier voll ist, nimmt man es an den Eken und schüttelt sie glatt, daß sie sich selbst mit Zuker überziehen. Diesen Ueberzug giebt man ihnen mit weissem kleinem Zuker, besteckt sie alle mit Zimmet und troknet sie auf dem Ofen.

Zukerwerk, kleines, von Citronen. Man weicht zwey Quintchen Gummitragant und die dünne Schaale von einer ganzen Citrone in ein Glas Wasser ein, bis der Gummi zerschmolzen ist. Hernach drukt man es zusammen durch ein Stük Leinwand, und das heraus gebrachte Wasser gießt man nebst dem Saft von der Citrone in einen Mörsel, thut nach und nach ein Pfund geriebnen Zuker hinein, und stößt, bis ein diker Teig daraus wird. Aus diesem macht man klein Zukerwerk in allerhand Figuren.

Zukerwerk, kleines, von Nezelein. Man machets mit dem Gummi, wie kur; vorher gesagt: In diesem Gummiwasser thut man in dem Mörsel zwölf rein gestoßene und gesiebte Nezelein, und indem man beydes mit einander stößt, schüttet man nach und nach ungefehr ein Pfund reinen Zuker dazu, bis es ein zu verarbeitender Teig ist, daraus formirt man allerhand Figuren, und troknet sie auf dem Ofen.

Zukerwerk, kleines, von Safran. Wie der Tragant, wie eben gesagt, behandelt. Dieß Wasser stößt man mit einer Unze gestoßnem und gesiebten Safran, und wirft während der Zeit etwa ein Pfund rein gesiebten Zuker dazu, bis ein Teig daraus wird, aus dem man allerley Figuren macht, u. s. w.

Zukerwerk, kleines, scharlachfarbiges. Abermal mit dem Tragant verfahren, wie gelehrt. Dies Wasser wird nun mit zwey Löffeln eingemachten Saft von rothen Berberisbeeren gestoßen und nach und nach ein Pfund rein gesiebten Zuker darein geschüttet, bis ein rechter Teig daraus wird, aus dem man abermal allerhand Figuren macht, u. s. w. Ist solcher Saft nicht zu haben, so nimmt man Cochenillewasser dazu.

Zwiebak. Man nimmt ein Mezzen gut Mehl, läßt es warm werden, thut etwas Bierhefe darauf, vermischt es mit süßer Milch, und macht es zu einem Teig, wovon man lange Stengel macht, sie mit dem Messer klein schneidet, mit Anis und Fenchel bestreut, mit Zukerwasser bestreicht, in einer Tortenpfanne bakt, und über Nacht stehen läßt.

Zwiebak, besserer. Man nimmt zu ein Pfund Zuker zehn Eyer, thut das weiße davon, und so viel Mehl dazu, als zu einem rechten Teig gehört, mischt ein wenig gröblich gestoßnen Fenchel darunter, schneidet es in Stüken und bakt es zweymal.

Zwiebak, anderer. Man nimmt Zuker und Mandeln, jedes ein Pfund, neun Eyer, eine Maas Milch, ein Nössel Hefen, Zimmet, Cardamomen und länglicht geschnittene Citronenschaalen oder Citronat, thut soviel Mehl, als zu einem Teig nöthig ist dazu, macht einen nicht allzufesten Teig, läßt ihn aufgehen, macht Zwiebak daraus, legt ihn auf Papier oder Blech und bakt ihn.

Zwiebakbrod. Man rührt achtzehn Eyer nebst acht Dottern eine viertel Stunde in einem Topf, schüttet ein Pfund gesiebten Zuker darein, und rührts wieder eine Stunde, thut ein halb Pfund Stärkmehl, und ein viertel Pfund länglicht geschnittene Mandeln dazu, rührt es zu einer diken Masse untereinander, bestreicht die dazu gehörigen Geschirre mit Butter, schüttet sie bald voll an, bakt das Brod in gelinder Hize, läßt es erkalten, schneidet es wie gewöhnlich, und bräunt es auf dem Rost.

Zwiebak, Carlsbader. Man schlägt vier Eyer auf vier Loth Zuker, thut es in ein Töpfchen, schüttet drey Loth gestoßene Mandeln, etwas Nägelein und geschnittene Citronenschaalen, auch vier Loth Mehl dazu, macht Formen von Papier einer Hand breit, und so lang, als das Bachbret ist, thut den Teig hinein, macht sie aber nur halb voll, und sezt sie aufs Blech zum Baken. Ist es braun genug und über das Papier gestiegen, so schneidet man Scheiben, legt sie dik aufs Blech, läßt es in der Bakröhre hart werden, und nimmt es wieder heraus.

Zwiebak, Italiänischer. Man weicht seinen durchgesiebten Zuker mit Gummi und Tragant in Rosenwasser ein, stößts in einem Mörsel nebst ein wenig Eyweiß wohl, und fueers mit ein wenig Anis durch. Dann formirt man Ballen so groß als Aepfel davon, beschneidet sie wie Semmeln, und bakt sie auf Pastetenschüsseln. Wenn sie in die Höhe steigen, nimmt man sie heraus und läßt sie erkalten.

Zwie-

Zwiebaklebzeltlein. Man zertreibt zart gestoßne Mandeln mit Honig, der mit Rosenwasser geläutert worden und recht kalt ist, dik; dann knetet man schwarz Mehl darein zu einem festen Teig, thut Zimmet, Muscatennuß und Ingber nach Belieben dazu, füllt den Teig in die Mödel, und bakt ihn.

Zwiebeln auf italiänisch. Sie werden geviertelt, im Wasser blanchirt, mit Butter, Pfeffer und Salz in der Casserole gedämpft, und mit zerstückten Lammsbrüsten und Bouillon, endlich mit Eyern, die man mit Parmesankäß, Petersilien, Basilikum, süßen Schmetten und Salz vermischt, gekocht. Man kann nach Belieben noch besonders einen geriebenen Käs geben.

Zwiebelbrühe über gebratenes. Wann der Braten zu tropfen anfängt, so nimmt man die untergesetzte Bratpfanne weg, und setzt eine andere unten; in diese legt man frische Lorbeerblätter und Citronenschaalen, und schüttet ein paar Löffel voll Brühe aus der weggenommenen Bratpfanne nebst zwey bis drey geschälten kleinen Zwiebeln dazu. Soll die Brühe säuerlich seyn, so nimmt man Citronenessig, oder drükt den Saft von frischen Citronen darein, legt das Gebratene in die Schüssel und gießt die Brühe darüber.

Zwiebelbrühe über einen Lendenbraten. Man hakt große Zwiebeln klein, und röstet sie mit geriebenem Roggenbrod im Schmalz, hakt einen säuerlichten Apfel, röstet ihn aber mit, läßt alles zusammen in etwas Wein oder Fleischbrühe, welche zuvor gezukert und gewürzt worden, sieden, schüttet Eßig daran, und gießt dann diese Brühe über den Braten.

Zwiebelbrühe über reinen Hammelschlegel. Man röstet klein gehakte Zwiebeln mit ein wenig Mehl im Schmalz lichtbraun, seigt das Schmalz davon, gießt Fleischbrühe und Eßig daran, streut gut Gewürz darein, schüttet von dem trüben aus der Bratpfanne dazu, und richtet sie über den Schlegel an.

Zwiebelbrühe, polnische, über Rindsbraten. Man siedet zwey bis drey große Zwiebeln, hakt sie klein und röstet sie ziemlich wohl im Schmalz braun, seigt das Fette davon ab, schüttet Fleischbrühe und ein wenig Eßig, auch etwas Wein daran, zukert und würzt es nach Belieben.

Zwiebelpastete. Man nimmt zu der Fülle ein Stük von einer Nier- oder Kalbfleischscheib; ein Stük rohes und aufgewälltes Rindsfett nebst viel kleinen Zwiebeln und etwas Petersilie, hakt alles zusammen, würzts mit feinen Gewürzen, thut ein wenig Rindsmark, einige gehakte Trüffeln und Champignons, auch in Jus eingeweichte Semmelkrumen dazu, und macht, wenn die Fülle fertig ist, zwey Pastetenböden von feinem Teig, den obern dünn, den untern stark, macht die Pastete drey bis vier Finger hoch auf Papier, thut die Fülle, die man vorher würzen muß, hinein, bedekt sie mit Spekreifen und Citronenschiben, macht einen dünnen Pastetenboden drüber, setzt sie in den Ofen, schneidet sie, wenn sie gahr ist, auf, schüttet ein klein Coulis hinein und richtet sie warm an.

Zwiebelkuchen. Man macht einen Kuchen von Butterteig, schneidet Zwiebeln länglicht und dünn, dämpft sie in einem guten Stük Butter in der Pfanne, thut sie in eine Schüssel, rührt vier bis sechs Eyer dran, auch ungefähr drey bis vier Löffel voll sauren Rahm, gießts mit etwas Salz auf den Kuchen, belegts mit würflicht geschnittenem Spek, streut Kümmel darauf und bakt ihn im Ofen.

Zwiebelsalat. Man siedet große weiße Zwiebeln im Wasser, thut sie, wenn sie weich sind, auseinander, schneidet dünne Schnitten der Länge nach, und machts mit Salz, Oel und Eßig, auch Zuker, an.

Zwiebelsuppe. Man schneidet viele Zwiebeln scheibenweis, dämpft sie mit Wurzelwerk in Butter recht langsam gelb, schneidet Semmelschnitten darein, gießt Fleischbrühe daran, läßts noch eine Stunde sieden, schlägts durch und richtets über die Schnitten an, streut auch Muskatenblüthen und Schnittlauch darauf. Man kann auch gebaken Brod darein thun.

www.ingramcontent.com/pod-product-compliance
Lightning Source LLC
Chambersburg PA
CBHW031959300426
44117CB00008B/826